南怀瑾的 32 堂国学课

圣铎◎编著

北京联合出版公司
Beijing United Publishing Co.,Ltd.

图书在版编目（CIP）数据

南怀瑾的32堂国学课/圣铎编著.—北京：北京联合出版公司，2015.9

ISBN 978-7-5502-4616-4

Ⅰ.①南… Ⅱ.①圣… Ⅲ.①国学—通俗读物 Ⅳ.①Z126-49

中国版本图书馆CIP数据核字（2015）第147582号

南怀瑾的32堂国学课

编　　著：圣　铎

责任编辑：王　巍

封面设计：李艾红

责任校对：郝秀花

美术编辑：李丹丹

北京联合出版公司出版

（北京市西城区德外大街83号楼9层　100088）

北京市松源印刷有限公司印刷　新华书店经销

字数533千字　　720毫米×1020毫米　1/16　28印张

2015年9月第1版　2018年8月第6次印刷

ISBN 978-7-5502-4616-4

定价：29.80元

前　言

　　国学的智慧，是中国人生存发展的精神动力和文化源泉，它体现于伟大的、悠久的中国传统，浓缩于古圣先贤贡献给我们的精神财富，凝结为儒家、道家、墨家、法家、兵家、禅宗等思想文化形态，并渗透在中国人的全部生活中。作为炎黄子孙共有的精神归宿，在受到了长时间的冲击和漠视后，国学在最近几年又走向了兴盛。然而，大多数人只是跟风似的简单地了解了一下国学知识，对国学思想的深刻内涵并不是十分清楚。实际上，国学文化是最含蓄实用的，几千年经久不衰留传下来的国学经典中，有太多指导现实的人生哲理和经世哲学，若能细细品味，必能进退有据、挥洒有度，创造出和谐生活与成功人生。

　　然而，并非每个人都能对国学经典参得全、参得透，幸有南怀瑾先生帮我们解读，他深入浅出地阐述了国学中的思想精华，化深奥晦涩为平易晓畅。大师之言，字字珠玑，相信国学大师的智慧成果会让我们受用一生。

　　1918 年，南怀瑾出生于浙江乐青柳市区的一个书香世家，从孩提时起即接受传统的私塾教育，涉猎遍及诸子百家、拳术剑道、文学书法、诗词曲赋、医药卜算、天文历法等，并深得其精髓。南怀瑾生平一直致力于弘扬中国传统文化。1966 年，南怀瑾配合台当局，推动"中华文化复兴"运动，倡导"伦理道德"。后来，他又在台设"老古文化事业公司"、"十方书院"等文教机构，传扬文史哲佛学说，提升民众文化水平。人们尊称他为"教授"、"大居士"、"宗教家"、"哲学家"、"禅宗大师"和"国学大师"，一度名列"台湾十大最有影响的人物"。南老的国学修养深厚，他是少数几位精通儒、道、佛三教经典的大师之一。他就像一个布道者，把老子、庄子、孔子、孟子、释迦牟尼的智慧，以通俗易懂的方式一一讲来，并且妙趣横生，为我们打开了通往这些文化瑰宝内涵的大门，从而让人们对国学中的人生智慧有了更深刻的认识。

　　听南怀瑾讲国学是学习中国传统文化的捷径，他对中华传统典籍作了一个重要引导。南怀瑾大师以其卓然的文化底蕴和高超的语言技巧，为我们讲经说法，带领我们读史悟道。南怀瑾先生的国学课，学习的不仅仅是古老的字句，还有尘封在其中的先哲智慧。他把沉浸在先哲背后的智慧都挖掘出来、还原，并一一摆在了我们面前。这些智慧深沉而清新，古朴又凝重，于是我们看见了那些历久弥新的智慧光华和率真的生命哲学，以及在绚烂喧嚣中归于平静的人生风景。他谈儒学，说道家，讲禅宗，评世间百态，论人生种种。对人情世故的深层解读，对得失人生的精彩诠释，对现实博弈的冷静剖析，对名利宠辱的人性点拨，对生命旅途的真诚关照，聆听南先生的谆谆教诲，会让我们受益匪浅。

本书立足于南怀瑾大师对国学典籍的讲解与梳理，旁征博引，融汇各家经典于一炉，不仅系统地阐述了南怀瑾先生有关老子、庄子、孔子、孟子和《易经》以及禅佛等著作中的精华观念和讲解，同时介绍了国学的历史观、人生观以及处事规矩和成功智慧，并加入了新鲜的、贴合当下人们生活的案例，力图将晦涩难懂的国学知识用通俗易懂的话语解读出来，让我们在领悟先哲思想的同时，汇集人生智慧，点拨人情世故，以平凡的视角观读这个纷繁的世界，加深我们对生命本质的理解，借大师的慧眼于传统文化中来寻觅人生的新意，在妙趣横生的讲读中领略生活的艺术，并通晓处世策略和生存之道。希望读者可以通过本书的阅读更好地了解国学，了解南怀瑾先生的学术及人格，用国学的经纬，帮助自己找到人生的坐标；借国学的圭臬，为自己解除心灵的困惑找到正确的指引。

国学是我们中华民族的深厚文化土壤，不论男女老幼每天都需要从这"土壤"中汲取养分。正如南老所言，一个没有自己文化特色的民族是难以屹立于世界民族之林的；一个失去本民族文化支撑的人也是难以赢得他人敬重的。我们不应失去自己的文化之根，像浮萍一样漫无目地地漂泊，内心充满惶恐和迷惘。在南怀瑾先生的讲解下，国学对于我们为人处世的引导，让我们每一个人都感觉到它的深邃与宽广，而它对我们心灵的荡涤与关怀，又使我们感觉它离我们很近，温馨而质朴，毫无艰深晦涩之感。听南怀瑾先生讲国学，就如同用双手轻轻抚摸心里最深层的秘密，或许在某一个不经意的瞬间便理解了它的深意，就像禅宗里拈花微笑般默契与随意，一个顿悟就洞悉了它的真谛，走进了我们文化扎根的沃土。

人生路上，让南怀瑾先生告诉我们怎样通过品儒释道、参禅悟佛，在纷繁的世界中沏上一壶香醇的茶，静待茶香沁入心脾。烦躁生活，让我们在一堂堂国学课中品味国学经典的魅力，汲取一捧清泉，渐渐地沉淀烦恼，涤荡身心。

目 录

第一课

有容乃大，不平不鸣

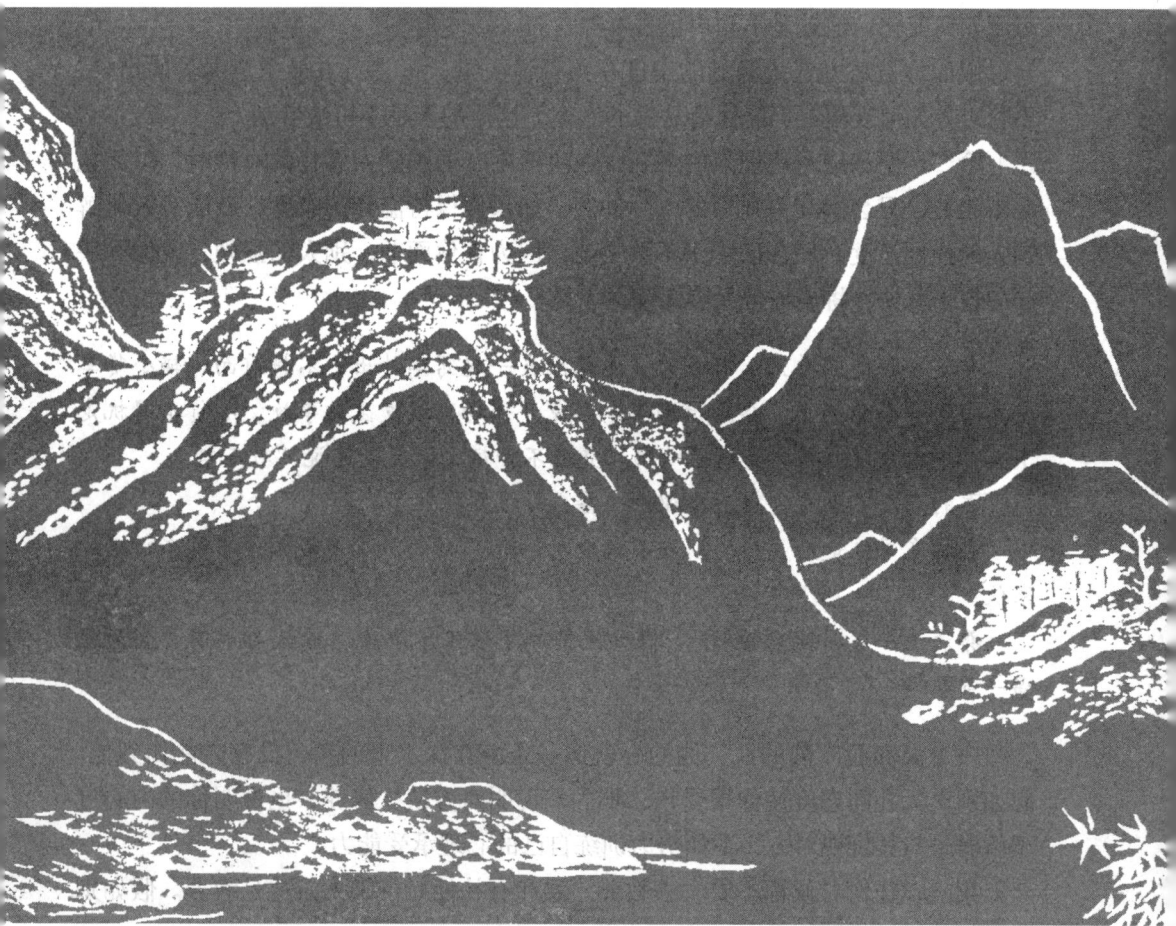

温和对待他人的无礼

老子说："柔弱胜刚强。"天下没有比水更柔弱的，也没有什么比水更善于打败坚硬的东西。水平静的时候，润物无声；水强大的时候，足以冲毁城池，淹没六军。温和的人放弃外表的刚硬，保持内心的坚韧，就像水一样柔弱，也像水一样强大。

人生在世，难免跟别人打交道，也难免言高语低，有些磕磕碰碰的事。这时候，像水一样柔而不弱，既可免于自己的心灵受伤，也可免于伤害别人，不是很好吗？

第一，保持内心的强大。内心强大的人，因为自信而从容不迫，无论别人的态度如何变化，他总是不动声色，泰然自若。

假如你被对方气势汹汹的态度吓得惊慌失措，正是对方最乐意看见的结果。不管对方如何表演，仍能保持从容的心态，这样的人是不可战胜的。

第二，温和地对待别人的无礼。在生活中，遇到别人无礼的对待时，以无礼反击无礼，只会引起更强烈的人际冲突。如果你保持温和的态度，就能有效化解别人的强硬态度，使自己立于不败之地。因为在你面前，别人的强硬，就像一块石子投于水池，将消失得无影无踪。

乔是一位著名拳王，有一天，他跟朋友一起驾车外出，不料前面一辆小货车突然来了一个急刹车，乔急忙刹车，避免了一场可能发生的事故。小货车司机走下车，不由分说地将乔臭骂了一顿。乔并不分辩，微笑着连说"对不起"。

乔的朋友不服气，想下车理论一番，却被乔拦住了。

小货车司机走后，乔的朋友不满地对他说："你为什么不教训一下这个讨厌的家伙？"

乔淡淡一笑，幽默地说："假如他侮辱了歌王卡罗素，你认为卡罗素会为他唱一首歌吗？"

一个温和而冷静的人，他的心就像一条游在深水里的鱼，没有人能伤到他。假如别人无礼的态度使你很受伤，那固然说明对方缺少修养，也说明你的内心过于软弱。与其仇视对方，不如努力训练自己的心理承受能力。

第三，任何时候都不要失去教养。温和有礼地对待别人，这是教养。假如别人态度无礼，还有没有必要对他讲礼貌呢？当然有必要。因为教养是自己的，不是别人的，无论别人是否有教养，也别忘了自己的修养。

有一天，一个绅士陪朋友一起散步。在一个熟悉的报摊上，绅士买了一份报纸，并且很礼貌地对报贩说了声"谢谢"。那报贩却冷冷淡淡的，不发一言。

他们离开报摊后，朋友议论说："那家伙态度很差，对你的'谢谢'好像并不领情呢！"

绅士说："是的，他每天都是这样。"

"那你为什么还要对他那么客气呢？"朋友奇怪地问。

绅士反问："我为什么要让他决定我的行为？"

在生活中，很多人总是让别人决定自己的行为。别人态度好，自己便笑脸相对；别人态度不好，自己便冷语相加。老是让别人决定自己的态度和心情，不是失去了自我吗？作为一个强者，当然应该保持自己独立的心境和行为能力。

是啊！绅士在任何情况下都不失绅士风度，正如粗人随时可能表现出粗鲁一样。何必因为别人表现不佳而放弃自己的素养呢？

第四，处变不惊，静观事态发展。遇到对方突然的挑衅时，可能一时之间不知如何反应，一旦言语不当，就可能使矛盾激化。这时候，一定要保持冷静，宁可一言不发，也不要轻易发言。直到想好了对策，再做出合理的反应。

古时候，有一位刺史，因为年轻，本州的武官对他不服气，总想找机会给他难堪。有一天，刺史的家僮骑马出门，路上遇到武官，没有下马请安就匆匆驱马而过。这在当时是失礼行为。武官佯装大怒，追上去，将家僮拉下马来，不由分说，痛打一顿。然后，他提着马鞭，主动来见刺史，叙述事情经过后，故意说："我打了您的家僮，请让我走吧！"

这等于给刺史出了一道难题：如果刺史不同意他辞职，就输了一招；如果同意他辞职，又有公报私仇之嫌，反而被他抓住了把柄。年轻刺史并非等闲人物，他微微一笑，淡淡地说："奴才见了官人不下马，打也可以，不打也可以；官人打了奴才，走也可以，不走也可以。"这无疑是说：打不打人，那是你的修养；走不走人，那是你的选择，总之跟我无关。

武官一时不知所措。如果他辞职的话，只是自己吃亏；如果他不辞职的话，等于扫自己的面子。他默思半晌，无言以对，只得躬身告退。从此，他再也不敢为难刺史了。

这位刺史处变不惊，始终保持温和的态度，使对方找不到任何攻击的把柄，却让自己立于不败之地，不是很高明的策略吗？

看人要往好处看

庄子似乎很瞧不起"人"，好像放眼天下，找不出一个值得他肯定的人。他瞧得起的三种人，即达到"无我"、"无功"、"无名"境界的人，却要用到"假如"二字，找不出实例来，因为这种人当时尚未出生，现在仍未出生。

谁都瞧不起，这是中国文人由来已久的"精神病"。对任何人、任何事，他们都能挑得出毛病加以攻击。世上的凡人，做事都在 60 分左右，往下走一点就不及格，往上走一点就有希望获得优秀的评语，再往上走一点就称之为杰出。不论往哪边偏，只要做的是"人"事，都应该看得惯。

我们看人，要用种苹果而不是买苹果的心态。果农种苹果，收获的时候，他会把烂苹果挑出来放在一边，把其他的都看成是好苹果。当然他也可能挑出一些个儿特别大、皮儿特别红的，当优等品出售。买苹果的人正好相反，挑出几个最大最红的，把其余的都当成不好的苹果，而且千挑万选，还是不太满意。用买苹果的心态看人，天下就没有一个好人。用种苹果的心态看人，天下坏人就少了。只要把心态摆正，庄子笔下的几种人，其实都值得敬佩。

第一种人是"知效一官"，才智足以胜任某个小官职，这种人可称之为能人，上百人里才选得出一个，已经很不简单了。只要他认认真真履行职责，就值得赞扬。真正应该受批评的是那种才智不足以胜任，依靠制度漏洞而获得某个官职，把事情办得一团糟的人。

第二种人是"行比一乡"，能力足以庇护一乡。这里的"乡"字，应该是指封邑，相当于现在的县或地区。胜任一县或一市的长官，能够造福一方，堪称贤才，上千人中才挑得出一个，更不简单。

第三种人"德合一君"，道德足以取信于一个国君。这是指在政府中身居显赫位置的高官，他能凭道德取得国君的信赖，说明他不是阿谀逢迎之徒。他能够辅助国君推出善政，使百姓安居乐业，这是了不起的人才，上万人中都难挑出一个，还不值得敬佩吗？

第四种人"而征一国"，能治理好一个国家。对这种人，需要乘坐"时光机器"，去古今中外、过去未来寻找。如果能找到一个，全国百姓都应该额手称幸，就不用忙着去挑他的毛病了。

第五种人是宋荣子之类，"举世誉之而不加劝，举世非之而不加沮"。已经对是非荣辱看得很淡了，也不受物欲的迷惑，一切都淡然处之。如果能达到这种境界，当然很了不起。可惜世上自命清高的文人学士多，自称无欲无求的高人隐士多，真正能达到此种境界者并不多。

第六种人是列子这样的，居然能"御风而行"，十五天才下地，比飞机的悬空时间还长，快要赶得上宇宙飞船了。可惜这种人只生活在传说中，连庄子本人都没有亲眼见过。

第七种人是达到"无我"境界的"至人"。这种人只是"假设"而已。庄子有没有达到这种境界呢？肯定没有。因为他的文章中，藏着一个大大的"我"字，就像佛家所说的，"我执"太重。

第八种人是达到"无功"境界的"神人"。这也是假设，没有榜样可以学习。其实"无我"、"无功"的境界，每个人在特殊情况下也能达到，当你全心沉浸于某些事情中时，头脑中既没有"我"的概念，没有非成功不可的念头，也没有造福他人的想法，只是按照事情本身的逻辑，顺其自然地去做而已。不过事情结束了，一个大大的"我"字又重回心头，功利的念头也随之萌生了。所以这并非真的到了这境界，而是偶然有这种平常心的状态而已。

第九种人是"无名"的圣人。有人认为这个"名"字作名声解，不太合逻辑。因为"无我"里面就包含了不爱名声。甚至宋荣子也达到了不理会世俗名声的境界。这个"无名"，应该做"无形"解。因为一切有形的东西，都有一个名字，即使是空气乃至真空，虽然看不见，都有名字。只有无形的东西没有名字。因为你连想都想不到，又怎么给它安名字？

庄子所谓"无名"，类似于佛家所谓"色即是空，空即是色"。庄子的所谓圣人，不知躲在哪个无人的角落享受自己的"无名"之乐，根本不理红尘之事，有点类似于佛家所谓罗汉境界。罗汉仅次于佛与菩萨，离尘弃世，已证空境，这莫非就是庄子向往的境界？

世事难分明，何妨开口一笑

《金刚经》说"如来说一切法，皆是佛法"。《法华经》说得更明白："一切世间法，皆是佛法。"这也就是说，世上任何理论、观点、方法、行为，无论你是老庄那样高深的"道"，还是平时做事的一个小技巧，甚至只是下意识的一个举动，都是佛法。正如《法华经》说："一切治生产业，皆与实相不相违背。"

对此，南怀瑾大师进一步解释说："并不一定说脱离人世间，脱离家庭，跑到深山冷庙里专修，才是佛法。治生产业就是大家谋生！或做生意等，各种生活的方式，皆与实相不相违背，同那个基本的形而上道，并没有违背，并没有两样。"

认为"一切世间法，皆是佛法"，正是佛教精神的博大之处。它正视一切、包容一切、以平等心态对待一切。

执于门户之见，认为自己才是真理的掌握者，自己这门学问才是最高明的，其他人的意见、其他人的学问都不在话下。这正是人类固有的一种通病，用佛家的话来说，叫作"贡高我慢"。但佛家显然医好了这种毛病，对世间一切法都不存偏见。

当然，佛家具有包容一切的风度，不等于学佛的人都具有这种风度。佛教分成那么多门，那么多派，说明大家越学离佛越远了。这里有一个故事，足以说明后世学者们的可笑之处：

在一座庙里，安了三尊圣像，一个是释迦牟尼，一个是老子，一个是孔子。一天，庙里来了一个秀才，看见塑像，就说："咱们儒家的学问是最高的，应该将孔圣先师放在中间。"他就将孔子的塑像摆到了正中。过了一会儿，来了一个道士，他把老子的塑像搬到中间。道士刚走，来了一个和尚，他则将释迦牟尼的塑像摆到了中间。等这些人好不容易都走了，三圣相顾苦笑："我们究竟做错了什么，要被这些人搬来弄去？"

无论哪派学者，都可能犯这种毛病：注重形式而远离精神。真正善于学习的人，必有包容之心，而不会囿于门户之见。南怀瑾大师就曾批评某些人"学了佛以后，非常小气，皈依佛，不拜邪魔外道"。真正学佛不是这样的，是不排他的。对此，南怀瑾大师举自己为例："我有时候到乡下去，看到土地庙，那个土地公是用泥巴捏的，我也很恭敬地行个礼。人家说你学佛的人，何必呢！我说我不管那一套，活着做好人，死后还做个土地公，我还不一定是好人，死后土地公还可能管到我呢！我先结个善缘不是蛮好吗！"他又说："我到了基督教堂一样的很恭敬，基督总是个好人嘛！总叫人家去做好事，也叫欧洲人、美国人、白种人，都要做好事。好人嘛，排排坐，请上坐，吃果果，给他磕个头。基督年纪总比我们大多了，大了一千多年了！学佛的人第一个胸襟要大。所以学佛，第一要学这个人，学常开笑口、放大度量的菩萨，就是肚子要大一点，包容万象，什么都是好的，都对；一切法皆是佛法，先学他胸襟大，面孔对任何人都是慈悲笑容，这个就是佛法。"

但是，人们是否有包容心，不仅是一个观念问题，主要还是一个智慧问题，一个悟性问题。比如，你看见一个强盗，你能不能从他身上看见佛法？看不见你就会痛恨他，巴不得他早死早了。但如果你能看见佛法，你就会生出悲悯之心。

有人会问："难道对强盗应该心慈手软，纵容他坏事干尽吗？"当然不是。这里讲的不是一个做法问题，而是一个佛法问题。这个人为什么当了强盗？为什么把刀子架在你脖子上？这里面难道没有一个因果吗？比如，你平时看见自己的小孩打人、抢小朋友的东西，是否非但不制止，还觉得好玩？你看见一个人发财了，且不管他如何发财，你是否就佩服他、亲近他？你对那些品行高尚而贫穷的人，是否不放在心上？你是否轻视弱势者？你买卖商品时，是否认为价格对自己越有利越好，而不管对方有没有吃亏？你是否为了一时之利，把规则抛诸脑后？生活中，此种现象比比皆是，在这种大环境下，肯定会出强盗嘛！

有人又会说：我从来没见过这个强盗，他成为强盗跟我一点儿关系也没有。真的没有吗？佛会悲悯地告诉你：这叫"共业"。据济群法师说："共业取决于共同的行为，或者叫相似的行为，或是利益相关的行为。譬如同在杀猪场工作，不是说每一个人都杀猪，有的人杀猪，有的人是财会人员，财会人员没有直接参与杀猪的行为，认为杀猪的罪孽肯定与他没有关系。其实，他也有一份。为什么呢？因为，他虽然没有直接参与杀猪的行动，但每月开工资的时候，他也照样拿一份。"说白了，就是你害我，我害他，大家害大家。以此看来，虽然你跟这个强盗"往日无怨，今日无仇"，当他将刀架在你脖子上时，你领受的仍然是自己应得的一份。

总而言之，一切都是佛法。很多得道高僧就是从很寻常的事情中顿悟的。

古时有一位宝积禅师，在市场上行走，看见一位客人买猪肉，对屠夫说："精的割一片来。"屠夫放下刀，叉着手问："先生，请问哪片肉不是精的？"

宝积禅师心里一动，有所感悟。

又有一次，宝积禅师出门，看见一队送丧的人。歌郎摇着铃唱道："红轮决定沉西去，未审魂灵往哪方？"他唱一句，孝子就哭着接一声："哀啊！哀啊！"

宝积禅师心里一震，顿时大彻大悟。后来，他成了一代高僧。

还有一位智通禅师，他悟道的经历更是离奇。他起初随归宗学佛，有一天晚上，众僧正在入梦，忽然听见他大叫："我大悟了！我大悟了！"大家都被吵醒，十分惊异。第二天，归宗问他："你悟到了什么道理，就敢大言不惭地说什么'大悟了'？你说说看！"智通禅师说："尼姑原来是女人做的。"后来，智通成了高僧，执掌五台山法华寺。

孝子说"哀啊"，不是很平常吗？尼姑当然是女人做的，要不就叫和尚了。这两位高僧却从中悟道，他们悟出了什么？这个问题恐怕没人说得清，说得清就很肤浅了。

对我们这些不想出家的人来说，只要了解"一切皆是佛法"这个道理就行了。平时看见一个不喜欢的人，看见一件不喜欢的事，不妨提醒自己一句：这也是佛法呢！如此，心境必然为之一开；久之，自然而然心境阔大，笑口常开。

让他三尺又何妨

齐宣王与孟子谈治理国家，谈天下归心的大欲，也谈了与邻国交往之道。齐宣王问孟子："交邻国有道乎？"即与邻国交往有什么好的策略吗？

孟子回答说，当然有。"惟仁者为能以大事小，是故汤事葛，文王事昆夷。惟智者为能以小事大，故太王事獯鬻，勾践事吴。以大事小者，乐天者也；以小事大者，畏天者也。乐天者保天下；畏天者保其国。"这里孟子提出了两个原则：一种是"以大事小"，这是仁者的风范，是顺应"天地万物"的乐天心理，不愿意去欺负弱小，这样可以使天下太平。另一种是"以小事大"，这是明智之举，顺从比自己强大的国家，则可以保护国家臣民的安全。南怀瑾先生说，这里的"天"，在"天人合一"的哲学上，是包括了人事在内的。人与人之间的和谐相处要注意这一原则。也就是说，在人之上要以人为人，在人之下要以己为人。首先，居上位时，一定要谦虚，切不可仗势欺人，人生总是盛极而衰的，一个人不可能永远风光无限，繁华过后总会凋零。对于一位真正悟透人生的仁者来说，谦卑才是他们应有的心态，而以恭敬心去尊重和对待每一个人，则是他们的特征。

据《桐城县志略》和姚永朴先生的《旧闻随笔》记载，清康熙时，文华殿大学士、礼部尚书张英世居桐城，其府第与一吴姓人家为邻，中间有一条属于张家的空地，向来作为过往通道，后来吴氏建房子想越界占用，张家不服，张吴两家遂发生纠纷，闹到县衙，因两家同为显贵望族，县令左右为难，迟迟不予判决。

张英家人见有理难争，遂驰书京都，向张英告状。张英阅罢，认为事情简单，便提笔在家书上批诗四句："千里修书只为墙，让他三尺又何妨。万里长城今犹在，不见当年秦始皇。"张家得诗，深感愧疚，毫不迟疑地让出三尺地基，吴家见状，觉得张家有权有势，却不仗势欺人，深感不安，于是也效仿张家向后退让三尺，便形成了一条六尺宽的巷道，名曰"六尺巷"。两家此举也成为美谈。

一条六尺巷，一封家书，一句"让他三尺又何妨"，描画出了能够以大事小的仁者张英的形象。张英的宽宏大量，宰相肚里能撑船的胸怀，使得邻里之间的关系得以缓和，既利他又利己，值得称道。但有些时候，居人之下，我为鱼肉，人为刀俎时，则需要以小事大的智慧，否则就会自身难保。

隋炀帝是中国历史上有名的暴君，在他统治时期，骄奢淫逸，民不聊生。各地农民起义风起云涌，隋朝的许多官员也纷纷倒戈，转向农民起义军。因此，隋炀帝对朝中大臣们处处防范，疑心很重，尤其对外藩重臣更是顾虑重重。

当时唐国公李渊曾多次担任朝廷和地方官，每到一处，都悉心结纳当地的英雄豪杰，多方树立恩德，因而声望很高，许多人都前来归附。因此，大家都替他担心，怕他遭到隋炀帝的猜忌。正在这时，隋炀帝下诏让李渊到他的行宫去晋见。李渊因病未能前往，隋炀帝很不高兴，猜疑之心顿起。

当时，李渊的外甥女王氏是隋炀帝的妃子，隋炀帝向她问起李渊未来晋见的原因，王氏如实回答，隋炀帝又问道："会死吗？"王氏把这个消息传给了李渊，李渊更加谨慎起来。他知道自己迟早会为隋炀帝所不容，但过早起事又力量不足，只好继续隐忍，等待时机。

于是，他故意广纳贿赂，败坏自己的名声，整天沉湎于声色犬马之中，而且大肆张扬。隋炀帝听说了李渊的所作所为后，就放松了对他的警惕。不料隋炀帝的这一放松却成就了日后的大唐帝国。

李渊通过隐忍，从而达到了保全自己的目的，正所谓"尺蠖之曲，以求伸也；龙蛇之蛰，以求存也"。

生活中有不少人难忍一时之气，从而与人起了正面冲突，"伤敌一千，自损八百"，最后是两败俱伤。这又何苦呢？毕竟牺牲是一时的，保全却是一世的。牺牲是爆发，保全是维持。牺牲是激情，保全是平淡。浓肥辛甘非真味，真味只是淡，淡淡地融化在生活中。保全也许也是一种牺牲，牺牲狂热，牺牲内心深处的原始冲动，只是用最小的牺牲来求得更多的和平与幸福。人生就是如此玄妙，其中蕴含着为人处世的大智慧，需要好好琢磨，认真对待。

每个人都不是孤立的一个人

推己及人是一个很基本的道德原则。孔子曾说过："己所不欲，勿施于人。"南怀瑾先生讲到孟子和齐宣王关于声色货利的对话，认为两人就像打太极拳一样，表面风平浪静，却是绵里藏针、波涛暗涌，隐藏的锋芒直指对手，最后孟子的建议就是齐宣王好乐就与民共享，好色就让人间的家庭幸福，好货则藏富于民，要推己及人，正所谓："己欲立而立人，己欲达而达人。"

每个人在社会上都不是孤立的，周围有许多与自己共同学习、工作和生活的人，为使学习顺利、事业成功、生活幸福，人们都愿意建立良好的人际关系。而推己及人则是实现人际关系和睦、融洽的重要之道。要做到推己及人，首先要做到"己所不欲，勿施于人"，然后再进一步做到"己欲立而立人，己欲达而达人"。就是说，一个有仁德的人，自己想要站得住，同时也要帮助别人站得住，自己想要事事行得通，同时也要帮助别人事事行得通。真正做到己立、立人，己达、达人。

有一天，一个富翁在家中被杀，财物被盗。警方后来抓到了两个犯罪嫌疑人，并从他们的住处搜出被害人丢失的财物。但他们都矢口否认自己曾杀过人，辩称自己先发现富翁被杀，然后只是顺手牵羊偷了点儿东西。

于是警方将两人隔离审讯。检察官分别对每个人说："你们的偷盗罪已经成立，所以可以判你们 1 年刑期。但是，我可以和你做个交易。如果你单独坦白杀人的罪行，我只判你 3 个月的监禁，但你的同伙要被判 10 年刑。如果你拒不坦白，而被同伙检举，那么你就将被判 10 年刑，他只判 3 个月的监禁。但是，如果你们两人都坦白杀人的罪行，那么，你们都要被判 5 年。"

显然最好的策略是双方都抵赖，大家只判 1 年刑就可以了。但是由于两人处于隔离的情况下无法串供，这样两人都选择了坦白的策略。因此分别被判刑 5 年。

为何会出现这种困境？其实他们正犯了"己所不欲"而施于人的毛病。他们都从利己的目的出发，宁愿别人陷入灾难的境地而不顾，从而损人不利己。

本来是自己不喜欢的东西，反而去强加给别人，其后果向来是反诸己身，亦即搬起石头砸自己的脚。推己及人，就是用自己的心思去推测别人的心思，设身处地地为别人着想，就是将心比心。

南宋诗人杨万里的妻子在古稀之年，每到天寒时，天不亮就早早起来，然后径直走进厨房，熟练地生火、烧水、煮粥。满满的一大锅粥要熬上很长时间，杨夫人每次都耐心地等着。清甜的粥香顺着热气渐渐充满了厨房，飘到了院子里。

院子的另一边，仆人们伴着这熟悉的香气陆陆续续地起床，洗漱完毕后，来到厨房，并接过杨夫人盛起的满满一大碗热粥喝了起来。

杨夫人的儿子杨东山看到母亲忙碌的身影，甚是心疼，一次，他劝母亲说："天气这么冷，您又何苦这么操劳呢？"杨夫人语重心长地说："他们虽是仆人，也是各自父母所牵挂的子女。现在天气这么冷，他们还要给我们家里做活。让他们喝些热粥，心中有些热气，这样干起活来才不会伤身体。"

慈悲为怀的人，总是会设身处地地去体会别人的切身感受，为别人着想。随着社会的不断进步和发展，人们的交往越来越密切，人际关系也越来越复杂。培养推己及人的美德，搞好人际关系显得尤为重要。我们要以爱己之心来对待周围的人，无论做什么事，都要以自己的感受去体会别人的感受，以自己的处境去想象别人的处境，站在对方的立场上，将心比心，把别人当作自己来对待，设身处地地为别人着想。

当然，并不是所有的事都要己所欲而施于人，推己及人要有道，毕竟并不是所有于己有益的东西也同样适用于他人，也并不是所有对他人有益的东西，别人都能接受。在他们不想接受时，绝不可以"这是为他们好"为由，强迫其接受，因为每个人都有自由选择的权利，如果侵犯这一权利，不是也掉进"己所不欲，勿施于人"的陷阱了吗？

宽容是消灭敌人的最佳策略

南怀瑾先生感慨战国时期各国百姓生活的水深火热，从而分析其原因，指出当时各国之所以走富国强兵的路线，大多都是为了雪耻强国。这是战国时代各国间共同的情况——相当于个人的冤冤相报。在循环报复的思想下，绵延了几百年的战乱苦了几代百姓。

确实，在孟子游于魏国时，正值梁惠王"东败于齐，长子死焉；西丧地于秦七百里；南辱于楚"。梁惠王心中所想就是富国强兵，以雪前耻，根本不会去理会孟子"仁者无敌"那一套。这可以说是战国时代各种战乱四起的原因之一。国家间因仇恨、因"睚眦必报"而兵戎相见，最后受伤害的是百姓。而个人冤冤相报既伤人又害己。

东汉时期，苏不韦的父亲苏谦曾做过司隶校尉。另一个官员李皓和苏谦素有嫌隙，因此怀着私愤把苏谦判了死刑。当时苏不韦只有十八岁，他把父亲的灵柩送回家，草草下葬，又把母亲隐匿在武都山里，自己改名换姓，用家财招募刺客，准备刺杀李皓，以报杀父大仇，但刺杀一直没有成功。很久以后，李皓升为大司农。

苏不韦暗中和人在大司农官署的北墙下开始挖洞，夜里挖，白天则躲藏起来。干了一个多月，终于把洞打到了李皓的寝室下。一天，苏不韦和他的人从李皓的床底下冲了出来，不巧李皓出去了，于是杀了他的妾和儿子，留下一封信便离去了。李皓回房后，看到这个场面大吃一惊，以后他每天都在室内布置许多荆棘，晚上也不敢安睡。苏不韦知道李皓已有准备，杀死他已不可能，就挖了李家的坟，取了李皓父亲的头拿到集市上去示众。李皓听说此事后，心如刀绞，又气又恨，却不敢声张，没过多久就吐血而死。

苏不韦的一生生活在仇恨之中，为报仇竭心尽力。李皓只因一点儿私人恩怨，不忍私仇，就置人于死地，结果招致老婆孩子被杀，死了的父亲也跟着受辱，自己最终气愤而死，被天下人耻笑，真是愚蠢至极。冤冤相报就是如此，仇恨双方都得不到好处，这是一种"双输"的行为。因此何不将"冤冤相报何时了"变成"相逢一笑泯恩仇"的双赢，用一颗宽容的心对待仇恨。

通慧禅师年幼时，有一次去井边打水，恰好碰到一个卖鱼人。一条鱼不慎跌入他端水的盆中，他顺手将鱼捞起，扔到地上摔死了。

三十年之后的一天，早已做了住持的通慧对弟子说："三十年前的一桩公案今天应该了结了！"弟子不明白住持的意思，垂手静听下文，只见通慧禅师径自闭目打坐，不再言语。当时有个统兵张浚，是个虔诚向佛的居士，恰好这天带兵路过通慧禅师所住的寺前，刹那间性情大变，暴怒异常，手持弓箭闯入法堂，对通慧禅师怒目而视。

通慧禅师笑道："我已经等你很久了。"

张浚问道："我与禅师素不相识，今日一见，为何心中如此愤恨，直欲置你于死地而后快。究竟是什么原因，还请禅师开示。"

通慧禅师便如实讲述了自己在三十年前无心摔死一条鱼的往事。

张浚听后大悟，说："冤冤相报何时了，劫劫相缠岂偶然。不若与师俱解释，如今立地往西天。"说完便站着往生了。（往生：佛家指死后去西方极乐世界，亦即"立地成佛"之意。）通慧禅师见张浚已往生，便取出纸笔写道："三十三年飘荡，做了几番模样。谁知今日相逢，却是在前变障。"写完，也于座上往生了。

抛却心中仇恨，这既是宽恕了别人，也是原谅了自己。有人曾经这样说过，消灭敌人最好的办法是把他们变成自己的朋友。在现实生活中，人与人之间的矛盾、摩擦是不可避免的，但你大可不必将它们看得太严重，动辄就上升到仇恨的地步。多一些宽容，多一份爱心，你的生活会多一点温暖，多一缕阳光。当你用宽容换来内心的豁达，用宽恕换来敌人的微笑时，你难道不是把最好的心情留给了自己吗？宽恕别人的过错，宽容别人的无意冒犯，宽容别人的缺点与不足，同时也等于宽容了自己。

当然宽容并不是"以德报怨"，这是一种没有原则的宽容。孔子提倡"以直报怨，以德报德"，体现出了老夫子的睿智，因为宽容也是有条件、有原则的，不可因一味宽容而纵容邪恶，这会造成更大的伤害。

古人云："冤冤相报何时了，得饶人处且饶人。"这是一种宽容，一种博大的胸怀，一种不拘小节的潇洒，一种伟大的仁慈。自古至今，宽容被圣贤乃至平民百姓尊奉为做人的准则和信念，成为中华民族传统美德的一部分，并且被视为育人律己的一条光辉典则。宽容也是一种幸福，饶恕别人，自己也能够与他人和睦相处。

大胸怀成就人生大规模

法国大作家雨果说："世界上最广阔的是海洋，比海洋更广阔的是天空，比天空更广阔的是人的胸怀。"气量和胸怀决定一个人的人生和人格高度，一个人处世立身，气量和胸怀最重要。

气量，是一种不需投资便能得到的精神高级滋补品；是一种保持身心健康、具有永久疗效的"维生素"；是一种宠辱不惊，笑看庭前花开花落的清醒剂；是一种使人做到骤然临之而不惊，无故加之而不怒的智慧和定力。气量，鄙视的是斤斤计较、蝇营狗苟和鼠目寸光的行为；崇尚的是磊落坦荡、无私无畏和志存高远的品格；失去的是不平、烦恼和怨恨；得到的是友情、快乐和幸福；抛弃的是狭隘、偏激、小气和毫无意义的你争我斗；得来的是宽广、博大、舒畅和融洽的人际关系。

孟子第一次见梁惠王的儿子襄王时，"出。语人曰：'望之不似人君，就之而不见所畏焉。'"。远远地看他没有君主的样子，近处观察发现他没有一点儿谦虚之德，也没有一点儿恐惧戒慎之心，可见其气量之狭小。因此，南怀瑾先生感慨道："一个越是有德的人，当他的地位越高，临事时就越是恐惧，越加小心谨慎……不但一国君主应该戒慎恐惧，就是一个平民，平日处世也应该如此，否则的话，稍稍有一点收获，就志得意满。赚了一千元，就高兴得一夜睡不着，这就叫作'器小易盈'，有如一个小酒杯，加一点水就满溢出来了，像这样的人，是没有什么大作为的。"

古人立身修德，求"海纳百川，有容乃大；壁立千仞，无欲则刚"之境界。目光短浅、骄傲自大之辈绝不会成就大事。

司马迁的《史记·陈涉世家》中载有一则故事：

陈胜称王以后，从前和他一起当雇工的一个穷朋友听说了，便来找他。这个人敲着宫门嚷道："我要见陈胜！"守宫门的卫士要绑他，他一再解释，才没被绑，但卫士始终不肯给他通报。后来陈胜出来了，这位穷朋友挡着路直呼陈胜的名字。陈胜无奈让他上车一同回宫。从此以后，这人时常随便出入宫殿，还情不自禁地说了他过去和陈胜在一起时的旧情。于是有人对陈胜说："这个人愚昧无知，专说些不得体的话，有损您的尊严。"陈胜听后，没有经过再三思虑，就把这人杀了。此后陈胜的老朋友都自动离去，没有人敢再接近他了。

陈胜是杰出的农民起义军领袖，这是大家都承认的，他的失败有多重原因，但他自身的原因却不容忽视，这等气量怎能让人与之为伍，为他打天下？他又怎能令天下百姓心向往之，甘心为其子民呢？气量小，不容人，熟人和故交也离你而去，孤家寡人难成大业；气量大，能容人，可化敌为友，纳天下英才而用之，事业岂有不兴旺的道理！

这就是气量，这就是胸怀。大胸怀成就人生的大规模，而小胸怀只能囿于方寸之地。

大胸怀是大海，纳百川，载千舸，容万物，育众生。大胸怀是高山，不厌细尘，不嫌怪石，披风雪，湍瀑布，生草木，活鸟兽。大胸怀是大地，默默承载，无怨无悔。无论是刀枪剑戟，车轮滚滚，炸弹核武，还是巨峰的重压，江河的撕扯，铁蹄的践踏……都能够平静地忍受。大胸怀是天空，默默包容，从不逃避。不管是阴云风雨、万钧雷霆，抑或朗朗晴空、朝霞彩虹，或是沙暴埃砾、日月星辰，它都能以寥廓之胸怀容之。

人生不如意事，十之八九。面对挫折、苦难，是否能保持一份豁达的情怀，是否能保持一种积极向上的人生态度，这需要博大的胸襟、非凡的气度。其实，生命本身就是一种幸福，逆境能磨炼意志，不必计较一时的成败得失。"风物长宜放眼量"，人生重在追寻长久的精神底蕴。忍受孤独，在彷徨失意中修养自己的心灵，这就是最大的收获，如蚌之含沙，在痛苦中孕育着璀璨的明珠。

做平常事，得异常福

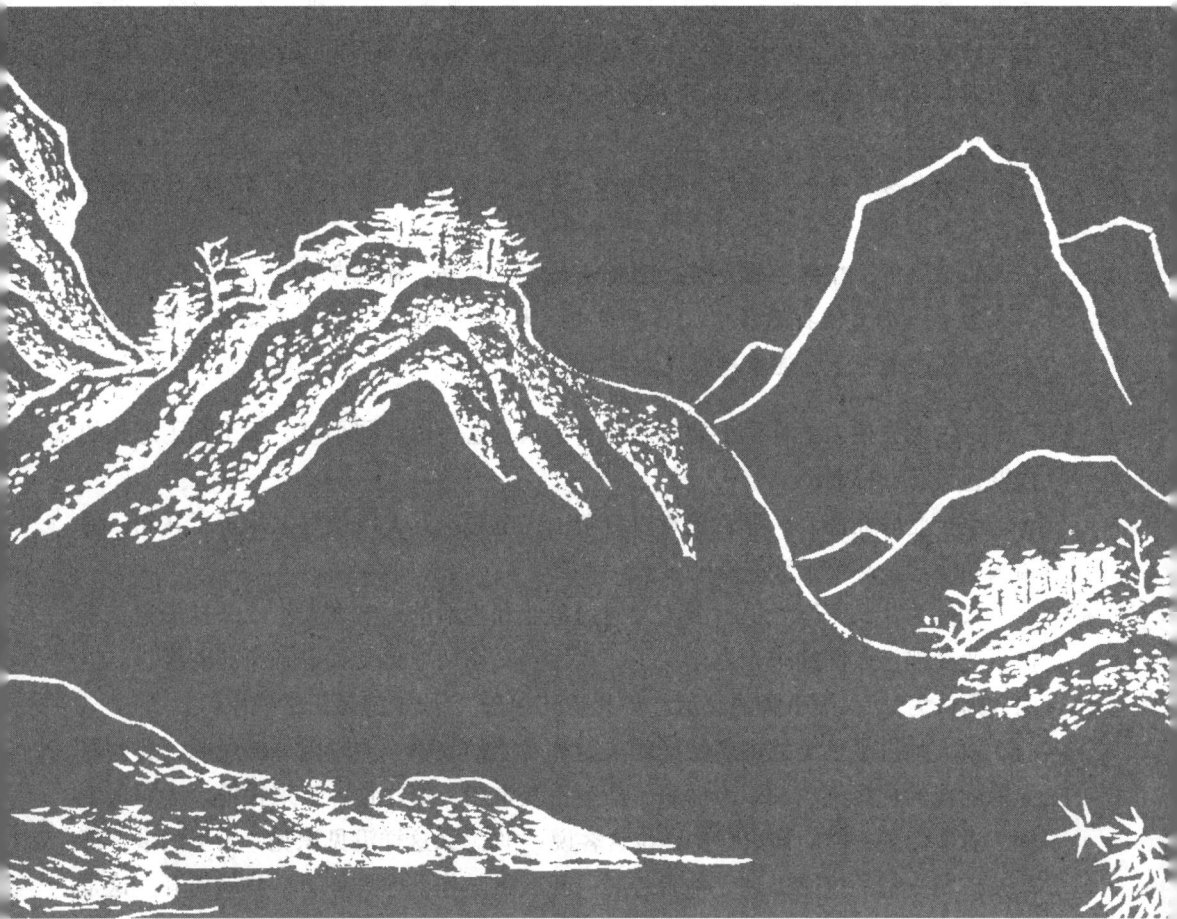

一身荣辱自心知

我们平时把宠辱不惊视为高姿态、高境界。要摆出这么高的姿态比较容易，真到达到这么高的境界，还是有些困难。所以平时"受宠"时，就会惊喜不已；一旦失宠或受辱，就会惊恐不安。

南怀瑾大师讲了一个"受宠"而惊喜失态的故事：

清朝时，有一个书生，每次参加县试都不中。那时中了秀才叫"老生"，未中叫"童生"。这个书生已经过了中年，还是个童生，心里难免不是滋味。有一年，他正好与儿子同科应考。到了放榜这一天，儿子看榜回来，知道已经录取，赶快回家报喜。他的父亲正好关在房里洗澡。儿子敲门大叫说："爸爸，我已考取了！"

老子在房里一听，便大声呵斥说："考取一个秀才，算得了什么？这样沉不住气，大声小叫！"

儿了一听，吓得不敢大叫，便轻轻地说："爸爸，你也考取了！"

老子一听，便打开房门，一冲而出，大声呵斥说："你为什么不先说？"他忘了自己光着身子，连衣裤都还没穿上呢！

这位老先生大概称得上宠辱若惊了，只是这一惊非同小可，几乎到了忘我的程度，又有点特别。

至于受辱而惊恐，那就更难以自禁了。电影里，大臣被皇上斥责了几句，便磕头如捣蒜，甚至于头都碰出血来。

人们为什么宠辱若惊？因为宠辱对事业和生活的影响太大了。一旦失宠，不仅事业受挫，人们的眼光也全变了，让你真真切切地感受到世态炎凉的滋味。但南大师认为，"人际事物的交流，势利是其常态"，原本就是正常现象。

南大师讲了一个战国名将廉颇失宠和受宠的故事：廉颇因事被免职，那些原先追随他的食客都离开了。后来，廉颇重获重用，那些食客又来找他。廉颇很生气，对他们说：你们快滚吧！一位食客说："你怎么这样没见识呢？天下的事，都是按市场交易的规则办理。你得势时，我就追随你；你失势了，我就离开。这是理所当然的事，你何必埋怨呢？"

这位食客说的话也并非没有道理。好比员工去一家公司打工，如果公司繁荣，他会在公司干下去；如果公司倒闭了，老板开不出工资了，员工当然要走。

同样的事也曾发生在战国四公子之一孟尝君田文身上。田文当相国时，门下有食客三千人。后来，国王对他起了疑心，将他撤掉，结果那些食客几乎都跑光了，只有一个名叫冯谖的人仍然跟着他。后来，在冯谖帮助下，田文重新当上了宰相，尊荣更胜从前。那些当初弃他而去的食客，都向他表示出很懊悔并想继续追随他的意思。田文很生气，恨恨地对冯谖说："他们当初弃我而去，现在还有脸回来？谁好意思走到我面前，我一定要将唾沫吐在他脸上！"

冯谖不以为然地说："事物有它必然的规律，事情有它本来的道理，您何必生气呢？"

田文说："我比较愚蠢，不明白您的意思。"

冯谖说："活着的人一定会死，这是事物必然的规律。富贵了，宾客自然多；贫贱了，宾客自然少，这是事情本来的道理。您一定见过菜市场的情景吧？早上，人们争先恐后地挤进去，因为里面有他们需要的东西；傍晚，人们甩开大步走过去，不会多看一眼，因为里面没有他们需要的东西了。这是很正常的事情。以前，人家争先恐后地来投奔您，是因为您这儿有他们需要的东西；后来他们离开您，是因为您这儿已经没有他们需要的东西了，有什么可抱怨的呢？"

田文恍然大悟，心里的怨意顿消。后来，那些食客陆续前来投奔，他一如既往地接待他们，毫无芥蒂。

因为得宠和失宠对自身关系是如此之大，难怪人们会绞尽脑汁甚至拼了命去求宠而免辱。这就有点过头了。正如老子所说："及吾无身，吾有何患？"等到把这条小命都拼掉了，即使想担心都不行了。那还不如带着担心好好活着。如果能进而修炼到宠辱不惊的境界，就更妙了！

随遇而安，不强求结果

《道德经》第四章，是对"道"的描述，让后世学道者大伤脑筋。学过西方哲学的现代人，用"自然规律"来理解"道"，就很简单了。

所谓"道冲而用之，或不盈"，一切都包含在自然规律之中，没有什么能把它填满。

"似万物之宗"，即一切都在按自然规律产生、发展和消亡，它好像是万物的源头。

"挫其锐，解其纷"，谁也看不见、感受不到自然规律是如何在发挥作用的，它却把一切安排得很好，几乎是"按需分配"。人长两条腿走路比较方便，所以长了两腿，而不是三条。两只眼睛看东西比较方便，所以是两只眼睛，而不是三只或一只。总之，一切的一切，都显得那么和谐自然。

"和其光，同其尘"，自然规律存在于万事万物中，无论这个东西多么虚幻、细微，甚至人的梦境中也有自然规律存在。

"似或存，吾不知谁之子，象帝之先"。自然规律好像存在，又没有人见过它，找也找不到；又好像不存在，它却时刻在发挥作用。万物因自然规律而生，那么自然规律又是如何产生的呢？这个问题，不仅老子不知道，我们现代人也不知道。老子打了一个比方：我不知道它是谁的儿子，它好像还是天帝的先人。也就是说，早在天地诞生之前它就存在，天地也是依自然规律而生。

以上观之，老子对"道"的描述跟我们现代人对自然规律的描述几乎是一样的，作为一个两千多年前的人，能达到这种认识高度，确实不简单，令人敬佩。但后世"修道"者对这段文字的理解往往有偏差，所以在修炼过程中，也难免有一些不合道的行为。

对"冲而用之"一语，有的人理解为"无求无欲"，这已偏于佛家的"色即是空，空即是色"的观点。宋代理学家在借鉴佛、道思想的基础上改进儒学，提出"存天理，灭人欲"的观点，完全违背了老子的自然之道。因为欲望本来发乎自然，勉强去灭掉它，就不自然了，但过度的欲望也不自然。好比男女之欲，一夫一妻非常自然，帝王却占有那么多女人，完全超过自身所需，就违反天之道了！

如何运用"冲而用之"的规律呢？虚心而已。对人、对事物不存偏见，就为智慧留出了空间，使你能随时获得新知；不满足现状，不固守一隅，就为事业留出了空间，使你随时能从事感兴趣的工作。

对"挫其锐，解其纷"一语，有的人理解为隐藏自己的锋芒，不与人争斗。这就像只要黑夜不要白天一样。老子强调的只是顺其自然，根据目前的状况和自身拥有的条件，该怎样做就怎样去做，不勉强为之而已。假如形势有利，因为害怕出头而退避不前，等于勉强不为，也不符合自然之道。

对"和其光，同其尘"，有的人理解为隐藏光芒、混同于世俗。所以历史上不少能人异士放弃表现机会，退而为隐士，甚至混迹于市井之间，与普通人无异。这就像用紫檀木做猪栏，有点浪费材料。

如何运用"和其光，同其尘"呢？依自己的努力和机缘，随遇而安，能上能下，能进能退，不强求结果。身份显赫时，不得意忘形；身份卑微时，不自轻自贱，把任何境遇都看成一种正常状态，因为它本来就是一种正常状态。没有谁天生注定应该显赫，也没有谁天生注定应该卑微。为什么显赫的一定是自己呢？为什么卑微的一定是别人呢？没有这个道理。

总之，老子的道是鲜灵活泼的。用一些晦涩的概念解释道，就违反了自然之道；用一些僵化的观点限定道，也违反了自己之道；用一些神秘的理论演绎道，更是违反了自然之道。如果做人能做到无滞无碍，无可无不可，无求无不求，也就称得上顺其自然、与道相合了！

花开花落任自然

人们习惯于根据自己的喜恶评价人和事——有的人好，有的人坏；有的人招人喜欢，有的人真讨厌；有的事好，有的事坏；有的事让人开心，有的事让人难过。到了菩萨境界的人，看世界、看世人、看世事，都没有偏见，一切都如风过水流、花开花落，自然而然。具体而言，有以下四种心态：

一是"不与法缚，不求法脱"。"法"有方法、规律的意思，按佛家的说法，包括世法和出世法。"世法"是凡世总结出来的规律或所采用的方法。"出世法"是指佛法。两者可能有共通之处，但有时又截然相反。比如，"世法"提倡持之以恒，佛法提倡"勇猛精进"，两者都差不多。"世法"曾经认为：万般皆下品，唯有读书高。但佛法却认为"众生平等"，两者的说法又不一样。

有菩萨境界的人，无论对世法还是出世法，都不认为一定是对的或错的，既不会固执地坚持某种法，也不会刻意抛弃某种法。如果固执地坚持，就会为法所束缚；如果执意要抛弃，同样会为法所困。打个比方，中国古代讲仁义道德，讲忠孝节义，讲三纲五常，讲来讲去，讲得人人变态，这就是为法所缚。现代人刻意抛弃过去的老古董，什么都不讲，结果价值观发生了紊乱，社会道德水准严重滑坡，这就是为法所困。

如果人们知道自己为法所缚、为法所困，那么就会努力寻求解脱而求得自由。问题在于人们成了法的奴隶而不自知，蒙昧无知地生活。

那么我们也可能正在为法所缚而自己一无所知。打个比方，有人认为"好人无好报"而不敢做好人。这也许只是根据某些特殊事例得出的结论，那么好人究竟有没有好报呢？在什么情况下有好报而什么情况下无好报呢？可能持有这种观点的人根本不清楚。

二是"不厌生死，不爱涅槃"。何谓涅槃？南大师说："涅槃很难解释，有翻译成寂灭，不很恰当，有翻译为圆寂，也不很适宜。佛在'涅槃经'说是：'常、乐、我、净。'这还是一面，再加上'清净圆明'，这便是涅槃的境界，也是悟道成佛的境界，也就是一切众生自性的境界。"由于是一种境界，一种自我心灵体验，就很难解释究竟是什么东西。前面提到，大清名臣曾国藩老年时说自己已活到"可生可死"，大概正是所谓"不厌生死"的境界。曾国藩是因为功成名就，人生价值已经充分实现，才达到这种境界。接下来的平凡日子，多几天还不至于不习惯，少几天也不至于有遗憾。但他"不爱生死"，却爱"涅槃"，心里有所执念，还没修到菩萨的高度。

庄子却从另外的角度来探讨生死的问题。他打了一个比方说：以前郑国有一位美女，被国君选为妃子。美女听说要离开家乡去王宫，心里很痛苦，很害怕，不知王宫里面过的是什么样的日子。进了国都，当了妃子后，她的日子过得十分舒畅，想起当初的担心害怕，实在没有道理。最后庄子说：同样的道理，我们今天害怕死亡，万一死后比现在更舒畅，那么，现在的害怕不是多余吗？

庄子的比喻很有趣，但不一定能让每个人信服。怕死或不怕死，都是一种自我感受，不见得听了一番道理，就从胆小鬼变成勇士。

三是"不敬持戒，不憎毁禁"。南怀瑾大师说："我们学佛的人特别'敬持戒，憎毁禁'，每人都拿一把尺去衡量别人，都拿道德标准去要求别人，从来不反省自己，从不要求自己，是不是怎样？然后，听到某人学佛吃素，好！有善根！好像不信佛就是坏人、魔鬼、不屑与之为伍。这些都不是学佛者所持的态度，真正的学佛是'不敬持戒，不憎毁禁'。做人本来就应该道德好，道德不好的人更值得同情，更应该帮助他，这才是慈悲的精神。"

其实不仅学佛的人有门户之见，各行各业都有。用自己的道德准则衡量别人的现象更是普遍——我觉得这样对，我觉得那样好；我觉得应该这样，我觉得应该那样，总之"我"字当头。学佛就是要学掉这个"我"字，承认世界上有跟自己不一样的人，承认每个人有跟自己不一样的想法。

据说，在罗阅祇城有一个婆罗门，他常听说舍卫国的人孝养父母、信仰佛法，心中十分向往，想去舍卫国观光并学修佛法。

他来到舍卫国，看见农夫父子二人在田中耕地、播种。忽然，一条毒蛇爬到那儿子跟前，将他咬死。那父亲不但不管儿子，仍然接着干活，连头也没抬。

这个婆罗门大为惊奇，便上前问他原因。农夫说："人的生老病死及世间万物的成、好、坏、失，都是自然规律，忧愁啼哭有什么用呢？如果伤心得饭也不吃水也不喝，不是跟死人一样吗？你要进城，路过我家时，请替我捎个话：儿子已死，不必准备两人的饭菜了。"

这个婆罗门心里暗想："这个人真没有人情味啊！"

他进入舍卫城，来到农夫的家，见到他的妻子，便说："你儿子已经死了，他的父亲让我捎话说，准备一个人的饭就行了。"

他以为那妇人会号啕大哭，谁知她却说："人生如住店，随缘而来，随缘而去，我儿子也一样啊！"

这个婆罗门怀疑自己是否走错了国家，他心里暗道：我听说这个国家的人民如何慈爱、如何孝顺，才想来这儿学佛修道，没想到，如今碰上这种没有人情味的人。这种人怎配信佛修道呢？

他百思不得其解，决定去请教伟大的佛陀。佛陀已明白他的来意，故意问他为什么忧愁。他说："遇事不合我的想法，故而忧愁。"

佛陀又问："遇上何事不合你的想法呢？"

他如实向佛禀告了他路上所见之事。

佛陀说道："善男子，这些人是真正明白人生事理的啊！他们知道人生无常，伤心悲哀无济于事，故能正视世间及人生的自然规律，也就无有忧愁！尘世之人不明白生死无常的道理，互相贪着爱恋，等到突发事件一来，就懊恼、痛苦得难以自制。"

佛陀又说："世间俗人长时间被贪、瞋、痴三种烦恼侵扰，不能自拔。如果能明白无常之道理，能明白佛法苦、集、灭、道的道理，那么自然烦恼尽除，都能成就佛道啊！"

这个婆罗门恍然大悟！于是他决定皈依佛法，精修出世法。

在这个故事中，农夫夫妇的儿子死了，他们却表现得平静如水，毫无悲哀，这种反常的举动确实让人想不通。即使经佛解说，仍然难以想通。其实，我们用不着把所有的问题都想通，也不可能办到。既然如此，就用不着多想。遇到自己不理解的人和事，用不着按自己标准批评或肯定，只需知道，世界上有这样的人，有这样的想法，仅此而已！

四是"不重久习，不轻初学"。这个道理很好理解，有的人一辈子从事某项工作，技艺平庸无奇；有的人学习三年两载，即成高手。按资历论人，当然没有道理。即使你是这一行的高手，也没有必要轻视新手，因为他目前达到的水准，不过是跟你过去某个时候的水准一样而已，轻视他不等于轻视自己吗？

生活就是禅，禅就是生活

佛家的修行，并不总是盘腿坐在那里，敲着木鱼念经，闭着眼睛默想。吃饭穿衣也是修行，乃至一言一行都是修行。对佛教徒来说，生活就是禅，禅就是生活。我们不妨看看南怀瑾大师介绍佛教徒是如何在生活中修行的。

"佛的戒律，规定弟子们喝一杯水，必须先用一块布滤了以后，才可以喝。为什么呢？'佛观一碗水，八万四千虫'。佛的眼睛，看这一碗水，有八万四千个生命。几千年前他这样说，也没有人相信，觉得他很琐碎，现在科学进步了，都相信了。还有佛的戒律，规定弟子们每餐饭后都要刷牙，没有牙刷，用杨柳枝。所以观世音菩萨净瓶里泡的有杨柳枝，大概一方面洒水用，一方面刷牙用。把杨柳枝剪下，放在水里泡，然后拿石头把根根这一节一敲就散开了，用来刷牙齿。这些生活的规律，都属于佛戒律的范围，礼仪都是非常严格的。拿现在的观念来讲，各种的卫生常识，早就有了……"

"佛的戒律是日中一食，每天中午吃一餐……早晨是天人吃饭的时间，中午人道吃饭，晚上鬼道吃饭。佛采用的制度，以人道为中心，日中一食；后世弟子们，过了中午一点钟就不吃饭了，这个是佛的制度。"

"……其实佛的衣服就是那件袈裟，我们现在出家人所穿的这个衣服，是明朝老百姓的便服，所不同的是出家人的颜色朴素而已。分别身份就在头发，出家人是光头，在家人有头发，衣服都是一样的。佛的衣服是一件袈裟，又称福田衣，袈裟的横条、直条，依照受戒的情形都有规定。条纹像一块田一样，是为众生培福的标记，所以叫作福田衣。"

"化缘，规定弟子们不要起分别心，穷人富人一样，挨次去化，不可以专向穷人化缘，或专向富人化。譬如迦叶尊者，是印度的首富出身，但是他特别同情下层的贫苦社会，所以他都到贫民区去化缘，同时收些弟子也都是穷苦的人。另外一个弟子须菩提尊者则相反，喜欢到富贵人家乞食化缘，佛曾把他们两人叫来说：你们这个心不平，不管有钱没钱，有地位没地位，化缘的时候，平等而去，此心无分别，而且人家给你多少就是多少，这一家不够，再走一家。我们现在看到出家人站在门口拿个引磬叮叮，那个就是释迦牟尼佛留下来的风范。"

在《金刚经》的起首的这段文字，讲的就是佛祖释迦牟尼日常生活中的一个片断，对此，南大师赞不绝口。他说："所以我说这一本经是最平实的经典，佛像普通印度人一样，光脚走路，踩了泥巴还要洗脚，非常平凡，也非常平淡，老老实实的就是一个人……洗完了脚把自己打坐的位置铺一铺，抖一抖，弄得整整齐齐，也没有叫学生服侍他，更没有叫个佣人来打扫打扫，都是自己做。生活是那么严谨，那么平淡，而且那么有次序。由这一段看来，金刚经会使人觉得学佛要设法做到佛的样子才好，不像其他经典那样，把佛塑造得高不可攀，只能想象、膜拜。看了金刚经，佛原来同我们一样的平常，虽是太子出家，但是他过的生活同平民一样。当时印度的阶级森严，他却指定一个最低贫民出身的弟子优波离尊者，执法管纪律，任何人犯了法都一样处理。所以在现实的生活里，在最平凡中，建立了一个非凡神圣的境界，也就是佛的境界。"

毫无疑问，佛祖确实是在平平凡凡的生活中达到了佛的境界。那么一般僧众是否也能在平平凡凡的生活中提升境界呢？又如何通过生活的修炼提升境界呢？

首先可以肯定，如果一个僧人能够自我约束，严格遵守各项戒律，境界就比一般凡夫高了。普通人贪图生活享乐，是不管什么戒律不戒律的，只要不受惩罚，什么都敢吃，什么都敢穿，什么都敢做，即使可能受惩罚，也是敢吃、敢穿、敢做的，要不然违规、违纪、违法的现象就不会这么多了。这种自我放纵的做法，好像一股浊水，哪儿低就往哪儿流，一点境界也没有。当然这不是说每一个人，而是说有些人。大部分凡夫还是有一定自我约束力的，只是约束力不够强罢了，所以叫作凡夫。如果约束力很强，就不是凡夫了。

境界比凡夫高了，又如何更上一层楼呢？生活中处处有禅，能不能领悟，这要看各人的悟性。

有一天，佛陀刚刚用完午餐，一位商人来请求他除惑解疑。佛陀将商人带入一间静室，十分耐心地听商人诉说自己对往事的追悔和对将来的担忧。商人讲完了，佛陀温和问他："你可吃过午餐？"

商人点头说："已吃过。"

佛陀又问："炊具和餐具都收拾干净了吗？"

商人忙说："是啊，都已收拾干净了。"

佛陀默然不语。

商人急切地问："您怎么问我一些不相关的事呢？请您给我的问题一个正确答案吧！"

佛陀微微一笑，说："你的问题你自己已经回答过了。"

商人带着一脸疑惑离开了。过了几天，他终于领悟了佛陀开示的佛理，来向佛陀致谢。佛陀这才对商人及众弟子说："谁若对昨天追悔烦恼，对明天忧愁妄想，他将成为一棵枯草！"

那么，佛陀向商人开示的佛理是什么呢？一些事情的发生，就像饿了要吃饭一样，自然而然；一些问题的解决，就像吃了饭要洗碗一样，理所当然。只要恬淡地看待自然而然的事，悠闲地解决理所当然的问题，何必对可能之事、解决不了的问题想得太多呢？

一天，有源禅师来拜访大珠慧海禅师，问道："和尚，您也用功修道吗？"

大珠慧海回答说："用功！"

"怎样用功呢？"

"饿了就吃饭，困了就睡觉。"

有源禅师不解地问："如果这样就是用功，岂不是所有人都和禅师一样用功了？"大珠慧海说："当然不一样！一般人吃饭时不好好吃饭，有种种思量；睡觉时不好好睡觉，有千般妄想。我和他们不一样。"

是啊，普通人做任何事总是瞻前顾后，有这样的考虑，那样的担心。打个比方，路上遇到一个领导，该不该打招呼？如果打招呼的话，人家会不会笑我巴结领导？如果不打招呼的话，领导会不会埋怨我不懂礼貌？其实，打个招呼是自然而然的事，想这么多干什么？如果没打招呼，跟领导擦身而过，心里又琢磨开了：他会不会给我小鞋穿？他会不会炒我鱿鱼？其实，不想打招呼就算了，结果如何都是自然而然的事，想这么多干什么？

打个招呼这么小的事都能想上一大堆，一天会遇到多少这样的事？心里就像塞满了乱麻似的，"剪不断，理还乱"。由于心理压力太大，食欲不振、失眠多梦的毛病也随之附身，也就吃不好睡不香了。这不是自寻烦恼吗？

通过在生活中修行，悟到"饿了就吃饭，困了就睡觉"，吃得饱，睡得香，境界就比较高了。如何在此基础更上一层楼呢？还是要在生活中修行。

有一天，一个学僧来请赵州从谂禅师开示禅的真谛。赵州反问："你吃粥了没有？"

"吃了！"学僧老老实实回答。

"去食堂洗钵盂去！"第一位学僧听到这些似有开悟。

一个新来的学僧也来请赵州从谂开示禅的真谛，赵州问他："你来多久了？"

"今天刚到！"

"你吃过茶没有？"

"吃过了！"

"到客堂报到去！"

一个随赵州从谂修学了十几年的学僧不满地说："弟子前来参学，十年有余，不曾蒙受老师开示，今日想辞别下山，到别处去参学！"

赵州故作惊讶地说："你怎可如此冤枉我，你每天拿茶来，我为你喝，你端饭来，我为你吃；你合掌，我低眉；你顶礼，我低头，哪里有一处没有教导你？"

学僧听了，若有所悟。

赵州又说："但尽凡心，别无圣解。"

这个学僧终于恍然大悟。

赵州从谂禅师开示的禅理，耐人寻味：每个人只需要顺从本心，自然而然地做自己想做又该做的事就行了。如果不想做或不该做，就不要做好了。如果认为只能对现实屈服，做不想做的事，就自然而然地去做。因为想做不想做的事，等于想做的事，何必愤愤不平、满腹抱怨呢？总而言之，只要顺众本心，自然而然，没有多余的想法，心灵自然清净，也就近于佛道了。

是夸是毁，心里有底

俗话说：谁人背后无人说，谁人背后不说人？按人们的一般习惯，在背后说人，通常是为了贬低别人，抬高自己，很少说人好话，这是出于竞争的需要。可是，每个人都渴望得到赞美而不希望被人非议，这是正常的心理需求。这一来，竞争的需要和正常的心理需求之间就产生了矛盾。赞美人人需要却又难得，非议人人厌恶却又无处不在。

怎么调节这一矛盾呢？只能依靠智慧。如果我们不想被别人的议论所左右，就要克服需要赞美的冲动，理智地评估自己，而不依赖别人的评价。

从心情上来说，我们当然希望别人把自己看高一点。但我们要知道，人不是被别人看高的，也不会被人看低，我们的高度永远等于实际高度，而不是被人丈量的高度。一个巨人，哪怕全世界都嘲笑他来自"小人国"，他仍然是一个巨人。相反，如果他是武大郎，哪怕全世界都夸他是一个巨人，他仍然是武大郎。

所以，我们要致力于提升自我高度，而不是跟别人争高论低。如果我们把姿态放低一点，把态度放谦逊一点，更足以证明人格的高度。

人在社会上行走，往往毁誉随身，经常被拔高或贬低，要想保持自我，就需要很强的心理素质。南怀瑾大师说："'举世誉之而不加劝，举世毁之而不加沮。'真的大圣人，毁誉不能动摇。全世界的人恭维他，不会动心；称誉对他并没有增加劝勉鼓励的作用；本来要做好人，再恭维他也还是做好人。全世界要毁谤他，也绝不因毁谤而沮丧，还是要照样做。这就是毁誉不惊，甚至到全世界的毁誉都不管的程度，这是圣人境界、大丈夫气概。"

南怀瑾大师特别推崇宋朝的改革家王安石。他说："据历史上记载，有一个人就有这股傻劲，王安石就有这种书呆子的气魄。王安石这个人，过去历史上有人说他不好，也有人说他是大政治家，这都很难定论。但是王安石有几点是了不起的，意志的坚定，是一般人所不能。他有过'天变不足畏，人言不足惧，祖宗不足法，圣贤不足师'的倔劲。没有把古圣贤放在眼里，自己就是当代的圣贤，可见这种人的气象，倔强得多厉害。相反的，说他是魔道呢？但也难下断语。他一辈子穿的都是破旧衣服，乃至他当宰相的时候，皇帝都看到他领口上有虱子。眼睛又近视，吃菜只看到面前的一盘，生活那么朴素，可是意志之戆，戆得不得了。他对毁誉动都不动，表面上的确不动，实际上内心还是动的。所以这一段可以作为我们的座右铭，能够做到毁誉都不动心，这种修养是很难的。"

通常来讲，我们在过高的赞美面前还比较容易保持冷静，在不恰当的批评和恶意的诋毁面前就很容易失去常态。我们经常看到一些社会名流忙于辟谣，忙于与人争辩，我们也经常看到一些普通人因为受到不公正评价而垂头丧气、心灰意冷。这恰恰中了诋毁者的圈套。

其实，我们不妨从反方向来看待他人的诋毁。它至少能证明一件事：你很出众。没有人会花工夫去诋毁一个叫花子，嫉妒者的矛头只会对准高于自己的人。中国有句古话："木秀于林，风必摧之；堆出于岸，流必湍之；行高于人，众必非之。"绝大多数成功人士都遭遇过不公正的指责，比如，美国最伟大的总统乔治·华盛顿也曾经被人家骂做"伪君子"、"大骗子"，是一个"只比谋杀犯好一点点的人"。他骑马从街上走过的时候，一大群人围着他又叫又骂。

华盛顿的战友、起草《独立宣言》的杰弗逊，在竞选总统时，得到过这样的评价："如果这个人当选了总统的话，我们就会看见妻子和女儿成为合法卖淫的牺牲者。我们会大受羞辱，受到严重的损害。我们的自尊和德行都会消失殆尽，使人神共愤。"既然这些伟大人物都会被人诋毁，你有同样的遭遇，又有什么可生气的呢？又何必对不公正的评价耿耿于怀？

如果你想表现得比庸人优秀，就要习惯与他人的诋毁为伴。当你遭到诋毁时，不妨把卡耐基这句话默念三遍："不公正的批评通常是一种伪装过的恭维。"

患得患失，百事不成

孔子把患得患失的人说得很可怕：无所不用其极。生活中确实有这种人，为了一己之私，什么卑鄙下流、凶狠残暴的手段都用得出来。但这种人通常成不了气候，即使侥幸做成大事，也不能持久，后果往往很悲惨。

但有一个人似乎例外，那就是《三国演义》里的曹操。他误杀吕伯奢的家人并虐杀吕伯奢本人后，竟然说："宁可我负天下人，不可天下人负我。"一个人为了一己得失，不惜与天下人为敌，可他却做成了大事业，结局也不坏。这是什么原因呢？因为这是罗贯中塑造人物形象的需要，并不完全是真正的史实。据《三国志》记载，曹操当时说的是："宁可我负人，不可人负我。"这个"人"字，是"他"的意思，主要针对吕伯奢而言，打击范围小多了。何况，即使曹操真的有"宁负天下人"的想法，他也并没有这样做。相反，他还为老百姓做了很多兴利除害的事，当他的马践踏麦田时，还"割发代首"以自罚，并没有无视他人利益的举动。当他诚心聘请祢衡时，祢衡竟脱掉裤子骂他，搞得他下不了台，明显有负于他，他却没有因此杀掉祢衡。可见偶尔"人负我"，他也是能容忍的。所以，曹操的例子，并不能说明患得患失而无所不用其极的人能有好结果。

但是，患得患失的人也并不都像孔子所说的那样会无所不用其极。我们每个人都或多或少有些患得患失的毛病，绝大多数人不会采用不正当手段，这种毛病的直接伤害对象往往不是别人，而是自己。为什么呢？这种毛病使我们该下决断时迟疑不定，因而错过机会；使我们做事时因紧张不安而出现不该有的失误，遭致意外的失败。

兵法说："三军之灾，起于狐疑。"既担心这个，又担心那个，进攻怕敌人抄了后路，防守怕敌人断了粮路，后退又怕中了埋伏，既想这样，又想那样，迟疑不定，即使能打赢的仗也会打成败仗的。

在生活中也是这样，很多事情之所以失败，并不是能力不足、条件不够、机遇不好，而是患得患失，以至心态失常、行动走样，正常的能力发挥不出来。

夏朝的后羿，是天下闻名的神箭手——这个后羿不是神话中射掉九个太阳的人，而是一个诸侯国的国君。他有着百步穿杨的好本领，无论立射、跪射、骑射，百发百中，从不失手。

夏王听说他的名声后，想一睹神技，就把他召来，命人在御花园立起一个兽皮箭靶，靶心约一寸见方，然后说："请先生展示一下精湛的本领。为了使这次表演不至于因为没有彩头而沉闷之味，我来给你定个赏罚规则：如果射中，我就赏赐给你黄金万两；如果射不中，就要削减你一千户封地。现在请先生开始吧！"

后羿听后，面色顿时变得凝重起来。他慢慢取出一支箭，搭上弓弦，摆好姿势，谨慎地瞄准起来。如果是平时，他信手一箭，也能射中靶心，可是，想到这一箭射出，要么得到黄金万两，要么失去千户封地，关系何等重大，心情顿时紧张起来，拉弓的手也微微发抖。他瞄了很久，几次想把箭射出去，又收回来，继续瞄准。后来终于下定决心，松开了弦，箭应声而出，却射在离靶心足有几寸远的地方。如是者数箭，竟没有一箭射中靶心。

后羿无奈，满面羞愧地收拾起弓箭，勉强赔笑着向夏王告辞，悻悻地离开了王宫。对这一结果，夏王既感失望，又心存疑惑，就问手下："听说此人箭技通神，每发必中的，今天看来，也平常得很，难道是浪得虚名？"

一位大臣解释说："后羿平日射箭，因为没有赌注的压力，心情放松，水平自然可以正常发挥。可是今天他射箭的成绩直接关系到他的切身利益，叫他怎能静下心来呢？看来一个人只有真正把得失置之度外，才能成为当之无愧的神箭手啊！"

后羿不是常人，他在得失面前也难免发挥失常，何况一般人呢？要想避免患得患失的危害，就要努力培养平常心，使自己达到"泰山崩于前而色不变"的境界，就能把自己的能力发挥到极致了。韩国围棋天才李昌镐就是一个这样的人，无论多么重要的对局，他都能保持一颗平常心，好像没有什么事能扰乱他的心神一样，因而被誉为"石佛"。有此定力，难怪他成为世界围棋第一人。

如何保持平常心呢？最好不把得失放在心上，但这很难做到。有没有比较容易做到的呢？以下四个方法值得一试：

第一，身体调节法。当你感到紧张时，进行深呼吸，直至心情平静下来。人在紧张时，大脑缺氧，指挥失灵，很容易失误，进行深呼吸，可给大脑充氧，有利于保持冷静。还可以用手掐自己的皮肉，疼痛感能分散注意力，可以暂时摆脱担心或渴望的事，有利于恢复平静。

第二，坦陈恐惧法。如果在他人面前感到紧张，不妨主动说出来："我现在感到很紧张，我怕会说不好。"或者"我很紧张，做得不好请别见笑。"当你说出自己的紧张时，你会发现，紧张感很快就消失无踪了。

第三，自我鼓劲法。当你担心做不好或说不好时，就在心里暗暗给自己打气："怕什么，车到山前必有路。""我一定能行。"等等。当你这样说时，勇气会渐渐充满全身。

第四，破罐破摔法。先设想最坏结果，然后对它表示轻视。比如电影里经常有人说："怕什么！大不了一死。""怕什么！掉了脑袋不过碗大的疤，二十年后又是一条好汉。"说这种话的人，并非真的无所畏惧，更不是对生死无所谓，其目的是平息紧张心情。

我们平时一般不会面临生死考验，大不了丢人、赔钱或输比赛之类。运用此法时，就可以说："怕什么！大不了让大家笑我，反正不会笑死我。""怕什么！大不了赔个精光，重新再来。""怕什么！大不了这次输了，我下次再赢他。"当你对最坏结果表示轻视时，勇气就滋生了。丘吉尔说："勇气使危险减半。"当一个人滋生出勇气时，最坏的结果通常不会发生。

贫穷不潦倒，富贵不骄狂

中国自从有了"万般皆下品，唯有读书高"这句话后，看人的眼光就走样了，好像只有当官做学问才是高尚职业，其他的都属"贱役"。不过，也许中国人的眼光在此之前就走样了。起码在汉朝时就有职业歧视，比如商人不得骑马，不得穿绸缎衣服，为的是"重农抑商"。后来的职业歧视就更严重了，几乎无处不在。中国人也总是活在别人的眼光里，活在别人的比较里，活得没了个性，没了自我。

我们原本是为自己而活，为自己而工作，何不学学佛的平常心呢？平静地做自己的事情，平静地修炼自己的内心，平静地追求自己的快乐，这样不是更好吗？

第一，无论穷达都不失本色。一个人最重要的是他的心，他的思想。心没变，人就没变；心变了，人也变了。至于名声、职位、穷富、年龄等，都不过是外在的形式而已。好比一颗宝珠，放在名贵的檀木匣里，它本身的价值不会增多一分；放在普通的纸盒里，它的价值也不会降低一分，又何必因为外在的形式而忽略自己的内心呢？

有一次，卫国将军文子向子贡请教："季文子三次穷窘，三次发达。这是为什么？"

子贡说："他穷窘时侍奉贤德的人，他发达时举荐穷窘的人，他富有时救济贫穷的人，他显贵时礼待卑贱的人。穷窘时侍奉贤德的人，就不会自暴自弃；得志时举荐穷窘的人，就能得到忠实的朋友；富有时救济贫穷的人，父老乡亲就乐意亲近他；显贵时礼待卑贱的人，百姓就会拥护他。他得志是必然如此，失意是时运不济。"

文子说："必然失意而不能得志的原因是什么呢？"

子贡说："穷窘时不侍奉贤德的人，发达时不举荐穷窘的人，富有时不救济贫穷的人，显贵时不礼待卑贱的人，这样的人，他得志是时运好，他失意是必然如此。"

这个季文子，他始终持有一颗善良的心，无论得意失意都不改此心，并在力所能及的范围内帮助别人，可谓善于保持本色了。那么，命运让他三起三落，又怎么能降低他人生的价值呢？

第二，尊重普通劳动者，不轻视任何劳动。工作没有贵贱，任何一项有益于人的工作，都值得我们去做；任何一个忠于职守的人，都值得我们尊敬。

美国的孟菲斯大学，最近为一名工作了三十一年的黑人妇女的退休举行了隆重的庆典，并把她的名字刻在校内一座纪念碑下面的大理石上。难道她是一个知名教授或杰出学者吗？不是。她只是一名清洁工，在这里任劳任怨地干了三十一年，她的敬业精神值得任何人尊敬，所以学校把她的名字庄重地刻在最显眼的地方。

这就是孟菲斯大学对普通劳动者的态度，在这里，只有人而没有权力和资历，这种平等的态度不是很值得我们学习吗？

在我们眼里，做清洁是最"低贱"的工作，可是，美国一些百万富翁的儿子，常在校园里拾垃圾，把草坪和人行道上的破纸、冷饮罐收集起来，学校便给他们一些报酬。他们一点儿也不觉得难为情，反而为自己能挣钱而感到自豪。这种不轻视任何劳动的心态，不是也很值得我们学习吗？

第三，富贵而不骄狂。一个人富贵了，如果缺乏涵养，自我评价就急剧升高，难免意气飞扬、脚不沾地，不把一般人放在眼里。一个有修养的人，却能保持平常心，不骄不躁。

吴起在魏国任主将时，有一天，他骑马出门办事，在大街上看到一个人很面熟，像他儿时的好友韩熊。他试探着叫了一声："韩大哥！"

那人果然是韩熊，听到叫唤，转过头来，看了半天，才认出吴起来。吴起非常高兴，紧紧握着韩熊的手，久久地不肯松开，显得十分亲热。闲谈中，吴起得知韩熊就在这一带做皮货生意，便热情地邀请他到自己家里做客。韩熊说，他有急事处理。吴起就请他办完事后，到自己家里吃饭。韩熊答应了。

吴起回家后，吩咐厨师准备好酒好菜，然后一边看书，一边等待韩熊。可是，一直等到天黑，韩熊还没有来。吴起早就饿了，但他还是耐心等着。夜深了，他估计韩熊不会来了，只好上床睡觉，但始终没有吃饭。

原来，韩熊认为吴起现在地位崇高，不会把他这个小商人放在心上，请他吃饭不过是客套话而已，因此他没有赴约。

第二天一早，吴起就派人去将韩熊请来。当韩熊得知吴起为了等自己，一夜没有吃饭，感动地说："您的地位变了，您的心一点儿没变啊！"

人格杰出的人，不会因地位变化改变自己的习性。吴起地位变了，待人接物的心态却一如既往，可谓善于保持本色啊！

第四，贫穷而不潦倒。一个人富有了，还比较容易保持平常心，一旦贫穷了，就容易心态失常，自信心没有了，进取心没有了，甚至善良之心也跟着没有了。其实贫穷只是一种暂时的状态，才能、美德，才是我们永久的财富。只要这些东西没有失去，又何必受那些暂时的不利情况困扰呢？

有一次，庄子去拜访魏王。他穿着一身补了又补的破衣裳，鞋子也破得套不住脚了，只好用麻草将鞋子绑在脚上。魏王看到他这副打扮，吃了一惊，问："先生为什么会潦倒如此呢？"

庄子正色道："是贫穷而不是潦倒。读书人有事业，有德行，却实行不了，这就是潦倒。衣服破了，鞋子破了，是贫穷而不是潦倒。这就是常说的不遇时啊！大王难道没见过那些会爬树又会跳高的猴子吗？当它找到了楸树、樟树等高大乔木时，便能攀着树枝，荡来荡去，既惬意又自如，即便后羿和逢蒙这样的古代射手，也不能斜眼看它。这是它遇到适合环境时的情景。当它来到黄桑林、小枣树，乃至枳壳、枸杞这类低矮的林木中时，那它就只有小心翼翼地步行，连眼睛也不敢斜视。这并不是它的筋骨变得僵硬，不柔韧灵活了，而是环境不利，不能施展它的技能了。"

庄子的话固然有道理，但他穿得那么狼狈，居然敢去见大国国王，何等洒脱，何等自信，实在令人敬佩啊！

何妨得意，不可忘形

孟子一生，他的思想不为当世君主所接受，还受到各种中伤。但他为人豁达，说"行或使之，止或尼之，行止非人所能也"。意思是我的思想如果可行，那么自然会被推行。如果行不通，我自己也会见势而止。而行得通或行不通则不是人力可以决定的，需要靠天意。

南怀瑾先生认为，这句话正体现了孟子的人格魅力，即"达则兼济天下，穷则独善其身"的精神，得机会，救天下，救国家，救社会；不得机会，则自己修身养性。一切处之泰然，正是：宠辱不惊，闲看庭前花开花落；去留无意，漫随天外云卷云舒。

沈万三，明初江南首富，原籍为浙江湖州南浔。洪武三年（1370年），输粮京师，明太祖亲自召见，故其名噪一时。为明太祖修建南京城，他捐了大量资财。《明史·马皇后传》记载："吴兴富民沈秀者，助筑都城三分之一，又请犒军。帝怒曰：'匹夫犒天子之军，此乱民也，宜诛之。'后曰：'其富敌国，民自不详。不详之民，天将灾之，陛下何诛焉？'"沈万三终因其富可敌国，成为皇家的心腹大患，家产被抄，全家被发配到云南。

俗话说："何妨得意，不可忘形。"沈万三虽富可敌国，却不知隐其锋芒，得意忘形，终落得家破人亡的悲惨境地。

据史书记载：唐朝的一个督运官在监督运粮船队时，不幸遇大风，船被打翻，粮食受到损失，时任巡抚的卢承庆在考核他的时候说："监运损失粮食，成绩中下。"督运官听到评价，一句话也没说，只是从容地笑了笑便退了出来。卢承庆对他的气度和修养颇为欣赏，就把他叫回来重新评估道："损失粮食非人力所能及，成绩中中。"督运官仍然没说什么惭愧的话，只是笑笑而已。卢承庆深为他的坦荡胸怀所感动，最后评价他："宠辱不惊，遇事从容，成绩中上。"

在浩如烟海的历史人物中，一个小小的督运官能引起人们的注意，并在唐书中专门为他记上这么一笔，不是因为别的，就是因为人们推崇他"宠辱不惊，遇事从容"的心态和修养。人的一生总会遇到这样那样不顺心的事，最难得的是能够保持宠辱不惊的平常心。

林语堂先生说过："一个强烈的决心，以摄取人生至善至美；一股殷热的欲望，以享乐一身之所有，但倘令命该无福可享，则也不怨天尤人。"这是对平常心精辟的解释。

三伏天，寺院里草地枯黄，很是难看。小和尚看不过去，对师父说："师父，快撒点种子吧！"师父说："不着急，随时。"

种子到手了，师父对小和尚说："去种吧。"不料，一阵风起，种子撒下去不少，也吹走不少。小和尚着急地对师父说："师父，好多种子都被吹飞了，可惜。"师父说："无妨，吹走的是空的，撒下去也发不了芽，随性。"

种子入地，飞来几只麻雀，在土里一阵刨食。小和尚急得连轰带赶，然后向师父报告说："种子都被麻雀吃了，如何是好？"师父说："何必如此着急，种子多着呢，吃不完，随遇。"

半夜，一阵狂风暴雨。小和尚来到师父的房间带着哭腔对师父说："这下全完了，种子都被雨水冲走了。"师父答："冲就冲吧，冲到哪儿都是发芽，随缘。"

几天过去了，昔日光秃秃的地上长出了许多新绿，连没有播种到的地方也有小苗探出了头。小和尚欣喜地说："师父，快来看哪，小草都长出来了。"

师父依然平静如昔地说："应该是这样，随喜。"

平常心就是这种"随"的精神，该怎么样就怎么样，一切顺其自然，不患得患失。平常心就是对生命透彻的领悟，古人曰：生命薄如蝉翼，存在就该满足。这是有一定道理的，如果真的能够理解这句话，那一切烦恼困顿，均可弃之风中，不必挂怀。只要领悟生命的真谛，知晓生之弥足珍贵，就会以一种平和的心态善待一切。

拥有一颗平常心是一种境界，在达到这种境界之前，我们需要走过极为坎坷的心路历程，经历险峰、幽谷。只有这样，才能真正领悟世事沧桑，才能淡然面对人间的是是非非，保持心灵的宁静。

平常心是尘世中的微笑，是对物欲的淡泊，是风浪中的平静，是困厄中的坦然，是平常事物中的朴素哲学。拥有平常心，"不以物喜，不以己悲"，明心见性。

寡欲是幸，知足是福

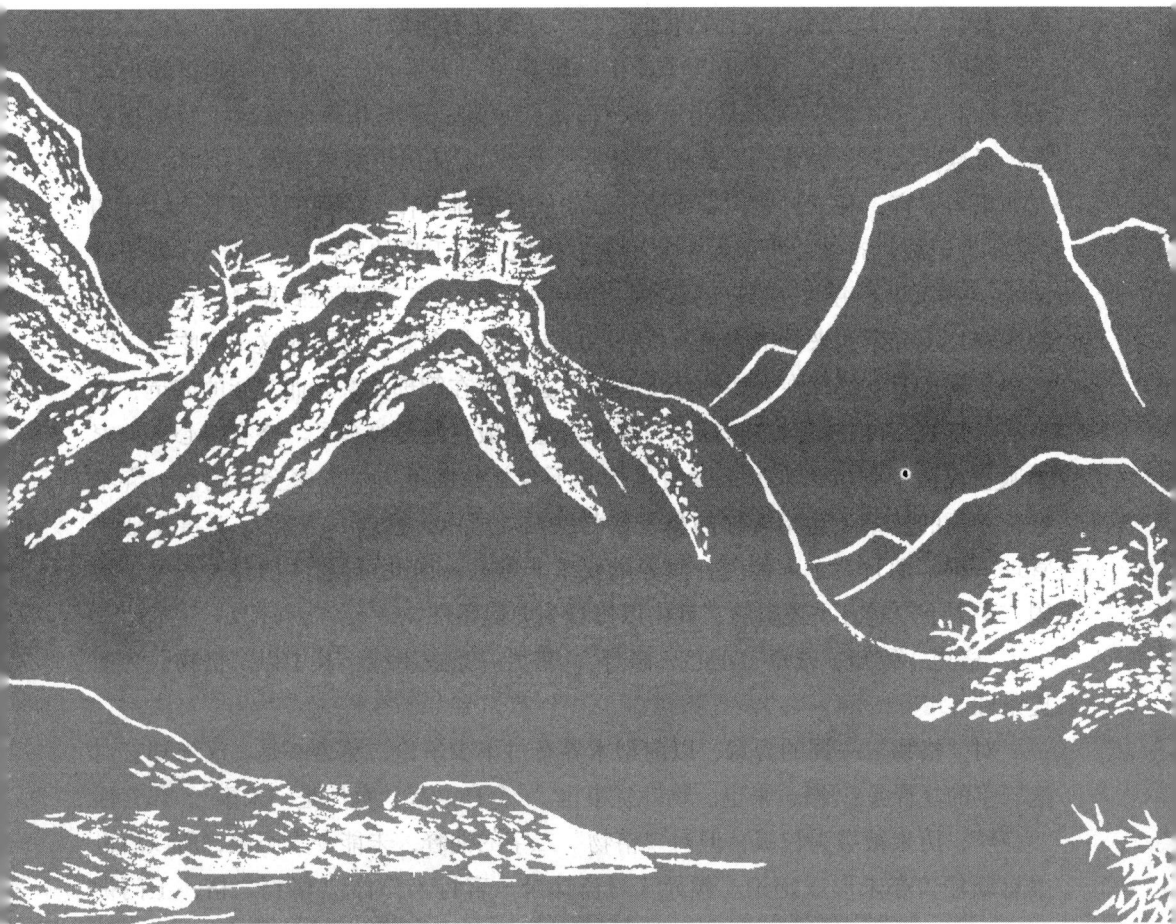

贪婪导致愚蠢

儒家的"修身、齐家、治国、平天下",在现代人看来,有些不合逻辑:能管好一个家庭,真的就能管好一个国家吗?

我们当然得以《大学》成书的年代为背景来探讨它的含义。那个时候的国家自然没有现在这么大,方圆几百里、上千里的诸侯国能有几个,多数是方圆几十里乃至几里的小国。而那时候的家就远远不止现在这么大。现在一个家庭一夫一妻一个孩子,父母虽然健在,但老两口怕跟儿媳闹意见,还不愿住到一起,"自成一家"。人口这么少,说到"管理"二字好像还有点夸张。

那时一个家庭一个妻子几个妾生一堆孩子一大堆孙子,聚到一起挤满一屋子。而且这个"家"字不是指家庭,而是指家族;不是指一个家族,而是指三族:母族、父族、妻族。三族的事都是"家事"。从历史资料来看,那时一个士人如果当了官,有了封地,需要给三族的成员安排工作,使他们获得收入。比如《说苑》记载,齐景公听说晏子家里穷,想把一个千户的县邑送给晏子,晏子辞谢说:"我家里不穷啊!君王的赏赐,使我父、母、妻三族都受到恩泽,还惠及我的朋友,还有余钱来救济穷苦百姓。""朋友"是指食客,也要靠这个官吃饭。既然跟三族及朋友都存在密切的经济关系,必然存在管理关系。而三族的成员,个个沾亲带故,"打断骨头连着筋",那比管理一般百姓要难多了。略有偏心,人家不服;说话不到位,人家不爱听;稍有不合礼仪的地方,人家会说闲话,弄不好,年高的长辈还会指着你的鼻子数落一顿。所以,管理一"家",难度不亚于管理一国,而且对个人能力、修养的要求非常高。由此可见,"修身、齐家、治国、平天下"是合乎逻辑的,其中以修身为前提条件。

"格物、致知、诚意、正心、修身",是另一条逻辑线,其中以"格物"为前提条件。

对"格物"一词的含意,以前学术界有过不少争论,莫衷一是。汉末郑玄对这二字的注释是:"格,来也。物,犹事也。"合在一起,竟然是"来事"。郑玄注"六经",历来被奉为权威,但对"格物"二字的注释,未能令人心服,所以后世屡有新注,亦未形成定论。颜元《习斋馀录·言行录》称:"格物之格,王门训正，朱门训至，汉儒以来，似皆未稳。元谓当如史书'手格猛兽'之格，'于格杀之'之格，即孔门六艺之教是也。""王门"是指王守仁，即我们比较熟悉的王阳明。"朱门"是指朱熹，被后世称为"圣人"。两人都是南宋理学的代表人物。王阳明是"心学"创始人，而朱熹是理学的集大成者。

朱熹对"格物"二字的理解上承程颢、程颐。二程认为："格犹穷也，物犹理也，犹曰穷其理而已矣。"（《程氏遗书》），朱熹也认为格物就是穷物之理。

王阳明以前也相信"穷理"说，据南怀瑾大师介绍说："他在少年时期，研究探讨儒家的理学，好学深思，要想明白'致知在格物'的真义，便曾对着竹子，用心去格。竹子是物，用心对着竹子在格物，这不能说是不对吧！他是打起精神，用心不乱，专心致志去格竹子。不像陶渊明的'采菊东篱下，悠然见南山'那样轻松潇洒；也不像李白的'相看两不厌，只有敬亭山'那样的闲情逸致。所以他格了不久，格到心胸发病了！因此，后来他才下一定论，'格物'的意思，是格去心中的物欲，并非是对着外物来硬格的。"

王阳明晚年几乎只讲"致良知"三字，他曾把"格物致知"之法概括为四句话："无善无恶是心之体，有善有恶是意之动，知善知恶是良知，为善去恶是格物。"（《传习录》）由此可以看出，他对"格物"的理解是去除贪欲而存其良知。很显然，南怀瑾大师比较认同这一观点。王阳明是在参融儒学、佛学的基础上开创"心学"的，而南大师也往往以佛学为基础参研其他学说。两人在这点上倒是一致的。

"致知"的"知"，是智慧，不是知识，如果想获得知识，读书就可以了，用不着跟贪欲过不去。要获得智慧就没这么简单。

去除贪欲跟增进智慧有什么关系呢？智慧的特点是自由思考，无拘无束。而物欲就像一根绳索，牵住你的思维，左右你的思想，让你患得患失，无法自由思考。物欲越多越强烈，绑的绳索越多越粗，就动弹不得了。

当然，像追求爱情、追求吃饱穿暖这种基本欲望，是去除不了的，"格物"的目的在于去除贪欲，并尽可能减少不必要的物欲，尽量扩张思想的空间，使智慧更通达。

所谓贪欲，就是追求本不属于自己的东西，或自己不该享有的东西。那么，什么东西不属于自己或不该享有呢？这是一个涉及法律、道德、伦理、制度、价值观等多方面的综合性话题，一言难尽。大致上来说，自己没有对等付出的东西是不属于自己的，与自身条件不适配的是自己暂时不该享有的。所谓"暂时"，是因为人们可以通过努力改善现有条件。所以说这是一个很复杂的问题。

如果心里有了贪欲，智力就会急剧下降，可能最基本的常识都不懂了。

有一个佛经故事：

古时候，菩萨转生为树神。有一次，波罗奈举行祭祀活动，人们在广场、大路等各个地方撒下鱼肉等许多食物，还放置许多碗，里面盛满了酒。

有一只豺，半夜偷偷地吃了鱼和肉，还喝了酒。

由于酒喝得有点过量，豺昏头昏脑的，钻进树丛，一觉睡到天亮。醒来一看，天已大亮，心想：人们看见我，肯定会打死我，现在我不能出城。于是，豺走到路边，趴在隐蔽的地方，盯着来来往往的行人，一声不吭。后来，豺看见一个婆罗门在水池中洗脸，心想："婆罗门都是贪财的。我如果用钱财引诱他，他肯定会答应我的要求。"

于是，豺走过去，对婆罗门说："婆罗门啊！我有两百金币，如果你将我抱在怀中，藏在衣服里，不让任何人看见，带我出城，我就告诉你金币在哪儿。"

婆罗门一听，马上就同意了。他依豺所说，将豺带到了安全地方。豺说："婆罗门啊！将你的上衣铺在地上吧！"

婆罗门一心想着财宝，把上衣铺在地上。

"你就在这棵树底下挖吧！"

婆罗门专心挖地的时候，豺爬到婆罗门的上衣上，在四角和中央涂上屎和尿，把上衣弄得又脏又湿，然后溜进坟场的树林里。

菩萨站在树枝上，念了一首偈颂：财迷心窍婆罗门，居然相信偷酒豺，一百贝壳也没有，两百金币从何来？

在这个故事里，豺隐喻社会上那些偷盗行骗的坏人。我们看这个故事时，肯定觉得这个婆罗门太傻了，居然相信一个坏蛋。这是因为我们此时对这二百金币没有贪欲的缘故。如果受到现实中某个坏蛋二百金币的引诱，脑筋是否还有这么灵光，就不一定了。否则，生活中也不会有那么多人上当受骗，也不会有那么多人受人利用。

如果有效戒除了贪欲，智慧就清澈明亮了，在做人做事时，没有非分的想法，只知以己之力，取己当得，诚意就显示出来了。没有投机取巧的念头，只求毫无水分的业绩，心态就端正了。没有损人利己的行为，只有助人为乐的事迹，品德就彰显出来了。到了这一步，修身的功夫已经做得很不错，接下来"齐家治国平天下"，都没有人会不服气。

有没有机会"治国、平天下"，又要看境遇。有治国之能却没有治国的机会，也要心平气和地对待。因为有治国之能的人很多，不是非把这个机会给你不可。如果抱怨什么"千里马常有，而伯乐不常有"，这也是贪欲，说明修身的功夫做得并不够。

此外，儒家的"治国、平天下"，主要讲"德化"，而不是"权治"。一个君子，总是能够用自己的美德熏陶、感化世人，小则改善一个地方的风气，大则改善一个国家的风尚。孔子从来没有当过国王，但他的学术、美德影响直达两千年之后，你能说他没有"治国、平天下"吗？

学问越多越好，贪欲越少越好

如何获得一个充实、快乐的人生，有一个要点：学问越多越好，贪欲越少越好。

学问越多，你对世态人情的理解越透彻，就没有那么多愤愤不平，没有那么多牢骚和抱怨，心态就越平和；贪欲越少，你的压力越小。因为我们想得到的东西永远比能得到的东西多，你想得到的东西越多，与现实的差距越大，缺憾也会越大。相反，想得到的东西越少，缺憾越少。一个学问大而贪欲少的人，怎么会不感到充实而快乐呢？

那么，如何做学问和减少贪欲呢？

第一，读书也要读人读事。

做学问光读书不够，还要读人读事。有的人上知天文，下知地理，对历史上发生的事了如指掌，对外国发生的事也略知一二，学问好像很大了，可是要他出个主意办个事，他却不行，出的全是馊主意，办的全是糊涂事。这是什么原因呢？因为他读不懂人，读不懂事。读书可以关在屋里一个人用功，办事却得跟人打交道，跟事打交道，读不懂人，读不懂事，能干什么呢？

据报载，某女博士乘车时，竟被一个乡下农妇以介绍工作为名，卖到了山区。这个女博士读的书一定不少，可是对人对事太不懂了，那就不能认为她学问多。

如何读人读事呢？方法很简单：多跟人打交道，多接触一些实际，并留心从中总结规律。

很多人不喜欢读人读事，他们老是想："这个人跟我无关！""这件事跟我无关！"然后急急忙忙让自己跟这个人和这件事划清界限。这样，他们将错过无数做学问的机会。

按照哲学的观点，"世界是相互联系的"，没有任何一个人或一件事"跟我无关"。比如，那个人很穷，好像跟我的财运无关。但他却有一个发财的兄弟，通过他，也许能得到一个赚钱机会；那个人相貌丑陋，好像跟我的爱情无关。但她却有一个漂亮学妹，通过她，也许能找到一段美妙的爱情；那个人很陌生，好像跟我的生活无关，可是我脚上穿的这双鞋子，没准就是经她手制造出来的……世间人和事，仿佛被一根看不见的线串在一起，弄清其中的关系，是世间最大的学问。老子、孔子、苏格拉底、柏拉图以及其他无数智者，都在探究这门学问，我们怎么能轻视它呢？

当然，大千世界无穷，人的智力有限，人情世态，不是那么容易看懂的。我们经常不能发现身外的人和事跟自己有什么关系，这也很正常。要是一看就懂，还用得着读人读事吗？只要我们养成事事留心的习惯，能看懂的东西必然越来越多。

此外，在一件看不懂的事情中，总有能看懂的部分。在多数时候，我们对事物的认识，只需要得到某个印象就够了。种种印象积累到一定程度，自然会产生反应，迸发出奇妙的灵感。佛家讲"顿悟"，孔子"五十而知天命"，都是积累的结果。只要我们留心积累，终有"世事洞明"的一天，到那时，也就用不着声嘶力竭地唱这首歌了：借我借我一双慧眼吧，让我把这世界看个清清楚楚明明白白真真切切……

第二，"需求越少的人越接近上帝"。这句话是西方哲人苏格拉底说的。他还说："这个世界上有两种人，一种是快乐的猪，一种是痛苦的人。做痛苦的人，不做快乐的猪。"

痛苦经常来自于经济拮据，苏格拉底一生都很贫穷，却不以贫穷为苦，因为他的欲望很少。他丢掉自家的雕刻店不管，跑到街上去当一个不拿薪水的"道德教师"，给那些认识的和不认识的人讲哲学。他说："别人为吃饭而活着，我为活着而吃饭。"

苏格拉底经常穷得连鞋也买不起，所以喜剧诗人阿里斯多芬塑造的苏格拉底的舞台形象是光脚的。好在他对生活的需求甚低，安于艰苦的生活。无论酷暑严寒，他都穿着一件普通的单衣，经常不穿鞋，日常的饮食简单异常，酒也不常饮。但事实上，他的酒量过人。据说，苏格拉底一次和几个朋友聚会探讨问题，他们畅饮一夜，别的人到黎明时分都醉倒在地，只有苏格拉底清醒如故。

苏格拉底认为："当心灵沉潜于其自身之中而不为声色苦乐所挠扰的时候，当它摒绝肉体而向往着真善美的时候，这时的思想才是最好的。"苏格拉底还认为，绝对的正义、绝对的美与绝对的善都是有的，但只能由理智的眼力才看得见。因此，当我们局限于肉体感受时，当灵魂被罪恶所染时，我们求真理的愿望就不会得到满足。

苏格拉底并不是一个纯粹的禁欲主义者，他并不认为哲学家应该完全禁绝日常的快乐，他只是说哲学家不应该成为它的奴隶，不应该醉心于恋爱的快乐，或华贵的衣鞋，或其他的个人装饰，而应该全心全意关怀着灵魂。

苏格拉底的生活方式也许是我们难以接受的，但正如他所说，"需求越少的人越接近上帝"。从客观上来，一个人的需求越少，他越不容易被名利的绳子勒住脖子，于是他就能更自由地思想和行动，他就更容易获得平静的快乐。

在肉体享受和精神追求的问题上，东西方智者的观点惊人的一致。有的印度僧人或西藏僧人只缠一块腰布，只吃白饭，只靠着非常微薄的布施维持生活，他们的精神却很快乐。老子也在他的《道德经》中说："圣人为腹不为目。"意思是说，圣人追求内心享受而不沉迷于肉体的快乐。

这是否可以说明肉体享乐与精神追求确实相互矛盾呢？并非如此。只要秉承老子的"顺其自然"的理念，肉体享乐与精神追求完全可以达成一致。其要点是：要追求，但不强求。

打个比方，人是要吃饭的吧，那就去工作赚钱。赚钱多就吃好一点，赚钱少就吃差一点，既不懒惰，也不强求发财，尽自己的能力，做到什么程度就是什么程度。在当今社会，要解决吃饭问题还是很容易的。顺其自然地去做，命运就全在自己的掌控之中。如果为了发财而采用不正当手段，脖子就等于被一根看不见的绳子拴住了，这时恐怕就是"万事不由人"了。

追求爱情也是这样，爱上一个漂亮姑娘，就大大方方、诚心诚意去追求，追求不到就算了，用不着强求，总会遇到有缘人的。

大致来说，如果一个人将欲望降低到"衣食男女"的基本程度，身心所受的束缚就相当少了，这才是真正的自由。

各有各的境界，各有各的自在

《庄子·内篇·逍遥游第一》中，庄子用拟人的手法，描绘了一个有趣的画面。"蜩与学鸠笑之曰：'我决起而飞，抢榆枋而止，时则不至，而控于地而已矣。奚以之九万里而南为？'"其中"蜩"就是蝉，"学鸠"是一种小鸟，这是一鸟一虫的对话。一只小虫与一只小鸟，都没有看到过大鹏，因为大鹏一飞起来，它们看都看不见。不过它们听别人说了大鹏高飞的事，觉得十分好笑：那个大鹏鸟真是多事，何必飞那么远？像我，"决起而飞"，从这棵小树一下就飞到那丛草上去了。大鹏是"怒而飞"，小鸟小虫是"抢榆枋"，这之间何止天壤之别，这就是人生境界的不同，南怀瑾先生如是说。

小鸟小虫还自鸣得意，我跳得很远嘛，也很痛快，"时则不至"，时间不够，万一我飞不到，忽然掉下来，"而控于地而已矣"，也不过是掉在地上，也不会摔死。它们也觉得自己很了不起，所以取笑大鹏鸟的多余，飞到南极去干什么呀？人生境界关系个人的成就、品位与气度。人生境界有高有低，有狭有宽，有大有小，境界在哪里，人生就到哪里。

一位留学美国的中国学生曾和朋友谈起过自己看问题视野的变化，读来让人深思。

由于小学成绩优秀，他考上了县城的中学。他发现自己再不能像在小学时那样稳拿第一了，于是产生了怨恨：比自己好的同学原来都有自动铅笔、漂亮书包，自己却没有，上天真是不公平。不过经过几年的苦读，他成为县中学的第一了。而他又觉得：人与人之间还是不平等的，为什么自己没有好的文具呢？中学毕业后，他考上了京城一所大学，可好景不长，他的学习成绩连中等也保不住了。看到城里的同学优裕的物质条件，想想自己清贫艰苦的求学生涯，觉得上天的确不公平。五年后，他以优异的成绩留学海外，在面对一个更宽广的世界时，所有的嫉妒、自卑、怨恨忽然一扫而光了。

有人说人生就是一次次的选择，可是在不同的时期、不同的人生境界中我们的选择标准也会随之发生变化。自己选取的比较标准发生了变化，视野就不一样了，以前可能只看到自己身边的一人一草一木，当眼光变得长远、辽阔了以后，看到的就是大不同的更宽广的世界。

或许，境界不同也各有各的自在，但人生总是要由自己写就，自我满足与自鸣得意，换来的只能是生活的讥讽。

有一个美丽的故事：

一个偏僻遥远的山谷里，在一个高达数千尺的断崖的边上，不知何时，长出了一株小小的百合。百合刚诞生的时候，如同杂草，但它心里知道自己并不是一株野草。它的内心深处，有一个纯洁的念头："我是一株百合，不是一株野草。唯一能证明我是百合的方法，就是开出美丽的花朵。"有了这个念头，百合努力地吸收水分和阳光，深深地扎根，直直地挺着胸膛。终于在一个春天的清晨，百合的顶部结出第一个花苞。百合的心里很高兴，附近的杂草却很不屑，它们在私底下嘲笑着百合："这家伙明明是一株草，偏偏说自己是一株花，还真以为自己是一株花，我看它顶上结的不是花苞，而是头脑长瘤了。"它们讥讽百合："你不要做梦了，即使你真的会开花，在这荒郊野外，你的价值还不是跟我们一样？"

偶尔也有飞过的蜂蝶鸟雀，它们也会劝百合不用那么努力开花："在这断崖边上，纵然开出世界上最美的花，也不会有人来欣赏呀！"百合说："我要开花，是因为我知道自己有美丽的花；我要开花，是为了完成作为一株花的庄严使命；我要开花，是由于自己喜欢以花来证明自己的存在。不管有没有人欣赏，不管你们怎么看我，我都要开花！"在野草和蜂蝶的鄙夷下，百合努力地释放内心的能量。终于有一天，它开花了，它那灵性的白和秀挺的风姿，成为断崖上最美丽的风景。这时候，野草与蜂蝶再也不敢嘲笑它了。

百合花一朵一朵地盛开着，花朵上每天都有晶莹的水珠，野草们以为那是昨夜的露水，只有百合自己知道，那是极深沉的欢喜所结的泪滴。年年春天，百合努力地开花、结籽。它的种子随着风，落在山谷、草原和悬崖边上，到处都开满洁白的百合。几十年后，远在百里外的人，从城市，从乡村，千里迢迢赶来欣赏百合开花，无数的人看到这从未见过的美，感动得落泪，触动内心那纯净温柔的一角。那里，被人称为"百合谷地"。

不管别人怎么欣赏，满山的百合花都谨记着第一株百合的教导："我们要全心全意默默地开花，以花来证明自己的存在。"人生境界大不同，即便你不能成为大鹏与百合，也不要沦为讥笑他人的虫草，有时别人的心志，你未必能了解。希望每个人都能找到属于自己的境界。

从今天起，做只容易满足的小鼹鼠

《庄子·内篇·逍遥游第一》中说到两只小动物的生活状态："鹪鹩巢于深林，不过一枝；偃鼠饮河，不过满腹。"小鸟生活在森林里，它只要求有一根树枝给它立足就很高兴了，觉得整个天地都是属于自己的，非常自由；口渴的田鼠去河边喝水，它只要求喝一点点水就满足了。南怀瑾先生说，小人物有小人物的境界，只要自己觉得满足就可以了，没有必要再去贪求其他多余的东西。知足者才常乐。

其实，我们每一个人所拥有的财物，无论是有形的，还是无形的，没有一样是属于你自己的。那些东西不过是暂时寄托于你，有的让你暂时使用，有的让你暂时保管而已，到了最后，物归何主，都未可知。南怀瑾先生认为，智者则把这些财富统统视为身外之物。如果过分地索求，只能成为你人生的一种负担，而它带给你的只有痛苦和对幸福快乐的无从把握。

皮克是地球上最快乐的流浪汉。

"我为什么不快乐呢？我每天都能讨到填饱肚子的食物，有时甚至还能讨到一截香肠；我每天还有这座破房子可以挡风遮雨；我不为其他的人做工。我为什么不快乐呢？"皮克这样回答那些羡慕他的人。

可是有一天，皮克脸上的快乐突然消失了，因为他捡到一袋金币，99块金币。

其实捡到金币的那个晚上，皮克是最快乐的了。"我可以不做叫花子了，我有了99块金币！99块，哈！我得再数数。"皮克怕这是一个梦，完全不敢睡觉。

第二天，皮克很晚也没有走出破房子，他要把这99块金币藏好，这真的需要费一番工夫。"我要是拥有100块金币就好了。我要有100块金币。"从来没有什么理想的皮克现在有了理想。他还需要一块金币。

晌午皮克才出去讨饭，不！他开始讨钱了，一分一分的。中午他很饿，但他只讨了一点儿剩饭。下午，他很早就"收工"了，他得用更多的时间守着他的金币。

"还差97分。"晚上他反复地数着他的金币，忘记了饥饿。一连几天，皮克都这样度过。这样过日子的皮克再也没有吃饱过，同时也再没有快乐过。

"皮克，你为什么不快乐了？"

"我是个叫花子，快乐个啥！"

皮克越来越忧郁，越来越苦闷，也越来越瘦弱了。终于有一天，皮克病倒了，可他仍只想着一件事：还差16分就100块金币了。

"皮克，你没有收到我的金币？"一个富商找到破庙里生命垂危的皮克。

"什么？"皮克惊问。

"皮克，你的快乐，是你的快乐救过我。3年前，我在一次买卖中赔尽了家产，但见到了快乐的你，我明白了身无分文的人也能快乐地生活。后来，我东山再起，赚了很多钱。那一次，我带着99块金币出来游玩，见到你，就把钱丢到了你要走的路上。可是你现在为什么还做叫花子呢？为什么不快乐呢？生了病为什么不拿钱去看病呢？"

"我想拥有100块金币。还差16分，就差16分。"

富商从腰里取出一块金币给他。皮克接过钱，把钱装进袋子里，然后又全部倒出来，很细心地数——他终于有100块金币了，还多了84分。皮克笑了，然后就昏倒了。

这时一个路人路过这里，见到昏倒的皮克，向富商问明了情况，便说："这下，完了！"

"怎么了？"

"人有了99块金币的时候，就会希望有100块金币。这是不可避免的贪欲，贪欲赶走了他的快乐。你要救他，就得向他索回那99块金币。现在，你满足了他的欲望，重病的他就失去了支撑下去的动力。你给他99块金币，你使世界上少了一个天使；你又给他一块金币，这就使世界上少了一个生命。"

富商试了试皮克的鼻子，皮克果然再也不会快乐了。

"人心不足蛇吞象"，它形象地表明了人的欲望是永远不会满足的，要想真正享受人生的乐趣，就需要一颗知足常乐的心。

知足是一种处事态度，常乐是一种幽幽释然的情怀。这种在平凡中渲染的人生底色所孕育的宁静与温馨，对于风雨兼程的我们来说是一个避风的港口。知足常乐，人生会多一份从容，多一些达观。

知足常乐，做一只容易满足的"鼹鼠"，幸福从今天开始。

一只自由游走的野鸡

庄子曾这样评论野鸡，并由此给我们讲了一个道理："泽雉十步一啄，百步一饮，不蕲畜乎樊中。神虽王，不善也。"野鸡为了生存，十步一啄，百步一饮，一天到晚四处找食。虽然如此，但它觉得很快乐，因为野鸡没被关在笼子里。而那些被关在笼子里的动物，虽然衣食无忧，可它们都为自由付出了沉重的代价。

南怀瑾先生说，自由是珍贵的，一旦失去就再也无法挽留，这也是做人的道理。自由是比任何物质的享受还要珍贵的。野鸡尚且如此，更不用说人了。

在科尔托尼村，有一个青年牧民名叫马尔丁诺。他老是身穿一件打补丁的厚呢短大衣，脚穿一双破鞋，头戴一顶旧草帽。尽管马尔丁诺穿着很寒酸，但他长得很漂亮，而且马尔丁诺的牧笛吹得比谁都好，他的歌声也比谁都嘹亮动听。

人们从不吝惜对马尔丁诺的赞美，久而久之，马尔丁诺变得骄傲起来。他觉得自己是一个非常了不起的人。

有一次，他来到一个森林里，觉得累了，就坐在林中草地的一块大石头上休息。他从衣袋里拿出了笛子，吹起了一首动人的曲子。

这笛声一直传到森林深处，森林仙女寻声找来。

"啊，你多幸福啊！"仙女望着马尔丁诺叫道，"听到你笛声的人都迷恋你，看到你的人都羡慕你！"

"你说什么？我可算是世界上最不幸的人了！正是因为那些讨厌的人们争相看我，我只得不停地从一个村子跑到另一个村子，活像个无家可归的流浪汉！要是我是一尊雕像就好了，那时我就幸福了！"

好心的仙女沉思了一下，然后同情地说："好吧！我可以使你得到幸福！这对我来说并不是一件难事。"说着，仙女用魔棒点了一下马尔丁诺。就在这一瞬间，马尔丁诺变成了一尊非常美丽的金雕像。

马尔丁诺的愿望实现了。慕名而来的人们从远近村子里赶来欣赏他。一到晚上，人们燃起火堆，草地上聚集着男女青年们，他们弹着手风琴唱歌，手拉着手跳起舞来。

只有马尔丁诺一动不动地坐在那石头变成的金块上，他是多么想跟大家一起唱歌跳舞啊！他还想把笛子举到唇边，吹一首动听的曲子，但他的手不听使唤。他想唱，但是金喉咙发不出一点声音来。他想找个漂亮的姑娘跳舞，但金腿离不开金块。马尔丁诺悲伤极了，他想哭，但是金做的眼睛流不出一滴眼泪。

就这样整整过了三年，森林仙女又飞到马尔丁诺金雕像的身边："英俊的小伙子，请你告诉我，你现在幸福吗？"金雕像不说话。

"啊！"仙女自责地说，"我忘了你不能回答！请你不要生气，我马上再把你变成活人！"

仙女又用她随身带着的魔棒轻轻地点了一下金雕像，马尔丁诺立即从石头上跳起来，拿着赤杨木笛子和粗布袋子，头也不回飞快地跑了。他一边跑一边喊："我现在知道了，自由才是最可贵的！再见啦！好心的仙女……"

在生活中，自由的内涵是丰富的：对于一个身陷囹圄的人来说，想去哪就去哪就是自由；对于一个疾病缠身的人来说，拥有健康就是自由；对于一个为高考埋头苦读的学生来说，不再有考试就是自由；对于一个要养家糊口的人来说，拥有钱就是自由……

同时，自由也是珍贵的，不要等到失去时才后悔莫及。对于一个渴望自由的人来说，选择做一只自由游走的野鸡远比困在樊笼里的孔雀要明智，因为自由是无价的。

一颗心，质朴如初

在《庄子》庖丁解牛的故事中，庖丁是道中高手，一把刀用了十九年还像刚刚出炉的刀一样新，这也从另一个侧面道出了做人的道理。每一个刚走上社会的人都是满怀希望与抱负的，然而一些人遭受多次挫折，经历艰难困苦之后，一颗原本质朴的心变了：爽直的人变得吞吞吐吐，心灵歪曲了，抱负丧失了，最后变得窝囊了。

南怀瑾先生认为，社会与环境不足以影响人。每一个人要有独立的修养，不受外界环境影响，永远保持一颗光明磊落，纯洁质朴的心。这才是做人的最高修养。

著名作家沈从文可谓是一个没有学历而有学问的学者。他怀着梦想刚来到北京闯荡时，一边在北大做旁听生，一边阅读大量书籍，并与诸多大师结识，不断成长。后来，他带着一身泥土气闯入十里洋场的上海，时间不长，即以一手灵气飘逸的散文而震惊文坛。

1928 年，时年 26 岁的沈从文被当时任中国公学校长的胡适聘为该校讲师。

在此之前，沈从文以行云流水的文笔描写真实的情感，赢得了一大批读者，在文坛享有很高的声望。但他给大学生讲课却是头一回。为了讲好第一堂课，他进行了认真准备，精心编定了讲义。尽管如此，第一天走上讲台，他心里仍不免发虚。

面对台下满堂学子，沈从文竟整整呆了 10 分钟，一句话也说不出。后来开始讲课了，由于心情紧张，他只顾低着头念讲稿，事先设计在中间插讲的内容全都忘得一干二净。结果，原先准备的一堂课，10 分钟就讲完了。接下来的几十分钟怎么打发？他心慌意乱，冷汗顺着脊背直淌。这样的尴尬场面，他以前可从来没有经历过。

后来，沈从文没有天南地北地瞎扯来硬撑"面子"，而是老老实实拿起粉笔在黑板上写道："今天是我第一次上课，人很多，我害怕了！"于是，这老实可爱的坦言"害怕"，引起全堂一阵善意的笑声……

胡适深知沈从文的学识、潜力和为人，在听说这次讲课的经过后，不仅没有批评他，反而不失幽默地说："沈从文的第一次上课成功了！"后来，一位当时听过这堂课的学生在文章中写道，沈先生的坦率赤诚令人钦佩，这是有生以来听过的最有意义的一堂课。

此后，沈从文曾先后在西南联大师范学院和北大任教。正因为不是科班出身，所以他并没有墨守成规，而代之以别开生面的言传身教的文学教育，并获得了成功。而他那"成功"的第一课，则在学生之中不断流传，成为他率直人生的真实写照。

莎士比亚曾经说过，老老实实最能打动人心。一句"我害怕了"，袒露了一代文学巨匠的质朴内心，面对失败不敷衍，不做作，不逃避，能老实可爱地袒露内心，这样的人当然会得到别人的谅解。质朴是这个世界的原始本色，没有一点功利色彩。就像花儿的绽放，树枝的摇曳，风儿的低鸣，蟋蟀的轻唱。它们听凭内心的召唤，是本性使然，没有特别的理由。

生活在世事纷扰的世界里，尔虞我诈让我们多了一些虚伪，钩心斗角让我们多了一些狡诈，世态炎凉让我们多了一些冷漠。南怀瑾先生说，人之所以苍老是由于受一切外界环境和自己情绪变化的影响，而保持一颗质朴的心，则可以让生命永远保持健康，让生命永远保持青春，把自己归与自然，回归生活的原始本色。

贪婪的人最贫穷，知足的人最富有

俗话说知足常乐，老子在《道德经》中也说过"知足者富"的话。但是人们的欲望往往很大，欲壑难填是常有的事。孔子在《论语·公冶长》里就与人讨论过这个问题，用他的话说："吾未见刚者。"或对曰："申枨。"子曰："枨也欲，焉得刚？"他认为一个真正刚强的人不是说脾气很大，也不是靠蛮勇之力，而是对人对事都没有什么欲求。所以我们常听老人说"人到无求品自高"。

一个人做到对什么都没有特别的欲求就不会害怕别人的要挟，因为他没有任何需要别人来施舍的。这种气度就是南怀瑾先生所说的"弃天下如敝屣，薄帝王将相而不为"。

所以智者说壁立千仞，无欲则刚。人只要有自己的喜好，一旦遇到自己中意的就要落入套中。爱财的人一见到金子就两眼发直，好色的人一见到美女就垂涎欲滴，喜欢附庸风雅的人看到古玩字画就走不动路。因此，人要真的无欲还真难。

狐狸和狼是死对头，在动物王国中，它们一直在明争暗斗，渴望更高的位置和权力。但是狼比狐狸走运，狼被提拔了，而狐狸却什么也没得到。

怎样搞掉狼呢？狐狸冥思苦想，终于想出一条计策。

狐狸去拜见狼，诚恳地说："狼大哥，过去我有对不起你的地方，是我错了，你一定要原谅我呀。"

狼见狐狸登门认错，心里得意，摆出大仁大义的样子说："没什么，过去的事情就别提了，咱们团结一致向前看。"

狐狸与狼倾心长谈，积极为狼出谋划策，临走时，非要留下点小礼品不可。狼觉得也不能太不给狐狸面子，就收下了，反正狐狸也没有什么要求。

狐狸隔三岔五来走动，每次来都带些礼品，不轻不重，狼渐渐地也就习以为常了。

有一天，狐狸对狼说："现在羊和猪在争一块草地，羊跟我关系不错，你看能不能帮羊说句话？"

这件事狼是知道的，不是什么大事，就替狐狸办了，之后，狐狸拿了更多的礼品来感谢。长此以往，狐狸求狼办的事也越来越多，当然礼品也越来越多，不知不觉中，超过原则的范围也越来越远。

终于有一次，狐狸让狼办一件很危险的事，许诺事成之后必有重谢，狼不干。狐狸取出一个小本，上面记着狼每次受贿的时间、事由等，各种证据俱全，这些就足以毁掉狼的前程。不得已，狼答应再帮这一次忙，下不为例。

没有下一次了，狼东窗事发，将在狱中度过自己的余生。

在现实生活中，我们需要有一种放弃欲望的清醒。其实在物欲横流、灯红酒绿的今天，摆在每个人面前的诱惑有许多。唯有保持一颗清凉心，才不会误入歧途。无尽的欲望只会让你成为一口枯井。贪婪是耗尽人的能量，却永不让人满足的地狱。所以，我们一定要锁住自己的欲望，不要让它破坏掉我们的幸福。

贪婪如同海水，你喝得越多越觉得口渴，最后会让自己命丧于此而不自知。所以人应当时刻提醒自己，不要跌倒在自己的贪欲上。被欲望所掩埋是很残酷的，而往往这种贪欲就像是人性的鸦片，你吸食的时候很过瘾，完全意识不到它的坏处，等你想抽身而逃的时候已经很晚了。

现在就是最好的安排

清心寡欲，安于现实，知足常乐，便是最好的解脱自在。

老子说："持而盈之，不如其已。"南怀瑾先生解释，一个人，如果真正能够对天道自然的法则有所认识，那么，天赋人生，已够充实。善于利用生命中原有的真实，应对现实生活，就能够优游余裕而知足常乐。但是，如果忘记了原有生命的真善美，任欲望膨胀，希求永无止境的满足，那么，必定会招来无限的苦果。

有一则《乌鸦喝水》的寓言故事的人生演绎，读来发人深思。

一个小孩子听到过一个《乌鸦喝水》的故事，妈妈告诉他，爸爸就是家里的乌鸦，每月给家中寄钱，就像乌鸦叼起的小石子，一颗一颗，攒多了，家里就有水喝了。后来，爸爸在矿上出事了，妈妈就变成了攒小石子的乌鸦。他长大了，大学毕业后，来到了爸爸生前工作的煤矿，几年后，他当上了矿长。他不满足每月的那几颗"小石子"，就和别人合伙开了个私人小煤窑。肥水不流外人田，小煤窑日渐壮大。灾难降临了，他工作的煤窑由于安全措施不到位，发生了大规模的冒顶事故，工人伤亡惨重。当即将行刑时，他想到了一只口渴的乌鸦，一只急功近利的、不愿等水慢慢涨高的乌鸦，丢入瓶中一块大石头，结果瓶被砸碎了，水也没有喝到。

现实社会，纷繁复杂，人们若能保持已有的成就，便是最现实、最大的幸福。如果不安于现实，让欲望主宰自我，在原已持有的成就上，要求更多乃至无穷，最后终归得不偿失，还不如就此保持已得的本位，持赢保泰。重点在于一个"持"字，因此便有"揣而锐之，不可长保。金玉满堂，莫之能守。富贵而骄，自遗其咎"等引申之义。机关算尽太聪明，反误了卿卿性命。人性总有一道底线，越过道德的边境，走入的必将是人生的禁区。有许多底线是不能碰触的，一旦越过，定会抱恨终生。

一只饥饿的狗无精打采地走在路上，从早晨到现在，连一点儿面包渣都没找到，肚子干瘪干瘪的，两只耳朵也无力地耷拉着，着实可怜。突然，另有一只小狗嘴里叼着一块肉骨头出现在它的面前，饥饿的狗真是喜出望外，铆足了劲冲着小狗狂吠，接着恶狠狠地向小狗扑过去。小狗吓出了一身冷汗，丢下骨头仓皇逃走了。抢到骨头的狗为了能独享美餐，决定寻找一个安全、偏僻的地方。它来到一条小河边，河水清澈透明，忍不住小心翼翼地向河中看了看。这一看可不得了，原来水中也有一只狗，一样叼着一块肉骨头，也在瞪着大眼睛瞧着它。贪心的狗心想："这只狗长得傻头傻脑的，一副饿死鬼的样子，它怎能配吃这么大一块肉骨头？我非把它嘴里的那块骨头抢过来不可，那样吃起来多过瘾啊！"想着想着，它再也忍不住了，也忘记了自己站在河边，嘴里正叼着骨头。它张开嘴，想故伎重演，用它的吠声吓走那只狗。不料，还没有叫出来，嘴里的肉骨头就掉进河里去了。骨头掉到了水里，打碎了饿狗在水里的倒影。贪心的狗眨巴眨巴眼睛，哪里还有什么傻狗和骨头？

这个故事或许大家早已听过，但人总在不知不觉中犯了与这只狗同样的错误。对于已经拥有的不感到满足，贪婪地想索取更多，却在不知不觉中失去了原有的美好事物，还不正是我们人性中表现出的常态吗？有时，生活就像一场赌博，投注之后总想赢钱。然而，游戏无常，我们的结局常常是输。之后，我们想保住本钱，赚取更多，便投下更大的赌注，却不知，下一次也许会输得更惨。

《老子》曰："天之道，其犹张弓欤！高者抑之，下者举之；有余者损之，不足者补之。天之道，损有余而补不足。"自然的规律，不是很像张弓射箭吗？弦拉高了就把它压低一些，低了就把它举高一些，拉得过满了就把它放松一些，拉得不足了就把它补充一些。自然的规律，是减少有余的补给不足的。可是社会的法则却不是这样，要减少不足的，来奉献给有余的人。那么，谁又能够减少有余的，以补给天下人的不足呢？只有有道的人才可以做到，有道的圣人有所作为而不占有，有所成就而不居功，这样才能充分享受生命的快乐。

持盈保泰、守柔不争是修身的原则，人生在世，争的无非是两样东西，一是争气，一是争利。争气，值得，但不可太盛；争利，无尽，永远没有满足。名利皆身外之物，生不带来，死不带去，与其放纵欲望，不如享受生命，对酒当歌，人生几何，与世无争，自寻解脱。

修身治天下，心静四海平

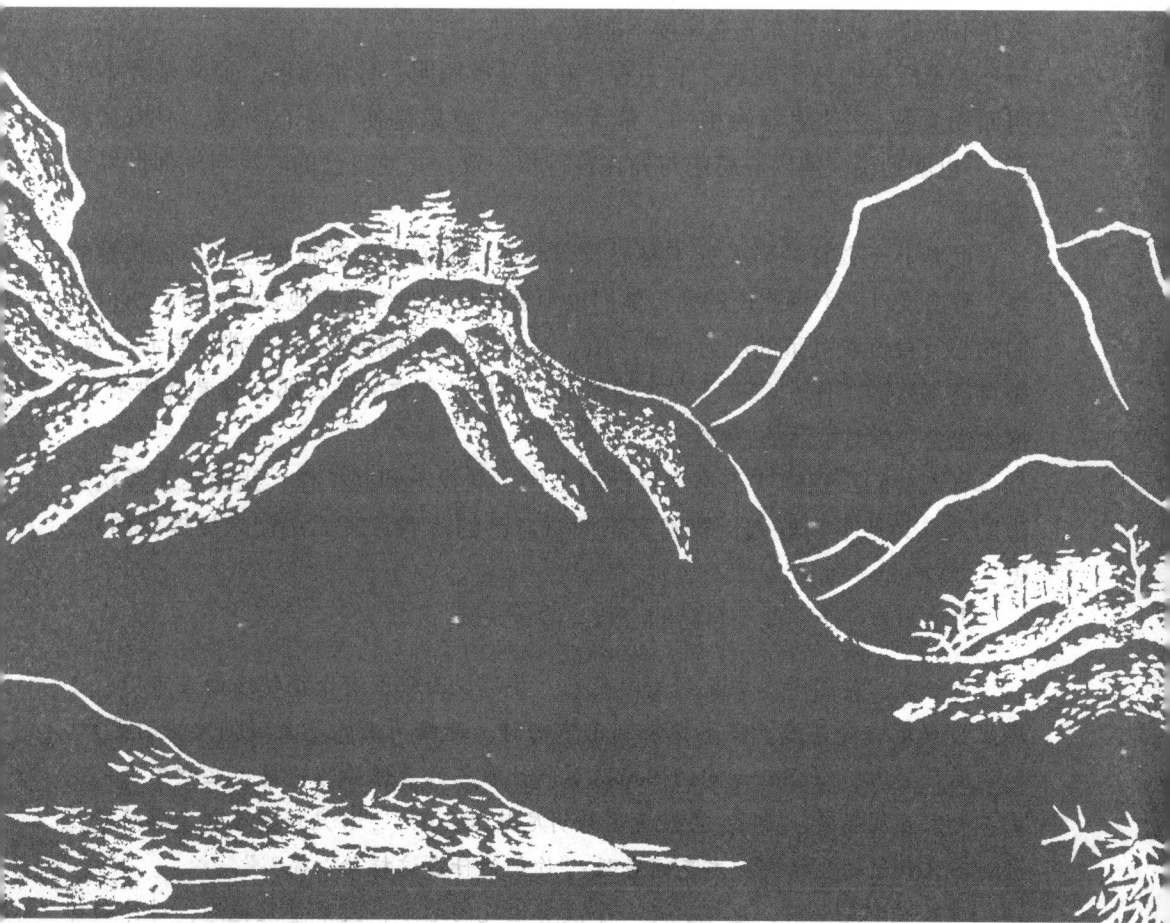

向婴儿学习

苏轼有诗曰："人人都说聪明好，我被聪明误一生。但愿生儿愚且蠢，无灾无难到公卿。"这首诗乍一看，颇有点得道的意味，但仔细想想，只是用一点道的皮毛包裹着牢骚满腹而已。道家所谓"无知"、"无为"，并不是"愚且蠢"，而是"明白四达"，顺其自然，不强用智谋。苏轼一生确实多灾多难，好不容易爬上高位，被人一脚踢到某个地方当穷官；费尽辛苦爬上去，又被人毫不客气地掀下来。原因不在于他太聪明，而是因为他太喜欢用自己的聪明。世上的事光靠聪明是办不成的，就像汽车光靠速度不能安全行驶一样。

老子所提的六个问题，乍一看，好像是反聪明，仔细琢磨，原来是舍小聪明而用大智慧。"载营魄抱一，能无离乎"，意思是使"身心一致，不相互背离"，也就是说，使内心思想与外在言行相一致，并使自己的心灵与外部世界达成和谐。

世界上至少有一半人处于身心背离状态，他们总是被迫做自己不喜欢做的事，被迫说自己不喜欢说的话，他们也不喜欢自己的待遇和他人的评价，所以他们的心灵背负着沉重的压力，对生活、对他人充满了抱怨。假如能让身心一致，做自己喜欢的工作，拿自己喜欢的薪水，说自己喜欢的话，那么心灵就快乐了，抱怨也会变成对生活的感激。

有人会问：我确实不喜欢自己的工作，又找不到好工作；我确实不喜欢身边的人，又遇不到好人；我确实不满意自己的待遇，又无法让老板提职加薪，怎么办？

办法只有一个，改变自己的心态。请看一例。

有一次，英国游客杰克到美国观光，导游说西雅图有个很特殊的鱼市场，在那里买鱼是一种享受。当杰克来到鱼市场时，迎面而来的是鱼贩们欢快的笑声。他们面带笑容，像合作无间的棒球队员，让冰冻的鱼像棒球一样，在空中飞来飞去，大家互相唱着："啊，5 条鲤鱼飞到明尼苏达去了。""8 只螃蟹飞到了堪萨斯。"这是多么和谐的生活啊！杰克问鱼贩："你们为什么这样开心呢？"

鱼贩说：几年前，这里也是一个没有生气的地方，大家整天抱怨，对什么都不满意。后来，大家认为，与其每天抱怨工作的沉重，不如改变工作的品质。于是，他们不再为钱做生意，而是把卖鱼当成一种艺术。再后来，一个创意接一个创意，一串笑声接一串笑声。鱼贩还说：大家练久了，人人身手不凡，可以和马戏团的演员相媲美。这种工作气氛还影响了附近的上班族，他们常到这儿来和鱼贩用餐，感染鱼贩们乐于工作的好心情。有不少没有办法提升员工士气的主管还专程跑到这里取经："为什么整天在这个充满鱼腥味的地方辛苦工作，你们竟然还这么快乐？"他们得到的回答是："实际上，并不是生活亏待了我们，而是我们企求太高以至忽略了生活本身。"

有时候，鱼贩们还会邀请顾客参加接鱼游戏。每个愁眉不展的人进了这个鱼市场，都会笑逐颜开地离去，手中当然还会提满情不自禁买下的海产品。

这个故事告诉我们：不是生活真的糟糕到需要抱怨的地步，而是我们忽略了生活的本质；不是工作真的无聊到需要讨厌的地步，而是我们没有把它当作一件有趣的事来做。一个不打算满意的人，谁也没办法让他真的满意，只有转变自己的心态，心灵才会变得快乐起来。

"专气致柔，能婴儿乎"，意思是，你能心平气和，像婴儿一样无忧无虑吗？世界上大多数麻烦，是因为私心杂念太多而造成的。既要盘算利弊得失，又要猜度他人心思；既要懊恼过去，又要担忧未来。如此思虑重重，心灵哪堪重负？如果以得失随缘的心态，以活在当下的心情，自然而然地做事，自然而然地生活，不必要的杂念就少了，心灵就轻松了。

1871年春天，一个年轻人拿起一本书，看到了对他前途有莫大影响的一句话："最重要的是不要去看远方模糊的事，而要做手边清楚的事。"当时他是蒙特瑞综合医科学院的学生，生活中充满了忧虑，担心不能通过期末考试，担心毕业后找不到工作，等等。但这句话却使他从忧虑中解脱了出来。他的名字叫威廉·奥斯勒，曾创建世界著名的约翰·霍普金斯学院，并成为牛津大学医学院的讲座教授，还被英国国王册封为爵士。

40年后的一天，威廉·奥斯勒爵士对耶鲁大学的学生发表了演讲，他说，他之所以成功，完全因为那句话的影响，那句话让他学会了活在"一个完全独立的今天里"。他还说："按下按钮，隔断那些尚未到来的明天和已经过去的昨天，然后就保险了，你拥有的只是今天。养成一个好习惯，为明天准备的最好办法，就是要集中你所有的智慧、所有的热诚，把今天的工作做得尽善尽美。这是你能应付未来的最好和唯一方法。"

如果一个人能专心于今天的事，他就用不着把那么多稀奇古怪的想法和担心塞在大脑里了，他就接近了"专气致柔，能婴儿"的境界。为什么说接近而不是到达呢？如果你能专注于此时此刻，就到达了！

"涤除玄览，能无疵乎"，意思是，你能清除精神的污垢，使心灵没有贪欲吗？人人都有欲望，但不宜过分。适度满足自身欲望，圣人也会认同，过分就不好。比如，吃饱肚子，这是正常欲望；吃饱了还要拼命狂吃滥喝，对身心无益，就过分了。发财是正常欲望，不择手段损人利己而发财，就过分了。"清除精神垃圾，使心灵没有贪欲"，就是要打消内心过分的念头，用自然方式去追求人生梦想。

"爱民治国，能无知乎"，意思是，你能亲善百姓，治理政事，却不自逞其能吗？就是说，做领导的人，要尽到自己分内的职责，但不要为了争功逞能而强用智谋。

有的人把"无为"理解为无所作为，这有些欠妥。该办的事尽心尽力去办，不该办的事不勉强去办，这才符合"无为"之道。

"天门开阖，能为雌乎"，意思是，你的思想与言行，能保持谦虚恭敬吗？这个道理很好理解，其中的分寸却不容易把握。如果你自己觉得很了不起，只是为了讨人喜欢或避免引人不快才谦虚恭敬，这不过是故作姿态而已。

真正的谦虚恭敬是：认识到世界的无穷，认识到自身能力的局限，从而心生敬畏；能真正意识到他人的可贵，意识到自身知识的不足，从而心怀敬意。孔子说"三人行必有我师"，孔子向 9 岁的项橐问礼，他是有所敬畏和充满敬意的，所以他能很自然地表达他的谦虚恭敬。

"明白四达，能无为乎"，意思是，你能明察秋毫，却不强用智谋吗？这就是说，洞悉人情世态和事物成败规律，从不为了证明自己而勉强去做什么。老子所讲的"无为"，不但不勉强去做坏事，好事也不勉强。打个比方，看见一个蹒跚学步的小孩摔了一跤，好像应该扶他起来。聪明人会想：孩子是摔大的，让他学会自己爬起来也许比扶他起来更好，于是袖手旁观。但是，如果这个孩子摔破了头，明明需要救治，仍然袖手旁观，就不对了。

总之，老子所提的 6 个问题，都是立足于"道"，以"无为"为准则。理解了"无为"二字，做人做事就无不合于道了！

无事莫找事

对"不尚贤"的合理性，南怀瑾大师解得很精当，有过人之处。概括其观点，有两层含义：

第一，不需要崇尚贤人，让人才自然发展。

　　南大师说："我们晓得，'尚贤'、'不尚贤'到底哪一样好，都不是关键所在。它的重点在于一个领导阶层，不管对政治也好，对教育或任何事，如果不特别标榜某一个标准、某一个典型，那么有才智的人，会依着自然的趋势发展；才能不足的人，也就安安稳稳地过日子。倘使是标榜怎样做法才是好人，大家为了争取这种做好人的目标，终至不择手段去争取那个好人的模式。如果用手段而去争到好人的模式，在争的过程中，反而使人事起了紊乱。所以，老子提出来'不尚贤，使民不争'，并非是消极思想的讽刺。"

　　天下三百六十行，行行都是好职业；从事正当职业者，人人都是好人。可是在人们的头脑中，有的人觉得某个职业好，觉得某个职业不好，削尖脑袋往"好职业"里钻，捡垃圾能捡一座楼，还是有人不愿干；卖猪肉能卖出小富翁，还是有人不愿干，因为在某些人眼里，这是"贱业"。这就是尚贤带来的"垃圾思想"。在古代更不同了，"万般皆下品，唯有读书高"，经商致富都是"贱业"，赚钱再多也是"贱人"，甚至还被规定不得穿绸缎衣服，子孙不得做官。这就是"尚贤"的弊端，必然导致社会价值观紊乱，社会畸形发展。

　　老子所谓"使民不争"，并不是指顺其自然的公平竞争，而是使用智巧的不正当竞争。打个比方，老师表扬做好人好事的学生，有个学生想得表扬，找妈妈要了两元钱，假称是捡的，交给老师，以示拾金不昧。就连一声表扬都有人用不正当手段去争，何况更大的名声和更大的利益？

　　第二，贤人未必是贤人。

　　南大师认为，社会上崇尚的贤人未必是真正的贤人。他举了三则古代事例：

　　"一是南宋名儒张南轩（栻）和宋孝宗的对答。宋孝宗言：难得办事之臣。右文殿修撰张栻对曰：陛下当求晓事之臣，不当求办事之臣。若但求办事之臣，则他日败陛下事者，未必非此人也。"

　　"晓事"就是懂事，识大体的意思。宋孝宗以会办事为贤，怎么知道这些会办事的不是奸臣呢？曹操的观点跟宋孝宗很相似，他曾颁布三道"求贤令"，特别强调"办事"二字，至于品德，都在其次。他的第一道"求贤令"说："今天下得无有被褐怀玉而钓于渭滨者乎？又得无盗嫂受金而未遇无知者乎？二三子其佐我明扬仄陋，唯才是举，吾得而用之。"第二道"举士令"中说："夫有行之士，未必能进取；进取之士，未必能有行也。"这都是以办事为贤。他手下能办事的人确实很多，但正如张栻所言，"他日败陛下事者，未必非此人也"，曹家的天下后来被司马家的能人轻松拿走了。

　　"一是明人冯梦龙自叙《古今谭概》所记：昔富平孙家串（孙丕扬，富平人，字叔孝，嘉靖进士，拜吏部尚书，追谥恭介）在位日，诸进士谒请，齐往受教。孙曰：做官无大难事，只莫作怪。真名臣之言，岂唯做官子！"

"一是清末刘鹗在所著《老残游记》中记述的一则故事。为了久仰一位清官的大名，不惜亲自出京去游览求证。但所得的结果，使他大失所望。因此他得一结论说：'天下事误于奸慝者，十有三四。误于不通世故之君子者，十有六七。'"

南大师所举的第二例中，"只莫作怪"四字，一语切中尚贤的弊端，不止适用于做官。比方说，官员急于表现贤能，就要拿出业绩来，但"大器晚成"，真正有益国计民生的业绩哪能那么快就拿出来？如果拿出来了，十有八九是一个"豆腐渣工程"，自己倒是得到了贤名，将来难免让别人受苦受难。学者急于表现贤能，急急忙忙发表一些不成熟的见解，难免误导他人。作家争于表现贤能，写一些迎合读者不良嗜好的作品，等于贩卖精神毒品。

南大师所举第三例，尤其让人触目惊心。那些"不通世故之君子"，有贤人之名，被人捧得高高的，对底下的情况并不了解，凭自己的聪明才智，在书房或办公室里闭门造车，想出的点子，制定的政策，往往祸国殃民。如果说，天下不是被小人搞坏的，而是被贤人搞坏的，虽不完全正确，至少对了 70%。

以上观之，老子是在深刻洞察世道人情的基础上提出"不尚贤"这一观点的，可惜从古到今，没人肯听他老先生的。即使到了今天，"尚贤"的毛病还很严重。比如在学校里，成绩好的就是"优等生"，成绩不好的就是"差生"。可能所谓"优等生"连自己的衣服都没洗过，优在哪里？可能"差生"既孝敬父母又勤做家务，待人也有礼貌，差在哪里？

老子"不贵难得之货"的观点，主要针对统治者而言。如果他们勤俭节约，不贪金银宝贝及其他稀罕物品，下面的风气会好多了。

对"虚其心，实其腹，弱其志，强其骨"这一观点，后世多有误解，有人认为这是提倡"愚民政策"。实际上，老子的观点却是让百姓的一切处于自然发展状态，不加强行干预。

所谓"虚其心"，不是让人们没有思想，这事实上根本办不到。老子的意思是让人们思想比较单纯，没有那么多心机。"实其腹"，就是生活小康，无饥寒之忧。"弱其志"并不是没有追求，而是没有非分之想，不贪图属于别人的东西。"强其骨"就是身体健康，不要有那么多痛苦。

那么，老子的观点能不能行得通呢？从理论上和实践上都是行得通的，关键要有与之相适配的制度。

打个比方，过红灯路口时，如果能"虚其心"，看见红灯就停，看见绿灯就行，根本不需要动脑筋，只要用眼睛做事就行了。如果不能"虚其心"，遇到这种情况，心里就杂念纷呈：反正没有车，闯过去也不会有事。别人能闯红灯，凭什么我不能？红灯是为傻瓜设计，对我没用……诸如此类。其实不过是过一条马路而已，用得着操这么多心吗？如果能形成大家都讲规则的风气，那么需要操心的事越来越少，也用不着有那么利弊得失的算计，生活、工作都变得简明了，也更轻松快乐了。这不是很好吗？

"实其腹"、"强其骨"的好处不用说，如果能"弱其志"，大家都坚持走"一分耕耘，一分收获"的道路，不要有非分的想法，不贪求本属于别人的东西，社会关系就简明多了，也没有那么多丑恶的争斗和无耻的掠夺。这不是也很好吗？

中国有那么一两个时代实现过老子"虚其心，实其腹，弱其志，强其骨"的政治理想，比如汉初和盛唐，当然实行得都不太好，六七十分而已。由于年代久远，我们很难想象当年的生活，那么不妨举一个外国的例子来加以验证。

有一位大学者谈到他早年在德国留学时的经历说，在面试时，那位穿着咖啡色衣服的教授问他：我的衣服是什么颜色？

这位新生愣住了，久久不能回答。教授不满地说：我的衣服是咖啡色的，难道你看不见吗？做人做学问的一个立足点是诚实。

很显然，这位新生想得太多了。他一定在琢磨怎样回答才能获得教授欣赏，所以忽略了最简单的东西。这是不能"弱其志"的缘故，想用不太真实的东西获得自己不该享有的东西。老子所谓"弱其志"，其核心就在于诚实对待自己、诚实对待他人。我们现代人追求所谓"1+1=3"，迷信所谓"6-1=0"，都是投机取巧或急于求成的思想在作怪，归根结底，还是缺乏诚实的素质，不过是自欺欺人罢了！

烦恼一如瓶中水

一个人如要效法自然之道的无私善行，便要做到如水一样，保持至柔之中的至刚、至净、能容、能大的胸襟和气度。

"到江送客棹，出岳润民田"，南怀瑾先生十分推崇水的厚德载物。水，具有滋养万物生命的德性，使万物得其润泽，而不与万物争利。永远不居高位，不把持要津，在这个永远不平的物质世界中，宁愿自居下流，藏垢纳污而包容一切。所以老子形容它"处众人之所恶，故几于道"，正所谓"水唯能下方成海，山不矜高自及天"。

"几于道"的"几"字值得推敲，并非说若水的德性便合于道了，老子只是拿水与物不争的善性一面，来说明它几乎近于道的修为而已。一个人的行为如果能做到如水一样，善于自处而甘居下地，所谓"居善地"；心境像水一样，善于容纳百川的深沉渊默，所谓"心善渊"；行为举止同水一般助长万物生灵，所谓

"与善仁"；言语如潮水一样准则有信，所谓"言善信"；立身处世像水一样持平正衡，所谓"正善治"；担当作事像水一样调剂融和，所谓"事善能"；把握机会，及时而动，做到同水一样随着动荡的趋势而动荡，跟着静止的状况而安详澄止，所谓"动善时"；遵循水的基本原则，与物无争，与世无争，永无过患而安然处世，这便是掌握了天地之道的妙用了。

古代，一位官员被革职遣返，他心中的苦闷无处排解，便来到一位禅师的法堂。禅师静静听完了此人的倾诉，将他带入自己的禅房之中，桌上放着一瓶水。禅师微笑着说："你看这只花瓶，它已经放置在这里许久了，几乎每天都有尘埃灰烬落在里面，但它依然澄清透明。你知道这是何故吗？"此人思索良久，仿佛要将水瓶看穿，忽然他似有所悟："我懂了，所有的灰尘都沉淀到瓶底了。"

禅师点点头："世间烦恼之事数之不尽，有些事越想忘掉越挥之不去，那就索性记住它好了。就像瓶中水，如果你厌恶地振荡自己，会使一瓶水都不得安宁，混浊一片；如果你愿意慢慢地、静静地让它们沉淀下来，用宽广的胸怀去容纳它们，这样，心灵并未因此受到污染，反而更加纯净了。"官员听后恍然大悟。

佛说"大海不容死尸"，说明水性至洁，表面藏垢纳污，实质却水净沙明，晶莹剔透，至净至刚，不为外物所染。儒家观水，子在川上曰："逝者如斯夫，不舍昼夜。"因其常流不息，能普及一切生物，有德；流必向下，不逆成形，或方或长，必循理，有义；浩大无尽，有道；流几百丈山涧而不惧，有勇；安放没有高低不平，守法；量见多少，不用削刮，正直；无孔不入，明察；发源必自西，立志；取出取入，万物就此洗涤洁净，善于变化。

南怀瑾先生逐一解读儒、佛、道三家圣哲对水的赞语，读出了不同的深意：儒家精进利生，道家谦下养生，佛家圣净无生。一水犹如三面古镜，观照人生的不同趋向，何时何地应当何去何从，某时某刻应当如何运用宝鉴以自照、自知、自处。

观水学做人。始终保持一种平常心态，和其光，同其尘，愈深邃愈安静；至柔而有骨，执着能穿石，以"天下之至柔，驰骋天下之至坚"；齐心合力，激浊扬清，义无反顾；灵活处世，不拘泥于形式，因时而变，因势而变，因器而变，因机而动，生机无限；清澈透明，洁身自好，纤尘不染；一视同仁，不平则鸣；润泽万物，有容乃大，通达而广济天下，奉献而不图回报。人生在世，若能将水的特性发挥得淋漓尽致，可谓完人，正是"上善若水，厚德载物"。

矢上不必再加尖

一个人如果已经握有一把锋锐的利器，却仍然不满于现状，反要在锋刃上更加一重锐利，俗谚所谓"矢上加尖"，那么连原有的锋刃恐怕都不能保全了。这就告诫我们，对于聪明才智、财富权势等，都要知时知量，自保自持。如果已有聪慧而不知谦虚涵容，已有权势而不知隐遁退让，已有财富而不知适可而止，最后将自取灭亡。

古语道："创业难，守业更难。"千万不要犯"矢上加尖，锋刃不保"的错误。财富到了金玉满堂的程度，就要透彻了解陶朱公三聚三散的哲学艺术。

财富是身外之物，一个人一生中所耗费的钱财是有限的，因此当财富累积到一定程度，陶朱公便散尽家财，正所谓"千金散尽还复来"，这才是真正的"保锋"的智慧。

汉高祖时，吕后采用萧何之计，诛杀了韩信。人曰：成也萧何，败也萧何。高祖正带兵征剿叛军，闻讯后派使者还朝，封他为萧相国，加赐五千户，再令五百士卒、一名都卫做护卫。百官都向萧何祝贺，唯陈平表示担心，暗地里对萧何说："大祸由现在开始了。皇上在外作战，您掌管国政。您没有冒着箭雨滚石的危险，皇上却增加您的俸薪和护卫，这并非表示宠信。如今淮阴侯韩信谋反被诛，皇上心有余悸，他也有怀疑您的心理。我劝您辞封赏，拿所有家产去辅助作战，这才能打消皇上的疑虑。"萧何依计而行，变卖家产犒军。高祖果然喜悦，疑虑顿减。

这年秋天，英布谋反，高祖御驾亲征，其间派遣使者数次问候萧何。回报说："因为皇上在军中，相国正鼓励百姓拿出家财辅助军队征战，正如上次所做。"这时有个门客对萧何说："您不久就会被灭族了，您身居高位，功劳第一，便不可再得到皇上的恩宠。可是自您进入关中，一直得到百姓拥护，如今已有十多年了；皇上数次派人问及您的原因，是害怕您受到关中百姓的拥戴。现在您为何不多买田地，少抚恤百姓，来自损名声呢？皇上必定会因此解除疑心的。"萧何认为有理，又依此计行事。高祖得胜回朝，有百姓拦路控诉相国。高祖不但没有生气，反而高兴异常，也没对萧何进行任何处分。

萧何两次不同的做法实则异曲同工，都是为了避免"矢上加尖"，惹来杀身之祸。矢上加尖，犹如高处不胜寒，一着不慎，全盘皆输。

"一家富贵千家怨，半世功名百世愆"。一个人在既有的富贵之中，如果不懂得自保自持，持富而骄，便会自招恶果，后患无穷。要想长保"金玉满堂"的富贵光景，必须深知"揣而锐之"的不得当以及"富贵而骄，自遗其咎"，自取速亡的可畏。对待财富如此，对待功名亦如此。

轻柔的春风最自在

《史记》中记载，有人说，老子活了 100 多岁，有人说老子活了 200 多岁，虽然说法不一，但可以肯定的是老子的养生之道的确有独到之处。

南怀瑾先生说，老子为我们讲述了一个长生的秘诀，即营魄合一。老子在"营魄抱一"之上，加了一个"载"字，用字巧妙而形象。人的身体如一部车乘，其中装载了"营"和"魄"两样重要东西，它们各自为政，又随时合作。人们长年累月、随时随地都在使用这两样东西。

然而，思想的纷繁、情感的嚣动，常使自己的魂灵营营困扰，常在放射消散之中散乱不堪。体能的劳动、生活的奔忙，常使精魄涣散，不可收拾。老子说，倘使人能将生命秉受中的营魄合抱为一，永不分离，便可得长生的希望了。因此说："载营魄抱一，能无离乎！"

营魄合一是让你不为情感、生活的杂乱所侵扰，世上本无事，庸人自扰之，将心灵的琴弦调控适宜，才能弹奏出悦耳动听的音乐。人的心灵好比一张弓，如果上好了弦后，一直绷得紧紧的，长时间这样放着，弓背和弓弦的效用就差了，力道也减了，根本就射不出多远。现实生活中，一个人要是始终绷紧神经，处于紧张状态，就会导致身心疲惫、精神涣散。

营魄合一是要你保持一颗平常心，不要患得患失，一切顺其自然，终能持盈保泰。

吃饭、睡觉，看似非常简单的事情，但究竟能有多少人能快乐地把饭吃完，安稳地把觉睡饱呢？营魄合一便是生活的艺术，在最稀松平常的事情上下工夫，让自己的生活充满祥和与快乐，便是幸福长生的秘诀。

真正的幸福不是周围的环境所给予的，而是顺应自己的本性，靠自己去创造的。即使自己的处境不顺心，也要试着心存感激地接受。顺应了自我的本性，你就是幸福的，如果你还一味地追求什么幸福的标准，就会离幸福的轨道越来越远。

一位官场失利、妻离子散之人心绪烦乱，烦恼、嫉妒、浮躁、忧虑，整日困扰于心，不得安宁，于是去拜见德高望重的无生禅师，请求开解。禅房里，面对慈祥、超然的无生禅师，他一股脑儿地道出了自己的困惑和烦恼。无生禅师笑笑，伸出右手，握成拳头，握得越来越紧，让来人照做。

"感觉如何？"禅师问。来人茫然不觉。"把手伸开。"禅师拿出一枚野果和一片琉璃碎片放在这人手中，说道："握紧。"这人将野果和碎片握在手心。"握紧一些，再紧一些。""不行了，禅师，我的手都快要被割破了。"

此时，禅师突然喝道："那你还不赶快把拳头松开！"

这人吓了一跳，舒开手掌，看着手掌有些微红的硌痕，碎片已经扎到野果里了。禅师望着他，说："现在，把碎片取出来，丢掉吧。"

此人顿时豁然开朗，如醍醐灌顶："这野果就好比我的事业和生活，而这碎片就是生活中困扰着我的嫉妒、浮躁、忧虑……"

禅师笑了笑，说："看来施主已经有所了悟。生活中的事就好像这枚果实和琉璃碎片。如果你什么都不取，空握拳头，即便使再大的力气，也是一无所获，这叫徒劳无功。果实好比生活中一切美好的事物，而碎片就是困扰你心的无尽烦恼，要记得及时将果实中的碎片取出来丢掉，不然就会心浮气躁、精魄散乱。"

如果你不给自己寻烦恼，别人永远也不可能给你烦恼。所以，每当你忧心忡忡、唉声叹气的时候，不妨把你的烦恼写下来，看看它是否值得我们忧虑。如果值，我们就去寻找解决问题的办法，如果不值，又何必费神呢？人生在世就只有短暂的几十年，不必对自己苦苦相逼。尝试对自己微笑一下，和自己握手言和吧。每个人都应该如此，破除思想的纷繁，阻止情感的嚣动，不让自己的心灵在散乱中一发不可收拾，劳生一世，苦痛奔忙在所难免，但是，心灵的安宁才是幸福的归宿。

处理好人生三件事

其实，很多人活着都会觉得很委屈，因为心里都有股烦恼压抑其中，无法倾吐。"其耆欲深者，其天机浅。"南怀瑾先生慨叹，物质文明越发达，人在世间的知识越多，本事越大，欲望就越大，也越来越违反自然，离道越来越远。

人生总是如此，不如意事常八九，可与人言无二三。然而，愉悦也是一世，痛苦也是一生，何必为了现实中的种种，而影响安然自在的心境呢？世事没有一帆风顺，撑着不死，还是好好活着，表面看来没什么区别，其实质却大相径庭。

大热天，禅院里的花被晒萎了。"天哪，快浇点水吧！"小和尚喊着，接着去提了桶水来。"别急！"老和尚说："现在太阳大，一冷一热，非死不可，等晚一点再浇。"傍晚，那盆花已经成了"霉干菜"的样子。"不早浇……"小和尚见状，咕咕哝哝地说，"一定已经干死了，怎么浇也活不了了。""浇吧！"老和尚指示。水浇下去，没多久，已经垂下去的花，居然全站了起来，而且生机盎然。

"天哪！"小和尚喊，"它们可真厉害，憋在那儿，撑着不死。"老和尚纠正："不是撑着不死，是好好活着。""这有什么不同呢？"小和尚低着头，十分不解。"当然不同。"老和尚拍拍小和尚，"我问你，我今年八十多了，我是撑着不死，还是好好活着？"晚课完了，老和尚把小和尚叫到面前问："怎么样？想通了吗？""没有。"小和尚还低着头。老和尚肃穆地说："一天到晚怕死的人，是撑着不死；每天都向前看的人，是好好活着。得一天寿命，就要好好过一天。那些活着的时候天天为了怕死而拜佛烧香，希望死后能成佛的，绝对成不了佛。"说到此，老和尚笑笑："他今生能好好过都没好好过，老天何必给他死后更好的生活？"

生活已经摊开在你面前，是屈服地背道而行，还是坦然地积极行事，生活会告诉你不同的答案。有人说，人的一生之中只有三件事，一件是"自己的事"，一件是"别人的事"，一件是"老天爷的事"。

今天做什么，今天吃什么，开不开心，要不要助人，皆由自己决定；别人有了难题，他人故意刁难，对你的好心施以恶言，别人主导的事与自己无关；天气如何，狂风暴雨，山石崩塌，人能力所不能及的事，只能是"谋事在人，成事在天"，过于烦恼，也是于事无补。人活得"屈服"，离道越来越远，只是因为，人总是忘了自己的事，爱管别人的事，担心老天的事。所以要轻松自在很简单：打理好"自己的事"，不去管"别人的事"，不操心"老天爷的事"。

做一个好人其实很容易，拥有一个幸福的人生其实也很简单："第一是不要拿自己的错误惩罚自己，第二是不要拿自己的错误惩罚别人，第三是不要拿别人的错误惩罚自己。"遵守这"人生幸福三诀"，生活就不会太累。

"不要拿自己的错误惩罚自己"，人非圣贤，孰能无过？如果一有过错，就终日沉陷在无尽的自责、哀怨、痛悔之中，那么其人生的境况就会像泰戈尔所说的那样："不仅失去了正午的太阳，而且将失去夜晚的群星。"人们都会为自己的过错而痛悔，但"不要拿自己的错误惩罚别人"，其实这并不是一种很容易达到的境界，它需要"胸藏万汇凭吞吐"的大器量。"不要拿别人的错误惩罚自己"，不让别人的做法决定自己的人生原则，为别人的错误埋单实在不是做人的"上算"。

生活是一件艺术品，每个人都有自己认为最美的一笔，每个人也都有认为不尽如人意的一笔，关键在于你怎样看待，有烦恼的人生才是最真实的，同样，认真对待纷扰的人生才是最舒坦的。

真糊涂才是"大宗师"

《庄子·内篇·大宗师第六》："天之小人，人之君子；人之君子，天之小人也。"南怀瑾先生认为，"天之小人，人之君子"指的是做事圆滑高明，但内心不正，道德方面不为人所称道；"天之君子，人之小人"指的是为人内心方直，但是往往不合于世，不善交际，处世不高明。比如说，孔子道德非常高明，可是做人很差劲，看起来到处不合时宜，周游列国到处不得志，是一个"人之小人，天之君子"。

南怀瑾先生说，一个真正得道的人应该既是"天之君子"也是"人之君子"，"圣人之才"与"圣人之道"兼备，这样方可称得上"大宗师"。而有"圣人之道"无"圣人之才"的人，处世都是不高明的。在做人处世这方面，宋朝名相吕端可称得上是一个真正才道兼备的"大宗师"。

吕端，字易直，是幽州安次人。开宝年间被授职为参知政事。当时赵普主持中书省，曾经说："我观察吕公向皇上奏事，得到嘉奖不曾高兴，遇到挫折不曾害怕，也不表现在言谈话语中，真是宰相的气度啊！"太宗想要用吕端为相，有人说："吕端为人糊涂。"太宗说："吕端小事上糊涂，大事上不糊涂。"已经属意于吕端。吕端任宰相，谨慎稳重，主抓要领，办事清平简约。他考虑与寇准同在朝班，而自己先居宰相之位，担心他内心不平，就奏请皇帝任他为参知政事，和宰相分开日期轮流统领群臣，主持朝政，上朝时，一起登政事堂，太宗听从了他的建议。

当时一般同事上朝奏对时，大多发表独特的意见，只有吕端很少有所倡议。有这样的事实，加之平时吕端临朝很少发表高谈阔论，就有些人误认为吕端是个糊涂人，然而宋太宗却认为这都是一些小事，吕端只不过是"小事糊涂"罢了，但"大事不糊涂"。

李继迁（西夏之建立者，党项族人，原先依附宋朝，受宋太宗赐姓名为赵保吉）侵扰西部边境，保安军奏报，俘获李母。

宋太宗想杀李母，召寇準谋议。寇準告退之后，来到相府；吕端心念一动，问寇準："陛下有告诫先生不要对吕端说吗？"寇準说："没有。"吕端说："边界经常发生的事，我不必参与；但如果是军国大事，我忝为宰相，不可不知。"寇準就告诉他原委。吕端继续问："如何处置？"寇準说："计划在保安军北门外处斩李母，借以警告凶逆的李继迁。"吕端说："这么做并非良策，希望先生把计划的时间缓一缓，我将入奏。"

吕端入奏太宗："当年项羽捉到了刘太公，想将他烹杀以警告刘邦，但刘邦却说，希望分我一杯羹。想做大事的人常顾不得自己的亲眷，何况李继迁是悖逆、凶暴之辈？陛下今日杀了李母，难道明日李继迁就会束手就擒？如果不能，杀了李母，只会结怨，并加深对方叛逆的意图。"太宗说："既然如此，又该如何呢？"吕端说："以臣愚见，应将李母安置在延州，派人善加照顾，借以招徕李继迁，即使他不愿投降，也可以牵制他的意图，何况李母生死大权终究是在我方手里。"太宗很高兴地说："如果不是你，就几乎误了大事。"就采用了吕端的计策。

李母后来病死在延州，而李继迁则在不久之后，因出攻西蕃中箭死亡，他的儿子随即归顺，这是吕端的功劳。

吕端在关键时刻体现了自己"大事不糊涂"的本色。可谓深得大智糊涂之精义。

人生总会遇见各种各样的事情。在这些事情中，总有一些是重要的，一些是不太重要的。如果不能分辨大事小事，什么事都一样的用心，别人会说你是一个死心眼儿，不会讨巧。如果你知道事情重要却不拿出行动来认真对待，别人会说你是一个糊涂虫。

可以时常糊涂的是一介凡夫，追求难得糊涂的是智者，小事糊涂，大事不糊涂才是一个得道的大宗师。这就是庄子提倡的"糊涂之道"。

看破虚妄名利场，一壶浊酒清淡心

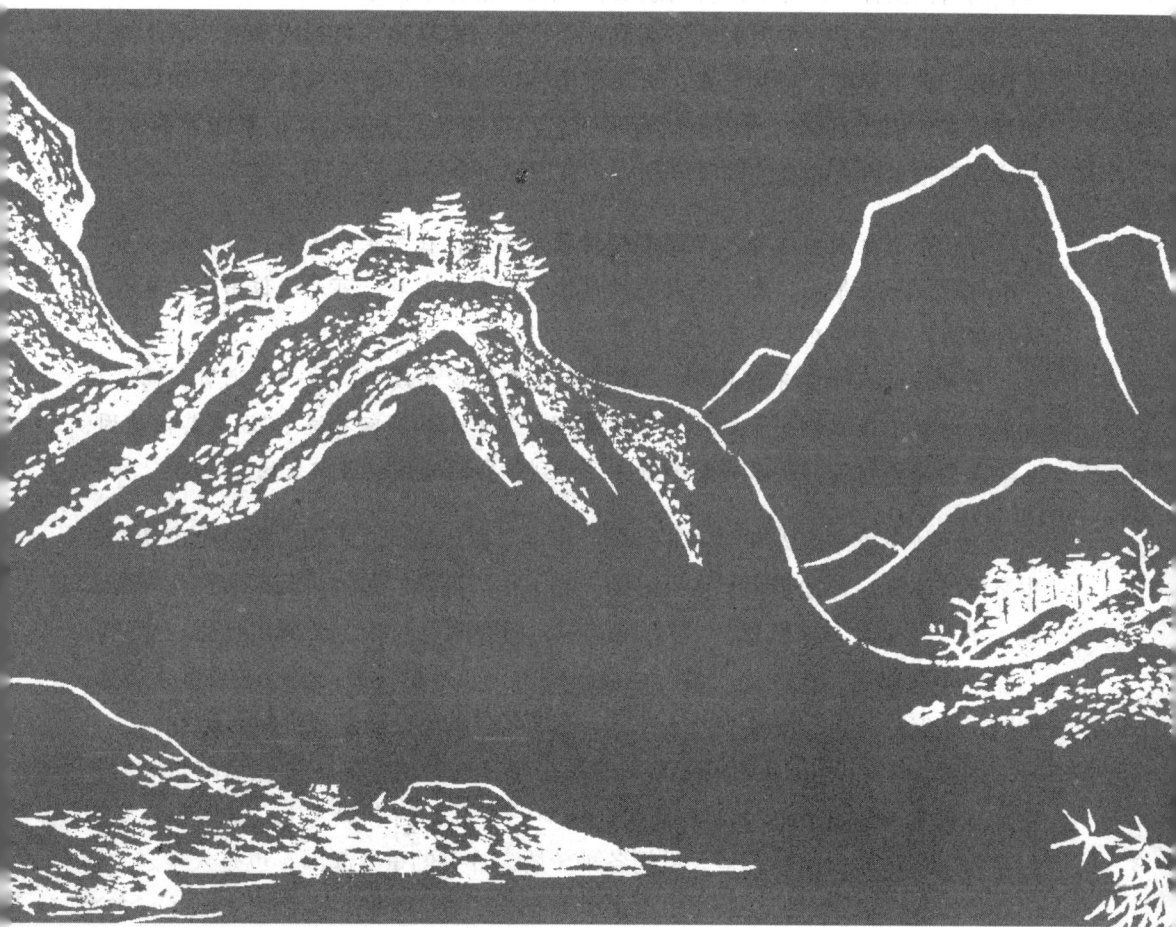

虚名的高帽，戴上反而压破头

《论语·宪问》中宪向孔子请教什么是耻？孔子这样回答他："邦有道，谷；邦无道，谷，耻也。"根据南怀瑾先生的解释，我们知道"谷"的意思是代表当时的俸禄。原宪问什么是可耻的事情，孔子说：国家社会上了轨道，像我们这一类的人，就用不着了，我们不必去占住那个职位，可以让别人去做了。如果仍旧占住那个位置，光拿俸禄，无所建树，就是可耻的。另外，社会国家没有上轨道，而站在位置上，对于社会国家没有贡献，也是可耻的。

可是说得容易，要及时放下名利怎么会那么容易呢？名利浓于酒，酒不醉人人自醉。天下熙熙，皆为名来；天下攘攘，皆为利往。谁不好名呢？然而死后怎知身后名？因为好名，所以也就有了沽名钓誉的人，这虚名真正累坏了不少人，古往今来很少有人能真的摆脱名利心。有这样一个故事：

有一个书生因为像晋人车胤那样借萤火夜读，在乡里出了名，乡里的人都十分敬仰他。一天早晨，有一个人去拜访他，想向他求教。可是这位书生的家人告诉拜访者，书生不在家，已经出门了。

来拜访的人十分不解地问："哪里有夜里借萤火读书，学一个通宵，而清晨大好的时光不读书却去干别的杂事的道理？"家人如实回答说："没有其他原因，主要是因为要捕萤，所以一大早出去了，到黄昏的时候就会回来的。"

这个故事读来令人啼笑皆非，车胤夜读是真用功、真求知，而这个虚伪的书生真的好学到这种地步吗？在大好的天光下出门捕萤，黄昏再回来装模作样地表演一番，完全是本末倒置，"名"是有了，但时间一长难免会露出马脚。靠一时的投机哗众取宠，这样的"名"往往很短暂，如过眼云烟，很快会被世人遗忘。那时，这位"名人"便也不再风光了。追求名誉难免会被虚名所累，误了一生。

因为虚名能为人带来一时心理的满足感，也就使争名、争虚名的事时有发生。虚名本身毫无价值、毫无意义，任何一个真正的有识之士，都不会看重虚名。为了虚名而去争斗，是人世间各种矛盾、冲突的重要起因，也是人生之中诸多烦恼、愁苦的根源所在。历史上多少悲剧出于争名夺利，人们只看到了虚名表面的好处，却不知道，在虚名的背后，隐藏了多少辛酸和苦难。为了承受这么一个毫无价值的虚名，人们常常暗中勾心斗角，明里打得头破血流，朋友反目为仇，兄弟自相残杀，虚名之累，有什么好处？

面对虚名，就要不受它的诱惑，脚踏实地地工作，力求不使自己背上虚名这种沉重的思想包袱。"人怕出名猪怕壮"就是这个道理。一有名气，争得了这份荣誉，必然要受到一些非难和妒忌，就要做好承受外界压力的心理准备。有时由于这种虚名的获得，使人缺乏冷静的心态，忘乎所以而骄傲起来，自以为了不起，其实一切都是虚的，不做进一步的努力，到最后什么也得不到。所以说虚名害人，不可追逐。

面对虚名，就是要放弃那些华而不实的东西，放弃虚名，不是笨人所为，而是智者的一种积极的人生态度。在名声和荣誉面前采取忍让和放弃的态度固然不易，但是只要加深自身的修养，认识到虚名的害处，弃之又有何可惜呢？

不要为虚名所累，在做人、做事中都要有意地把握进退的法度。当进则进，一往无前；当退则退，明哲保身。不该自己出头的时候出头，为了出风头而出头；或者做事不想后果得失，只求虚名，是一种不成熟的社会学，只会害人害己。

做好事，做实事，发自良心，顺应人情，利于众人，这是立身行事的基本尺度。雁过留声，人过留名，该留下的必然留下；不该留下的，欺世盗名，终会被时空湮没其声名。知此是一种知人知世的智慧，行此更是一种伟大的、超凡的人格。

为了名誉，无论成功失败，无论他人说法如何，无论境遇好与坏，我们都要稳稳地把握自己。虚名是人心灵上的大包袱，让人没有一刻轻松，让人失去自我，让人失掉别人的尊重与承认，更危险的是贪慕虚名可能会成为对手的机会，到时候受到的伤害有多惨重，则是无可估量的。我们以赤子之身来此世界，当以赤子之心走过此世界，此为留取清白在人间。所以，我们的先哲说：至人无己，神人无功，圣人无名。事实上，人生的规则也正是如此奇妙，贪慕虚名、急功近利者往往得不到真正的名誉；沽名钓誉，无所不用的人往往得不到真正的快乐。

《红楼梦》中有一首非常著名的《好了歌》，众生若是要"好"就要学着"了"。"世人都晓神仙好，惟有功名忘不了！古今将相在何方？荒冢一堆草没了！世人都晓神仙好，只有金银忘不了！终朝只恨聚无多，及到多时眼闭了！世人都晓神仙好，只有娇妻忘不了！君生日日说恩情，君死又随人去了！世人都晓神仙好，只有儿孙忘不了！痴心父母古来多，孝顺儿孙谁见了？"

甄士隐在听了跛足道人的《好了歌》之后说了一段解词也正是此意："陋室空堂，当年笏满床！衰草枯杨，曾为歌舞场。蛛丝儿结满雕梁，绿纱今又糊在蓬窗上。说什么脂正浓，粉正香，如何两鬓又成霜？昨日黄土陇头埋白骨，今宵红绡帐底卧鸳鸯。金满箱，银满箱，转眼乞丐人皆谤。正叹他人命不长，哪知自己归来丧？训有方，保不定日后作强梁；择膏粱，谁承望流落在烟花巷！因嫌纱帽小，致使锁枷扛；昨怜破袄寒，今嫌紫蟒长。乱哄哄，你方唱罢我登场，反认他乡是故乡。甚荒唐，到头来都是为他人作嫁衣裳！"

浮云眼前过，富贵不着落

周游于列国的孔子有很多做官的学生，而他自己却是不贪名不图利，一心想恢复周礼，正所谓："不义而富且贵，于我如浮云。"他说，只要有粗茶淡饭可以充饥，喝喝白开水，弯起膀子来当枕头，靠在上面酣睡一觉，人生的快乐无穷！舒服得很！就是说一个人想要有很高的修养，先能够不受外界物质环境的诱惑，进一步摆脱了虚荣的惑乱，外物于我不是不重要，而是我已经不再受它牵制，凡俗世界的一切要看我是否愿意要它，这个修养很了不起。

孔子没有标榜自己不喜欢名利，这样说未免就会显得不够真诚。他也喜爱富贵，但是君子爱财，取之有道。"不是说什么样的富贵名利我都要，这是小人的行径。"这是一个圣人的自白，也是一个正人君子所应秉持的做人做事的态度。

战国时代，孟子名气很大，府上每日宾客盈门，其中大多是慕名而来的求学问道之人。有一天，接连来了两位神秘人物，一位是齐国的使者，一位是薛国的使者。对这种人物，孟子自然不敢怠慢，小心周到地接待他们。

齐国的使者给孟子带来赤金100两，说是齐王的一点小意思。孟子见其没有下文，坚决拒绝齐王的馈赠。使者灰溜溜地走了。

隔了一会儿，薛国的使者也来求见。他给孟子带来50两金子，说是薛王的一点心意，感谢孟先生在薛国发生兵难的时候帮了大忙。孟子吩咐手下人把金子收下。左右的人都十分奇怪，不知孟子葫芦里装的是什么药。

陈臻对这件事大感不解，他问孟先生："齐王送你那么多的金子，你不肯收；薛国才送了齐国的一半，你却接受了。如果你刚才不接受是对的话，那么现在接受就是错了，如果你刚才不接受是错的话，那么现在接受就是对了。"

孟子回答说："都对。在薛国的时候，我帮了他们的忙，为他们出谋设防，平息了一场战争，我也算个有功之人，为什么不应该受到物质奖励呢？而齐国人平白无故给我那么多金子，是有心收买我，君子是不可以用金钱收买的，我怎么能收他们的贿赂呢？"

左右的人听了，都十分佩服孟子的高明见解和高尚操守。

世间有许多诱惑：桂冠、金钱。但那都是身外之物，只有生命最美，快乐最贵。我们要想活得潇洒自在，要想过得幸福快乐，就必须做到：淡泊名利、割断权与利的联系，无官不去争，有官不去斗；位高不自傲，位低不自卑，欣然享受清新自在的美好时光，这样就会感受到生活的快乐和惬意。太看重权力地位，让一生的快乐都毁在争权夺利中，那就太不值得，也太愚蠢了。

名利与钱财是世人所喜爱的，也是让世人疲于奔命的一个奇怪的事物。但是人不能违背自己的良心与道义去拿不属于自己的东西，所以不义之财就算被你拿到了，将来也会要你十倍去偿还。

功名再高，高不过一抔黄土

司马迁在《史记》中特地引用孔子的一句话：君子疾没世而名不称焉。孔子认为一个君子最大的毛病就是担忧自己死了以后默默无闻，没有人再能记得他。这是一个大问题，几乎每个人的心里面都有这样的想法。没有人喜欢一生都很平凡，谁不想要别人记住自己呢？但是要谈到留名青史也真是不容易的事情。

我们通常说中华民族有五千多年的灿烂历史，五千多年的光辉历程中有多少个生命来过这个世界上呢？不计其数。但是在这条岁月的星河上，我们能看到几颗闪亮的星星呢？历史上的皇帝就有几百个，王公大臣更是多如牛毛，可惜的是能在历史上留下自己痕迹的人是少之又少。

一个农场主对一个人说："你能跑到什么地方我就划到哪里，把这些土地都送给你。"这个人就不停地跑，每次想停下来的时候就鼓励自己再坚持一会儿。就这样他整整跑了一天，直到把自己弄得精疲力竭，最后因为劳累过度而猝死。农场主在掩埋他的时候说："其实他不懂得人能需要的土地仅仅是身下躺着的那一点而已。"

这就是每个人共同的归宿，谁也不能逃脱这个规律。《红楼梦》中甄士隐对《好了歌》的解读中有一句这样的话："古今将相在何方？荒冢一堆草没了。"这和苏东坡的一首流传千古的词《念奴娇·赤壁怀古》有异曲同工之妙：

大江东去，浪淘尽，千古风流人物。故垒西边，人道是，三国周郎赤壁。乱石穿空，惊涛拍岸，卷起千堆雪。江山如画，一时多少豪杰！

遥想公瑾当年，小乔初嫁了，雄姿英发。羽扇纶巾，谈笑间，樯橹灰飞烟灭。

故国神游，多情应笑我，早生华发。人生如梦，一尊还酹江月。

虽然我们都好名，人类的虚荣心理让我们有这样的愿望，总是想要别人了解我们——以为自己的人生经历就是与众不同的，其实人与人之间还真的差不了多少。就算你在世的时候是万众瞩目的明星或其他大人物，可是死后谁还买你的账呢？

其实在高功厚名之后，华丽的转身意味着更高更有意义的人生新起点。

1975 年，比尔·盖茨与他的伙伴创立了微软公司。30 多年里，盖茨驾驭着这个软件公司，用技术一步步地扩充着帝国版图，改变和影响着全球。如今，执掌微软 31 年的盖茨做出"归隐山林"的决定——他逐步退出公司的日常管理，转而全身心投入慈善事业。这对微软意味着一个时代即将结束，但对世界却意味着多了一个身家 500 亿美元的全职慈善家。

2006 年 6 月 15 日，比尔·盖茨宣布，他将逐步移交其日常工作，以便将更多的时间投入到"比尔和梅琳达·盖茨基金会"所从事的慈善事业。为确保平稳有序地过渡，盖茨表示此次的过渡期为两年，2008 年 7 月之后，盖茨将放弃全部日常管理工作，只保留董事长一职。

盖茨当天发表声明说，淡出微软日常事务对他来说是一个艰难的决定，但他对慈善事业有着同样的热情，并且认为这也是一份十分重要和具有挑战性的事业。

盖茨说过，他的全部财富将用于捐赠，而不是留给自己的三个孩子。"我只是这笔财富的看管人，我需要找到最好的方式来使用它。"像比尔·盖茨一样，一个明智的经营者要清楚自己该处的位置，做自己该做的事情，不奢望自己位置以外的东西。为人领导者，最高境界莫过于功成名就时"为而弗恃，功成而弗居"。及时转身，去做自己更想做的事，会让自己的人生更加完整，生命更加丰富多彩。

像孔子、老子这样的大思想家几千年才有一位，再如汉武帝、唐太宗这样的文治武功的皇帝更是屈指可数！但是这些人生前再怎么呼风唤雨，死后也不过是"一抔黄土掩风流"。

地位越高，心情越糟

南怀瑾先生说人没有不好名利的。刚开始也许是为了建功立业，等到真正有了功名利禄的时候，名利反而成了我们身心的羁绊。就像孔子说的礼让和为国之间的关系："能以礼让为国乎，何有？不能以礼让为国，如礼何？"

历史上有不少人就被名利所累，舍不得急流勇退，最后命丧名利之下而不自知。老子在《道德经》中说："功成，名遂，身退，天之道也。"古人讲究功成身退，替人家把江山打下来了，自己放着唾手可得的名利不要，而后又浪迹江湖，这是道家思想所宣传的做人做事的准则。那么到了孔子那里呢？是不是也如此呢？很多人认为道家讲出世，儒家讲入世，孔子的思想里面肯定没有功成身退，其实不然，这是儒道两家都奉为圭臬的思想。

道家的人不求名不求利，隐显无常，所以更使人觉得亲切可爱。历史上道家的人物学问再高，功劳再大，最后还是归隐修道去了。修道以后连自己的名字都不要了，最多报个代号什么子、什么老而已，有时还装疯装癫，如神龙见首不见尾。大诗人李白在他的名篇《行路难》中也借历史表达了及时退隐的必要："吾观自古贤达人，功成不退皆殒身。子胥既弃吴江上，屈原终投湘水滨。陆机雄才岂自保？李斯税驾苦不早。"孔子大加赞扬身退之道。尤其他对吴泰伯、伯夷、叔齐等不肯当帝王、最后逃走了的这些人，非常敬仰。他并不是鼓励人不要当皇帝，不要搞政治，而是说你有才干的话，就好好干一番，成功了就退隐而不居功。所以孔子在这里感叹，能以礼让为国的人哪里有呢？不以礼让为国，用争夺来的，或用手段抢来的，那么文化的精神就不要谈了。说到功成身退，南怀瑾认为有一些人欲退未退，他们的功夫还是没到家。不过和普通人相比他们还是比较成功的，在这些人中有一个是南怀瑾先生提到的，那就是张良。

张良是汉高祖刘邦的谋士，他智慧过人，屡出奇谋，为西汉的建立立下了不朽功劳。西汉六年（公元前201年），刘邦大封功臣，说"运筹帷幄，决胜千里之外，这是子房的功劳"，请他自选齐地三万户，作为封邑。张良推辞不受，最后被封为留侯。

张良的谦逊，令很多人颇为不解。刘邦的另一位谋士陈平就曾问张良："先生功高盖世，荣宠受之无愧，又何必拒绝呢？我们追随皇上，出生入死，今有幸得偿所愿，先生不该轻言舍弃。"

陈平见张良一笑不答，又说："先生足智多谋，非常人所能测度，莫非先生别有筹划？"张良敛笑正容道："我家几世辅佐韩国，秦灭韩时，我幸存其身，得报大仇，我愿足矣。我凭三寸不烂之舌，做了帝王的辅佐，贵为列侯，我还有什么悔憾呢？我只求追随仙人遨游四方罢了。"

张良从此闭门不出，在家潜心修炼神仙之术。跟随张良多年的心腹有一次忍不住对张良说："富贵荣华，这是人人都不愿放弃的，大人何以功成之时，一概不求呢？大人也曾是义气中人，这样销声匿迹，岂不太可惜了吗？请大人三思。"

张良随口一叹："正因如此，我才有如此抉择啊。"

张良的心腹闻言一怔，茫然不语，张良低声说："我年轻时，散尽家财，行刺秦王，追随沛公，唯恐义不倾尽，智有所穷，方有今日的虚名。时下大局已定，天下太平，谋略当是无用之物了，我还能彰显其能吗？谋有其时，智有其废，进退应时，方为智者啊。"

张良和外人从不袒露心声，好友探望他，他从不议论时事。一次，群臣因刘邦要废掉太子刘盈之事找他相商，他沉默良久，最后只轻声说："皇上有此意愿，定有其道理，做臣子的怎能妄加评议呢？我对太子素来敬重，只恨我人微言轻，不能帮太子进言了。"

群臣苦劝，张良只是婉拒。群臣悻悻而去，张良的心腹对张良说："大人一口回绝，群臣皆有怨色，再说废立太子乃天下大事，大人怎忍置身事外，不闻不问呢？"

张良怅怅道："皇上性情，我是深知的啊。此事千头万绪，关系甚大，纵使我有心插手，只怕也会惹来一身的麻烦。群臣怪我倒是小事，皇上怪我就是大事了，我又能怎么样呢？"

吕后派吕泽去强求张良，软硬兼施之下，张良无奈给他出了主意，让吕后请出商山四皓辅佐太子。刘邦一直崇敬这四个人，待见他们出山相助太子，大惊失色，自知太子羽翼已成，不得不放弃了废太子的念头。

吕后派人向张良致谢，张良却回绝说："这都是皇后的高见，与我何干呢？请转奏皇后，此事千万不要再提起了。"

吕后听了使者回报，感叹良久，她对自己的妹妹说："张良不居功是小，弃智绝俗才是大啊。我先前只知道他智谋超群，今日才知他是深不可测，非我等可以窥伺得了的。"

刘邦死后，吕后专权。张良对世事的变故一概不问，求见他的大臣他也一律不见。吕后见他潜心研学道家养生之术，便不以他为患，反而对他愈加钦敬，她派人对张良说："人的一生，十分短暂，应该及时享乐。听闻你为炼仙术，竟致绝食，何须如此？切不要自寻烦恼了。"

在吕后的一再催促下，张良这才勉强用饭。吕后对其他的大臣或杀或贬，却独对张良关爱有加。

功成而不居确实是张良的高明之处，比起韩信因为功高震主而命丧黄泉更显得深谋远虑。虽然在现代社会不会因为居功自傲而丢了身家性命，但是难免还是会让你的上级不太高兴。如今不用讲功成身退了，但是能够把功劳留给你的上级和同事确实是君子所为。从表面上看来你是受到损失了，其实这正是最难把握的地方，最难舍弃的东西你都肯舍弃，这样才显得你有大胸怀。最终你会发现受益的还是自己，就像老子所说的"无私乃大私也"。无论是"老庄"还是"孔孟"，如果我们摒弃成见，就会悟到这样一个道理：圣人之言其实是相辅相成，互为印证的。

人生境界不在地位高低，而在于眼界高下

子文是春秋战国时代楚国的名宰相，姓斗，名谷於菟。楚国是当时南方新兴的国家，主要在今天湖北、湖南、四川一带。有人说北方主要受儒家思想的影响，南方则受道家思想影响比较深。道家思想无所不包，甚至是巫术，也就是我们说的算命、八卦那些东西，讲鬼神。因而，楚国的巫术就比较发达，孔子在《论语》中也谈到南方巫医的技术问题。

获得奥斯卡最佳电影音乐奖的著名作曲家谭盾是湖南人，他在一次接受采访的时候就谈到了湖南人很爱讲鬼神的东西，所以他的作品中也就有这方面的元素，比如在《卧虎藏龙》中"碧眼狐狸"出现的时候音乐就有点诡奇。在孔子和弟子子张的对话中，子张说："先生，楚国人子文三次做宰相，又三次被罢免，但是他三起三落时没有任何的喜色也没有任何的怒色。这样的人怎么样？"孔子对这样的人很钦佩，他们的修养可以说非常之高，宠辱不惊且淡泊明志，不是一般人能做到的。

我们平常看到的情况多半是"人逢喜事精神爽"，遇到高兴的事谁能不喜形于色呢？但是这个楚国宰相没有。后来他又几次被罢免，一般人肯定是心灰意冷或者心有不甘，但是他依然故我，丝毫不见怒色、忧色。这就是人生的修养。富贵名利当然人人都想要，但是得之受惊，或者失之若惊就谈不上什么高境界。这是孔子的富贵名利观，同样在老子的《道德经》一书中也有类似的表述：

"宠辱若惊，贵大患若身。何谓宠辱若惊？宠为上，辱为下。得之若惊，失之若惊，是谓宠辱若惊。何谓贵大患若身？吾所以有大患者，为吾有身，及吾无身，吾有何患？故贵以身为天下者，若可寄于天下；爱以身为天下，乃可托天下。"

我们一起来看一个道家人物的为官之道，也就更能明白楚国宰相子文的心境。

孙叔敖原来是位隐士，被人推荐给楚庄王，三个月后做了令尹（宰相）。他善于教化引导人民，因而使楚国上下和睦，国家安宁。

有位孤丘老人，很关心孙叔敖，特意登门拜访，问他："高贵的人往往有三怨，你知道吗？"

孙叔敖回问："您说的三怨是指什么呢？"

孤丘老人说："爵位高的人，别人嫉妒他；官职高的人，君王讨厌他；俸禄优厚的人，会招来怨恨。"

孙叔敖笑着说："我的爵位越高，我的心胸越谦卑；我的官职越大，我的欲望越小；我的俸禄越优厚，我对别人的施舍就越普遍。我用这样的办法来避免三怨，可以吗？"

孤丘老人感到很满意，于是走了。

孙叔敖按照自己说的做了，避免了不少麻烦，但也并非是一帆风顺，他曾几次被免职，又几次被复职。有个叫肩吾的隐士对此很不理解，就登门拜访孙叔敖，问他："你三次担任令尹，也没有感到荣耀；你三次离开令尹之位，也没有露出忧色。我开始对此感到疑惑，现在看你的气色又是如此平和，你心里到底是怎样想的呢？"

孙叔敖回答说："我哪里是有什么过人的地方啊？我认为官职爵禄的到来是不可推却的，离开是不可阻止的。得到和失去都不取决于我自己，因此才没有觉得荣耀或忧愁。况且我也不知道官职爵禄应该落在别人身上呢，还是应该落在我的身上。落在别人身上，那么我就不应该有，与我无关；落在我身上，那么别人就不应该有，与别人无关。我的追求是随顺自然，悠闲自得，哪里有工夫顾得上什么人间的贵贱呢？"

肩吾对他的话很钦佩。

孔子后来听说了这件事，深有感触地说："古代的真人，有智慧的不能使他意志动摇，美女不能使他淫乱，强盗不能劫持他，就是伏羲、黄帝也不配和他交游。死和生对于人是极大的事情了，可都不能改变他的操守，何况是官职爵位呢？像他这样的人，精神穿越大山无阻碍，潜入深渊也不会被水沾湿，处于卑微地位不会感到狼狈不堪。他的精神充满天地，他越是给予别人，自己越是感到富有。"

孙叔敖后来得了重病，临死前告诫儿子说："楚王认为我有功劳，因此多次想封赏我土地，我都没有接受。我死后，楚王为了奖励我生前的功绩，一定会封给你土地，你千万不要接受富饶的土地。在楚国和越国之间，有个地方叫'寝丘'。这个地方土地贫瘠，名字也很不好听。楚国人信奉鬼神，越国人讲求吉祥，都不会争夺这个地方，因此这个地方可以长久拥有。"

孙叔敖死后，楚王果然要封给他儿子一块相当好的土地，他儿子辞谢不受，只请求寝丘之地，楚王答应了他的请求。按照楚国的规定，分封的土地不许传给下一代，唯有孙叔敖儿子的封地可以世代相传。

万物发展有其规律，到极致时就会走向反面，到鼎盛时就会走向衰败。熊熊燃烧之火，离快要熄灭的时候已经不远了。因而，对于功名利禄不必强求，老子还有一句话比较适合争夺名利的人："夫唯不争，天下莫之能争也。"对名利，我们也许会发现"有心栽花花不开，无心插柳柳成荫"的现象。这本不足道，世间万物无常，更何况名利之物呢？别人能给你的东西，他们也就能随时拿走。所以不要为了他们的馈赠而喜悦，也不要为了他们的"拿走"而心生怨怼。

"宠辱不惊，淡泊明志"是我们常常挂在嘴边的话，但是要做到又谈何容易呢？凡人常有的是宠辱若惊，既不淡泊也不明志，这样的人生修养要很豁达的心胸才能做得到。但是并不是因为我们平凡就达不到，人生境界的高低不在于个人社会地位的高低，而在于眼界的高下。如果你的胸怀够宽广，能够承载很多得意与失意，那么你就靠近了圣人们所描述的境界。

名利上，不争天下先

人世间有一则不变的名言，即"天下熙熙，皆为利来；天下攘攘，皆为利往"。太史公司马迁一语道破人心，"君子疾没世而名不称焉"，人啊，就是怕死后默默无闻，没有人记得你。正所谓"名利本为浮世重，古今能有几人抛？"

南怀瑾先生说，"不尚贤，使民不争"是消极的避免好名的争斗，"不贵难得之货，使民不为盗"是消极的避免争利的后果。名与利，本来就是权势的必要工具，名利是因，权势是果。乾隆皇帝下江南时，来到江苏镇江的金山寺，看到山脚下大江东去，百舸争流，不禁兴致大发，随口问道记和尚："你在这里住了几十年，可知道每天来来往往多少船？"高僧回答："我只看到两只船。一只争名，一只夺利。"一语道破天机。

权与势，是人性中占有欲与支配欲的扩展，很少有人能够跳出名利权势的圈子。正如明朝无名氏在其所著《渔樵闲话》中写道："为利图名如燕雀营巢，争长争短如虎狼竞食。"

追名逐利都逃不开一个"欲"字，佛经中说，凡是对一切人世间的事物，沾染执着，产生贪爱而留恋不舍，都是欲。情欲、爱欲、物欲、色欲以及贪名、贪利，凡有贪图的都算是欲。只不过，欲也有善恶之分，善的欲行可与信愿并称，恶的欲行就与堕落衔接。

有个富翁在急流中翻了船，爬到溪间的石头上大喊救命。一个年轻人奋不顾身地荡舟去救，但是由于山洪下泻而渐涨的湍流使船行进得艰难而缓慢。

"快呀!" 富翁高喊,"如果你救了我,我给你 1000 块!" 船仍然移动缓慢。

"用力划啊! 如果你划到,我给 2000 块!" 青年奋力地划着,但是既要向前,又要抗拒水流的阻力,船速仍然难以加快!

"水在涨,你用力呀!" 富翁声嘶力竭地狂喊,"我给你 5000 块!" 此时,洪流已经快淹到他站立的地方。青年的船缓缓靠近,但仍有一段距离。

"我给你 10000 块,快呀!" 富翁的脚已经淹在水中了,但是船速反而越来越慢了。

"我给你 50000……" 富翁的话音未落,已经被一个大浪打下岩石,转眼卷入洪流,失去了踪影。

青年颓丧地回到岸上,蒙头痛哭:"我当初只想到救他一命,他却说要给我钱,而且一次又一次地增加。我心想,只要划慢一点点,就可能多几万块的收入,哪里知道,就因为慢了这么一下,他被水冲走了,是我害了他啊!" 青年后悔不已,"但是,当我心里只有义,而没有想到利的时候,他为什么要说给我钱呢?" 说到底,还是富翁自己害了自己。

在没有涉及名利时,人的本性中总是义字当头的,一旦勾起了内心隐藏的私欲,世间的人或事就会变得十分复杂。人是一个很矛盾的生物,内心永远有着双重标准,要求别人能做到无欲无私,以符合圣人的标准,而自身又总难免在私欲的缠缚中打转。

依据老子的本意,要使得人们真正做到不受私欲主宰,必须 "虚其心,实其腹,弱其志,强其骨,常使民无知无欲"。如此这般,在现实社会谈何容易? 难就难在无欲与虚心。正因为不能无欲,因此老子才教给人们一个消极的办法,只好尽量避免,"不见可欲,使民心不乱"。

佛陀住世时,有一位名叫黑指的婆罗门来到佛前,两手拿了两个花瓶,前来献佛。佛对黑指婆罗门说:"放下!" 婆罗门把他左手拿的那个花瓶放下。

佛陀又说:"放下!" 婆罗门把他右手拿的那个花瓶放下。

然而,佛陀还是对他说:"放下!" 这时黑指婆罗门说:"我已经两手空空,没有什么可以再放下了,请问现在你要我放下什么?"

佛陀说:"我并没有叫你放下你的花瓶,我要你放下的是你的六根、六尘和六识。当你把这些统统放下,再没有什么了,你才能从生死桎梏中解脱出来。" 黑指婆罗门这才了解了佛陀放下的道理。

有首禅诗说:"尘沙聚会偶然成,蝶乱蜂忙无限情;同是劫灰过往客,枉从得失计输赢。" 世界本是一颗颗沙子堆拢来的,偶然砌为成功的世界,人生亦是如此，偶然中有必然，必然中有偶然。蝶乱蜂忙，人们就像蜜蜂、蝴蝶一样，到处飞舞，痴迷忙碌，正所谓："不论平地与山尖，无限风光尽被占；采得百花成蜜后，为谁辛苦为谁甜。"人生一世，劳苦一生，为儿女，为家庭，为事业，最后直到生命之火燃尽，仍找不到生命的答案。明知道到头来终是一场空，也跳不出世俗的羁绊。人在旅途，同为劫灰过往客，又何必在一时的输赢得失中斤斤计较？

"三不"的智慧境界

《庄子·内篇·大宗师第六》中，庄子提出，人得了道就是真人，真人有真智慧。南怀瑾先生讲道，庄子提及了三点，将我们带入一个真实的神话境界，将人的生命价值说得十分清楚。什么叫真人？"不逆寡"，即顺其自然，一切不贪求，摆脱常人贪多的通病。"不雄成"，走出自大的机械心理，得道的人不觉得自己了不起，一切的成功都是自然，看淡成败得失。"不谟士"，"谟"就是谋，打主意。所有人都是在打主意，想办法赚钱，想办法找门路，想办法学道，都在那里打主意，都是做生意的思想，都是"自己欺骗自己"。

依南怀瑾先生所说，这三点是人生心理状况最严重的地方，做到了真人，即摆脱这三个问题。人会打主意，真人不打主意；人会觉得自己了不起，真人不觉得自己有多了不起；人会贪多勿得，不好的地方不住，钱少了不干，或者你看不起我，我就生气，真人则不会这样。听听下面一个人与智者的对话，你会有更深的感悟。

一个人问智者人生的最高境界是什么，智者说："无损于人。"当他第二次问智者人生的最高境界是什么时，智者说："无求于人。"当他第三次问智者人生的最高境界是什么时，智者说："无愧于人。"此人疑惑不解："为什么你三次的回答不一样？"智者回答："你三次来问我时的情况不一样。第一次来时，你身上还有许多魔障，贪多逆寡，一不留神就会做出损害他人的事情，所以你得先保证自己是一个好人，即使不能有益于人，至少也不要有损于人；第二次来的时候，你还不能自食其力，凡事经常求助于他人，一心为自己盘算，这不仅会制造他人的负担，也会给你造成心理压力，不当社会的包袱还不够，你还得想想，自己是不是社会的祸害；第三次来时，你已经丰衣足食，而且可以帮助别人了，但自大自得会使你对成败得失耿耿于怀，面对他人的急难，如果袖手旁观，你会受到良心的谴责，所以第三次我说最高境界是无愧于人。"

此人有些不满："你回答的全是人生最低境界，可我问的是人生最高境界。"智者说："没有最低境界哪有最高境界？为什么关心最高境界的人这样多，关心最低境界的人又是这样少？"智者的反问，让他哑口无言。

有位老人说，人生其实很简单，就跟吃饭一样，把吃饭的问题搞明白了，也就把所有的问题都搞明白了。聪明者为自己吃饭，愚昧者为别人吃饭；聪明者把吃饭当吃饭，愚昧者把吃饭当表演；聪明者吃饭既不点得太多，也不点得太少，他知道适可而止，能吃多少就点多少，他能估计自己的肚子；愚昧者则贪多求全、拼命点菜，什么菜贵点什么，什么菜怪点什么，等菜端上来时又忙着给别人夹菜，自己却刚吃几口就放下了，他们要么是高估了自己的胃口，要么就是为了给别人做个"吃相文雅"的姿态；聪明者付账时心安理得，只掏自己的一份；愚昧者结账时心惊肉跳，明明账单上的数字让他心里割肉般疼痛，却还装出面不改色心不跳的英雄气概，宛然他是大家的衣食父母；聪明者只为吃饭而来，没有别的动机，他既不想讨好谁，也不会得罪谁；愚昧者却思虑重重，既想拼酒量，又想交朋友，还想拉业务，他本来想获得众人的艳羡，最后却南辕北辙、弄巧成拙。吃饭本是一种享受，但是到了他这里，却成为一种酷刑。

吃饭跟人生何其相似！人生在世，光怪陆离的东西实在太多，谁也无法说出哪些是好的，哪些是不好的，哪些值得追求，哪些不值得追求，哪种模式算是成功，哪种模式算是失败，唯一能说明白的也许只有三点：第一，自己的事情自己承担，不要麻烦任何人为你代劳，也不要抢着为任何人代劳；第二，要多照顾自己的情绪，少顾忌他人的眼色，太多顾忌别人，把自己弄得像演员，实在是一件出力不讨好的事情；第三，凡事最好量需而行、量力而行，不要定太高的目标。就像吃饭，你有多大胃口、多少钱，就点多少菜，千万不要贪多求全。

人生的道理，说复杂就复杂，说简单也简单，摆脱贪念，正视自我，不自欺欺人，不斤斤计较，踏踏实实做事，规规矩矩做人。

身在红尘，心在山林

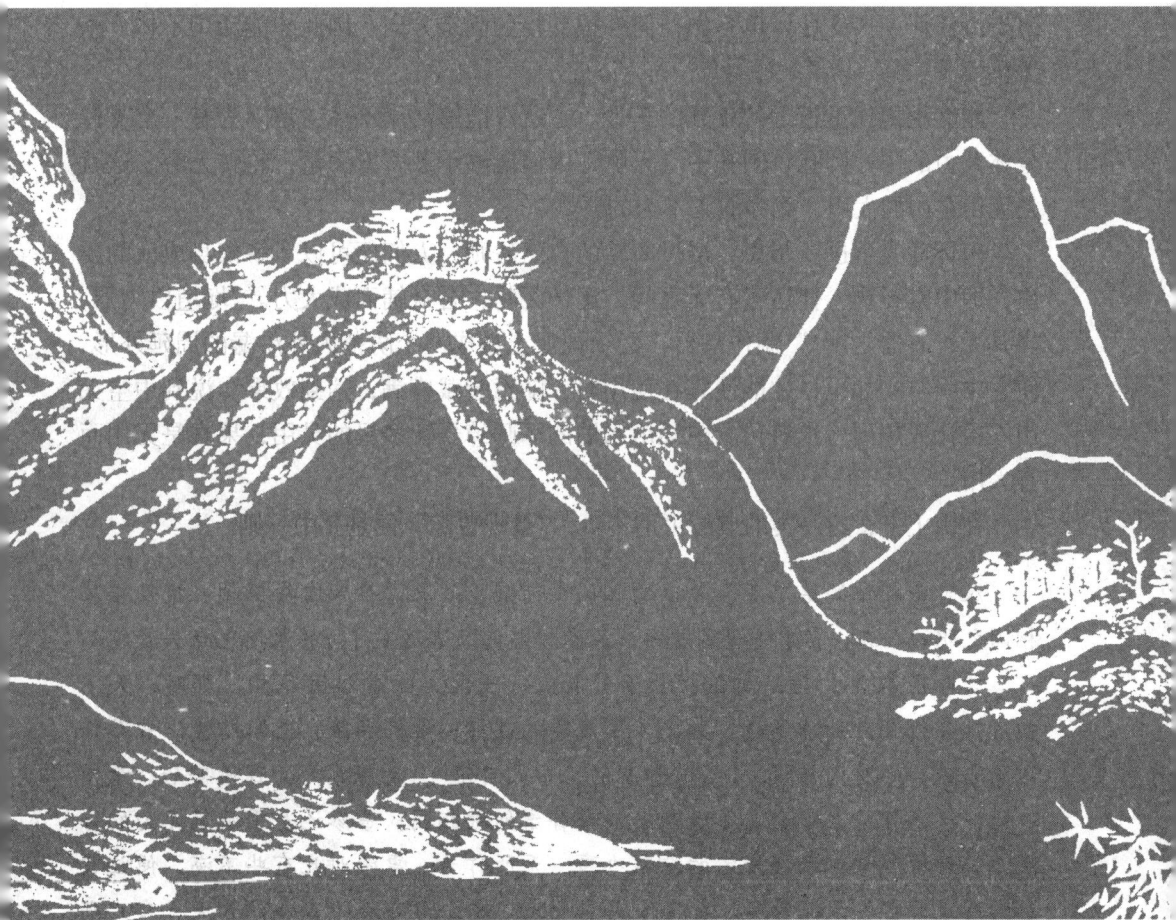

中空无用有大用

"三十辐共一毂，当其无，有车之用"，老子用比喻的方式向人们讲述了"中空无用有大用"的道理。南怀瑾先生讲解说，古代造车，车轮至关重要，车毂的中心支点是一个小圆孔，由此向外周延，共有 30 根支柱辐辏，外包一个大圆圈，便构成一个内外圆圈的大车轮。以这种 30 辐凑合而构成的车轮来讲，没有哪一根支柱算是车轮载力的重点，因为 30 根平均使力，根根都发挥了特定的功能而完成转轮的效用，无所谓哪一根更重要。可是它的中心，却是空无一物，既不偏向支持任何一根支柱，也不做任何一根支柱的固定方向。因此才能活用不休，永无止境。

能够承担任重道远的负载的车毂，之所以能够活用不休，是因为有一个支持全体共力的中心圆孔，圆孔中空无物，因而能够承载多方力量，轮转无穷。这就是无用之用的大用，无为而无不为的要妙。

南怀瑾先生进一步说，透过车轮的自然法则，人们便可以了解修身成就的要诀，即中空无物，任运于有无之间，虚怀无物，合众辅而成大力。"埏埴以为器，当其无，有器之用。"制作陶器，必须把泥土做成一个防范内外渗漏的周延外形，使它中间空空如也，才能使其在使用时，随意装载盛满，达到效果。说到中空无用不由让人想到《水浒传》中梁山水泊的军师绰号智多星的吴用，果真是无用而有大用。

在历史上，这一类的典故可谓不少，"萧规曹随"便是其中一则。

汉惠帝即位的第二年，年老的相国萧何病重。汉惠帝亲自去探望，提及接替相国之职的人选，当惠帝提到曹参，原本对继任人选不置可否的萧何也点头赞成。

曹参原本为大将，高祖封长子刘肥做齐王时，叫曹参做齐相。那时，天下初定，齐地百姓伪诈多变，加之多年战争的破坏，经济凋敝，民不聊生。曹参任用隐士盖公的黄老学说，"治道贵清静，而民自定"，清静无为，百姓安居。萧何一死，汉惠帝马上命令曹参进长安，接替萧何做相国。曹参还是用清静无为的办法，一切按照萧何已经规定的章程办事，无所作为。惠帝对此有些不满，便让曹参的儿子曹窋去试探曹参。曹窋依据惠帝的叮嘱询问父亲："高祖归了天，皇上那么年轻，国家大事全靠您来主持。可您天天喝酒，不问政事，长此下去，怎么能够治理好天下呢？"曹参闻言大怒，叫仆人拿板子来，把儿子痛打了一顿。

第二天，曹参上朝时，惠帝问及此事，曹参问："陛下跟高祖比，哪一个更英明？"汉惠帝说："那还用说，我怎么能比得上先皇。"曹参说："臣跟萧相国比，哪一个更能干？"汉惠帝不禁微微一笑，说："卿好像不如萧相国。"曹参说："陛下说的话都对。陛下不如高皇帝，我又不如萧相国。高皇帝和萧相国平定了天下，又给我们制定了一套规章。我们只要按照他们的规定继续办，不要失职就是了。"汉惠帝到此才恍然大悟。

曹参可以称得上是深谙"无用大用"之道的智士，其实我们不必偏执地追求"有为"和"大用"，相反，力求无用，却往往是到头来更有大用。中国历史上有许多人，上至帝王将相，下至布衣隐士，似乎本身都无所作为，但却成就了大作为，就是因为他们谙熟了老庄"无用之才有大用"的处事之道。以虚无的胸怀包容一切功用，一切为我所用，这才是真正的大用。

声色货利多陷阱

老子说，"五色令人目盲，五音令人耳聋，五味令人口爽。驰骋畋猎，令人心发狂。难得之货，令人行妨。是以圣人为腹不为目，故去彼取此。"缤纷的色彩使人眼花缭乱，嘈杂的声音使人听觉失灵，浓厚的杂味使人味觉受伤，纵情猎掠使人心思放荡发狂，稀有的物品使人行为不轨，因此，圣人应该致力于基本的维生事务，不耽乐于感官的享乐，有所取舍。

南怀瑾先生就此也告诫世人，善于用物可以，但绝不可被物所用，以免在与现实外物的博弈中输得一塌糊涂。从古至今，又有几人能够脱离利益、外物的束缚，用现实而不为现实所用呢？

有利可图，趋之若鹜；权势一去，作鸟兽散。以小人之眼看这个社会，一看一个准。声、色、货、利以及口腹之欲，常常让人任性自欺而上当受骗，许多人都心甘情愿地跳入陷阱而不自知。

一条小鱼问阅历丰富的大鱼道："妈妈，我的朋友告诉我，钓钩上的东西是最美的，可就是有一点儿危险，要怎样才能尝到这种美味而又保证安全呢？"

"亲爱的孩子，"大鱼说，"这两者是不能并存的，最安全的办法就是绝对不去吃它。"

"可它们说，那是最便宜的，因为它不需要任何代价。"小鱼一脸艳羡。

"这可就完全错了，"大鱼说，"最便宜的很可能恰好是最贵的，因为它希图别人付出的代价是整个生命。你知道吗，它里面裹着一只钓钩？"

"要判断里面有没有钓钩，必须掌握什么原则呢？"小鱼又问。

"那原则其实你都已经说了。"大鱼说，"一种东西，味道最鲜美，价格又最便宜，似乎不用付出任何代价，那么，钓钩很可能就藏在里面。"

大鱼的判断原则对于人来说同样适用。人们有时像一只无意中掉入米缸的老鼠，满目都是白花花的大米，欣喜着不必辛劳出去觅食，却不见缸究竟有多深。吃着存米，做着美梦，眼看着米一天天减少，自己离缸口也越来越远，却总舍不得抽身离去。直到有一天，缸中米已见底，才发现自己想跳也跳不出去了。

声色货利，自古以来，便被奸人运用得得心应手。以声色犬马困住你，让你无暇顾及其他，只知道乐不思蜀，自己却慢慢沦为别人的傀儡。

功成身退天之道

老子曰："功成身退，天之道也。"功业既成，引身退去，天道使然。花开果生，果结花谢，自然之道。南怀瑾先生笑言，老子对人生的洞察是深邃的，一眼便窥透了深层的人性内核。人莫不爱财慕富，贪恋权势，但凡能及时抽身引退，便能一生圆满。

"功成身退"并非指一定要隐居山林，归隐田园。功成身退其实是一种对待功名的态度，即使有了大功劳也不居功自傲，"飞扬跋扈为谁雄"，只会引来无妄之灾。

数千年来，中国历史一直上演着"飞鸟尽，良弓藏；狡兔死，走狗烹"的悲剧，政治的险恶，入世还是出世，成为中国仁人志士艰难的抉择，铿锵刚劲，又痛苦无奈。历史上许多留名之人终其一生都在寻找"功"与"身"的平衡点。"儒"是进取的，是理性的，是社会的，是宗族的，是油然于心的；而"道"呢，则是个人的，是直觉的，是天然的，是无可奈何的。儒和道，看似不相融，其实却息息相通，犹如一面古镜的正反两面。

让我们从一位历史人物身上看看"功成身退"的绝佳演绎吧。

金熙宗天眷二年（1139 年），石琚考中进士，任邢台县令。当时官场腐败，贪污成风，邢台守吏更是贪婪恶暴，强夺民财。在此环境中，石琚却保持着清醒的头脑，他不仅不贪不占，还多次告诫别人不要贪取不义之财。他常对人说："君子求财，取之有道，怎么能利令智昏，干下不仁不义之事呢？人们都知钱财的妙处，却不闻不问不义之财所带来的隐患，这是许多人最后遭祸的根源啊。"

有人对石琚的劝告置之一笑，还嘲笑他说："世事如此，你一个人能改变得了吗？你的这些高论说来动听，实际上却全无用处，你何苦自守清贫，不识时务呢？要知无财才是大祸，你身在祸中，尚且不知，岂不遭人耻笑？切不可再言此事了。"石琚又气又怒，他又当面对邢台守吏规劝说："一个人到了见利不见害的地步，他就要大祸临头了。你敛财无度，不计利害，你自以为计，在我看来却是愚蠢至极。回头是岸，我实不忍见到你东窗事发的那一天。"邢台守吏拒不认错，私下竟反咬一口，向朝廷上书诬陷石琚贪赃枉法。结果，邢台守吏终因贪污受到严惩，其他违法官吏也一一治罪，石琚因清廉无私，虽多受诬陷却平安无事。

石琚官职屡屡升迁，有人便私下向他讨教升官的秘诀，石琚总是一笑说："我不想升迁，凡事凭良心办事，这个人人都能做到，只是他们不屑做罢了。"来讨教的人不信此说，认为石琚是在敷衍自己，心怀怨气，石琚见此又是一笑道："人们过分相信智慧之说，却轻视不用智慧的功效，这就是所谓的偏见吧。"

金世宗时，世宗任命石琚为参知政事，万不想石琚却百般推辞。金世宗十分惊异，私下对他说："如此高位，人人朝思暮想，你却不思谢恩，这是何故？"石琚以才德不堪作答，金世宗仍不改初衷。石琚的亲朋好友力劝石琚，他们惶急道："这是天下的喜事，只有傻瓜才会避之再三。你一生聪明过人，怎会这样愚钝呢？万一惹恼了皇上，我们家族都要受到牵连，天下人更会笑你不识好歹。"石琚面对责难，一言不发。他见众亲友喋喋不休，最后长叹说："俗话说，身不由己，看来我是不能坚持己见了。"

石琚无奈接受了朝廷的任命，私下却对妻子忧虑地说："树大招风，位高多难，我是担心无妄之灾啊。"他的妻子不以为然，说道："你不贪不占，正义无私，皇上又宠信于你，你还怕什么呢？"石琚苦笑道："身处高位，便是众矢之的，无端被害者比比皆是，岂是有罪与无罪那么简单？再说皇上的宠信也是多变的，看不透这一点，就是不智啊。"

石琚在任太子少师之时，曾奏请皇上让太子熟习政事，嫉恨他的人便就此事攻击他别有用心，想借此赢取太子的恩宠。金世宗听来十分生气，后细心观察，才认定石琚不是这样的人。金世宗把别人诬陷他的话对石琚说了，石琚所受的震撼十分强烈，他趁此坚辞太子少师之位，再不敢轻易进言。

大定十八年（1178 年），石琚升任右丞相，位极人臣，前来贺喜的人络绎不绝。石琚表面上虚与委蛇，私下却决心辞官归居。他开导不解的家人故旧说："我一生勤勉，所幸得此高位，这都是皇上的恩典，心愿已足。人生在世，祸在当止不止，贪心恋栈。"他一次又一次地上书辞官，金世宗见挽留不住，只好答应了他的请求。世人对此事议论纷纷，金世宗却感叹说："石琚大智若愚，这样的大才天下再无二人了，凡夫俗子怎知他的心意呢？"

石琚可谓深谙进退之道，能进能退，把握得极其有度，所以才能在官场混迹多年而屹然不倒。提及石琚，不由想到李斯，当初他贵为秦相时，"持而盈"，"揣而锐"，最后却以悲剧告终。临刑之时，李斯对其子说："吾欲与若复牵黄犬，出上蔡东门，逐狡兔，岂可得乎？"他临死才幡然醒悟，渴望重新返璞归真，在平淡生活中找寻幸福，但悔之晚矣。

进一步，容易；退一步，难。大多数人能成功，却不能全身而退；少数人看透功名实质，重视过程，淡看结果，终能功成身退。

敞开心窍的大境界

人修道、治学、做人，不仅需要战战兢兢的严谨，同时也需要洒脱自在的怡然，对此，老子也有几个诗意的比喻，"涣兮若冰之将释"，"敦兮其若朴"，"旷兮其若谷"。

春暖花开，冰消雪融，普润大地，一如圣人胸襟气度的潇洒与自得。不但如此，一个修道人的言行、一举一动，还应该厚道老实、朴实不夸，仿佛一块璞玉，状如顽石，内在晶莹剔透，又如一方原木，表面其貌不扬，实则上等沉香。

"旷兮其若谷"，则是比喻思想的豁达、空灵。修道有成的人，脑子清明空灵，如同空洞的山谷，回音萦绕。只有心境永远保持在空灵之中，才是真正的七窍玲珑。南怀瑾先生点拨说，心境不空之人，便是庄子口中"蓬茅塞心"之人。人心不应被蓬茅堵住，而应海阔天空，空旷得纤尘不染。道家讲"清虚"，佛家讲空，空到极点，清虚到极点，智慧自然高远，正所谓"打破冥顽须悟空"。

唐朝江州刺史李渤，问明道禅师："佛经上所说的'须弥藏芥子，芥子纳须弥'未免失之玄奇了，小小的芥子，怎么可能容纳那么大的一座须弥山呢？有悖常识，是在骗人吧？"明道禅师闻言而笑，问道："人家说你'读书破万卷'，可有这回事？"

"当然！我岂止读书万卷？"李渤一派得意扬扬的样子。

"那么你读过的万卷书如今何在？"

李渤抬手指着头脑说："都在这里了！"

明道禅师道："奇怪，我看你的头颅只有一个椰子那么大，怎么可能装得下万卷书？莫非你也骗人吗？"

李渤听后，当下恍然大悟。

只拘泥于一种形式之中，只会让心灵关闭、固执己见、自以为是；开通心窍，才能融会贯通。明道禅师的偈语，也是说明了这个问题。

一位学僧打算辞别禅师，周游四方，禅师问："四面是山，你往哪儿去？"僧人无法应对，禅师笑了笑："竹密岂妨流水过，山高哪阻野云飞？"学僧明了，方觉自己修为不够，决定继续留在禅师身边参禅。

所谓真人不露相，悟道之人皆大智若愚，和光同尘，表面普通，内在光华，"浑兮其若浊"，看似浑浑噩噩，什么都不懂，其实一切了然于心。因为真正悟道之士，不用刻意表示自己的修为，不会装模作样、故作姿态。以平凡混浊之态藏其智是修道的一个重要阶段，依老子的看法，一个修道有成的人，是难以用语言文字去界定的，勉强形容，只好以山谷、璞玉、释冰等意象来描述了。

佛经中有六如，可比人之心境，一如深溪虎，一如大海龙，一如高柳蝉，一如巫峡猿，一如兰亭鹤，一如潇湘雁，如此才能体会空谷回声、冰消雪融、璞玉沉香之境界。

道法天地，一任枯荣

佛经中常说："上天有好生之德。"南怀瑾先生调侃说，依照老子的思想观点，如果上天真的听到凡人口中的这句话，只会暗笑我辈的痴傻。

南怀瑾先生解释，依据老子的哲学观点，天地生万物，本是自然而生，自然而有。万物的生或死都是十分自然的一件事，天地既不认为生出万物是做了好事，也不认为杀死万物是做了坏事。因为从另一个角度看，天地既生了长养万类的万物，同时，也生了看来似乎相反的毒杀万类的万物。

有两个小和尚在为一件小事吵得不可开交，谁也不愿让谁，僵持了一段时间后，第一个小和尚怒气冲冲地去找师父评理，师父正在和一个小和尚讨论经文。听完他的叙述后，郑重其事地对他说："你是对的。"于是，第一个小和尚得意扬扬地跑回去宣扬。

第二个小和尚不服气，也跑去找师父评理，师父在听完他的叙述之后，也郑重其事地对他说："你是对的。"

待第二个小和尚满心欢喜离开后，一直站在一边的小和尚沉不住气了，他不解地问师父："师父，你平时不是教我们要诚实，不可说违背良心的谎话吗？可是，你刚才对两位师兄都说他们是对的，这不是违背了你平日的教导吗？"师父听完之后，不但一点都不生气，反而微笑着对他说："你是对的。"

这个小和尚恍然大悟，立刻拜谢师父的教诲。

以这则佛经故事为例，可以明白，其实在天地眼中，万事万物无明确的对错之分，天地只是冷眼旁观世间一切。

人类自认为是万物灵长，最受天地的眷顾，其实未必如此。天地并不一定厚待于人类而轻薄了万物，只是人类予智自雄。在万物眼中，恐怕人类才是最大的毒害，因为人们随时随地都在伤害残杀生灵，只为一己之私。

或许有人会对此嗤之以鼻，只想自己眼中看到的，不愿探究深层次的含义，然而，许多事实虽然无法确定，却是真实存在的。

一名弟子问佛祖："您所说的极乐世界，我看不见，怎么能够相信呢？"佛祖把弟子带进一间漆黑的屋子，告诉他："墙角有一把锤子。"弟子不管是瞪大眼睛，还是眯成小眼，仍然伸手不见五指，只好说看不见。佛祖点燃了一支蜡烛，墙角果然有一把锤子。佛祖问："你看不见的，就不存在吗？"

天地无心而平等生发万物，万物亦无法自主而还归于天地。所以说："天地不仁，以万物为刍狗。"即天地并没有特意立定一个仁爱万物之心而生长万物，只是自然而生，自然而有，自然而灭。从天地的立场来看，一律同仁，万物与人类都不过是自然、偶然、暂时存在，最终将归于幻灭的"刍狗"而已。

正如印第安人对于生命的理解：每个人都拥有一杯水，你从里面饮入了生活。人生确实不过就是一杯水，杯子的华丽与否显示了一个人的贫与富，杯子只是容器，杯子里的水，清澈透明，无色无味，对任何人都一样。不过在饮入生命时，每个人都有权利加盐、加糖，或是其他，只要自己喜欢，这是每个人生活的权利，全由自己决定。在欲望的驱使下，你或许会不停地往杯子里加入各种东西，但必须适可而止，因为杯子的容量有限，并且无论你加入了什么，无论它的味道如何，最终你必须将其喝完。如果杯中物甘爽可口，你最好啜饮，慢慢品味，因为每个人都只有一杯水，喝完了，杯子便空空如也。

一天，唐朝药山禅师与门下两位弟子云散、醒吾坐在郊外参禅，看到山上有一棵树长得很茂盛，绿荫如盖，而另一棵树却枯死了，于是药山禅师观机教化，想试探两位弟子的功行，于是先问醒吾："荣的好呢？还是枯的好？"醒吾答曰："荣的好！"再问云散，云散却回答说："枯的好！"此时正好来了一位沙弥，药山就问他："树是荣的好呢？还是枯的好？"沙弥说："荣的任他荣，枯的任他枯。"药山颔首。

天地便是如此，荣的任它荣，枯的任其枯，不偏不倚，无悲无喜。真正悟道的圣人，心如天地，明比日月，一切的所作所为，只要认为理所当为、义所当为便自然而然地去做，并非出于仁爱世人之心，因为如果圣人有此存心，便有偏私。庄子说过，有所偏私，便已不是真正的仁爱了，即有自我，已非大公。生而称"有"，灭而称"无"，平等齐观，无偏无私，只是人们以人心自我的私识，认为天地有好生之德，因此发出天心仁爱的赞誉。倘若天地有知，应会大笑我辈痴儿痴女的痴言痴语吧。

宠辱不惊，从容淡定

当人们在面临风雨，匆忙奔跑之时，那个淡然安定欣赏雨景的人，其实深谙从容的生活智慧。在现代都市竞争的人性丛林，从容淡定是一种难以达到的大境界。沮丧的面容、苦闷的表情、恐惧的思想和焦虑的态度是缺乏自制力的表现，是不能控制环境的表现。

南怀瑾先生一再强调心态平和。而平和淡定的心态，一直是《黄帝内经》等中医经典所十分强调的。即使是欢乐也要有节制，不能只看到眼前的一点收获就骄傲自满、得意忘形，这样必然会遭凶险。做人要学会宠辱不惊，得意之时不忘形，失败则继续努力，无论怎样的上升和降落，都应泰然处之，从容淡定地面对人生。

979 年初，宋太宗御驾亲征北汉，北汉皇帝刘继元走投无路，只好投降。面对这巨大的胜利，宋太宗十分自得，他又主张乘胜伐辽，收回被辽占据的燕云十六州。宋朝大将潘美反对此议："我军虽大胜，此刻也不能志得意满，轻敌冒进。眼下尚需稳定形势，士卒也需休整。"

总侍卫崔翰大声反对："此乃天赐良机，岂可轻易放弃呢？陛下进兵之举甚合民心，必群起响应。我军又是得胜之师，伐辽必有胜算。"

宋太宗本求胜心切，遂大举北进。宋军快到高粱河时，遭到辽军的伏击，损失惨重，宋太宗也不知去向。

当时，宋太祖赵匡胤的长子、武功郡王赵德昭也随宋太宗亲征。他手下的将领猜测宋太宗不是被杀，就是被俘，于是私下商议立赵德昭为帝。众将领面劝赵德昭道："如今军心不稳，大敌当前，大王如不当机立断，承继大统，恐怕变乱不止。恭请大王迅速登上帝位，号召天下。"赵德昭面对众将拥立，一时心动。

宋太祖赵匡胤去世时，他没有把皇位传给自己的儿子赵德昭，却遵循母亲的遗命，让弟弟赵匡义做了皇帝。这件事情曾让赵德昭心情不快。赵德昭的一位亲信劝他不可这样："事已至此，只要大王参透荣辱，顺天应命，也不会感到做个逍遥亲王有什么不快。"

赵德昭是聪明之人，不觉为自己先前的失误暗自叫险。自此，他天天纵歌饮酒，对宋太宗又是极其恭敬，宋太宗对他并不怀疑，君臣相安无事。

今日面对此变，赵德昭心里千肠百转。他思忖这件事关系太大，万不可因贪求帝位而犯下致命之祸。太宗虽是失踪，终究不能肯定他已蒙难，如果自己轻率即位，太宗又没死，太宗自是不能放过他，如此自己连性命都将不保。

赵德昭越想越怕，他决定慎重行事。"皇上生死未明，大敌在侧，你们不思报国杀敌，却在这胡言乱语，动摇军心，这是忠臣所为吗？我是皇上的臣子，誓死效忠皇上，岂能受你们唆使，干下这大逆不道之事？你们真是昏了头了！"众将本想跟着赵德昭飞黄腾达，没想到赵德昭却出言训斥，他们都瞠目结舌，不知如何应对。

赵德昭为了安抚众将，又低声说："你们的好意我心领了，我岂能趁皇上在危难之时而行其私呢？倘若皇上真的遭遇不幸，为了宋室江山，我还是不会令各位失望的。"

众将气消，皆服其义。第二天早上，宋太宗被杨业父子救回，安然无恙，众将又深服赵德昭未卜先知之明。

《菜根谭》里说："宠辱不惊，闲看庭前花开花落；去留无意，漫随天外云卷云舒。"为人能视宠辱如花开花落般平常，才能"不惊"；视职位去留如云卷云舒般变幻，才能"无意"。"闲看庭前"大有"躲进小楼成一统，管他冬夏与春秋"之意；"漫随天外"则显示了目光高远，不似小人一般浅见的博大情怀；一句"云卷云舒"又隐含了"大丈夫能屈能伸"的崇高境界。对事对物，对功名利禄，失之不忧，得之不喜，正是"淡泊以明志，宁静以致远"。

不管过去的一切多么痛苦、多么顽固，都不要让担忧、恐惧、焦虑和遗憾消耗你的精力。要主宰自己，做自己的主人，从从容容才是真。只有做到了平平淡淡、从从容容，方能心态平和，恬然自得，达观进取，笑看风云。

看破平常，怎能忍不过

南怀瑾先生说世上的人只有两种："想得到，做不到；看得破，忍不过。"想想还确实如此，尤其是后半句"看得破，忍不过"。很多人看似把人间的一切名利得失都看透了,可是临了他还是要怨天尤人,还是要抱怨命不好。这就是"看得破,忍不过"。

一个人独自出门旅行,在一处山清水秀的地方迷了路。路遇沟涧,肚腹空空的他意外地抓到一条大鱼。

惊喜交加的游客燃起一堆火,想将鱼烤熟饱餐一顿。火刚燃起,鱼还没开始烤,突然出现一只山猫飞快地叼跑了鱼。又饥又饿的游客憋足劲儿追赶那只山猫,追不上,随手捡起一块石头砸过去。实在巧,石头结结实实地敲在山猫头上,将山猫砸晕了。

欢天喜地的游客用野藤捆住山猫,重新开始烤鱼。不料,烤鱼的香气飘得太远,竟招来一群野狼,但狼不稀罕鱼的美味,虎视眈眈地盯着孤身一人的游客。急中生智的游客拎着捆绑好的山猫赶紧攀上一棵大树。狼在下,人在上,对峙了半天,饿得头昏眼花的游客不得不决定用牙齿撕咬山猫来充饥。正准备下嘴,几声枪响,几只狼应声倒地,其余的狼则落荒而逃。原来,是几个猎人听到了狼嚎赶了过来。

绝境逢生的游客下了树,望着一堆猎物,猎人很高兴,不但当场给游客烤狼腿吃,还细心给他指明了方向。游客踏上回程,没走多远,就遇上了一支考察队。考察队看中了游客抱着的那只山猫,想买回去做标本。游客暗自庆幸没将山猫扔掉,喜滋滋地收了两枚金币。

怀揣金币的游客脚步轻盈地继续前进,不幸再次发生了——他与两名强盗狭路相逢。强盗抢走了他的金币,万幸的是,因为他的苦苦哀求,强盗没要他的命,只是将他打了一顿。强盗走了,鼻青脸肿的游客在山溪边清洗伤口时,几个警察出现了,游客赶紧领着警察朝强盗逃窜的地方追赶。强盗落网了,竟是罪行累累犯下不少重案的大盗。正因为如此,游客获得了一笔不菲的奖金。

游客辗转回到了家,得意扬扬地拿出奖金向太太炫耀。正在这时,电话响了,他的父亲突发急症。他匆匆忙忙赶到医院,奖金变成了医药费。他对太太抱怨:"折腾一番后发了一笔横财,却在一瞬间两手空空。"太太说:"你出门去旅游时不也是两手空空吗?"

这个人想了想,咧嘴笑了。

这个人是有名字的,他的名字叫你、我、他。你、我、他的一生,其实也是一段段的旅程,拿一生的时光来看待"旅程"所遭遇的一切,无论幸与不幸,其实都是瞬间即逝,无足轻重。

谁都知道不义之财不可取,可是如果现在许多金钱摆在你面前,没有人看到你的作为,这个时候你会怎么想呢?也许看第一眼的时候还有理智,告诉自己这不是自己的，所以不能要；慢慢地，再看第二眼的时候，眼睛就红了，就会想着如果我拿到了这笔钱有多大的用处；再看一会儿，你就会两眼发直，觉得不拿白不拿，反正是神不知鬼不觉。这就是"看得破，忍不过"的情况。其实，真的看得破了，也就能忍得过了。

相忘江湖的小鱼

相濡以沫，不如相忘于江湖。泉水干涸了，两条鱼为了生存，彼此用嘴里吐出的湿气来喂对方，苟延残喘，显得仁慈义气，但与其在死亡边缘才这样互相扶持，还不如大家安安定定地回到大海，悠游自在，互不照顾来得好。对于世俗之人来说，与其患难见真情，还不如根本无情，在安定的生活中因无此需要而各不相帮，无风无浪才好，至于那些无事生非，本已得享平淡恬静却仍不安分的人，便更相形见绌、不堪一提了。"相濡以沫"，或许令人感动；而"相忘于江湖"则是另一种更为坦荡、淡泊的境界。人为的仁爱毕竟是有限的，当人需要仁爱来相互救助时，这世界便已不好了，大自然的爱是无量的，所以人应相忘于自然，如同鱼相忘于江湖。

南怀瑾先生深入讲解，鱼离不开水，所以养鱼要特意挖个池塘放上水，才把鱼养得住。那么，道是"自本自根"的，但人找不到，怎么办？"无事而生定"，即你的心中，一天到晚要"无事"，心中无事，就是真正的定。

真正的定要做到"于事无心，于心无事"的境界，能入世做事情，但心中没有事，为俗事操劳忙碌，"喜怒哀乐发而皆中节"，但心中不留事，这样才是真做到无事而生定。

孔子告诉子贡，有静定而得道，能够找回自己本有的道。因此做了一个结论，"鱼相忘乎江湖，人相忘乎道术"。孔子开始说，养鱼必须挖塘放水，让鱼在里面悠游自在，而修道必须要做到心中无事，才能生定。进一步来讲，如同鱼在水里面不知道有水，真得了道的人，也不觉得自己有道。

有一条鱼在很小的时候被捕上了岸，渔人看它太小，而且很美丽，便把它当成礼物送给了女儿。小女孩把它放在一个鱼缸里养了起来，每天它游来游去总会碰到鱼缸的内壁，心里便有一种不愉快的感觉。后来鱼越长越大，在鱼缸里转身都困难了，女孩便给它换了更大的鱼缸，它又可以游来游去了。可是每次碰到鱼缸的内壁，它畅快的心情便会黯淡下来，它有些讨厌这种原地转圈的生活了，索性静静地悬浮在水中，不游也不动，甚至连食物也不怎么吃了。女孩看它很可怜，便把它放回了大海。它在海中不停地游着，心中却一直快乐不起来。一天它遇见了另一条鱼，那条鱼问它："你看起来好像是闷闷不乐啊！"它叹了口气说："啊，这个鱼缸太大了，我怎么也游不到它的边！"

世上本无事，庸人自扰之。如果说相忘于江湖是一种"道"的境界，那么为自己找一个"边"，便是陷入了自己的心结中。

《红楼梦》中提到一个参禅的故事：当日南宗六祖慧能，初寻师至韶州，闻五祖弘忍在黄梅，他便充役火头僧。五祖欲求法嗣，令徒弟诸僧各出一偈。上座神秀说道："身是菩提树，心如明镜台，时时勤拂拭，莫使有尘埃。"彼时惠能在厨房碓米，听了这偈，说道："美则美矣，了则未了。"因自念一偈曰："菩提本非树，明镜亦非台，本来无一物，何处染尘埃？"五祖便将衣钵传他。于是慧能成了六祖，开创中国禅宗顿悟的禅风。参悟此意，才能真正做到不以物喜，不以己悲。

自然就是生命的方式

《庄子·内篇·养生主第三》中有一段公文轩与右师的对话。"公文轩见右师而惊曰：'是何人也？恶乎介也？天与，其人与？'曰：'天也，非人也。天之生是使独也，人之貌有与也。以是知其天也，非人也。'"公文轩见到右师大吃一惊，说："这人咋这样，怎么只有一只脚？是天生就这样的呢，还是后来人为造成的？"右师说："天生就这样，不是人为搞的，一出生上天就只给我一只脚，人的外貌正常情况都是对称成双，我则不是这样，由此可知是天生的，不是人为的。"右师在解释自己的残疾时说："这是天然的。"这里的"天"不是宗教里的什么东西，是指自然的意思。即不管是什么原因造成这个样子，它都是天命，都不能归之于人为。天然给我生命，要让我用一只脚活着，我就用一只脚活着。因此，南怀瑾先生强调，每个人都有天然的生命，每个人的身体形貌都是独立的，各有独自的精神。

"人之貌有与也"，这句话告诉我们一个深刻的道理，人的相貌是相对的，外形不能妨碍我们精神生命独立的人格，每个人要有自己生命的价值，人活着要顺其自然，不要受任何外界环境的影响。右师说："我懂了这个道理，因此我答复你：这是天命！一切都不是人为，是自然的。"

有时候，过于倚重外物与环境会让你充满烦恼，得不到快乐的往往不是别人，正是你自己。

一个人被烦恼缠身，于是四处寻找解脱烦恼的秘诀。有一天，这个人来到一个山脚下，看见在一片绿草丛中有一个牧童骑在牛背上，吹着横笛，逍遥自在。他走上前去问道："你看起来很快活，能教给我解脱烦恼的方法吗？"牧童说："骑在牛背上，笛子一吹，什么烦恼也没有了。"他试了试，却无济于事。于是，他又开始继续寻找。

不久，他来到一个山洞里，看见有一个老人独坐在洞中，面带满足的微笑。他深深鞠了一个躬，向老人说明来意。老人问道："这么说你是来寻求解脱的？"他说："是的！恳请不吝赐教。"老人笑着问："有谁捆住你了吗？""没有。""既然没有人捆住你，何谈解脱呢？"他蓦然醒悟。

我们又何尝不是像上面故事里的这个人一样四处寻找解脱的途径？殊不知，并没有谁捆住你的手脚，真正难以摆脱的是困于心中的那个瓶颈。打破心中的瓶颈，清除掉心中的垃圾，你就可以在属于自己的天空中自由翱翔。人之所以不快乐，就是因为活得不够单纯；其实，不要去刻意追求什么，不要向生命去索取什么，不要给自己设置障碍，其实，简单而自然，本身就是一种幸福。

周国平先生讲过这样一个故事。故事很简单，但如果深入思考，你会发现生活表象下面人生的真谛。

一个农民从洪水中救起了他的妻子，他的孩子却被淹死了。事后，人们议论纷纷。有人说他做得对，因为孩子可以再生一个，妻子却不能死而复活。有人说他做错了，因为妻子可以另娶一个，孩子却没法死而复活。

哲学家听说了这个故事，也感到疑惑不解，他就去问农民。农民告诉他，他救人时什么也没去想。洪水袭来，妻子在他身边，他抓起妻子就往山坡游。待返回时，孩子已被洪水冲走了。

自然是一种最睿智的生活方式，这个农民如果进行一番抉择的话，事情的结果会是怎样呢？洪水袭来，妻子和孩子被卷进旋涡，片刻之间就会失去性命，哪有时间进行抉择？

人心随着年龄、阅历的增长而越来越复杂，但生活其实十分简单。保持自然的生活方式，不因外在的影响而痛苦，便会懂得生命简单的快乐。人生当中，许多时候，我们并没有机会和时间进行抉择。人生的抉择是最困难的，也是最简单的，困难在于你总是把抉择当作抉择；简单在于你别去考虑抉择问题，遵循生命自然的方式。

不要妄情、妄念、妄想

《庄子·内篇·德充符第五》中有言："道与之貌，天与之形，无以好恶内伤其身。"

以南怀瑾先生的观点来看，庄子此句话的意思是，人活着要顺其自然，要不增不减，抛却心中的妄情、妄念、妄想，保持一片清明境界，才是上天给我们的道。这个道就是本性，活得自然，一天到晚头脑清清楚楚，不要加上后天的人情世故。如果加上后天的意识上的人情世故，就会有喜怒哀乐，使得身体内部受伤害，就会有病不得长寿。

人生是一场旅行，当行囊过于沉重时，就应该去掉一些累赘的东西，只有适当地放弃才能让你轻松自在地面对生活。

相传，有一次，苏格拉底带着他的学生来到了一个山洞里，学生们正在纳闷，他却打开了一座神秘的仓库。这个仓库里装满了放射着奇光异彩的宝贝。仔细一看，每件宝贝上都刻着清晰可辨的字，分别是：骄傲、嫉妒、痛苦、烦恼、谦虚、正直、快乐……这些宝贝是那么漂亮，那么迷人。这时苏格拉底说话了："孩子们，这些宝贝都是我积攒多年的，你们如果喜欢的话，就拿去吧！"

学生们见一件爱一件，抓起来就往口袋里装。可是，在回家的路上他们才发现，装满宝贝的口袋是那么沉重，没走多远，他们便感到气喘吁吁，两腿发软，脚步再也无法挪动。苏格拉底又开口了："孩子们，还是丢掉一些宝贝吧，后面的路还很长呢！""骄傲"丢掉了，"痛苦"丢掉了，"烦恼"也丢掉了……口袋的重量虽然减轻了不少，但学生们还是感到很沉重，双腿依然像灌了铅似的。

"孩子们，把你们的口袋再翻一翻，看看还有什么可以扔掉一些。"苏格拉底再次劝那些学生们。学生们终于把最沉重的"名"和"利"也翻出来扔掉了，口袋里只剩下了"谦逊"、"正直"和"快乐"……一下子，他们有一种说不出的轻松和快乐。

人的欲望就像个无底洞，任万千金银也是难以填满的。欲望是需要用"度"来控制的。人具有适当的欲望是一件好事，因为欲望是追求目标与前进的动力，但如果给自己的心填充过多的欲望，只会加重前行的负担。人贪得越多，附加在心上的负担也就越重，可明知如此，许多人却仍然根除不了人性劣根的限制。对于真正享受生活的人来说，任何不需要的东西都是多余的。适当放下是一种洒脱，是参透人性后的一种平和。背负了太多的欲望，总是为金钱、名利奔波劳碌，整天忧心忡忡，又怎么能有快乐呢？只有放下那些过于沉重的东西，才能得到心灵的放松。

一个人需要的其实十分有限，许多附加的东西只是徒增无谓的负担而已，人们需要做的是从内心爱自己。曾有这么一个比喻："我们所累积的东西，就好像是阿米巴变形虫分裂的过程一样，不停地制造、繁殖，从不曾间断过。"而那些不断膨胀的物品、工作、责任、人际、家务占据了你全部的空间和时间，许多人每天忙着应付这些事情，早已喘不过气来，每天甚至连吃饭、喝水、睡觉的时间都没有，也没有足够的空间活着。

拼命用"加法"的结果，就是把一个人逼到生活失调，精神濒临错乱的地步。这时候，就应该运用"减法"了！这就好像旅行时，当一个人带了太多的行李上路，在尚未到达目的地之前，就已经把自己弄得筋疲力尽。唯一可行的方法，是为自己减轻压力，就像扔掉多余的行李一样。

著名的心理大师荣格曾这样形容："一个人步入中年，就等于是走到'人生的下午'，这时既可以回顾过去，又可以展望未来。在下午的时候，就应该回头检查早上出发时所带的东西究竟还合不合用，有些东西是不是该丢弃了。理由很简单，因为我们不能照着上午的计划来过下午的人生。早晨美好的事物，到了傍晚可能显得微不足道；早晨的真理，到了傍晚可能已经变成谎言。"或许你过去已成功地走过早晨，但是，当你用同样的方式走到下午时，却发现生命变得不堪负荷，坎坷难行，这就是该丢东西的时候了！

旁观者清，当局者迷。对于人性的弱点，每个人都有足够的了解，而一旦置身其中选择取舍时往往就不是那么一回事了。这只是不识"庐山真面目"，只因"身在此山中"，这也是人性的一种悲哀。人生中该收手时就要收手，切莫让得到也变成了另外意义上的失去。合理地放弃一些东西吧，因为只有这样我们才能得到更珍贵的东西。欲望使世界上少了一个天使，满足一个人的欲望，就使世界上少了一个生命。抛却心中的"妄念"，才能够使你于利不趋，于色不近，于失不馁，于得不骄，进入宁静致远的人生境界。

放下是颗开心果，放下是道欢喜禅

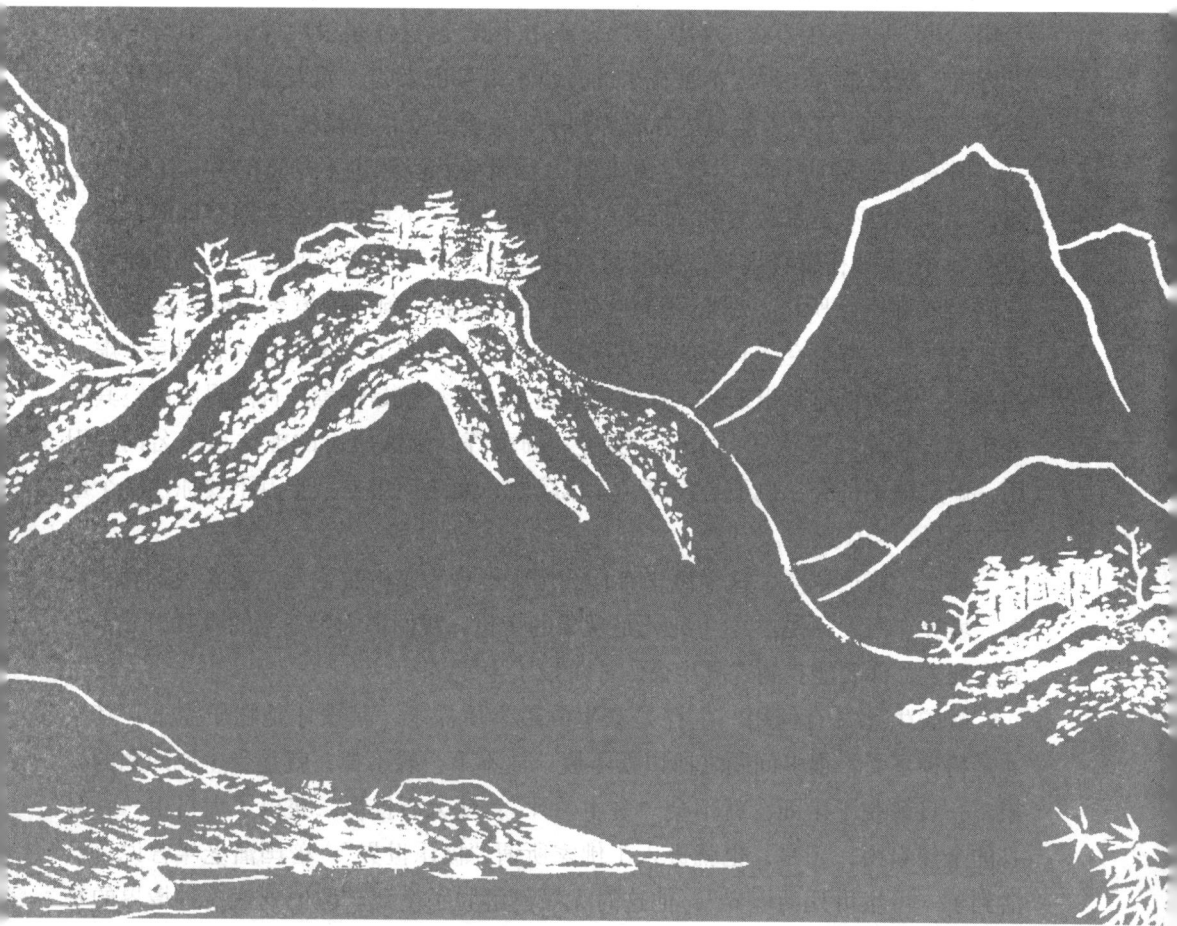

"归零"的艺术

南怀瑾大师说："空，是学佛的第一步，也是学佛的最后一步。"什么是"空"呢？这是一个非常不容易理解的概念。古往今来，修佛的人那么多，成佛的又那么少，就是被这个"空"字卡住了。多少僧人东奔西走，跑破无数双芒鞋，去寻找这个"空"，结果找不到；多少僧人打坐参禅，坐破无数个蒲团，结果参不出来。

按《心经》的说法，所谓"空"，就是"无人相，无我相，无众生相，无寿者相"，就是"不生不灭，不垢不净，不增不减"。这还是很难理解。但有一点可以肯定，既然是空，肯定不是找来的，也不是参出来的。如果是有，不管什么金贵难得的东西，总有人能想尽办法弄到手，由于是空，就没法弄了。

据南怀瑾大师解释，"空"并非什么也没有，当然也不是真的有；不是毫无知觉，自然也不是妄念丛生，而是"不空而自空，不定而自定，即空即有，即有即空"。南大师在解释虚空一词时说："我们往往有一个错误的观念，把自然界的空间当成虚空，所以，在心理上自己造就一个空空洞洞的境界，以为这就是虚空，实际上，有个空空洞洞的境界存在，已经不是空了。这是第六意识有个虚空的观念，是加以造就出来的，在唯识的道理讲来，就是作意。自然界的虚空其实并不空，里面含有空气、水分、灰尘、细菌等。佛法所讲的虚空是个名词的引用，虚空即不是有，也不是没有，无以名之，名之曰虚空。千万不要抓住一个虚空的境界，当作虚空。"

那么，悟透"空"这个概念有什么用呢？是为了解脱生死，或者说达到"涅槃"境界。南大师说："生生死死是现象的变化，我们那不生不死的真我，并不在此生死上，你要能找到这真生命，才可以了生死。"

解脱生死又有何用？生存是众生的最本质需求，其次才是物质需求，其次才是精神享受。很多问题之所以摆不脱、放不下、躲不掉，就是受生死问题的拖累，一旦解脱了生死，就不会"贪生怕死"，就无所畏惧，获得了大自由——身心的全然自由，于是，也就进入了佛家所谓"极乐世界"。曾国藩老年曾说自己活到了"可生可死的境界"，他这时无疑已解脱了生死。但他到达这种境界的基础是在"立德、立功、立名"三方面都做得比较圆满，无论生死，都可名垂不朽，一生可以无憾。如果他寸功未立、默默无名，他就不见得有这么洒脱。所以这还不是真正的"涅槃"境界。孔子"七十从心所欲而不逾矩"，这才是"不空而自空，不定而自定"的大自由境界。

我们想达到曾国藩"可生可死"的境界就比较难，要达到孔子"从心所欲"的境界就更难了。退而求其次，也可追求"归零"的境界。何谓"归零"？也就是清空过去，从零开始未来。打个比方，用算盘或计算器计数，算完一道题，最好回复到零的状态，再算第二题。如果在前面的基础上继续算，肯定算出一笔糊涂账。如果这道题的数字很多，算了一部分，也最好归零，再算另一部分，免得中间一数出错，前功尽弃。又比如，在纸上写字，写满一页，自然要翻到第二页，从"空"处接着写。如果仍然在本页写后面的内容，最后写到连自己都不认得写的是什么。

在工作、生活中，任何事结束，无论成败，都不妨让它"归零"，以全新的姿态开始另一件事。如果一件事延续的时间很长，也可以分阶段归零。

如何"归零"呢？打个比方，夫妻俩吵了一架，互相说了不少难听的话。吵完了，妻子气得哭哭啼啼，跑回了娘家，吵架这件事也宣告结束，前面说过的话都等于零，做丈夫的第二件事是如何让妻子破涕为笑，把她哄回家，重新做自己的好老婆。如果丈夫一个人躺在床上琢磨妻子刚才说的话，并且越想越生气，这等于在算过数的算盘上算数，在写过字的纸上写字，能算出正确答案吗？能写出好文章吗？

又比如，工作不顺利，老板提拔多人，不曾多看自己一眼。那么，前面的工作就算结束，以前的表现都等于零，当员工的第二件事是思考哪些行为可能受到老板欣赏，这些行为跟自己的价值观是否有冲突。如果没有冲突，就按老板欣赏的方式做事；如果有冲突，就得准备另谋高就。

当然，也不是所谓坏事才需要归零，遇到好事也同样需要"归零"。比如升官了，发财了，或者受到某个美人青睐，都是一个零。如果想继续升官发财或拥抱美人，就要从零开始，向更高的官位靠拢，向更多的钱伸手，向美人送出新的秋波。如果不想，也要从零开始，从这些的身边走开。人生如行旅，走上坡路，走下坡路，走平路，都是正常现象，就怕迷失了方向，想上山却往山下走，想上岸却向水中游。迷失方向的原因是东奔西走、立不住脚。及时"归零"，找到一个新的起点，走起来就目标明确、信心十足了。

英国前首相丘吉尔就是一个善于"归零"的人，二战结束后，他参加竞选，结果失败了。在常人看来，他失去了首相地位，就像从高山上跌到了谷底，要多痛就有多痛。可丘吉尔本人却不这么认为。在他眼里，离开首相职位，不过是从一座高山上走下来，接下来他可以自由选择爬另外一座山。在退休的日子里，丘吉尔迷上了画画，他年轻时曾师从约翰·弗莱利学习绘画，经过晚年的修炼，画艺更上一层楼，达到了相当高的水准。为了检验自己的绘画水平，丘吉尔曾匿名把自己的绘画送去参加画展，有两幅画竟然被皇家美术院选为藏品，皇家美术院还于 1948 年授予丘吉尔"名誉院士"称号。

除了绘画外，丘吉尔还着手写作《第二次世界大战回忆录》。经过七年笔耕不辍，他终于完成了这部巨著。该书一上市就很热销，买书的人在书店门口排起了长龙，并且一版再版。凭借这部书，丘吉尔获得了 1953 年的"诺贝尔文学奖"。在颁奖典礼上，瑞典文学院的主席热情洋溢地说："丘吉尔的文学成就太大了，我们忍不住要将他看作拥有西塞罗文才的凯撒大帝，以前从没有一个历史领袖人物像他这样德才兼备，同时又如此杰出。"

人生原本处于不断的变化之中，上了山肯定要下山，到了甲地肯定要去乙地，做了这件事肯定要做那件事，让过去的有归于现在的零，不背任何包袱，轻轻松松地走向未来，不是很好吗？

生命需要一场清洁心灵的大火

传说，凤凰 500 年在火中涅槃一次，它集梧桐枝自焚，在烈火中获得新生，其羽更丰，其音更清，其神更髓。这个神话故事颇有佛法的意境。

人生其实也需要一场这样的思想之火，烧毁过去的残渣，获得一个全新的自我。

就像过日子必然留下垃圾一样，我们的头脑里也必然留下思想残渣。因为我们每天不停地思考，产生一个又一个想法，这些想法极少有用，有的还是带毒的想法。当一天过去，这些想法却不会随之消失，仍残留在记忆里，残留在潜意识中，不知不觉地影响我们的思维和言行。于是，我们渐渐失去了单纯，变得复杂、虚伪、势利和老于世故；我们渐渐失去了笑声，变得忧郁、焦虑、胆怯和心事重重。

这些思想残渣是什么呢？是对人、对事物、对社会错误理解而产生的偏见、谬见、邪见，是过去失败经历留下来的心理阴影，是过去成功经历留下来心理折射，是对他人的无端嫉恨，是对未来的不合理期盼……所有这些，都会使我们的心灵受到污染。如果我们能燃起一堆思想之火，像烧毁残枝碎叶一样烧毁思想残渣，就能获得一片清净之地。

但是，这堆火只能由自己引燃。用佛家的说法，需要各人自度，否则无人可度。佛祖所讲的佛法，只能让大家意识到自己的思想中已经填满垃圾，只能让大家意识到自己需要一场清洁灵魂的大火，但佛法本身并不能点燃这场大火。

如何燃起一场思想之火呢？必须在灵魂中引起深刻的觉醒或忏悔，这种强大的心理能量足以使过去种种无益的积存化为一缕轻烟。这很难，又很容易，关键在一念之禅悟。但人是执迷的，总是放不下那些自以为是的念头，放不下过去的遗憾、苦恼、仇恨等等无益情绪。例如，豫剧演员常香玉在"文革"期间有过一些恩恩怨怨，不久前她去世了，记者问她过去的同事对她的看法，让人吃惊的是，那位已经70多岁的同事的回答是：我不能原谅她。在外人看来，他们的所谓恩怨不过是一些鸡毛蒜皮的小事，竟至于到死都不能原谅。

我们难以悟道的原因，不是抛不下思想垃圾，而是把思想垃圾当成宝贝收藏，舍不得抛弃。那么，即使佛祖亲自来说法，也无法使我们得到超度。除非有某些特殊的事件发生，使我们不得不抛弃，才能从中发现一心清净的价值。

1914年12月，大发明家托马斯·爱迪生的实验室燃起一场大火。实验室是钢筋混凝土结构，按理说不易发生火灾，所以事前只投了23.8万美元的保险，但这场事故却造成了200万美元的损失。那个晚上，爱迪生半生积累的财富及研究资料几乎都在大火中化为灰烬。

大火燃得最旺的时候，爱迪生的儿子查里斯在浓烟和废墟中找到了父亲。爱迪生静静地看着火势，没有一点伤心的感觉。当他看到儿子时，大声说："查里斯，你母亲哪儿去了？去，快去把她找来，她这辈子恐怕再也见不到这样壮观的场面了！"

第二天早上，爱迪生看着眼前的废墟，说道："灾难自有灾难的价值，我们以前所有的谬误和过失都给大火烧得一干二净了。我们应该感谢上帝，这下我们又可以从头再来了！"

火灾过去三个星期后，爱迪生就发明了世界上第一部留声机。

爱迪生所说的谬误和过失是什么呢？有以下三种东西：

一是研究的迷途。每进行一项发明，都会经历若干次失败，这是正常现象。但有时候只是在钻牛角尖，钻在里面出不来，也不想出来。失去了以前的研究资料，没有办法继续，心里可能反而透亮了。

古时候，中国学术界有"皓首穷一经"的说法。抓住某部经典，逐字逐句地考证探索，越研究未知的东西的越多，直到白发满头，还无有尽期，只能带着遗憾死去。这显然钻到牛角尖里去了。如果不幸遭遇一点意外，生活发生困难，不得不丢下书本去种田，反而是一种解脱。

二是习惯的屏障。过去的成功经验会让我们认为某些想法一定是正确的，某些方法一定是最实用的，这样就容易形成惯性思维，每天按部就班地工作。爱迪生是大发明家，受到大家推崇，这无疑会使他对自己以及自己过去的研究方法充满自信。当他的实验室烧毁了，工作环境发生了变化，工作节奏打乱了，运用过去的研究方法的条件也改变了，使他不得不按新的方法做事，创新的灵感反而绵绵而生。

三是精神的惰性。奋斗激情往往来自内心的渴望，爱迪生年轻时，家境贫寒，生活困难，不得不努力工作。当他功成名就后，再也没有任何经济问题困扰他，无须努力表现就会引人注目，虽然他仍是勤奋的，激情却自然消退。一场大火使他陷入经济危机，反而就像一支强心针一样使他精神焕发。

以此观之，这场火灾使爱迪生蒙受了巨大的经济损失，也帮助他烧掉了陈旧的日子，使他能够以全新的心态、全新的生活走向未来，爱迪生应该感谢这场火灾，而不至于在安逸的生活中老朽，这或许真的是一种幸运呢！

宋朝紫阳真人说，"不移一步到西方"，心灵的彻悟，靠的不是外求，只要化尽过去的一切的累赘，佛性之光便显现了。当然，我们在生活中不会欢迎意外的变故，不希望通过这种方式更新自己。但是，只要静心思考一下，就会发现，过去的生活已经在我们的心理上形成了很大的重负，身心感受到的压力也越来越大。何不试着整理一下自己的心情，抛弃一些可有可无的是非恩怨呢？何不尝试挑战过去一成不变的观念，接纳新的思想呢？何不尝试透过身心之虚幻，观照真如不动之空性，以求得心灵的涅槃呢？

给真知留出一点心灵空间

无论修道学法，还是谋事创业，都会遇到理障和事障的困扰。它们就像两座拦路的大山一样，即使好不容易翻过去，前面又会出现两座同样的大山。直到破除了理障和事障，前路才会平坦。

所谓"理障"，就是深信某个道理时，就拒绝接受其他的道理。但世上的任何道理，都只是片面的道理，只能让人看清事物的某个方面。如果拒绝其他道理，等于拒绝对该事物进行更深入、全面的了解，那么就会让自己留在愚痴中而难有进益。

有一位教授到南隐禅师处问禅，从哲学、科学的角度提出自己对禅见解。南隐一直默默地听着。最后教授向南隐请教禅的真义。南隐没有说话，端起茶壶给教授上茶。眼看茶杯已满了，南隐还在向杯中倒水。教授说："老禅师，茶已溢出来了。"

南隐说："是啊，你就像这只杯子一样，头脑中装满了那么多哲学、科学，哪里还能装进别的东西呢？"

这位教授就是遇到了"理障"，他在对禅的真义没有了解之前，就用科学和哲学进行解释，是因为他相信科学和哲学是真理，一切学问都会包含在这两种学问之中。那么他怎么能接受不同于科学和哲学的禅呢？

在生活中，人们都重视自己的专业，也就是重视自己所学到的理论，在思考和解决问题时，也习惯于限定在专业框架之内。甚至于找工作，也倾向于找"专业对口"的工作。这都是"理障"。因为有了理障，路就会越走越难，越走越窄。

当然，所谓"理"，不仅包括世所公认的一切理论、法律制度以及各种规则等，还包括自己形成的某个想法。不管是否有理论或事实依据，只要形成了某个想法，自己就会觉得肯定是对的，很难听进不同的意见。这种"理障"，是我们在生活和工作中最容易遇到的。

有时候，"理障"甚至还会进一步升级，不再需要"理"，只剩下"障"，也就是说，认为"我总是对的"，不管我赞成什么或否定什么，不管我坚持什么或反对什么，都是对的。这种现象在功成名就的人士身上最容易出现。

一旦有了"理障"，不仅会变得顽固守旧，缺乏创新能力，还可能把歪理当真理，把邪说当正说，这无疑会对做学问、干事业以及发展人际关系造成破坏性的影响。如何克服"理障"呢，也许应该像孔子所说："毋意，毋必，毋固，毋我。"也就是说，不要固执己见，也不要顽固地突显自我，以开放心态对待一切意见，一切道理，一切事物，一切人。

有人曾问子贡：孔子的学问是跟谁学的呢？

子贡回答说："文武之道，未坠于地，在人。贤者识其大者，不贤者识其小者，莫不有文武之道焉。夫子焉不学？而亦何常师之有？"意思是：周文王、周武王的圣人之道并没有坠落在地上，而在人们的掌握之中。贤能的人掌握了它大的方面，不贤能的人掌握了它小的方面，没有什么地方没有文武之道。我的老师什么地方不可以学习呢？他又何必一定要有一个固定的老师呢？

按孔子的学历，大致相当于现在的初、高中，从没进过大学的门。但他却是当时学问最高的人之一，其原因在于他成功破除了"理障"，能够向一切人学习一切有价值的学问。

韩愈平生最崇拜孔子，并以儒学道统的传人自命。他在《师说》一文中说："生乎吾前，其闻道也固先乎吾，吾从而师之；生乎吾后，其闻道也亦先乎吾，吾从而师之。吾师道也，夫庸知其年之先后生于吾乎？是故无贵无贱，无长无少，道之所存，师之所存也。"

如果能够抛弃年龄、学历、职业、地位等方面的偏见，达到"无贵无贱，无长无少，道之所存，师之所存"的境界，"理障"就能破除了，智慧也会绵绵而生。

所谓"事障"，就是被某件事所羁绊，难以摆脱，思维也自然而然地受到这件事所控制，并由这件事带来越来越多的事，想法也越来越多，越来越混乱，从而失去对正道的认识能力。

临济宗第十二代祖师大慧宗杲，是宋代著名的爱国高僧，因支持岳飞抗金，得罪了奸相秦桧，被流放岭南。

有一位将军，厌恶了沙场的血腥厮杀，也许是惧怕了死亡，找到大慧宗杲禅师，要求剃度出家。宗杲禅师说："现在国难当头，正需要你们这些忠义之士抗敌救国，你怎么能临阵脱逃呢？"

将军说："我并非贪生怕死，而是真正看破了红尘。请大师慈悲，收留我作弟子吧！"

宗杲禅师打量了他一会儿，淡淡地说："你业习太深，恐怕还不能真正放下。"

"我什么都能放下！家庭、名誉、地位、权力，我都厌恶了，请您即刻为我落发吧。"

大慧宗杲禅师笑而不答，起身离去了。将军只好无可奈何离开。但他并不死心，第二天一大早，又来到寺院，恭恭敬敬地站在方丈门外等候。宗杲禅师打开房门，看见将军，已知其来意，却佯装不知，问他这么早来干什么？将军口占一偈："为除心头火，清早礼师尊。"

大慧宗杲禅师也说出一偈："凌晨离梦乡，不怕妻偷人？"

将军顿时恼羞成怒，骂道："你个老秃驴，说话太伤人！"

宗杲禅师哈哈一笑说："你既要出家，何怕妻偷人？轻轻一撩拨，怒火又燃烧。施主现在还不宜出家，以后再说吧！"

将军红着脸离开了，以后再也没提过出家的事。

这位将军厌倦了沙场征战，也许真的想放下，但不是什么事都能放下。

所以，只要有一件事放不下，就会带来一大堆事，不管自己愿不愿意，甚至不管是否正确，都得硬着头皮去做，心里却有苦难言。这时候，听到局外人在旁边指指点点、说三道四，就会老大不乐意，回上一句：站着说话不嫌腰疼。对于遇到"事障"人来说，并非不知道这样做不好，只是像被绳子拴住的老牛一样，不往前走不行。

如何破除事障呢？按佛祖教导的方法，要"永舍贪欲"，但这对我们凡夫俗子来说，未免有点不现实。大致上有两个变通的方法，值得一试：

一是减轻贪欲。看见别人升官、发财、出名，自己也要升官、发财、出名，甚至要求比别人更成功，贪欲就太重了；看见邻居、亲戚吃好、玩好、住好，自己也要吃好、玩好、住好，甚至要求比别人享受更多，贪欲就太重了。尽自己的能力，顺其自然地生活，心灵会更快乐。

二是不要把问题看得太严重。发生任何事情，其实都没有我们想象的那么严重。比方说"妻偷人"这件事，它的严重性完全在于人们对它的评估，而不在它本身。如果认为它严重，可以严重得要命。比如封建时代，规定"杀奸夫淫妇无罪"，这不是严重得要命吗？也不见得只有丈夫一方有"要命"的权力，秦律规定，"夫为寄豭，杀之无罪"（《史记·秦始皇本纪》）。豭是公猪，到处"播种"，以此比喻男人偷情。妻子只要证实老公有公猪一样的行为，可以直接要他的小命，还不用承担法律责任。

如果认为这件事不严重，一点事都没有。比如原始社会，女人连固定老公都没有，喜欢谁就是谁，有什么关系？而且，各国的法律不同，文化传统不同，同一国家，社会风气不同，同样是"妻偷人"这件事，严重程度也大不一样。那么这件事到底严不严重呢？到底有多严重呢？其实都不一定。

无论任何事，只要自己不把它看得太严重，心里的压力和痛苦就会大大减轻，"事障"也就比较容易逾越了。

沉湎过去，不如追求未来

据南怀瑾大师介绍："美国前几年流行的嬉皮，他们所画的祖师爷，都是我们中国人，其中两个是禅宗的和尚：寒山、拾得，留长发拿扫帚的；还有像楚狂接舆，也是他们的祖师爷。还有我们晋朝的刘伶、阮籍两个爱喝酒的，这些人他们都供起来，自称是他们的祖师爷，这是他们学中国文化的一点点皮毛。所以楚狂并不是一个疯子，接舆是他的名字，道家的书与'高士传'都说他姓陆，陆接舆说是楚狂，也是道家著名的隐士，学问人格都非常高。"

从表面看，接舆确实有点美国嬉皮士的味道，率性而为，对任何人、任何事都不在乎，实际上，接舆却有着非常深沉的思想。

接舆是道家人物，道家的思想精华在于无为和顺其自然。历史发展到春秋时代，奴隶制度行将崩溃，人们的价值观混乱，社会动荡不安，确实很糟糕。但在道家看来，这是社会发展的必然结果，用不着强行干预，只需顺其自然就行了。

而孔子的观点正好相反，他远溯尧舜，上追周文，老想恢复古制。在道家看来，这是逆道而行，所以接舆忍不住跑去劝诫他，不要做这种徒劳无功的事。

从表面看，接舆思想消极、颓废，只顾自己快乐，对社会不负责任。实际上，这可能是负责任的方式不同。打个比方，一个父亲看见蹒跚学步的孩子跌倒了，竟不去扶，等孩子自己站起来。难道是因为这个父亲懒惰、不爱孩子吗？他可能是在培养孩子的自立能力和坚强品格。又比如，一座房子很破了，不去修它，好像生活态度不积极。但有时候，把一座房子修复到它原来的模样，不如设计一座新房子。孔子就是想把春秋这座破房子修复到周文王那座新房子的模样。所以接舆认为他是在做傻事，劝他"来者犹可追"，把心思用到如何建一座新房子上。

道家、儒家的大道理，我们似乎不用考虑得太多。但"来者犹可追"这句话，对我们却很有积极意义。在生活中，我们总会遇到很多不如意的事，也难免会遭遇失败。与其为过去痛苦，不如含笑走向未来，这对人生不是更有积极意义吗？

第一，经营今天，跟昨天划清界限。昨天永远是终点，今天永远是起点。把所有的失意留在昨天，从今天起开始创造美好的生活，你就会有一个充满希望的未来。

有一位妇人，丈夫因病去世，她失去了依靠，不得不出去找工作。她以分期付款的方式买了一部旧车，去为一家出版公司推销图书。

她工作辛苦，又孤独，又沮丧。她每天有一百个担心：怕付不出购车贷款，怕交不起房租，怕没有足够的食物吃，怕健康情形变坏而无钱看医生……她觉得活着也没什么希望，甚至想到自杀。

有一天，妇人阅读一本书，看到了一句令人振奋的话："对一个聪明人来说，每天都是一个新的生命。"

妇人细细品味这句话，忽然明白，自己一直活在昨天的不幸和对明天的恐惧中，反而忽略了今天。可是，昨天的痛，自己已经承受过了，有必要反复兑付吗？明天的痛，还没有到来，有必要提前结算吗？何不放下昨天的包袱和明天的烦恼，一门心思经营好今天？

她将这句话贴在车子前面的挡风玻璃上。每天开车出发时，她就对自己说："今天又是一个新的生命！"然后满怀希望地上路。渐渐地，她学会了忘记过去，不想未来，只想如何干好眼前的每一件事。从此，她的心情变得开朗起来，她的乐观情绪甚至感染了她的客户，销售业绩和个人收入都成倍增长，再也不用担心没钱付这付那了。

一年后，她还找到了一个倾心相爱的男人，重新披上了婚纱。

这位妇人也许不是因为一句话而改变，她受益于灵魂中迫切要求改变的强烈意念。当你对现状不满时，是否已决心跟昨天划清界限？

第二，用今天的努力弥补昨天的损失。我们经常会因为失误或失败而蒙受重大损失。坐在那里唉声叹气、痛苦流泪，并不能找回损失，反而耽误了今天的时光，那就蒙受了双重损失。如果从现在开始努力创造，昨天的损失也许就变得微不足道了。

过去的时光不会倒流，但过去没做好的事，可以做得更好。只要下定了决心，就一定能得到自己想要的结果。

第三，设立新目标，尝试新生活。在每个人的一生中，总会有几次这样的经历：不得不放弃以前过惯了的生活，开始全新的生活。童年是无忧无虑的，可是生活不允许我们做一个长不大的孩子，我们不得不离开家庭，去过学生生活。在学校的日子是美好的，又不得不走向社会。家乡的氛围是亲切的，又不得不离开家乡闯荡……凡此种种，都会给我们带来诸多不适应。这时候，我们不得不忍痛割爱，跟过去的生活挥手告别。如何调节心态呢？确立新目标，进行新的追求，就能从昨天的失落感中走出来。

人生就像爬山一样，要么往上走，要么往下走。我们不能希望总是走上坡路，有时候，走下坡路也是每个人必然的经历——爬到了山顶上，只有下坡路可走。怎么办呢？不妨坦然地走下来，再去爬另一座山峰，这才是积极的人生态度。

放下就是快乐

在佛眼里，世人因有妄执，无不痴愚。如何治愚，就是两个字：放下。这两个字虽然简单，实行起来却不简单，因为世人都觉得自己怪聪明的，并无痴愚，又何必放下？

为什么大家都愚，又觉得自己聪明呢？这是同化的力量。所谓"入芝兰之室，久而不闻其香；入鲍鱼之肆，久而不闻其臭"，大家处在一个痴愚的环境，已经对痴愚没感觉了。

南怀瑾大师说："绝对没有病正常的只有两个人，一个是已经圆寂的释迦牟尼佛，一个是还未出生的弥勒佛。每个人都有病，因为都在颠倒妄执之中。以前我到精神病院看那些病人，待久了，我就发觉不对劲，全体都是病人，你说他们不正常，他们才觉得你不正常呢！后来我对两位精神病科的医师说：你们小心嗬！搞久了，你们也会变精神病，结果，不出所料，几年以后真的也都变成精神病。

因为众生颠倒，谁对？谁错？搞不清楚。"

人处世间，同化的力量确实强大。我们初到一个新环境，觉得这也看不惯，那也看不惯，觉得别人都俗，独有自己高雅。久之，这也看得惯，那也看得惯，大家都是一般的人，这就同化了。

有一个哲理故事，也是讲同化的。

春秋时，有个姓逄的秦国人，他的儿子小时候很聪明，长大后却变得稀里糊涂，往往把东西认反了，听到歌声，以为是哭声，看见白色却认作黑色，闻到香气却说是臭气，尝着甜味却觉得很苦，做了错事却自以为正确。心意所到之处，天地、四方、水火、冷热没有不颠倒错乱的，成天恍恍惚惚，懵懵懂懂。全家人为此十分苦恼，欲求名医为之诊治。

一个姓杨的邻居告诉逄氏："我听说鲁国的上层领导有各种非凡的本领，也许有人能治好你儿子的糊涂病，为什么不去试试呢？"

逄氏听从了劝告，带上干粮，离开秦国去鲁国。他一路上跋山涉水，风餐露宿，来到了陈国，住在一家客栈里。正好老聃也因讲学路过此地，住宿在这家客栈。逄氏久仰老聃的大名，便特地拜访，求教各种问题，并谈及自己儿子的糊涂病。

老聃沉思良久，然后眼望上天，缓缓地说："现在天下的人都不明是非了！对利和害的问题也稀里糊涂呀！本来就没有什么明白的人哪！你家中只有一个人糊涂，还不至于危害一家人；推而广之，一家人糊涂不至于危害一个地区；一个地区的人糊涂不至于危害一个国家；一个国家的人糊涂不至于危害天下。现在你因自己的儿子颠三倒四便认为他糊涂，其实你是否想过，也许我们每个人都很糊涂呢！谁敢说我比别人聪明呢？自认为聪明的人恰恰是最糊涂的人！现在你要去鲁国寻求高人来医你儿子的病，可你知道么？鲁国那些上层领导是天下最糊涂的人啊！我劝你不如死了这条心吧！"

逄氏回到家中，把老聃的话细细思考了几个月，竟渐渐地不觉得儿子糊涂了。可是久而久之，在别人看来，他竟和自己的儿子一样的糊涂了。

这个故事看起来好笑，可是想想我们自己，也许跟故事中人一样好笑。我们经常将白认作黑，将好认作坏，将对的当作是错的，将错的看成是对的……我们其实糊涂透顶，只是自己不知道罢了。其原因在于，我们处于群体糊涂中。如果是独自糊涂，很容易显示出来，如果大家都糊涂，没有了比较，就无法分辨了。

南怀瑾大师说："我们在大颠倒之中，什么是对的？什么是错的？搞不清楚，一切都在妄执，都受业力影响，都被错误的思想左右。为什么有烦恼？为什么有痛苦？因为自己妄执。所以中国禅宗说到所有的佛法，只有一句话："放下。"但是，人就那么可怜！偏偏放不下。"

"放下"的难度在哪里？最大的难度在于不肯放下。比如每个人都糊涂，可是要人承认自己糊涂，他不惜喋喋不休地争论一整天，以证明自己多么聪明；甚至不惜打上一仗，以显示自己多么有智慧，对三十六计多么精通。既然不承认糊涂，又怎么会医治糊涂呢？

所以啊，我们学佛法，只要学到"放下"二字，收获就已经很大了，就已经开始从糊涂转向聪明了。如何放下呢？

第一，行在无心之间。普通人的特点是多心，遇到什么事都要设想多种可能，这一想，就再也放不下了。如果该做就去做，做了就不想，心里就不会有那么多包袱了。

有一天，一休禅师带着两位徒弟下山，去拜访一位修行者。山下有一条小溪，因春雨涨水，须涉水而过。溪边站着一位姑娘，想过去又怕湿了衣裳。于是，一休就把姑娘背了过去。

此后，两位徒弟开始疏远师父。时间久了，被一休看出来了，就问他们为什么。

大徒弟说："你不守戒律，背了一个姑娘过河。"

二徒弟说："你说的一套，做的又是一套。"

一休禅师拍额惊叹说："好可怜呀！我只不过把那女子从河的这一边背到对岸，你们却在心中背负了好几个月，你们真是太辛苦啦！"

在这个故事中，一休禅师是无心做事，一尘不染。两个徒弟却太多心了。孔子说："君子坦荡荡，小人长戚戚。"因为君子没有那么多想法，所以坦荡超然，无挂无碍；小人的想法却太多了，无形中在心里制造了不少思想垃圾，堆在心里面，岂不太累了吗？

第二，苦乐自知，不与他人比较。有些人总是在追逐别人认为好的东西：别人一身名牌，我也不能天天"休闲"；别人染了头发，我也要赶紧改掉黄种人的老形象；别人出入豪华场所，我勒紧裤带也要跟着上；别人买了私车，我砸锅卖铁借高利贷也得补上这个缺憾；别人利欲熏心捞黑钱，我不干几件坏事就冤得慌……难道他觉得穿名牌衣服比穿普通衣服舒服吗？难道他真的觉得贷款买车很幸福吗？未必。因为别人这样做，所以他也要这样做。

有智慧的人，总是追求自己的快乐，而不是攀比别人。

有一天，一个人来到佛前，问道："梵行圣者，你们居住在简陋的茅屋里，每天仅仅吃一顿饭，为什么还这样快乐？"

佛陀回答："不悲过去，非贪未来，心系当下，由此安详。"

这就是智者的境界，非但不攀比别人，连自己的过去未来也一概放下，只"心系当下"，岂会不感到快乐呢？

第三，放下痴心妄想。一个人急于达成某个目标时，便一心扑在上面，魂牵梦绕，再也抛不开。可越是这样，达成目标的时间越是遥遥无期。这好比乘车赶路一样，急急忙忙开快车，不理会交通规则，不顾别的车辆，横冲直撞，肯定会遇到各种阻碍，反而到得慢，甚至永远也到不了。不如从容一点，悠闲一点，自然而然地去做，反而更容易到达目的地。

人生之路本来畅通无碍，都是因为妄执，才使平地生起风波。何不放下妄执，追求心灵自由之境呢？

繁华如梦了无痕，何必沦陷

在佛理看来，人世中一切事、一切物都在不断变幻，没有一刻停留。万物有生有灭，没有瞬间停留。对这种现象，佛教中有一个形象的名词——无常。

宋朝大诗人苏东坡曾写过这样两句诗："人似秋鸿来有信，事如春梦了无痕。"南怀瑾先生认为这两句诗很好地说明了无常的现象，他对这两句诗的解释非常有趣，他说：人似秋鸿来有信，苏东坡要到乡下去喝酒，去年去了一个地方，答应了今年再来，果然来了。事如春梦了无痕，一切的事情过去了，像春天的梦一样，人到了春天爱睡觉，睡多了就梦多，梦醒了，梦留不住，无痕迹。人生本来如大梦，一切事情过去就过去了，如江水东流，一去不回头。老年人常回忆，想当年我如何如何……那真是自寻烦恼，因为一切事情是不能回头的，像春梦一样了无痕迹。

若真正体会到事如春梦了无痕，那就不会生出这样那样的烦恼了，人生就不会陷入网的怪圈不能自拔。

繁华似乎总是停留在生活的表面，灯红酒绿、纸醉金迷、熙熙攘攘的背后往往透出一丝丝的苍凉。说繁华便免不了要提到《红楼梦》，因为那"贾不假，白玉为堂金作马"、"珍珠如土金如铁"的繁华，但是人间富贵不过如此。然而，古人曰："富不过三代。"即使是偌大一个繁华的富贵之地——大观园，也依然处处透着那一丝丝的苍凉，林黛玉的寄人篱下、晴雯的屈死以及树倒猢狲散的最终结局无一不将"苍凉"二字展现得淋漓尽致。繁华的背后其实仅仅是苍凉而已，这真是将世事繁华的虚妄表述得淋漓尽致。

将繁华的本质看得如此之透彻的，除了曹雪芹以外，还有现代著名女作家张爱玲。她的小说总是以繁华开场，却以苍凉收尾，正如她自己所说："小时候，因为新年早晨醒晚了，鞭炮已经放过了，就觉得一切的繁华热闹都已经过去，我没份了，就哭了又哭，不肯起来。"

张爱玲是旧上海名门之后，她的祖父张佩纶是当时的文坛泰斗，外曾祖父是权倾朝野、赫赫有名的李鸿章。凭着对文字的先天敏感和幼年时良好的文化熏陶，张爱玲七岁时就开始了写作生涯，也开始了她特立独行的一生。

优越的生活条件和显赫的身世背景并没有让张爱玲从此置身于繁华富贵之乡，相反，正是这优越的一切让她在幼年便饱尝了父母离异、被继母虐待的痛苦，而这一切，却不为人知地掩藏在繁华的背后。

是的，繁华只是一具华丽的空壳，在珠光宝气中透出源自灵魂的苍凉，正如张爱玲所说："苍凉是飞扬与热闹之后的安稳与真实，飞扬是浮没，热闹是虚伪；飞扬与热闹是短暂，苍凉是永恒的。"因此，"苍凉"成了她一切作品的底色，甚至她的人生亦无处不存在着苍凉。即使晚年身处繁华热闹的美国都会，她却离群索居，兀自孤独地看着这个花花世界，眼底亦尽是苍凉。

一个沉迷于繁华的人一定是肤浅的人，最终他将在繁华落尽时备受煎熬。一个人只有将繁华看得透彻些，才能自在些，面对人生贫富变迁才能少一些迷茫，多一些坦然。《三国演义》开头有这样一首诗："滚滚长江东逝水，浪花淘尽英雄。是非成败转头空。青山依旧在，几度夕阳红。"人世繁华荣枯皆是幻象，一个人明白了这些，就能在人生旅途中多一些洒脱，少一些愁苦，心胸就会豁达许多。生活中的你，如果还在迷恋那些灯红酒绿的生活，就赶快放下吧。

放下很难，难得放下

在这个世界上，很多人都明白放下的道理。但是，世间的人代代如流水，却没有几个人能够真正逍遥自在，这是为什么？原因就在于，很多人都明白放下的道理，都想做到放下，但说起来容易，做起来却很难。

南怀瑾先生说：人为什么有烦恼？为什么有痛苦？因为自己妄执。所以中国禅宗说到所有的佛法，只有一句话："放下。"但是，人就是那么可怜，偏偏就放不下！听了禅宗的放下，天天坐在那里，放下！放下！如此又多了一个妄执——"放下"。

在唐代，有一位著名的禅僧布袋和尚。一天，有一位僧人想看看布袋和尚有何修为，问道："什么是佛祖西来意？"布袋和尚放下口袋，叉手站在那儿，一句话也没说。僧人又问："只这样，没别的了吗？"布袋和尚又布袋上肩，拔腿便走。那僧人看对方是个疯和尚，也就起身离去了。哪知刚走几步，却觉背上有人抚摸，僧人回头一看，正是布袋和尚。布袋和尚伸手对他说："给我一枚钱吧！"

布袋和尚放下口袋，是在警示我们要放下，随即又布袋上肩，是在教我们拿起。其实哪里有什么放下与拿起呢？只不过有时我们需要放下，有时需要拿起，而我们该拿起时拿不起，该放下时放不下。放下时不执着于放下，自在；拿起时不执着于拿起，也自在。不论是拿起与放下，都不要太执着，那才真自在。

放下正是一门人生必修的选择艺术课。没有果断地放下，就没有辉煌的选择。与其苦苦挣扎，拼得头破血流，不如潇洒地挥手，勇敢地选择放弃。歌德说："生命的全部奥秘就在于为了生存而放弃生存。"

黄叶放弃树干，是为了期待春天的葱茏；蜡烛放弃完美的躯体，才能拥有一世的光明；心情放弃凡俗的喧嚣，才能拥有一片宁静。

放下！放下！不是口说放下就能放下，"说时似悟，对境生迷"，习气也不是说改就能改的，"江山易改，习性难除"，希望世人莫因一时之冲动，贻笑他人。

南怀瑾先生说，古人有一句话：牡丹虽好，还须绿叶扶持。学佛修道，打坐念佛，一念万缘放下，蛮好！但是，如果你不修一切善行的话，没有这个福报，你想放下也放不了！有的人说，现在退休了，年纪大了，我准备从明天开始修行。结果，明天家里又有事了，或者自己又感冒了，所以，你不要认为放下容易。

世间的事情往往如此，明知道那样做是好的，可自己偏偏做不到。就像很多人都知道放下的道理，但是又有几个人能真正做到呢？如果你想获得解脱，就不要夸夸其谈了，少说多做，切切实实地去实行，才能获得明明白白的好处。

上岸何须回头

南怀瑾先生说，佛法常常告诫世人，苦海无边，回头是岸。那么岸在哪里呢？其实你要上岸何须回头啊！现在就是岸，一切当下放下，岸就在这里。南怀瑾先生的意思是说，如果一个人能够放下，那么在你放下的那一刹那，你就能看到苦海的岸，根本不用回头去找，因此，一个人必须学会放下，放下是一切的根本。

为了说明这个道理，南怀瑾先生特意讲了这样一则故事：

　　禅宗有个公案，有一个龙湖普闻禅师，普闻是他的名字，他是唐朝僖宗太子，看破了红尘，出了家到石霜庆诸禅师那里问佛法。他说，师父啊，你告诉我一个简单的方法，怎么能够悟道？这个师父说：好啊！他就立刻跪了下来：师父啊，你赶快告诉我。师父用手指了一下庙前面的山，那叫案山。依看风水的说法，前面有个很好的案山，风水就对了；像坐在办公椅子上，前面桌子很好，就是案山好。他这个庙，前面有个案山非常好。案山也有许多种，有的案山像笔架，是笔架山，这个家里一定出文人的；有些像箱子一样，一定会发财的。石霜禅师说：等前面案山点头的时候，再向你讲。他听了这一句话当时开悟了。换句话说，你等前面那个山点头了，我会告诉你佛法，这是什么意思？"才说点头头已点，案山自有点头时"。说一声回头是岸，不必回头，岸就在这里，等你回头已经不是岸了。

　　其实就是这样，只要你在一转念之间明了，岸就会呈现在你的面前，又何须回头呢？

　　有一位女施主，家境非常富裕，不论其财富、地位、能力、权力及漂亮的外表，都没有人能够比得上，她却郁郁寡欢，连个谈心的人也没有。于是她就去请教无德禅师，如何才能具有魅力，赢得别人的喜欢。

　　无德禅师告诉她："你能随时随地和各种人合作，并具有和佛一样的慈悲胸怀，讲些禅话，听些禅音，做些禅事，用些禅心，那你就能成为有魅力的人。"

　　女施主听后，问道："禅话怎么讲呢？"

　　无德禅师道："禅话，就是说欢喜的话，说真实的话，说谦虚的话，说利人的话。"

　　女施主又问道："禅音怎么听呢？"

　　无德禅师道："禅音就是化一切声音为微妙的声音，把辱骂的声音转为慈悲的声音，把毁谤声、哭声、闹声、粗声、丑声转为称赞声，那就是禅音了。"

　　女施主再问道："禅事怎么做呢？"

　　无德禅师："禅事就是布施的事、慈善的事、服务的事、合乎佛法的事。"

　　女施主更进一步问道："禅心是什么呢？"

　　无德禅师道："禅心就是你我一如的心、圣凡一致的心、包容一切的心、普利一切的心。"

　　女施主听后，一改从前的骄横，在人前不再夸耀自己的财富，不再自恃自我的美丽，对人总谦恭有礼，对眷属体恤关怀，不久就被夸为"最具魅力的人"了！

　　这位女施主在听过禅师的劝导之后，心念一转，魅力就在她的身上呈现出来了，她就成功地走向了幸福的彼岸。

南怀瑾先生说，有些禅师说：放下屠刀，立地成佛。就有同学问南怀瑾先生，南怀瑾先生认为这句话没有错。可是不是你啊！你们连刀子都不敢拿，拿起来怕割破了手。拿屠刀的人是玩真的，真有杀人的本事，大魔王的本事，是一个大坏蛋，但他一念向善，放下屠刀，当然立地成佛！你们手里连刀子都没有，放下什么啊！所以，不要钻到禅师所讲的字眼中不放，从一个更高的层次上去理解这个问题，就会明白，其实，任何时候，你要想上岸，只要你的念一转，岸就在你的面前了，根本无须回头。

修身莫过于少求，养心莫善于寡欲

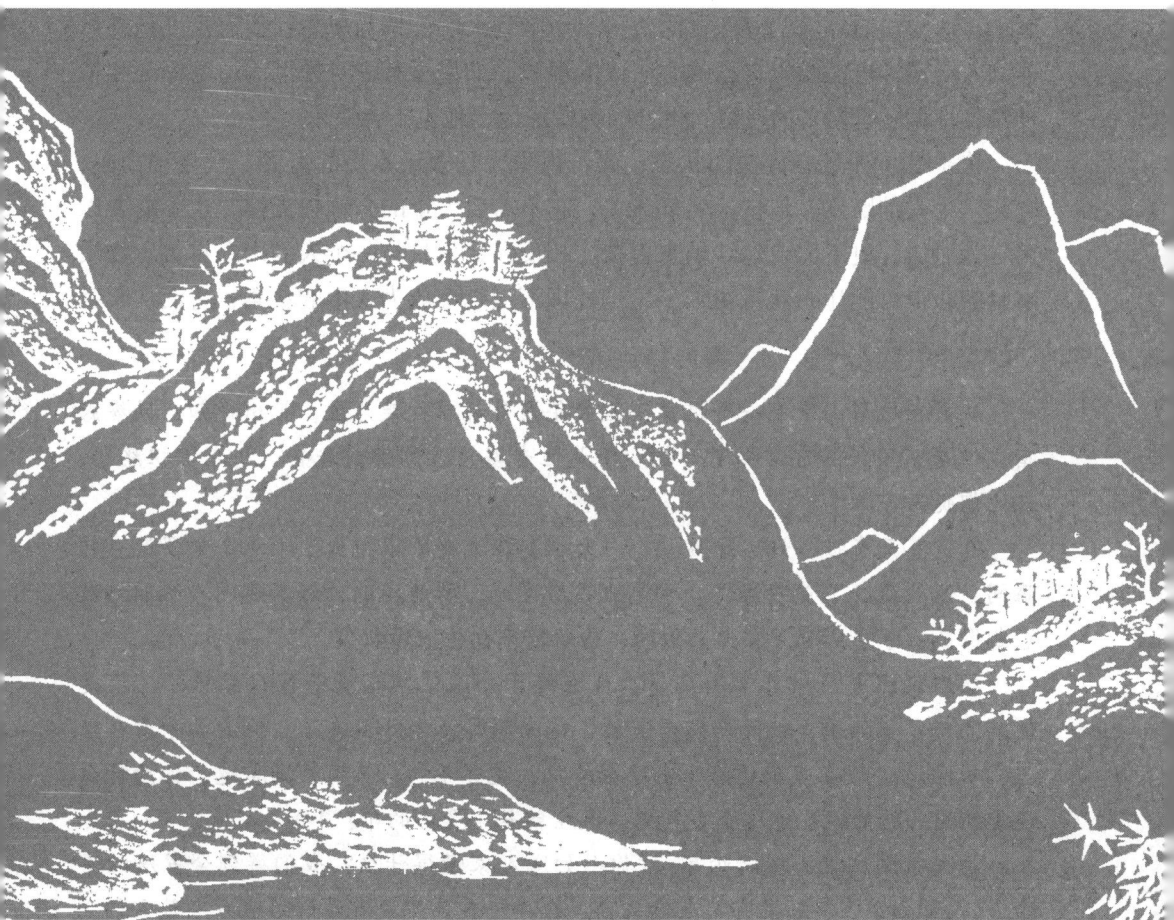

财富只是外形，心才是快乐的根

有一天梁惠王在他的花园里游玩，欣赏着各种飞禽走兽，不禁为自己能得此乐而得意不已，便语带讥讽地问孟子："贤者亦有此乐乎？"意思是像你这样的贤者也喜欢这些吗？孟子不卑不亢，坦然对曰："贤者而后乐此，不贤者虽有此不乐也。"一个贤者，只有等到天下太平、百姓安居乐业时，才会享受这种园林的乐趣。可是一个不贤的人，即使有了这样的园林，也不会有真正的快乐。

南怀瑾先生对梁惠王和孟子的这次对话感触颇深。他将之与个人的心态联系起来，认为物质环境的好坏，固然可以影响到人的心情与思想。但有高度精神修养的人，同样也能够以自己的心去改变环境。如果没有立身处世的道德标准和精神修养，纵然有再多的财富、再好的物质环境，他也不会快乐。

快乐是一种身心愉快的状态，离苦得乐，是人最本质的需要。快乐很简单，它与一个人的财富、地位、名气无关，它不需要大量的金钱去支撑，也不需要以名气为后盾，更不需要乌纱帽来提携。相反，快乐只与一个人的内在有关，物质财富的获得可能让人获得快乐，可是处理不当则会成为人生的负累，生活从此远离快乐，永无宁日。

从前在峨眉山下有一个樵夫，他长年累月都以打柴为生，早出晚归，风餐露宿，但是家里仍然常常揭不开锅。于是他老婆天天到佛前烧香，祈求佛祖慈悲，让他们脱离苦海。

真是苍天有眼，好运降临。有一天樵夫在大树底下挖出了十八个金罗汉。转眼间，他就变成了百万富翁。于是他买房置地，宴请宾朋，好不热闹。亲朋好友也都像是一下子从地下冒出来似的，纷纷前来向他表示祝贺。

按理说樵夫应该非常满足了，现在终于知道荣华富贵是什么滋味了。可是他只高兴了一阵子，就开始愁眉苦脸，吃睡不香，坐卧不安了。他的妻子看在眼里，劝他说："现在我们还有十七个金罗汉，吃穿不愁，又有良田美宅，你为什么还是愁眉苦脸的呢？你这个丧气鬼，天生就是个受穷的命！"

樵夫听到这里，不耐烦了："你个妇道人家懂得什么？我们得到金罗汉的事情，人人都知道了。如果有人来偷来抢怎么办？我是愁没有最好的地方来藏它们。"

妻子听过之后也觉得有理。于是夫妻二人开始找藏金罗汉的好地方。可是无论何地他们都觉得不安全，结果就这样天天找，天天担心，生活没有了一刻的宁静。

人生在世，名利钱财、金银珠宝等都是身外之物，即使时时刻刻永不停息、永无止境地去追求和索取，也不会有满足的时候。相反，一味地追求反而丢失了生活的宁静与快乐，真是得不偿失。快乐无须附丽，它只是内心深处的富足，它像一缕清纯的阳光，既可以照亮自己，也可以照耀周围的人。那些身无长物的人，同样可以获得人生的快乐。

孔子说颜回："贤哉！回也。一箪食，一瓢饮，在陋巷，人不堪其忧，回也不改其乐，贤哉回也！"颜回短暂的一生，师从孔子，周游列国，虽有满腹经纶，德才兼备，但是甘于贫苦生活而不改其乐，可以说是乐由心生、无须附丽的典型了。

美国哲学家桑塔亚那说："快乐是生命唯一的意义，没有快乐的地方，人类的生活会变得疯狂而可怜。"当我们哀叹命运不公、抱怨时运不济时，以为只有得到名利才快乐，那真是一件可悲的事情。快乐其实很简单，它就住在每个人的心里，不过，需要你用心寻找。有位哲人曾经说过：只有心才是快乐的根。快乐不是霓虹灯下的买醉，不是一掷千金的快感。不放纵生命，不麻醉灵魂，珍惜生命的点点滴滴，才是快乐；拥有一颗感恩的心，感激生命，感激阳光雨露，忘却曾经的苦痛，快乐之情会油然而生；历尽沧桑后，快乐是一份安心，宠辱不惊，不为利驱，不为名逐，不为情惑，快乐是看花开花落、云卷云舒的散淡安然。

如果你希望有所成就并且生活得道遥自在、豁达明朗，就首先要努力使自己成为一个有道德教养的人，一个有良好品格的人，一个有丰富心灵的人，一个有益于他人的人，这样才能有效地防止那些使人沮丧和紧张的因素，从而充分享受工作和生活本身蕴含的乐趣，在任何情况下保持一种"临清风，对朗月，登山泛水，肆意酣歌"的心境，陶陶然乐在其中，不亦快哉！

行走于青山绿水之间，且听风吟，了无牵挂，快乐盈心！

世上无如人欲险

欲望本身就是一个具有诱惑力的字眼。人没有欲望无法生存和进步，而有了太多欲望却会让自己永远陷入矛盾与烦恼中，它是最纯洁的也是最卑劣的。心理学上有句名言：人类的一切痛苦来源于人的欲望。因为欲望无穷无尽，它会生长。

南怀瑾先生谈到欲望时，首先说明了欲望的合理性，《礼记》中有云："饮食男女，人之大欲存焉。"这是每一个人，上自帝王，下至百姓，人人共有的大欲。

但是先生接着又说，人的欲望是没有止境的。

一次，齐宣王与孟子打哑谜，让孟子猜其大欲，孟子欲擒故纵，开始时说他的欲望是为了物质声色的享受，在齐宣王否定这个答案之后，孟子才回答说："王欲辟土地，朝秦、楚，莅中国而抚四夷也。"大王您是想统一天下，让诸国来朝啊，没等齐宣王答话，孟子便接着说下去："以若所为，求若所欲，犹缘木而求鱼也。"就这样一盆冷水浇了下来，却浇不灭齐宣王心中的欲望之火。

明代的《解人颐》中有一篇很有哲学意味，描述人类欲望无止境的白话诗："终日奔波只为饥，方才一饱便思衣。衣食两般皆俱足，又想娇容美貌妻。娶得美妻生下子，恨无田地少根基。买到田园多广阔，出入无船少马骑。槽头扣了骡和马，叹无官职被人欺。县丞主簿还嫌小，又要朝中挂紫衣。若要世人心里足，除是南柯一梦西。"真是精辟，将人类无穷的贪欲说尽了。

其实，欲望是把双刃剑，处理好了是社会发展的动力，处理不好就成了万恶之源。

有一个人穷困潦倒，家徒四壁，只有一条长凳，他每天晚上就在那条长凳上睡觉。但是这个人却很吝啬。

他向佛祖祈祷："如果我发财了，我绝对不会像现在这样吝啬。"

佛祖看他可怜，就给了他一个装钱的口袋，说："这个袋子里有一枚金币，当你把它拿出来以后，里面就会又出现一枚金币，但是你只有把这个钱袋扔掉才能用这些金币。"

那个穷人得到这个钱袋，欣喜异常，他不断地往外拿金币，整整一个晚上都没有合眼，地上到处都是金币。这些金币已经够他花一辈子了，可是每次当他决心扔掉那个钱袋的时候，心中总有万般不舍。于是他就不吃不喝地一直往外拿金币，直到屋子里装满了金币。

可他还是对自己说："我不能把袋子扔了，钱还在源源不断地出来，还是让钱更多一些的时候再把袋子扔掉吧！"

到了最后，他已经非常虚弱了，连把钱从口袋里拿出来的力气都没有了，但他还是不肯把袋子扔掉，最终死在了装满金币的屋子里。

一个人竟能因贪婪而丧命，可见欲望之可怕。如何处理这把双刃剑，古人已经给出了答案。古人讲：致虚极，守静笃；夫唯不争，天下莫能与之争。柔中带刚，刚柔并进，含蓄不乏进取，何等之境界！总结起来，其实就是"无欲则刚"。人若没有私欲，品格自然高峻清洁、不染尘泥。

宋朝的雪窦禅师喜欢云游四方，这天，禅师在淮水旁遇到了曾会学士。

曾会问道："禅师，您要往哪里去？"

雪窦回答说："说不准，也许去往钱塘，也许会去天台。"

曾会建议道："灵隐寺的住持珊禅师和我交情甚笃，我给您写封信带给他，您一定会受到他的款待。"

于是雪窦禅师来到了灵隐寺，但他并没有把曾会的信拿出来，而是潜身于普通僧众之中，这一藏就是三年。

三年后，曾会出使浙江，便到灵隐寺去找雪窦禅师，但寺中人却矢口否认有这样一个人。曾会不信，便到云水僧所住的僧房内，在一千多位僧众中仔细寻找，终于找到了雪窦禅师。曾会不解地问："禅师，为什么您不去见住持而隐藏在这里呢？是因为我为您写的信丢了吗？"

雪窦禅师微笑着回答道："不敢不敢。我只是一个云水僧，一无所有，所以我不会做您的邮差的！"

说完拿出信，原封不动地交还给曾会，两人相视而笑。曾会随即将雪窦引荐给住持珊禅师，珊禅师甚惜其才。

后来，苏州翠峰寺缺少住持，珊禅师就推荐雪窦去任职。在那里，雪窦终成一代名僧。

人无欲则刚，人无欲则明。无欲能使人在障眼的迷雾中辨明方向，也能使人在诱惑面前保持自己的人格和清醒的头脑，不丧失自我。在这个充满诱惑的花花世界里，要想真正地做到没有一丝欲望，像水一样平平淡淡、毫无牵挂的确很难。要想真正地做到"无欲"，首先要有一颗静如止水的心。心淡如水是生命褪去了浮华之后，对生活中那些细微处的感动，只有用感恩的心去生活，才能寻找到生命的意义所在，才能做到不为"欲"所牵连、不为"欲"所迷惑，在物欲横流、权欲泛滥、钱欲盛行、色欲蔓延的浊世之中仍能保持心中的一方净土。无欲则刚是一种高尚的精神境界，人若无欲，其品格就如苍松翠柏，任凭乌云翻卷、雨暴风狂，也能挺立世间，永不被摧折。

留一只眼睛，看住心中的狂野与贪婪

孟子说："权，然后知轻重；度，然后知长短。物皆然，心为甚。"意思是说一件东西，用秤称过，才知道它的轻重；用尺量过，才知道它的长短。世间万物，也都是这个样子，要经过某些标准的衡量，才知道究竟。而一个人的心理，更应该如此，经常反省衡量，才能认识自己、改善自己。

南怀瑾先生作为一位国学大师，其自身的修养已经达到了一定的境界，但他仍然坚持自我反省。先生认为，我们如果不及时反省，就会犯错误，而反省对道德修养的重要，就像秤与尺在权衡上所占的分量一样重要，所以，检讨自己的行为，多加反省，才可能知道自己是不是合乎道德的标准。如不反省，就无法知道自己的思想、心理行为中，有哪些地方需要改过，有哪些地方需要发扬光大。

有位哲学家在他晚年的时候刺瞎了自己的双眼。别人都不理解他的这一举动。他说，我只是为了更好地看清自己。上帝在每个人的肩上都挂了两个袋子，一个在胸前，一个在背后。前面的袋子装着自己的优点，后面的袋子则装着自己的缺点，结果，每个人只要一睁开眼睛，看见的就是自己的优点和别人的缺点。所以，每个人都认为自己最优秀，而别人最愚蠢，因而对别人总是求全责备，对自己总是肯定赞扬。

"知人者智，自知者明。"真正的聪明人必须具备自知之明。何谓自知之明？孔子说："知之为知之，不知为不知，是知也。"孔子的学生曾子也强调："吾日三省吾身。"圣人都有自知之明，无非是因为他们都留着一只眼睛审视着自己。

有位家庭主妇，是虔诚的佛教信徒，她每天都从自家的花园中采撷鲜花到寺院供佛。

一天，当她送花到佛堂时，碰巧遇见智闲禅师从佛堂出来。智闲禅师道："你每天都这么虔诚地以鲜花供佛，根据佛典记载，常以鲜花供佛者，来世当得庄严相貌的福报。"信徒闻言十分欣喜，又有几分疑惑："我每次来您这里礼佛时，觉得心灵就像被洗涤过一样，清凉无比，但回到家中，很快就心烦意乱起来。作为一名家庭主妇，我该如何在喧嚣的尘世中保持一颗清凉纯洁的心呢？"

智闲禅师反问道："你以花礼佛，对花草总有一些常识，我现在问你，你如何保持花朵的新鲜呢？"信徒答道："保持花朵新鲜的方法，莫过于每天换水，并且在换水时把花梗剪去一截，因为这一截花梗已经腐烂，腐烂之后水分不易吸收，花就容易凋谢！"智闲禅师说："这就是保持一颗清凉纯洁之心的方法。我们生活的环境就像瓶中的水，我们就是花，唯有通过不停地换水，即不停地自省、检讨，改掉陋习、缺点，才能净化我们的心灵，不断吸收来自大自然的养分。"

信徒听后，如醍醐灌顶，幡然醒悟。

智闲禅师的话说得对，我们的心灵在复杂的环境中，难免要沾惹灰尘，使灵性被掩盖，因此要时时清理。只有善于自省的人，才能真正明心见性、把握自己的人生。

因此我们要留一只眼睛看自己，才能看住自己那一颗狂野的心和无限的贪欲，你才能明白自己到底是谁，你才能明白这世间什么事可为，什么事不可为。

留一只眼睛看自己，你才能看清人的本心，从而看清别人。因为你所思正是别人所思，你所欲正是别人所欲，你所苦正是别人所苦，这样推己及人，既看清了自己，又看清了别人。只有这样，才能明白人生在世，应当有所为、有所不为，从而获得内心的自在和宁静。

人生最大的敌人是自己。那些认真审视自己，时刻反省自己的人，才可能真正觉悟。反省是一棵智慧树，只有深植在心中，它才能长成参天大树。

忙着为别人服役，还是忙着为自己生活

《庄子·内篇·齐物论第二》中，庄子说："终身役役而不见其成功，疲役而不知其所归，可不哀邪！"庄子一句话揭开了人生的内幕，人一辈子都忙忙碌碌做什么呢？"终身役役而不见其成功"，做自己身体的奴隶，做物质的奴隶，做别人的奴隶，为儿女、亲戚工作，终身都在服役，最后却一无所成地离去。南怀瑾先生用《易经》中的一句坤卦总结："无成有终"。一生看不到成果，生命便结束了。

一大早，太阳还没有出来，一个渔夫来到了河边，在岸上他感觉到有什么东西在脚底下，后来发现是一小袋的石头。他捡起袋子，放在一旁，坐在岸边等待黎明，以便开始一天的工作，实在没有其他的事可做，他懒洋洋地从袋子里拿出一块块的石头丢进水里。

慢慢的，太阳升起，大地重现光明，这时除了一块石头之外其他的石头都丢光了，最后一块石头在他的手里。当他借着白天的光看到手中所拿的东西时，发现那是一颗宝石！原来在黑暗中，他把整袋的宝石都丢光了！他充满懊悔，咒骂着自己，伤心得几乎要失去理智。

一个樵夫经过，问他怎么回事。渔夫如此这般说明之后，樵夫大笑，说："你还是幸运的啊，在你将最后那颗宝石丢掉之前，天已经亮了，这难道不是一种幸运吗？"

生活中，大多数的人或许不会那么的幸运，当周围一片漆黑，太阳尚未升起时就已经两手空空了。生命是一个很大的宝库，生活的秘密、奥妙、快乐、解脱、慈悲和智能……都期待我们好好掌握和利用，如果没有好好利用，只是白白地将它浪费掉，等到我们知道了生命的重要时，已经将时光消磨殆尽。

假定你修道，真做到了长生不死，有什么用处呢？就算活一万年，也不过多等了一万年才死。所以这个形体的生命，不是真道。长命百岁，终是年老力衰，"其心与之然，""心"已经随着身体外形变化，体能的消耗，也演变去了。"可不谓之大哀乎？"活长了又有什么用？这是真正的大悲哀。

鹿和马都被公认为是跑得最快的动物，只不过鹿在森林中，马在草原上，它们都对彼此有亲切感，但是关系还仅限于偶尔碰面时打个招呼而已。既然双方都有成为朋友的心愿，何不进一步促进彼此的关系呢？于是，鹿就邀请马到家里来

玩，马欣然同意了。

那是一个春日的午后，马踏入了森林。然而，马很快就后悔了。这里是和草原完全不同的世界，越往森林里面走，树木就越高大，绿叶也越来越茂密，重重叠叠地遮蔽了天空，草原上那高挂天空的太阳，在这里完全看不见。怀着不安的马，陡然对住在这种地方的鹿害怕起来。它不得不承认，只有灵敏的鹿才适合这座密林。

后来，人类邀请马与他们合作，马看到了人类的智慧和无尽的财富，被吸引了。有一天，人说："其实你应该是世界上最快的，现在我们提供给你丰盛的食物，如果你能够依照我们的方法去做，即使是在森林里，你也一定能够跑赢鹿。"不知道为什么，马竟然答应了。人类利用可以让马吃饱为条件，堂堂正正地骑到了它的背上，一起进入森林里追赶、猎捕鹿。一场阴谋开始了。

被追得走投无路的可怜的鹿在疑惑之中，满怀着悲伤，对马露出悲哀和疑惑的神情。可是，此时的马被鞭打的疼痛和缰绳操纵的窘迫弄得头脑麻木，它或许根本就没有多余的精力去察觉鹿的变化。从那次狩猎结束之后，人类便把马的缰绳紧紧抓在手中了，他们喂养马，并把它们绑在专门建造的马厩里。

人，有的可以永远做自己生活的主人，而有的只配永远做自己生活的奴隶。就像故事中的马一样，为了满足自己的虚荣，填满自己妒忌的心，却永远地丢弃了自由的权利。你选择了什么样的人生道路，就会享有什么样的人生。所以，无论你要选择什么、放弃什么，都要弄清楚这样做值不值得。

抛下入世心的包袱

一个真正有道德的人，在物质的世界当中，"乘物以游心"，抱着一种超然物外、游戏人间的心理看待人生，即"以出世的心做入世的事"。南怀瑾先生进一步讲解，游戏人间不是玩世不恭，而是让自己的心境轻松，守住做人的本分，从俗事中解脱，不被物质所累。

生而为人，便应遵循人生的价值，为了国家为了天下，乃至宗教所说的为了救人救世，明知道这条命要赔进去，也是十分坦然的，是"托不得已"的命之所在，义之所在。"以养中"这个"中"，即内心的道，自己修的道。诚心修道，掌握了为人处世的原则，就是真正的有道之士。"以出世之精神，做入世之事业"，这是朱光潜先生对弘一法师的评价，也是对庄子这段话的最佳诠释。

生活中，人们总是牵挂得太多，太在意得失，所以情绪起伏很大。被负面情绪牵着鼻子走的人，不可能活出洒脱的境界。爱默生曾解释过什么是成功："笑口常开；赢得智者的尊重和孩子的热爱；获得评论家真诚的赞赏，并容忍假朋友的出卖；欣赏美的事物，发掘别人的优点；留给世界一些美好，无论是一位健康的孩子，一个小园地或一个获得改善的社会现状都可以；知道至少一人因你的存在而过得更快乐自在，这就是成功。"以出世的心做入世的事，不让世俗功利蒙蔽你的心灵，淡然面对得失，坦然接受成败，才能超脱物我，找到生命的真谛。

有个匪徒跟踪一个珠宝商人来到了大山里，一路上他总是没有机会下手。到了大山里，四周没有一个人，匪徒终于找到了下手的好机会，他拦住了珠宝商人的去路。面对劫匪，商人第一个反应就是立即逃跑。于是，一个拼命逃亡，另一个穷追不舍。走投无路的商人钻进了一个山洞里，匪徒也跟了进去。在山洞里，匪徒抓住了商人，不但抢了他的珠宝，连商人准备在夜间照明用的火把也抢去了。那个匪徒还算没有丧心病狂，他只图财没有害命。

之后，两个人各自寻找山洞的出口。山洞里黑极了，没有一丝光亮。匪徒庆幸自己把商人的火把抢来了，要不然到死也走不出这个纵横交错的山洞。他将火把点燃，借着火把的亮光在洞中行走。火把为他的行走带来了方便，他能看清脚下的石块，能看清周围的石壁，因而他不会碰壁，不会被石块绊倒。但是他始终没有走出这个山洞，最后饿死在里面。

商人失去了火把，心想着自己将要永远留在这个山洞里了，但是他又不甘心。没有了照明，他就在黑暗中摸索着前进，头不时碰在坚硬的石壁上，身体不时被石块绊倒，跌得鼻青脸肿。但是，过了一段时间，他看到从远处传来一丝光亮，那正是山洞的出口。正是因为他置身于一片黑暗之中，所以能看见那一抹细微的光亮。他便迎着那缕微光摸索爬行，最终逃离了山洞。

在黑暗中摸索的人最终走出了黑暗，有火把照明的人却永远留在了黑暗的山洞中，这并不奇怪，世间有很多事情都遵循这样的道理。我们总想得到什么，而不愿失去，却总是忘记，有时失去会让我们得到更多想得到的东西，包括生命。

有时候，人们就像那个匪徒，为了心中的妄念，做出违背自我的事情，因为手中拥有的东西比别人多，最终反而陷入人生的困境。以出世之精神，做入世之事业，以恬淡的心境面对万事万物，反而能够"无心插柳柳成荫"。

人生如棋，输赢看一招

人的一生会偶遇各种人和事，作一分析总结，总是利弊相生，祸福无常。天下万事万物皆是如此，身处世间，需用一种辩证的思维面对。

孟子在齐国时，和齐宣王谈起他的御花园中"囿"的大小。南怀瑾先生说，造囿一是为了奉宗庙社稷，把祖宗牌位摆在里面，作为国家的象征。另外一个宗旨则是训练部队，以戒备国家的不时之虞。可是国家到了鼎盛时期，这种戒备心理就松弛了，结果园囿变成了玩乐之地，最后还是被敌人占领去了。可见，造囿也是有反效果的，所以天下事都有正的一面和反的一面。

牵牛花靠攀附在篱笆支架上成长。有人贬斥它是软骨头，没有人格，靠依附，可悲。有人赞美它，能利用他物发展自己，开花结果，成就一番事业，可喜。

小草与庄稼争肥料，争地盘，影响庄稼生长，农民把它斩草除根。但它生命力极强，高山、石隙、洼地，都茁壮成长。人们常用"疾风知劲草"、"野火烧不尽，春风吹又生"来赞颂它。

一次，庄子与其弟子走到一座山脚下，见一株大树，枝繁叶茂，耸立在溪旁，十分显眼。但见这树：其粗百尺，其高数千丈，直指云霄；其树冠如巨伞，能遮蔽十几亩地。庄子忍不住问伐木者："请问，如此好的木材，怎么一直无人砍伐？以致独独长了几千年？"伐木者对此树不屑一顾，道："这何足为奇？这是一种不中用的木材。用来做舟船，则沉于水；用来做棺材，腐烂很快；用来做器具，则容易毁坏；用来做柱子，则易受虫蚀，此乃不成材之木，无所可用，故能有如此之寿。"

听了此话，庄子对弟子说："此树因不中用而得以终其天年，岂不是无为而于己有为？"弟子恍然大悟，点头不已。

树因其"不材"而得以保存千年，"不材"虽为一件坏事，但是却因之留得性命，变成了一件好事，正是"塞翁失马，焉知非福"。

天下事皆如此，正反相生，利弊相随，只有全面地去看，才能识其本质，不可只注重一面，造成偏颇。老子讲的"祸兮福所倚，福兮祸所伏"就是此道理。

在美国新墨西哥州的高原地区，有一位庄园主，靠种植苹果谋生。这年夏天，一场突如其来的冰雹把已长得七八成熟的苹果打得遍体鳞伤，令丰收在望的庄园主心痛不已。庄园主不甘心就这样失去一年的收成，为了能把这些伤痕累累的苹果名正言顺地推销出去，他一直在冥思苦想。

一个月以后，这些苹果的"伤口"渐渐愈合，苹果成熟了，但却变得面目全非，一个个像雕琢过的"工艺品"，庄园主随手摘下一个有疤痈的苹果，尝了一口，意外地发现这些苹果清脆异常、酸甜可口。直到这时，庄园主的心一下子豁然开朗、胸有成竹了。他决心换个说法和卖法。他在发给每一个客户的订单上写道："今年的苹果终于有了高原地区的特有标志——冰雹打击过的明显痕迹。这些苹果不光从外表上而且从口味上更加体现了高原苹果的独特风味，实属难得的佳品。数量有限，欲购从速。"

人们纷纷前来欣赏和品尝这种具有"高原特征"的苹果，苹果很快销售一空。

即将成熟的苹果被一场意外的冰雹打得遍体鳞伤，凸凹不平，这对庄园主而言，无疑是一场意外的灾难，然而，精明的庄园主却独具慧眼，在苹果的"伤痕"上大做文章，宣扬自己的苹果是地道的"高原苹果"，实现了由劣势向优势的转化，使自己的"高原苹果"成为畅销品。这正是喜与悲、难与易、福与祸、优势与劣势、胜与负、利与弊等矛盾着的双方，依据一定的条件，向自己相反的方向转化的道理。

人间万事总有两面，祸福相依，正反相生。在人生路上，要时刻记得这个道理，处在顺境时，不要贪图安逸、不思进取；处在逆境时，也不要丧失斗志和信心，一蹶不振。

人生就是一盘棋，输赢只合转眼看。

生如夏花，淡然绽放

"滚滚长江东逝水，浪花淘尽英雄道。"古今繁华与平淡，都付于其中。一个人的一生也如此，无论曾经有多么辉煌，也只如昙花一现，花终究要落，人也终究要老去。正如东坡先生另一首词所云："回首向来萧瑟处，归去，也无风雨也无晴。"

齐宣王在向孟子谈自己天下归心的大欲望时，孟子以"缘木求鱼"作为回答。南怀瑾先生讲解孟子，提到缘木求鱼，同时联想到另一语："百尺竿头，更进一步。"虽说其与缘木求鱼不同，意在鼓励别人，但是南怀瑾先生却另辟蹊径，挖掘出这句话的另一层含义，百尺竿头，如果再进一步，岂不是落空了？所以先生认为，这句话是勉励人，要由崇高归于平淡，也就是《中庸》所说的"极高明而道中庸"。一个人的人生，在绚烂之后，要归于平淡。

诸葛亮在《诫子书》中说："静以修身，俭以养德。非淡泊无以明志，非宁静无以致远。夫学须静也，才须学也。非学无以广才，非静无以成学。""淡泊以明志"是人生的最高境界，淡泊非真的平淡，是经绚烂之后对人生的领悟。

弘一法师，俗名李叔同，浙江平湖人，生于天津。既是才华横溢的艺术教育家，也是一代高僧。

他是一位"二十文章惊海内"的大师，集诗、词、书画、篆刻、音乐、戏剧、文学于一身，在多个领域开中华灿烂文化艺术之先河。他把中国古代的书法艺术推向了极致，"朴拙圆满，浑若天成"，鲁迅、郭沫若等现代文化名人以得到大师一幅字为无上荣耀。

他是第一个向中国传播西方音乐的先驱者，所创作的《送别》歌，历经几十年传唱而经久不衰，成为经典名曲。同时，他也是中国第一个开创裸体写生的教师。

他有卓越的艺术造诣，先后培养出了名画家丰子恺、音乐家刘质平等一些文化名人。

1918 年，在其艺术事业处于巅峰时，他却剃度出家，从此遁入空门。他苦心向佛，过午不食，精研律学，弘扬佛法，普度众生出苦海，被佛门弟子奉为律宗第十一代世祖。他为世人留下了咀嚼不尽的精神财富。赵朴初先生评价大师的一生为："无尽奇珍供世眼，一轮圆月耀天心。"

弘一法师在他艺术征途如日中天的时候，决意埋名遁世，过起芒鞋藜杖的艰苦生活，他是中国绚烂至极归于平淡的典型人物。弘一法师遁入佛门虽有其自身的缘由，但是他能够抛却身前荣华富贵，只身归隐，也说明他深知盛极而衰的道理。

急流勇退是人生的智慧，而中国历史上诸多功成身退的故事，则体现出了对世道人心的透彻了解，从而让自己从历史的风口浪尖上全身而退。

张良是汉室三杰之首，他以总揽全局的战略眼光和决胜千里的超人智慧，为建立强大的汉王朝立下了不朽之功。一代文宗苏轼在其《留侯论》中称颂他有"盖世之才"。但他在汉朝建国以后，却没有担任什么具体的显官要职。

刘邦灭了项羽称帝后大封功臣，刘邦称，"运筹帷幄中，决胜千里外，子房功也"。叫张良选择有三万户的齐地作为封地，张良婉言谢绝，他对刘邦说，我在博浪沙行刺秦始皇失败，逃到下邳来避难，最早和您相识于留（今微山岛西南），我对那座小城难以忘怀，您实在要封就封我做留侯吧。刘邦"乃封良为留侯"。因此，张良被称为留侯。

留是座小城，只有万户。张良自述心志说："家世相韩，及韩灭，不爱万金之资，为韩报仇强秦，天下振动。今以三寸舌为帝者师，封万户，位列侯，此布衣之极，于良足矣。愿弃人间事，欲从赤松子游耳。"赤松子是神话传说中的"仙人"，他要跟随赤松子求"仙"去了。而他也因此巧妙避祸，没被刘邦和吕后杀掉，落了一个善终的好结局。

只有经历了人生风雨，才能悟出人生的淡味，因为人生之所以要平淡，是因为有了先前的绚烂。绚烂至极过后的平淡不是平庸，也非淡而无味，而是素净质朴，宁静深沉，是深人的淡定，是物我两忘。作为做人的一种准则和风格，它是对人生的深层领悟，是人生境界的极致。

心灵淡然若水，人生便入自由之境，轻盈飘逸。正所谓："人生本如此，咸淡两由之。"在平淡中，我们生长在大千世界上，生活在芸芸众生中，摄取日月精华、天地雨露，达到与环境的和谐，淡入淡出，物我两忘。平淡，是有取有弃、有收有放、有失有得。我们应该抱有这样的人生态度，积极面对生活，努力进取。只是内心深处要为自己保留一份超脱，一份淡然。

若能一切随他去，便是世间自在人

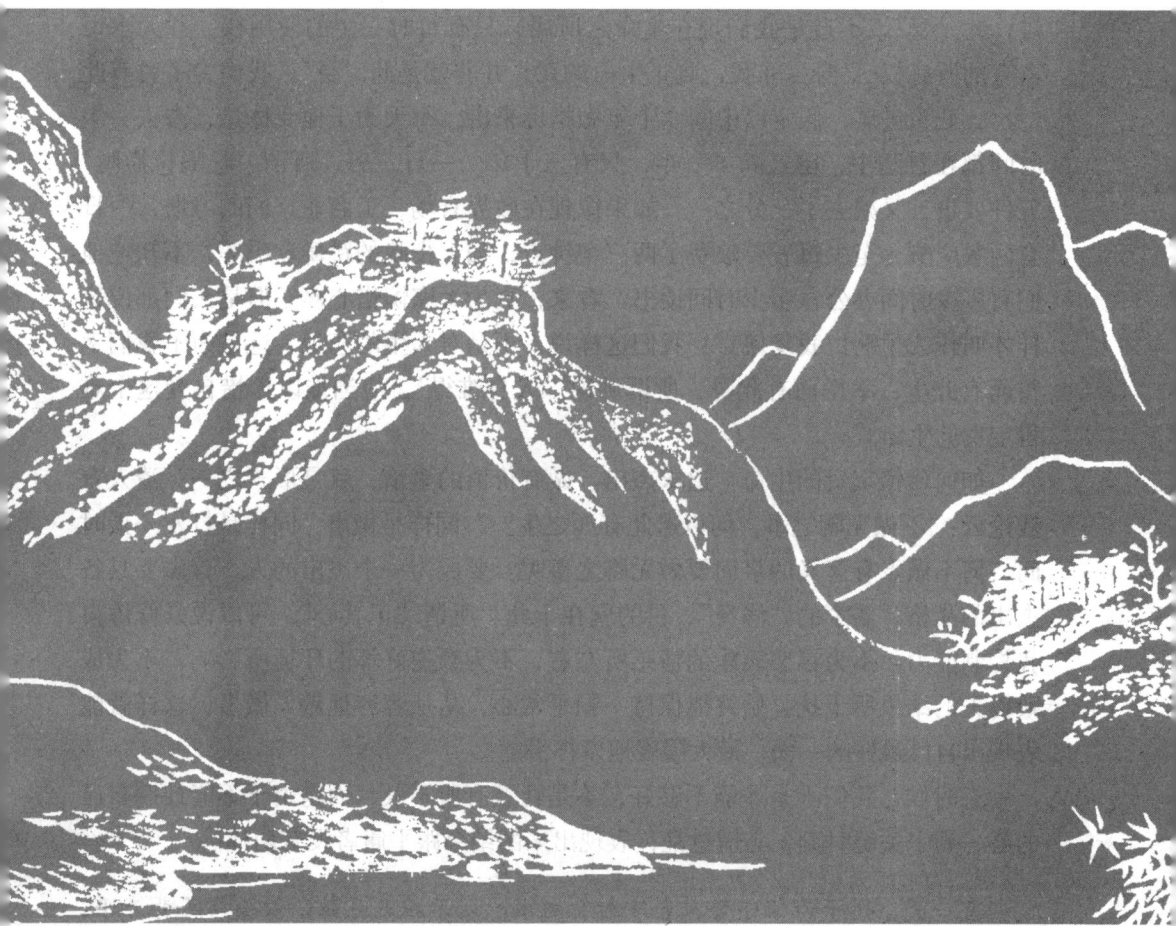

修炼自我控制能力

南怀瑾大师以及古代一些前辈大师都认为,《大学》讲的是"大人之学",是培养"大人"的。所谓"大人",意为杰出人士。

为什么要做"大人"呢?就像南大师说的:人身难得要珍惜。

他说:"其实,'身'是生命所有中机械性的机器,是在现实中所表达的每一个人'自我'存在的作用。它是属于自然物理的、生理物质的现实。是偶然的、暂时的,受时间空间所限制的实用品。如果从'形而上'的心性精神观点来讲,此'身',不过是我们现在生命之所属,只有暂时一生的使用权,并无水恒占有的所有权。'身'非我,真正生命的我,并非就是此'身'。我们为了暂有此'身',截头去尾,假定以中间六十年做指标来讲,每天为了他要休息,占去一半时间都在昏睡中,已经除了一半,只有三十年。一日三餐,所谓'吃喝拉撒睡'五件要事,又减去了三分之一。如果像现在政界官场、工商业家们的习惯,一日有两餐应酬,至少每餐要浪费了两三个钟点,加上夜晚的跳舞歌唱等,不知道他们有多少时间办公?多少时间读书?看来,真为大家惋惜心疼。但是人们都说这样才叫作人生啊!我复何言!我们这样说,不是对人生的悲观,这是为了我们幸得而有此生,幸得而有此身,所谓佛说'人身难得',应当加以珍惜自爱这个难得宝贵的生命。"

如何珍惜宝贵的生命?追求杰出、做有价值的事情,就是形式之一。清人有戏论云:"不做无聊之事,何以遣此有涯之生?"同样是做事,同样是打发一天时间,何不做点有意义的事而要做无聊之事呢?要成为一个杰出的人,首先要具备杰出的品格,儒家的"修身",目的就在于此。所谓"正其心",可以说是修炼自我控制能力,不为喜怒哀乐的情感所左右,不为顺逆好坏的环境所影响,不为成败得失的结果所干扰,始终能保持一颗平常心,从从容容地做人做事,这样就能表现出自己最好的一面,最大限度地发挥潜能。

有时候,我们不是才能不够好,不是智慧有所不及,而是由于不能控制自己的心,到了关键时刻,心慌意乱,表现出来的结果跟平庸者没有两样。

有一天,列子为伯昏瞀人表演射箭之术。列子拉足弓弦,箭头与弓背齐平,又在握弓的手臂上放了一杯水，以显示自己高超的技能。准备完毕，他气定神闲，把箭一支一支地射了出去，箭箭中的。

表演完毕，列子得意扬扬地问伯昏瞀人："先生看我箭术如何？"

伯昏瞀人说："你的箭术虽好，但并未达到无心而射的境界。假如我带你攀上一座高峰，让你脚踏悬崖，你还能这样射箭吗？"

列子想了想说："我愿意一试。"

于是，两人来到悬崖边，伯昏瞀人背对着悬崖，半只脚掌悬空在外面，然后叫列子上去。此时，列子已吓得浑身发抖，冷汗淋漓，连站都站不起来了。他趴在地上，根本就无法行动，更谈不上射箭了。

伯昏瞀人说："你现在面临深渊，恐惧得冷汗直冒，浑身发抖，连箭都无法拿稳，哪还谈得上射箭呢？看来，你的箭术离真正玄奥的境界还差得太远。"

列子也是一代高人，他射箭的技能并非不好，他的智能也并非不高，可是到了危险的地方，就吓得站都站不起来了，说明他还不能有效控制心态。真正能够"正其心"的人，不仅心中没有外物，甚至连自己都要忘掉。这样，不管遇到多么危险的事，都能面不改色心不跳；不管遇到什么态度的人，都能宠辱不惊；不管遇到怎样的变故，都能处之泰然。这样的人，已经称得上是"大人"了。

不要轻举妄动

一切坏事都是从率性而为开始的。人生一世，好像开车进行一次漫长的旅行。无论你心里多么急于到达目的地，红灯亮了你得停，绿灯亮了你才能开，该限速时要减速，上了高速才能风驰电掣一把。如果由着性子胡来，如入无人之境，迟早会害了别人也害了自己。

商纣王就是一人率性而为，害人害己的例子。他天资聪慧，能言会道，平时与臣子辩论，没有人讲得过他；他力能搏虎，两臂一开，有千斤力气。他刚即位时，政治还算清明，生活还算俭朴，很受天下人的赞扬和诸侯的尊敬。

但是，时间长了，他越来越觉得了不起，开始放松了对自己的要求。有一天，下面的人献给他一双精美的象牙筷子。纣王心里喜欢，就用上了，还向大臣们炫耀。有了如此精美的象牙筷子，跟木碗陶罐就不协调了。纣王又让人找来了一套玉碗、玉碟、玉杯。有了精美的玉器餐具，吃粗茶淡饭肯定不协调，纣王从此吃上了山珍海味。吃着山珍海味，跟粗布衣裳又不协调了，一定要绫罗绸缎才相配。穿上绫罗绸缎，住在低矮的房子里肯定不协调，一定要奢华宫殿才相配。就这样由着性子，奢侈日甚一日，下面的不满也会日甚一日。他不愿放弃享受，只好用残暴手段镇压人们的言论。五年后，他酒池、肉林享受上了，"炮烙之刑"也用上了。到了这种地步，谁也无法阻止他走上毁灭之路了！

一双筷子为什么能改变一个人和一个国家的命运呢？这其实是迁就自己、率性而为的习惯在其中起作用。起初觉得这件事没什么了不起，由着性子干了；然后另一件事，相比而言也没什么了不起，又由着性子干了。到后来，养成习惯，就像吸毒成瘾，即使明知有危险，也收不住了。

有一句俗话说得好："看得破，忍不过。"很多事情并非不知道后果，养成习惯了，就很难控制自己不去做。

如何克服率性而为的习惯呢？两个字：叫停。当自己心里冲动，忍不住想去做某件事时，就及时"叫停"，让自己等一等，冷静思考一下，这样做是否值得。养成了"叫停"的习惯，虽然不能事事做得恰到好处，起码不会因为率性而为走上毁灭的道路。

一个年轻人，向智者买到三条人生箴言：你心爱的人是最美丽的；忍耐是通往幸福之路的第一步；谁善于等待谁将获胜。第一条箴言帮助他选中了一位心爱的妻子。婚后不久，他决定出外做生意。行前，他嘱咐妻子耐心等他回来，而他也一定会对她坚贞如一。妻子表示同意。

生意很难做，年轻人差点熬不下去了，但第二条箴言给了他坚持到底的信念。二十年后，他终于发了财，决定回家与妻子团聚。当他来到家门口时，却惊讶地发现，他的妻子正在亲吻一个漂亮青年，眼神里盛满了爱。他恶向胆边生，拔出刀来，准备冲过去，将这对狗男女一刀两断。但是，第三条箴言让他冷静下来，他决定先等一等再说。经过一晚上的观察，他发现，妻子仍忠心未改，那个漂亮青年是他们的儿子。于是，他满怀欣喜地跟妻子和儿子团聚了。

假如这个人没有及时"叫停"，一场流血惨剧就发生了，家破人亡后再来痛苦流泪，又有何益？

在生活中，因率性而为惹出大祸的事太多了。不久前，电视上报道了一则刑事案件：某男子跟邻居争论场地里一棵小树的归属问题。双方言高语低，越说越激动。男子怒从心头起，找来一把刀，将邻居一家四口全杀死了。当他被逮捕归案后，自己都闹不明白：我怎么会为了一棵树闯出这么大的祸呢？

其实，不是一棵树的问题，而是率性而为的习惯在支配自己的行为。有了这种习惯，一双筷子、一棵树，都可能将自己引向毁灭。

南怀瑾大师说"知'常'要把握住道的本源，才懂得做人，才懂得做事。知

'常'便能'容'，胸襟可以包容万象，盖天盖地。因为有此胸襟，智能的领域扩大，不可限量。"对我们普通人来说，要达到此种境界，恐怕很难，但起码要学会"叫停"，让事情停留在危险的边缘。

莫让我心陷牢笼

明末清初时，有一本叫《解人颐》的书，里面有一首诗，耐人寻味："终日奔波只为饥，方才一饱便思衣。衣食两般皆具足，又想娇容美貌妻。娶得美妻生下子，恨无田地少根基。买到田园多广阔，出入无船少马骑。槽头扣了骡和马，叹无官职被人欺。县丞主簿还嫌小，又要朝中挂紫衣。若要世人心里足，除是南柯一梦西。"

这首诗的大意是：一个人穷得连饭都吃不上，每天奔波劳碌找饭吃。等到能吃上一碗饱饭了，又想衣服穿得光鲜一点。等到衣食丰足了，又想娶漂亮妻子。妻子娶回来了，孩子也有了，又遗憾没有田地房屋。等到拥有了良田美宅，又想出入乘船坐马。等到骡马成群了，又哀叹没有官职，被人轻视欺负。当上了小官，又想爬到朝中做大官。所以啊，想要世人心里满足，除非等到南柯梦醒那一天。

如何才得南柯梦醒呢？学了佛法大彻大悟，恐怕不太可能。往往是得到的东西全失去了，这才知道悔恨。

《农夫和金鱼》这个童话故事中的老太婆，跟诗中描述的情景几乎一模一样：有了洗衣盆，又想房子，如此想下去，当了至高无上的女王还不满足，直到仍然变成一个穷老太婆，这才南柯梦醒了。

也许有人会想：这个老太婆太傻了，当了女王就该心满意足了，当了女王就已经超出预期了，何必贪心不足呢？如果是我，一定不会这么傻。

真的是这样吗？未必！其实你现在的处境已经让很多人羡慕了，一定有人会想：我要是到了你这一步，就已经心满意足，一定不会再贪心不足。可是，你对自己目前的状况感到满足吗？

人都是痴愚的，被欲望拴住了，就像一头牛被长绳拴住了鼻子，挣不脱也不想挣脱。除非到了梦醒那天，才会有所觉悟。

民国时，有一个男子，身材高大英挺，以放竹排为业。他每天拿着竹竿，唱着山歌，顺流而下，日子过得逍遥自在。他戏称自己手中的竹竿为"竹笔"，每天用竹笔描写着自己的生活。

后来，日本人来了，他经人介绍，投奔了汉奸队伍，凭着本事，三五年间，居然当上了保安大队长。很自然的，他也做了不少伤天害理之事。所以，日本人投降后，国民政府抓住他，判处死刑。行刑那天，他仰天感叹："唉！早知道有这一天，我应该拿着我的竹笔啊，何必摸枪呢？"

但是，时光能倒回去让他重新选择吗？不可能的。

"子在川上曰，逝者如斯夫"，时光流走了，就再也不可能返回来了。

那么，有没有办法让将来不至于后悔呢？当然有。那就是戒除贪欲。所谓戒除贪欲，并非像佛祖那样，无欲无求。那太难了！但是，不贪求非分之得，这却是可以办到的。

什么是非分之得？除了违法乱纪得来的那些东西外，还有一些东西也不能要：不是凭劳动得来的财物不想，不能胜任的官职不做，不是两心相悦的爱情、友情不要，诸如此类。

希求非分之得的人，就像做梦一样，终有梦醒的一天。不求非分之得，你就能清醒地活着，活得坦坦荡荡，活得光明磊落，活得无怨无悔，活得怡然自乐。

清代著名廉吏叶存仁，为官三十余年，两袖清风，一尘不染。在他离任的时候，他的部下执意要送行话别。但是送行的船迟迟未来，叶存仁很纳闷。到了明月高挂的时候，终于来了一叶小舟。原来，他的部下故意来迟，等到夜里，临别赠礼，以避人耳目。叶存仁心中有感，当即赋诗一首："月白风清夜半时，扁舟相送故迟迟。感君情重还君赠，不畏人知畏己知。"然后，他谢绝所有馈赠，飘然而去。

"不畏人知畏己知"，这是何等清醒啊！其实，一个人根本不需要别人来评价自己是好是坏，只要自己心中有数就行了。那些有智慧的人，他们最让人敬服的也许不是他们的功业，而是他们清醒的自律。

元代著名思想家、教育家许衡就是一个特别自律的人。有一天，他和几位朋友一起，冒着酷暑赶路。到了正午时分，他们又渴又饿又累。当时正是兵荒马乱的年代，老百姓搬的搬，逃的逃，方圆百里之内，十室九空，想遇上一个活人也不容易，上哪儿去找吃找喝呢？

正走着，他们看见前面有一个小村庄。可是，找遍了所有人家，却一个人也没有。他们大失所望，只好垂头丧气地从村子里走出去。

忽然，他们看见路边有一棵梨树，树上果实累累，压满了枝头。许衡的同伴们大喜过望，争先恐后地爬到梨树上摘梨子吃。只有许衡在树下正襟危坐，对这些又解渴又充饥的梨子视若无睹。

同伴们诧异地问："你等什么呀？快上来吃梨子吧！"

许衡淡淡地说："不是自己的东西，不能随便吃。"

同伴说："别这么死心眼了，乱世的梨子，早就没有主人了。你是在吃老天爷的赏赐，还客气什么？"

许衡正色道："梨子没有主人，难道我心里也没有主人吗？"

最终，许衡没有吃这些梨子。

一个如此自律的人，做什么事也不会差。后来，他成为一代宗师，而他的那些朋友，早就被历史的长河湮灭了姓名。

但丁曾说：测量一个人的力量大小，应看他的自制力如何。

歌德也说：谁不能克制自己，他就永远是个奴隶。

克制自己，才能驾驭自己，成就自己。放纵自己，就会被激情和欲望的魔力牵制，不得自由。莫说成就事业，甚至会走向可悲的境地。一个人只有在无人监督的情况下也能坚持做正确的事，才算真正成为了自己的主人。这是一个人获得无悔人生必备的素质。

痛苦悲哀为心造

南怀瑾先生说，月亮、太阳、风、山河，它们永远如此，古人看到的那个天，那个云，也就是我们现在看到的这个天和云，是一样的世界。未来人看到的也是。风月虽是一样，但是情怀却有深浅。有些人看到风景很高兴，但痛苦的人看到一样的风景，却悲哀得要死，这都是自己唯心所致。

有一个学僧问希迁禅师："怎么才能解脱呢？"

希迁禅师反问道："谁捆绑着你？"

学僧又问："怎么样才能求得一方净土呢？"

希迁禅师接着反问道："谁污染了你？"

学僧继续追问道："怎么样才能达到涅槃永生的境界呢？"

希迁禅师继续反问："谁给了你生与死？谁告诉你生与死有区别？"

学僧在希迁禅师的步步逼问之下，开始迷惑不解，继而恍然大悟。

世上本无事，庸人自扰之。生活中，很多人往往自寻烦恼，自己给自己套上枷锁，从而让自己疲惫不堪。我们应该学会解除这些束缚，给自己减压，从而让自己活得轻松、活得快乐。其实痛苦和悲哀都源自于人心的不同。

还有这样一则故事：

有位信徒问无德禅师说："同样一颗心，为什么心量有大小的分别呢？"

禅师并未直接回答，只是告诉信徒说："请你将眼睛闭起来，默造一座城垣。"

于是信徒闭目冥思，心中构想了一座城垣。

信徒说："城垣造完了。"

禅师说："请你再闭眼默造一根毫毛。"

信徒又照样在心中造了一根毫毛。

信徒说："毫毛造完了。"

禅师问："当你造城垣时，是否只用你一个人的心去造？还是借用别人的心共同去造呢？"信徒回答："只用我一个人的心去造。"

禅师问："当你造毫毛时，是否用你全部的心去造？还是只用了一部分的心去造呢？"

信徒回答："用全部的心去造。"

于是禅师就对信徒开示："你造一座大的城垣，只用一个心；造一根小的毫毛，还是用一个心，可见你的心是能大能小啊！"

每个人都不愿意让烦恼缠身。为此，有人试图通过酒精、尼古丁和大量的镇静剂来解除不安和痛苦，也有人把大部分精力用于消除外在表面上的痛苦，以获得一种暂时的解脱，或者是整日整夜地守在电视机前，嘴里还不停地咀嚼着零食。

其实，人生的痛苦和悲哀皆由心造，一个拥有快乐心情的人，就会远离痛苦、悲哀。你想拥有快乐吗？那就改变你的心，为自己造就快乐的心境吧。

舌头最软却伤人最深

《庄子·内篇·人间世第四》中讲了庄子借孔子的口论述的一段人生哲理。故法言曰："传其常情，无传其溢言，则几乎全。"

孔子说，外交官传达两方面意见的时候，传其原意，过分的话不能传，也不能添油加醋，做到了这一步，才能够保全自己。做翻译官也是如此。

南怀瑾先生认为，这是讲外交官的修养，做外交的哲学，也是告诉我们做人的道理，应该怎么做，不应该怎么做。因此，管好自己的舌头，学会说话处世很重要。

尽管舌头没有骨头，但也应该特别小心它的厉害。因为话一旦说出口，就像射出的箭，再也不能收回了。有一个拉比让他的仆人去市场上买些好东西，买些不好的东西。仆人两次带回来的都是舌头。拉比十分不解，仆人告诉了他其中的缘由：舌头是善恶之源，当它好的时候，没有比它再好的了；当它坏的时候，没有比它更坏的了。由此，我们可以看出说话好坏对做事的影响。

愚者常常暴露出自己的愚昧，贤者却总是隐藏自己的智慧。因为善于倾听的人，易表露智慧；而喜欢表现自我、喋喋不休的人，通常都不够明智。基于此，请记住这么一句忠言："假如你想活得更幸福、更快乐的话，就应该从鼻子里充分吸进新鲜空气，而始终关闭你的嘴巴。"

"闭上你的嘴"，在不伤害别人的同时也修炼了自己。圣菲利普是16世纪深受爱戴的罗马牧师，富人和穷人都追随着他，贵族和平民也都喜欢他，这一切都是因为他处世的智慧。

有一次，一个年轻的女孩来到圣菲利普面前倾诉自己的苦恼。圣菲利普明白了女孩的缺点，其实她心地倒不坏，只是她常常说三道四，喜欢说些无聊的闲话。这些闲话传出去后就会给别人造成许多伤害。

圣菲利普说："你不应该谈论他人的缺点，我知道你也为此苦恼，现在我命令你要为此赎罪。你到市场上买一只母鸡，走出城镇后，沿路拔下鸡毛并四处散布。你要一刻不停地拔，直到拔完为止。你做完之后就回到这里来告诉我。"

女孩觉得这是非常奇怪的赎罪方式，但为了消除自己的烦恼，她没有任何异议。她买了鸡，走出城镇，并遵照吩咐拔下鸡毛。然后她回去找圣菲利普，告诉他自己按照他说的做了。

圣菲利普说："你已完成了赎罪的第一部分，现在要进行第二部分。你必须回到你来的路上，捡起所有的鸡毛。"

女孩为难地说："这怎么可能呢？在这个时候，风已经把它们吹得到处都是了。也许我可以捡回一些，但是我不可能捡回所有的鸡毛。"

"没错，我的孩子。那些你脱口而出的愚蠢话语不也是如此吗？你不也常常从口中吐出一些愚蠢的谣言吗？然后它们不也是散落路途，口耳相传到各处吗？你有可能跟在它们后面，在你想收回的时候就收回吗？"

女孩说："不能，神父。"

"那么，当你想说别人的闲话时，请闭上你的嘴，不要让这些邪恶的羽毛散落路旁。"

背后议论别人是做人做事最忌讳的一个方面。当你在别人背后说闲话时，就暴露了你自己的人格特质——你的好批评及你喜欢在人背后说闲话。如此，别人也会从你的闲话中由此及彼联想到自己，他们会因此认为你是一个品质低劣、说三道四的小人。对方会认为，如果你现在说别人的闲话，说不定哪一天你也会在其他人面前说自己的闲话。因此，那个听你闲话的人，会提防你、小看你，甚至在心里鄙视你。这样，你就会得不偿失，甚至会为今后留下祸根。

杜绝闲言闲语，学会像外交官一样说话行事，是做人的明智选择，该说的就说，不该说的说出口了，只会把事情越弄越糟。南怀瑾先生说，如果说过分的话，做过分的事，结果倒霉的就是自己。只有时时意识到这个问题，改变自己的做事方式，才能真正做好事情。

用沉默代替争辩的智慧

《庄子·内篇·齐物论第二》中说："夫大道不称，大辩不言，大仁不仁，大廉不嗛，大勇不忮。道昭而不道，言辩而不及，仁常而不周，廉清而不信，勇忮而不成。"这句话的意思是指，至高无上的真理是不必称扬的，最了不起的辩说是不必言说的，最具仁爱的人是不必向人表示仁爱的，最廉洁方正的人是不必表示谦让的，最勇敢的人是从不伤害他人的。真理完全表露于外那就不算是真理，逞言肆辩总有表达不到的地方，仁爱之心经常流露反而成就不了仁爱，廉洁到清白的极点反而不太真实，勇敢到随处伤人也就不能成为真正勇敢的人。

南怀瑾先生认为，只要具备这五个方面就是得了做人的道。真理不必称扬，做人不必标榜。真正有修养的人，即使在面对诽谤时也是极具君子风度的。所谓浊者自浊、清者自清，遇谤不辩，诽谤最终会在事实面前不攻自破的。

有位修行很深的禅师叫白隐，在他所住的寺庙旁，有一对夫妇开了一家食品店，家里有一个漂亮的女儿。某天，无意间，夫妇俩发现尚未出嫁的女儿竟然怀孕了。这种见不得人的事使她的父母震怒异常！在父母的一再逼问下，她终于吞吞吐吐地说出"白隐"两字。

她的父母怒不可遏地去找白隐理论，但这位大师不置可否，只若无其事地答道："就是这样吗？"孩子生下来后，就被送给白隐，此时，他的名誉虽已扫地，但他并不以为然，只是非常细心地照顾孩子——他向邻居乞求婴儿所需的奶水和其他用品，虽不免横遭白眼，或是冷嘲热讽，他总是处之泰然，仿佛他是受托抚养别人的孩子一样。

事隔一年后，这位没有结婚的妈妈，终于不忍心再欺瞒下去了，她老老实实地向父母吐露实情：孩子的生父是住在同一幢楼里的一位青年。

她的父母立即将她带到白隐那里，向他道歉，请他原谅，并将孩子带回。

白隐仍然是淡然如水，他只是在交回孩子的时候，轻声说道："就是这样吗？"

白隐为给邻居女儿以生存的机会和空间，代人受过，牺牲了为自己洗刷清白的机会，受到人们的冷嘲热讽，但是他始终处之泰然，只有平平淡淡的一句话：

"就是这样吗？"

在现实生活中，口舌之交是人际沟通中最重要的一种方式。在这个沟通过程中，言来言去，自难免失真之语。诽谤就是失真言语中的一种攻击性恶意伤害行为了。俗语云：明枪易躲，暗箭难防。也许，在很多时候，诽谤与流言并非我们能够去制止的，甚至是有人群的地方就有流言。但我们对待流言的态度则显得尤为重要，正如美国总统林肯所说："如果证明我是对的，那么人家怎么说我都无关紧要；如果证明我是错的，那么即使花十倍的力气来说我是对的，也没有什么用。"这与白隐法师对待诽谤的态度——遇谤不辩，如出一辙。

当诽谤已经发生，一味地争辩往往会适得其反，不是越辩越黑便是欲盖弥彰。还是鲁迅先生说得好：沉默是金。的确，对付诽谤最好的方法便是保持沉默，让清者自清而浊者自浊，这才是明智的选择。

《新唐书》中有一则武则天与狄仁杰的故事：

武则天称帝后，任命狄仁杰为宰相。有一天，武则天问狄仁杰："你以前任职于汝南，有极佳的表现，也深受百姓欢迎。但却有一些人总是诽谤诬陷你，你想知道详情吗？"狄仁杰立即告罪道："陛下如认为那些诽谤诬陷是我的过失，我当恭听改之；若陛下认为并非我的过失，那是臣之大幸。至于到底是谁在诽谤诬陷，如何诽谤，我都不想知道。"武则天闻之大喜，推崇狄仁杰为仁师长者。

做人难，难在如何面对诽谤诬陷。俗话说：流言止于智者。真正有智慧的人是不会被流言中伤的。因为他们懂得用沉默来对待那些毫无意义的流言诽谤。鲁迅先生曾经说过："沉默是最好的反抗。这种无言的回敬可使对方自知理屈，自觉无趣，获得比强词辩解更佳的效果。"在20世纪三四十年代，巴金先生曾受到无聊小报和社会小人的谣言攻击。巴金先生说："我唯一的态度，就是不理！"

用沉默来应对诽谤，让浊者自浊、清者自清。在现实生活中，拥有"不辩"的胸襟，就不会与他人针尖对麦芒，睚眦必报；拥有"不辩"的情操，宽恕永远多于怨恨。

生命给谁的都不会太多

《庄子·内篇·人间世第四》中说："福轻乎羽，莫之知载；祸重乎地，莫之知避。"南怀瑾先生认为，如果人一生都要求幸福，那是不可能的事情，因为幸福就像轻飘飘的羽毛一样难以把握，而艰难痛苦就像脚下的大地一样始终不离左右，所以人一生都是身在祸福之中。明白了这点，你就能以平和的心态来看待身边的得失。

有一位著名的女高音歌唱家，仅 30 多岁就已经誉满全球，而且家庭美满，令人欣美。

一次她到邻国开独唱音乐会，入场券早就被抢购一空，当晚的演出也受到极为热烈的欢迎。演出结束之后，歌唱家和丈夫、儿子从剧场里走出来的时候，一下子被早已等在那里的观众团团围住。人们七嘴八舌地与歌唱家攀谈着，其中不乏赞美和羡慕之词。

有的人恭维歌唱家年纪尚轻就开始走红并进入了国家级的歌剧院；有的人恭维歌唱家有个腰缠万贯的某大公司老板做丈夫，膝下又有个活泼可爱、脸上总带着微笑的小男孩……在人们议论的时候，歌唱家只是在听，并没有表示什么。等人们把话说完以后，她才缓缓地说："我首先要谢谢大家对我和我的家人的赞美，我希望在这些方面能够和你们共享快乐。但是，你们看到的只是一个方面，还有另外的一个方面没有看到。那就是你们夸奖的活泼可爱、脸上总带着微笑的这个小男孩，他是一个不会说话的哑巴，而且，他还有一个姐姐，是需要长年关在装有铁窗房间里的精神分裂症患者。"

歌唱家的一席话使人们震惊得说不出话来，你看看我，我看看你，似乎很难接受这样的事实。这时，歌唱家又心平气和地对人们说："这一切说明什么呢？恐怕只能说明一个道理：那就是命运给谁的都不会太多。"

就像这位歌唱家说的，命运给谁的都不会太多。生活中我们常常抱怨命运的不公，其实想想是不是很多时候我们都是在拿自己的不幸比较别人的幸运呢？

每个人都会有自己的欢乐和痛苦，命运之手在这一点上是很公平的。每个人都有自己所拥有的，也会有相应的失去。南怀瑾先生说，在慨叹不幸时，多想想自己所拥有的，其实每一样都是最宝贵的。

人生总有得意和失意的时候，一时的得意并不代表永久的得意；然而，在一时失意的情况下，如果你不能调整心态，被失意的心情紧紧地困住了，无法摆脱，那么你就很难再有得意之时。人的一生都在祸福中，因此，面临失意或悲伤时，我们要学会以一种平和的心态去看待身边的祸福，做自己的主人，不为外界所左右。

世人的不吉利正是上天的大吉利

《庄子·内篇·人间世第四》讲了一段话："故解之以牛之白颡者，与豚之亢鼻者，与人有痔病者，不可以适河。此皆巫祝以知之矣，所以为不祥也。此乃神人之所以为大祥也。"意思是，古人祈祷神灵消除灾害，总不把白色额头的牛、高鼻折额的猪以及患有痔漏疾病的人沉入河中做祭奠。这些情况巫师全都了解，认为他们都是很不吉祥的。不过这正是"神人"所认为的世上最大的吉祥。

这是一段庄子式的滑稽幽默，但却把人生之道看得十分透彻。庄子引用古人的迷信来说明一般人认为不吉利的东西，但"神人"却认为这种"不吉利"反而有益无害。比如说，一匹头上有白毛的马没人敢骑，白马反而因此免去了一辈子的奴役；一头鼻子高高翘起的猪不会被杀掉做祭祀，才会好好地活到老。所以，世人认为不吉利的，在上天看来却是大吉大利。南怀瑾先生说，任何事情都有它的两面性，关键是看你如何从不利的一面当中看到有利的那一面。

从前有一个国王，除了打猎以外，最喜欢与宰相微服私访。宰相除了处理国务以外，就是陪着国王下乡巡视，他最常挂在嘴边的一句话就是"一切都是最好的安排"。

有一次，国王兴高采烈地到大草原打猎，他射伤了一只花豹。国王一时失去戒心，居然在随从尚未赶到时就下马检视花豹。谁想到，花豹突然跳起来，将国王的小手指咬掉小半截。

回宫以后，国王越想越不痛快，就找宰相来饮酒解愁。宰相知道了这事后，一边举酒敬国王，一边微笑着说："大王啊！少了一小块肉总比少了一条命来得好吧！想开一点，一切都是最好的安排！"

国王听了很是生气："你真是大胆！你真的认为一切都是最好的安排吗？"

"是的，大王，一切都是最好的安排。"

国王说："如果我把你关进监狱，难道这也是最好的安排？"

宰相微笑说："如果是这样，我也深信这是最好的安排。"

国王大手一挥，两名侍卫就架着宰相走出去了。

过了一个月，国王养好伤，又找了一个近臣出游了。谁知路上碰到一群野蛮人，他们把国王抓住用来祭神。就在最后关键时刻，大祭司发现国王的左手小指头少了小半截，他忍痛下令说："把这个废物赶走，另外再找一个！"因为祭神要用"完美"的祭品，大祭司就把陪伴国王一起出游的近臣抓来代替。脱困的国王欣喜若狂，飞奔回宫，立刻叫人将宰相释放了，在御花园设宴，为自己保住一命，也为宰相重获自由而庆祝。

国王向宰相敬酒说："宰相，你说的真是一点也不错，如果不是被花豹咬一口，今天连命都没了。可我不明白，你被关进监狱一个月，难道也是最好的安排吗？"

宰相慢慢地说："大王您想想看，如果我不是在监狱里，那么陪伴您微服私巡的人，不是我还会有谁呢？等到蛮人发现国王不适合拿来祭祀时，谁会被丢进大锅中烹煮呢？不是我还有谁呢？所以，我要为大王将我关进监狱而向您敬酒，您也救了我一命啊！"

宰相是一个明智的人，他能从事物的不利中看到有利的一面，并始终认为一切都是最好的安排，这无疑是一种积极的人生态度。南怀瑾先生认为，正是因为有些人不能正确地看待自己的利与不利，没有正确认清自己的价值，没有好好地活在这个世界上，才会自己给自己找麻烦。人生中难免会遭遇一些利害得失，学会辩证地看待事物的两面性，就会少一些挫折感，你的人生才能轻松愉快。

物来而应，物去不留

南怀瑾先生认为《庄子·内篇·应帝王第七》中所言的"不将不迎，应而不藏"是道的最高境界。他说，得道的人身处世间，对于外物既不欢迎，也不拒绝，"物来而应，物去不留"，因此能保持一颗平静的心。由此可知，一个人如果背负太多的东西，只会让自己疲惫不堪，只有适当地放下，才能得到真正的快乐。

有一个富翁背着许多金银财宝，到远处去寻找快乐。他走过了千山万水，却始终未能寻找到快乐，于是他沮丧地坐在山道旁。一个农夫背着一大捆柴草从山上走下来，富翁说："我是个令人羡慕的富翁。请问，为何我没有快乐呢？"

农夫放下沉甸甸的柴草，舒心地揩着汗水："快乐很简单，放下就是快乐！"富翁顿时开悟：自己背负着那么重的珠宝，老怕别人抢，怕被别人暗算，整天忧心忡忡，快乐从何而来？于是，富翁将珠宝、钱财接济穷人，专做善事，慈悲为怀。善行滋润了他的心灵，他也尝到了快乐的味道。

太多的财富反而成了追求快乐的最大累赘，当我们觉得拥有的太少而拼命争取的时候，恰恰是应该抛弃一切欲念的时候。放下了对欲望的追求，快乐却自然而然地来了。得道者的心就像一面镜子，对于外物是来者即照，去者不留，能够反映外物而又不因此损心劳神。南怀瑾先生觉得只有这样的人才能做到胜物而不伤己。

一个小镇的老街上住着一位老铁匠，他以卖铁器为生。每天早上，老铁匠把铁器往门口一放然后就在竹椅上躺着，微闭着眼，听收音机，从不大声吆喝以及与别人讨价还价。身旁还放着一把紫砂壶。老铁匠每天的收入正够他喝茶和吃饭。他老了，已不再需要多余的东西，因此他非常满足。

一天，一个文物商人从老街上经过，偶然间看到老铁匠身旁的那把紫砂壶：

古朴雅致，紫黑如墨，有清代制壶名家戴振公的风格。商人惊喜不已，因为戴振公在世界上有捏泥成金的美名。据说他的作品现在仅存三件，有两件分别收藏在两个著名的博物馆中，还有一件下落不明。

商人想以 20 万元的价格买下它，老铁匠先是一惊后又拒绝了，因为这把壶是他爷爷留下的，他们祖孙三代打铁时都喝这把壶里的水。

商人走后，老铁匠第一次失眠了：这把壶他用了近 60 年，并且一直以为它是一把普普通通的壶，现在竟有人要以 20 万元的价钱买下它。特别让他不能容忍的是，当人们知道他有一把价值连城的茶壶后，开始向他借钱，天天找上门来，更有甚者晚上也敲他的门。他的生活被彻底打乱了，他不知该怎样处置这把壶。

第三天，当那位商人带着 20 万现金登门的时候，老铁匠再也坐不住了。他拿起一把斧头，还没等大家反应过来，已经把紫砂壶砸了。

要想保持一颗平静的心，就要学会"物来而应，物去不留"，适当放下是一种洒脱，是参透万物后的一种平和。当某一件东西带给你的只有无尽的烦恼和忧愁，各种各样的负担如山一般压在你的心上不能自由呼吸时，那么最明智的办法就是舍弃它。

人生下来的时候本来就是赤条条的，每多一样东西都是上天的赐予和偏得，如果真的能这样想，那么失去又算什么？人世间哪里有真正的失去呢？那些本来就不属于自己的，来来去去莫不如了无牵挂，那么快乐自然会回到你的身边。

眼前的不要怕，错过的不要悔

《庄子·内篇·应帝王第七》讲了一个故事：列子陪同一位"神通广大"的神巫来见壶子，岂料神巫转身就逃，列子追之不及，回来对老师说：看不见，丧失了，抓不回来了。庄子用"已灭矣，已失矣，吾弗及已"三个阶段来强调，其实讲述了一个人生道理。每件事情，过去便永远不会回来了，不管怎么追，也永远抓不回来，这就是现实。南怀瑾先生在一段日常的描写中，抓住了生命中的本质。

有些事情是一朝过去便永远过去，再也无法重新再来一次的。有个简单的爱情故事，或许已说了太多遍，但其寓意仍发人深省。

一个男孩，一个女孩，偶然之间，相遇，相逢，相知，从熟识的那天起，彼此心中就有种说不出的欣赏和默契，两人成了挚友知己。那时，他们还在读高中，接着就上大学、读研究生、参加工作。几年已经过去，友情没有因为时间和空间而慢慢变淡，反而越来越浓，然而，也仅此而已。之后，各自去恋爱，彼此都有了生命中的另一半。有一天，男孩和女孩谈论起一个话题，如果有来世的话，如果可以选择的话，来世愿做男孩还是女孩？照例是争得没完没了，女孩子还是要做女孩，男孩子呢，还是要做男孩。最后，他解释说："来世我不能不做男孩，因为，我要娶你。"随即淡淡一笑，有些无奈，有些忧愁。女孩子像被钉住似的待在那里，心里恍恍惚惚的——她从来不知道他是爱她的啊！知道了又能怎样？错过了已难回头，许多事都无法重来一次。

既然心中有渴望，为何不努力去争取，今生的事又何必推到来世。很多人终其一生的努力，也未必能得到成功的回报。然而，他们却无憾无悔于生命。因为他们从未慵懒过，且一刻也不撒手地抓牢了春藤般的年轻岁月。对于人生而言，尽早懂得生命中追之不及的东西，并在它从身边溜过时牢牢将其抓住，才能在生命结束之时安然离世。

三十年前，一个年轻人离开故乡，准备开创一片自己的天地。他动身的第一站，是去拜访本族的族长，请求指点。老族长正在练字，他听说本族有位后辈开始踏上人生的旅途，就写了三个字：不要怕。然后抬起头来，望着年轻人说："孩子，人生的秘诀只有 6 个字，今天先告诉你三个，供你半生受用。"三十年后，这个从前的年轻人已是人到中年，有了一些成就，也添了很多伤心事。归程漫漫，回到了家乡，他又去拜访那位族长。他到了族长家里，才知道老人家几年前已经去世，家人取出一个密封的信封对他说："这是族长生前留给你的，他说有一天你会再来。"还乡的游子这才想起来，三十年前他在这里听到人生的一半秘诀，拆开信封，里面赫然又是三个大字：不要悔。

故事短小，却令人回味，六个字点透人生。中国人常说：世上没有后悔药。既然没有后悔药那就不要后悔了，就像电影《阿甘正传》里面说的：忘记过去，勇往直前。过去的无论是光荣还是耻辱，过去已经过去，不能改变，能够改变和把握的只有手中的现在和未知的将来。生命总是有限的，想想人生中的追之不及，你是否心有所悟呢？

婆娑世界，万事有缺

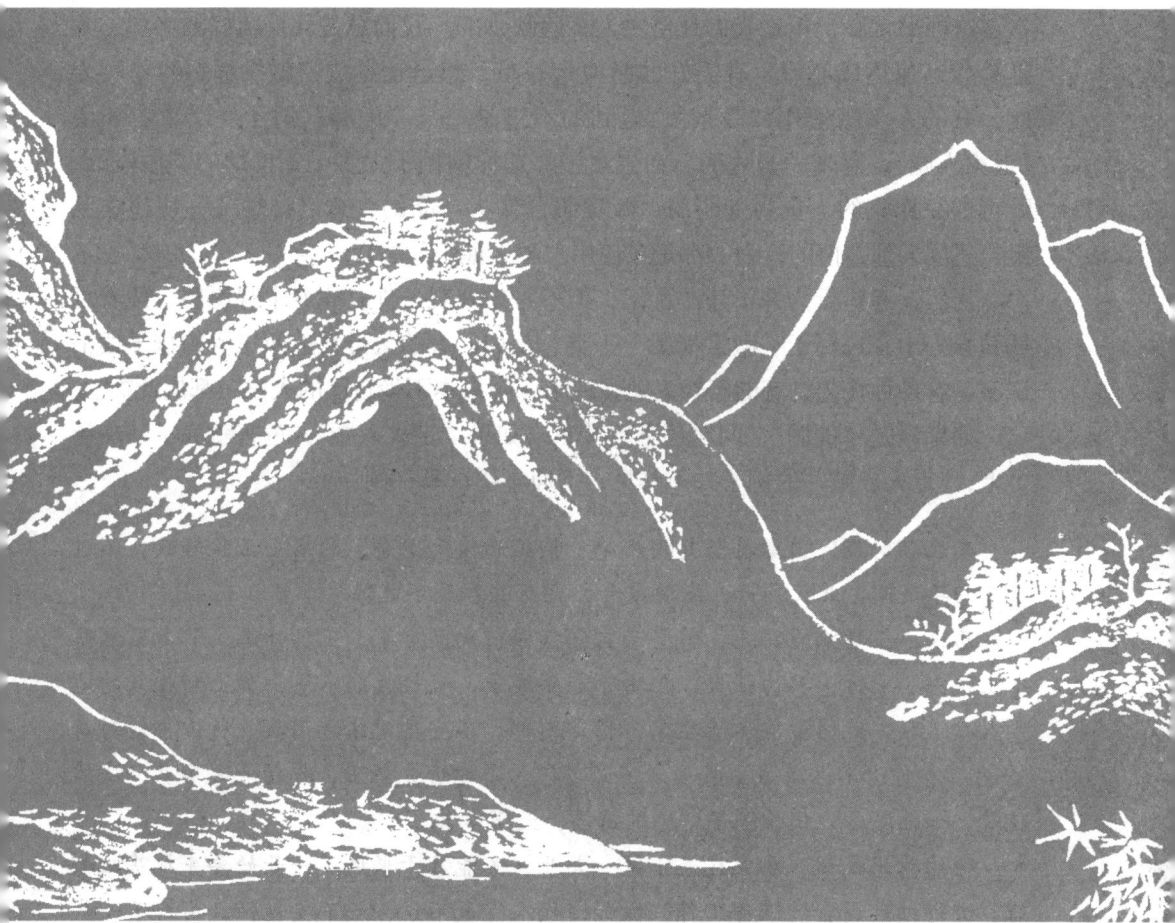

小心"走火入魔"

我们每一个人都有欲望，仔细想想，其实佛祖也不是无欲无求的，他不是要普度众生吗？但他的欲求又在若有若无之间。他要普度众生，却不强度。比如，看见善良的人，他不像道家的神仙一样，赠送一堆宝贝，让好人当场就眉开眼笑；看见恶人，他也不像道家的神仙一样，雷劈火烧，让坏人当场就吃苦头。他让好人坏人自受因果，自悟自度。就像一个父亲，心平气和地看着孩子慢慢长高，而不是喂给孩子一大堆激素，好让孩子迅速长高长胖。

这种平常心，正是我们凡俗之人普遍缺少的。我们总是怀揣美好的愿望，并且总想迅速达成愿望。有美好的愿望是好事，想迅速达成，就没那么容易。为此，有的人不惜使用"激素"，得到的不过是一身"虚胖"罢了，严重者还会"走火入魔"，惹来一身病痛。在生活中，这样的例子太多了，抢劫的、偷盗的、贩毒的、诈骗的、贪污受贿的、贩卖假冒伪劣产品的，总之，举凡一切违法乱纪、违反天理人情的行为，都是在使用"激素催肥"啊！

当然，有些行为并不违法乱纪，但不考虑客观条件，凭着主观愿望、凭着意气勉强去干，也属于"激素催肥"一类。比如，有的父母强迫两三岁的孩子读书识字、学各种技艺，有的年轻人勉强追求一个根本不爱自己的人……都属此类。

如果只是"催肥"，问题还不算严重。如果"走火入魔"，危害就大了。在历史上，"走火入魔"的例子并不鲜见，下面不妨试举一例。

南北朝时期，前秦符坚起用那个"扪虱而谈天下事"的名士王猛辅政，不过十三四年之间，北灭燕云，南胁东晋，大有并吞天下之势。

后来，王猛病重将死，符坚亲自到病榻前询问后事。王猛知道，前秦虽然基本上统一了北方，兵力强大，但由于连年战争，百姓疲弱不堪，加上新收复的地方人心不服，此时最宜休养生息，稳定内部，不宜再对东晋用兵。所以，他对符坚说："善作者不必善成，善始者不必善终。是以古先哲王，知功业之不易，战战兢兢，如临深谷。伏惟陛下，追踪前圣，天下幸甚。"

他的意思是说，要完成天下统一大业，不能急于求成。一开始要先把基础打好，进行细致周密的准备工作，假如这代人完成不了，就不要勉强，留给下一代人去完成。

王猛还说，晋朝目前内部稳定，上下相和，是不宜轻易对它用兵的。而且新收复的鲜卑、西羌等少数民族，终究会造成大患，应该先安定它们。他还请求苻坚："臣没之后，愿勿以晋为图。"

苻坚却特别想完成天下统一大业，成为一代开国明君，而不想把这项工作留给下一代人去干。所以王猛死后数年，苻坚就纠集大军，准备南下一举灭掉东晋。不料，此举遭到朝中上下一致反对。

苻坚召开军事会议时，左仆射权翼说："晋朝虽然微弱，却没有明显让百姓不满的地方，谢安、桓冲等人都是一代人杰，而且晋朝君臣和睦，现在还不能灭掉它。"

太子左卫率（相当于警备总司令）石越则从天象的角度，说明晋朝气数未尽，还说："晋朝占据长江天险，百姓也乐于为朝廷所用，大概还不到讨伐它的时候吧！"

其他各官也相继发表了反对意见。

打仗是要讲天时、地利、人和的，按《孙子兵法》，要讲"道天地将法"，用这五个字一套，仗该不该打，一目了然。王猛、权翼、石越及其他官员都是围绕"道天地将法"来论述这一仗不该打，是很有道理的。但苻坚此时野心膨胀，根本听不进正确意见。他大言不惭地说："今以吾之众，投鞭于江，足断其流，又何险之足恃乎？"意思是说，我们人多势众，大家把马鞭投进长江，足以让它断流，天险算什么呢？

散会后，苻坚特别留下亲王苻融商量，苻融说："现在伐晋有三大困难，第一，晋国没有内乱，此时伐它，不合天道。第二，我方长年征战，士兵疲惫，百姓都有厌战之心。第三，群臣都说不能伐晋，他们都是忠臣啊！请陛下听从他们的意见吧！"

苻坚大失所望："没想到你也是这样，我还有什么指望！"

尽管如此，苻坚仍不肯放弃伐晋的念头。没想到，回到后宫后，他最宠爱的妃子张夫人也苦苦劝他不要急于出兵。苻坚恼火地说："用兵作战的事，不是你女人家该干预的！"

这时，他最喜欢的小儿子苻铣也来劝谏。苻坚便训斥他说："天下大事，你小孩子懂什么？"

大家没有办法阻止他，便找来他最信任的和尚道安法师来劝说。苻坚已经"走火入魔"了，道安的佛法也对他无效。弄得太子苻宏没有办法，只好拿天象来吓唬他，仍然没有改变他的心意。

这时候，苻坚可以说是人和尽失，几乎成了孤家寡人，不要说打大仗，一场小仗都不宜打。但他连这么明显的问题都看不出来，仍然固执己见，亲率六十余万大军南下，结果一战而败于淝水，不过为历史上增添一个"以少胜多"的战例而已。当然，这是指对方而言，胜利的光荣跟符坚无关，他只能独吞苦果。这一战，成为符坚迅速败亡的一个转折点，他不但未能统一天下，连自己的半壁江山都失去了。

"走火入魔"的人都有这些特征：什么人的话也听不进去，什么情况也不考虑，只想着心里那个念头，一心一意只想达成目标，根本不顾后果如何，而且根本不相信可怕的后果会降临到自己的身上，撞到南墙也不回头，还要用头狠狠碰一下。这正是佛家所讲的"愚执"，其结果当然只能走向毁灭。

在生活中，当我们某个决定受到大家的反对，而且反对者又是了解内情又有经验的人士时，千万不要说"走自己的路，让别人去说吧"之类的话，千万不要对所有人的意见置之不理。应该冷静地权衡每个人的意见，不带情绪地判断他们的话对不对。并且把自己作决定的理由一条条列出来，写在纸上，对照他人的意见，看看自己的理由是否充足。这样，你就不会"走火入魔"了。

别让执念夺走自由的心

南怀瑾先生在《小言黄帝内经与生命科学》中说，乐观的心态是非常重要的，中国人都是一种讨债面孔的态度，样子很难看。

其实这态度的难看也反映了心里的状态。《黄帝内经》这一整篇都在讲人生的修养、哲学的修养。干一番事业是需要各种条件的，在条件不成熟的时候贸然动手，一味瞎摸乱撞，带来灾祸是必然的。睿智的人做事之前会反复审时度势，条件不具备，即使外面的诱惑再多，也不会轻易投入其中。

王猛本来是汉族的才子，他出生在青州北海郡剧县，年幼时因战乱，他随双亲逃到了魏郡。而符坚是氐族在长安建立秦之后的一位君王。当时，汉族人的东晋政权还依然存在，王猛为什么要投奔到氐族符坚的旗下去呢？这是因为王猛对自己的人生道路做了极为认真的选择。他心里明白：一个人再有才能，如果没有一个聪明能干的君主，其才能是无法发挥出来的。而正确地选择自己的君主，本身就是一个人才能和智慧的体现。

王猛年轻时，曾经到过后赵的都城——邺城，这里的达官贵人没有一个瞧得起他，唯独有一个叫徐统的，见了他以后非常惊奇，认为他是一个了不起的人物。于是，徐统便召请他为功曹，可王猛不仅不答应徐统的召集，反而逃到西岳华山隐居起来。因为他认为自己的才能不应该干功曹之类的事，而是帮助一国的君王干大事的，所以，他暂时隐居山中，看看社会风云的变化，等候时机的到来。

公元 351 年，氐族的苻健在长安建立前秦王朝，力量日渐强大。公元 354 年，东晋的大将军桓温带兵北伐，击败了苻健的军队，把部队驻扎在灞上。王猛身穿麻短衣，径直到桓温的大堂求见。桓温请他谈谈对当时社会局势的看法。王猛在大庭广众之下，一边把手伸到衣襟里面去捉虱子，一边纵谈天下大事，滔滔不绝，旁若无人。

桓温见此情景，心中暗暗称奇。于是他问王猛："我遵照皇帝的命令，率领十万精兵凭着正义来讨伐逆贼，为老百姓除害，可是，关中豪杰却没有人到我这里来效劳，这是什么缘故呢？"王猛直言不讳地回答道："您不远千里来讨伐敌寇，长安城近在眼前，而您却不渡过灞水去把它拿下来，大家摸不透您的心思，所以不来。"桓温沉默了好久都没有回答，因为王猛的话正暗暗地击中了他的要害。实际上他心里想的是：自己平定了关中，只得个虚名，而地盘却归于朝廷，与其消耗实力，为他人作嫁衣，还不如拥兵自重，为自己将来夺取朝廷大权保存力量。

桓温听了王猛的话，更加认识到面前这位穷书生非同凡响。过了好半天，他才抬起头来，慢慢地说道："江东没有人能比得上你。"

后来，桓温退兵了，临行前，他送给王猛高级车子和优等马匹，又授予王猛高级官职"都护"，请王猛一起南下。王猛到华山征求师父的意见后，拒绝了桓温的邀请，继续隐居华山。

王猛这次拜见桓温，本来是想出山显露才华，干一番事业的，但最后还是打消了这个念头。因为他考察桓温和分析东晋的形势之后，认为桓温不忠于朝廷，怀有篡权野心，未必能够成功，自己投奔到桓温的手下，很难有所作为。这是他第二次拒绝了邀请和提拔。

桓温退走的第二年，前秦的苻健去世，继位的是中国历史上有名的暴君苻生。他昏庸残暴，杀人如麻。苻健的侄儿苻坚想除掉这个暴君，于是广招贤才，以壮大自己的实力。他听说王猛不错，就派当时的尚书吕婆楼去请王猛出山。

苻坚与王猛一见面就像知心的老朋友一样，他们谈论天下大事，双方意见不谋而合。苻坚觉得自己遇到王猛好像刘备遇到了诸葛亮；王猛觉得眼前的苻坚才是值得自己一生效力的对象。于是，他十分乐意留在苻坚的身边，积极为他出谋划策。

公元 357 年，苻坚一举消灭了暴君苻生，自己做了前秦的君主，而王猛则成了中书侍郎，掌管国家机密，参与朝廷大事。王猛三十六岁时，因为才能突出，精明能干，一年之中，连升了五级，成了前秦的尚书左仆射辅国将军、司隶校尉，为苻坚治理天下出谋划策，干出了一番轰轰烈烈的大事业，成为中国封建社会杰出的政治家。

王猛不愧为一代奇才，在动荡不安的社会形势下，忍住对虚名的追求，正确选择了自己的人生道路，所以才有了事业的成功，才有了他一生的辉煌。他不像有些人求遇心切，急于求取功名富贵之心，而是静待最佳时机，才投身仕途。这是他获得成功的重要经验，这类经验在我们的日常工作中也同样适用。

我们应该懂得忍耐，学会忍耐，不要急于一时，要审时度势尽力去选择一个你认为最合适的起点，这样你的事业才能顺利进行下去。

不可执着任何心念、习气

南怀瑾先生说，要参禅的人，就要离一切相，"应生无所住心"，要随时观察自己，观心，要使此心无所住。如果心心念念住在某一种东西上，或住在某一种习气上，始终不能解脱，已经是走入魔道了。因此，一个想要参禅的人，必须学会不要执着，不要将自己的心执着于任何观念和习气上。

马祖道一禅师是南岳怀让禅师的弟子。他出家之前曾随父亲学做簸箕，后来父亲觉得这个行当太没出息，于是把儿子送到怀让禅师那里去学习禅道。在般若寺修行期间，马祖整天盘腿静坐，冥思苦想，希望能够有一天修成正果。

有一次，怀让禅师路过禅房，看见马祖坐在那里面无表情，神情专注，便上前问道："你在这里做什么？"

马祖答道："我在参禅打坐，这样才能修炼成佛。"怀让禅师静静地听着，没说什么走开了。

第二天早上，马祖吃完斋饭准备回到禅房继续打坐，忽然看见怀让禅师神情专注地坐在井边的石头上磨些什么，他便走过去问道："禅师，您在做什么呀？"

怀让禅师答道："我在磨砖呀。"

马祖又问："磨砖做什么？"

怀让禅师说："我想把它磨成一面镜子。"

马祖一愣，道："这怎么可能呢？砖本身就没有光明，即使你磨得再平，它也不会成为镜子的，你不要在这上面浪费时间了。"

怀让禅师说："砖不能磨成镜子，那么静坐又怎么能够成佛呢？"

马祖顿时开悟："弟子愚昧，请师父明示。"

怀让禅师说："譬如马在拉车，如果车不走了，你使用鞭子打车，还是打马？

参禅打坐也一样，天天坐禅，能够坐地成佛吗？"

马祖把心念执着于坐禅，所以始终得不到解脱，只有摆脱这种执着，才能有所进步。

百丈和尚每次说法的时候，都有一位老人常跟随大众听法，众人离开，老人亦离开。老人忽然有一天没有离开，百丈禅师于是问："面前站立的又是什么人？"

老人云："我不是人啊。在过去迦叶佛时代，我曾住持此山，因有位云游僧人问：'大修行的人还会落入因果吗？'我回答说：'不落因果。'就因为回答错了，我被罚变成为狐狸身而轮回五百世。现在请和尚代转一语，为我脱离野狐身。"于是问："大修行的人还落因果吗？"百丈禅师："不昧因果。"

老人于言下大悟，作礼说："我已脱离野狐身了，住在山后，请按和尚礼仪葬我。"

百丈真的在后山洞穴中找到野狐的尸体，便依礼火葬。

这就是著名的"野狐禅"的故事，那只狐狸为什么被罚轮回五百世呢？就是因为它执着于因果，所以不得解脱。

所以，不可执着于任何心念、习气，把一切都放开，心如明镜，物来则应，物去则灭，不将不迎，这才是修禅的正路。你还在执着之中吗？那种执着还需要你去打破。

何必太执着于"我"

金圣叹批《西厢记》序言中写道："自古迄今，几万万年月皆如水逝、云卷、风驰、电掣，无不尽去，而至于今年今月而暂有我。此暂有之我，又未尝不水逝、云卷、风驰、电掣而疾去也。"依金圣叹所说，这个"我"在人类历史长河中何其渺小，何其不起眼。一个人一辈子不停地执着于这个渺小的肉体的我，岂不是太可悲了吗？

南怀瑾先生认为，人生修道，证道，为什么不能成佛？因为首先身见去不掉，总觉得有"我"，有这个身体，因而把身体看得很牢。

禅宗教人直接认识"我"是什么。南怀瑾先生解释说，什么是"我"？佛经上说，人的身体乃是幻躯，由"四大"，即地、水、火、风四种因缘假合而成，在这假合的身体上妄有六根，六根是指眼、耳、鼻、舌、身、意，意是意识思想。六根和四大，内外凑合而成此身——这部机器。

南怀瑾先生说，一般人总是妄认六尘缘影为自心相。什么是六尘缘影呢？外面的光，眼睛看得见的东西。声，耳朵听得见的声音。香，鼻子闻得到的气味。味，舌头尝得到的味道。触，身体感受得到的感觉。法，意识想到的思维。四大所合成的肉体则有六根，眼、耳、鼻、舌、身、意六种机能。外界的六尘，六种物理现象，与肉体的六根相互作用，产生了影像，谓之六尘缘影。例如，照片、电影、电视都是缘影，都是假象，可是，这些缘影很厉害，都会引起我们的喜怒哀乐。看到它们痛苦，我们也痛苦；看到它们高兴，我们也高兴。明明知道是假的，还是要受它影响。

想想我们的思想，都在六尘缘影中颠倒。比如很多人看电影，看到最后就被电影中的人物事件感动得流泪，虽然明知那是假的，可还是感动得当场掉眼泪。为什么呢？就是因为被六尘缘影所欺骗。人生的一切事物都是六尘缘影，昨天所发生的事情能留得住吗？能再把它摆在眼前吗？不能，这些都过去了，都是六尘缘影。可是，所有的人都经常回忆昨天的事，有时气愤得不得了，有时难过得不得了，有时欢喜得不得了。南怀瑾先生说，一切众生都在六尘缘影里玩，把六尘缘影当作自己的心。

一个人如果想摆脱各种烦恼的困扰，就必须摆脱"自我"，不执着于我。

庞居士有个女儿叫灵照，要入灭的那天，他对灵照说："你去看看日头，到了正午就来告诉我。"灵照出去一会儿，回来说："现在是正午，可是太阳有缺蚀。"

庞居士出去观看的时候，灵照就在父亲的座位上合掌坐化。庞居士回来一看，笑着说："我这女儿机锋真伶俐呀！"于是就延期七天坐化。在这期间，州官前来看他，他就对州官说："愿你将存在看成空幻，切莫把虚无当作真实，住留世间，当好自为之，因为一切都像影子和回声一样。"随后，他枕着州官的腿膝亡化了。

庞居士的女儿坐化，他并不感到悲伤，因为他并没有执着于女儿的肉身，因为他知道那是虚幻的，不值得执着的。他对州官说的话也足以惊醒那些还在执着于"我"的所有人。

人生的这个"我"，这个肉体和由肉体而产生的六尘，其实只是一种偶然的存在，并不是实有的，都将随岁月而老去、而消失。一个人生活的短短几十年和整个宇宙形成的时间相比，简直渺小到微不足道，又有什么值得执着呢？俗话说，酒肉穿肠过，佛祖心中留。一个人如果能够明白执着于"我"的虚妄，便能够体验到灵魂的升腾，并最终获得幸福的人生。

执着是一种妄念

无常，这是佛教对于世间万事万物的基本认识。佛陀告诫世人说，一个人要学习超然物外，不要执着于万事万物，因为尘世间万事万物均是无常。不要执着，不代表不让生活中任何感情和经验穿越心扉。事实恰恰相反，我们要让所有情绪、体验、经验穿透心房，只有真实去接受、体会和认清这些经验，才能让它离开，不再执着。

南怀瑾先生说，禅宗祖师说过一句话："如虫御木，偶尔成文。"意思是说，有一只蛀虫咬树的皮，忽然咬的形状构成了花纹，使人觉得好像是鬼神在这棵树上画了一个符咒。其实那都是偶然撞到的，偶尔成文似锦云。这就说明一切圣贤说法以及佛的说法都是对机说法，这些都是偶尔成文，过后一切不留。既然世间的一切都是偶尔成文的，还有什么好执着的呢？

赵州禅师是禅宗史上有名的大师，他对执着也有很精彩的解释。

众僧请赵州和尚住持观音院。一天，从谂上堂说法："比如明珠握在手里，黑来显黑，白来显白。我老僧把一根草当作佛的丈六金身来使，把佛的丈六金身当作一根草来用。菩提就是烦恼，烦恼就是菩提。"有僧问："不知菩提是哪一家的烦恼？"从谂答："菩提和一切人的烦恼分不开。"又问："怎样才能避免？"从谂："避免它干什么？"又有一次，一个女尼问赵州和尚："佛门最秘密的意旨是什么？"赵州就用手掐了她一下，说："就是这个。"女尼道："没想到你心中还有这个。"赵州说："不！是你心中还有这个！"

赵州禅师的话语给我们以足够的启示。人为什么放不下，就因为他们还有执着，有执着的人就不会绝对自在。

南怀瑾先生告诉我们，其实生活中的很多人都被现象骗了，人生永远都有明天，何必总是看过去呢？明天不断地来，真正的虚空是没有穷尽的，它也没有分断昨天、今天、明天，也没有分断过去、现在、未来，永远是这么一个虚空。天黑又天亮，昨天、今天、明天是现象的变化，与这个虚空本身没有关系。天亮了把黑暗盖住，黑暗真的被光亮盖住了吗？天黑了又把光明盖住，互相轮替，黑暗光明，光明黑暗，在变化中不增不减；所以一切的用是虚妄不实的，而虚空之体却是不增不减的；所以生活中的我们，一定不要被变化不实的现象所骗。执着于变幻无常的时间的一切，就是一种虚妄。

其实，这就是所谓"色即是空"，不执着了，就会享受当下，坦然接受一切，离逍遥的境界也就不远了。

生活本不需要完美

人为什么想修禅，从某种意义上讲，那是因为人渴望自身的圆满。人人都渴望圆满，圆满是这个世间众生的梦。

南怀瑾先生说，在这个有缺陷的世界上，没有一个人的人生是圆满的，假使圆满他就早死掉了，因为佛称的娑婆世界，是一个缺陷的世界，所以要保留一点缺陷才好。曾国藩到晚年，也很了解这个道理，他把自己的书房叫作求缺斋，一切太满足了是很可怕的，希望求到一点缺陷。

因此在这个有缺陷的世界上，有福报的人没有智慧，有智慧的人没有福报。书读得好的，多半是福报差一点；命运好一点的人，多半在知识上少一点，有了这一面就少掉那一面。要想什么都归了你，那只有成佛才行。

佛说，不圆满的人生才是完美的人生。

国王有五个女儿，这五位美丽的公主是国王的骄傲。她们那乌黑亮丽的长发远近皆知，所以国王送给她们每人一百个漂亮的发夹。

有一天早上，大公主醒来，一如既往地用发夹整理她的秀发，却发现少了一个发夹，于是她偷偷地到了二公主的房里，拿走了一个发夹。

二公主发现少了一个发夹，便到三公主房里拿走一个发夹；三公主发现少了一个发夹，偷偷地拿走四公主的一个发夹；四公主如法炮制拿走了五公主的发夹；于是，五公主的发夹只剩下九十九个。

第二天，邻国英俊的王子忽然来到皇宫，他对国王说："昨天我养的百灵鸟叼回了一个发夹，我想这一定是属于公主们的，而这也真是一种奇妙的缘分，不晓得是哪位公主掉了发夹？"

公主们听到了这件事，都在心里想：是我掉的，是我掉的。可是头上明明完整地别着一百个发夹，所以都懊恼不已，却说不出。只有五公主走出来说："我掉了一个发夹。"

少了一个发夹的五公主披散着一头漂亮的长发，王子不由得看呆了，决定和五公主一起过幸福快乐的日子。

很多时候，人生并不总是因为拥有全部而感到幸福，相反却因此而失去了美丽，人生就像那九十九个发夹，虽然不够完美，但却异常精彩，人生也正是因为这许多的缺憾而使得未来有了无限的转机和可能性。

的确，生命就像是一首高低起伏的乐章，高低错落才会显得生动而鲜活，所谓"如不如意，只在一念间"，人生的真相便是"不如意之事十有八九"。人生的不圆满是需要我们去面对和承认的事实，但另一方面，我们也可以换一个角度来对此进行分析，其实人生的缺陷和不圆满也是一种美，太过一帆风顺、太过于完美，反而会令我们感到腻味，以至于心生厌倦而不再珍惜。

何止人生？世界上根本就没有绝对完美的事物，完美的本身就意味着缺憾。其实，完美总包含某种不安以及少许使我们振奋的缺憾。没有缺憾，生活就会变得单调乏味。亚历山大大帝因为没有可征服的土地而痛哭；喜欢玩牌者若是只赢不输就会失去打牌兴趣。正如西方谚语所说："你要永远快乐，只有向痛苦里去找。"你要想完美，也只有向缺憾中去寻找。最辉煌的人生，也有阴影陪衬。我们的人生剧本不可能完美，但是可以完整。当你感到了缺憾，你就体验到了人生五味，你便拥有了完整的人生——从缺憾中领略完美的人生。

在这个世界上，每个人都有自己的缺憾。只有有缺憾的人生，才是真正的人生。

法国诗人博纳富瓦说得好："生活中无完美，也不需要完美。"南怀瑾先生说，其实人生来不是有罪，而是有缺憾，不完美，不圆满，也就是说人生来就有业，有善业、恶业，以及不善不恶的无记业，但这个业不是罪，而是一股牵着你跑的力量。

正因为人的不圆满，才会促使人向上追求，渴望自身的圆满。不圆满，从某种意义上说，正是一个人灵魂飞升的动力所在。因此，正视并珍惜你的不圆满，努力向上，才是真正健康的心态。

放下执着才能跨越障碍

《庄子·内篇·大宗师第六》中曾说："夫藏舟于壑，藏山于泽，谓之固矣。然而夜半有力者负之而走，昧者不知也。"南怀瑾先生解释说，这里的"藏"字，借用一个名称来讲，就是佛学中所说的执着，抓得很牢。一个人对于生命之中的一切，都想把握得很牢，其实生命永远都不会让你完全把握。所以要想将人生牢牢把握，就是这里所说的"藏舟于壑，藏山于泽"，把船藏在山谷里面，把山藏在海洋里面。如此隐藏，在普通人看来，的确十分牢固。

人们往往不知道，虽然我们认为藏得很好，但是有个大力士，半夜三更不知不觉地把山和船都背走了。南怀瑾先生认为，中国古籍中的"天圆地方"，是指地有方位，曾子就曾讲过地球是圆的，且一直在旋转，所谓"天道左旋，地道右旋"的观念，由来已久。这里庄子是说，一般人不懂得，以为自己坐在地球上很稳当，实际上地球一直在转动，仿佛山在夜里悄悄被人搬走。

有一条河流从遥远的高山上流下来，流过了很多个村庄与森林，最后它来到了一个沙漠。它想："我已经越过了重重的障碍，这次应该也可以越过这个沙漠吧？"当它决定越过这个沙漠的时候，却发现河水渐渐消失在泥沙之中，它试了一次又一次，总是徒劳无功，于是，它灰心了："也许这就是我的命运了，我永远也到不了传说中那个浩瀚的大海了。"它颓废地自言自语。

这时候，四周响起了一阵低沉的声音："如果微风可以跨越沙漠，那么河流也可以。"原来这是沙漠发出的声音。小河流很不服气地回答说："那是因为微风可以飞过沙漠，可是我却不可以。""因为你坚持你原来的样子，所以你永远无法跨越这个沙漠。你必须让微风带着你飞过这个沙漠，到达你的目的地。你只要愿意放弃你现在的样子，让自己蒸发到微风中。"沙漠用它低沉的声音这样说。

小河从来不知道有这样的事情，"放弃我现在的样子，然后消失在微风中？不！不！"小河无法接受这样的事情，毕竟它从未有过这样的经验，叫它放弃自己现在的样子，那么不等于是自我毁灭了吗？"我怎么知道这是真的？"小河这么问。"微风可以把水汽包含在它之中，然后飘过沙漠，等到了适当的地点，它就把这些水汽释放出来，于是就变成了雨水。然后，这些雨水又会形成河流，继续向前进。"沙漠很有耐心地回答。

"那我还是原来的河流吗？"小河流问。"可以说是,也可以说不是。"沙漠回答，"不管你是一条河流或是看不见的水蒸气，你内在的本质从来没有改变。你之所以会坚持你是一条河流，因为你从来不知道自己内在的本质。"此时小河流的心中，隐隐约约地想起了自己在变成河流之前，似乎也是由微风带着自己，飞到内陆某座高山的半山腰，然后变成雨水落下，才变成今日的河流。于是，小河流终于鼓起勇气，投入微风张开的双臂，消失在微风之中，让微风带着它，奔向它生命中某个阶段的归宿。

人生不可能完全被掌控，正所谓"谋事在人，成事在天"，生命中总有些难以预料的事情，有时无须太过执着，正如感情，感情是一捧细沙，握得越紧，越容易流失。自以为一切尽在掌握中，一切藏得严严实实，其实却十分不牢靠。

生命历程往往也像河流一样，想要跨越生命中的障碍，达到某种程度的突破，有时必须放下"执着"。

若有若无地把握，不必太执着

"夫物芸芸，各复归其根，归根曰静，是谓复命。"万物纷杂生存，又各自返回它们的本原，返归本原称为"静"，叫复归本性。宇宙生命的来源，本来就是清虚的。"复命曰常，知常曰明。""常"并不全等于永恒，一个人不知常，就要从自己的生命中回过头来找寻。既然一切皆为虚清，又何必对什么事都抓得很牢，执着而不肯放手呢？

有两个不如意的年轻人，一起去拜望一位禅师："师父，我们在办公室被欺负，太痛苦了，求您开示，我们是不是该辞掉工作？"两个人一起问。禅师闭着眼睛，隔半天，吐出五个字："不过一碗饭。"就挥挥手，示意年轻人退下了。

回到公司，一个人递上辞呈，回家种田，另一个却没动。日子真快，转眼十年过去。回家种田的，以现代方法经营，加上品种改良，居然成了农业专家。另一个留在公司里的，也不差，他忍着气、努力学，渐渐受到器重，后来成为经理。

有一天两个人相遇了，"奇怪！师父给我们同样'不过一碗饭'这五个字，我一听就懂了，不过一碗饭嘛！日子有什么难过？何必硬巴着公司？所以辞职了。"农业专家问另一个人："你当时为什么没听师父的话呢？""我听了啊！"那经理笑道："师父说'不过一碗饭'，多受气、多受累，我只要想'不过为了混碗饭吃'，老板说什么是什么，少赌气、少计较，就成了！师父不是这个意思吗？"两个人又去拜望禅师，禅师已经很老了，仍然闭着眼睛，隔半天，答了五个字："不过一念间。"

对于人来说，没有一样东西是可以完完全全、真真正正抓住的，无论是物，还是人。因此不必斤斤计较，刻意追逐。有人问南怀瑾先生："怎样学布施才不过分贪心赢利集财？"南怀瑾先生精辟地回答："地球都是你的，为什么不布施？"对于不生不灭的生命本源，要把握得住，要认识得透彻，才能够善始善终。"不知常，妄作凶"，醉生梦死，碌碌无为，终将痛苦离去。想要抓住一切，往往什么都抓不住。

有一则小故事，讲的是一个颇有人气的电视娱乐节目，节目内容是数钞票。主持人拿出一大沓钞票，币值大小不一，杂乱重叠，现场选拔 4 名观众在规定的 3 分钟内进行点钞比赛，谁数得最多，数目又最准确，就将获得自己刚刚数得的现金。现场气氛火爆，游戏开始，4 个人开始埋头数钞，而主持人则轮流给参赛者提问谈话以打断其思路，参赛者只有在答对题目的情况下才能继续。时间一晃而过，4 位观众手里各拿了厚薄不一的一沓钞票。主持人拿出一支笔，让他们写出刚才所数钞票的金额。第一位，3658 元；第二位，5942 元；第三位，2833 元；第四位，896 元。四位观众所数钞票的数目，相去甚远，台下的人都摇头嘲笑第 4 位观众的"业绩"。随后，主持人开始当场验证所数钞票数目的准确性，众目睽睽之下，主持人把 4 名参赛观众所数的钞票重数了一遍，正确的结果分别是：3659、5842、2838、896。只有数得最少的第四位完全正确，众人唏嘘不已。主持人最后告诉大家一个秘密：自从节目开办以来，在这项角逐中，所有参赛者所得的最高奖金，从来没人能超过 1000 元。

知"常"就要把握住道的本源，这样才能真正懂得做人做事的道理，知"常"便能"容"，容天下难容之事，"容乃公"，便自然做到了天下为公，毫无私心。菩提本非树，明镜亦非台，本来无一物，何处惹尘埃？人生有时不必过于执着，如庄子所言，像婴儿一样，若有若无地自在把握，反而能够将幸福抓住。

第十一课

知人者智，自知者明

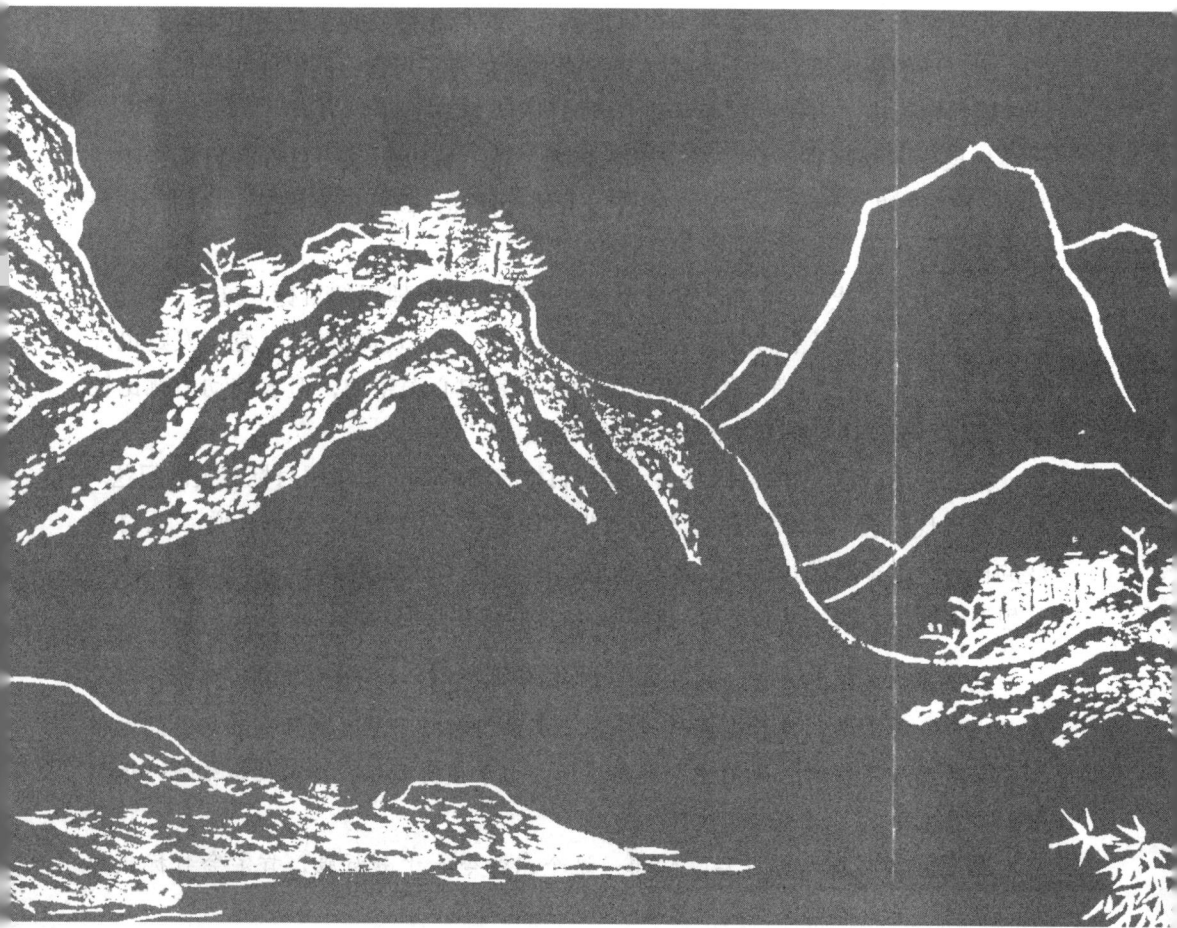

给自己量身定位

儒学可以说是"官学"、"领导学"、"幕僚学"，是为了培养官员和高参而设计的教程。但儒家的理想不在做官本身，而是借助官方权势推行自己的"仁道"，造福天下百姓。这个目标，大致就是《大学》所谓的"至善"，这是一个社会价值与个人修养高度结合的目标。

如果没有机会推行仁道而有机会当官，先儒的选择是不当官。所以孔子一辈子没当过几年官，孟子则终生不曾为官，孔子的多位贤弟子也终生不仕。他们不是没有机会当官，而是觉得为当官而当官，目标不能实现，反而把境界低下去了。汉以后的儒士没有这么高的气节，读书就是为了当官，能不能实行仁道，先放到第二步再说。当然也有不少儒士确实利用权势实行了仁道。

如果你不想当官，对仁道也不感兴趣，就不宜以儒家的目标为目标，还需"止"于自己的"至善"。当然，不管追求什么目标，修行的流程是一样的，共分六个步骤：

第一步是"止"，给自己量身定位，也就是确定理想的目标。这里"理想"二字很重要。有的人渴望当政治家，看见社会上"一切向钱看"，觉得发财也许更好，便确定一个当商人的目标，因为这不是内心渴望的，追求的动力就比较弱。所以要根据内心的真实渴求而量身定位。

第二步是"定"，即目标专一。做与目标有关的事，思考跟目标有关的问题。

在现代社会，人们的机会不是太少，而是太多。一位大企业家说："面对多变的社会，过多的选择机会反而会造成犹豫不决。"机会太多了，又想追求这个，又想追求那个，就会五心不定。所以必须忍痛舍弃其他目标，而"定"于其一。

慧远禅师年轻时喜欢四处云游。有一次，他遇到一位嗜烟的行人同路，两人走了很长一段山路，然后坐在河边休息，那位行人给了慧远禅师一袋烟，慧远禅师高兴地接受了馈赠。他们坐在那里谈话，由于谈得投机，那人便送给他一根烟管和一些烟草。

慧远禅师与那人分开后，心想：这个东西令人十分舒服，肯定会打扰我禅修，还是趁早戒掉吧！于是就把烟管和烟草都扔掉了。

后来，他又迷上了《易经》。一年冬天，他写信向老师索要一些寒衣，但是直到冬天已经过去，老师还没有寄衣服来，也没有任何回音。慧远禅师用《易经》卜了一卦，结果算出那封信并没有寄到。

他心想："《易经》占卜固然灵验，但如果我沉迷此道，怎么能够全心全意地参禅呢？"从此以后他再也不接触《易经》之术。

再后来，他又迷上了书法，每天钻研，小有所成，有几个书法家居然也对他的书法赞不绝口。他转念想到："我又偏离了自己的正道，这样下去，我很可能成为书法家，成不了禅师了。"从此他一心参悟，放弃了一切与禅无关的东西，终于成为一位禅宗大师。

慧远禅师真是一个懂得如何让自己"定"下来的人，他舍弃的并非都是不好的东西，也并非不值得追求的目标，但一个人不能同时追求几个目标，既然选择禅修，就守定这个目标，他的心也定下来了。

第三步是"静"，即心无杂念。这是很难的一步，无论读书也好，做事也好，不知不觉就会想一些杂事。即使目标专一的人也会如此。如何入静呢？需要进行"打住"训练：当意识到自己在胡思乱想时，就提醒自己一下："打住！"或者："别乱想了！"经过一次又一次提醒，养成静的习惯，就能随时入静了。

对相当多的人来说，不能入静的原因是体力问题，想了一会儿事就头昏脑涨，自然会停下来，想一些比较轻松有趣的问题。所以说，锻炼身体也是一件跟目标有关的事。

第四步是"安"，即保持平常心。我们读书、办事、与人交往，都容易先入为主。比如：这本书是经典，我要好好拜读，这本书不好，我要瞧瞧它的毛病在哪里；这件事重要，我不能掉以轻心，这件事很烦人，对付对付算了；这个人很有身份，我该听听他的高见，这个人很讨厌，我要快点把他打发走。凡此种种，都是缺少平常心的表现，很可能让自己思路变调、言行失当。保持平常心，神志最清澈、明亮，智慧便绵绵而生。

第五步是"虑"，即冷静思考。用大脑学习，用大脑做事，这个道理很简单，不必多说。

第六步是"得"，即取得成果。把前面几步做好了，这一步水到渠成，但也要分辨是真"得"还是假"得"。

有一个笑话：某财主家有一个儿子，特别聪明。财主请了个先生来教他识字。第一天教了个"一"字，他很快学会了；第二天教了个"二"字，他很快学会了；第三天教了个"三"字，他很快学会了。这个聪明儿子高兴地说："得之矣！得之矣！一画一道，二画二道，三画三道，其余的俺不学也会，要先生何用？"财主也很高兴，就把先生赶走了。有一天，财主让聪明儿子给万先生写信，聪明儿子画了一早上，也没把"万"字写出来。

在"得"字上，无论是学问上的收获，还是名利权位上的收获，都有必要审视一番，到底有没有"得"？是不是假得而真失？可别学这个聪明儿子，还没入门就以为"得之矣"！

世上难有满而不倾覆的事物

孔子为人为学一向谦虚。"三人行，必有我师焉。择其善者而从之，其不善者而改之。"他认为：许多人一起行走，肯定有能当我老师的人。我学习他们的优点，看到他们身上的缺点要反省自己有没有，如果我也有，那么就改掉它。

《论语》中还有另外一段说："见贤思齐焉，见不贤而内自省也。"说的也是这个道理。这是谦虚的学问，我们很难诚心向他人学习，总以为自己是"天下第一"，哪里还有精神要向别人学习？这是人类的劣根性。做人是应当有自信的，但是自信的时候别忘记了谦虚。现代人都是自信有余而谦逊不足。

孔子带着学生到鲁桓公的宗庙里参观的时候，看到了一个可用来装水的器皿，倾斜地放在祠庙里，那时候把这种倾斜的器皿叫欹器。

孔子便向守庙的人问道："请告诉我，这是什么器皿呢？"守庙的人告诉他："这是欹器，是放在座位右边，用来警戒自己的，是一种用来伴坐的器皿。"孔子说："我听说这种用来装水的伴坐的器皿，在没有装水或装水少时就会歪倒；水装得适中，不多不少的时候就会是端正的；水装得过多或装满了，它也会翻倒。"说着，孔子回过头来对他的学生们说："你们往里面倒水试试看吧！"学生们听后，舀来了水，一个个慢慢地向这个器皿里灌水。果然，当水装得适中的时候，这个器皿就端端正正地立在那里。不一会儿，水灌满了，它就翻倒了，里面的水流了出来。再过了一会儿，器皿里的水流尽了，就又像原来一样歪斜在那里。

这时候，孔子便长长地叹了一口气说道："唉！世上哪里会有太满而不倾覆翻倒的事物啊？"

孔子不愧为千古圣人，就连告诉学生人生的道理也那么形象、生动，不会生硬说教，在这一点上我们或许更应该学习他的方法。

水满自溢，人自满会跌倒，这是自然规律。命运是极其公正的，它不会因为人的不同而有所偏颇。日中就得西斜，月圆就要亏缺，物盛必衰，这是天地的道理。人体验到了天地的道理，高就会自卑，盈就会自谦，满就会自抑。所以孔子又说："君子做人不自大，有功不自傲。""君子不以他所能做到的而瞧不起别人，不以自己不能做到的而自愧于人。"虚己对人是长进仁德的基础，自谦是受人尊敬的阶梯。念念不忘"谦虚"两字，自然高风可仰，心光可掬。

适人自抑，就能广造福用。王阳明说："现在人们最大的缺点，就是一个'傲'字，千万种罪恶，都是从傲里滋生出来的。傲就自高自足，不肯屈人之下。身为学子骄傲，就不能孝敬长辈；身为弟弟骄傲，就不能尊敬兄长；身为臣子骄傲，就不能做个忠臣。"

以财势傲人固然不应该，以学问傲人也不应该，以俸禄傲人更不应该；以气色傲人固然不应该，以态度傲人也不应该，以言语傲人更不应该。人的傲骨傲性，只能针对占据上位的卑鄙小人、贪官污吏，对于其他人，不应存有半点的傲气。

傲的反面就是谦，谦是傲的对症良药。不但外貌要恭敬谦逊，心中更要敬让。常常看到自己的不足之处，就能做到虚己对人。尧、舜之所以被称为圣人，就是谦虚到了至诚的境地，也就是允恭克让，温恭允塞。做到了谦就能虚，虚就能受。谦恭自守，必然会大得人心；虚下自处，必然会受人尊敬。

因为成熟，所以低头

《论语·泰伯》中，曾子夸赞同窗颜回的美德道："颜回才是真正有学问的人，明明自己的修养与知识都在很多人之上，但是他每次总是谦虚地向别人请教，做到了老师说的不耻下问。"这一点很难得，因为有才能的人通常都比较自恋，认为自己就是最优秀的，哪里能放下身份向他人请教呢？一些有才华的人就更不肯放下身份了，向一个不如自己的人请教，这个做起来有点难度。所以他才夸赞颜回的品德。

南怀瑾先生认为一个人越是学问高反而会表现得越谦恭，这是知识与修养给他带来的改变。哲学家捷诺就是这样谦虚的人。有人问他："像您这样的大哲学家为什么还要那么谦虚呢？"捷诺说："人的知识就像是一个圆圈，圆圈里面的是你已经知道的知识，圆圈外面代表的是你的未知。圆圈越大的人就越会发现自己的知识很不足。"

唐代著名的书法家柳公权，少年时代便被认为写得一手好字，自己不免常常骄矜自满起来。有一天，他与几个少年朋友聚在一起练字。就在他写下"会写飞凤家，敢在人前夸"几个大字扬扬得意之时，一位卖豆腐的老人正好路过，便好奇地走过来，端详了一会儿柳公权的字，又看了看他，皱了皱眉头，说："这字写得太无力了，好像我的豆腐一样，软绵绵的，没有筋骨。"柳公权一听，心里有些不服气，怒气冲冲地说："有本事，你写几个字，让我们也来见识见识。"

老人爽朗地笑了笑，慢腾腾地说："不敢，不敢，我是个粗人。"老人边说边敲了敲手中的梆子："我只是个卖豆腐的，不会写字，可是有人用脚写都比你好得多呢！不信，你到城里看看吧。"说完老人敲着梆子就走了。柳公权听了有些怀疑，于是进城去寻那位用脚写字的人。果然在一棵大槐树下见到了此人。只见失去双臂的黑瘦老头赤着双脚，坐在地上，左脚压纸，右脚夹笔，正在挥洒自如地写着对联，娴熟的运笔，字似群马奔腾、龙飞凤舞，围观的人们无不为之赞叹。柳公权顿时惭愧万分。他跑向前去扑通一声跪在这位老人的面前，诚恳地说："柳公权愿拜您为师，请先生告诉学生写字的秘诀。"老人慌忙示意他不要行此大礼，沉思了片刻语重心长地说："我是个孤苦的人，没有双手，只得靠双脚来生活，怎能为人师表呢？"说完老人在地上铺上了一张纸，然后用右脚写下了几个字："写尽八缸水，砚染涝池黑。博取百家长，始得龙凤飞。"老人又慈祥地说："孩子，这就是我写字的秘诀。我用脚写字已经 50 多个年头了。我磨墨练字用完八大缸水，每天写完字就在半亩大的池塘里洗砚，池水都被染黑了。可是天外有天，人外有人，我的字还差得远呢！"柳公权听了老人的一席话，顿时恍然大悟，心里感到十分的内疚和不安，向这位老人道谢后，便启程回家。从此以后，他更加勤奋练字，手上磨了厚厚的茧子，衣肘补了一层又一层。他还经常登门拜访当时的书法名家，向他们虚心求教，让朋友、陌生人指出自己书法中的不足之处。工夫不负有心人，经过苦练，柳公权终于成了流芳千古的著名书法家。

学问高时意气平，人生活在社会上必须要有"空杯"的心态。你只有将自己的姿态放低，才能从别人那里学到知识、智慧。

你的高姿态是对他人自尊的一种挑战与轻视，容易让他人产生排斥心理乃至敌意。在工作中不乏这样的人，他们思维敏捷，但说起话来令人感觉很不舒服，这种人多数都是因为太爱表现自己，总想让别人知道自己很有能力，处处想显示自己的优越感，从而获得他人的敬佩和认可，但结果往往适得其反。

在交往中，任何人都希望能得到别人的肯定，都在不自觉地维护着自己的形象和尊严，如果他的谈话对手过分地显示出高人一等的优越感，那么无形之中就成为对他自尊和自信的一种挑战与轻视，排斥心理乃至敌意也就不自觉地产生了。

有时候放低自己的心态，低下高傲的头，反而会拥有得更多。大海之所以能成为大海就因为它总是在最低处，因而所有的溪流都汇集到大海的怀抱中。知识越是渊博，人的胸怀就会变得越宽广，这样他收获的东西会越多。

谁都不是超人

唐朝大散文家韩愈有一篇著名的文章《师说》，里面有一段著名的话："闻道有先后，术业有专攻，如是而已。"没有人是全知全能的，所以才会有"三人行，必有我师焉"，孔子的这句话大家最熟悉了，但是恐怕没有几个人敢拍着胸脯说"我做到了"。不同的人有不同的专长，总有一点会强过你：农民能教会我们种庄稼，告诉我们关于农业的知识；工人能够告诉我们一件产品具体生产的细节与功用；等等。我们每个人需要学习的东西很多，如果你把自己放得太高，你的眼睛看到的必然不会全面，你的眼界也不会宽广。南怀瑾先生在其大作《论语别裁》中亦有此表述，他认为这正是孔子的伟大之处。

美国发明家爱迪生，年轻时曾和普林斯顿大学数学系毕业生阿普顿在一起工作，住在一个房间里。

阿普顿总觉得自己有学问，从不把卖报出身的爱迪生看在眼里。爱迪生是个沉默寡言的人，从不炫耀自己，对阿普顿的自负和处处卖弄学问，从心里感到厌烦。为了让阿普顿把态度放谦虚一些，有一次，爱迪生把一只梨形的玻璃灯泡交给阿普顿，请他算算容积是多少。

阿普顿拿着那个玻璃灯泡，轻蔑地一笑，心想："想用这个难住我，未免太天真了！"

他拿出尺子上下量了又量，还依照灯泡的样式列出一道道算式，数字、符号写了一大堆。他算得非常认真，画了一张张草图，脸上渗出了细细的汗珠。

过了一个多钟头，爱迪生见阿普顿还在那儿算个不停，便忍不住笑着说："不用那么费事，还是换个别的方法算吧！"

阿普顿仍固执地说："不用换，等一会儿我就能得到答案了。"

又过了半个钟头，阿普顿对自己的计算似乎还不放心，还在那里低头核算。爱迪生有些不耐烦了，拿过玻璃灯泡，倒满了水交给阿普顿说："去把这些水倒进量杯……"

不等爱迪生说完，阿普顿明白了什么是既简单又准确的方法，他那冒着汗的脸"刷"地红了。他知道了，爱迪生确实不愧为伟大的发明家。

阿普顿是普林斯顿大学数学系的毕业生，计算是他的内行。当碰到"计算玻璃灯泡容积"的问题时，由于他受固有的思维方式影响，自然而然地拿出尺子对灯泡量了又量，算了又算，他根本不会想到打破定式，采用其他简便的方法。爱迪生则不同，他能突破惯性思维的束缚，采用快捷的方法，立即精确地求得了灯泡的容积。

每个人在做事之前都必须明确一个事实：你并不是万能的。明白了这一点，你做起事情来就会谦恭得多，也就会避免因盲目自大带来的错误。明白了其他人对于我们自身来讲"总有一点强过你"，我们才能真正学会谦恭。

不提自己当年勇，更不提别人当年的不勇

仲弓问孔子什么是仁德。子曰："出门如见大宾，使民如承大祭；己所不欲，勿施于人；在邦无怨，在家无怨。"仲弓曰："雍虽不敏，请事斯语矣！"

孔子这样回答他说："出门好像去会见贵宾，役使百姓好像去举行大祭奠。自己所不喜欢的，不要强加于别人。在朝廷做官时不怨天尤人，在城邑做官时也不怨天尤人。"仲弓说："我虽然迟钝，但也一定要按照这样的话去做。"这当然是仲弓的谦虚之辞。事实上仲弓在孔子的弟子中是一个非常有修养的人，孔子曾说他"可以使南面"，就是说仲弓是一个有帝王之才的人。

看过鲁迅《阿Q正传》的人都知道阿Q有一头癞疮，他平时最忌恨别人提到这一短处。老百姓说"打人莫打脸，骂人不揭短"，因为谁都会有不完美的地方。你如果揪住他人的短处不放，肯定会令双方都不愉快。

俗话说"己所不欲，勿施于人"，你自己不愿意被人戳着痛处，就不要在和他人交往的时候毫不顾忌，更不能将这种不尊重他人的行为视为一种心直口快。

明太祖朱元璋出身贫寒，做了皇帝后自然少不了有昔日的穷哥们儿到京城找他。这些人满以为朱元璋会念在昔日共同受苦的情分上，给他们封个一官半职，谁知朱元璋最忌讳别人揭他的老底，认为那样会有损自己的威信，因此对来访者大都拒而不见。

有位朱元璋儿时一块长大的好友，千里迢迢从老家赶到南京，几经周折总算进了皇宫。一见面，这位老兄便当着文武百官大叫大嚷起来："哎呀，朱老四，你当了皇帝可真威风呀！还认得我吗？当年咱俩可是一块儿光着屁股玩耍，你干了坏事总是让我替你挨打。记得有一次咱俩一块儿偷豆子吃，背着大人用破瓦罐煮，豆还没煮熟你就先抢过来，结果把瓦罐都打烂了，豆子撒了一地。你吃得太急，豆子卡在嗓子眼儿，还是我帮你弄出来的。怎么，不记得啦？"

这位老兄还在那儿唠叨个没完，宝座上的朱元璋再也坐不住了，心想此人太不知趣，居然当着文武百官的面揭我的短处，让我这个当皇帝的脸往哪儿搁？

盛怒之下，朱元璋下令把这个穷哥们儿杀了。这就是戳人痛处的下场。

在待人处世中，场面话谁都能说，但并不是谁都会说，一不小心，也许你就

踏进了言语的"雷区"，触到了对方的隐私和痛处，犯了对方的忌，对听话者造成一定的伤害。其实，每个人都有所长，亦有所短，待人处世的成功，一个很重要的因素就是善于发现对方身上的优点，夸奖对方的长处，而不要抓住别人的隐私、痛处和缺点，大做文章。切记：揭人之短，伤人自尊！

揭短，有时是故意的，那是互相敌视的双方用来作为攻击对方的武器；揭短，有时又是无意的，可能是因为某种原因一不小心犯了对方的忌讳。有心也好，无意也罢，在待人处世中揭人之短都会伤害对方的自尊，轻则影响双方的感情，重则反目成仇。

应注意"揭短"和"批评"是两回事，前者针对他人的缺陷，攻击别人的软肋，非君子所为；后者则是就事论事，较为客观。掌握了这一项原则，比掌握许多别的技巧更有效，也更加体现出尊重他人，尊重自己。为人处世时最好时刻铭记"己所不欲，勿施于人"的教诲，若如此便能做到"言寡尤，行寡悔"。

英雄之外还有英雄，敬人就是敬自己

"君子不重则不威"看起来似乎是说你自己不庄重，那么你在别人面前也就没有了权威、威信。如果这样理解，那么我们仿佛看到了这样的一群"伪君子"：几个"老夫子"式的人物在谈天说地，这时忽然走进来一个晚辈。为了维护自己的威信，"老夫子"们赶紧收敛了笑容，正襟危坐。这就是受了朱熹"君子不重则不威"的影响，如果孔子知道了后世对他的学问是这样的注解，肯定要气坏了。

之所以会有如此的错解，南怀瑾先生认为这是我们受到了朱熹思想的误导。

南老认为这是孔子在告诉世人关于自重与尊重他人的处世哲学。"君子不重则不威"就是说一个不知道自重、没有自尊心的人是做不好事情的。不仅"不重"则"不威"，而且做学问也不牢靠。而"无友不如己者"的解读就更有特点了：从前的宋儒们告诉我们："不要和不如自己的人交往。"如果这样理解那就错了，孔子也就太"势利"了，我们的祖先又何以称之为"圣人"呢？

根据南老的解释，我们得以窥见孔子的真意，每个人都有自己的长处和短处，所以要学会敬重他人。如此说来，我们看到的就是一个连贯的意思，做人既要尊重自己也要尊重他人。不要总是认为自己有多么了不起，其实轻视他人的人同样也会被他人轻视。人与人之间的一切交往都是互相印照的，你敬我一分，我还你三分。希望得到别人的尊重，那么最好的方式便是尊重你身边的每一个人。

东汉末年名将关羽，过五关，斩六将，温酒斩华雄，匹马斩颜良，偏师擒于禁，擂鼓三通斩蔡阳。"百万军中取上将之首，如探囊取物耳"。然而，这位叱咤风云、威震三军的一世之雄，下场却很悲惨，居然被吕蒙一个奇袭，兵败地失，被人割了脑袋。

关羽兵败被斩的最根本原因是蜀吴联盟破裂，吴主兴兵奇袭荆州。吴蜀联盟的破裂，原因很复杂，但与关羽的骄傲、不懂得尊重他人有着密切的关系。

诸葛亮离开荆州之前，曾反复叮嘱关羽，要东联孙吴，北拒曹操。但关羽对这一战略方针的重要性认识不足，他瞧不起东吴，也瞧不起孙权，致使蜀吴关系紧张起来。关羽驻守荆州期间，孙权派诸葛瑾到他那里，替孙权的儿子向关羽的女儿求婚，"求结两家之好"，"并力破曹"。这本来是件好事，以婚姻关系维系补充政治联盟，历史上多有先例。关羽如果放下高傲的架子，认真考虑一番，利用这一良机，进一步巩固蜀吴的联盟，将是很有益处的。但是，关羽竟然狂傲地说："吾虎女安肯嫁犬子乎？"

不嫁就不嫁，又何如此出口伤人？试想这话传到孙权那里，孙权的面子如何挂得住？又怎能不使双方关系破裂？

关羽的骄傲，使自己吃了一个大大的苦果，被自己的盟友结束了生命。

俗话说：蚊虫遭扇打，只为嘴伤人。以尖酸刻薄之言讽刺别人，只图自己嘴巴一时痛快，殊不知会引来意想不到的灾祸。人与人之间原本没有那么多的矛盾纠葛，只是因为有人逞一时之快，说话不加考虑，只言片语伤害了别人的自尊，让人下不来台，别人心中怎能不燃起一股怒火？有了机会，反咬一口，也是情理之中的事。

孔子的大弟子子贡曾形容他的老师"温、良、恭、俭、让"，这五字真经值得我们用一生去修行。其中的"恭"就是恭敬，如果你对任何人都怀有恭敬之心，别人自然也就对你敬让，更少有被人记恨在心的事情发生。这个"慈"就是对别人慈悲为怀，有一股悲天悯人的情怀。生性宽厚的人很少口出狂言对他人不尊重，这种敬人的修为是敬己的最好方式。

真心蒙尘，最难认清的就是自己

真正的佛法就是要求人能把握自己的心，别让自己的心那么散乱，人心一旦散乱了，活着就会觉得辛苦。

人们想要净心的时候，往往习惯于用理性去控制，但这样做的结果可能适得其反。告诉自己："不能动心，不能动心。"这个时候心已经在动了。提示自己："心不能随境转。"这个时候心已经转了。真正的净心不是特意去控制它，也不是刻意去把握它。什么时候都知道自己的心，心自然而然就不动了。心不动了，人就不会为外界的诱惑所动，从而净化自身。

关于心动，世人大多知道六祖慧能的"风动、幡动、心动"的故事，这里有一则两个禅师之间的新鲜小故事：

仰山禅师有一次请示洪恩禅师道："为什么吾人不能很快地认识自己？"

洪恩禅师回答道："我给你说个譬喻，如一室有六窗，室内有一猕猴，蹦跳不停，另有五只猕猴从东西南北窗边追逐猩猩。猩猩回应，如是六窗，俱唤俱应。六只猕猴，六只猩猩，实在很不容易很快认出哪一个是自己。"

仰山禅师听后，知道洪恩禅师是说吾人内在的六识（眼、耳、鼻、舌、身、意）和追逐外境的六尘（色、声、香、味、触、法），鼓噪繁动，彼此纠缠不息，如空中金星蜉蝣不停，如此怎能很快认识哪一个是真的自己？因此便起而礼谢道："适蒙和尚以譬喻开示，无不了知，但如果内在的猕猴睡觉，外境的猩猩欲与它相见，且又如何？"

洪恩禅师便下绳床，拉着仰山禅师，手舞足蹈似的说道："好比在田地里，防止鸟雀偷吃禾苗的果实，竖一个稻草假人，所谓'犹如木人看花鸟，何妨万物假围绕'？"

仰山终于言下契入。

"走自己的路，让别人说去吧！"自己的路自己走，与人何干？谁能代替你走路吗？谁能代替你做决定吗？答案当然是否定的。自己的人生要自己做主，自己的命运需要自己主宰。人，要依据自己的心，作出自己的判断，不能总被外界的境遇所左右。生活中，有很多人的心情都容易受到外界的影响，更有甚者，将对自己的认识和评价建立在他人的态度之上，更是本末倒置。

阿瑟刚当上军官时，心里很高兴。每当行军时，阿瑟总是喜欢走在队伍的后面。

一次在行军过程中，他的敌人取笑他说："你们看，阿瑟哪儿像一个军官，倒像一个放牧的。"

阿瑟听后，便走在了队伍的中间，他的敌人又讥讽说："你们看，阿瑟哪儿像个军官，简直是一个十足的胆小鬼，躲到队伍中间去了。"

阿瑟听后，又走到了队伍的最前面，他的敌人又说："你们瞧，阿瑟带兵打仗还没打过一个胜仗，他就高傲地走在队伍的最前边，真不害臊！"

阿瑟听后，心想：如果什么事都得听别人的话，自己连走路都不会了。从那以后，他想怎么走就怎么走了。

为什么人最难认清自己？主要是因为真心蒙尘。就像一面镜子，被灰尘遮盖，就不能清晰地映照出物体的形貌。真心不显，妄心就会成为人的主人，时时刻刻攀缘外境，心猿意马，不肯休息。人体如一村庄，此村庄中主人已被幽囚，为另外六个强盗土匪（六识）占有，他们常在此兴风作浪，追逐六尘，让人不得安宁。

心不动才能真正认清自己，遇到顺境不动，遇到逆境也不动，不受任何外在的影响。现代人的状况大多相反，遇到顺境的时候高兴得不得了，遇到逆境的时候痛苦得不得了，这就带来许多痛苦。

其实，我们遇到的任何外境都一样，如果我们能够了解这一点，就不会被六尘所诱惑，亦不会被六识所蒙蔽。

珍惜你的自性

每个人都有自己的自性，也就是自己的本心。南怀瑾先生说，真正的这个自性是不生不灭的，这个自性是空性，空性必须要无我才能达到。当你修证到一个无我的境界，就得到一个智慧，就是唯识中所讲的平等性智。无我就无人，无人就无他，无众生相，无烦恼，无一切，等等。一切皆空，即无众生之相。

有一次，石屋禅师和一个偶遇的青年男子结伴同行，天黑了，那个男子邀请禅师去他家过夜，对禅师说道："天色已晚，不如在我家过夜，明日一早再行赶路？"禅师向他道谢，与他一同来到了他家。半夜的时候，禅师听见有人蹑手蹑脚地来到了他的屋子里，禅师大喝一声："谁？"那人被吓得跪在地上，禅师揭去他脸上蒙着的黑布一看，原来是白天和他同行的青年男子。

"怎么是你？哦，我知道了，原来你留我过夜是为了钱财！我一个和尚能有多少钱！你要干就去干大买卖！"那男子说道："原来是同道中人！你能教我怎么干大买卖吗？"他的态度是那么恳切、那么虔诚。禅师看他这样，慢腾腾地说道："可惜呀！你放着终生享用不尽的东西不去学，却来做这样的小买卖。这种终生享用不尽的东西，你想要吗？""这种终生享用不尽的东西在哪里？"禅师突然紧紧抓住男子的衣襟，厉声喝道："它就在你的怀里，你却不知道，身怀宝藏却自甘堕落，枉费了父母给你的身子！"真是一语惊醒梦中人啊！那个男子从此改邪归正，拜石屋禅师为师，后来成为一名著名的禅僧。

每个人在他的生命之中，总会失去一些东西，但是那个始终伴随你的，就是你的自性。而现实中，我们大多数人却常常终日忙碌地追寻那些原本不属于我们并且也终将会离开我们的东西，却忘了最宝贵的东西其实就在我们的怀里——它就是自性。

所以，生活中的我们不应该忘记自性的存在，而应该好好保存自己的自性，充分发挥自性的作用，这样才能拥有一个完美的人生。

对外圆融以安身，对内秉持而立命

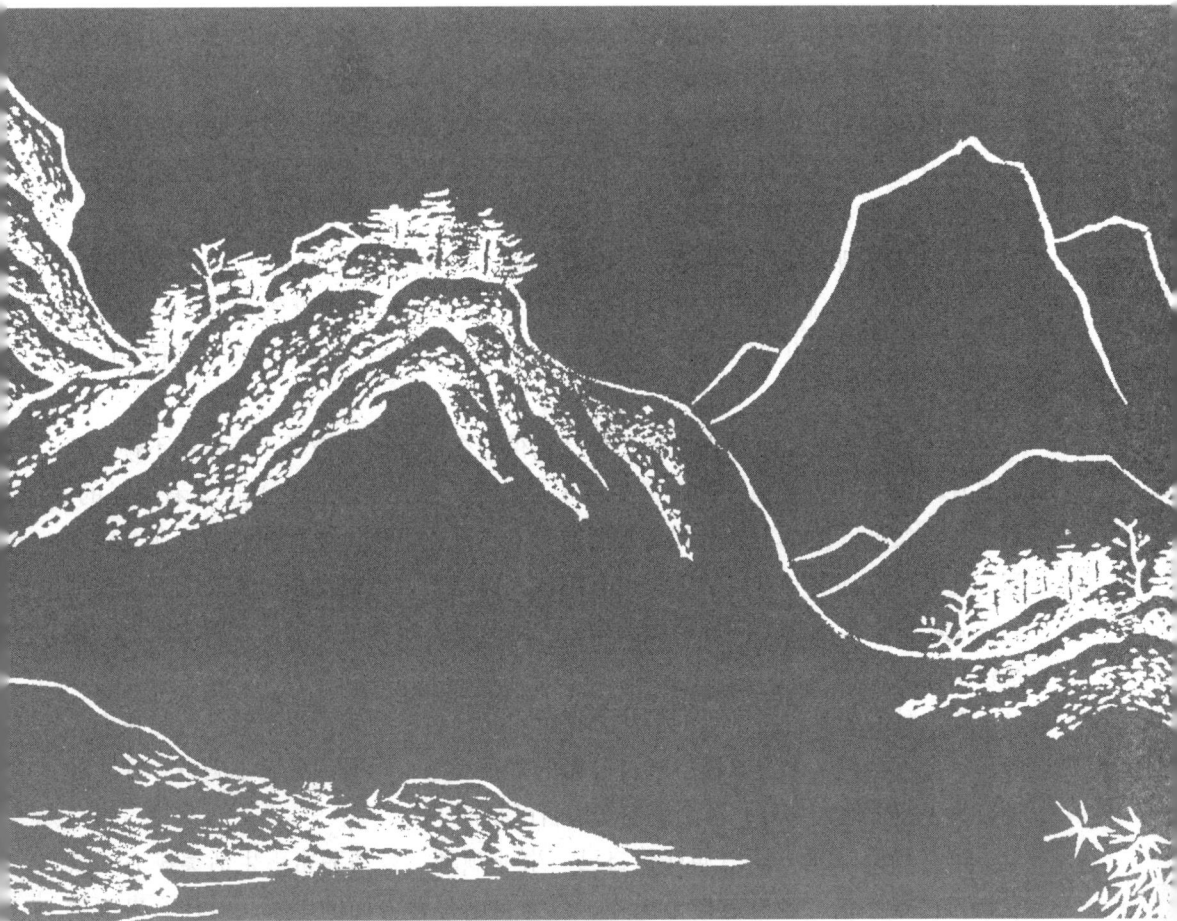

得意失意都不忘本相

佛祖真是太有自知之明了，大家都说他在做一项超度众生的伟大工作，而且卓有成效，他却一再强调：没有谁被我超度，所有获得解脱的众生都是靠自度；其他想获得解脱的众生还是只能靠自度。不要指望我，我什么忙也帮不了。

按照佛法的精义，非法非非法，连佛法是不是存在也不一定，当然没有人为佛祖所度了。

所以，下面不谈如何向佛祖学成佛，不妨谈谈如何向佛祖学做人。南大师曾说："学佛要先学做人。"其实，学不学佛尚在其次，做人是必须要学的。做人乃是基本功。基本功都没有练好，再高一点的如何能学好呢？

就做人而言，搞清自己是谁，是最要紧的。在希腊帕尔纳索斯山的神殿门上，写着五个大字：认识你自己。它被认为是太阳神阿波罗的神谕。古希腊哲学家苏格拉底在讲学时引用最多的也是这五个字。

自己天天跟自己在一起，长相怎么样，照照镜子就知道了；想些什么问题，心里清楚得很，认识自己有什么难呢？这样看，似乎真的不难，但是许许多多人，终其一生也未能认清"我是谁"。这是为什么呢？主要是受了五种心障的蒙蔽。

第一种心障是：跟别人比较。自己长得怎么样？照照镜子，好像还不赖，但要是往明星这些人跟前一站，马上成了丑八怪。自己的长处，自己是看得见的，可是这点长处，根本不要拿到高人面前献丑，好比下棋，业余初段与专业九段之间，连可比性都没有。自己手里也有俩钱，可是千万别提比尔·盖茨的名，提他的名就心痛。自己想的问题、做的事，大部分是不足为外人道的，跟人家比，更是没法比。

第二种心障是：按别人的看法来评价自己。自己照镜子很不赖，可是在别人眼里，会不会是一个丑八怪？对自己做的事很满意，可是领导满不满意？凡此种种，为了迎合他人喜好，渐渐就不知道自己是谁了。

第三种心障是：按境遇评价自己。事业顺利、爱情甜蜜、生活美满时，就觉得自己很不错，越看越像个天才，以为自己是各方面的专家，对什么事都敢发表见解；若是境遇不顺，心态就全变了，越看自己越像个蠢材，做什么事都信心不足。

第四种心障是：按幻想来评价自己。心里幻想成就伟大事业、获得伟大爱情时，就觉得自己很伟大、很完美；心里幻想生活中的种种不幸时，又觉得自己很不幸、饱受欺凌。

第五种心障是：按过去的经历评价自己。过去是太子，现在落难了，还觉得自己天生就是太子，理所当然要获得世人的尊敬；过去是奴隶，现在虽说解放了，还是放不下奴隶的卑微心态。

如何消除这五种心障呢？心灵的问题通常要用心灵的方式来解决，这只能靠自我调节。当然，首先要正视这些心灵问题，深入理解也是必要的。

人与人相处，不跟人比较是不可能的。但是，也要清楚自己的真实状况，并且正视它。自傲的人不知道自己跟人差得太远，自卑的人不知道自己跟人相差不远，这都是不清楚自己的真实状况造成的。此外，与人比较，方式不同，带来的结果是不一样的。《围炉夜话》说："常思某人境界不及我，某人命运不及我，则可以自足矣；常思某人德业胜于我，某人学问胜于我，则可以自惭矣。"所以，与人比较，最好从自身需要出发，需要自惭就跟高人比；需要自足就跟武大郎比。如《菜根谭》云："事稍拂逆，便思不如我的人，则怨尤自清；心稍怠荒，便思胜似我的人，则精神自奋。"

人与人相处，只顾走自己的路，对别人说什么概不理会也是不行的。我们经常需要倾听别人的意见。比如老板的意见不听就不行，否则饭碗就有可能搞丢了。在倾听别人的意见时，我们有必要弄清两个问题：第一，他说得对不对？第二，他是善意还是恶意？善意的意见，错了也该感激；恶意的意见，错了就不必理会。

当然，还有一种情况要注意：情绪化的意见。这种意见谈不上善意还是恶意，而且可能与事实相距甚远。有一位画家把自己的一幅佳作送到画廊里展出，他别出心裁地放了一支笔，并附言："观赏者如果认为这幅画有欠佳之处，请在画上作上记号。"结果画面上标满了记号，几乎没有一处不被指责。过了几日，这位画家又画了一张同样的画拿去展出，不过这次附言与上次不同，他请每位观赏者将他们最为欣赏的妙笔都标上记号。当他再次取回画时，看到画面又被涂满了记号，原先被指责的地方，却都换上了赞美的标记。这就是情绪化。我们真正应该用智慧来分辨的，正是这种情绪化意见。

人在社会上行走，情绪不受个人境遇的影响是不可能的。但我们应该想到，我们目前的处境只是人生的一个驿站，梦想才是我们未来的人生之路。无论现状多么糟糕，那都不是我们长久停留的地方。要相信梦想，满怀信心地向未来进发。当然，境况顺利时，同样只是一个驿站，迟早会离开的。你可以享受这个驿站的舒适，得意却大可不必。

人是有七情六欲的动物，不幻想是不可能的。但是，把幻想当作一个梦就行了，不要将它跟真实的生活搅在一起。

人的经历延续的，不是一个断层。完全跟过去划清界限是不可能的。过去的记忆也不会很快消失。但我们始终要以现状为依据生活。现在比较穷，生活当然要过得拮据点；现在地位比较低，做人当然要低调点。清朝的八旗子弟，家道破落了，架子还是放不下来，生活水准也降不下来。最后弄得穷极无聊，只好去当叫花子。当了叫花子，生活水准不得不降下来，但架子还要勉强端起来，动不动就说俺爷如何如何，这不是很可笑么？同样的道理，现在有出息了，也不要因为过去的阴影心态失衡，拼命炫耀自己如何有出息。这同样是很可笑的。

总之，将以上五个心障破了，我们就真正认清了自己是谁。这样，我们就能以平常心对待生活中的一切境遇，得意失意都不会迷失本相。

留一双"法眼"给自己

世事很复杂，世人也很复杂，如何判断真伪？常让人感到困惑，种种烦恼与痛苦也因此而生。无论信错一个人，还是做错一件事，往往会让自己蒙受物质与精神的双重损失。

如何修炼一双洞察真伪的慧眼呢？佛家有修炼佛法的四个原则，如果得其精神，能大大提升我们的眼力。

第一个原则是：依法不依人。南怀瑾大师解释这一原则说："依佛的正法，不因为某一位老师、法师、上师或善知识，我特别喜欢他，或者他对我特别钟爱，而只相信他说的佛法，其他人所说的，我一概不理，不以为然，这不是一个佛弟子所该有的行为。学佛人只问对方所说的是不是正法，而不被个人的喜好爱恶所迷惑困宥。"

这一原则也可以用到日常生活中。比如，别人说的话，出的主意，我们不要因为对方是亲近的人，就觉得他说得对，就听从；也不要因为不喜欢对方，就对他说的话、出的主意无动于衷。首先要考虑：他的话合法吗？他的话合理吗？不合法不合理的话，谁说的都不听。

如果有些话合法又合理，却不知道对不对，该如何辨识呢？这就要从结果来推断。打个比方，父母出于对儿女生活的关心，总劝他们安心于目前的工作，不要跳槽，不要做没有把握的事。这时候该不该听父母的，就需要想一想：如果安心于目前的工作，最好的结果是什么？我对最好的结果满意吗？跳槽或做其他有一定风险的事，最坏的结果是什么？我对最坏的结果敢于承受吗？如果对最好的结果不满意，又敢于承受最坏的结果，就按自己的意思去做，没必要完全听从父母的。

第二个原则是：依经不依论。南怀瑾大师解释这一原则说："一切菩萨的论述以及后世的注解固然高明，但是，真正的佛弟子究竟应该以佛经作依据，不应以论藏作依据。所以，我常劝学佛的同学们，不要陷于这一百年来的佛学著作及注解中，晕头转向，应该直接研究佛经。至于名词不懂，则可查佛学辞典，乃至于我所写的及我所说的，只是帮助诸位了解研究佛经而已，不要以我的话为标准，要直接以佛经为依据。"

读古人书，看后人的注解越多，可能越糊涂，离真义越远。反不如读原著。金庸在《侠客行》的小说里描写了这种现象：在一个名叫侠客岛的孤岛上，有一首前人抄写的诗，那是李白的《侠客行》，据说其中隐藏着至高的武功秘诀。这首诗还有不少注解，据说能帮助人们理解武功秘诀。结果，天下无数英雄花了数十年工夫，穷研这些注解，各有所得，但最后，破解秘诀的却是一个不识字、外号叫"狗杂子"的年轻人。原来奥秘在诗里，不在注解里。

作者为什么要设计让一个不识字的人破解秘诀呢？这是大有深意的。任何学问，无非是揭示生活的本质。一个人不识字，只要他懂生活，他也能抓住本质。一旦识了字，如果他不重视实践，以夸示学问为能，就往虚的路子上走了，离事物的本质也就越来越远了。

我们在生活中，要判断人与言的真伪，就应该透过现象看本质。打个比方，那个人自称高干子弟，如果我对他的身份很重视，就要去搞清他到底是哪位高干的子弟，那位高干是否有这样一个子弟。有人给我出了一个主意，我就要进一步请教他的依据是什么，然后检测依据是否成立。想当然的主意是没有用的。如果我们在生活中能保持这样的理智，就不会感到迷惑了。

第三个原则是：依了义不依不了义。南怀瑾大师解释这一原则说："佛经有些是了义经，有些是不了义经。了义是彻头彻尾的通达圆满，譬如'楞严经'、'圆觉经'、'华严经'、'法华经'，这些是了义经。有些是不了义，乃是佛因人因事因时因地对宇宙生命问题的方便说法，虽未直截点出佛法的究竟，但若能将这些道理参照对比、融会贯通，还是有个趋向了义理趣的脉络可寻。"

这一原则如何用到我们的生活中呢？比方说，别人的话要不要听，我们首先要判断他的话对我们有何影响，有些话对我们人生的长远发展有利，要优先听取；有些话能解决眼前问题，听不听就要具体分析。比方说，你跟同事吵嘴了，心里很生气。一个人劝你："跟同事最好和睦相处，不记小怨，你应该主动沟通，达成和解。"一个人劝你："再也别理他了。以后他敢招你，对他别客气。"前面的话是正道，是"了义"；后面的话是手段，是"不了义"，当然要听前者而不听后者。

交朋结友也是这样，哪个朋友对我们的人生长远发展有利，就优先结交，至于那些吃喝玩乐的狐朋狗友，只能带来短暂的快乐，还是少交为妙。

第四个原则是：依智不依识。南怀瑾大师解释这一原则说："佛法是智慧之学，不是盲目的迷信，也不是呆板的功夫，真正智慧不是根据我们的意识妄想去推测。"

这个原则怎么用到生活中呢？其要点是：不要按猜测做决定。比方说，看见恋人跟异性有说有笑，心里就升起一堆疑问：她是不是移情别恋了？她是不是不爱我了？她是不是一直在骗我？她以前跟我说的话都是假的？这样猜来猜去，越猜越疑神疑鬼，然后不知不觉做出很多愚蠢的事来。

按猜测作决定，往往会把好事变成坏事。这是中国人的一个老毛病，无论做人做事做学问，都喜欢猜测，而不重视实证。相反，西方人就比较务实，有了某个想法，就去踏踏实实求证。比如麦当劳公司在决定进军中国之前，先花了三年时间调查中国的市场情况：消费能力如何？消费习惯如何？等等，据此进行市场定位、价格定位和服务定位，一上来就成功了。

另外，中国人还有一个毛病：依识不依智。比方说，同样一句话，如果是领导说的、名人说的，就觉得有道理；如果是普通人说的，就觉得没道理。这就近乎迷信了。只有保持自己的冷静判断，透过表面探究其实，才能得其真义。

做自己精神的主宰

庄子的道学，据说传承于老子。他们都认为道无声无形，存在于万事万物之中，不知不觉地对万物的生死荣枯变化发挥作用。但庄子讲的道，跟老子似有不同。老子讲的道，类于现在所讲的自然规律，基本上是属于唯物主义的。庄子所讲的道，就多了一点神秘色彩，基本上是属于唯心主义的。后世的道家以老子为宗，却走上了唯心的道路，事实上，他们如果把庄子奉为鼻祖，似乎更合适一些。

当然，我们似无必要议论庄子是唯物还是唯心，他"独与天地精神往来"的境界却值得我们欣赏。这句话的意思，不是说要做一个伟岸不群的世外高人，而是保持精神独立，顺应天地之道，在有为无为之间，顺其自然，平和地看待万事万物，清不喜、浊不嫌，不去责备世间的是是非非，不怨天、不尤人，宠辱不惊，不受世俗左右，也不排斥世俗，以便能与大众融洽地相处，身在红尘之中，心游天地之外。一个人达到了这种境界，他的心灵就获得了大自由、大自在。

如何达到这种境界呢？其要点有四：

第一，以平等心态看待每一个人。中国有过数千年专制统治，人们习惯于用高低贵贱来看待人，都想做人上人，这就难免经常心态失衡。所以，教育家陶行知先生说："不要做人上人，不要做人下人，不要做人外人，要做人中人。"只有把自己放在与众人平等的地位，才可能保持平和的心态。

但是，人处在社会上，财富地位不均衡，是客观存在的事实，如何能获得平等的心态呢？

有人曾用农民洗红薯来比喻人生际遇，在南方农村生活过的朋友大都见过洗红薯的情景：将新挖的红薯放在竹箩中，浸到水里，左右摇晃，红薯便不停地浮上来，又沉下去。

人生也是这样啊！有时候，这拨人浮上来，那拨人沉下去；有时候，那拨人浮上来，这拨人又沉下去。社会是动态的，人生是动态的，其实，无论这只红薯浮上来，还是沉下去，都是一只红薯，大同小异；无论这个人地位高低，都是人中人，人格平等。想通了这个问题，你就会真正获得平等的心态。

第二，宠辱不惊，淡然处之。每个人的修养不同，有的人修养好，那是他的福分；有的人修养不好，那是他的不幸。在修养好的人面前，你可能得到友善对待；在修养不好的人面前，你可能得到粗暴对待。为此沾沾自喜或愤愤不平，毫无必要。一个人只要确定自己所言所行没有过错，不论别人的态度如何，都不妨淡然处之。

一位修女要为孤儿院募款，特意去拜访一位吝啬的富翁。当天富翁因为股票跌停，心情不佳，又认为修女来得不是时候，大为光火，就吐了修女一口唾沫。修女不动声色，微笑着站着不动。

富翁更恼火，骂道："怎么还不滚？"

修女说："我来这里的目的是为孤儿募款，我已收到您给我的礼物，但是他们还没有收到礼物。"

富翁因修女的态度大受感动，以后每个月自动送钱到孤儿院去。

对他人的态度淡然处之，显示了自己人格的力量，有时候，这种力量足以使一个最粗暴的人变得彬彬有礼。你也因此为这个世界做出了一个了不起的贡献。

第三，不执着于对和错。一件不好的事情发生后，人们习惯于争论谁对谁错。有时候，这种争论只会错上加错。所以，与其执着于对错，不如考虑如何改正错误。只要能使事情好转，即使一言不发又有何妨？

隋朝大臣牛弘，宽宏大度。有一次，他的弟弟喝多了酒，将他驾车的牛用箭射死了。弟弟害怕受到责罚，吓得躲起来。牛弘退朝回家后，妻子忙迎上去，将弟弟杀牛的事告诉他。牛弘若无其事地说："那就把牛肉做成肉脯吧！"

妻子做完肉脯，又来发牢骚："牛肉这么多，剩下的怎么办？"

牛弘淡淡地说："剩下的做汤。"

过了一会儿，妻子又过来唠叨。牛弘正在看书，连头也不抬，温和地说："我知道了！"

妻子见丈夫如此大度，自觉惭愧，再也不提杀牛的事了。他弟弟从此也收敛多了。

牛弘的弟弟自知有错，吓得躲起来了，这时再责备他错了，非常多余，可能还会因责罚不当引起他的逆反心理。牛弘以不责为责，反而让弟弟知错就改，结果不是更好吗？

第四，保持内心的平静快乐，不受外界境遇所左右。人生有顺有逆，把它们看成自然之事就可以了，用不着顺境时得意扬扬，逆境时垂头丧气。

宋神宗熙宁七年秋天，苏东坡调任密州知州。当时密州因连年收成不好，到处都是盗贼，吃的东西十分缺乏，苏东坡身为知州，还时常挖野菜作口粮。人们都认为东坡先生过得肯定很苦，不快乐。

谁知苏东坡在这里过了一年后，不但长胖了，已有的白头发有的也变黑了。这是为什么呢？苏东坡说，我很喜欢这里淳厚的风俗，而这里的官员和百姓也都乐于接受我的管理。于是我有闲自己整理花园，清扫庭院，修整破漏的房屋。在我家园子的北面，有一个旧亭台，稍加修补后，我时常登高望远，放任自己的思绪，作无穷遐想。我还可以自己摘园子里的蔬菜瓜果，捕池塘里的鱼儿，酿高粱酒，煮糙米饭吃，真是乐在其中。我之所以能每时每刻都很快乐，关键在于不受物欲的主宰，而能游于物外。过着老子所说的"甘其食，美其服，安其居，乐其俗"的生活。

人，一旦像苏东坡说的"游于物外"，官大官小不系于心，钱多钱少毫不在意，有名无名也不在乎，贫富得失淡然处之，怎么会不快乐呢？

找回遗忘的灵性

雪窦禅师曾写过这样一首诗："一兔横身当古路，苍鹰一见便生擒，可怜猎犬无灵性，只向枯桩境里寻。"意思是说一只兔子横躺在一条路上，老鹰在空中看到了，便冲下来把兔子叼走了。可怜的猎犬无灵性，跑过来闻了半天，只好向枯树根的空洞里拼命找。

南怀瑾先生说，雪窦禅师是禅宗的大师，骂世上这一班学禅宗的人，参公案啊，参话头啊，都像这个猎犬一样，只向枯桩境里寻。如果是有大智慧的人，则会像那个老鹰一样，空中一亮，就把兔子叼上去了，这个境界就空了。后面的猎狗勤快得拼命跑，转啊转啊，跑啊跑啊，就在那里找这个境界，找一个空！

因此，一个学禅的人，一定不要误入歧途，钻故纸堆，而应该充分调动自己的灵性，让自己的生命在当下的生活中鲜活起来。通过改正错误、不掺杂念地行善积德、修身养性。

一个遗失了生命的灵性的人，是无药可救的人，因此，修禅从某种意义上说就是要找一个人作为人时所需要的灵性。

朱慈目居士对佛光禅师说："禅师！我念佛拜佛已经二十多年了，最近在持佛号时，好像不太一样。"

佛光禅师问："有什么不一样呢？"朱慈目说："我过去在持佛号时，心中一直有佛性，就算口中不念，而心中仍然觉得佛声绵绵不绝，就是不想持，但那声音仍像泉源会自动流露出来。"

佛光禅师说："这其实很好啊，表示你学禅已经到了找到自我真心的境界了啊。"

朱慈目说："谢谢禅师的赞叹，但我现在不行了，我现在很苦恼，因为我的真心不见了。"

佛光禅师疑惑地问："真心怎么会不见呢？"

朱慈目说："因为我与佛相应的心没有了，心中佛声绵绵不断的静念没有了，再也找不回来了。禅师，我为此很苦恼，请您告诉我，我到哪里去找我的真心呢？"

佛光禅师说："寻找你的真心，你应该知道，真心并不在任何地方，你的真心就在你自己的身中。"

朱慈目说："我为什么不知道呢？"佛光禅师说："因为你一念不觉和妄心打交道，真心就离你而去了。"

朱慈目听后，豁然开朗。

真心没有了，这就好像失落了自己，找不到自家的家门。人为什么会有各种各样的迷惑呢？原因就在于虚妄遮蔽了真心。

南怀瑾先生说，每一位佛都在放光，何以众生看不见呢？因为被自己的业力盖住了，所以看不见佛光。等你定慧到了，只要一定，自身光明随时都可以跟佛的光明相接。你们打起坐来，不管开眼也好，闭眼也好，黑漆一团，对不对？一团乌烟瘴气，这就证明地狱在你面前。因为你内心污染得厉害，自己的光明被遮盖住了，佛光想灌都灌不进来。念佛念了半天，没有愿力，只有一肚子的怨，怎么能见到光明呢？因此，一个人一定不要被社会污染得太严重，保持内心的纯洁，保持自我的灵性，才能获得一个幸福的人生。

个性天然自能悟道

在世人的眼中，禅的境界是很高的境界，可望而不可即，很玄妙。其实，古往今来的禅师反复强调，禅的境界就在人间，在每个人的身上。一个人，只要能够保持自己的本色，发挥自己的天然个性，就是禅的境界。

南怀瑾先生说，作诗、弄文，固然无关禅道，但如果从天性上自然流露，也正与弹指之事相同，何妨起用。能文的便文，能武的便武，各守本分也。

唐代时，有参学禅法的僧人不远千里，来到河北赵州观音院（今柏林禅寺）。早饭后，他来到赵州禅师身前，向他请教："禅师，我刚刚开始寺院生活，请您指导我什么是禅？"赵州问："你吃粥了吗？"

僧人答："吃粥了。"

赵州说："那就洗钵去吧！"

在赵州禅师的话语之中，这位僧人有所省悟。赵州的"洗钵去"，指示参禅者要用心体会禅法的奥妙之处，必须不离日常生活。这些日常的喝茶吃饭，与禅宗的精神没有丝毫的背离。法眼文益禅师上堂说法，给大家讲了一个故事：

从前有一个老头和一个小孩生活在一起，奇怪的是，这个老头从来不教孩子各种礼仪和做人的道理，只是让他自然而然健康地成长。

有一天，一个云游四方的僧人在老头的家中借宿，见孩子什么也不懂，于是教了他很多礼仪。

孩子很聪明，一学就会了。晚上，孩子见老者从外面回来，于是恭敬地走上前去问安。老者十分惊讶，就问孩子："是谁教给你这些东西？"

孩子如实回答："是今天来的那个和尚教我的。"

老者马上找到和尚，责备地说："和尚你四处云游，修的是什么心性啊？这孩子被我捡来养了两三年，幸好保持了他一片天然可爱的本心，谁知道一下子就被你破坏了！拿起你的行李快出去吧，我家不欢迎你！"

当时已经是傍晚了，还下着淅沥的小雨，但是生气的老者还是将和尚赶走了。

是啊，小孩秉持天然个性成长，和尚却用俗礼污染，和尚不冤。有人请教大龙禅师："有形的东西一定会消失，世上有永恒不变的真理吗？"大龙禅师回答："山花开似锦，涧水湛如蓝。"多么美妙的一幅山水画啊！"山花开似锦"指山上开的花呀，美得像锦缎似的，转眼即会凋谢，但仍不停地绽开。"涧水湛如蓝"指溪流深处的水呀，映衬着蓝天的景色，溪面却静止不变。

这一对句，隐喻着世界本身就是美的，稍不经意，就将流逝消失。生命的意义在于生的过程。在我们这个物质世界，有一个时间之箭，任何东西都受它的强烈影响。花开的本身，注定要凋落，山花却不因要凋谢，而不蓬勃开放；清清的涧水不因其流动，而不映衬蓝天。时间之箭是单向的，我们这些有生命之物，都要把握住现在、今朝。

守住自己的本来面目，让自己的个性在岁月中自然流露，无论为文、为诗、为画，都是一种天然情趣，都会有一种生命独特的美丽。

真正的圣人就是你自己

南怀瑾先生说，解脱是靠自己，不是靠他力。帮助了千千万万人，心中没有一念认为是自己的功劳。

生活中，很多人都对帮助自己的人，以及各种圣人、救世主感激涕零，但是他们可能很少想到要感激自己，这是尚未觉悟的表现。

"发现自己"这句话说得多么透彻，佛家讲的"学佛在自心"也是同样的意思，无论人处在什么样的境况下，凭借自己的力量取得成功，都是毋庸置疑的真理。下面的小故事也说明了这样的道理。

一天，一个农民的驴子掉进了枯井里。那可怜的驴子在井里凄惨地叫了好几个钟头，农民在井口急得团团转，就是没办法把它救出来。最后，他断然认定：驴子已经老了，这口枯井也该填起来了，不值得花太大的精力去救驴子。

农民把所有的邻居都请来帮忙填井。大家抓起铁锹，开始往井里填土。驴子很快就意识到发生了什么事，起初，它只是在井里恐慌地大声哀鸣。不一会儿，令大家不解的是，它居然安静了下来。几锹土过后，大家终于忍不住朝井下看，眼前的情景让他们惊呆了。每一铲砸到驴子背上的土，它都做了出人意料的处理：迅速地把土抖落下来，然后狠狠地用脚踩紧。就这样，没过多久，驴子竟把自己升到了井口。它纵身跳了上来，快步跑开了。在场的每个人都惊诧不已。

在现实世界，有很多人因为各种各样的原因，在一口注定要给他带来苦难的井里挣扎，最终被埋葬了，实际上，机会就像那一锹锹的土，有人就抓住了它，经过一番努力，求得了新生，而大多数人却在那里等待死亡。

生命的战场不是没有同盟，只是这些盟友只能做我们精神上的"啦啦队"，给你加油，让你自信，而一切赛程还要靠你自己的力量去完成，不能完全依赖别人。许多从艰苦的环境中奋斗出来的人，他们并不比我们拥有更多的天赋，而他们之所以能取得成功，完全是因为他们能够战胜自己、坚强独立。即使我们最终没能到达彼岸，但只要我们努力了，用自己的力量征服痛苦，渡过难关，也能体会到一种快乐。

想要身后留名，必须身前立德

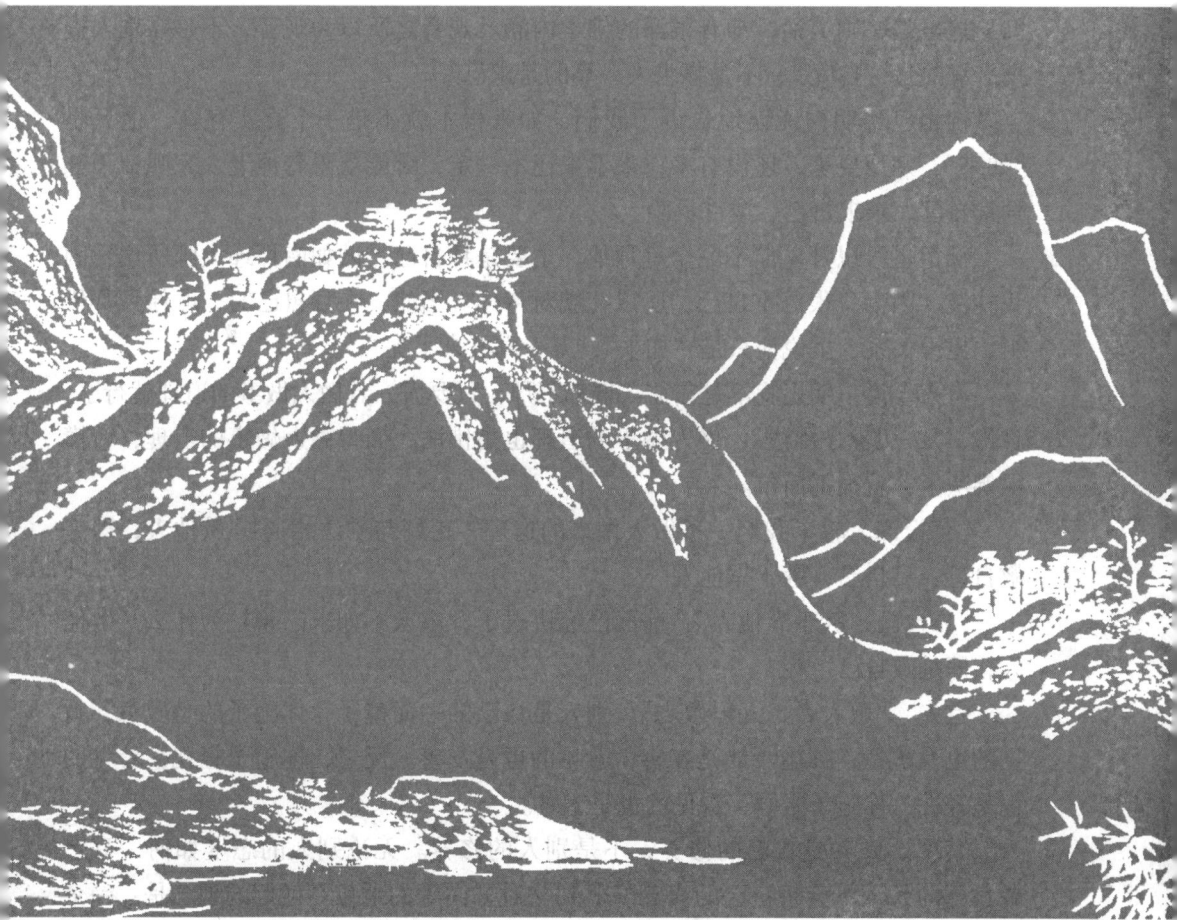

"敬他人，即是敬自己"

有一则笑话。

一小儿问师父："大家都拜观音，求无病无灾。观音又拜谁？"
师父说："也拜观音。"
"那是为什么？"
"求人不如求己。"

这虽是一则笑话，却有很深的佛学内涵。观音之所以为观音，不是靠别人提携，靠的是"自度"；不是靠求人，靠的是求己。

佛祖已经明白无误地告诉了我们，如来根本就不是一个真实存在，他只是"如来"，好像要来，还没有来，来不来还不一定，哪能求得着他老人家呢？不如拜拜自己、求求自己，或许灵验。

佛祖也可以拜。但不完全是拜他，主要是拜自己。诚如南怀瑾大师所说：因我礼汝。因为我很尊重自己，所以礼貌对待你。当然，在拜自己时，顺便拜拜佛祖，也没关系，虽说他只是"如来"，万一真的来了呢？

有人会说，反正我不是信徒，谁都不拜，只要懂一点做人做事的道理就行了。且慢，"一切皆是佛法"，做人做事的道理也是佛法，懂得做人做事的道理，就懂得佛法了，就很不简单。

《菜根谭》教了我们一条做人做事的道理，正好与佛法相通："敬他人，即是敬自己；靠自己，胜于靠他人。"

"靠自己，胜于靠他人"，前面已经讲过了，求人不如求己嘛！为什么"敬他人，即是敬自己"呢？

首先，"敬人者，人恒敬之"。别人是自己的一面镜子，你施予的是敬意，看见的也是敬意；你施予的是友善，看见的也是友善。反之，你施予轻视，看见的也是轻视；你施予羞辱，看见的也是羞辱。

其次，修养是自己的修养，不是别人的修养。无论别人的态度如何，一个敬自己的人，不会将自己的修养降低到与对方同等的地位。他们的理念是：一个人不应该因为一条小狗很不礼貌地汪汪叫了几声，就马上汪汪叫回去，这样太不尊重自己了。同样，当一个人对自己没礼貌时，也没有必要让自己的言行变得不礼貌。

对他人缺少敬意，正是某些人的一大毛病。这是缺乏自知之明造成的。他们把一个影子的长度当成了自己的真实高度，拿出去跟人家一比，就有充分的理由轻视任何人，其心态如同佛祖降生，一手指天，一手指地，大叫三声："天上地下，唯我独尊！"

他们轻视别人的理由看起来还很充分：不如自己的人，都是一群爬在地上的蚂蚁，理所当然应该受轻视；跟自己处于同一水平线的人，都是些庸俗浅陋不思进取的家伙，用不着放在心上；成就地位高于自己的人，那就更应该受轻视了——他们不吹牛拍马、阿谀逢迎，能当得了官吗？不偷税漏税、使巧弄诈，能发得了财吗？私底下这么一琢磨，触目所及的每一个人，形象都不足三寸高，轻视之心便油然而生。

其实呢，大家都在红尘中挣扎，都不容易，品格高低，都难免沾上一些灰；成就高低，那是各人的造化，得者得之不易，失者并未放弃努力，即使一个老叫花子，仍在和命运做最后抗争，何必对人起轻视之意呢？

"众生平等"，最轻贱的生命也值得尊重；"一切都是佛法"，最轻贱的工作也值得尊重。这也是敬自己呢！

勿以完人标准要求别人

儒家历来把品德修养作为进取手段，清华大学以"厚德载物，自强不息"为校训，秉承了儒家的进取之意。何谓"厚德载物"？有深厚的品德基础，才能承载远大的事业。什么是"德"呢？有人简单理解为做好人、做好事，虽未偏离主题，内容却显得太单薄，没有发掘出"德"字的全部内涵。

历代对"德"字的定义都不一样，儒家以"礼、义、仁、智、信"为五种基本品德。但这一定义过于简略，大而无当，不易操作。一个"仁"字，研究半辈子都难以领会。皋陶所讲的"九德"，简明易行，似乎更科学而合理。它们与儒家"五德"并无冲突，但操作性更强。

那么，需要多"厚"的德才能"载物"呢？这是不一定的，关键要看自己的人生目标有多高远。好比盖房子，两层的房子，一般需要能够承载五层重量的基础。如果要盖20层的房子，普通的基础就不行了，需用钢筋水泥进行深灌。如果只想搭一个小茅棚子，根本不用考虑基础问题。当然一般人都想成就一番事业，不会满足于一个小茅棚子，所以需要具备品德基础。按皋陶的说法，能具备三德，就可当"卿大夫"，即中下层领导。能具备六德，就能当"诸侯"，即高层领导。九德是天子之德，一般人就不用想了。

第一德是"宽而栗"，即宽厚而庄重。一般来说，宽厚的人比较随和，无可无不可，久之别人就会对他失去敬畏心。如果神态庄重，别人就不敢轻视。你只要观察现实生活中的优秀领导者，就能发现他们都具有宽厚而又庄重的特点，不怒而威，一看就像个大人物。只有宽厚没有庄重的管理者，下属也许会喜欢他，却不会敬重他。这样就不容易确立权威。我们通常认为宽厚是一种美德，实际上，宽厚只有跟庄重合起来才是一种美德。

第二德是"柔而立"，即温和而有主见。性情温和的人，能够耐心倾听别人的意见，但是意见听多了，就存在选择的困难，左思右想，这也不行，那也不好。所以温和的人如果没有主见，就会优柔寡断。兵法云："三军之灾，起于狐疑。"优柔寡断的人肯定不适于带兵打仗。同样也不适于担任其他行业的领导，否则会错失所有机会。所以性情温和本身并非美德，如果加上有主见，就变成一种美德了。

第三德是"愿而恭"，即讲原则而谦逊有礼。讲原则的人，严格按制度办事，不徇私情；严格遵循做人原则，不随波逐流。这种人令人敬畏，但不一定招人喜欢。震慑力强而亲和力不强，威力大而威信不高。人们"敬鬼神而远之"，于是难以聚众。如果加上谦逊有礼，让自己变得圆润些，使别人真切感受到自己的讲原则是为了大家的共同利益着想，而不是为了伤害别人，别人的敬畏就变成敬爱了。

第四德是"乱而敬"，即聪明能干而敬业。聪明能干的人，接受新事物强，学习知识、技能时，往往一看就懂、一学就会，但容易流于表面，舍不得下苦工夫钻研。而且好高骛远，总想干大事，不愿干小事。如果加上敬业精神，对任何事都认真对待，精益求精，这样的人才真正能干成大事。

第五德是"扰而毅"，即头脑灵活而有毅力。头脑灵活的人，善于变通，不钻牛角尖。但太灵活了，可能活得站不住脚。稍遇挫折，就想改弦易辙；稍感困难，就想打退堂鼓。因为他总是在变化中，变来变去，还是庸人一个。如果加上持之以恒的毅力，改变行进方式而不是改变目标，改变处理办法而不是放弃问题，那么无事不可成就。

第六德是"直而温"，即正直而又友善。正直的人，是非观念强，疾恶如仇，看见不合理的事就想干预。这样很容易伤害别人。如果加上友善的态度，在论辩是非、区分曲直时注意方式方法，小心呵护对方的自尊心，就能让别人口服心服。

第七德是"简而廉"，即坦率而又有节制。坦率的人，事无不可对人言，把问题摆到桌面上谈。如果没有节制，把隐私、秘密都抖搂出来，或者随意说伤害别人的话，后果会很严重。坦率加上节制，该谈的直言不讳，不该谈的一言不发，这是一种德行。至于什么该谈，什么不该谈，这是另一个问题，那不是三言两语能说得清的。

据有关人士调查，绝大多数商界顶尖人士都具备说话坦率、言无不义的特点。这就是所谓"简而廉"。如果信奉"逢人且说三分话，未可全抛一片心"之类的论调，说话吞吞吐吐，总想有所隐瞒，在毫无必要撒谎的事情上习惯性地撒谎，这种人通常只是小人物。

第八德是"刚而塞"，即刚强而务实。性格刚强的人，言必行，行必果，一旦作出决定，就坚决执行。但有时也可能为了面子，固执己见，明知说错了，也不肯认错，仍然争执不休；明知做错了，也不肯改变，一条道跑到黑。如果加上务实精神，只坚持对事情有好处的做法，只坚持于人于己有好处的观点，就是一种杰出的品格。

第九德是"强而义"，即勇敢而又符合道义。勇敢的人，无所畏惧，如果不论善恶，率性而为，只是一种恶习。如果凡事依循道义，就是一种美德。

以上九德，都是"阴阳合德"，都有两面性，离了哪面都不行。但是，一个人很难九德俱全。如果某些方面"阴阳"背离，还是有相对比较可取的一面，通常来说，宽厚不如庄重，温和不如有主见，讲原则不如谦逊有礼，聪明能干不如敬业，善于变通不如有毅力，正直不如友善，直率不如有节制，刚强不如务实，勇敢不如符合道义。

打个比方，在封建社会当官，有的人只有正直，直言进谏，皇帝一生气，把他的脑袋砍下来。有的人只有友善，知道怎样让皇上开心，结果受得重用。也许有人认为前者是君子而后者是小人，实际上两人是一样的，阴阳分离，都不具备这项美德。两者的行为都对社会、对他人有害无益，但对自己来说，结果却一好一坏。所以，当我们不能具备某项美德时，最好选择相对比较有利的一面。

中国人往往觉得当官的人品德不好，古代还有"一世为官，九世为牛"的说法，好像只要当官就等于犯罪似的，要遭报应。这在一定程度上反映了社会的腐败现象，但主要反映了一种用"完人"标准要求官员的心理。实际上，他才当那么大官，有那么厚的德就够了，否则肯定要垮台。如果干了一辈子都没有垮台，说明他的德行还不错。即使他的德行真的不够，也不见得比批评他的人差。有的人自己一德都没有，却嘲笑有那么两三德的人，不是一百步笑五十步吗？

对普通人，更不能用完人的标准来要求。他乐意做一个普通人，有那个程度就够了，怎么能强求呢？

做人是天下第一等学问

有的人毕业于名牌大学，不一定有学问；有的人从未进过学校的门，不一定没有学问。这并不是说读书没有用，而是说光读书还远远不够。因为很多做人的经验、办事的技巧不是课本上能够学到的。只会读书，仅获得了人生需要的30%左右的学问，而不读书的人，如果他在做人做事的过程中留心学习，也能学到人生需要的70%左右的学问。很多博士的成就不及一些读书不多的人，原因即在于此。

尤其是做人的学问，对许多只会读书的人来说非常欠缺。因为现在的教育体制主要是向学生传授知识和技能，在如何做人方面关注不够，即使毕业于名牌大学，将来走上社会，仍然会面临很大的问题。因为知识技能仅仅是应用工具，做人的学问却能告诉人们如何合理运用这些工具。好比一辆车，尽管它很豪华，很漂亮，如果开的人驾驶技术不好，或者不懂交通规则，难免不出车祸，那还不如骑一辆破自行车稳当呢！所以说，做人是天下第一等大学问。

如何做人呢？归纳曾子和子夏的意见，包括五个方面：敬重贤人、孝敬父母、忠于职守、诚信待人、勇于实践。

敬重贤人有什么好处呢？能够体现谦逊做人的风度和教养，能够赢得他人的尊敬。在生活中，很多人瞧不起那些才能高、品行好的人，这恰恰暴露了自己不辨贤愚、狂妄自大的毛病。懂得敬重贤人，至少能证明你心有天平，懂得好坏，这已经足够让人肃然起敬了。

春秋时，魏文侯乘车从贤士段干木居住的巷子前经过时，站起来，双手扶着车前的横木行礼。随从奇怪地问："您无缘无故行什么礼？"

魏文侯说："我是在向段干木致敬啊。我听说，段干木把操守看得比什么都重要，即使拿我的君位交换他的操守，他也绝不会同意，我又怎敢对他傲慢无礼呢？段干木在德行上显赫，我只是在地位上显赫；段干木在道义上富有，我只是在物质上富有啊！"

随从挺纳闷，你的态度再恭敬，人家也看不见啊！魏文侯说："他看不见没关系，我却不能不表达我的心意。"

魏文侯还经常赠送礼物给段干木，段干木不肯接受，他也不勉强，以示对段干木人格的尊重。魏国人听说魏文侯礼遇段干木，都十分高兴，还写诗颂扬这件事。

后来，秦王想出兵攻打魏国，司马唐劝谏道："段干木是有名的贤人，而魏文侯礼敬他，天下没有人不知道。我们攻打魏国，会遭到唾骂啊！"于是秦王就取消了进攻魏国的计划。

这就是尊重贤人的好处。你的行为不但让人欣赏，也能自然而然地让他人将你归入贤人之列。

孝敬父母有什么好处呢？父母是自己最大的恩人，不孝敬父母，岂不是忘恩负义吗？一个忘恩负义的人，怎么能得到他人的信任和帮助呢？而且，父母血脉相连，是最关心自己、疼爱自己的人，也值得自己全心关爱啊！

很多人开始忙于事业，忽略了父母亲情，等到父母不在了再来伤心痛悔，不是太迟了吗？

孔子曾遇到一个名叫丘吾子的高士，此人年少时遍览群书，周游天下，回来后，双亲已经亡故了。所以他痛悔地对孔子说：树欲静而风不止，子欲养而亲不待。他还说：走了就不再来的，是年龄；失去了就不能再见的，是双亲啊！孔子当即对弟子们说：你们记住，这足以作为教训！于是，弟子回去奉养父母的有十三人。

如何孝敬父母呢？子路的经验也许值得我们借鉴，他认为，孝敬应该及时，不要等候将来。他说：背着重东西走远路的人，想休息不挑选地方；家里贫穷、父母年老的人，找工作不挑选待遇。从前，我侍奉父亲时，自己吃粗粮野菜，却替父母到百里以外的地方背米。双亲去世后，我到楚国去做官，跟随我的车子有一百辆，积累的粮食有上万种，软褥子叠起来坐，饭菜摆满了桌子。这时候，我希望再回到那种吃粗粮野菜、为双亲背米的日子，已经不可能了。用绳索串起的干鱼，能保存多长时间不被虫蛀？双亲的寿命，就像阳光透过门缝，转眼就去了！草木想要继续生长，霜露却不给予机会；儿子想要侍奉父母，双亲的寿命却不能等待。所以说：家里贫穷、父母又年老了，做儿子的不管待遇多少也该外出工作啊！

忠于职守有什么好处呢？在绝大多数领导者眼里，一点忠诚胜过更多智慧。一位哲人说："假如把智慧和勤奋看作金子那样珍贵，那么，比金子还珍贵的就是忠诚。"

在职场中，老板用人不仅看能力，更重品德，而品德之中最为核心的又是忠诚度。那些既忠诚又能干的人往往是领导者梦寐以求的得力干将。那些忠诚的人，即使做事能力有限，仍能得到领导的重视，到任何地方都可以找到自己的位置；那些朝秦暮楚的人，那些只考虑个人得失不管公司利益的人，即使他才能出众，也不可能被领导器重。

但是，忠诚绝不等于"愚忠"。孔子和他的弟子们对忠诚的理解是尽职尽责，该自己说的话说了，老板不听从；该做的事做了，老板不认同，那是老板的责任，跟自己没有关系。

曾子曾经居住在鄪国，跟鄪君的关系很好，经常提出一些合理的建议，但鄪君贪图享乐，不肯听从。有一年，鲁国将要攻打鄪国，曾子就向鄪君辞行说："我要暂时离开，等敌人走了再回来；请帮忙照看一下我的房子，不要让猪狗进去。"

鄪君不高兴地说："我一向善待先生，没有人不知道。现在鲁国人要来攻打我，您却要离开我，我为什么还要帮您照看房子？"

过了不久，鲁国人攻占了鄪国，并公布鄪君十条罪状，其中九条是曾子平日跟他争论过的。鄪君意识到，责任确实在自己，曾子对自己已经仁至义尽，不能怪他。所以，鲁国军队撤走后，鄪君修好曾子的房子，亲自去迎接他的到来。

这就是曾子对于"忠"字的理解，他虽然强调"事君能致其身"，却不愿意让自己的性命糟蹋在君主的愚蠢手里。后来以儒学为纲的封建王朝，要求臣子绝对服从、绝对效命，显然是篡改了孔门绝学。我们现在提倡忠诚，只要做到曾子这样就可以了，不必"愚忠"。

诚信待人有什么好处呢？颜回曾向孔子请教"怎样才能立身"，孔子的回答是：谦恭、尊重、忠诚、守信，可以立身。保持谦恭就能免于受众人所忌；尊重别人就会受到别人爱戴；待人忠诚就能得到别人的帮助；坚守信用别人就会依赖你。有人爱戴你，有人帮助你，有人依靠你，你一定能免除祸患。这样的人可以治理国家，何况安身立命呢？

从孔子的话中，我们可以得出结论：诚信是立身之本。如果一个人不讲诚信，在社会上连脚都站不住，哪还谈得上发展呢？这个问题后面还要详谈，暂且略过。

勇于实践有什么好处呢？做学问的目的，肯定不是为了让那么多知识、经验占用自己的大脑内存，也不是为了好玩，更不是为了向知识贫乏者炫耀自己多么有才华。归根结底，做学问的目的是为了应用到社会实践中，为自己、为他人、为社会创造价值。如果不能运用学问创造价值，跟没有学问也差不多，又何必费神去做学问呢？

春秋时期有个叫王寿的人，爱书成癖，他住的地方到处堆满了书。尽管穷困潦倒，他还是每日读书不辍。有一年，王寿的母亲去世了，他要到东周奔丧。随身带了五本书，走累了坐在路边休息时，他就拿出一本书来读。

这时，有个叫徐冯的隐士从此路过，王寿就向他讨教学问。

徐冯说："无用！"

王寿不知是什么意思，就虚心求教。

徐冯笑笑说："人都是要做事情的，对吧？做事的方法，要依据不同的时间、不同的环境而有所不同，所以聪明人做事不是一成不变的。而书呢，是记载言论和思想的，言论和思想又由于思考而产生。既然如此，你为什么不去做事和思考，形成自己的思想，却要背着这累人的东西到处走呢？"

王寿如梦方醒，再三拜谢徐冯，当场烧了所带的书，轻身去了东周。

任何学问都是有欠缺的，都会过时，只能在实践中完善它，改进它。离开了实践，任何学问都是漏洞百出，以之自矜，只会得到"书呆子"的评价；以之示人，还会谬种流传，成为侵害他人思想的病毒。

所以说，勇于实践，对于人生成长至关重要。

"话到嘴边留半句"

南怀瑾大师对"多言数穷，不如守中"的解释是："老子对于当时现世的人们，自称为圣人之徒，号召以仁义救世者，认为他们徒托空言，都无实义。甚至假借仁义为名，用以自逞一己私欲之辈，更是自欺欺人，大不应该，他希望人们真能效法天地自然而然的法则而存心用世，不必标榜高深而务求平实。"

这段话是从《道德经》第五章原文演绎而来，是针对统治者所发的议论。实际上，《道德经》主要是写给统治者看的。老子认为，政策越多，国家越混乱，法令越严苛，盗贼越多，那还不如少说几句，让百姓自然生活呢！你越是跟老百姓讲仁爱、讲奉献，想帮助老百姓，老百姓越穷；你越是跟老百姓讲道德，讲正义，想保护老百姓，老百姓越苦。那还不如少说几句呢！

世界上的麻烦有一半是因为说话不当造成的，另一半是愚蠢所致。说话不当者未必都是蠢人，但的确做了一件蠢事。

几乎所有谈话中的失误都是由于没有认真考虑后果造成的。所以，老辈子传下来两句经验之谈，一句是：紧急言语慢开口。一句是：话到嘴边留半句。这也是"多言数穷，不如守中"的意思，只不过更好理解。

哪些话属于"紧急言语"？话到嘴边，应该留下哪"半句"呢？

第一，不可轻易泄露秘密或隐私。这两样东西，会暴露自己的意图和弱点。对方也许是朋友不是敌人，不过就怕他是敌人或受敌人利用。

偶有一些人，"心底无私天地宽"，敢说就敢做，敢做就敢当，没有什么隐私，"事无不可对人言"。我们大多数人不敢做这样的英雄，也没有"打落牙齿和血吞"的心理准备，所以话到嘴边，最后留下这要紧的半句。

第二，不要轻易谈论自以为是的见解。人们都是根据有限信息进行思考并形成想法的，在信息残缺不全时，会形成不正确的见解。加上感情倾向与情绪作用，会使自己的见解偏得更厉害。正如索罗斯说："我们对世界的所有认知都有缺陷，因为我们无法透过没有折射作用的棱镜看待这个世界。"

虽然每个人的想法都带有偏见，但掌握信息较多、比较理智、能有效克服情绪的人往往意见更正确。比如那些经验丰富的领导人，当别人进行热烈的讨论时，他坐在那里一言不发；等别人把想说的话都说完了，他再发表意见，一开口就语惊四座，让大家都觉得自愧不如。其实，他未必比别人聪明，只不过他听完别人的讨论后，掌握的信息比别人多了，看问题比较全面，说出的话自然更正确。所以，他虽然不比别人聪明，却比别人高明。难怪要让他当领导呢！

第三，永远别说"你错了"。这是一条重要的人生经验。如果我们对别人说"你错了"，他通常不会认错，只会争执不休，更加坚定地维护自己的观点。即使用智力或武力迫使他认错，他也会怀恨在心。

假如对方真的错了，应该怎么办呢？为免伤害他的面子，也别直接说出来，尽量用婉转的方式提醒他。

要让对方意识到自己错了，有很多简便方法，何必把事情搞得很紧张呢？温和一点，婉转一点，能轻轻松松达到目的，何乐而不为？

第四，不发毫无价值的牢骚。生活本来就是不如意的事要占很大比例，你到哪里去找一个圆满的世界？已经吃到肚子里的东西，无论米谷糟糠，总是要自行消化的，岂能吐出来让别人帮忙消化？抱怨通常没有价值，只会让人心生厌恶，何必喋喋不休呢？

第五，抛弃不着边际的废话。为说话而说话，把东家长西家短都搬出来当谈资，讲完了也不知道自己到底说了什么，这无疑是废话。那又何必要说？那又何必说太多？古语云：君子三缄其口。又云：不得其而言，谓之失言。如果你不能确定自己说的话对人对事有益无害，或者利多害少，那么不如不说。

以谨慎为智能，以改过为才能

世界上的灾祸，总是跟着坏人坏事走。做个好人有多少好处，这很难说，做坏人做坏事，肯定没有好报应。我们怎么能不谨慎呢？

当然，好事或坏事并无绝对，关键看社会和他人的评价，在这方面，我们恐怕不能执着于自己对好坏的看法。有时一件很正常的事，别人看不惯，认为是坏事，我们又何必坚持去做呢？另外，"坏事"也有大小之分，我们不要因其小而无所顾忌，还是小心为妙。这无疑是最好的自我保全之道。

第一，小心无大过。《诗经》说："战战兢兢，如临深渊，如履薄冰。"这并不是胆小，而是依道行事。人与人相处，各种情感、利益纠缠在一起，一不小心就会得罪人、办坏事情。只有时刻小心，才能规避各种潜在的危机。下面的例子也许可以给我们一些启示。

南北朝时的吕僧珍，早年随从萧衍，成为心腹之人。后来萧衍称帝后，对吕僧珍恩遇有加，无人可比。但他从不恃宠而骄，反而更加小心谨慎。他在宫禁之中值班时，盛夏也不敢解衣服。每次陪伴萧衍，总是屏气低声，不乱说乱动。有一次，他喝醉了酒，拿了桌上一个柑橘，萧衍开玩笑说："你真是大有进步了啊！"拿一个柑橘就被认为"大有进步"，可见吕僧珍平日谨慎到什么程度。

后来，吕僧珍上表请求回南兖州（今江苏扬州）祭扫先人之墓。萧衍赏给他使节，封他为平北将军、南兖州刺史。吕僧珍到任后，平心待下，不私亲戚，没有丝毫张狂之举。吕僧珍的堂侄是个卖葱的，听说叔叔做了大官，便不再卖葱了，跑来谋求官职。吕僧珍对他说："我深受国家重恩，还没有做出什么贡献，怎敢假公济私呢？你有自己的事干，快回去干你的本行吧！"

吕僧珍家的旧宅在市北，前面有督邮的官府挡着。乡人都劝他把督邮府迁走，好扩建旧宅。吕僧珍说："督邮官府自我家盖房以来一直在此，怎能为扩建我家私宅让其搬家呢？"

吕僧珍有个姐姐，嫁给当地一个姓于的人，她家的房子低矮临街，左邻右舍都开店铺货摊，一看就是下等人住的地方。吕僧珍常到姐姐家中做客，丝毫不以出入这种地方为耻。

吕僧珍一生没有犯过大错，他死后，梁武帝萧衍怀念不已，下诏封他为忠敬侯。吕僧珍生前显赫，身后哀荣，与他立身谨慎是分不开的。一个人能像他这样做人做事，大概一辈子都不会有危险了。

第二，远离是非漩涡。中国人喜欢拉派系、立山头，各种是非也由此而生。俗话说："混龙闹海，鱼虾遭殃。"有的人自己并无野心，只因站错了队，投错了山头，后来跟着倒霉，这是最冤的。为了避免此种危险，应该谨慎地观察局势，远离是非。

三国时的羊祜，文武双全，深谋远虑。他年轻时，州、郡都举荐他为官，他却一一推辞。因为当时正值曹魏末年，司马家族与曹魏皇室之间的斗争异常激烈，而羊祜与两家都有姻亲关系，他的姐姐嫁给了司马懿之子司马师，他的妻子则是皇室贵族夏侯霸之女。羊祜认为，如果在局势尚未明朗之际就卷进争斗的漩涡，稍有不慎就会葬送一生的前途，甚至可能招来杀身之祸。因此，他决定静观其变。

后来，司马懿发动政变诛杀了曹爽，独揽朝政大权，但曹氏的势力依然强大。羊祜婉拒司马昭的征召，继续隐居。后来，他虽然接受公车征拜，成为魏帝曹髦的近臣，但他对曹髦采取一种不卑不亢、不亲不疏的超然态度，给自己留下充分的回旋余地。

公元 257 年，司马昭平定了征东大将军诸葛诞发动的叛乱后，基本肃清了曹魏的地方势力。羊祜看到局势已经明朗，这才开始亲司马而疏曹魏。后来，司马昭称帝后，羊祜开始脱颖而出，任车骑将军、平南将军等多种职务，并成为西晋统一全国的第一功臣。

羊祜的做法看似投机取巧，其实是一种不亲私党的理智行为。那些野心家、阴谋家争权夺利，自己何必一头扎进去呢？等到权力斗争结束，再出去为国家建功立业，不也是积极的进取之道吗？

第三，勿以大错掩盖小过。人非圣贤，孰能无过？犯点小错，并无大碍，如果刻意掩盖，可能铸成大错。所以做人要知轻识重，不要做以大错掩小过的糊涂事。

宋真宗时，鲁宗道在朝为官。有一天，宋真宗有急事找他，便派中使到他家去宣召。鲁宗道刚巧陪客人上街喝酒去了，中使在他家等了很久。鲁宗道回来后，中使说："皇上肯定等急了，会发脾气的，你打算怎么向皇上解释呢？"

鲁宗道说："照实说呗！"

"你因为喝酒而耽误皇上召见的大事，不怕皇上怪罪你吗？"

"陪朋友喝酒，是人之常情，不为大过！向皇上撒谎，却犯了欺君之罪。我有必要隐瞒小过而犯大过吗？"

当中使将鲁宗道的话向宋真宗如实汇报后，宋真宗很高兴，非但没有怪罪鲁宗道，反而夸他识大体。

在生活中，许多人担心受到责罚，极力掩盖过错，这可能错上加错。比如，上班迟到了，本来是睡过头了，他却谎称堵车。迟到是小事，不诚实却是大过。工作失误了，不找原因，先找理由，极力辩称自己无错，甚至把责任推诿到别人头上。这并不能掩盖过错，反而让老板看出他不负责任的态度。工作失误只是小过，不负责任却是大过。老板会重用一个不诚实、不负责任的人吗？答案不言自明。

第四，独自一人时也不要干坏事。孔子说："君子慎独。"意思是说，即使一个人独处时，也要谨慎自己的言行，不要做不恰当的事情。《礼记·中庸》说："道者，不可须臾离也，可离非道也。是故君子戒慎乎其所不睹，恐惧乎其所不闻。莫见乎隐，莫显乎微，故君子慎其独也。"意思大致是说，道德原则是一时一刻也不能离开的，要时刻检点自己的行为，警惕是否有什么不妥的言行而自己没有看到，担心别人对自己有什么意见而自己没有听到。不要因为坏事没人看见就去做，不要因为过失细微就去做。即使在一人独处时也要言行谨慎，这才是君子的教养。

第五，发现错误就立即改正。改正错误不如不犯错误，但坚持错误又不如改正错误。意识到错误后，最好立即就改，不必等到明天或后天。这是明智的做法。

春秋战国时，韩武子率众打猎，野兽已被赶在一起，围猎的车子已经合拢，眼看就能收获大批猎物。这时，信使忽然来报告说："晋国的国君去世了。"

按照礼仪，韩武子应该去吊唁，但他舍不得眼前的猎物，就对栾怀子说："你也知道我喜欢打猎，现在，野兽已被赶在一起，猎车已经合拢，我还是打完猎再去吊唁吧！"

栾怀子含蓄地回答说："范氏灭亡的原因是顺从的人太多，批评的人太少。现在，我是顺从您的人，不是批评您的人。您为什么不去问问蠾呢？"栾怀子所说的蠾是韩国一个敢于直谏的大臣。

韩武子明白了栾怀子的意思，说："您是想批评我吗？您想批评我就直说好了，何必要问蠾呢？"于是，他马上停止打猎，去吊唁晋国国王。

在生活中，我们并非意识不到自己的错误，困难在于每个人都有坚持错误的冲动。但杰出人士能克服这种冲动，知错就改，这就等于做了一件正确的事。

抛弃偏见，向君子的气节靠近

孔子很喜欢把君子与小人放在一起比较，也许是为了让我们更好地理解，让我们努力做君子的同时也能识别小人的嘴脸。比如大家很熟悉的一句："君子周而不比，小人比而不周。"我们知道"不善"方能"行善"，所以也只有知道小人是什么样子才能做好君子。

"君子周而不比"是什么意思呢？南怀瑾先生解释说君子做人处世凭借一颗正直的心，他不会厚此薄彼。"周"就是包罗万象，"比"就是比较。一个君子的胸怀应当是这样的：某个人道德高尚我们要敬重他；某个人道德还没有修炼到家，我们也不必要去苛责，而应当去设法感化他，这也符合孔子做人的原则。

就像是天地万物，对于上苍来讲它们都一样，没有谁比谁高贵，谁比谁低贱之说。有时候我们说蚊子和苍蝇很讨厌，青蛙很好，为什么这样讲呢？因为我们都是从人类自身的角度去看，这样的思考难免有些自私，这是"小我"。如何做到"大我"呢？就是要舍弃心中的偏见，万物本来是平等的，如佛家所讲的"众生平等"，明白了这一点我们对人对事就会有另外一番大的眼界，就不会仅拘泥于自己的小天地，从自己的角度出发，对自己有恩惠的就是好人，对自己没有恩惠的就不是好人，这样的看法显然是有失偏颇的，很不客观，在孔子那里一定是通不过的。但是我们同时也应注意到这些是人类的通病，而且这个毛病不好改，在所有人身上它的"病毒"都存在，只不过有没有发作的区别和是否蔓延的区别。因而，我们还是要时刻警醒自己舍弃小我成就大我。有人大概会问成就大我有什么好处？如果你把功利主义色彩放在心里，那么你就不可能做到"大我"的境界。所谓"君子周而不比"，其实孔子就是要告诉我们，一个君子对待德行好的人钦佩，对待德行不好的人也不会去打击。

接下来转到小人这里的风景就截然不同了。"小人比而不周"，小人做事情都喜欢"比"，怎么个比法？就是以他自己为中心，凡是对他有利的就是好的，凡是对他不利的就是坏的。这句话我们看起来好像也没有什么大不了的，有人甚至会说人都是自私的，谁做事情不考虑自己呢？那么无私的人哪里还有啊？不要小瞧这样一句话，在平时这样的小人还看不出来会有怎样的破坏作用，到了"疾风知劲草，板荡识忠臣"的时候我们就能感觉到了。比如一个民族到了危亡的时刻，小人就会凭借这一点依据去选择眼前的小利而不会顾及民族大义，所以他们就跑去做汉奸了。

因此，做人当然不能做一个无情无义的小人，像这样的人我们也会对他敬而远之。所谓"敬而远之"，就是对小人不能不理睬，这样你就没有办法自保了，"敬"就是要你对他表现得很恭敬，态度上不能让他觉得你瞧不起他。"远"就是要你疏远并远离他，这样的人不能深交。这才是孔子要表达的君子与小人的区别，为的是找到与他们怎么相处才能相安无事的方法，而在内心又要向着君子的气节靠近。

藏锋敛锐，居功也不自傲

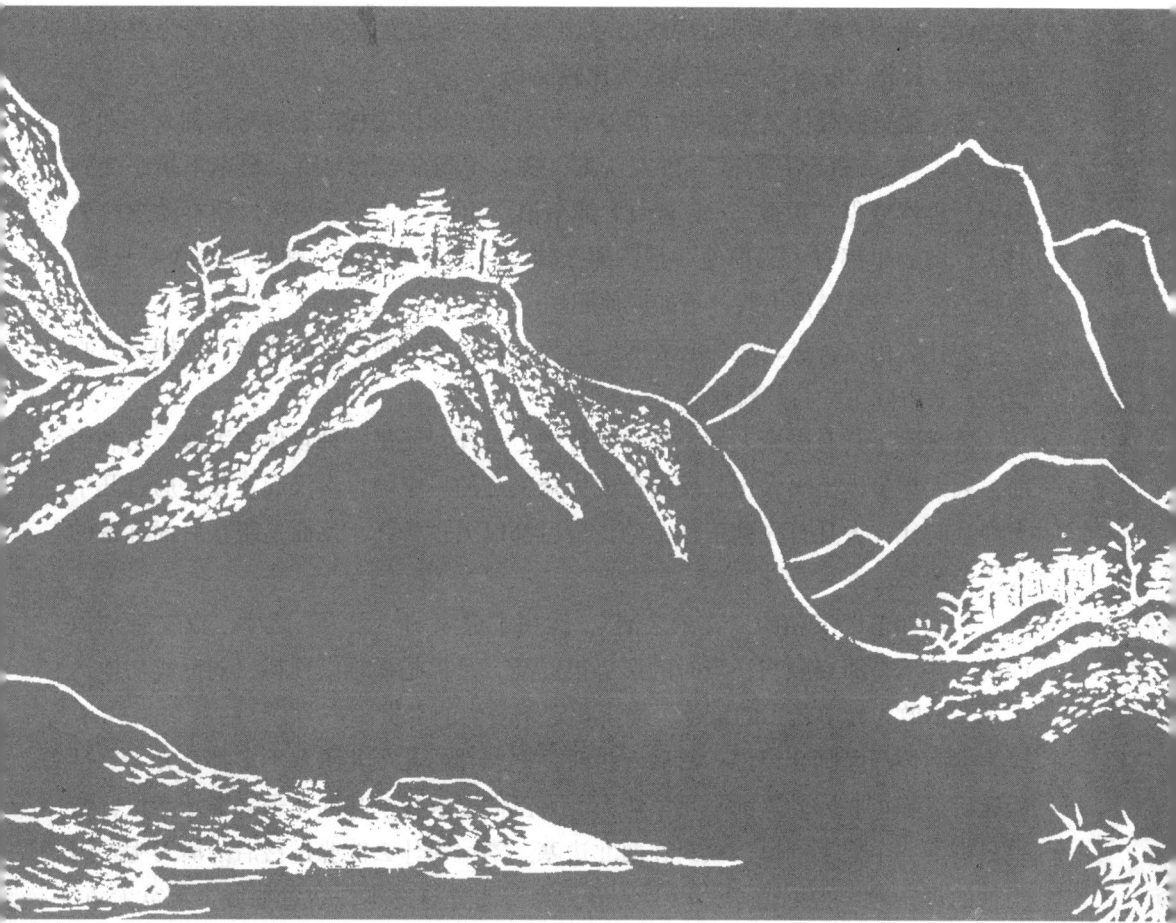

低调做人的哲学

老子的"慈"宝，多家注为"慈善"，有点令人费解。因为这属于世俗之德，与"仁"的含义相近。"仁者爱人"，包含了慈爱。《道德经》第三十八章说："上德不德，是以有德；下德不失德，是以无德。"意思是大致说，高级的美德是不刻意表现美德，所以有美德；低级的美德是刻意表现美德，所以没有美德。第三十八章还说，"失道而后德，失德而后仁"，这就是说，慈善是失道、失德之后才有的"下德"，老子不应把其列为"三宝"之首。笔者怀疑"慈"字是后世传抄之误，应为"雌"，柔弱的意思，合于老子"柔弱胜刚强"之义。因为没有证据，所以译作"友善"，与生活真实比较贴切。

友善跟勇敢有什么关系呢？西方有句名言："你以怎样的态度对待别人，别人也会以怎样的态度对待你。"待人友善，就会得到友善的对待，根本不担心受到伤害，自然变得"勇敢"，走遍天下都不怕。相反，待人不友善，动不动想打架的人，到哪里都有人想损他一把，那么他"行走江湖"时，睡觉都要睁一只眼，这种心态，与其说他勇敢，不如说他胆怯。

为什么用友善进攻战而必胜呢？因为友善是攻心的最好的武器，你把对方心里的武装解除了，自然就获胜了。

谦逊除了具有凝聚人心、集合众智的力量外，还是一种自保的手段。名利当前，人人想争，出头太快，反而会成为众矢之的。中国自秦汉起，曾经历过几个大混乱时代，大凡首先称王称帝的，最后都以灭亡告终，反而是跟在后面称帝的人得了善果。

我们知道，汉朝的"文景之治"，运用了道家的"无为"之学。汉文帝刘恒即位，并不是那么顺当，当时的形势很混乱，是福是祸难以预料，刘恒成功地运用了"不敢为天下先"的谦德，终于奠定了一生的富贵。

据南怀瑾大师介绍说：吕后专权时，把刘邦的几个儿子差不多都杀光了。吕后死后，陈平、周勃等削平吕家势力。大臣们要求找刘邦的儿子来继承帝位，结果只剩下一个代王刘恒，被封在西北边塞。刘恒为什么能躲过吕后的屠刀呢？因为他的母亲薄氏喜好道学，以"清静无为"为立身之本，防意如城，无欲无争。

吕后没有把她放在眼里，她和儿子的性命才得以保全。

刘恒也跟母亲一样，喜好道学，性情朴实。他听说朝中大臣想迎请他当皇帝，非但没有欣喜若狂，反而有些犯愁。皇权人人想要，人家不争不抢，送到他手里，到底是真心还是假意？他拿不定主意，就去跟母亲薄氏商量。薄氏对道学修到比较高的境界，"无为无不为"，既没说该去即位，也没说不该去，而是建议儿子先派个人去看看再说。刘恒派老成持重的舅舅薄昭去长安了解情况。薄昭回来后报告说，天下人心仍然向着刘家，绝大多数大臣是支持刘家子弟即位的。这样，刘恒才动身去长安。

刘恒知道，这时候的生杀大权不在他手中，而是掌握在周勃的大将手中，稍微处置不当，那些将领一翻脸，不要说当皇帝，小命都难保，所以他必须谦虚谨慎。周勃等人率文武大臣来迎接他，跪在地上向他请安。他立即跪下来还礼。照说他是王，虽然尚未即帝位，也不必下跪还礼。但俗话说得好，"礼多人不怪"，宁可多礼，也不可失礼。

周勃将皇帝的玉玺奉献给刘恒，照规矩，这时刘恒就是皇帝了，可以发号施令了。但他却说："今天我初到，还不了解情况。天下之事，不一定要由我来当皇帝，可以当皇帝的人很多，我现在只是先代为把玉玺保管起来，过些时日再说。"

大臣们都觉得这位新君道行实在太高了，是帝位的理想人选。人家不是说"伴君如伴虎"吗？这位新君看来不可能当暴君，那么伴在他身边，比伴在老虎身边安全多了，所以大家越发拥护他。虽然如此，刘恒还是没有立刻即皇帝位，也不敢住进皇宫，在客舍里住了九个月，等一切都观察清楚了，这才宣布即位。正如大家估计的那样，刘恒的道行确实很高，他只是一味谦逊而已，没有用任何暴力手段，就让大臣们服服帖帖。他只写了一封充满谦辞的信，就让谋反称帝的南越王赵佗自动取消帝号，向他称臣。至于他采用"与民休息"的无为之策，使天下走向繁荣，那又是另一种能力了。

莫学小鸟笑大鹏

蝉和鸴鸠嘲笑大鹏的话倒是很有趣，而且很耐人寻味。在生活中，确实有不少蝉和鸴鸠式的人，他们自己心无大志，却喜欢以嘲笑杰出人士为乐。你只要打开网络，查看一下，就会发现从古到今的杰出人士，几乎都被人且笑且骂，批了个遍。在他们眼里，刘邦是流氓无赖加无能之辈，全靠他人好心帮衬；刘备是伪君子，除了哭什么也不会；孔子是个背时鬼，讲得条条是道，找不到当官的机会；诸葛亮这也不行那也不行，把他当人物肯定有问题，至于那些贤臣名将什么的，根本不值一批。

批古人还好一点，反正他们已经飞上过九万里高空，到南海走过一回，根本不怕你们这些人说三道四。相对来说，现代的"大鹏"们承受的心理压力就大多了，他们只能在别人异样的眼光和嘲笑中准备自己的远大旅程。

"小鸟"们为什么喜欢笑"大鹏"呢？因为"大鹏"们身上必有一些杰出的素质，"小鸟"们看不懂他们有何杰出，只会用自己的标准衡量人，看见比自己高的，就觉得多余，恨不得帮你好心切掉一截，使你跟他一样好。如果你不肯切掉一截，他就觉得你这个人太傻，太可怜，甚至有点坏。那么他们当然要嘀嘀咕咕说些闲话，提些批评。批评合不合理呢？这就好比嘲笑姚明：长那么高干嘛？又费粮食又费衣！就没想想，人家要没那么高，怎么去打 NBA 呢？

大致上，"小鸟"们会因为以下三种原因嘲笑大鹏：

第一种原因：以小才贬低大才。

大凡想成就一番事业的人，都需要某种或某些特殊才能，这种才能是没有远大目标的人不需要的，他们自然会认为是无用的才能。

有一个故事：

春秋贤士西闾过乘船渡河到东方去，船到中流时，不小心掉进河里。船夫把他拉上来，然后问："您想到哪里去？"

西闾过说："我要到东方去游说诸侯。"

船夫捂着嘴巴发笑，说："你过河掉到水里，不能自救，怎么能游说诸侯呢？"

西闾过说："不要用你的长处贬低人。你难道没有听说过和氏璧吗？它价值千金，但用它来砌墙，还不如砖瓦好呢！隋侯珠是国宝，但用它来弹鸟，还不如泥丸管用。良马驰骋，一日千里，但让它捉老鼠，还不如用一百个钱买来的猫。宝剑削铁如泥，但用它来补鞋，还不如用两个钱买来的锥子。现在您拿着桨，驾着舟，在宽阔的水面上劈波斩浪，这正是你的特长。如果让你到东方去游说诸侯，求见一国之主，你的蒙昧无知，跟一条还没开眼的小狗没有什么两样。"

在这个故事中，西闾过把小才与大才的差别说尽了。在生活中，当我们看见某个人在某些技能上不如自己，千万别急于轻视和嘲笑，先看看他是否有没有自己不具备的大才。如果像这个船夫一样，因一点小技就瞧不起别人，难免被人骂作"没开眼的小狗"。

第二种原因：以无德贬低高德。

有的人自己在品德上没有很高要求，甚至还装了满脑子错误观念，比如"良心道德值几文钱"之类，看见别人表现出美德，非但不加赞赏，反而觉得他一定是个傻瓜，要不然为什么捡到手的钱还要送还给人家，自己揣进口袋里不好吗？

别人的事瞎帮什么忙，自己轻松一点不好吗？这不是傻瓜是什么？

一般来说，如果某个地方的价值观混乱了，品德高尚的君子就难以在这里安生，可能被视为最没出息的人，甚至当成白痴或疯子。对这个问题，春秋时的赵简主作过精辟的结论。

有一次，一个名叫杨因的人求见赵简主，自我介绍说："我在乡下被人驱逐过三次，当官有过五次辞职经历。听说您重视人才，特来求见。"

赵简主正在吃饭，听到通报，马上放下碗，慌忙出去迎接杨因，竟忘了站起来，爬地而行。左右的人说："这个人在乡下被驱逐三次，说明不受大家欢迎；五次离开国君，说明缺乏忠心。他哪值得您这么重视？"

赵简主说："你们不知道啊！美女是丑妇的仇人；品德高尚的君子，必然被乱世抛弃；正直的行为，必然受坏人憎恨。"说完，马上把杨因恭迎进来，待如上宾。

不久后，赵简主授给杨因宰相职位。赵国面貌因此焕然一新。

只有赵简主这样的"大鹏"，才认得杨因这样的"大鹏"。在一般"小鸟"眼里，所谓大鹏也者，不过是一只身体畸形、心理变态的怪鸟而已！

第三种原因：以成败论英雄。

"小鸟"们缺乏远见，很难看到三年以上的事情，甚至连三个月以内的事情都看不到。没有办法，在识人时，只能"以成败论英雄"，你有钱、有权、有名，我就觉得你行。至于说你有志向、有才华，我不否定，那也要等到你有钱、有权、有名时，我再来觉得你行。

就这个问题，南怀瑾大师讲了一个五代十国时期的故事：

南唐的朱温没有当皇帝之前，可怜得很；妈妈带他三兄弟给人家帮工，他自己也要去干活。老板一天到晚骂他："你这个家伙个子大大的，活懒得干，还光吹牛。"

朱温给骂急了，就说："你们这些人都是乡巴佬，光知道盖房子、置财产，我们大丈夫做事，你懂什么！"

老板很生气，要打他，老板的妈妈说："不能打，这个孩子将来前途无量，要好好对他。"

老太太问朱温："你这也不肯干，那也不肯干，究竟想干什么？"

朱温说："我想借杆打猎的枪，到山里给你打打猎，弄点好菜给你吃吃。"

老太太说："好吧，你要什么都行。"

后来朱温当了皇帝，对老板的妈妈好得很，把她同自己的妈妈一起接来，尽心照顾。

人生的变化难说得很。有富甲一方而倒闭的人，也有一贫如洗而发家的人；有权势灼人而落马的人，也有出身卑贱而显贵的人，哪能以一时境遇而定评呢？像小鸟一样嘲笑大鹏，就更无必要了！

当然，有"大鹏"般志向的人，也不必瞧不起那些追求普通生活的人。那也是一种追求，那也是一种生活，不一定当大鹏就好当小鸟就不好。两者都是一种生活选择，无所谓好坏。

正如南大师所说："一个人见解不高，他有所成就也有限，不是讲他没有成就，那成就，也同这个小鸟一样，腾飞跃个几丈高，在乱草上一站，随风摇啊摆啊，也很舒服嘛。你要来抓我，'咚'地一跳，就跳到那棵树上去了，岂不是优哉游哉。人生的境界也是如此。所以眼光小，知识范围低，他活了一百岁，活得很快活，就像小孩子一样，茶杯里丢一片小小的树叶，或者弄一点黄豆壳壳在上面漂漂，'你看我的船，开到哪里了？唉哟，开到纽约了，你看靠岸了，靠岸了'。然后用嘴'呼，呼'地把它吹动，'嗬，大风来了！'两个小孩子这样可以玩上一天。他那个境界与做生意发了一千万美金的财，舒服的境界是一样的啊。如同爱吃辣椒的人，吃下去辣得满头大汗，那个舒服境界都是一样。"

俗话说："牛吃青草鸡吃谷，各人自有各人福。"青草对牛来说就是美味，如果觉得大鱼大肉营养好，硬要塞给它吃，那会营养过剩而死的。最好的生活也许是：知道自己喜欢什么，并且努力去追求它们，同时享受追求的过程与结果。

很多人的麻烦在于：不知道自己真正喜欢什么，努力去追求别人认为好的东西。这正是烦恼的根源。

得意之时当思退步

老子的"功遂身退"，确为至理名言，但常被后世误读、误用。老子所谓的"功遂"，是指朝中高官，立了大功的人，已经使人生辉煌达于顶点，这个时候，就要开始想一想退路。一般人刚刚走到半路上，正宜继续努力，更上层楼。除非已经才不胜任，才需要考虑"身退"的问题，但也应该退而求学，增加前进的能量。有的人出了一点小名，就想当隐士；赚了一点小钱，就想退而享乐，这并不符合"天之道"。

即使是朝中高官，如果智慧、才能还能够帮助自己再立新功，而且还有新的事业目标，说明功尚未成，也不需要"身退"。如果在事业上不能再有所进步了，就应该把位置让给别人，否则会有危险。古代新王朝建立后，往往会发生屠杀功臣的事。这未必全怪帝王狠毒，也有迫不得已的因素。因为靠军事谋略或作战勇敢而立功的人，在和平年代这些才能已经用不上了，给他们一个重要职位，就像用屠夫当医生一样，很可能误事。想让他们让贤，他们肯定不干，甚至官给小了都有意见。如果强行撤他们的职，他们自己固然不服，也会让其他人觉得冤。左思右想，还是找个岔子，把他们干掉算了，以绝后患。而且这些立过大功的人，往往横行不法，要找一个杀他们的理由真是太容易了。如果他们真能老老实实做人，皇上倒也不是非杀他们不可。

此外，"身退"二字，也不是非得辞官不做不可，退居二线，把立功机会让给别人，不也是退吗？

至于贪图财富，或富贵而骄，才是真正的危险的事情。功成名就时，趋吉避凶之法大概有三种：

第一，谨小慎微，功成而不得意。

《说苑》认为，英明的领袖，有三件值得担心的事，一是处于尊贵地位却担心听不到别人批评自己的过失；二是春风得意时担心自己骄傲起来；三是听到聪明的道理却担心自己不能实行。

越王勾践大败吴军，兼并了九夷，在这个时候，他南面而立，身边的大臣有三个，远道而来的大臣有五个。他诏令群臣说："听到我的过失却不告诉我的人，一定要重惩。"这就是处于尊贵地位却担心听不到自己过失的人。

从前，晋文公和楚军作战，大获全胜，烧毁楚国的营垒，大火三天都没有熄灭。晋文公收兵后，神色忧惧。侍从问他："您大胜楚军，脸上却有忧惧的神色，这是为什么呢？"晋文公说："我听说打了胜仗能够心安理得的人，大概只有圣人吧！至于运用计谋打了胜仗的人，没有不危险的。我因此感到忧惧。"这就是春风得意时担心自己骄傲的人。

从前，齐桓公得到管仲、隰朋，欣赏他们论事的口才，喜欢他们讲述的道理。正月上朝时，齐桓公命令准备祭品，祭祀祖先。齐桓公行朋友之礼，面向西边站着，管仲、隰朋面向东面站着。齐桓公祷告说："自从我有机会听到二位先生的教诲，更加耳聪目明。我不敢独占，愿把二位先生的妙论推荐给祖先。"这就是听到聪明的道理却担心自己不能实行的人。

如果功成名就了，心里还有这三个担心，大概不会有危险吧！

第二，专心于事业，不做无益之事。

有一位作家说，自从他迷上写作后，无论与人交谈，看电视，出门旅行，或做其他事情，随时会想到写作方面的事，或者想到某个选题，或者记下某个素材。所以他的创作灵感源源不断。

从事其他职业的人，如果进取心强，也有这种特点。

春秋时，楚庄王特别喜欢打猎。大臣们担心他荒废正业，劝告说："晋国和楚国是敌对国家，楚国不想图谋晋国，晋国必定会图谋楚国。您怎么能沉溺于享乐之中吗？"

楚庄王说："我怎么敢忽视晋国的存在呢？我打猎是为了寻求人才，那入傺丛刺杀虎豹的人，我知道他是勇士；那徒手搏击犀牛的人，我知道他是力士；狩猎结束后能够与人分享猎物的人，我知道他是仁士。依靠这种方法，可以选拔到三种人才，楚国的安全就有保障了！"

楚庄王不愧为一代霸主，他即使在娱乐时也不忘事业，这样的人时时处于进步中，根本没到"身退"的时候。

第三，不挡他人之路。

假如有人比自己能干，因为担心他威胁到自己的地位而进行压制，是很危险的事情。这等于给自己树立了一个强敌。于公于私，都应该举贤荐能，必要时，甚至还需要主动给贤才让出路来。

秦穆公花五张羊皮买来了身为奴隶的百里奚，经过交谈，觉得他就像圣人一样。

宰相公孙枝听说这件事，马上回去拿了一只雁，向秦穆公表示祝贺，说："您得到了能安定社稷的圣臣，我祝贺国家的洪福。"

秦穆公很高兴地收下了。

第二天，公孙枝要求把自己的职位让给百里奚，并说："秦国地处偏僻，人民没有见识，愚昧无知，这是国家危亡的根源。我知道自己不配处在上位，请允许我让贤。"

秦穆公不同意。公孙枝又说："君王没有用接待嘉宾的礼节，却得到了安定社稷的圣臣，这是您的福分；我能见到贤士并有机会让贤，这是我的福分。现在您已经得到了福分，难道忍心让我失去福分吗？请满足我这个心愿吧！"

秦穆公还是不同意。公孙枝又说："我才德低微却处于高位，是您违反了政道。我才德低微又让您违反政道，这是我的过失。起用贤能的人，罢免不贤能的人，方能体现您的英明。现在我占据这个位置，败坏了您的美德，又违背了做臣子的美德，如果您不答应我的请求，我就要逃走了。"

秦穆公才接受了他的请求，任命百里奚为上卿，管理国家，公孙枝当他的副手，协助他工作。这两位贤臣相得益彰，秦国大治。

如果别人的才能更适合自己所干的工作，与其占住位置，最后被人想方设法搬走、踢走，不如主动让贤。很多人惹上灾祸，甚至连累家人、家族遭殃，并不是他命中当有此劫难，而是不知进退，自己招来的祸患。如果能像公孙枝一样为贤才让路，怎么可能会有危险呢？

逆耳也要听忠言：刚愎自用病

南怀瑾先生在谈到《黄帝内经》时说，身体上的病医生可以治，但是心里的病，要想医治好就难了。人都有一个毛病，那就是只喜欢听好话。领导也一样，对于忠言哪怕说得天花乱坠也不想听，没准领导还觉得这些忠言是多管闲事，甚至认为这是低估他的能力。

从另一方面来讲，做领导的对自己下属所提的忠告必须要有明辨是非的能力，更重要的是有这个气度，不要害怕下属的反对意见，就像唐朝的魏徵与唐太宗一样。魏徵虽然敢于直谏，那也还要有这样的好上司。万一下属有这个心也有这个力，但是上司的度量小，久而久之也就没有人敢提任何建议了——因为人为了自保就会选择沉默。其实不管是领导还是下属，总是喜欢自以为是，这是人最普遍的心病了。

春秋时吴越之战，越国战败，越王勾践被俘沦为阶下囚。但吴王夫差是个胸无玄机、智力平庸的人。他拒绝听从谋臣伍子胥的忠告，而被谄媚、贿赂所惑，把自己的宿敌越王勾践释放回国。

越王回国后，马上把越国最漂亮的女子西施进献给夫差。夫差得到西施后，整天沉溺于酒色当中，日甚一日。每逢西施胃病发作、手抚胸口的时候，那种病态美让夫差销魂落魄，一切军国大事都抛到九霄云外。对外，夫差贪图武功，北伐齐国，忠言劝谏的伍子胥被他责令自杀。夫差的种种行为使太子友深感忧虑。为了让父王回心转意，他决心设计使夫差觉悟。一天，太子友手拿弹弓，浑身透湿，一副狼狈不堪的样子，跑来见夫差。吴王见状惊诧非常，急忙询问原因。太子友说："清晨我到后花园，听秋蝉在树枝上得意地鸣叫，正当蝉鸣高兴的时候，一只螳螂却聚精会神地拉开架式，准备捕捉秋蝉。而此时，螳螂压根也没想到，一只机灵的黄雀正在林中徘徊，它平心静气，轻巧极了，两只闪亮的眼睛一刻也没有离开螳螂。黄雀专心致志地想吃到螳螂，正好我在一旁，马上拉开弹弓，集中精力瞄准。因为只顾黄雀，没提防脚下，结果一下子跌到大水坑里，弄成现在这副样子。"

夫差听完太子友的叙述，似有所悟，他说："看来这是因为你贪图近利，不考虑后患，瞻前而不顾后是天下最愚蠢的行为。"太子友连忙接住吴王的话说："天下最愚蠢的事，恐怕没有比这更厉害的吧？当初齐国无缘无故地攻打鲁国，集中军队倾巢而出，自以为可以占有鲁国，没想到我们吴国正动员所有兵力，长途远征齐国，齐军惨败。眼看吴国可以吞并齐国了，岂料越国正在整顿军队，挑选那些愿战死沙场的勇士，由三江杀入五湖，挥师北上，一心要捣毁我们吴国，报当年越王受辱之仇。"听到此处，吴王全明白了，太子友所讲"螳螂捕蝉，黄雀在后"的故事，是规谏他打消北上伐齐的念头。吴王哪里能再听进半句，大怒道："这全都是伍子胥的那一套，妄想阻挠我的计划，伍子胥已经自杀，你再多嘴，我就废掉你！"太子友悻悻然地退了出去。

果然，几年之后，吴王夫差为了扬盟主之威，率领大军北上远征。可是，由于大队人马连续二十天的急行军已经疲惫不堪，成强弩之末，根本不能再战了。而此时，那位忍耐力极强的越王勾践，不再忍耐，抓住这一最佳时机，向吴国发动突袭。夫差本土危急，赶忙回军救援，结果，被以逸待劳的越军包围，吴军不堪一击，一战即败。最终，吴国都城沦陷，吴王无路可逃，只好自杀。

也许，吴王死前才后悔，不该不听伍子胥的规谏而让他自杀，也才真正理解了太子友所讲的故事。所以临死之际，他用布把自己的脸蒙了起来，表示他在九泉之下无脸再见伍子胥了。可惜，悔之晚矣！

作为领导，要有接纳批评和反对意见的胸怀。忠言虽然逆耳，但是要想彻底克服刚愎自用的病，不好听的话也要适当地听一听。

志不强者智不达，言不信者行不果

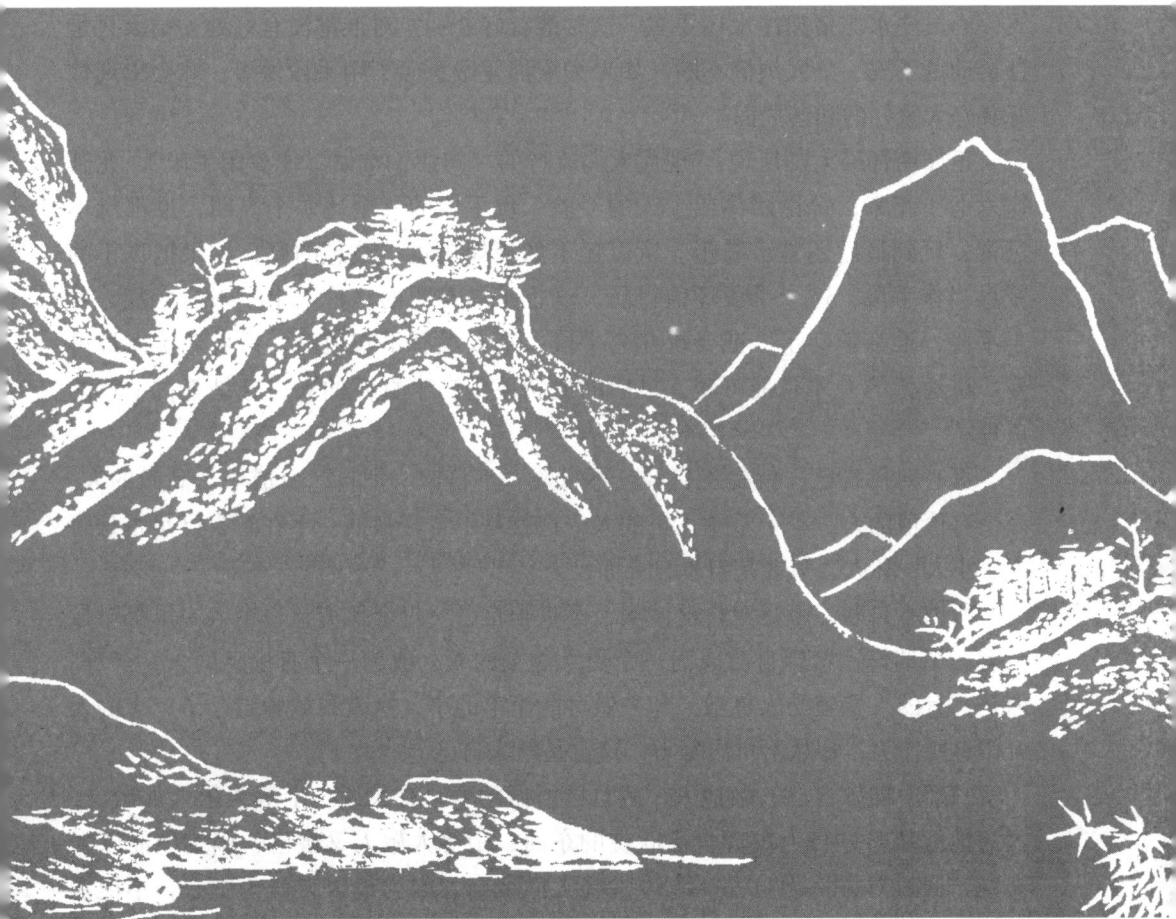

做人办事用真心

孔子的言论中，处处闪烁着诚、敬、信三个字，这正是做人做事的要点。

"诚"即用真心，真心对待他人，真心对待自己。

真心对待他人，从心态上，真心实意希望他人事业成功、生活幸福、心情快乐；从行为上，说真话，办真事。心态和行为两方面配合，对他人的心情和事情产生有益的影响，就真正体现了一个"诚"字。

现代社会，最缺少的就是这个"诚"字，花言巧语不绝于耳，三十六计满天飞，心灵注水比猪肉注水还要多。这对谁有好处呢？对谁都没有好处，结果只是社会动荡不安、个人烦恼不断。如果大家都凭诚意而不用手段做事，才会出现你好我好大家好的和谐局面。

正如南怀瑾大师所说："现代人们流行的一句话，常说'你少用手段'，尤其这六七十年来，每论团体或个人的经验，玩手段的一个比一个高明，谁都玩不过谁，玩到最后还是个笨蛋。所以还不如规规矩矩、诚恳的好，如果把真正的诚恳当作手段，这个手段还值得玩，这也是最高明的。这六十年来的变乱，对于手段，谁都学会了，谁要玩几套手段，别人没有不知道的。只有老实人最可爱，讲道德的人才是最可爱，最后的成功还是属于真诚的人，这是千古不移的道理。"

真心对待自己，就是不自轻、不自贱、不自欺。把自己看成一个高尚的人、一个有价值的人、一个堂堂正正的人，这就是不自轻自贱。不在意自己是否是庸人、小人、坏人，只能是自暴自弃而已。

所谓不自欺，就是对自己诚实，不哄骗自己。打个比方，每个人心里都对自己有一个期许，希望自己成为一个受人尊敬的人，成为一个有出息的人，等等。但是，有的人希望受人尊敬，却去做可能坐牢的事，这就是欺骗自己了；有的人希望有所作为，却从不付出努力，这也是欺骗自己。

"敬"，即敬自己，敬他人，敬自己所做的事。有人说：上等人敬人如敬己，因为他能从对方身上发现自己欣赏的东西；中等人敬人又敬己，因为他能以人为镜，通过对方认识自己；下等人轻人而敬己，因为他以自我为中心，不把别人放在心上。还有最下等人，轻人如轻己，既不爱惜自己也不爱惜别人。此言确乎有理。

为什么敬自己所做的事呢？你只有对这件事保持敬意，才会诚心诚意去做，然后才能做到最好。有的人对喜欢的、重要的事，认认真真去做；对不喜欢、不重要的事，抱着无所谓的态度，马马虎虎应付。这是对做事缺乏正确理解的缘故。有一位古代皇帝，每天晚上写字，让太子给他磨墨。有时磨得很晚，太子困得眼皮都睁不开了，就问："您为什么让我给您磨墨？"皇帝说："我不是让你磨墨，我是让墨磨你。"太子恍然大悟。有些事的确不重要也不好玩，但养成认真做事的习惯却非常重要。

"信"，就是对他人守信，对自己守信，对自己所做的事守信。

对他人守信不难理解，能否做到，决定了一个人立身处世的根基，决定了一个团队乃至一个国家的命运。

当年周武王伐纣，进入朝歌后，听说有一个德高望重的隐士，就亲自去拜访他，向他请教商朝灭亡的原因。隐士说："您如果想知道的话，请明天中午再来吧！"周武王和周公旦第二天提前赶到隐士家，隐士却已经搬走了。周武王很奇怪，觉得一个德高望重的人不应该有不讲信用的行为。这时，周公旦说："我已经明白了他的意思！约定的事却不守信，说过的话却不兑现，这正是商朝灭亡的原因啊！"

不讲信用，哪怕像纣王一样拥有号令天下的权势都行不通，何况无权无势的人呢？

对自己守信也很难做到。比如对自己说明天一定努力学习。到了明天，有件好玩的事，就把学习放到一边了。对自己说。一定要努力赚钱，好好孝敬父母。可是赚钱不易，努力了几天就松懈，孝敬父母也是只好以后再说。当你屡屡失信于己时，你会变得越来越不敢相信自己，其负面影响将波及学习、工作、生活和交往的方方面面。

对自己所做的事守信，是什么意思呢？天下任何事，都需要相应的条件、需要付出相当的努力，还要遵循办这件事的自然规律。当你决定办这件事时，即是承诺实现这件事需要的条件，付出相应的劳动，并按规律去做。不讲条件、不花力气、不依规律，等于是对这件事失信了，肯定做不好。

有一句话说得好：成功一定有方法，失败一定有原因。事情的结果不尽如人意，通常不是因为运气差，而是因为你对这件事"失信"了。你不误事，事就不会误你，只要你打消投机取巧的念头，按事情成功本来的要求去做，坏运气即告结束，好运气已经开始。

挪动一下"私"字的位置

《圣经》上有一个故事：耶稣用七个饼，让几千个人吃饱了。难道是七个巨型饼吗？不是的，那只是七个普通的饼，仅够一人充饥。难道耶稣运用了神通，使七个饼食之不尽吗？没有！那么，耶稣如何用七个饼使几千个人吃饱呢？事情是这样的：

有一次，耶稣带着弟子在山上讲道，听讲的信徒有几千个人。到了吃饭的时候，有的人有食物，有的人没有。耶稣将自己的七个饼分给大家吃。那些有食物的人受到感化，也将食物献出来，与大家分享，最后大家都吃饱了。所以，人们都传说：耶稣用七个饼，让几千个人吃饱了。

"用七个饼，让几千人吃饱"，这是何等超凡的能力！这是何等大的功劳！可是那个有大能、成大功的人，并没有在物质方面付出太多，他只是无私而已，他用自己的爱心点燃了大家的爱心，结果获得了大爱之名。"是以圣人后其身而身先，外其身而身存"，老子的观点，确实有道理呀！

北宋范仲淹的"先天下之忧而忧，后天下之乐而乐"，可谓得老子后而先、外而存的神髓，他本人的经历也是由大公达至大私的范例。他推己及人、先人后己，深得部下拥戴，坐镇北部边陲十数年，令外敌不敢越雷池一步；他一心公事，不念私利，以至朝中上下无不钦敬，最后官居宰相。他这么无私，最后功名利禄样样不缺，不是成了大私吗？

由大私到大公，或由大公到大私，这都是道。但是，由大私起步，路就在脚下，是从下往上走，普通人容易看见，也容易实行；由大公起步，路在虚空中，是从无往有走，需要很高的悟性才看得清路径，只有少数智者能走得好。普通人的眼光，看得见脚下，看不清未来变化，自然不敢轻易上路。

在生活中，普通人太多，智者太少，能否走"大公无私"的道路，很难说。但对个人而言，采取先公后私、先人后己的做法，无疑是通向杰出的捷径。一个人在办理公事时，如果能稍微克制一下私心，以人为先，就极可能从人群中脱颖而出。

搞大集体那会儿，每年春节前都要分一次猪肉和鱼——都是生产队的自产物资。分肉可以论斤两，分鱼就不好办了，不能将一条鱼劈开来分，只能按大小搭配，用眼睛判断，估计每份差不多就行。这个分鱼的人就变得很关键，他要是偏私一点，大家肯定会七嘴八舌说闲话。在今天看来，一份鱼多一两少一两有什么关系？其实当时也没人觉得那是多大的事，人们真正关注的是公平问题。

一开始由生产队长分，他非常谨慎，反复挑选，还有几个人在旁边当参谋：这份好像多了，那份好像少了。这么商量来讨论去，两个小时还没分好。这时，一个十八岁的青年不耐烦了，越众而出，说："你们搞得太过细了。干脆让我来分，分完了你们先挑，最后一堆算我的。"大家都无异议。这位青年三下五除二，很快将鱼分好了，然后请大家随意挑选，各人自取一堆，都无意见。后来，凡是需要公平的事，都由这位青年出面。他也就理所当然地成了队长。再后来，他被乡政府聘用，并且屡获升迁，如今已是县政府的主要领导之一了。

这个青年分鱼的方法，很可能让自己吃一点小亏，谁知他吃亏时，原来得了大便宜。

应该注意，老子提倡的先人后己、先公后私，绝非只顾他人不顾自己，更不是只办公事不讲私利。连自己该得的那一份都不要，不是一个傻瓜吗？无论耶稣、范仲淹，还是那个分鱼的青年，他们都没有拒绝当得之利，他们只是挪动了一下"私"字的位置，将其放到"公"字后面而已！

忠诚胜于能力

《秦誓》相传是春秋时秦穆公派兵伐郑，在崤地被晋军击败后告诫群臣所作的誓词。但也有学者考证说，该文在"秦晋崤之战"之前就已经存在。不管它是不是秦穆公的誓词，里面所讲的用人之道是耐人寻味的，归结起来就是一句话：忠诚胜于能力。

正是因为忠诚，才会一心一意为大局着想，才会为"老板"得到才人贤士心生欢喜而不会嫉妒。但该文只讲了没有才能而有忠诚一种情况。假如既有才能又有忠诚，该如何当下属呢？哪些行为是不忠的表现呢？对这些问题，汉朝刘向的《说苑》进行了详尽的论述，因原文较长又晦涩难懂，故按原文翻译并节录如下：

做臣子的规则是，服从命令，完成任务后及时汇报，凡事不要专权独断，不要靠曲意逢迎来获得宠信，不要在其位而不谋其政，一定要对国家有贡献，一定要对君王有帮助。

做臣子的行为，有六正六邪。按"六正"去做，就会享有盛誉；按"六邪"去做，就会得到恶名。名声好坏，是祸福之门，不可不慎。

什么是六正六邪？

"六正"是：第一，事情还处于萌芽状态，就能清楚地看到成败的先兆，得失的要点，在祸事还没有发生就预先采取措施，使君王超然地立于显要尊荣的地位，天下都称赞他的贤能。像这样的人，叫作圣臣。

第二，虚心诚意，向往善政，用礼义勉励君王，劝谕君王实施长治久安之策，助成君王的优点，补救君王的缺点。事业成功了，事情办好了，把成绩归于君王，不敢独享功劳。像这样的人，叫作贤臣。

第三，吃苦耐劳，早起晚睡，不懈怠地推举贤才，经常用历史经验来劝勉君王，希望对国君有所补益，使国家安定繁荣。像这样的人，叫作忠臣。

第四，聪明练达，对事物洞察入微，能够预见事情成败，并有预防补救手段，因势利导，堵塞漏洞，断绝祸根，把祸转变为福，使君王转危为安。像这样的人，叫作智臣。

第五，谦逊有礼，遵纪守法，尽职尽责，胜任其事。辞让俸禄，推让赏赐，不接受赠送，衣服齐整，饮食节俭。像这样的人，叫作贞臣。

第六，国家政治混乱，君王办事不循正道，敢于冒犯君王的威严，当面批评君王的过失，即使有杀头的风险也在所不辞。如果自己死了，国家能得到安定，就不后悔自己的所作所为。像这样的人，叫作直臣。

"六邪"是：第一，贪图官位俸禄，谋求一己私利，无心办理公事，有智慧不表现，有才能不运用，不肯尽自己的职责，浑浑噩噩，随波逐流，左右观望。像这样的人叫作具臣。

第二，无论君王说什么，他都说"好"；无论国君做什么，他都说"行"。暗地里打听君王的喜好，然后投其所好，以博取君王的欢心。一味迎合君王的心意，只顾国君眼前高兴，不管君王后来的祸患。像这样的人叫作谀臣。

第三，内心奸诈，外表恭谨，巧言令色，妒贤嫉能。他想推荐谁，就只谈优点不谈缺点；他想打击谁，就只谈过失不谈功劳，使君王用人不当，赏罚不明，号令不行。像这样的人叫作奸臣。

第四，智慧足以掩饰自己的过失，口才足以推销自己的谬论，捏造事实，添油加醋，都能说得顺理成章。对内离间骨肉亲情，对外扰乱同僚关系。像这样的人叫作谗臣。

第五，专权擅势，把持国事，以抬身价。拉帮结党，既中饱私囊，又增加威势，善于假托君王的命令，来达到显扬自己的目的。像这样的人叫作贼臣。

第六，用邪道诌媚国君，使国君陷于不义，勾结党羽来蒙蔽国君，当面说的全是良言正理，背后的说法却大不一样，不分黑白，不问是非，顺我者昌，使奸人纷纷来攀附他，一起为非作歹，使君王的恶名哄传国内，邻国皆知。像这样的人叫作亡臣。

贤能的大臣，按"六正"去做，不用"六邪"的方法，所以，君王地位稳固，人民安居乐业，他们活着的时候受人民喜爱，死了受到人民的怀念。这就是做大臣的规则。

透过"义"字见大利

孟子主张先义后利，拿到今天，就是要先定下游戏规则，然后在一定规则之下追求利益。西方国家制定"反垄断法"、"反倾销法"，虽然是他们自己想出的理论，但跟孟子的理论是相通的，也是强调先义后利，避免弱肉强食的事搞得太过火，避免"不道德产品"扰乱市场。

孟子主张先孝后仁，拿到今天同样实用。你如果真有好心，先用到父母身上。父母是人一生中最大的恩人，你在他身上都不肯用，说明根本没安好心，只是趋利之徒而已。所以用"孝"字检验一个人的品德，是再准确不过的了。

孟子主张先义后忠，也是千古不变的道理。一个人对朋友都不忠实、不友爱，他怎么可能对自己的老板忠诚和友爱呢？既无忠诚和友爱，那就是因利相合。一旦背叛显得更有利时，他就可能毫不犹豫地背叛。

既然孟子的话都讲得有理，为什么说他就像在讲废话呢？跟无用之人讲有用的话，等于讲废话。南怀瑾大师在讲解这段文字，特意介绍了梁惠王的经历：

梁惠王是魏文侯的孙子。魏文侯是历史上一个有作为的君主，他的儿子魏武侯也很能干，曾和赵、韩联手，灭掉了晋国的智伯，三分其地。在当时，王、侯的爵位都是周天子分封的，代代相传，僭越不得。梁惠王的父、祖都是侯爵，他这个王位是谁封的呢？是他自己封的。他觉得称王比较有面子，就自封为王。起初叫做魏惠王，后来迁都大梁（今河南开封），改称梁惠王。从这件事，可以想到这是个不讲规矩的人，也就是孟子所说的先利后义的那种人。

梁惠王也想继承先辈的光荣传统，做出一番事业。他重用名将孙膑，发展武力，曾先后打败韩、赵、宋等国。但他打的几个仗都没什么道理，不像他的父亲、祖父那样师出有名。

梁惠王重武轻文，曾有一次，他去探视病重的大臣公叔痤。公叔痤乘机向他推荐门客公孙鞅，即商鞅，并说："此人是一个奇才，希望您重用他，绝对信任他，接受他的意见。"梁惠王听了，闷声不响。事后，他对身边的近臣说："公叔痤大概病糊涂了吧，他居然叫我把国家大事交给那个从卫国来的小子公孙鞅。"他非但不肯重用商鞅，甚至没有召见过一次。从这件事，可以想象他是一个多么自负又听不进他人意见的人。

后来商鞅投奔到秦国，受到重用后，实行了著名的"商鞅变法"。商鞅还说动了秦孝公，出兵打魏国，使魏国被迫割让河西之地求和，逼得梁惠王不得不迁都大梁以躲避秦国的锋芒。

孟子见梁惠王，正是梁惠王事业最失败、心情最苦闷的时候。他倒也想重金招揽人才，重振国威，但他骄傲自负的老脾气还是没变。所以他见到孟子的第一句话就是："叟，不远千里而来，亦将有以利吾国乎？"意思是：老头！你不远千里而来，有什么能为我的国家带来利益的好主意吗？

人家不远千里而来，他连一句客气的称呼都没有，"叟"这个字所透露的心理，跟现代某些老板"有钱还怕请不到人"的心理一模一样。哪怕公司举步维艰，都快倒闭了，还是觉得老板就是老板，应该由人才来求他，而不是他去求人才。这样能得到什么人才呢？

好在孟子修养高，一心只想推行"王道"，对自身遭遇并不放在心上。所以他还是跟梁惠王讲了"未有仁而遗其亲者也，未有义而后其君者也"这段道理。可惜再好的道理，讲给一个梁惠王这样的人听，就如一句俗语："鸭子背上泼一勺水。"所以说他讲的是废话。

孟子所讲的先义后利理念，多为后世所误解。孟子认为义和利都是重要的，就像忠和孝都重要一样，只是有主有从，有先有后。后世的腐儒却理解为只重义而不重利，并进而引发了公与私的争论。如南怀瑾大师所言："汉唐以来，儒家的义利之辨，大多混淆了私与无私之别，两者分不开来。所以谈义利之辨时，往往在逻辑上就会夹缠不清，而使我们现在的一些人仍然弄不清楚，乃至于产生'儒家思想没有什么了不起'的错觉。因为后世受此影响，每谈义利之辨，就成了谈有私与无私之辨。遂进一步牵涉到中国文化思想的中心，乃至牵涉到人类文化的中心，尤其是政治行为的中心——公与私之辨的问题。"

但孟子的义与利，谈的并不是公与私的问题，而是"大利"和"小利"的问题，如果只讲利不讲义，即使得了利，也会失去，这只是小利甚至无利。如果先义后利，就能可持续发展。这是大利。纵观世界级大企业家，哪个不是先义后利而发展起来的呢？

我们往往把"义"字想象得很神秘，孟子的解释是：义者，宜也，也就是办事合乎道理，合乎方法。好比办一家公司，首先要制定完善的规章制度，要确定每个人的职权，总之要先把内部的管理搞好，然后才谈到市场上去竞争求利。抱着投机取巧的心理，抓住机会到市场上捞一把，因为内部竞争力不行，以后就难以为继。

另外，还要合理分配利益，使员工、客户、合作者等各方面都得到合理利益。俗话说："分赃不匀，打死人！"如果利益分配不合理，内外部就纷争不断，大家只顾争利，就没心情去求利了。所以，"华人首富"李嘉诚说："有钱大家赚，利润大家分享，这样才有人愿意合作。"他又说："如果一单生意只有自己赚，而对方一点不赚，这样的生意绝对不能干。"台湾企业家林东岩也说："只有双方满意才是一笔成功的生意。如果只有我赚，别人亏，那就是不平等交易，就是一笔不成功的生意。"所有这些讲的都是先义后利。

再者，求利时除了考虑小圈子的利益外，也要考虑社会效益。受到社会欢迎的事往往能够成功，受到社会反对的事最终都会失败。诚如拿破仑·希尔所言："任何不是建立在真理和正义之上的事，既不可能成功，也不可能赚钱。"

以上观之，孟子义利之辩，着眼点还是一个利字。可以认为，他讲的并不是一个品德问题，而是一个智慧问题。如果一个人不能透过义字看到大利，缺少的也许不是品德，而是智慧。

做出金字招牌

子夏的"信而后劳其民"和"信而后谏"分别谈的是对下属和对上司两个方面，但其要点相同：首先要取信于人。

在没有取信于下属之前，为什么不能指挥他们呢？因为指挥不动。比如很多领导在会上发言，很好的制度，很好的政策，讲得有理有据，下面的人却说："瞧！又在欺骗咱们老百姓。"下面的人有了这样的心态，再好的制度、再好的政策也难以推行，或者执行不彻底，不就劳而无功了吗？

那个"纸上谈兵"的赵括，实际上就输在未曾取信就先指挥这一点上。他一上台，就撤换了一大批才能不佳或品行有缺陷的军官，代之以德才兼备的新人。从理论上来说，这并没有错。关键在于，大家对他并不信服，心里肯定会想："老子当兵打仗那会儿，你还在吃奶，懂什么呀？"大家心里有这样的想法，他的做法就全无用处。

在没有取信于上司之前，为什么不能劝谏他呢？因为他根本不会听从。指出他的错误，他看不到你的好心，还以为你在嘲笑他傻而自显高明呢？那他对你就不是感激，而是讨厌甚至仇视。

"信而后谏"的原则不仅对上司适用，对亲人、朋友也同样适用。大致上，对方不愿意倾听你的意见时，说明他还不太相信你能拿出什么高见，那就不如闭上嘴巴，这样起码不会得到怨恨。

所以说，不管是对上司还是对下属，首先要取信于人，人家认可了你，他就认可了你的观点和行为。如何取信于人呢？有三个要点：

第一，树立一个符合大众期望的目标。俗话说："无利不起早。"我们说话做事，必然包含某个动机，所以我们一动口、一动手，人家就会有一个疑问：这小子想干什么？如果我们所行之事对他有益，他就会赞成；如果会危害到他的利益、名声或影响他的心情，他就会反对甚至制造障碍。为了获得帮助和减少障碍，我们就应该多说与人有益的话，多做与人有益的事。

如果我们想干大事，还必须亮出一个符合大家期望的目标，并设法使他们相信这是真的。这是重要的成功之道。《孙子兵法》说："道者，令民与上同意也，故可以与之死，可以与之生，而不畏危。"只要大家认同你的目标，他们就愿意陪你出生入死，什么也不害怕。

目标有的高尚、有的务实，关键要让大家看到好处。周恩来先生少年时的目标是"为中华之崛起而读书"。人家一听，谁不竖拇指：好！咱们中国人民被外国佬欺负一百多年了，早就该崛起了，所以大家都乐意支持他、帮助他、追随他。台湾企业家蔡万霖的目标是"我做大老板，员工做小老板"，员工一听就高兴：只要我能做小老板，你做大老板我没意见。香港"珠宝大王"郑裕彤决定进军房地产业时，把干部们召集到一起，宣布了自己的远大目标："我们过去在珠宝界已经打出了一片天地；而现在，我们将要建设一个'新世界'！"他表示，将要建成一个全港最引人瞩目的建筑群：新世界中心。大家都兴奋起来，愿意追随他创大业。随着"新世界中心"的落成，郑裕彤一举成为香港地产界的超级大亨之一。

让人屈从不如让人乐从。每一个下属都只会为自己的目标而奋斗，而不会为上司的目标而奋斗。除非你的目标能让下属看到好处，他们才会真诚追随。

第二，有一项他人无法比拟的特殊才能。几乎每一个成功人士都是某个方面的专家，他也许是技术专家，也许是管理专家，也许是经营专家……在这里，"专家"一词的意思是，在你所处的群体中，大家普遍认可你某方面的才能。这跟是否握有国家某个机构授予的职称没关系。

成为专家跟人生成就有什么关系呢？假如你确有专长，人品又好，别人在这方面遇到疑难问题，自然会来向你请教，并乐意按你的意见办。当很多人习惯于听从你的意见时，你的威信便在人群中凸显出来。这种威信又会影响到你对其他方面的发言权。尽管你在其他方面的见识并不一定比别人高明。这样，你在人群中的地位便确立了。这种地位又会进一步影响到你的其他机会，比如说优先升迁，被推举为"老板"等。如果你是领导者，下属对你的想法就是：这个人了不起，不是一般的人，跟着他准没错。当大家对你产生了这样的想法，你说的话就很少有人怀疑了。

第三，说到做到，不放空炮。耶稣在《马可福音》里有一句话："你若能信，在信的人，凡事都能。"诚信不是某些人眼里的鸡肋，而应该是做人处事最起码的品质，对于领导者或下属都是不可或缺的伦理。遗憾的是诚信已经成为眼下匮乏的稀缺资源，它已经成为许多人用来伪装掩护的幌子：口口声声以诚信为本，实际上骗你没商量。

老子说："信不足焉，有不信焉。"别人对你缺乏信任，是因为你说话不讲信用。"狼来了"的故事是我们都很熟悉的：一个孩童在山上牧羊，闲着没事干，就拿骗人当游戏，一次次说"狼来了"，人们受过几次骗，就不再相信他了。狼真的来了，他就只能后悔莫及。这个故事告诉我们：如果你一再失信于人，别人就不会再相信你了。

我们要想取信于下属或上司，就要严守信用，说到做到，不放空炮。正如南怀瑾大师说："孔子说做人、处世、对朋友，'信'是很重要的，无'信'是绝对不可以。尤其一些当主管的人，处理事情不多想想，骤下决定，以致随时改变，使部下无所适从，所以孔子说：'人而无信，不知其可也。'"

那么，守信要到何种程度呢？最好学学周成王，做到"君子一言，驷马难追"。有一次，周成王和小弟弟叔虞在一起做游戏时，将一片梧桐叶子剪成玉圭的形状，递给叔虞说："我把这个赏给你。"

叔虞很高兴，喜滋滋地将这件事告诉周公。周公就去问周成王："您给了叔虞封赏吗？"

周成王说："我只是跟叔虞开个玩笑。"

周公正色道："我听说'天子无戏言'，天子说出的话，史书会记录，艺人会传唱，官吏会议论，怎么能开玩笑呢？"

于是，周成王封叔虞为晋王。

也许有人会说：一句玩笑话也当真，太古板了吧？其实不然，信用是靠细微小事积累而成的，要想获得别人的绝对信任，必须绝对守信，即使一句玩笑也不例外。如果不打算兑现，就不要随便开玩笑，以免失信于人。

别把真诚当作假仁义的面纱

有一种人我们都很讨厌，孔子也非常厌恶。这种人通常表面和善大度，对待他人永远只会表现他阳光的一面，而将他的阴暗、冷漠与自私等蒙上一层面纱。他们气量狭小却又故作宽宏。

《论语·公冶长》中孔子曾说："巧言、令色、足恭，左丘明耻之，丘亦耻之。

匿怨而友其人，左丘明耻之，丘亦耻之。"这里孔子说，一个人讲一些虚妄的、好听的话，脸上表现出好看的、讨人喜欢的面孔，看起来对人很恭敬的样子，但不是真心的。用我们老百姓的话说更直白：嘴上一套，背地里是另一套。这样的人就叫"两面三刀"。接着孔子说这样的小人左丘明耻之，我也耻之。

南怀瑾先生解释说"匿怨而友其人"就是明明对人有仇怨，可是不把仇怨表示出来，暗暗放在心里，还去和所怨恨的人故意周旋，像这样的人，用心太奸险了。左丘明不屑于这样，我也不屑于这样。

这种人用心之险、之毒不是一般人所能达到的，凡夫俗子们通常都是把心情写在自己的脸上，哪里有那么多的精力用在工于心计上，这样活着的人未免太辛苦了。但是总有些人不是这样想的，比如被南怀瑾先生称为历史上第一个"奸雄"的郑庄公，南老说曹操效法的似乎也是郑庄公。

郑庄公的母亲姜氏生有两个儿子，老大叫寤生，老二叫共叔段。姜氏对共叔段特别偏爱，几次请求郑武公立共叔段为世子，武公都没有同意。

武公死后，长子寤生继位，是为郑庄公。姜氏见扶植共叔段的计划失败，转而请求庄公将京邑封给共叔段，庄公不好推辞，只好答应了。

郑国大夫知道后，立即面见庄公说："分封的都城，它的周围超过三百丈的，就会对国家有害。按照先王的制度，规定国内大城不能超过国都的三分之一，中城不能超过国都的五分之一，小城不能超过国都的九分之一。现在将京邑封给共叔段，不合法度。这样下去恐怕您将不能控制他。"

庄公答道："母亲喜欢这样，我怎么能让她不高兴呢？"

大夫又说："姜氏哪里有满足的时候！不如早想办法处置，不要让祸根滋长蔓延，蔓延了就很难解决，就像蔓草不能除得干净一样。"

庄公沉吟了一会儿，说："多行不义必自毙。你姑且等着吧！"

其实，郑庄公心里早已有了对付共叔段的方略。他知道自己现在力量还不够强大，共叔段又有母后的支持，要除掉共叔段还比较困难，不如先让他尽力表演，等到其罪恶昭著后，再进行讨伐，一举除之。

共叔段到了京邑后，将城进一步扩大，还逐渐把郑国的西部和北部的一些地方据为己有。公子吕见此情形十分着急，对庄公说："国家不能使人民有两个君主统治的情况出现，您要怎么办？请早下决心。要把国家传给共叔段，那么就让我奉他为君，如果不传给他，就请除掉他，不要使人民产生二心。"

庄公回答说："你不用担心，也不用除他，他将要遭受祸端的。"

此后，共叔段又将他的地盘向东北扩展到与卫国接壤。此时，子封又来见庄公，说："应该除掉共叔段了，再让他扩大土地，就要得到民心了。"

庄公说："他多行不义，人民不会拥护他。土地虽然扩大了，也一定会崩溃的。"

共叔段见庄公屡屡退让，以为庄公怕他，更加有恃无恐。他集合民众，修缮城墙，收集粮草，修整装备武器，准备好了步兵和战车并与母亲姜氏约定日期作为内应，企图偷袭郑国都城，篡位夺权。

庄公对共叔段的一举一动早已看在眼里，并有防备。当他得知共叔段与姜氏约定的行动日期后，就命大将子封率领二百辆战车提前进攻京邑，历数共叔段的叛君罪行，京邑的人民也起来响应，反攻共叔段，共叔段弃城而逃，后来畏罪自杀。他的母亲姜氏也因无颜见庄公而离开宫廷。

这一段故事来自于左丘明的《左传》，学过这篇文章的人应该还能记得文章的标题《郑伯克段于鄢》。注意标题中的一个字："克"，这就是春秋笔法，微言大义。也就是说从这样非常简单的一个字，我们可以看出来左丘明的态度，他是不赞成郑庄公这个人的。因为"克"字是对敌人才用的字眼，这样类似的情况在《左传》中还有很多。

如果按照孔子的思想他是讲究兄弟友爱的，也就是说弟弟再有过错你也不能放纵他继续错，更不能杀了他，而是应该给他讲道理，要他做好自己的本分，毕竟是血浓于水的亲兄弟。但是郑庄公不仅没有规劝，反而用了假装糊涂与欲擒故纵的计谋，他表面上装作很有肚量，对他的弟弟和母亲也是一忍再忍，可背地里早已经做好了杀弟逼母的准备。从这一点上来讲他也不愧是历史上第一个"奸雄"。也许有人会认为皇室从来就没有夫妻情，也没有父母子女情，又谈什么兄弟情呢？他们生来就是为权力和地位斗争的，谁输了谁就是阶下囚，也许比这个还惨烈。

不过，我们作为一个普通的凡夫俗子，还是要本着仁爱的精神，爱他人才会被他人所爱。想一想，郑庄公的内心肯定不会快乐。他成了名副其实的孤家寡人，失去了胞弟，也失去了母亲。这样的人就算是能呼风唤雨又如何？毕竟他再也呼唤不来与他流着一样血液的亲人。活着，还是简单一点好。对他人好，对自己也好，这就是幸福人生的开始。

君子守义，小人贪利

南怀瑾先生认为"君子"一词在儒家的理论里几乎是完美人格的象征，孔子说："君子喻于义，小人喻于利。"君子做事情只会看它是否符合道义，儒家思想非常讲究仁义道德。如果一件事是坏的，是违背道德的，那么就算你告诉君子，这件事他会得到多少好处，他也不会去干的。小人就不一样了，"小人喻于利"，这句话就是说小人在做一件事时，他只会考虑利害关系，凡是能从中得利的他就去做。所以中国有句古话叫作："杀头的生意有人做，亏本的买卖没人干。"还有一句话说"重金之下必有勇夫"，也可以从侧面印证小人喻于利的现实。

所以，君子常常取义，而小人往往得利。君子做事情时考虑仁义道德，最低层次也是我们老百姓平时最爱说的"对得起自己的良心"，小人绝对不会这样，他们唯利是图，哪里还有仁义道德的位置？我们常说读史能明志，看古人的为人处世就能明白君子小人古而有之，原本就不足为怪。

晋国大夫文子曾遇到过投奔谁的难题。

文子流亡在外，经过一个县城。随从说："此县有一个啬夫，是你过去的朋友，何不在他的舍下休息片刻，顺便等待后面的车辆呢？"文子说："我曾喜欢音乐，此人给我送来鸣琴；我爱好佩玉，此人给我送来玉环。他这样迎合我的爱好，无非是为了得到我对他的好感。我恐怕他也会出卖我以求得别人的好感。"于是他没有停留，匆匆离去。结果，那个人果然扣留了文子后面的两车人马，把他们献给了国君。

人们常说的世态炎凉、人走茶凉，就是针对这样的势利小人而言。当你得势的时候，所谓有奶便是娘，小人会对你百般巴结；可是人的一生总会有不如意，等到无酒也无肉时，他们就会树倒猢狲散。经历苦难，我们才能得知谁才是我们的真朋友。那些在我们顺境之时也许从未来"表示"的人，也许正是孔子眼中的君子，而当我们失意时可能就是这些我们平时料想不到的人来安慰和鼓励我们。这样的人刚正不阿，是真君子，也是"君子取义"所说的大丈夫。平时有酒肉招待的"朋友"，一旦看你失意而生怕你找他借钱的人，就是"喻于利"的小人。

月盈自有亏，心满须归零

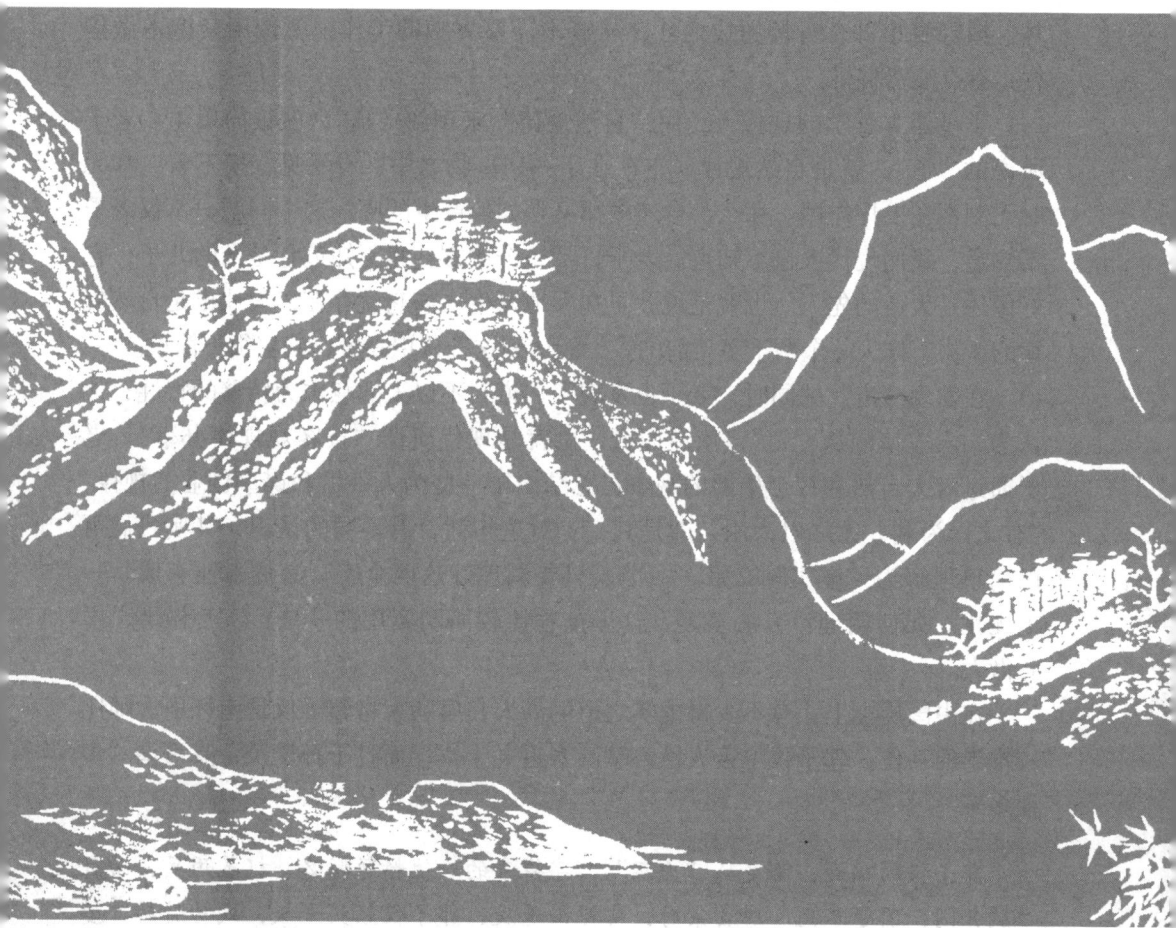

实心做事，虚心做人

老子对"道"的描述，曾让后学者大伤脑筋——"似或存"，好像不存在又好像存在，那是个什么东西？对"冲而用之"，有人理解为"无求无欲"，但是，人类如果没有欲求，进步就停止了，在自然竞争中就会被淘汰出局。对"挫其锐，解其纷"，有人理解为隐藏锋芒、避免争斗。一味走阴柔的路子，放弃阳刚，就像只要黑夜不要白天一样，这难道是老子的本意吗？对"和其光，同其尘"，有人理解为收敛光芒、混同世俗。历史上不少能人异士放弃表现机会，或遁迹山林，或隐身市井。身怀超拔之才，从事不需要大脑的工作，就像用紫檀木做猪栏，有点浪费材料。

学过西方哲学的现代人，用"自然规律"来理解"道"，就很简单了。老子所说的"道"，就是自然规律，它存在于一切事物之中，看不见，摸不着，却无时无刻不在发挥作用。那么，自然规律又是如何产生的呢？这个问题，不仅老子不知道，我们现代人也不知道。老子打了一个比方：我不知道它是谁的儿子，它好像还是天帝的先人。也就是说，早在天地诞生之前它就存在，天地也是自然规律的产物。作为一个两千多年前的人，能达到这种认识高度，确实很不简单。

在发现"道"的同时，老子也发现了"道"不以人的意志为转移的特性，他认为，人应该顺从"道"，依道而行，也就是现代所谓"按客观规律办事"。老子通过对大自然和社会生活的观察，总结出了一些为人处世和谋事创业的规律，"有之以为利，无之以为用"即是其一。对这句话，有不同的认识，其实我们可以简单理解为"虚实"二字。一个人只要调理好这两个字，必然事业有成、一生无忧。如何调理？方法多多，这里推荐比较简明实用的一法：实心做事，虚心做人。

在中国历史上，有不少得虚实之道的高人，唐朝大将郭子仪是南怀瑾大师比较推崇的一位。郭子仪位极人臣，享高寿近九十岁，而且子孙繁茂，真可谓"多福多寿"。

郭子仪的福寿，都是从"虚实"二字得来的。他精通韬略、极善用兵，而且心胸开阔、器量不凡。唐玄宗时，安禄山造反，郭子仪领兵平叛，战功赫赫，屡获升迁，直至元帅之职。唐肃宗担心郭子仪等名将难以驾驭，便取消元帅职衔，同时派太监鱼朝恩来监军。郭子仪欣然交出元帅权柄，丝毫没有不满的表示。但是，由于各军缺乏统一指挥，各自为战，战场形势很快陷于不利局面。无奈之下，唐肃宗只好重新任命郭子仪为元帅，节制各路人马。在郭子仪的英明指挥下，唐军屡战屡胜，完全压住了叛军的气势。鱼朝恩很嫉妒郭子仪的功劳，向朝廷密告他许多罪名。唐肃宗又诏令郭子仪交卸兵权，回京师候命。郭子仪接到命令后，不顾部下反对，独自回京闲居，一点也没有怨尤的表示。

过不久，史思明攻陷河洛，气焰大炽。唐肃宗担心大唐江山不保，又诏命郭子仪为诸道兵马都统，掌管全国军权。郭子仪立即奉命出征，率领诸路大军，剿灭了史思明等多路叛军。

唐肃宗死后，唐代宗即位，听信谗言，罢免了郭子仪的军职，派他去督修肃宗墓。郭子仪欣然接受诏命，也从无愤愤不平的表示。

后来，仆固怀恩暗中勾结回纥、吐蕃，再度谋反，攻陷两京，逼得唐代宗不得不避难陕州。无奈之下，代宗匆匆忙忙拜郭子仪为关内副元帅，坐镇咸阳，主持平叛。郭子仪仅率数十骑，一面向前线进发，一面沿途招募民兵、收容逃兵败将，渐渐兵势壮大，平定了叛乱，收复了两京。

从用人角度来说，理当"用人不疑，疑人不用"，唐肃宗、唐代宗两代昏君正好相反，对郭子仪既用又疑，国家危难时，把天大的担子压在他身上；等到形势刚刚好转，又无情地剥夺他的兵权，把他闲置在一边。受到这样的对待，一般人肯定是受不了的，郭子仪却坦然受之，好像一切都是很自然的事。你给他权位名利，他欣然接受；你给他不公平待遇，他无怨无悔，真可谓虚怀若谷。但他做事却一点不含糊，三度为主帅，三次剿灭声势浩大的叛军，保大唐江山不倒。

像郭子仪这样的人，是经得起时间考验的，他最终还是取得了皇上的信任和朝中上下人等的敬仰。刚刚剿灭仆固怀恩的叛乱不久，他就得到一个消息：他父亲的坟墓被人掘了，官府搜捕盗贼，却一无所获。人们纷纷猜测，一定是嫉妒他的鱼朝恩指使人干的。朝廷官员们都害怕郭子仪因此反叛，唐代宗也为此惴惴不安。但事实证明，人们的担心是多余的，郭子仪回来处理此事时，在唐代宗面前痛哭道："我长久带兵，却不能禁止残暴的行为，因而许多士兵掘墓盗财。今天挖了我家坟墓，是我自作自受，不关别人的事。"

唐代宗这才放下心来，从此对郭子仪再无猜忌。

鱼朝恩这时也有悔意，想跟郭子仪搞好关系，便邀请他一同去章敬寺游玩。鱼朝恩的政敌、宰相元载担心鱼、郭二人结盟，就派人挑拨郭子仪说："鱼朝恩想对你图谋不轨。"

郭子仪不信，执意赴会。他手下的将领们听说后，拿刀挂剑要随同保护。郭子仪说："我是国家大臣，鱼朝恩没有天子的命令，怎敢暗害我！假如他受皇命处决我，谁也保护不了，你们去了又有何用？"

于是，郭子仪只带了几名家僮前往章敬寺。鱼朝恩感到非常惊讶。郭子仪就将听到的都告诉了鱼朝恩，并说："带那么多人来，害怕麻烦您张罗。"

鱼朝恩抚胸拱手，痛哭流涕道："如果您不是长者，能不怀疑我吗？"

自此，鱼朝恩对郭子仪敬仰有加，再也没有做过危害他的事。

后来，郭子仪奏请任命一名州县官员，宰相元载未予答复。僚属们相互议论说："以郭令公的功勋和德行，请求任命一名从属官员，竟然得不到批准，宰相岂不是很无礼？"

郭子仪听说后，对僚属们说："自从兵乱以来，武将大多飞扬跋扈，凡是他们所要求的，朝廷经常委曲求全，尽量满足。这不是因为别的，而是对他们抱有疑虑，怕他们谋反。如今我所奏的事，皇上认为行不通就搁置起来，而不用对待武臣的方法来对待我，这是亲近信任我，各位应该替我高兴，又有什么可责怪的呢！"

这件事，使宰相元载大受感动，而皇上对郭子仪也更加信任了。

郭子仪一味与人为善，而不与人结仇，这样的人对他人有益无害，谁愿意跟他作对呢？此后，他身居高位多年，再无风波，始终屹立政坛，做了一个"不倒翁"。

郭子仪在做事方面，任劳任怨，竭心尽力，从不让人失望，得了一个"实"字；在名位上面，不争不夺，能上能下，得了一个"虚"字，如此虚实两用，正体现了道家"冲而用之"的神妙。

人生在世，虽然不是命运天定，但也不能勉强为之。只能依自己的努力和机缘，能上则上，当下则下，进退俯仰，顺其自然。身处顺境时，不得意忘形；身处逆境时，不自轻自贱，把任何境遇都看成一种正常状态。因为它本来就是一种正常状态。没有谁天生注定应该心想事成，为什么得意的就一定是自己呢？为什么失意的就一定是别人呢？没有这个道理。如果做人能做到有虚有实、无滞无碍，无可无不可，无求无不求，也就称得上顺其自然、与道相合了！

忘记从前的成绩，记住过去的谦恭

《论语·子张》中有这样一段话：叔孙武叔语大夫于朝曰："子贡贤于仲尼。"子服景伯以告子贡，子贡曰："譬之宫墙，赐之墙也及肩，窥见室家之好；夫子之墙数仞，不得其门而入，不见宗庙之美，百官之富。得其门者或寡矣。夫子之云，不亦宜乎？"

　　南怀瑾先生解释说叔孙武叔是人名，叔孙氏，名州仇，谥为武，他是鲁国的大夫。这里他和子贡的对话是在孔子逝世以后，当时颜回与子路等大弟子也已经死了，子贡本来就是一个多才多艺的人，再者凭借其多年来和老师周游列国的经历，此时的子贡已经是名满天下的人物了。

　　所以叔孙武叔在朝廷中告诉一班大夫们说："真要比较起来，依我看孔子的学生子贡比他本人要厉害得多。"在这里叔孙武叔并不是要表达青出于蓝而胜于蓝的敬仰和尊敬，他是在诋毁孔子，怀疑他的人品和学问道德。

　　子服景伯也是人名，鲁国的大夫，他和子贡是同学，他在当时是很有权力的人，现在子服景伯听了这个话，就回来告诉子贡，说叔孙武叔在如何批评老师。子贡就说："譬如门墙，我们筑的墙，只筑到肩膀这么高，人家站在外面一望，就看见了里面的一切，而老师的高墙太高，我们也许一辈子也不得其门而入。正因为他的地位太高，许多普通人反而摸不到它的实际高度，所以才会认为我比我们的老师还要厉害。这真是一个笑话。"

　　我们在这里看到子贡对孔子很敬佩，而且很有自知之明。他没有因为别人的恭维而自鸣得意，反而竭力维护老师的尊严。做学生最应该有这样的精神，为人师者如果遇到子贡这样一个既能干又懂得维护自己尊严的学生也是三生有幸。正如孔子自己感慨的一样："得天下英才而教之，真是人生的一大乐事。"

　　乔治·卡特利特·马歇尔是美国的一代名将，在第二次世界大战中，他作为美国陆军参谋长，对建立国际反法西斯统一战线做出了重要贡献。

　　鉴于其卓越的功勋，1943 年，美国国会同意授予马歇尔美国历史上从未有过的最高军衔——陆军元帅。但马歇尔坚决反对，他的公开理由是如果称他"Fid Marshal Marshall"（马歇尔元帅），后两字发音相同，听起来很别扭。其实真正的原因是这将使他的军衔高于当时已病倒的潘兴陆军四星上将。马歇尔认为潘兴才是美国当代最伟大的军人，自己又多次受到潘兴将军的提拔和力荐，马歇尔不愿使自己崇敬的老将军的地位和感情受到伤害。

　　第一次世界大战中，马歇尔随美军赴欧参战。当时的美国远征军司令潘兴非常欣赏马歇尔的才能，大战末期将他提拔为自己的副官，视为得意门生。后来潘兴虽然退役，仍然多次力荐马歇尔晋升。在潘兴的有力影响下，1939 年马歇尔领临时四星上将军衔出任美国陆军参谋长。有一段小插曲足以说明马歇尔对潘兴的深厚感情。1938 年春，马歇尔前往医院探望潘兴。潘兴若有所思地说："乔治，总有一天你也会像我一样当上四星将军的。"马歇尔满怀感激地回答："美国只有您有资格获四星上将军衔，绝不可能再有另一个人！"听到马歇尔的肺腑之言，潘兴顿时热泪盈眶："谢谢你，乔治！"

马歇尔拒绝当元帅后，为了表示对他的敬意，美军从此不再设元帅军衔。1944 年底，马歇尔晋升五星上将——美军的最高军衔。

如今尊师重道似乎已经衰落了，人们忘记了自己的很多成就都是老师教育的结果，有些学生甚至和老师因为意见不合而怒目相视。不知道我们的大教育家孔子如果看到今天这样的现象会有什么感慨。从另一方面来讲人们想要知道自己是什么人物、什么分量还真不是一件容易的事。

现实生活中我们往往会发现这样的现象：一些取得成就的人，往往将最初的谦恭忘得一干二净，这样的人其实并不具备自知之明的美德。伟大的人的谦恭是自始至终的，越在顶峰处越发显示出虚心的珍贵。就像子贡一样，在他功成名就的时候还没有忘记老师的教诲，吃水不忘挖井人，这就是一种尊师重道的表现，也是拥有自知之明的人才会做出的选择。

孤芳自赏时，天地就小了

南怀瑾先生曾说，心轮八瓣叫作法轮，这个心轮如果打开了，人就非常愉快，非常爽朗，心境也会很大。有些人的思想只是很注意小地方，那是心脉闭了。有些人能大彻大悟，具备英雄气派，那是心轮很大，打开了。

也就是说，人应该包容一些，心境宽广了，也就爽朗快乐了。包容广大，包容有缺点的人甚至无能的人，也能包容那些偏远地方的贤士，而不结党营私。这样做实际上就是走中正的道路，在人际交往中，我们也应该怀有包容之心，以谦让豁达来赢得更多的朋友；不要结党营私，局限在某个小团体之内，更不要自尊自大、孤芳自赏，走到孤立无援的地步。

安德森是个非常优秀的青年，头脑一向很聪明，在大学期间是令人羡慕的"学习尖子"。或许正是因为他太优秀了，所以其他人在他眼里简直不值一提。

他是一个特立独行的人，时时感到自己鹤立鸡群。不仅周围的同学他看不上眼，连一些教授他也不放在心上，因为他们讲的课程对安德森来说实在太简单了。

学业上的优秀使安德森逐渐形成了一种优越感，因而在人际交往上常常变得极为挑剔，容不得别人有一点毛病。一次，有个同学向他借了一本书，书还回来时弄破了一点，虽然那个同学一再向他表示歉意，但安德森仍然无法原谅他。尽管碍于面子，他当时什么话也没说，然而从那以后，他再也不愿理睬那个借书的同学了。

渐渐地，安德森成了其他同学眼中的"怪人"，大家不敢再和他交往，甚至不愿意和他交往。当然，这种"集体排斥"并没有阻碍安德森在学业上的成功。

安德森的功课门门都很优秀，年年都拿奖学金，还曾代表学校参加过国际性竞赛并获得了奖项。许多老师和学生都一致认为，他是一个难得的天才。

数年寒窗苦读后，安德森以优异的成绩毕业，顺利进入一家待遇优厚的大公司。他心中对未来充满了憧憬，准备干出一番轰轰烈烈的事业来。不过，上班后的生活远远不像在学校里那样简单，每天都少不了和上司、同事、客户等各种各样的人打交道，安德森对此感到十分厌烦。原因在于，他在与人交往时仍然抱着那种挑剔的心理，一旦与人接触就对他人的缺点非常敏感。

毕竟，安德森太优秀了，很少有人能够和他相提并论。他对别人的挑剔越来越严重，逐渐发展成对他人的厌恶。他讨厌那些平庸的同事、低能的上司，有时甚至说不清对方有什么具体的缺点，但他就是感觉不对劲。

长此以往，安德森与周围的人关系搞得很紧张，彼此都感到很别扭。他经常与同事闹得不可开交，也往往因一些微不足道的小事而与上司发生口角。

终于有一天，安德森彻底变成了一个无人理睬的闲人了。尽管他确实很有才干，但上司不再派给他任何任务，同事们也像躲避瘟疫一样远离他。在走投无路之际，他被迫写了一份辞职书，结果马上得到批准。

随后，安德森又到别处应聘，可是一连换了四五家单位，竟然没有一处让他感到满意。这位原本前途远大的青年，心情变得越来越苦闷，日益形单影只。在巨大的痛苦煎熬下，他的精神逐渐崩溃，最后被送入了一家精神病医院。

安德森的人生可谓一场悲剧，但这场悲剧是他孤芳自赏的性格造成的。一个很优秀的人，难免会有些骄傲和自信心膨胀，这时需要自己保持头脑清醒，看到自身的不足，用谦虚恭敬的态度为人处世，只有这样才能不断提高自己，同时也会获得别人的认可。

人生在世，要学习，要自强，而自强不仅包括做事的学问，同时也包括为人的学问。总之，做人不能太把自己当回事了，否则就容易忘乎所以、刚愎自用，对人对事吹毛求疵。这样的人，即便本领再高强，也不会受人尊敬、被人重用。

莫以身轻失天下

老子说，"重为轻根，静为躁君，是以君子，终日行不离辎重，虽有荣观，燕处超然。奈何万乘之主，而以身轻天下，轻则失根，躁则失君。"这句话的意思是，厚重是轻率的根本，静定是躁动的主宰。因此君子终日行走，不离开载装行李的车辆，虽然有美食胜景吸引着他，却能安然处之。为什么大国的君主，还要轻率躁动以治天下呢？轻率就会失去根本，急躁就会丧失主导。

"重为轻根"的"重"字，可以牵强作为重厚沉静的意义来解释，重是轻的根源，静是躁的主宰。"圣人终日行而不离辎重"，并非简单指在旅途之中一定要有所承重，而是要学习大地负重载物的精神。

大地负载，生生不已，终日运行不息而毫无怨言，也不向万物索取任何代价。生而为人，应效法大地，有为世人众生挑负起一切痛苦重担的心愿，不可一日失却这种负重致远的责任心。南怀瑾先生语重心长地说，这便是"圣人终日行而不离辎重"的本意。

有人说，世界上只有两种动物能到达金字塔顶。一种是老鹰，还有一种，就是蜗牛。鹰矫健、敏捷、锐利；蜗牛弱小、迟钝、笨拙。鹰残忍、凶狠，杀害同类从不迟疑；蜗牛善良、厚道，从不伤害任何生命。鹰有一对飞翔的翅膀，蜗牛背着一个厚重的壳。与鹰不同，蜗牛到达金字塔顶，主观上是靠它永不停息的执着精神，客观上则应归功于它厚厚的壳。蜗牛的壳，非常坚硬，它是蜗牛的保护器官。据说，有一次，一个人看见蜗牛顶着厚重的壳艰难爬行，就好心地替它把壳去掉，让它轻装上阵，结果，蜗牛很快就死了。正是这看上去又粗又笨、有些负重的壳，让小小的蜗牛得以万里长征，到达金字塔顶。有时，有所背负，反而能够走得更远。

志在圣贤的人们，始终要戒慎畏惧，随时随地存着济世救人的责任感。倘使能做到功在天下、万民载德，自然荣光无限，正如隋炀帝杨广所说的："我本无心求富贵，谁知富贵迫人来。"道家老子的哲学，看透了"重为轻根，静为躁君"和"祸者福之所倚，福者祸之所伏"自然反复演变的法则，所以才提出"虽有荣观，燕处超然"的告诫。

虽然处在"荣观"之中，仍然恬淡虚无，不改本来的素朴；虽然燕然安处在荣华富贵之中，依然超然物外，不以功名富贵而累其心。能够到此境界，方为真正悟道之士，奈何世上少有人及，老子感叹："奈何万乘之主，而以身轻天下。"

有两个空布袋，都想要站起来，便一同去请教智者。智者对它们说，要想站起来，有两种方法，一种是得自己肚里有东西；另一种是让别人看上你，一手把你提起来。于是，一个空布袋选择了第一种方法，高高兴兴地往袋里装东西，等袋里的东西快装满时，袋子稳稳当当地站了起来。另一个空布袋想，往袋里装东西，多辛苦，还不如等人把自己提起来，于是它舒舒服服地躺了下来，等着有人看上它。它等啊等啊，终于有一个人在它身边停了下来。那人弯了一下腰，用手把空布袋提起来。空布袋兴奋极了，心想，我终于可以轻轻松松地站起来了。那人见布袋里什么东西也没有，便一手把它扔了。

"轻则失根，躁则失君。"人们不知道修身涵养的重要，犯了不知自重的错误，不择手段，只图眼前攫取功利，不但轻易失去了天下，同时也戕杀了自己，触犯了"轻则失根，躁则失君"的大病。

老子所谓："及吾无身，又有何患。"人的生命价值，在于其身存。志在天下，建丰功伟业者，正是因为身有所存。现在正因为还有此身的存在，因此，应该戒慎恐惧，燕然自处而游心于物欲以外。不以一己私利而谋天下大众的大利，立大业于天下，才不负生命的价值。可惜为政者，大多只图眼前私利而困于个人权势的欲望中不能自拔，由此而引出老子的奈何之叹！

飞再高也不要忘记自知

经过最初的不顺利，终于能坐上尊贵的位置，只有保持谦逊，才能在尊贵的位置上保持吉祥。谦逊使人永存平和之心，不骄不躁，遇到问题能客观解决，不鲁莽冒进。南怀瑾先生曾说，虽然坐在最上的位置，也不觉得有什么可骄傲的，这如同上楼下楼一样，没有永远在楼上不下来的，那么在下位也无忧，人生随时随地要了解自己。

谦逊使人有自知之明，使人永远不会丧失理智去做超出自己能力范围的蠢事。如果不自量力，丧失了自知的能力，就会遭受挫折。

一只风筝在微风中飘然升起，越过了屋顶，飘过了树梢。这时，站在树上的花喜鹊对它说："风筝大哥，你飞得真好！"

"不。"风筝谦虚地说，"要不是有风，要不是有线牵着我，我是飞不好的！"

风越来越大了，线越放越长了，风筝也越飞越高了。等它飞过山顶的时候，心里就有些飘飘然了："啊！当我躺在屋里桌子上的时候，怎么也不知道我原来是一个飞翔的天才！"

风筝随着风在不停地上升、上升，一直飞到了白云之上。当它俯视地面的时候，地上的房屋、树木、河流，甚至大山都显得那么渺小，就连平时高飞的雄鹰，现在也在它的脚下。它心里有一种说不出的滋味，仿佛自己的身体也在膨胀，变得高大起来。

"喂！"它毫不客气地对在它脚下盘旋的雄鹰说，"抬起头来看看我！过去人们总是赞扬你飞得高，现在怎么样？我比你飞得还要高！"

雄鹰抬头看看它，并没有与它争辩，只是意味深长地瞅了瞅它身下那根长长的线，微微一笑。

这样一来，风筝更沉不住气了，涨红了脸说："你这是什么意思？好像我离了线就不能飞似的！其实，我还可以飞得更高些，都怪这根可恶的线！"为了显示自己的才能，风筝拼命挣扎，只听得"嘭"的一声，拴在它身上的线断了。风筝很得意，心里想：这下可好了！我可以自由飞翔了，想飞多高就飞多高！果然，在断线的瞬间，它迅猛地向上冲了好大一截。

谁知它很快便失去了重心，在风中身不由己地向下翻滚，最后一头栽进了臭水沟。

《圣经》上说："神阻挡骄傲的人，赐恩给谦卑的人。"谦卑是一种无言却厚重的力量，它比骄傲更有力。风筝离开了线的掌控就会丧失方向，无法飞翔，人脱离了行为的底线也会跌跟头。

一个人如果想在纷繁复杂的世间立足，有时谦恭比骄傲更有用处。山外有山，人外有人，谦卑使人进步，骄傲会使你在真正的强者面前显得可笑而卑微。

杨万里是南宋著名的诗人，他知识渊博，非常有才华，所写的诗一直广为流传，但他为人很低调，一直非常谦虚。

江西有一个名士，他常常说自己学识渊博，天下没有人胜得过他。后来，他听说杨万里很有名，非常不服气，决定给他写一封信，说要亲自到杨万里的家乡——吉水来拜见他。杨万里早就听说这个人一贯骄傲得不得了，就给他回了一封信，说："我很欢迎您的到来，冒昧地向您提一个小小的要求，听说您家乡的配盐幽菽非常有名，很想亲口尝一尝滋味，请您来时顺便捎带一点。"

那个名士拆信一看，不禁一下子愣住了，什么是配盐幽菽呀？自己从未听说过。他想了很久，也想不出是什么东西，他又不愿意去问别人，只好自己在街上到处乱找，但找了很久也没有找到。后来，他实在想不出是什么东西，只好空着手来到吉水。他见到杨万里后，寒暄了两句就问："您信中提到的配盐幽菽是不是卖的地方比较偏僻，我找了很久也没有找到。实在抱歉！"

杨万里听了哈哈大笑起来："你们那里家家户户都有啊！"说着，他随手从书架上取下一本《韵略》，翻开其中的一页。名士接过来一看，上面明明白白地写着"豉，配盐幽菽也"一行字。

他这才明白，原来所谓配盐幽菽，就是家庭日常食用的豆豉啊！豆豉是用黄豆或黑豆泡透、煮熟后再发酵的食品，然后再放上盐，这道家常小菜的别名就叫配盐幽菽。

名士看了非常惭愧，他这才明白自己平日读书太少了。从此以后，他再也不骄傲自大、目中无人了。

做出一点点成绩便飘飘然是人的通病。成绩使人心无限膨胀、无限上升，以致不能再认清自己的实力，失去理智而去攀登永远无法逾越的高峰。最后，不仅得不到成功，还会搞得自己疲惫不堪、伤痕累累。

一只装得满满的碗是装不下新东西的。一个人必须时刻保持虚怀若谷的状态，才能不断进步，最终获得人生的成功。

自觉伟大的时候正是即将失败的时候

南怀瑾先生说过，天地间舒服到极点，就要出毛病。在成功的时候、得意的时候更要保持谦虚的风度，一旦狂妄起来，离失败恐怕就不远了。有了功劳而始终保持谦虚，对这种人老百姓会心服口服，自然是吉利的。居功而不自傲、虚怀若谷、谦恭自守是一种美德，是一个人取得更大成功的保障，而"自满者败，自矜者愚"，一旦你感觉到了自己的伟大，并希望别人对你顶礼膜拜时，那你就准备迎接失败吧。

自负其实是一种心理疾病，它绝对不能与自信画等号。自信的人对自我价值有积极的认识，他们坚强乐观，笑对生活中的挫折和坎坷；自负的人却过高地估计自我，狂妄自大，从不懂适时的收敛，最终将会跌进失败的深渊。

"水满则溢"，一个容器若装满了水，稍一晃动，水便溢了出来。自负的人心里装满了自己过去的所谓"丰功伟绩"，再也容纳不了新知识、新经验和别人的忠言。长此以往，事业或者止步不前，或者猝然受挫。

列夫·托尔斯泰曾打过一个很有意义的比方："一个人就好像是一个分数，他的实际才能好比分子，而他对自己的估价好比分母，分母越大，则分数的值越小。"

因此，一个人不管自己有多丰富的知识，取得了多大的成绩，或是有了何等显赫的地位，都要保持谦虚谨慎的态度，不能自视过高。应心胸宽广，博采众长，不断地丰富自己的知识，增强自己的本领，进而获得更大的业绩。如能这样，则于己、于人、于社会都有益处。谦虚永远是成大事者所具备的一种品质，也只有浅薄者才会为自己的成功自鸣得意。

永葆一颗"归零心"

谈及《黄帝内经》，南怀瑾先生提到黄帝与广成子的对话，其中广成子说到一个修道的境界，就是什么都不想，内心只守一个神，那就是你的灵魂。而现代人往往不是因为有了点小成就便飘飘然，就是因贪求名利而无法自拔。

其实，每个人都有长处也有短处，成功的人只是偏巧发挥了长处罢了。所以说，即使成功了也没有什么好炫耀的，应该及时把自己的心归复原位，重新回到"0"的原点，并时刻保持一颗谦虚的心。

谦虚的反面是骄傲自满，骄傲自满是通往成功之路的绊脚石，它像有色眼镜一样，让我们看不到别人的闪光点，自以为是，止步不前，进而变得狭隘、自私、目中无人，如井底之蛙，看不到更广阔的世界。

伊索寓言中有这样一个故事：

有一只狐狸喜欢自夸自大，它以为森林中自己最大。

傍晚，它单独出去散步，走路的时候看见一个映在地上的巨大影子，觉得很奇怪，因为它从来没有看过那么大的影子。后来狐狸知道是自己的影子，就非常高兴。它平常就以为自己伟大，有优越感，只是一直找不到证据可以证明。

为了证实那影子确实是自己的，它就摇摇头，那个影子的头部也跟着摇动，这证明影子是自己的没有错。它就很高兴地跳舞，那影子也跟着它舞动。它继续跳，正得意忘形时，来了一只老虎。狐狸看到老虎也不怕，就拿自己的影子与老虎比较，结果发现自己的影子比老虎大，就不理老虎继续跳舞。老虎趁着狐狸跳得得意忘形的时候扑过去，把它咬死了。

骄傲的狐狸因为一个影子就自我膨胀，最终葬送于虎口，这就是自大的后果。所以说一个人如果不能经常使自己的心态归零，反而一任自我过度地膨胀，就很容易走入骄傲自大的死胡同。就像故事中的狐狸。可见，做人保持一颗谦虚归零的心是多么重要。

富兰克林说过："骄傲是一个人要除掉的恶习。"其实，从根本上来看，骄傲并不是自尊或自信。有一位哲学家说："一个人若种植信心，他会收获品德。"但一个人若种下骄傲的种子，他必收获众叛亲离的果子，甚至带来不可预知的危险，就像那只自夸自大、自我膨胀的狐狸一样。人因自谦而成长，因自满而堕落。功成名就之后隐退，甘心去做一个平凡人，这才符合天道。如果成功之后，只知自我陶醉，而迷失于成果之中停滞不前，那就是为自己的成就画上了句号。

成功常在辛苦日，败事多因得意时。颗粒饱满的稻穗是低着头的，只有空瘪的稻穗才昂着头。所以，我们要时刻保持谦虚，常常让心态归零，正所谓满招损，谦受益。太多的警句都在告诫我们骄傲自满的危害。要知道，一个人的成绩都是在他谦虚好学、伏下身子扎实肯干的时候取得的，一旦骄傲之气上升，自满自足，那么他必然会停止前进的脚步。

平常心助你登上新高度

生活，不需要奢华，拥有一颗平常心就可以恰到好处地诠释幸福。平常心贵在平常，波澜不惊，生死无畏，于无声处听惊雷。平常心是一种超脱眼前得失的清静心、光明心。贫贱不能移，富贵不能淫，威武不能屈。安贫乐富，富亦有道。无论处于何种环境下，都能拥有一颗平常心的人，一定是个了不起的人。只要我们努力，就能够以平常心对待纷杂的世事和漫长的人生，并跨越人生的障碍。平常心，看似平常，实则不平常。当你用一颗平常心去对待生活时，你会发现：真情，就在身边。平常心是理解、宽容、忍让的心。多一分理解和关爱，世界就多一分真善美。

南怀瑾先生在讲《黄帝内经》的时候一直强调心病难医治，最重要的就是心态，的确，做事心态很重要，要时时保持内心平和，得意时不要过分骄傲。适度的骄傲能增强自信心，但是过分的骄傲则像前进路上的大石，使你失去更进一步发展的机会，这就如狂放地饮酒没有节制，酒多到"濡其首"，就会危及自身的前途。

富兰克林年轻时是一个骄傲自大的人，他言行傲慢，处处咄咄逼人。造成他这种个性的最大原因，归咎于他的父亲过于宠爱他，对他的这种行为从来不加以指责。倒是他父亲的一位挚友看不过去，有一天，把他叫到面前，用很亲切的言语规劝了他一番。这番规劝，竟促使富兰克林从此一改往日的自大行为，得到众人的尊重，拥有丰富的人脉资源，最终踏上了成功之路！

父亲的那位朋友对他说："富兰克林，你想想看，你那不肯谦逊的性格，事事都自以为是的行为，结果将使你怎样呢？人家受了你几次难堪后，谁也不愿意再听你那一味骄傲的言论了。你的朋友们将一一远避于你，免得受一肚子冤枉气，这样你从此将不能交到好朋友，也不能从别人那里获得半点知识。何况你现在所知道的事情，老实说，还只是有限得很，根本不管用。"

富兰克林听了这一番话，恍然大悟，深知自己过去的错误，决意从此痛改前非，处事待人处处改用严谨的态度，言行也变得谦恭，时时表现得很谦逊、含蓄。不久，他便从一个被人鄙视、拒绝交往的自负者，成为到处受人欢迎、爱戴的人脉高手了。他一生的事业也得益于这种转变。

保持一颗平常心，是人类一种最好的德行。心态平和能使你耳聪目明，看到别人的优势，看到自己的不足。一个拥有平常心的人，偶有所得、偶有成就，他绝不会夸张地宣扬，因为他知道自己的所得和成就，与过去别人的所得和成就比较起来太渺小，太微不足道。这样积极、谦逊的人，才能取得一个个成功。

西方有一句格言："愈是喜欢受人夸奖的人，愈是没有本领的人。"相反，那些真正的伟人和智者，总是不忘谦逊的美德。

美国南北战争时，北军格兰特将军和南军李将军率部交锋。经过一番空前激烈的血战后，南军一败涂地，溃不成军，李将军还被送到爱浦麦特城去受审，签订降约。格兰特将军立了大功后，是否就骄奢放肆、目中无人起来了呢？没有！他是一个胸襟开阔、头脑清晰的人，他并没有做出这种丧失理智的事。

他很谦恭地说："李将军是一位值得我们敬佩的人物。他虽然战败被擒，但态度仍旧镇定异常。像我这种矮个子，和他那六英尺高的身材比较起来，真有些相形见绌，他仍是穿着全新的、完整的军服，腰间佩着政府奖赐他的名贵宝剑；而我却只穿了一套普通士兵穿的服装，只是衣服上比士兵多了一条代表中将军衔的条纹罢了。"

平常心是一种情趣、一种修养、一种韵味。保持平常心使你在成功的路上不但越走越远，还越来越有内涵，越来越有魅力。古人说，君子如兰。懂得用一生践行谦逊之道的人，就是古人所说的君子吧，他们温婉含蓄、风度翩翩，用美德的芬芳陶冶着世人。

丢掉傲 "慢"

南怀瑾先生讲到 "慢" 时说，慢叫作我慢，就是自我的崇拜、自我的崇高。我们检查一下自身就会发现，人最佩服的就是自己，每个人都佩服自己。至于阿Q精神，没有办法跟人家打，不要紧，自认还是老子。所以人最崇拜的就是自己，这个叫慢。

南怀瑾先生说的 "慢" 是一种极其有害的心理，一个人如果不能驱除 "慢"的心理，就不能够摆脱 "自我" 的困惑，就容易生出其他各种各样的烦恼。因此，一个人要想使自己的人生和心胸境界有所改变，必须摆脱 "慢" 的束缚。

人最难的就是打破自己坚硬的外壳，达到真正的谦卑无我的状态。一个不小心就会得意忘形、自高自大，以一种居高临下的姿态凌驾这个世界，仿佛自己高人一等。不仅得意会忘形，而且失意也会忘形，自满到将要溢出来一般。自我感觉那么良好，比上不足，比下毕竟有余，飘飘然的。

从前有一个学僧在无德禅师座下学禅，刚开始他还非常专心，学到了不少东西。可是一年之后，他自以为学得差不多了，便想下山去云游四方，禅师讲法的时候他什么都听不进去，还常常表现出不耐烦的样子。无德禅师把这些全看在了眼里。

这天无德禅师决定问清缘由，他找到学僧问道："这些日子，你听法时经常三心二意，不知是何原因？"

学僧见禅师已识透他的心机，便不再隐瞒什么，他对禅师说："老师，我这一年来学的东西已经够了，我想云游四方，到外面去参禅学道。"

"什么是够了呢？"禅师问。

"够了就是满了，装不下了。"学僧认真地回答。

禅师随手找来一个木盆，装满了鹅卵石，问学僧："这个盆装满了吗？"

"满了。"学僧毫不含糊地答道。

禅师又抓了好几把沙子撒入盆里，沙子漏了下去。

"满了吗？"禅师又问道。

"满了！"学僧还是信心十足地答道。

禅师又抓起一把石灰撒入盆里，石灰也不见了。

"满了吗？"禅师再问。

"好像满了。"学僧有些犹豫地说。

禅师又顺手往盆里倒了一杯水下去，水也不见了。

"满了吗？"禅师又问。

学僧没有说话，跪拜在禅师面前道："老师，弟子明白了！"

"满招损，谦受益。"不要因为取得了小小的成绩就认为自己不可一世，其实处处都是学问，你所知道的仅仅是九牛一毛、大海里的一滴水而已，因此，学会谦虚才能得到真经。的确，一颗谦虚的心正如那盛了石子、沙子、石灰及水的木盆，能盛得下更多的东西。这也是为什么只有谦虚的人才能成为智者的原因，因为只有谦虚，你才会承认自己的错误，也才会有务实的精神，也才能真正成为一个有用的人。

真正的谦虚来自人灵魂的自我定位，是一个人对世界有了客观的认识之后才拥有的人生态度。人外有人，山外有山，天外有天，没有人可以自命他是世界上最高明、最完美的。因为，我们每个人视野所及的都是不完整的时空。

当一个人站得越高，看得越远，就会发现自己越无知、越渺小，就像牛顿说自己是站在巨人肩膀上，就像居里夫人说自己很平凡。这样的话看似过于谦虚，他们在某一个时代，确实达到了人类智力所能抵达的最高点，然而他们的话真的是来自他们的世界观，是极其真诚的。

真正谦虚的人正如那流淌着的活水，水是万物的根源，充满无限生命的可能。水，不具固定形态，随方就圆，可依任何容器改变它的外形，深谙圆融之道；水，利于万物而不居功，为善而不欲人知；水，能洁净万物，却不与之同流合污，借由三态变化，永远保持纯真本性而不变；水，看似柔弱无比，却是大自然中最强大的力量；水，服从自然法则，哪里卑下，就往哪里去，拥有谦逊美德。上善若水，水中满是禅意。人生是一条污浊的河流，要想超越狭隘的自身，必须成为大海。

通达机变，直在曲中求

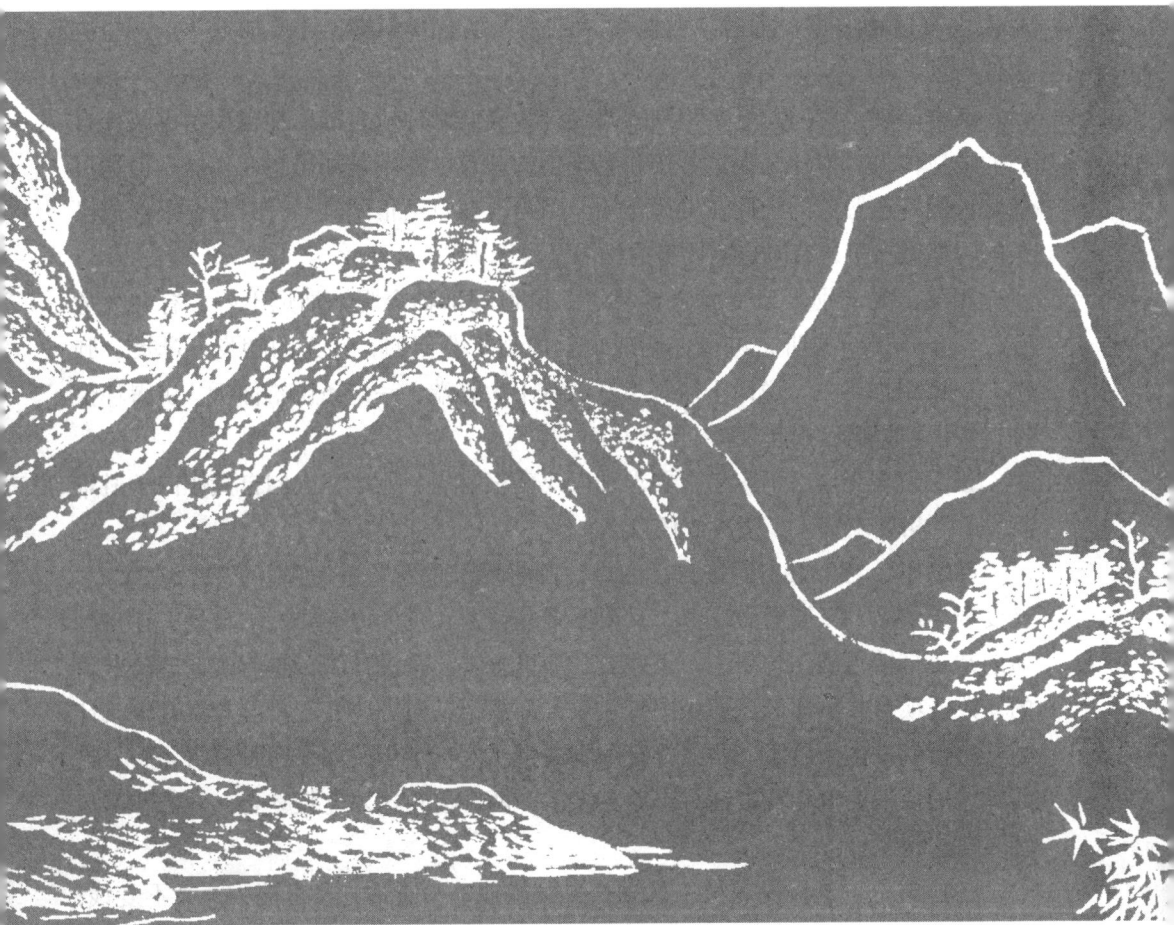

改变别人不如改变自己

人与人相处，就像齿轮与齿轮的互动。齿轮咬合得好，关系就融洽无间，心情就变好了；齿轮咬合不好，关系就出现障碍了，心情就变坏了。好在人是一种可塑性很强的动物，只要进行改变，任何人际障碍都可以消除。但应该由谁改变呢？这才是关键。

孔子说："君子求诸己，小人求诸人。"意思是说，君子严格要求自己，小人严格要求别人。其实也不光是"小人求诸人"，我们这些不那么"小人"的普通人也有这种习惯。而且"严格要求别人"还觉得不够，还要加上一条：坚决放任自己。

通常来说，我们总是希望别人改变行为方式来适应自己，却很少考虑改变自己而适应他人。为什么呢？若按孔老先生的观点，肯定是坏思想在作怪。但这可能是人们好逸恶劳的天性在发挥作用。因为改变自己很困难，有时需要跟形成已久的习惯做斗争，有时还需要努力学习某种能力。

相反，要求别人改变就太容易了，讲道理谁不会呢？抽烟不好，有九大危害，一条条讲给你听，讲得你不戒烟就像犯了罪似的，别人的咽炎、鼻炎、肺癌……都跟你有关。说话不简练不好，有十大弊端，一条条讲给你听，讲得你恨不得买把锁将嘴巴锁起来。

正因为改变自己不容易，要求别人改变很容易，所以，人们自然倾向于避难就易，严格要求别人，坚决放任自己。

在家里，老公恨不得按自己的设计图将妻子重新塑造一遍，又要漂亮大方，又要温柔体贴，又要会做家务，又要不爱花钱，在别人面前要贞洁自爱，在自己面前却要打情骂俏句句甜……正好妻子那里也有一张设计图，是为改造老公准备的，改造项目并不比老公那张图少。双方都想帮助对方改变，自己却没有整改计划，感情就发生矛盾了。两人打打闹闹，过了一二十年，如果还没打翅膀、打断姻缘的话，棱角相互被锤打得差不多了，两个齿轮这才比较吻合，开始和谐运转，白头到老。

在公司里，老板要求员工又勤奋，又敬业，又听话，又有能力，又不爱钱；

员工呢，希望老板又仁慈，又慷慨，又重视人才，要求又不太高。双方都想对方迁就自己，利益就发生冲突了。双方斗智斗勇，斗了一二十年，如果这家公司还没有斗垮的话，企业各项行为规范逐步变得适于双方所需，开始进入稳定成长期。

世上的矛盾冲突，都是人们这种"严格要求别人、坚决放任自己"的习惯造成的。孔子看到了这一点，所以他强调自修，强调通过改进自己来带动他人改变，使事情向好的方向转化。所谓"带动他人改变"，不是说要把对方变成一个完人，主要是改变他的心情，使他的心情变得好起来。

世界上的事，常常是因心情变化而发生变化。心情好，事情就可能向好的方面转化；心情坏，事情也可能向坏的方面转化。人的心情又是互为影响的，一个人哭，会让周围的人流泪；一个人笑，会让周围的人都受感染；一个人发牢骚，会让周围的人心情变坏；一个人信念坚定，会让周围的人勇气倍增。所以世事经常很玄妙，明明是好事，偏偏变成了坏事；明明是坏事，偏偏变成了好事。明明是弱势的一方，却战胜了强者；明明是强势的一方，却输给了弱者。明明可以成功的事，偏偏失败了；明明不可能发生的事，偏偏发生了。

对一个有头脑的人来说，当然不会等待别人来改变自己的心情。他会主动改变自己，去影响别人的心情。他也因此掌握了自己的命运。

孔子还提出了主动改变自己的最低要求：一是端正仪容，二是和颜悦色，三是语言温和。能够做到这三点，已经可以算是一个有修养的人了。在一个有修养的人面前，对方也会变得彬彬有礼，这样不就可以和谐相处了吗？

以出世态度做人，以入世态度做事

为什么"天行健"，就要"自强不息"呢？为什么"地势坤"。就该"厚德载物"呢？因为道家的观点如老子所言："人法地，地法天，天法道，道法自然。"人效法天地，这就把握了成功规律。

天地万物、世态人情都处于变化之中，这就像那句现代流行语所说：唯一的不变是变。在一个变化的世界里，人应该认清变化，以变应变，与时俱进，这才不至于落伍。

有的人却不喜欢变化，在观念和行为上都是如此。首先，他们的头脑中装满了只能这样、不能那样的观念，这些条条框框限制了思想的自由。他们总是在条条框框之内思考问题。有些人现在的观念跟十年前几乎没有太大变化，一方面说明他们疏于学习，一方面说明他们不太关注外面的变化，头脑僵化太久了。

其次，在做事方面，不喜变化的人总是按部就班，用最省脑力的方式做事。

但是，世界在前进，社会在发展，我们周遭的环境也在发生变化。他们却感觉不到这种变化，仍然照惯性做事，终于越做越艰难，直至遭到淘汰。

再次，在事业方面，他们很容易满足，有一点小小成就便沾沾自喜，不再努力奋斗。只要生活还过得去，只要走在人前还算有面子，他们就不思进取，在安逸中消磨自己的生命。他们经常搞不懂这样的问题：比尔·盖茨已经有那么多钱，八辈子都用不完，他为什么还要每天辛辛苦苦去赚钱？因为他们头脑中只有享乐的观念而不追求人生价值的实现。在他们眼里，那些自强不息的人都是傻瓜。不喜变化的人，无论他们起步时走在别人前面还是后面，最终都会变成落伍者。

汉武帝时，有一个名叫汲黯的官员，早年立过功，但此后十多年官职未变。一些原来职位比他低的人，渐渐成了他的上级。汲黯对自己的境遇很不满意，一天，他对汉武帝说："陛下，您用人好比堆柴草，总是把后来的放在上面，把压在下面的忘了。"

汉武帝说："并不是我把你忘了，而是国家不断地需要新人才。你每天按部就班地工作，优哉游哉地过日子，何曾在学习上用过一点心？人不能没有学问，也不能不长学问啊。听了你刚才讲的话，我觉得你近来更没有学问长进了！"汲黯听了，惭容满面。

汲黯不愿被别人压在下面，却不努力让自己的才能和业绩居于别人上面，不是逆道而行吗？依道而行、追求变化的人，生命力是强健的、圆通的，他们以追求人生价值为目标，永不满足于现有成就，也永远不会安于现状。

有一位学习音乐的年轻人，最初不名一文，只能到街头拉小提琴卖艺赚钱。很幸运，他和一位黑人琴手一起争到了一个最好赚钱的地盘——一家商业银行的门口。过了一段时间，年轻人赚到一些钱，就和那位黑人琴手道别，去大学进修。

十年后，年轻人路过那家商业银行，发现昔日老友——那位黑人琴手，仍在"最好赚钱的地盘"拉琴。黑人琴手高兴地问他："兄弟啊，你现在在哪里拉琴啊？"年轻人回答了一个很有名的音乐厅的名字。黑人琴手又问："那家音乐厅的门前也是个很好赚钱的地盘吗？"他哪里知道，年轻人现在已经是一位国际知名的音乐家，经常应邀到各个著名的音乐厅登台献艺，而不是在门口拉琴卖艺！

富兰克林人寿保险公司前总经理贝克曾告诫年轻人说："我希望你们绝不要满足。我希望你们永远迫切感到不仅需要改进和提高你们自己，而且需要改进和提高你们周围的世界。"这正是一种成功者的思路。大人物永远向上，他们不会像小人物一样死守着"最好赚钱的地盘"，他们永远向更高的目标出发。

自强不息是创业的要诀，那么守业呢，就要厚德载物。《淮南子》说：治理天下光用智力来操纵是不够的，仅凭聪明来认识是不行的，只靠功业来统治是不足的，只凭仁术来收买人心是不够的，依靠强权是无法取得最后的胜利的。这五点，反映了人的才能。如果人的品德不深厚，也难以成功。这个道理，好比盖房子，基础深厚，无论房子盖得高还是低，都没有危险；如果基础不厚，盖得再高也没有用。比如在沙滩上盖房子，盖得越高越危险。

这是什么原因呢？事业的成败绝不仅仅取决于我们个人的努力，成功愿望在我们自己心里，成败的钥匙却经常握在别人手里。因为干事业绝不只是自己的事，肯定会跟他人、跟社会发生关系，要么得到助力，要么遇到阻力。大家都希望你失败，阻力太大，就算你有楚霸王"力拔山兮气盖世"的能力也没有用；大家都希望你成功，助力大了，哪怕你手无缚鸡之力，也可移泰山、填沧海。

别人的态度，又取决于你的态度。你品行不端，对人有害无益，别人就会给你制造阻力；你品行良好，对人有益无害，别人就会给你提供助力。成败就在这一害一利之间。

化复杂为简单

中国人喜欢"曲径通幽"，喜欢绕弯子、转圈子。在某些不得已的情况下，这种方法是达成目标的明智之举，但在多数情况下，这是缺乏效率的做法。前面明明有一条笔直的大路，又没有敌人的阻击，也没有强盗劫路，交通塞车等障碍，直接通过就行了，何必绕上几十公里呢？下面介绍几种走直路的方法：

最近一二十年，"国情"二字是媒体出现频率很高的一个词。按本国的环境条件办事，当然没错，但应该使事情简化，而不是复杂化。我们办任何事，事先考虑环境条件，然后采用最简便的方法，就能达到理想的效果。

秦汉时的大儒叔孙通是一个善于变通的人，他非常善于适应和利用周围的条件来办事。

汉高祖刘邦打出天下后，却不太知道怎么"坐"天下。因为他本人原先是个小亭长，不拘小节，坐没坐相，站没站相。他最得意的三大"人杰"，萧何是县吏，韩信是游民，只有张良是贵族子弟，他手下那些将军，大多是一些屠夫、吹鼓手之类的市井人物。总之，从上到下，都是一些不懂"礼"的人。汉朝初建时，没什么礼仪规矩，群臣相聚时，饮酒争功，拔剑击柱，跟过去一样。

刘邦一看不像话，就请叔孙通传授礼仪。叔孙通是儒生，儒家在礼仪方面是最讲究的，有所谓"礼仪三千，威仪八百"之说，要让这些读书不多的文武官员来学，可谓勉为其难。于是，叔孙通杂采古礼和秦制，制定了以简易为特征的汉代礼仪，大体上就是由一个传令官喊一下，再由一个司令官引导一下，排列时分出文武、先后。至于穿什么衣，步子怎么走，手怎么放，几跪几叩头之类就没那么讲究了。刘邦及官员们一看就懂，一学就会。后来文武百官上朝，就照此行礼，简单而大方，也有模有样，像个朝廷了。

如果叔孙通不考虑刘邦等人的接受程度，一味照搬古书，搞出一套很复杂的礼仪来，刘邦等人学不会、用不好，又有什么用呢？

第二，按目标设计解决方法。

盯紧目标去做事，往往是最有效率的。

好比雕琢师想得到一块纯净的美玉，得把玉石中不纯净的部分剔除掉，这块美玉就出现了。事情就是这么简单而合乎逻辑。

第三，以利益点为突破口。

世界上的问题，主要是利益纷争。把利益问题解决好了，其他的问题往往迎刃而解。

草海是黔西一个高原湖泊，这里栖息着黑颈鹤等多种濒临绝种的珍贵鸟类，被列为国家级自然保护区。

草海周围居住着 2 万多农民，在湖中捕鱼是他们的主要副业。人鸟争食，不免使黑颈鹤的生存环境受到破坏，因此，当地政府严令禁止捕鱼。但是，湖区农民对政府禁令置若罔闻。政府工作人员深入基层，反复进行宣传说服工作，终归无效。于是，有关部门出动警力，将正在湖中捕鱼的农民包围起来，饿了一天。所有渔网都被捣毁。附近的农民得知这一消息，群情激愤，拿着镰刀、斧头，驾着小船，从四面八方蜂拥而来。政府工作人员不得不鸣枪示警，夺路突围。自此，双方更加对立，想管的不敢管，被管的不服管，草海环境进一步恶化。

后来，一个保护鹤类的组织——"国际鹤类基金会"派人到草海来调查，得知当地农民生活条件极差，有时连土豆都吃不上。如果失去了捕鱼的收入，他们的生活将更加困难。于是，该基金会跟当地农民谈判，向他们发放扶贫贷款。农民们拿着扶贫款，纷纷干起了其他营生，日子好过了，既没工夫捕鱼，也没心情跟政府禁令作对了。自此，草海环境得到根本解决。

考虑对方利益，是解决问题的第一要义。威逼不如利诱，以利益诱导对方按自己的意愿行事，是最高明且最有效的手段。

第四，有多大能力做多大事。

每个人都只能做力所能及的事。与其向力所不及的事挑战而一无所获，不如在力所能及的范围内，做多少算多少，把事情做好。

一位青年曾豪情万丈地为自己树立了许多目标，可是几年下来，依然一事无成。他找到智者倾诉苦恼。智者一笑说："请你先帮我烧壶开水！"

青年看见墙角放着一把极大的水壶，旁边是一个小火灶，可是没有柴火，于是出去找。他在外面拾了一些枯枝回来，装满一壶水，放在灶台上烧起来。由于壶太大，那些柴火烧尽了，水也没开，于是他又跑出去找柴火。这回他找到了足够的柴火，终于把水烧开，时间却过去了大半天。

智者忽然问他："如果没有足够的柴火，你怎样把水烧开？"

青年想了一会儿，说："可以把壶里的水倒掉一些！"

智者笑道："世界上的事情都是这样啊！"

青年顿时大悟，他知道自己应该怎么做了。

我们做任何事情，都需要资源，或者物质资源，或者智力资源，或者人际资源。每个人的资源都不是绝对充足的，也不是绝对贫乏的。利用现有资源做力所能及的事，是最明智的，何必贪大求多呢？

第五，谁的事谁负责。

生活中的很多麻烦，是因为我们总想把别人的麻烦揽过来。比如家长包干孩子所有的家务，领导包干员工所有的思考工作。结果肯定是费力不讨好。各干各事，岂不省心省力？

杜克父子创办了"奇美草坪养护公司"，主要承接私家花园的草坪养护业务。养护员需要到客户家里去工作，如何控制他们的服务质量和工作态度呢？杜克父子的高招是：不进行控制。他们相信员工能尽职尽责，不需要经常对他们指指点点，更不需要像个监工似的紧盯着他们。为了让养护员更方便地跟客户打交道，杜克父子将一个经理应该做的事全部交给他们，比如何时派车运送肥料，何时浇水施肥，何时收款付款，以及为工作失误谈判和理赔等，都由养护员自主。杜克父子只负责评定养护员的业绩，并按业绩给他们支付报酬。

养护员们都将工作真正当成了自己的事，遇上麻烦也会自行设法解决，从不推诿给公司。不仅如此，他们还想方设法为公司揽生意。奇美公司成立十年后，每年的业务达到数亿美元，成为美国最大的草坪养护公司之一。

员工的事本来就是他们自己的事，领导者何必揽过来呢？孩子的事本来就是他们自己的事，父母何必揽过来呢？别人的事本来就是他们自己的事，我们何必揽过来呢？想通了这些问题，生活就变得简单多了。

第六，求助于专业人士。

每个人都不是通才，用不着强求自己把任何事情都做好。对一些自己做不好的事，不妨交给专业人士去做。

有一个年轻女孩，在报社当实习记者。一次，总编安排她去听一场由著名音乐家克莱斯勒主办的音乐会，然后写一篇评论文章。女孩对音乐理论一窍不通，根本没信心写好这篇评论。她想，既然自己是外行，要想圆满完成任务，只能向内行请教。谁对现场演奏的音乐理解最深？当然是克莱斯勒大师本人。所以，音乐会结束后，女孩立即跑到后台去找克莱斯勒请教。这位小提琴家很乐意跟一位聪明的女孩谈谈音乐。于是，他向女孩详细讲解了那首新曲的精义，还谈到了音调的共鸣以及弱音的运用……女孩详细记录了这次谈话，写出了一篇绝对专业水准的优秀评论。

要治病，找医生，要吃饭，找厨师，在很多事情上，我们不是行家，却有可能做得像行家一样好。其方法当然是求助于行家。

用创新头脑做事

刘向在《说苑》中所说：聪明人做事，先观察土地，然后决定使用什么工具；先观察民情，然后决定事业目标；先综合大家的意见，然后制订具体措施。

任何东西都会陈旧，任何方法都会过时，任何制度都会落伍。唯有创新求变，才能适应社会变化，跟上时代潮流，获得人生成功。

但是，创新不是一件简单的事，变什么？如何变？不是可以简单决定的事。因为我们创新的目的是为了得到更好的结果，不是为变而变。为了得到好结果，要遵循如下几个要点：

第一，学会打破常规。凡事都有解决办法，当常规方法行不通时，打破思维定式，难题也许迎刃而解。

一个人如果能打破常规，摆脱"不可能"三个字的局限，创新能力将提高至少一个等级。

第二，立足于当地文化，入乡随俗。文化是一种渗透到人们的灵魂中以及日常言行中的东西，任何创新的事物，如果跟当地文化相冲突，生命力是不长久的。但是，一味迎合当地文化，丢了自己的特色，生命力也同样不长久。

季羡林大师在谈东西方哲学时，以做菜为例说："到了今天，烹制西餐，在西方已经机械化、程序化，连煮一个鸡蛋，都要手握钟表，计算几分几秒。做菜，则必须按照食谱，用水若干，盐几克，油几克，其他作料几克，仍然是按钟点计算，一丝不苟……而在中国，情况则完全不同……我从来没见哪一个掌勺儿的大师傅手持钟表，眼观食谱，按照多少克添油加醋。他面前只摆着一些油、盐、酱、醋、味精等作料。只见他这个碗里舀一点，那个碟里舀一点，然后用铲子在锅里翻炒，最后在一团瞬间的火焰中，一盘佳肴就完成了。据说多炒一铲则太老，少炒一铲则太嫩，运用之妙，存乎一心，谁也说不出一个道道来。

"老外观之，目瞪口呆，莫名其妙。其中也有哲学，这是东方基本思维模式——综合的思维模式在起作用。有"科学"头脑的人，也许认为这有点模糊。然而，妙就妙在模糊，最新的科学告诉我们，模糊无所不在。

"听说，若干年前，一位著名的美籍华人学者的夫人，把《随园食谱》译成英文，也按照西方办法，把《食谱》机械化、数字化了，也加上了几克等。有好事者遵照食谱，烹制佳肴。然而结果呢？炒出来的菜实在难以下咽，谁都不想吃……"

在"入乡随俗"时，应该迎合其形式而保留自己的精神内核，这位翻译菜谱的夫人连形式与内容一起西化，还是中国菜吗？这不是入乡随俗，而是入乡变俗，变成美国佬了。真正的入乡随俗是什么样的呢？我们不妨看一个例子：

日本山内豆腐公司是一家老牌企业，它决定进军美国市场时，先派人员到美国去实地考察。调查人员除了搞清美国豆腐市场容量和竞争对手情况外，还了解到一些重要信息：美国人主要是在超市购买食品；许多人之所以不买豆腐，主要是认为它不易携带或不知道吃法。

根据调查结果，山内豆腐公司作出决策：在美国设立豆腐厂，产品包装必须适应美国超级市场的销售方式，而且在媒体上频频打广告，还通过各种途径向消费者介绍豆腐的烹调技术，同时聘请医生介绍豆腐的营养价值和保健作用，以增强说服力。

几年后，山内豆腐公司成为美国最大的豆腐供应商，月销豆腐100万块。

山内豆腐在形式上完全美国化了，但不管怎么包装，仍然是山内豆腐，这才是真正的入乡随俗。

第三，运用之妙，存乎一心。世界上没有绝对的好制度、好方法，能赢就是好的。过去的规章制度、实施办法，无论怎样完美，如果不能带来成功，就有必要抛弃它，或改变它。

宋朝时，宋军对辽、金作战，讲究布阵，阵图往往是事先拟好的，有些还直接出自中枢，将帅必须按阵布防，"阵而后战"，不得违背。但是，由于设计者没有亲临战地，阵势常常不适于战场的地理人文状况。而宋军的常规阵法基本适用于步兵，遇到了契丹、女真的骑兵就不行了，结果屡战屡败。岳飞用兵，却懂得随机应变。他说："阵而后战，兵法之常，运用之妙，存乎一心。"岳家军采取步、骑配合的灵活战法，多次击败金军强大的骑兵，屡建奇功。

无独有偶，普鲁士腓特烈大帝当年根据战局需要，改变欧洲军队传统的横队队形，代之以斜线式队列，其精髓在于"集中兵力于决定性地点"。由于腓特烈大帝屡屡获胜，他的斜线式队列后来为各国效仿，把它变成了教条却不知变通。在拿破仑战争中，普鲁士军队死抱着斜线式队列战术不放，结果在耶拿和奥尔施泰特会战遭到惨败。

任何方法都应该根据具体情况而设定，如果不依时势迁移而变通，过去的成功方法就会变成现在的失败教训。

第四，要有从常败到大胜的耐心。一个新事物能否诞生？它是否有生命力？这是一个事前很难准确判断的问题。只能"摸着石头过河"，先尝试，探出路来。在尝试过程中，失败在所难免。爱迪生发明一个新产品，往往要经过几百次、上千次失败。每一次失败都是一次尝试过程，并非没有价值。

这一原理用到其他方面，也是同样的道理。比如，商业上有一条原则：新产品少进试销。如果消费者对这款新产品不感兴趣，就只好放弃，再试其他新产品。每一次尝试都可以说是一次失败，但试到后来，总会试出消费者的喜好，这时就可大批经销，大赚其钱了。不是又得到了大胜的结果吗？

正因为尝试的必要，我们想大胜人生，就要敢于做一个"常败将军"。

康熙皇帝曾问重臣周培公："什么是用兵呢？"

周培公回答："战无常例，兵无成法，要在运用之妙，存乎一心。"

康熙又问："照这么说《孙子兵法》也无用了？"

"不，孙子兵法乃千古不变的用兵道理。但敌我双方，皆读此书，却有胜有败。所以不能死守兵法，要善于随机应变。"

"那你愿做个什么样的将军呢？"

周培公一语惊人："臣愿做善败将军！"

康熙惊问："为什么？"

周培公回答："小败之后连兵结阵，透彻敌情，就可再造胜势，一鼓而定。这样的善败将军，比那项羽虽然百战百胜，却在乌江一败涂地，不是要好得多吗？"

康熙恍然大悟，连夸他说得好。

经常失败并不一定都是坏事，只要你是为了成功而进行尝试，失败多少次都不是真正的失败。从某种意义上来，每一次失败都是登上成功的一个台阶。

第十八课

身处困境，心在顺境

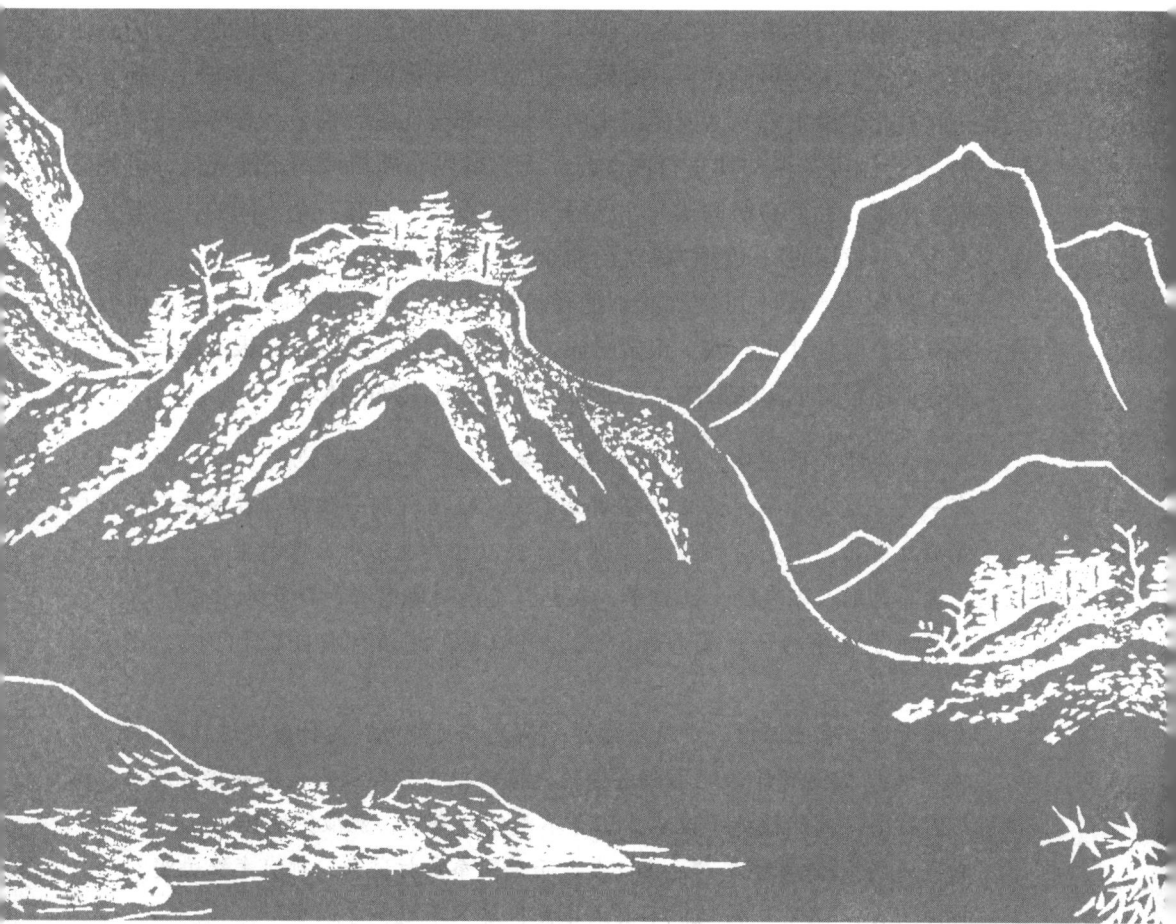

忍辱不是做缩头乌龟

世界是不圆满的，不圆满就会有不如意，不如意就会有辱。在佛家看来，一切不如意就是辱，一切痛苦就是辱。

南怀瑾先生说，所谓忍辱，包括了人世间一切的痛苦，一切的烦恼，忍到没有忍的观念，没有忍的心理，忍到无所忍，这才是忍辱到达波罗蜜的程度。社会在发展，科技在进步，生活水平在提高，但唯独人类的辱和古代一样，没有变化。现代人并没有因物质的丰富而减少痛苦，相反，焦虑和苦闷反而与日俱增！

那么，受辱的后果是什么？是嗔心！嗔是一切逆境上发生的憎恚心，为恶业的根本。当一个人的嗔恨心来的时候，他的无明怒火就把自己烧得不行，坐立不安了，此时此刻说出来的话或做出来的事情，都会伤害到别人。忍辱就是对治嗔恨心的。《金刚经》说一切法行成于忍，无忍辱则布施持戒均不能成就，可见忍辱的重要性了。大德高僧们认为"忍耐"与六度的"忍辱"是不同的，忍辱是没有"人相"、"我相的"，忍耐则是君子报仇，十年不晚。

其实忍耐也未尝不可。既然不能轻易地忍辱，就把辱拿回去，慢慢研究研究，看看这个辱是什么东西。很多时候，在你想研究的时候，你根本就找不到辱了。忍辱是比忍耐更深的层次，在下面的故事中有深刻的体现。

有个青年脾气很暴躁，经常和别人打架，大家都不喜欢他。

有一天，这个青年无意中游荡到大德寺，碰巧听到一位禅师在说法。他听完后发誓痛改前非，于是对禅师说："师父，我以后再也不跟人家打架了，免得人见人烦，就算是别人朝我脸上吐口水，我也只是忍耐地擦去，默默地承受！"

禅师听了青年的话，笑着说："哎，何必呢？就让口水自己干了吧，何必擦掉呢？"

青年听后，有些惊讶，于是问禅师："那怎么可能呢？为什么要这样忍受呢？"

禅师说："这没有什么能不能忍受的，你就把它当作蚊虫之类的停在脸上，不值得与它打架，虽然被吐了口水，但并不是什么侮辱，就微笑地接受吧！"

青年又问："如果对方不是吐口水，而是用拳头打过来，那可怎么办呢？"

禅师回答："这不一样吗！不要太在意！这只不过一拳而已。"

青年听了，认为禅师实在是岂有此理，终于忍耐不住，忽然举起拳头，向禅师的头上打去，并问："师父，现在怎么办？"

禅师非常关切地说："我的头硬得像石头，并没有什么感觉，但是你的手大概打痛了吧？"

青年愣在那里，实在无话可说，火气消了，心有大悟。

禅师告诉青年的是"忍辱"，并身体力行，青年由此也会有所醒悟吧。禅师是心中无一辱，青年的心头火伤不到他半根毫毛。这就叫离相忍辱。

《金刚经》让我们忍辱时要离四相："须菩提。忍辱波罗蜜。如来说非忍辱波罗蜜。是名忍辱波罗蜜。"指示说，要"无我相。无人相。无众生相。无寿者相"。是故"菩萨应离一切相"。这就是说：忍辱也是多余的，根本就没有辱，你忍的是什么？行菩萨道，就要觉悟、平等、慈悲。受辱生嗔，斤斤计较，哪有什么慈悲可言？

但说归说，现实中一旦遇到挫折和打击，人们还是嗔念顿起，怒火中烧，这个时候，想想佛祖的忍辱告诫吧。忍辱不是叫你做缩头乌龟，而是要学习乌龟的精神。忍辱不一定能成佛，但忍辱一定能消解你许多的烦恼。

把辱骂当作大声的喝彩

南怀瑾先生说，忍辱不是完全讲侮辱，一切的痛苦能够忍的都是辱。只要已经树立起远大的理想，就要坚持不懈、不畏艰难地坚持下去。辱骂也罢，羞辱也罢，权当作为你喝彩加油的精神食粮，拿来当饭吞下。无论从表面看起来你的行为多么不合常理，无论众人看你的眼光多么怪异，无论别人对你的评价多么低俗，都要昂头挺胸，勇敢地走下去。套用一句佛家的话，就是："难忍能忍，难行能行。"

月船禅师就是这样一位"为了理想把侮辱当饭吃"的人。

月船禅师不仅是一位有名的禅师，而且是一位绘画高手。他的画气势磅礴，但却贵得出奇，并且他还有一个习惯，就是要先收钱再作画。

有一天，一个女子请月船禅师作画，月船禅师问："你能付多少酬劳？"女子回答："你要多少就付多少，但要在我家当众作画。"

月船禅师答应跟着前去，原来那女子家中正在宴请宾客。月船禅师当众作画之后，拿了酬劳正想离开。那女子却对客人说道："这位画家只知道要钱，画得虽好，但其中却透着金钱的污秽，这种画是不值得挂在客厅里的，它只能用来装饰我的一条裙子。"说着便将自己的一条裙子取来，当众要月船禅师在上面作画。

月船禅师仍不动声色地问道："你出多少钱？"女子答道："随便你要。"月船禅师又要了一个高价，然后平心静气地在那女子裙子上作起画来，作完之后又若无其事地离开。

别人听说此事后非常纳闷，月船禅师衣食无忧，为什么如此看重金钱？只要给钱，好像受任何侮辱都无所谓，真是不可思议。原来，月船禅师禅所居之地常发生灾荒，而富人不肯出钱赈灾，因此他准备建造一座粮仓，以备不时之需。

同时，月船禅师之所以这样，也是想完成师父的遗愿——建造一座寺院，但他又不愿一味等待他人的布施，只好以作画筹集资金。此愿望完成之后，他便退隐山林，不再作画。

故事中的月船禅师，明确地知道自己是为什么而作画，知道自己的行为对别人的意义，因而，即使那个请他作画的女子当众侮辱他，他依然不为所动，只是坚持着自己的理想。也许这是因为月船禅师的修养极好，能够容忍他人对自己的侮辱；也许是因为他认为自己的行为有意义，因而不在意别人的侮辱，一心一意为了实现理想。

事实上，为了实现理想，最能忍的要数春秋时的越王勾践。为了复国报仇，他以曾经的帝王之躯，屈膝为奴。

周敬王二十七年（公元前 493 年），越国被吴国打败，吴王夫差同意了越国的求和。但提出要越王勾践夫妻去吴国做人质。为了生存，更为了日后的复国大计，勾践遵照夫差的要求，前往吴国当人质。

到了吴国以后，勾践住低矮的石屋，吃糠皮和野菜，穿着连身体都遮不住的粗布衣裳，每天像奴隶一样，勤勤恳恳地打柴、洗衣、养猪，且毫无怨言。

一天，勾践听说夫差生病了，就向太宰伯嚭请求探望。伯嚭奏请夫差，获得准许后，带着勾践来到了夫差的病榻前。勾践一见到夫差，就赶紧伏地而跪，说："听说大王病了，我心中万分着急，特意奏请前来探望。大王对我恩宠有加，我略懂一些医术，可以为大王诊断病情，希望能得到大王的允许，也可借此表我的效忠之心。"这时，正赶上夫差如厕。勾践等人都退到屋外，再次回到屋内时，勾践拿起夫差的粪便，放进嘴里仔细品味。品尝后，勾践伏地称贺："大王的病就要痊愈了。我刚才尝出大王的粪便是苦味，这预示您的病情要好转了。"

夫差很感动，当即表示：病好后便送勾践回国。

就这样，勾践以惊人的毅力和忍劲，忍耐了三年的屈辱折磨，尝尽了亡国之君的种种辛酸，终于得以返回故国。回去后，更是励精图治，以忍耐实现了复国强国的理想。

生活中，我们每一个普通的人很少遇到勾践那样的大"辱"，然而小"辱"却时有发生，我们应该如何去做呢？人生在世，总得有点追求。无论身处多深的苦难中，只要找到生存的意义，找到可以为之奋斗的目标，树立自己的理想，那么，再大的困难也无法将你击倒。

暴力使人畏惧，忍辱使人心服

世间什么力量最大？忍辱的力量最大。拳头刀枪，使人畏惧，但不能服人，唯有忍辱才能感化强者。诸葛亮七擒孟获，廉颇向蔺相如负荆请罪，此皆忍辱所化也。南怀瑾先生讲到忍辱的时候说，我们要想学佛，要想修行成就，"忍"是最难做到的，就像打坐修证，为什么定不住啊？两条腿痛，你就忍不住了，这个忍就是忍辱里的一忍啊！

佛陀说："若不能忍受侮辱、恶骂、毁谤、讥评，如饮甘露者，不能名为有力大人。"在人际交往中，竞争不能阻止竞争，仇恨不能平息仇恨，以怨报怨只能使事情进一步激化，导致更大的仇怨。反之，忍之、耐之，以不争息争，以德报怨，使人不能与之争，使人无法与之恨，就能很好地缓解人际关系的紧张和矛盾，进而使问题得以顺利解决。

人生究竟应该以德报怨，以怨报怨，还是以直报怨呢？在佛的观念看来，应该以德报怨。唐代的娄师德就是以德报怨的典型代表。

娄师德的弟弟要出任官员，临行前来向哥哥问询为人处世之道。娄师德问他："如果有人骂你，并且往你的脸上吐口水，你打算怎么对他呢？"

他的弟弟大概以为自己的修为很好，非常自信地说："无论他怎么骂我，我都不还口。他吐口水我也不骂他，我把口水抹掉就是了。"

娄师德一听，觉得弟弟的涵养还没有那么高，于是告诉他："别人往你的脸上吐口水就是对你有怨恨，他是借口水来泄愤。如果你把口水给抹掉了，那么他泄愤的目的就没有达到，你不但不能抹去，还应该把你的另外半边脸伸过去。"

这正是"以德报怨"的观念：你对我坏，我还是对你好，你打了我的左脸，我就把右脸也凑过去，直到最终感化他。电影《肖申克的救赎》中有一句非常经典的台词："强者自救，圣人救人。"不要把自己当作一个圣人来看待，指望自己能够拯救别人的灵魂，这样做的结果多半是徒劳无益的，何不将时间用在更有价值的事情上呢？

有一位修行的禅师住在山中茅屋，散步归来，眼见自己的茅屋遭到小偷光顾，找不到任何财物的小偷要离开时在门口遇见了禅师。原来，禅师怕惊动了小偷，一直站在门口等待，且早把自己的外衣脱掉拿在手中。

小偷遇见禅师，正感到惊愕之时，禅师说："你走老远的山路来探望我，总不能让你空手而归呀！夜深了，带上这件衣服走吧！"

说着，就把衣服披在了小偷身上，小偷不知所措，低着头溜走了。

禅师看着小偷的背影消失在山林之中，不禁感慨地说："可怜的人！但愿我能送一轮明月给他，照亮他下山的路。"

第二天，禅师在温暖阳光的抚摸下睁开眼睛。看到他披在小偷身上的外衣被整齐地叠好，放在门口，禅师高兴地说："我终于送了他一轮明月！"

禅师送了小偷一轮明月，这轮明月照进了小偷黑暗的心房。有人开玩笑地说："以德报德是正常现象；以怨报怨是平常现象；以怨报德是反常现象；以德报怨是超常现象。"以怨报怨，最终得到的是怨气的平方；以德报怨，除非真的到达一定境界，否则只会让你心中不知不觉存积更多的怨。

释迦牟尼佛说："以恨对恨，恨永远存在；以爱对恨，恨自然消失。"是的，只有宽容才能化解世间的仇恨，所以冤冤相报何时了，只有宽容才能成为慰藉心灵的良药。成功学家戴尔·卡耐基也不主张对人以牙还牙，他说："要真正憎恨对方的简单方法只有一个，即发挥对方的长处。"憎恶对方，恨不得剥他的皮，吃他的肉，而其结果则只能是使自己焦头烂额，心力交瘁。卡耐基的"憎恶"是另一种形式的"宽容"，憎恶别人不是咬牙切齿，而是把对方的长处化为自己强壮身体的钙质。

吃亏是一种长线投资

俗话说："好汉不吃眼前亏。"许多人都把"吃亏"看作是一种非常愚蠢的行为。然而，很多时候，我们的判断都是错误的，一些"亏"只不过是事情的表象而已。有时，一件看似很吃亏的事，往往会变成非常有利的事。宽容、忍让是一种美，也是一种幸福。下面故事中的主角就是宁愿自己吃点小亏的人。

东汉时期，有一个名叫甄宇的在朝官吏，时任太学博士。他为人忠厚，遇事谦让。

有一次，皇上把一群外番进贡的活羊赐给了在朝的官吏，要每人分得一只。

在分配活羊时，负责分羊的官吏犯了愁：这群羊大小不一，肥瘦不均，怎么分群臣才没有异议呢？

这时，大臣们纷纷献计献策。

有人说："把羊全部杀掉吧，然后肥瘦搭配，人均一份。"

也有人说："干脆抓阄分羊，好不好全凭运气。"

就在大家七嘴八舌争论不休时，甄宇站出来了，他说："分只羊不是很简单吗？依我看，大家随便牵一只羊走不就可以了吗？"说着，他就牵了一只最瘦小的羊走了。

看到甄宇牵了最瘦小的羊走，其他的大臣也不好意思专牵最肥壮的羊，于是，大家都捡最小的羊牵，很快，羊就被牵光了。每个人都没有怨言。

后来，这事传到了光武帝耳中，甄宇因此得了"瘦羊博士"的美誉，称颂于朝野。

从表面上看，甄宇牵走了小羊吃了亏，但是，他却得到了群臣的拥戴、皇上的器重。实际上，甄宇是得了大便宜。

正所谓"吃亏是福"，聪明的人往往能从吃亏中学到很多的智慧，一个人若能真正懂得"吃亏"中的利害关系，那么，他一定能在"吃亏"中获得不小的"福分"。

古时有一位尚书，他福德颇多，子孙满堂。在他临终时，子孙跪在面前请求训示，他道："没有别的话，你们只要学会吃亏就行了。"

有人说，世界上有三种人一点儿也不肯吃亏。一种人肚量小，吃了亏就想不开，茶不思饭不想，好像被剜了肉一样。一种人火气太大，吃了亏就要双脚跳，轻则破口大骂，重则大打出手，把事情弄得不可收拾。还有一种人心眼太小，吃了亏就要睚眦必报，常常让别人怨声载道，让自己因小失大。

事实上，如果你能够平心静气地对待吃亏，表现自己的肚量，往往能够获得他人的青睐。如果过于斤斤计较，往往得不到他人的支持。要从长远的角度思考问题，要知道吃亏实际上就是一种商业投入，吃亏就是福！

因此，当我们在人际交往或者是生意场上感觉自己吃亏的时候，不要去抱怨，要以平和的心态去对待这一切。

世事无常，何必把握

老子由"飘风不终朝，骤雨不终日，孰为此者，天地！天地尚不能久，而况于人乎"开始，把自然现象的因果律，用比喻来反复说明，一切都在无常变化中。飘风刮不了一个早晨，暴雨下不了一整天，是谁主宰这一切呢？是天地。天地都不能长久，更何况人哪！南怀瑾先生指出世间万象，分秒在变，无法把握，亦无须把握，人们应该用生命本有的道来以不变应万变。

看看呱呱坠地的婴儿，生下来都是两手紧握，成为两只小小的拳头，仿佛想要抓住些什么；看看垂死的老人，临终前都是两手摊开，撒手而去。这是上天对人的启示，当他双手空空来到人世的时候，偏让他紧攥着手；当他双手满满离开人世的时候，偏让他撒开手。这就告诉我们，无论穷汉富翁，无论高官百姓，无论名流常人，你都无法带走任何东西。上天总让人两手空空来到人世，又两手空空离去。既然如此，又何必偏执于某一点、某一事、某一物呢？

一休禅师自幼就很聪明。他的老师有一只非常宝贵的茶杯，是件稀世之宝。一天，他无意中将它打破了，内心感到非常愧疚。但就在这时候，他听到了老师的脚步声，于是连忙把打破的茶杯藏在背后。当老师走到他面前时，他忽然开口问道："人为什么一定要死呢？""这是自然之事，"他的老师答道，"世间的一切，有生就有死。"这时，一休拿出打破的茶杯接着说道："你的茶杯死期到了！"说完一休将茶杯碎片交出，转身而去……

无论多心爱的东西，无论怎样细心呵护，无论怎样小心翼翼，都有可能损坏、破碎、遗失，即便一直保存着，恐怕也会发黄、生锈、破旧不堪，物品如此，人生亦是如此，想要紧紧抓住，牢牢把握，是绝对不可能的。但是，即便如此，人也不能忘记生命的意义。

一棵苹果树，终于结果了。第一年，它结了 10 个苹果，9 个被拿走，自己得到 1 个。对此，苹果树愤愤不平，于是自断经脉，拒绝成长。第二年，它结了 5 个苹果，4 个被拿走，自己得到 1 个。"哈哈，去年我得到了 10%，今年得到 20%！翻了一番。"这棵苹果树心理平衡了。

这棵苹果树还可以这样做：继续成长。譬如，第二年，它结了 100 个果子，被拿走 90 个，自己得到 10 个。很可能，它被拿走 99 个，自己得到 1 个。但没关系，它还可以继续成长，第三年结 1000 个果子……

人们很多时候，都像这棵自作聪明的苹果树，舍本逐末，忘记了自己究竟要什么。

其实，得到多少果子不是最重要的。最重要的是，苹果树在成长！等苹果树长成参天大树的时候，那些曾阻碍它成长的力量都会微弱到可以忽略。所以，不要太在乎果子，成长才是最重要的。我们太过于在乎一时的得失，而忘记了成长。

人应该把自己的生命想象成一个沙漏，在沙漏的上半部，有成千上万的沙子。它们在流过中间那条细缝时，都是平均而缓慢的，除了弄坏它，任何人都没办法让很多沙粒同时通过那条窄缝。这就如同人生的不可掌握，但是即使每天都有一大堆的烦心事等着我们去做，我们也必须耐心地解决，否则沙子就会堆积在我们心中。

贵在此时此刻的坚持

"沧浪之水清兮，可以濯吾缨，沧浪之水浊兮，可以濯吾足。"当年渔父的一首《沧浪歌》，虽隔了千年，音犹在耳。从中我们可以悟出一个道理，即一个人无论身处清世抑或浊世，都要刚直进取，要有豁达的心胸。

南怀瑾先生感慨孟子的遭遇，称赞其因生不逢时，郁郁不得志，但始终为人伦正义、为传统文化的道德政治奔走呼号的品格。他明知不可为而为之，将自己的人生价值发挥到了最大化。直至老之将至，坦然面对自己的失败，传道授业，著书立说，就如寒梅般，在冰雪中怒放。

这就是一个生不逢时之人的典范。虽然大家都说上天是公平的，但这也只是自我安慰，上天不会眷顾每个人，而命运无常才是真。因此，与其把人生寄托在上天的安排上，不如把握在自己的手里，无论是生逢其时，还是生不逢时，都要扼住命运的咽喉，与其抗争到底，绝不轻易言败，绝不妥协。因为妥协就是生命的枯萎，就是人生的大悲哀。

屈原是生于楚国的贵族。公元前340年诞生于秭归三闾乡乐平里，他自幼勤奋好学，胸怀大志，26岁便升至楚国左徒兼三闾大夫。起初他颇受楚怀王的信任，官至左徒时，主张授贤任能，彰明法度，改良内政，联齐抗秦。但是，楚怀王的令尹子椒、上官大夫靳尚和他的宠妃郑袖等人，暗中受了秦国使者张仪的贿赂，不但阻止怀王接受屈原的意见，并且用计使怀王疏远了屈原。结果楚怀王被秦国诱去，囚死在秦国。顷襄王即位后，屈原继续受到迫害，并最终被放逐到江南，郁郁不得志。公元前278年，秦国大将白起带兵南下，攻破了楚国国都，屈原的政治理想破灭，对前途感到绝望，虽有心报国，却无力回天，只得以死明志，就在同年五月初五这天投汨罗江自杀。

屈原认为："安能以皓皓之白，而蒙世俗之尘埃乎？"愤然跳进滚滚江水，一生思想与抱负付之东流，从此只有鱼儿与他做伴。其实清者自清，浊者自浊，以死来表示自己的清白高洁，确实有些不值得。既然你无力改变"举世皆浊"的世态，就应该傲然面对，做自己能做的，岂不更好！

　　杜甫，中国文坛一座难以攀登的高峰，用他的一生谱写了一部悲壮的历史。当强大的唐朝走向衰弱的时候，他成了人间苦难的首席歌者，唱出了历经动乱后的悲凉之音。

　　作为一个胸怀大志的才子，杜甫可谓生不逢时。"安史之乱"的浩劫，打破了唐王朝繁华盛世的局面，也打碎了杜甫心中的美好蓝图，从此他走上了一条与残酷现实抗争的荆棘之路。困守长安达十年之久而无所作为，他的理想之火不灭；遭受幼子饿死之痛，一家老小甚至沦为难民，他也没有放弃信念；被叛军俘虏，沦为阶下囚，他还是对国家忠心耿耿。直到大历五年（770 年），在一个非常寒冷的冬日，一叶行在潭州到岳阳江面上的孤舟，带走了诗人五十九年的生命。

　　作为一位历经磨难的诗人，杜甫一生漂泊，他游历了国家的大好河山，也看尽了百姓生活中的痛苦，从而写出了"三吏"、"三别"这样忧国忧民、脍炙人口的诗篇。

　　杜甫虽生不逢时，却依然故我，心忧天下，为天下苍生而奔走。他这种身在饥寒之中而心忧天下的可贵品质是贯穿其一生的，而这种至高至洁的伟大人格让人感动，正是："历千万祀，与天壤而同久，共三光而永光。"

　　因此，只要思想高洁，"举世皆浊我独清，众人皆醉我独醒"，即使曲高和寡又何妨？不能"留取丹心照汗青"，为千秋思念，为万世传颂，也要活他个虎虎生威、有滋有味，这才不白活一回。

方圆之道，深浅有度

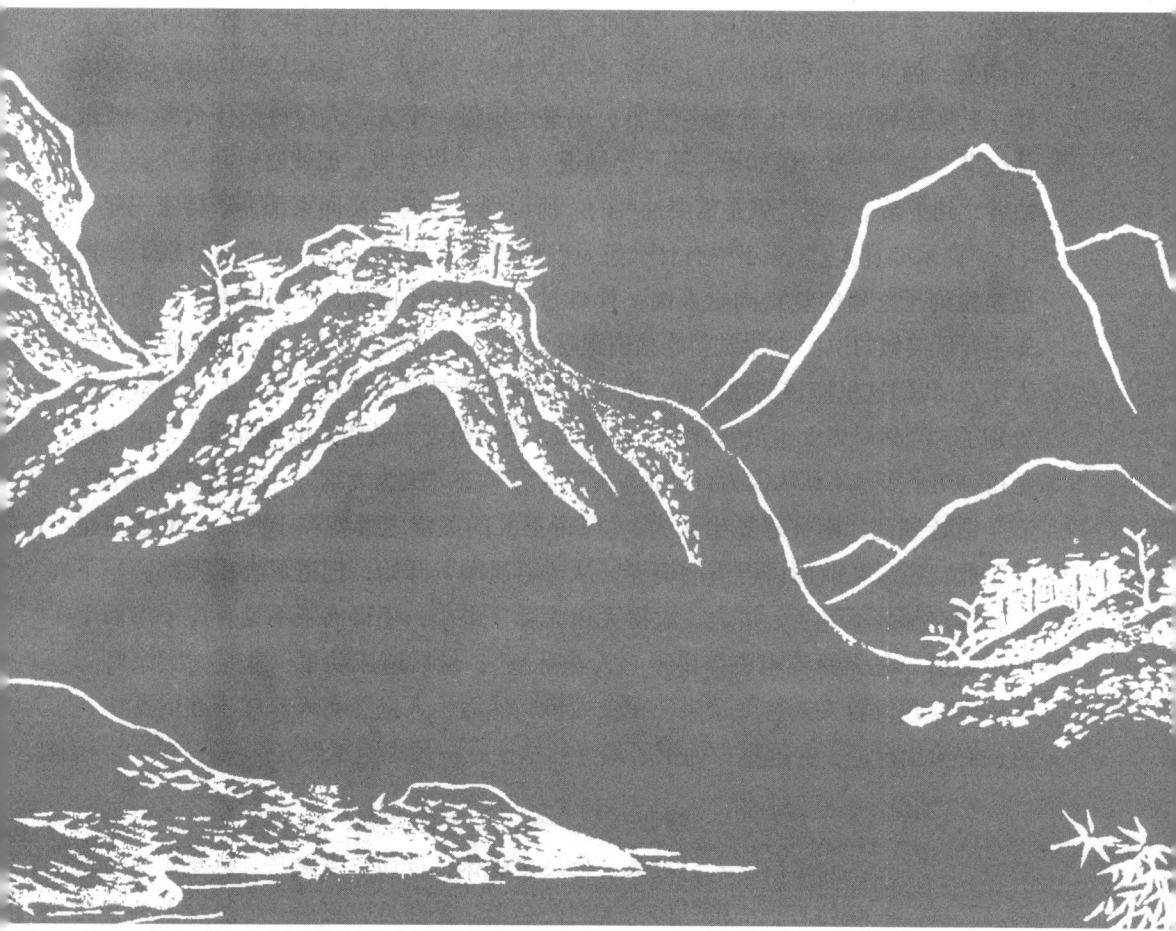

做人最难规矩二字

《庄子·内篇·应帝王第七》中说："然后列子自以为未始学而归，三年不出，为其妻爨，食豕如食人。"南怀瑾先生幽默地娓娓道来，庄子上面的故事讲，列子见了有神通的神巫以后，同吃了迷幻药一样，心就被迷住了。本来列子对老师壶子怀疑了，认为三个头白磕了，红包也白拿了，很想另外投师去。结果壶子表示了三个境界，这也等于禅宗的三关，列子感觉到糟了，跟了老师那么多年，根本连一点皮毛也没有学到，所以很难过。这不是灰心，也不算惭愧，觉得自己窝囊透了。于是干脆不玩聪明了，就回家去闭关三年，"为其妻爨"，在家里给妻子当佣人，做家务。所以世界上怕老婆的人是第一等人，就是从列子开始做的榜样。其实这种说法是代表老老实实、规规矩矩做一个人，人应该做什么事，就做什么事，这就是道。譬如说，我不会做饭，我不会做衣服，那就要想办法学会。人活着，到了某个时候，就是需要这些的。所以列子老老实实回家帮妻子持家三年。

"食豕如食人。"三年中有什么感觉？嘴巴吃荤吃素，没有味道的分别了，这里是说列子吃猪肉觉得同吃人肉一样难过，所以也不吃肉，专门吃素了。南怀瑾先生开玩笑似的说："如果觉得吃猪肉跟吃人肉一样，那么再过一年，恐怕他要去吃人了。"我们这里应该关注的是：第一，学道最难是男女饮食，列子对于饮食没有分别了，当然对男女也没有分别了；第二，列子给妻子做佣人也无所谓了，因为他觉得一切平等，不认为因为自己是一家之主，就要"夫为妻纲"，摆大丈夫的威风。

话音到此，南怀瑾先生认为，《应帝王》的关键之处就在于此，入世之道也在于此。庄子在前面讲得道的境界，从《逍遥游》开始，把道形容得天都装不下了，虚空都装不下了。讲大，大得无边无际；讲小，小得肉眼不见。庄子形而上的道也讲，怎么修养也讲，讲得"天花乱坠"，最后道成功了，才是"大宗师"。大宗师要救世救人，普度众生，积极入世，然而，入世怎么入？庄子在前文中一直没有给出定论，在这里，他下了最终的结论——规规矩矩做人。

从前有一个"聪慧"的杂耍艺人，他出生于意大利，青年时来到美国学习杂耍，成了世界知名的艺人。后来，他决定退休，返回家乡定居。他变卖了所有财产，买了一颗钻石和一张返回意大利的船票。登船后，他向一位男孩表演如何能同时抛耍六个苹果。不久，一批观众聚拢过来，此刻的成就使他扬扬自得，他拿出那颗珍贵的钻石，向观众解释说这是他毕生的积蓄，随后便开始抛耍那颗钻石。不久，他的表演愈来愈惊险，钻石越丢越高，观众皆屏息以待。众人知道钻石的价值，都在劝他不要再继续了。但由于当时的刺激，他再次把钻石丢得更高。观众再次屏息，然后在他接住钻石的那一刻松一口气。

艺人对自己和自己的能力充满信心，告诉观众他将再丢一次，这次他将把钻石抛到一个新的高度，甚至它将暂时从众人眼前消失。他不顾旁人的劝告，凭着多年经验产生的自信，把钻石高高抛向空中。钻石真的消失了片刻，然后又在阳光照耀下发出了闪烁的光芒。就在这一刹那，船倾斜了一下，钻石掉入海中，消失得无影无踪……

如同故事中的人物一样，我们有时也在把玩着自己的生命，我们相信自己和自己的能力，相信过去成功的经验，炫耀着自己的技巧……却不知道船将在何时倾斜，而我们将永远失去机会。

做人难，难做人，是规规矩矩、认认真真做人，还是在人生的舞台上做出一个个高难度的杂耍技巧？没有规矩，不成方圆。无论世事怎样变化，多少沧海变为桑田，生活会将正确答案告诉你，只有时间能证明一切。做人、做事的道理长篇累牍，并且都有其屹立不倒的理由和根据，但褪尽浮华，你会发现，做人之道其实只有四个字：规规矩矩。

方圆之道，深浅有度

颜阖要去做太子的师父，蘧伯玉告诉他做大事业的人应有的修养。你外表给人的印象要亲近，可是你的内心要外圆内方。内心要和平，自己要调和，不能随便。要想改变一个人很难，你外表跟着他，心里却不能随之改变。南怀瑾先生说，内方，外圆，人们都很难做到，即便做到了也要关注一个更重要的原则：不能深入，恰到好处。"和不欲出"，自己内在心地要光明磊落，保持端正和平，但外表不能显露。

外圆内方，并非老于世故、老谋深算者的处世哲学。圆，是为了减少阻力，是方法；方，是立世之本，是实质。船头不是方形而是尖形或圆形的是为了劈波斩浪，更快地驶向彼岸。人生也像大海，处处有风浪，时时有阻力。是与所有的阻力正面较量，拼个你死我活，还是积极地排除万难，去争取最后的胜利？生活这样告诉我们：事事计较、处处摩擦者，哪怕壮志凌云、聪明绝顶，也往往落得壮志未酬泪满襟的结果。

老子的理想道德是自然，是天地，天圆地方；孔子的理想道德是中庸，是适度，是不偏不倚。外圆内方、深浅有度是一门微妙的、高超的处世艺术，使人们在正义和生活的天平上保持着微妙的平衡。

蘧伯玉告诉颜阖的为官之道，不由让人想起许多历史人物，如南怀瑾先生一直推崇的冯道。他曾事四姓、相六帝，在时事变乱的八十余年中，始终不倒，令人称奇。首先，此人品格行为炉火纯青，无懈可击，清廉、严肃、淳厚、宽宏；其次，深谙方圆处世之道，深浅有度，中正平和，大智若愚。冯道有诗云："莫为危时便怆神，前程往往有期因。须知海岳归明主，未必乾坤陷吉人。道德几时曾去世，舟车何处不通津。但教方寸无诸恶，狼虎丛中也立身。"

修道的功夫，修到不表现出来的程度，内在方直而外面曲成，慢慢地彼此向形而上道走，慢慢升华，这样就是所谓为人处世的"外圆内方"，外面圆融，内在方直。真正的"方圆"之人是大智慧与大容忍的结合体，有勇猛斗士的威力，有沉静蕴慧的平和。真正的"方圆"之人能对大喜悦与大悲哀泰然不惊。真正的"方圆"之人，行动时干练、迅速，不为感情所左右；退避时，能审时度势、全身而退，而且能抓住最佳机会东山再起。真正的"方圆"之人，没有失败，只有沉默，是面对挫折与逆境积蓄力量的沉默。

古语道："处治世宜方，处乱世宜圆，处叔季之世当方圆并用；待善人宜宽，待恶人宜严，待庸众之人当宽严互存。"处在太平盛世，待人接物应严正刚直，处天下纷争的乱世，待人接物应随机应变、圆滑老练，处在国家行将衰亡的末世，待人接物要方圆并济、交相使用；对待善良的人，态度应当宽厚，对待邪恶的人，态度应当严厉，对待一般平民百姓，态度应当宽厚和严厉并用。

黄炎培先生有几句深刻的座右铭："理必求真，事必求是；言必守信，行必踏实；事闲勿荒，事繁勿慌；有言必信，无欲则刚；如若春风，肃若秋霜；取象于钱，外圆内方。"方圆之道，深浅有度，恰如其分是为人处世的最高境界，过于锋芒毕露往往为世俗所不容，过于委曲求全又被视为软弱，只有外圆内方、刚柔相济，才能在纷繁复杂的人际关系中周旋有术，游刃有余。

人生在世，运用好"方圆"之理，必能无往不胜，所向披靡；无论是趋进，还是退止，都能泰然自若，不为世人的眼光和评论所左右。

真正的伟大与平凡

南怀瑾先生解释，"至人无己，神人无功，圣人无名"是老子所讲的真正的

"无为"。庄子提到了"至人"，"至者，到也"。人要是做人做到了头，能够把握自己的生命，即称之为"至人"。那么，怎样才能达到"至人"的境界呢？"无我"即忘记自我。道家讲，能够"乘天地之正，御六气之辩，以游无穷者"，才能做到至人无己。

当世上发现了铁的时候，大树们就忧虑着未来的命运……它们质问上苍："既生树何生斧，是谁发明了这种恶魔般的凶器？"上苍回答："如果不是树提供了斧柄，光是这块铁怎能伤害得了你们？"噩运形成的缘起，往往是因为自己，最大的敌人往往是自身。

无我之境，乃至境；忘己之人，乃至人。

一天，一老一少两个陌生人来到一座大山前。年长者仰头看看山，问路旁的一块石头："石头，这就是世上最高的山吗？""大概是的。"石头懒懒地答道。年长的没再说什么，就开始往上爬。年轻人对石头笑了笑，问："等我回来，你想要我给你带什么？"石头一愣，看着年轻人，说："如果你真的到了山顶，就把那一时刻你最不想要的东西给我，就行了。"

年轻人很奇怪，但也没多问，就跟着年长者往上爬去。斗转星移，不知又过了多久，年轻人孤独地走下山来。

石头连忙问："你们到山顶了吗？"

"是的。"

"另一个人呢？"

"他，永远不会回来了。"

石头一惊，问："为什么？"

"唉，对于一个登山者来说，一生最大的愿望就是战胜世上最高的山峰，但当他的愿望真的实现了，也就没有了人生的目标，这就好比一匹好马折断了腿，活着与死，已经没有什么区别了。"

"他……"

"他自山崖上跳下去了。"

"那你呢？"

"我本来也要一起跳下去，但我猛然想起答应过你，把我在山顶上最不想要的东西给你，看来，那就是我的生命。"

"那你就来陪我吧！"

年轻人在路旁搭了个草房，住了下来。人在山旁，日子过得虽然逍遥自在，却如白开水般没有味道。年轻人总爱默默地看着山，在纸上胡乱抹着。久而久之，纸上的线条渐渐清晰了，轮廓也明朗了，后来，年轻人成了一个画家，绘画界的一颗耀眼的新星正在升起。接着，年轻人又开始了写作，不久，他就以他的文章回归自然的清秀隽永一举成名。

许多年过去了，昔日的年轻人已经成了老人，当他对着石头回想往事的时候，他觉得画画、写作其实没有什么两样。最后，他明白了一个道理：其实，更高的山并不在人的身旁，而在人的心里，忘我才能超越。

比"至人"更进一步的是"神人"，从佛学而论，到达菩萨境界，叫"无功用地"，一切都无所功用了，即达到了老子所说的"无为"。南怀瑾先生通俗地讲解，无论上帝、耶稣，还是菩萨，他拯救万物众生，人们看不到他的功劳，而他自己也并不居功，不需要人跪拜祷告、感激涕零，他认为你应该感谢自己，与他无干。无功之功是为大功，如同浩日，普照天下，又理所当然。真正的"圣人"，不需要"名"，大善无痕，行善不与人知，这样的人才是真正的圣人。

"随其成心而师之，谁独且无师乎？"一个人，如果依照自己生理和心理意识，自己建立一个观念"而师之"，认为这个才是最高明的，然后根据自己这个高明的观念解释一切。那么，每一个人心里都有个老师，所以就会谁都看不起，因为我有我的高明之处，而且不传给你。按自己的心态来判断一切、观感一切，认为自己就是大师，愚者都是如此。只有倒空了自己，才会发现虚无。《易经》六十四卦中，没有一卦全好，也无一卦全坏，只有一卦算是六爻皆吉，那就是谦卦。彰化大佛，中间架空，便显示出佛家空灵、谦抑和慈悲的真意，中空才能包容、接纳，犹如钟鼓，中空以待，方有厚重回响。真正谦虚到了极点，便是佛教的中心课题"无我"，方能真正体现大慈大悲。

"满招损，谦受益"是圣古先贤留给后人的一句可以千年护身的箴言。谦恭有礼、虚怀若谷，好比打开心灵之门，迎来更广阔、更完美的人生境界。虚怀若谷，不仅是佛学的禅义，更是人生的至理名言。心太满，什么东西都进不去；心不满，才能有足够的充实空间。放空自我，以平凡之态示人，才是真正的伟大。

坚守"戒"与"慎"的正身之法

庄子在《庄子·内篇·人间世第四》中讲了一段话："善哉问乎！戒之，慎之，正汝身也哉！"这里以为官之道讲解处世之法。当颜阖提及为人臣之道，问到如何与太子处事，蘧伯玉语重心长地告诫了他一番。

蘧伯玉是卫国的老臣，清楚太子的秉性，他说颜阖你问得好，这个任务太难了，你必须要"戒之，慎之"。随时要警诫自己，随时要谨慎讲话处事。处处要言行"戒之，慎之"，看似简单的人生处事，但大多数人都做不到。一辈子做人做事，"正汝身"最难。你自己要站得正，尤其在颜阖所处的这么一个复杂的政治环境里，要做一个正人君子，还要把事情做好，非常难。

为人处世，既要"戒"，又须"慎"，关键在于内心的修为。南怀瑾先生提到过明末一位读书人的一句话："世界上任何一个人，活了一辈子只做了三件事，不是自欺，就是欺人，再不然被别人欺。"人生在世，如果真的能够逃出了这三件事，也就跳出了三界外。

有一个地方长官去拜访白隐禅师，问到佛门常说的地狱与极乐究竟是真实的还是一种理想，并希望禅师能带他参观到真实的地狱与极乐。白隐禅师立即用所能想象出的最恶毒的话辱骂他，这位长官十分惊讶。刚开始时基于礼貌的关系，长官没有回嘴。最后实在忍不住了，就随手拿起一根木棍，并大喝："你算什么禅师？简直是个狂妄无礼的家伙！"说着拿木棍就往禅师身上打去，白隐跑到大殿木柱后，对着面露凶相，从后追赶而来的长官说："你不是要我带你参观地狱吗？你看！这就是地狱！"恢复自我的长官，觉察到自己的失态，急忙跪地道歉，请禅师原谅他的鲁莽。白隐禅师道："你看，这就是极乐！"

时时警戒，处处谨慎，居正不倒，方能成为正人君子。有人曾说过："诸葛一生唯谨慎，吕端大事不糊涂。"的确，诸葛亮谨慎的个性使他成为中国历史上非常少有的能完身完名的托孤权臣，避过了历代无数带兵重臣身败名裂的结局，但从另一个方面来说，他恰恰又犯了"慎"与"戒"的错误。由于国力不强，战争应该"谨慎"发动，要选准时机，平时多积蓄实力，以备待机而发，而诸葛亮则反其道而行之，在发动战争上缺乏谨慎，虽然有些是不得已的防卫战，但大多都是其主动兴起的北伐，六出祁山无功而返，劳师动众大减了国力，最后落得病死五丈原的结局。诸葛亮一生谨慎，但"谨慎"仍有不到之处，在不该谨慎的战术上裹足不前延误战机，在应该谨慎的战略上又有些急功近利，或许是为了不辜负白帝城托孤的一片赤诚吧，名心情结，不易跳脱。总之，戒与慎，是一个很难做到的人生课题，而戒慎不及，又何谈修身？

提到正身做人，想到了雕砚。砚石最初都是工匠从溪流里涉水挑选而来，石块呈灰色，运回后首先需要暴晒，因为许多石头在溪流中十分精致，但却有难以察觉的裂痕，只有经过不断的日晒雨淋才能显现。未经打磨的石头，表面粗糙，不容易看出色彩和纹理，只有在切磨打光之后，才能完全而持久地呈现。雕砚最重要的一步就是修底，因为底不平，上面不着力，就没有办法雕好，无论多么细致的花纹与藻饰，都要从最基础的地方开始。

做人也是如此，无论表面怎么拙陋，经过琢磨，都会呈现出美丽的纹理。从生活中历练，正如同在雕砚时磨砺，外表敦厚内心耿介的君子，经过心志与肌肤的劳苦之后，方能承担大任。修底与磨砺都是正身的过程，戒与慎则是正身的方法。

真正的大用看似无用

南怀瑾先生幽默地讲解过"神木"的故事，也让我们心有所悟，受益匪浅。若不是看似无用，那树木怎能活上千百年，成为参天的古木呢？这难道不是最大的"用"吗？

人又何尝不是如此呢？看似无用，有时却是大材，老子曾说："良贾深藏若虚，君子盛德容貌若愚。"

有一位纪先生，以训练斗鸡而闻名于世。齐王听说这个人以后，重金聘他到宫中训鸡。纪先生才养了十天鸡，齐王就不耐烦地问："养好了没有？"纪先生答道："还没好，现在这些鸡还很骄傲，自大得不得了。"过了十天，齐王又来问，纪先生回答说："还不行，一看到人影晃动，就惊动起来。"又过了十天，齐王又来了，当然还是关心他的斗鸡，纪先生说："不成，它们还是目光犀利，盛气凌人。"十天后，齐王已经不抱希望了，但还是来看他的斗鸡。不料这回纪先生却说："差不多可以了，它们虽然有时候会啼叫，可是不会惊慌了，看上去好像木头做的鸡，精神上完全准备好了。其他鸡都不敢来挑战，只能落荒而逃。"原来，呆若木鸡不是真呆，只是看着呆，而实际上已经成了英勇善战的斗鸡了。活蹦乱跳、骄态毕露的鸡，不是最厉害的，目光凝聚、纹丝不动、呆似木头的鸡，才是斗鸡中的高手。

人的各种表现就像这斗鸡的各个阶段，将能力表露在外面是人的天性。但貌似强悍、威风凛凛的人并不是最有能力的，真正有本领的人懂得保护自己的实力，不会轻易将才艺外露，做到韬光养晦才是聪明人之所为。"大智若愚"，从某种意义上讲，是有智谋的人保护自己的一种处世计谋。过于聪明的人，常是上司猜忌的对象。因为任何有所图谋的人，都有可能从事情刚开始筹划时便被识破。一旦发现有人独具慧眼，那么为了保全自己的一切，必会千方百计，不择手段地加以掩盖，散布流言，捏造罪名，甚至谋杀。历史上古今中外，这样的事多得不胜枚举。所以一些真正有智慧的人，一般都采取"守拙"的方法保护自己。

真正的大用看似无用，实则抱愚藏拙，能包容一切人的长处，而自己以"无用"的面目示人，比如高祖刘邦、三国时的刘备、梁山聚义的宋江，无用之人揽有识之士，天下英雄尽入我囊中，皆是深谙此道。

道家之道：曲全、枉直、洼盈、敝新

"曲则全，枉则直，洼则盈，敝则新，少则得，多则惑。"弯曲便会周全，反过来弯曲便会伸直；低洼便会充盈，陈旧便会更新；少取便会获得，贪多便会迷惑。老子寥寥数语便将中华传统文化的精髓抓住了，即为人处世与自利利人之道——曲全、枉直、洼盈、敝新，这一点深为南怀瑾先生所推崇。

为人处世，必须善于"曲线救国"，只此一转，便可化腐朽为神奇。以言谈为例，善于言辞之人，讲话婉转而圆满，既可达到目的，又能彼此无事。不过善用曲线，也必须坚持直道而行的原则，不然会沦为奸猾。"枉则直"，歪的东西把它矫正过来，即为枉，直是人为的。矫枉过正，一件东西太弯了，稍加纠正一下即可，如果矫正太过，又弯到另一边去了。古语道："莫信直中直，须防仁不仁。"

曲直之间，运用之妙，存乎一心。两点之间最短的距离，不一定是直线，下面讲的就是一个曲线进言的历史故事。

春秋时期，鲁国人宓子贱是孔子的学生，他曾有一段在鲁国朝廷做官的经历，后来，鲁君派他去治理一个名叫亶父的地方。他受命时心中久久难以平静，担心到地方上做官，离国君甚远，容易遭到自己政治上的宿敌和官场小人的诽谤。众口铄金，积毁销骨，假如鲁君偏信谗言，自己的政治抱负岂不是会落空？因此，他在临行前想好了一个计策。

宓子贱向鲁君要了两名副官，以备日后施用计谋之用。他风尘仆仆地来到亶父，该地的大小官吏都前往拜见，宓子贱叫两个副官拿记事簿把参拜官员的名字登记下来，这两人遵命而行。当两个副官提笔书写来者姓名的时候，宓子贱却在一旁不断地用手去拉扯他们的胳膊肘儿，使两人写的字一塌糊涂，不成样子。等前来贺拜的人已经云集殿堂，宓子贱突然举起副官写得乱糟糟的名册，当众把他们狠狠地鄙薄、训斥了一顿。宓子贱故意滋事的做法使满堂官员感到莫名其妙、啼笑皆非。两个副官受了冤屈、侮辱，心里非常恼怒。事后，他们向宓子贱递交了辞呈。宓子贱不仅没有挽留他们，而且火上浇油地说："你们写不好字还不算大事，这次你们回去，一路上可要当心，如果你们走起路来也像写字一样不成体统，那就会出更大的乱子！"

两个副官回去以后，满腹怨恨地向鲁君汇报了宓子贱在亶父的所为。他们以为鲁君听了这些话会向宓子贱发难，从而可以解一解自己心头的积怨。然而这两人没有料想到鲁君竟然负疚地叹息道："这件事既不是你们的错，也不能怪罪宓子贱，他是故意做给我看的。过去他在朝廷为官的时候，经常发表一些有益于国家的政见，可是我左右的近臣往往设置人为的障碍，以阻挠其政治主张的实现。你们在亶父写字时，宓子贱有意掣肘的做法实际上是一种隐喻。他在提醒我今后执政时要警惕那些专权乱谏的臣属，不要因轻信他们而把国家的大事办糟了。若不是你们及时回来禀报，恐怕今后我还会犯更多类似的错误。"鲁君说罢，立即派其亲信去亶父。这个钦差大臣见了宓子贱以后，说道："鲁君让我转告你，从今以后，亶父再不归他管辖。这里全权交给你。凡是有益于亶父发展的事，你可以自主决断。你每隔五年向鲁君通报一次就行了。"宓子贱在鲁君的开明许诺下，排除了强权干扰，在亶父实现了多年梦寐以求的政治抱负。

宓子贱没有直言进谏，而是用一个自编自演、一识即破的闹剧，让鲁君意识到了奸诈隐蔽的言行对志士仁人报国之志的危害，可谓用心良苦。

"曲则全，枉则直，洼则盈，敝则新，少则得，多则惑"，此所谓老庄哲学的基本原则。委屈反而可以保全，弯曲反而可以伸直，低下反而可以盈满，破旧反而可以更新，少了反而可以得到，多了反而变得疑惑。所以圣人守道，以作为天下的法则。不自我表现，反而更凸显；不自以为是，反而更显著；不自夸邀功，反而更有功；不自大自满，反而更长久。正因为不和人争，所以全天下没有人能和他争。一个人做人做事，无论大事小事，一定要把握住道家的精神——"曲全"、"枉直"、"洼盈"、"敝新"这几种人生的艺术，才能将自己生活、事业，处理得平安有序。

"夫唯不争，故天下莫能与之争，古之所谓曲则全者，岂虚言哉，诚全而归之。"如何"曲则全"？必须无争。如何无争？什么都不要。人之所以有祸害、有痛苦、有烦恼，就是因为想抓住点什么，既然一切都能舍弃，自然无争。

清初，常熟三峰寺诗僧檗庵为虞山钱湘灵老人撰一对联曰：名满天下不曾出户一步；言满天下不曾出口一字。不怒自威，不言自重，不名自名，不争乃争，这是一种高级的生命感悟，又是一种大智若愚的生活方式，是对道家文化的深层体验和悟解，与西方那种以张扬自我、表现自我为中心的文化主旨迥然有别。

"诚全而归之。"人生最伟大的作为，不必要求成功在我，无论道德修为，或是事业功名，都遵循"功成，名就，身退"的天之道，一切付之全归，就是"曲则全"的大道，即人生的最高艺术。"诚"字还表明绝对不能把"曲则全"当作手段，要把它当作道德，要真正诚诚恳恳地去做。若一味将"曲则全"作为权术手段，到头来将一事无成，两手空空。

俯仰无愧于天地，躬行不怍于做人

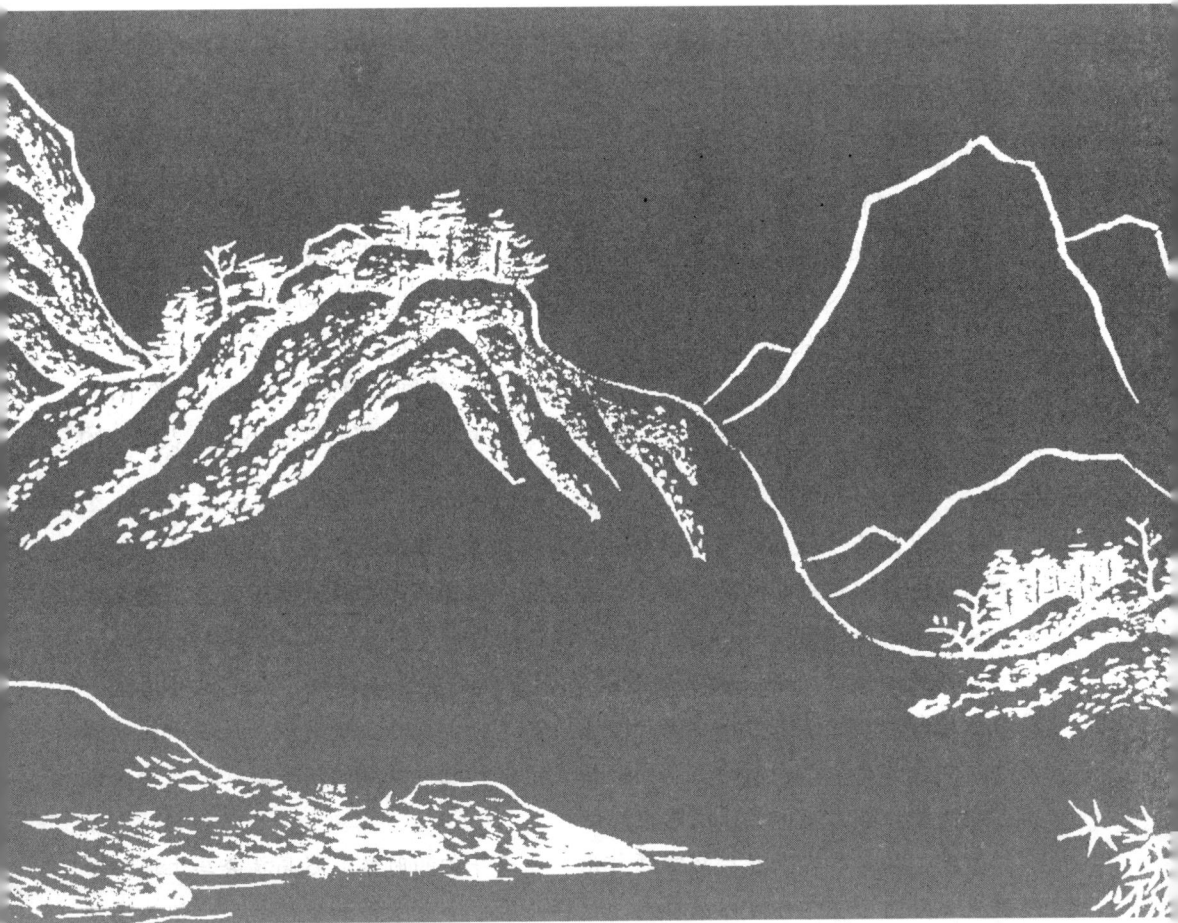

君子之争与小人之争

南怀瑾先生曾经针对孟子的际遇心生感慨道："自古以来，政治上的倾轧，都是如此。小人与小人之争，是为了权势利害；君子与君子之争，则是为了思想意见不同。历史的成败关键，往往就在于此。古今中外，都跳不出这个圈子，深为可叹！"

为何有此一说？这是因为南怀瑾先生分析孟子在齐国时，齐宣王左右反对孟子的人很多，甚至开始怀疑包括"不治而议论"的稷下先生们以及推行合纵计划的苏秦方面的人，孟尝君的门下客，都有可能向齐宣王进谗言，诬陷孟子。从孟子强调"国人皆曰可杀"的话，可见他们攻击孟子，几乎到了非去之而不甘心的程度。

自古以来关于君子与小人的论断与事例不胜枚举，其中以孔子的说法最为精妙。在《论语》中孔子有多处细论君子和小人的哲言。"君子喻于义，小人喻于利"，"君子和而不同，小人同而不和"，"君子周而不比，小人比而不周"，"君子坦荡荡，小人长戚戚"，等等，把君子与小人各自的特征以及二者的不同说得相当到位，后世人只要悟透这些，就可以把握住君子与小人的本质了。

其实南怀瑾先生所说的很像孔子关于君子与小人之论的白话版，就因为君子坦荡荡，且"喻于义"，"和而不同"，所以君子之间只有思想和世界观的不同，而无私利的纷争。而小人正相反，更多的是为了满足眼前的蝇头小利，表面一团和气，暗地里明争暗斗，互不相让。

秦始皇死后，权臣赵高与李斯合谋伪造诏书，逼秦始皇长子扶苏自杀，另立胡亥为帝。他们都是胡亥的心腹，但是这两个阴谋家却很快产生了矛盾，赵高决定彻底铲除李斯。

赵高是胡亥的近臣，具有安排其他臣子觐见皇上的特权，于是他利用这一特权开始行动。他首先告诉李斯，皇上（秦二世）现在大造宫殿，民不聊生，你身为丞相应该劝谏。李斯马上认同，但表示这种触碰龙鳞的话不能在公开场合说出。赵高称会给他安排单独觐见的机会。

于是，只要秦二世在后宫饮酒作乐、斗鸡斗狗的时候，赵高就会马上通知李斯说皇上目前有空，你可以来参奏。这样几次，小皇帝开始厌烦起来，认为李斯别的时候从不来进谏，偏偏在自己玩得正高兴的时候来，是故意倚老卖老欺负自己，非常气愤。

赵高认为时机成熟，便在秦二世面前开始诬陷李斯。当然，他诬陷的内容绝对能打动小皇帝，即诬陷李斯的威望高于皇帝，国人只知道丞相而不尊敬皇帝，又诬陷李斯大儿子时任蜀中太守的李由谋反。结果胡亥中计，诛灭了李斯三族。

几年之后，刘邦、项羽兵临咸阳，赵高为了保命，对秦二世下了毒手，理由居然也是诬以谋反，即称秦二世的先君始皇帝谋反周王朝。几天后，赵高被杀。

李斯妒杀韩非，与赵高合谋害死秦始皇长子扶苏，真乃小人也。他与赵高为权力而谋，最后死在争权夺利的过程中，正是小人之争的一个写照。

君子和君子、君子和小人、小人和小人之间的交往各不相同，他们之间的友情和纷争也大相径庭。而君子之争，展现出了其坦荡的一面。

北宋时期，司马光比王安石长两岁，都曾在包拯手下为官。两人才华横溢，且相互仰慕，一度是好友。两个人同升翰林学士的时候，同样受到了宋神宗的赏识，然而也就在这个时候，他们却因政见不同而渐渐开始争吵、疏远甚至决裂。

由于当时官吏过多，俸禄颇高，整个大宋的国家财政已经入不敷出，出于对国家财政的考虑，宋神宗大胆起用一直以来在地方上享有盛誉、干脆果断且深知百姓疾苦的王安石为参知政事，让他主管变革事宜。王安石一上任，立即显示出了他非凡的行政才能和魄力，对旧有制度进行大刀阔斧的改革，可是王安石确立的新制度一出台，立即受到以司马光、文彦博等为代表的一大批正直文人的强烈反对。其实司马光反对的并不是王安石变法，而是他急功近利的改革方式。司马光认为改革必须循序渐进，稳妥进行，而不可能立竿见影，不然会带来很多负面的影响。

司马光与当时身居高位的王安石政见不同，曾有很多人劝他弹劾王安石，然而司马光却一口回绝了他们，他认为王安石变法没有任何私利，没必要这样做。面对身为副宰相的王安石的如日中天，司马光毫不犹豫地选择了退让，回家开始了那场令世人惊叹的浩瀚之举，历经数十年之光阴，终于写出了《资治通鉴》。

多年后，王安石宰相之职被免，告老还乡。一向支持王安石的神宗皇帝在继续施行了近十年的新法之后驾崩，十岁的哲宗即位，由太后垂帘，时年六十六岁的司马光被召回开封，出任宰相，开始大刀阔斧地起用旧臣，恢复原有制度。尽管其在政治上全盘否定了王安石，可在王安石死后，他仍然吩咐手下要善待王安石的安葬事宜，由此足见其作为君子的坦荡之处。而且他在所著的《资治通鉴》中将社会对王安石的偏颇之言给予了斧正，他说世人都说安石奸诈，这是过分之言。

司马光和王安石大有英雄相惜之情，只是他们思想主张不同，但他们以独特的人格魅力征服了世人，同样受人景仰与崇拜，也为后人留下一段君子之争的佳话。

君子争义，小人争利。因此古往今来，用人者、成就大事者，都懂得在无害于大局的情况下满足各种人的利益要求，从而获得人心，获得人才。古代谋略家黄石公说："贪者丰之，欲者使之，畏者隐之，谋者近之。"意思是说，贪利的可以给他丰厚的收入，想立功的可以让他去冲锋陷阵，有隐私的要替他隐瞒，有谋略的要对他亲近信任。曾国藩则说得更加直截了当：武人给钱，文人给名。以众人之私，成一人之公。是做争义的君子，还是争利的小人，按照正常的道德标准，其答案不言而喻。

留一只冷眼观盛世

世间万物盛极而衰、物极必反。细思量之，确实是这样，古今中外，几多盛世如莲，绽放时炫人耳目，花开须落，落下后，只留残梦予人追忆。

而苏秦描写的齐国俨然一片盛世景象："临淄甚富而实，其民无不吹竽鼓瑟，击筑弹琴，斗鸡走犬，六博蹴踘者。临淄之途，车毂击，人户摩，连衽成帷，举袂成幕，挥汗成雨，家敦而富，志高而扬。"只因为经济繁荣，民间富庶，所以百姓沉浸于"吹竽鼓瑟，击筑弹琴，斗鸡走犬，六博蹴踘"。一个个显得志得意满的样子。

南怀瑾先生冷眼观盛世，认为"家敦而富，志高而扬"正是一种弊害的源头。当一个国家经济安定，社会繁荣，国民收入增加之后，往往就流于浪费，生活方式多半都骄奢淫逸，道德堕落，并且容易产生优越感，看轻别人。这也正是孟子说齐宣王一统天下的想法只是"缘木求鱼"的道理所在。

国家富强，百姓安居乐业，本来是一件好事，但是天下事总是祸福相依，需要辩证地对待。正如魏徵在《谏太宗十思疏》中，提醒唐太宗要"居安思危，戒奢以俭"。只有富而不骄，不一味地沉浸于歌舞升平，好日子才会持久。历史已经给了我们很多的镜鉴，唐朝由盛转衰就是很好的一例。

经过贞观之治和武则天的励精图治以及唐玄宗李隆基当政的开元时期的精心治理，大唐已经达到全面兴盛。自李隆基登基始，到开元二十九年（741 年），恰好是三十年。他第一年用的年号是先天，次年改为开元。古人以三十年为一世，李隆基为皇一世，天下太平富足，国家稳定，经济繁荣，农业和手工业都有较大的发展，达到了大唐开国以来的顶峰。可凡事有兴盛必有衰亡，兴盛的巅峰也必是衰亡的开始。开元以后唐玄宗用人失当，任李林甫、杨国忠等为相，并且迷恋贵妃杨玉环，"后宫佳丽三千人，三千宠爱在一身""春宵苦短日高起，从此君王不早朝"。政治腐败，奸臣当道，终于酿成安史之乱。从此，大唐盛世的景象一去不返。

盛唐景象一直是中国人心向往之的治世之极，有多少人梦回唐朝，只想一睹那富甲天下、雄视四海、宽容和谐、英气勃勃的伟大盛世。盛唐也是外国人对古代中国的一贯记忆。但是在安史之乱的马蹄声中，一个盛世渐渐远去，留给人们的是凄凉的背影和无尽的思索。唐朝为何会由盛转衰，首先是由于国家第一人唐玄宗的腐败，他沉溺于女色，歌舞升平，用人不再唯贤，渐渐奢侈度日，从而丧失了治世的雄韬伟略。俗语说"上梁不正下梁歪"，一国之君已不思进取，歌舞升平，百姓的精神状态就可想而知了。

国君玩物丧国，天下人玩物丧天下，而普通人玩物则会丧志。因此，我们需要居安思危，不可一味地追求奢侈享受，挥霍浪费，不思进取。

东汉光武帝刘秀九岁丧父，叔父将他养大。他在叔父任职的萧县读书，完成启蒙教育，后到长安太学游学，专攻儒家经典。寄养的生活和所受的教育，使他形成了谨厚诚信、勤俭自励的性格。

游学长安后，刘秀回到南阳家乡，操持家业，从事农业生产。史称他"乐施爱人，勤于稼穑"。由于"长于民间，颇达情伪"，深知百姓稼穑的艰难和民情的好恶，所以他为政宽简，并大力减轻百姓负担。

刘秀做了皇帝后，每日都是清晨即起，早早上朝，议政讲经，很晚才退朝。处理政务，"兢兢如不及"。太子见他太辛苦了，便劝他注意休息，他却说："吾自乐此，不为疲也。"身为一国之君的他生活俭朴，不事浮华。"身衣大练，色无重彩，耳不听郑卫之音，手不持珠玉之玩。"他屡次拒绝群臣"封禅泰山"的进谏，直到死前一年，才带领百官，登封泰山。针对秦始皇开始形成并愈演愈烈的"厚葬"之风，他还屡次下诏提倡薄葬。他自己也是这么躬行实践的。在为自己修造寿陵的时候，他对窦融说："今所制地不过二三顷，无为山陵、陵池，才令流水而已。"他在临终前，又下了一道遗诏说："朕无益百姓，皆如孝文皇帝制度，务从约者。"因而《后汉书·循吏传》称颂这个时期是"勤约之风，行于上下"。刘秀当政的时期，就是中国历史上有名的"光武中兴"时期。因国君的仁厚和提倡节俭，不劳民伤财，使得国泰民安。

"历览前贤国与家，成由勤俭败由奢"，这是一个已经被多次证明了的规律，孟子也说"生于忧患，死于安乐"。虽然我们身处和平年代，但要时时保持清醒的头脑，要有居安思危的意识。在努力提高生活水平的同时，更要提高精神素养，不能一味地追求奢侈享受，而是应该崇尚勤俭生活，适度消费。愿我们每个人铭记"一粥一饭，当思来之不易；半丝半缕，恒念物力维艰。宜未雨而绸缪，毋临渴而掘井"的古训，在日常生活中，"常将有日思无日，莫待无时思有时"。

气节铸就人魂

民族气节是一个民族的灵魂，一个没有气节的民族是可悲的。一个民族没有了灵魂，也就没有了思想，百姓更关注的是如何攫取最大的利益、满足自身的欲望，整个社会也会变得尔虞我诈、讲究排场，在这样的环境下，人们的虚荣心、攀比心将极度膨胀，物质崇拜意识将发挥得淋漓尽致，人与人之间也就没有了真诚、信任。

南怀瑾先生认为中国历史上的"君道与国共存亡，臣节尽忠死国事"这不易的原则，是中国特有精神之所长，关系一个民族立国立基的根本精神所在，应该将其发扬光大。

值得注意的是，这些节操的养成与帝王民主的政体关系不大，并不是说在帝王养士的体制之下，才有忠臣义士的作风，在民主体制的时代，同样需要民族气节。因此，民族气节、爱国主义绝不是老生常谈，这是一个国家自立、发展的根本。

中华民族自古就有"宁为玉碎，不为瓦全"，"时穷节乃见"的传统美德，这种气节观与爱国思想深深地浸入了我们的国格和人格之中，也在审美意识和生活情趣中得到了充分的体现。人们不仅喜爱松、竹、梅这"岁寒三友"，还热情赞美"出淤泥而不染"的莲花，欣赏凌霜傲雪的蜡梅，寄情"要留清白在人间"的石灰，这种"名节重泰山，利欲轻鸿毛"的精神在中华民族历史上绵延不断，哺育了无数重气节、讲立身、脊梁直、骨头硬的仁人志士，"时穷节乃见，一一垂丹青"。

在中国有一个流传千古的关于民族气节的故事，就是苏武牧羊。

苏武是汉朝人，当时中原地区的汉朝和匈奴的关系时好时坏。公元前100年，匈奴的新单于即位，汉朝皇帝为了表示友好，派遣苏武率领一百多人，带了许多财物，出使匈奴。不料，就在苏武完成了出使任务，准备返回自己的国家时，匈奴上层发生了内乱，苏武一行受到牵连，被扣留下来，并被要求背叛汉朝，臣服单于。

最初，单于派人向苏武游说，许以丰厚的俸禄和高官，苏武严词拒绝了。匈奴见劝说没有用，就决定用酷刑。当时正值严冬，天上下着鹅毛大雪，单于命人把苏武关入一个露天的大地窖，断绝食品和水，希望这样可以改变苏武的信念。时间一天天过去，苏武在地窖里受尽了折磨。渴了，他就吃一把雪，饿了，就嚼身上穿的羊皮袄。过了好几天，单于见濒临死亡的苏武仍然没有屈服的表示，只好把苏武放出来了。

单于敬重苏武的气节，不忍心杀他，可又不想让他返回自己的国家，于是决定把苏武流放到西伯利亚的贝加尔湖一带，让他去牧羊。临行前，单于召见苏武说："既然你不投降，那我就让你去放羊，什么时候公羊生了羊羔，我就让你回到中原去。"

在寒冷的贝加尔湖畔，唯一与苏武做伴的，是那根代表汉朝的旄节和一小群羊。苏武每天拿着这根旄节放羊，盼着回家的那一天。这样日复一日，年复一年，使节棒上面的装饰都掉光了，苏武也须发皆白了。

十九年漫长的岁月匆匆而过，当初下命令囚禁他的匈奴单于已去世了，汉朝的老皇帝也死了，老皇帝的儿子继任皇位。这时候，新单于执行与汉朝和好的政策，汉朝皇帝立即派使臣把苏武接了回来，同时接回来的，还有他那根永远也不弯曲的旄节。

黑格尔曾说，民族精神是认识自己和希求自己的神物。鲁迅指出，唯有民魂是宝贵的，唯有它发扬起来，中国才能进步。正是中国的许多英雄乃至伟大人物所彰显的爱国精神，铸了我们民族精神的精华，它是我们民族的代表，是民魂。正是有了这种精神的传承，我们的民族才能自立于世界民族之林。

金庸有句名言：侠之大者，为国为民。在战争年代，我们呼唤能够带来和平的大英雄。以东林党人、戊戌六君子等为代表的政治烈士和以邓世昌、张自忠等为代表的爱国将领都是最杰出的爱国者，他们的姓名和事迹理应被千秋传颂。但是，人们在对动乱时期的爱国者推崇备至的同时，却忽略了和平年代的爱国行为。其实，和平年代比动乱时期更需要爱国精神，要成为和平年代的爱国者，就需要每个人有心忧天下的胸怀，并从身边的小事做起。

爱国、民族气节，不是苍白的口号，而是实际的行动，我们应该多多关注我们的经济政策、法律体系、社会福利等与人们生活息息相关的东西，去思考、去尝试解决我们身边的社会问题，从微不足道的小事开始，孜孜不倦，聚沙成塔，把自己微薄的点滴力量汇入改革与发展的滚滚洪流中，只有这样做，才是国之幸、民之幸。"大人者，不失其赤子之心者也。"孟子如是说。

"远庖厨"是一种反省

孟子一句"君子远庖厨"，使后世"君子"们如获至宝，从此将狭小的厨房扔给了女人，而他们只一味地在饭桌上享受美食。"君子远庖厨"真的承载了让女人掌管人间烟火的内涵吗？南怀瑾先生说，这句话其实被后人曲解了。为何如此，又怎样被曲解，还得回到历史现场来寻找答案。

孟子在齐国时，一次，他看见齐宣王用一只羊代替牛来做祭品。于是说了这句流传千古的话："君子之于禽兽也，见其生，不忍见其死；闻其声，不忍食其肉。是以君子远庖厨。"意思是说君子对于飞禽走兽：看见它们活着，便不忍心看它们死；听到它们哀鸣的声音，便不忍心吃它们的肉。所以君子要离厨房远远的。南老认为，这种心理正是一种恻隐之心，和君子把厨房留给女人这种做法是八竿子打不着的。因此，不得不佩服后世君子们曲解经典以为"我"所用的功力。

远庖厨，是恻隐之心的表现，那么，君子就只能入佛吃斋不杀生了吗？非也，酒肉穿肠并不是君子所不为。再说，植物也是生命啊，是否也不进食了呢？当然不能，因此孟子的"君子远庖厨"阐述的是如何面对人生的一些不得已。人为了自己的生存，吃素食也好，吃肉食也罢，总是一种不得已。认识到这种不得已，而恻隐，而不忍，而远庖厨，正是一种自我的反省，自我的约束，并非是要做给谁看。

因此，面对人生的不得已，要常怀恻隐之心。人之所以为人者，唯此恻隐之心而已。求仁者求此，积德者积此。"恻隐之心"就是仁慈爱物之心。见到一切动物有苦难，自然就生出同情心，这就是"恻隐之心"。

从前有位比丘，修行已经证得了六神通，跟一位小沙弥住在一起。

一次，比丘在禅定中见到小沙弥只剩 7 天寿命了，心中不忍，于是叫小沙弥返家看父母。结果 7 天过后，小沙弥竟然又回来了。比丘感到很奇怪，就再入定观察，发现小沙弥寿命得以延长，于是比丘问小沙弥，在回家的路上做了什么特别的事情。小沙弥想了很长时间，最后终于说了一件他自认很普通的事情。原来小沙弥在回家的路上，看见了河边的一个蚁穴，水快要流进蚂蚁洞了，小沙弥急忙脱下袈裟，拿泥土把水挡住。小沙弥就是因为救护蚁命的因缘，而延长了 12 年的寿命，后来他更加精进修行，证得了四果罗汉。

小沙弥护住蚁洞一事，看似举手之劳，却因其怀一颗恻隐之心，自得善报。

恻隐之心乃是在人的心灵中汩汩流淌的善良情感的甘泉，它滋润着人的心灵不至于变得冷酷，它使人具有仁爱之心和悲悯情怀，它构成无数善行纯洁而又高尚的动机。

但是不是任何恻隐之心都会得到回报，在运用你的同情心时，也要分清状况，看对象，并想到后果，否则，就要陷入东郭先生的境地。

明代马中锡的《东田传》中记载了一个东郭先生和狼的故事。说的是一位书生东郭先生背着一口袋书，在去中山国谋官的途中，遇到一只受伤的狼，狼恳求他帮忙，以便逃过猎人的追捕。东郭先生看到这只受伤的狼很可怜，便把狼藏在了自己的书袋里。

不一会儿，猎人追了上来，发现狼不见了，就向东郭先生询问狼的去向，结果东郭先生骗过了猎人。等猎人走远后，他又把狼放了出来。不料，狼却嗥叫着张牙舞爪地扑向东郭先生。

东郭先生徒手同狼搏斗，嘴里不断对狼喊着"忘恩负义"。最后幸好一位农夫走过来，将狼重新骗入口袋中，并对东郭先生说："这种伤害人的野兽是不会改变本性的，你对狼讲仁慈，简直太糊涂了。"说罢，抢起锄头，把狼打死了。

《红楼梦》中有云：子系中山狼，得志便猖狂。其本来喻指人忘恩负义，其实狼的本性如此，一切都是由于东郭先生乱动恻隐之心导致的。所以凡事要辩证对待，不可一味地偏执于理论，具体问题具体分析，才能在生活中游刃有余。

总之，君子远庖厨，呼唤的就是一颗恻隐之心。对万物常怀恻隐之心，愿意珍重一切生命，这样也就找到了做人的快乐。

养浩然正气，做上品人

自古做人难，做一个有一身浩然正气的人更难，因为这是一个需要自我修行的过程。《菜根谭》中有语："欲做精金美玉的人品，定从烈火中煅来；思立掀天揭地的事功，须向薄冰上履过。"

南怀瑾先生认为，对于养气修心的功夫，能够修到纯粹精湛的，非孟子莫属。

儒家思想中关于人的修养有"内圣外王"之说，孟子就此修养之道，指出"可欲之谓善，有诸己之谓信，充实之谓美，充实而有光辉之谓大，大而化之谓圣，圣而不可知之谓神"。孟子首先说明养气修心之道，虽爱好其事，但一曝十寒，不能专一修养，只能算是但知有此一善而已。必须要在自己的身心上有了效验，方能生起正信，也可以说才算有了证验的信息。由此再进而"充实之谓美"，直到"圣而不可知之之谓神"，才算是"我善养吾浩然之气"的成功。

修身养性，就是这样一个不断克服自身缺点、不断进步的过程。俗话说不经历风雨，怎能见彩虹，不下一番苦功，如何练就金玉人格。要想达到大境界，必须在修身养性上下苦功，时时拂拭心灵，处处反思行为，莫让自己蒙尘。

赵概是宋朝南京虞城人，曾与欧阳修同在馆阁任职。赵概性情敦厚持重，沉默寡言，欧阳修很看不起他。欧阳修任知制诰（为皇帝起草诏令）之职后，以赵概没有文采为理由，将其贬官为天章阁待制。赵概清静淡泊，对此并不计较。

后来欧阳修的外甥女与人淫乱，忌恨欧阳修的人借题发挥，以此事来诬蔑他。皇帝震怒，没人敢为欧阳修辩护，只有赵概为欧阳修上书，说："欧阳修因文才出众才成为皇上的近臣，皇上不能随便听信谗言，轻易诬蔑他。"有人问赵概："你不是与欧阳修之间有嫌隙吗？"赵概说："以私废公，我不能做这种事。"

最终皇帝并没有听赵概的话，欧阳修仍旧被贬官滁州。赵概后来执掌苏州，接着又辞官守丧，守丧期满后，被授职翰林学士，他再次上书，要求先为欧阳修恢复官职。

虽然赵概的请求没有被朝廷采纳，但当时的人们都非常赞赏赵概宽厚大度、不计私怨的品行。欧阳修也认识到了赵概的崇高德行，对其非常佩服，两人从此成为莫逆之交。

赵概的德行如此高尚，这得益于他平时能够严谨克己修身。为了严格要求自己，他曾准备两个瓶子，如果起了善念，或做了好事，他就把一粒黄豆投入一个瓶子中；如果起了恶念，或做了不好的事，他就会把一粒黑豆投入另一个瓶子中。刚开始的时候，黑豆总是比黄豆多。后来随着赵概对自己的磨砺，时时内省，努力克制自己，改过迁善，瓶子中的黄豆渐渐多了，黑豆也随之减少，赵概终于成为德行高尚的人。

赵概通过自我有意识的修行，从而达到令身边人称颂的境界，这就是在自己身上起到效验的阶段。按照南怀瑾先生的说法，修身养性的最高境界是善养浩然正气。何为浩然正气？其实就是至大至刚的昂扬正气，是以天下为己任、担当道义、无所畏惧的勇气，是君子挺立于天地之间、无所偏私的光明磊落之气，这三气构成了浩然之气。这种浩然正气体现着一种伟大的人格之美。中国历史上具有一身浩然正气的英雄有很多，文天祥就是其中一个。

文天祥本来是个文官，为了反抗蒙古人的入侵，保卫家国，他勇敢地走上了战场。那时蒙古派出大军，要消灭南宋，文天祥听到消息，拿出自己的家产，招募起三万壮士，组成义军，抗元救国。有人说："蒙古大军人那么多，你只有这些人，不是虎羊相拼吗？"文天祥则说："国家有难而无人解救，是令我心痛的事。我力量虽然单薄，也要为国尽力！"

后来，南宋的统治者投降了蒙古军，文天祥仍然坚持抗战。他对大家说："救国如救父母。父母有病，即使难以医治，儿子还是要全力抢救啊！"不久，他兵败被俘，坚决不肯投降，还写下了有名的诗句："人生自古谁无死，留取丹心照汗青。"表明自己坚持气节至死不变的决心。他拒绝了蒙古人的多次劝降，最终舍身报国，慷慨就义。

文天祥以身殉国，表现出了"富贵不能淫，贫贱不能移，威武不能屈"的傲然品格，正如其诗中所说，一片丹心照汗青，从此，中国历史上多了一位可以大书特书的"善养浩然正气"的英雄。

　　浩然正气是人的精神"脊梁"，是抵御歪风邪气的"屏障"。正气长存，则邪气却步、阴霾不侵；正气长存，则清风浩荡、乾坤朗朗。要保持浩然正气，就必须"日三省吾身"，做到自重、自省、自警、自励，时时处处以激浊扬清、弘扬正气为己任，使正气日盛，邪气渐消，引领整个社会不断走向正义和文明。这才是君子之道。

　　人总有一天会走到生命的终点，金钱散尽，一切都如过眼云烟，只有精神长存世间，所以人生追求的应该是一种境界。修身养性，做上品人，一生以养浩然正气为人格修养大目标，也许下一位圣人就在这种修养过程中渐渐浮出历史的水面了。

物我两忘，红尘滚滚也悠闲

　　南怀瑾先生讲《孟子》，曾以牛喻人之修行，字字珠玑，且发人深省，将人的心性修养之道说得淋漓尽致，特此拿来共享。

　　南怀瑾先生说道，在宋元以后，禅宗里出了一位普明和尚，把心性的修养，比作牧牛，从一头野牛修到物我双忘，分作了十个步骤。第一是"未牧"，好比恣意咆哮、随意践踏禾苗的野牛。第二是"初调"，已经穿上了鼻环随着人意牵着走。第三是"受制"，不再乱走，牛绳子可以放松一点。第四是"回首"，癫狂的心境比较柔顺了，但是还要牵着鼻子走。第五是"驯服"，可以自然收放，不必牵了。第六是"无碍"，可以安稳不动，不必让人费心。第七是"任运"，牧童可以睡大觉了。第八是"相忘"，牧人和牛两无心。"独照"为第九，到了无牛的境界，人的一切妄心已除。第十是"双泯"，则人也不见，牛也不见。

　　这里所讲的修养十步，就是将一颗狂野之心修成正果的过程。《西游记》中的牛魔王，是孙悟空的拜把兄弟，两人正代表了一个人心的两面，孙悟空是努力改过、潜心向善之心，而牛魔王则是不易驯服的狂野之心。我们每个人的心中都有个牛魔王，都需要按照南怀瑾先生介绍的十步来进行驯服，最后到物我两忘之境，便算修成了正果。

　　禅宗有很多修行故事，正应了牧牛这一修心的过程。

　　有一次，无德禅师向和他修行的学僧们问禅心。

　　一位学僧说道："以前在我心中，除了'我'或'我所'之外，世上再没有什么值得我关心的。但自从参禅以后，我才发觉世上的万事万物都要靠因缘才能成就，除了'我'以外，还有人，还有佛，我想我握住禅心了。"

接着一位学僧说道："以前我的眼光仅限于看得见、摸得着、享受得到的具体实物。但自从参禅以后，现在我有了远见，不再心胸狭小而量大如空。我想我找到禅心了。"

第三位学僧说道："以前如果说我一天能行三十里路，我绝不去走五十里。但自从参禅以后，才感受到，自己是以有限的生命去证悟永恒的法身，恨不得不眠不食，日行百里。我想我已知道什么叫禅心了。"

第四位学僧说道："我由于资历低、学识浅，在处世方面总显得笨拙，因而有时会很自卑。自从参禅以后，我才发觉自己可以担当弘法利生的重责大任，因此，不再自觉笨拙，也不感觉自卑，我想这就是禅心了。"

最后一位学僧说道："我身材五尺，平时总抱着'天塌下来总有别人会顶住'的心态。但自从参禅以后，才感受到禅宗的信念，现在总觉自己有丈二的身材，我想我已体悟到什么叫禅心了。"

无德禅师听后，说道："你们所说的只是一种'初心'，而非'禅心'。真正的禅心在于明心见性。好好精进修持吧！参！"

学僧们听后，敛目内省，继续去寻找禅心。

学僧们的回答都有道理，为何无德禅师却称之为"初心，而非禅心"？原因很简单，修禅修的就是物我两忘，心外无物之境，而这些学僧们执着于人间的利害得失，怎能称之为禅心呢？何谓禅心？只有心境平和，放下喜悲，空明无物，才能达到心灵和行动的静默，在静默中物我两忘，进入奇妙的觉悟之境，体悟无法言说的"万色皆空"、"万空皆色"的境界。那种境界就是"千江有水千江月，万里无云万里天"，就是"本来无一物，何处惹尘埃"。而禅师慧忠就达到了这种修行境界。

印度的三藏法师自诩神通，他来到慧忠禅师面前，与他验证。

慧忠谦恭地问道："久闻您能够了人心迹，可有此事？"

三藏法师痛快答道："只是些小伎俩！"

慧忠于是心有所想，问道："请看老僧现在心在何处？"

三藏运用神通，查看了一番，答道："高山仰止，小河流水。"

慧忠微笑，并点头，将心念一转，又问："请看老僧现在身在何处？"

三藏又做了一番考察，笑着说："禅师怎么去和山中猴子玩耍了？"

"果然了得！"慧忠面露嘉许之色，称赞过后，随即将心念收起，反观内照，进入禅定的境界，无我相、无人相、无世间相、无动静相，这才笑吟吟地问："请看老僧如今在什么地方？"

三藏神通过处，只见青空无云、水潭无月、人间无踪、明镜无影。他用尽浑身解数，天上地下彻照，全不见慧忠心迹，一时不知所措。

慧忠缓缓出定，含笑对三藏说："阁下有通心之神力，能知他人一切去处，极好！极好！可是却不能探察我的心迹，可知为何？"

三藏摇头不语。

慧忠禅师笑道："因为我没有心迹，既然没有，如何探察？"

如此可见，只有心灵空明，达到"本来无一物，何处惹尘埃"之境，才能物我两忘，使修养化为至境。

纷纷扰扰的世界，总有无尽的诱惑。卢梭说："十岁时被点心、二十岁被恋人、三十岁被快乐、四十岁被野心、五十岁被贪婪所俘虏。人，到什么时候才能只追求睿智呢？"是啊，如果我们一味地去追求名利，沉迷于花花世界之中，心中所求太多，只能使自己疲惫不堪，寝食难安。

其实这又何苦，人生不满百，有些东西生不带来，死不带去，何不就此放下，让心灵在无物无我之中，体会一种难得的闲适与自在。即使身居闹市，也不必关门闭窗，任它潮起潮落，风起云涌，我自悠然如局外之人。身在红尘中，畅游青山绿水间，沐浴徐徐清风，又何必"入山唯恐不深"？杜牧诗云：睫在眼前长不见，道非身外更何求。关键是你的心。

修养心灵，不是一件容易的事，要用一生去琢磨。要把修养心灵与你的神经互连，让它为你提供源源不断的智慧，让人生这条路变得简单、精彩起来。

靠自己站着的人最坚强

人生其实就是这样，不如意事十之八九，正是"譬如朝露，去日苦多"。人生多苦，只要活着，就无法逃避，因此不如坚强地面对，自立自强，做生命的水手，与滔滔浊浪勇敢搏斗。

一次，滕文公请教孟子："滕，小国也，间于齐楚。事齐乎？事楚乎？"我们滕国是一个小国家，东临齐，南接楚，是应该向齐国靠拢呢，还是应该投向楚国？孟子告诉他只有一条路可走，即"凿斯池也，筑斯城也，与民守之，效死而民弗去，则是可为也"。也就是说，加强你的国防设施，挖深护城河，加高加厚城墙，和全国的百姓同心协力，保卫自己的疆土。要自立自强，即使战死，也不逃离，甚至宁可亡国，也不向任何一个大国投降。先有这样的准备，才可能有所作为。

这正是两大之间难为小，滕这个小国受着齐国与楚国的夹板气，无力反抗，也不敢反抗，于是孟子给他开了自立自强这个药方。南怀瑾先生由此联想到为人处世，他说："个人做人也是一样，不自强，不自立，不从自己本身想办法，在两大之间，怨天怨地，希望得到别人的同情来为自己解决困难，天下不会有这样的事情。个人事、国家事、天下事的原则是一样的，只有自立自强，才是唯一的生存之道。"

挪威戏剧家易卜生说过："在这个世界上最坚强的人，是孤独的只靠自己站着的人。"人，要想经风雨，而立于不败之地，必须学会自立。也许蜡梅并不喜欢严寒霜冻，也许青松并不喜欢悬崖峭壁，也许海燕并不喜欢狂风暴雨，但它们不甘心放弃，自己做自己的救星，它们为自己奏响了生命乐章。

人要学会自立，遇到困难时，不可畏缩，但是要想战胜困难，换取人生一片坦途，自立只是第一步，还要学会自强，欲成事，先壮大自己的力量，练就一身真本领。

西晋时期，司马家族的统治极其腐败，致使国力衰弱。北方匈奴乘机入侵，消灭了晋军主力，攻陷了晋都洛阳，俘虏了晋愍帝。

晋愍帝先被匈奴百般羞辱，最后又为匈奴所杀。在匈奴的统治下，百姓生活在水深火热之中。其时，一位名叫祖逖的爱国志士，发誓要收复失地，拯救受苦难的百姓。他与好友刘琨住在一起，每日凌晨鸡鸣之时，两人就起床练剑。在皎洁的月光下，两位热血青年身姿矫健、比翼对舞。多年来他们坚持"闻鸡起舞"，无论酷暑严冬、刮风下雨，从不间断。就这样，他们练就了高强的武艺，磨砺了坚定的意志。

公元 317 年，司马睿在建康（今南京市）建立了东晋政权，史称晋元帝。东晋朝廷苟安于江南一隅，并没有收复失地的意图。祖逖为此十分焦虑，专程从沦陷区赶到建康求见司马睿，要求领兵北伐，收复中原。

司马睿没有办法拒绝祖逖的要求，就任命祖逖为豫州刺史，却不给他一兵一卒，只拨给他一千人的粮食和三千匹布，要他自己招兵买马，建立军队。

虽然得不到朝廷的全力支持，可祖逖并没有放弃北伐的决心。他带领几百名志愿北伐的壮士，渡江北上。船到江心，祖逖敲着船桨，大声地发誓："北伐如不成功，我祖逖绝不再踏入这条大江。"随行的人听了祖逖的豪言壮语，一个个热血沸腾。

过江以后，祖逖一边召集人马，打造兵器，一边与敌人作战。中原的老百姓给他们送来了粮草。军民同心协力，浴血奋战，祖逖很快就收复了黄河以南的大部分土地。

"天行健，君子以自强不息。"无论是想在世界上安身立命，还是想实现宏图大志，都需要自立、自强。要想真正做到自强，有三个条件：一是要自觉。做任何事情，尤其是要实现自我设定的目标时，只有自觉，才能获得主动权，只有主动，才思进取。二是要勤奋。有了勤奋，才不会满足，只有不满足，才能保持旺盛的斗志。三是要有毅力。实现目标的过程，就是克服困难的过程，没有百折不挠的毅力，只会半途而废。没有这三条，自强终究是一句空话。南非总统曼德拉说："人生最美的光环不在于人的升起，而是坠下后还能再升起来。"人生就是如此，风风雨雨，充满曲折，在我们坠下后，就要自立、自强，再升起来，学会自己救自己。

盲人过路亦如此，你帮得了他一时，帮不了一世。没有谁能永远做你的救星，除了你自己。失败并不可怕，可怕的是你没有走向成功的勇气；受挫并不可怕，可怕的是你没有自立、自强的决心。做自己的救星，相信风雨过后，一定是鹰击长空的壮景；相信荆棘过后，一定是铺满鲜花的康庄大道。

做君子之勇，拒绝匹夫之勇

勇气是人类最重要的一种特质，是衡量灵魂的标准。勇者并不是蛮勇之谓，凡见义不为为非勇，欺凌弱小为非勇，贪图便宜、使乖取巧、自私自利皆为非勇。

什么是真正的勇气？一次齐宣王说"寡人有疾，寡人好勇"时，孟子给出了回答："王请无好小勇。"大王你好勇没关系，但不要逞小勇。"今王亦一怒而安先天下之民，民惟恐王之不好勇也。"如果你也能英雄豪气冲云天，大勇安定天下，那么百姓还唯恐大王不好勇呢！南怀瑾先生很赞赏孟子的话，并进一步阐述了这个道理。他认为个人好勇，逞匹夫之勇，就会"任气尚侠"，甚至睚眦必报，犯禁杀人，最后自取灭亡。所以，个人不可无勇，但也不可好匹夫之勇。

勇气是捍卫人格尊严的一个支点，有了它，即使你粉身碎骨，依然会在人们心中树起丰碑。勇气是每个人潜在的英雄情结，勇气是敢于面对困难、挑战困难，不被任何东西打垮的气概。怯懦者在酒杯中寻找勇气，真正的勇敢者有一颗勇敢的心。

鲁迅先生说过，真的勇士，敢于直面惨淡的人生，敢于正视淋漓的鲜血。勇气是为正义而奋斗的精神，勇气是天地为之动容的人格力量。勇气是克服恐惧，开启成功大门的钥匙，勇者无惧！

但是，与勇气这个具有正面意义的词相随的是匹夫之勇。易中天先生在他的《品人录》中是这样区分匹夫之勇和君子之勇的："路见不平，拔刀而起，一言不合，拳脚相加，这是匹夫之勇。因为只要有几分血气，有几分力气，不要有任何志向和修养，随便什么人都做得到，而且也不会有什么辉煌的战果，因此是匹夫之勇。什么是君子之勇呢？泰山崩于前而色不变，麋鹿兴于左而目不瞬，骤然临之而不惊，无故加之而不怒，这就是君子之勇。"

可悉陵是北魏皇族，他身材高大魁梧，性格勇敢坚毅，又练得一身好武艺，很受皇室器重。

在可悉陵十七岁的那一年，一次，北魏皇帝拓跋焘带着他到山林里去打猎。

他们一行人个个都善使弓箭，勇猛无比，没过多半天，便捕获了许多野兔、鹿、山鸡之类的野味。

在返回的路上，大家大声地谈笑着，夸耀自己的战果。正在兴头上，忽然有人察觉旁边的树在微微颤抖，传出一阵"沙沙"声，好像有什么动物在快速行走。犹疑间，丛林中突然蹿出一只吊睛白额猛虎。它大吼了一声，直吼得地动山摇。

人们惊慌失措，不知如何是好。这时只听一个人大喊道："保护皇上，看我的！"说话间，此人已到了老虎跟前。大家定睛一看：原来说话的是可悉陵。

可悉陵赤手空拳和老虎搏斗起来。老虎的尾巴用力一掀，眼看要扫到可悉陵身上，可悉陵灵巧地一闪，躲开了。大家回过神来以后，弯弓搭箭想要帮可悉陵的忙，可悉陵却喊道："大家别插手，我可以应付！"于是大家只好看着可悉陵和老虎周旋，心里暗暗为他捏了一把汗。

可悉陵躲过了老虎凶猛的一扑一掀一剪，瞅准机会跳到老虎背上，揪着虎皮，死死按住虎头，抬起铁拳拼命朝老虎的天灵盖砸下去。也不知打了多少拳，直到他没了力气，才发现老虎已经七窍流血，死了。于是可悉陵把这只老虎献给了拓跋焘。

拓跋焘没有过分称赞他，说道："我们本来有机会逃走，不跟老虎纠缠。实在走不了，大家一起上，也可以轻而易举地置老虎于死地，你偏要徒手和老虎单打独斗。你的勇敢确实超人一等，应该用来造福国家，而没必要浪费在这种搏斗上。万一为之所伤，岂不可惜？"

拓跋焘的话很有道理，可悉陵的行为表面上看勇猛无比，其实不过是逞匹夫之勇。真正的勇气是仁、智、勇的结合，是来自内心对真理的执着，来自对美好的向往，来自追求自身更高的境界。尼采说："这是一个焦虑的时代，一个群众道德和个人孤立的年代。勇气是一种必需品。"

大勇与匹夫之勇，这是两条路，一条是稳重，一条是冲动；一条通向成功，一条通向悔恨。勇气是勇敢者的通行证，做君子之勇，拒绝匹夫之勇，会使我们在自己的人生路上走得更远，走得更稳。

与世推移不合污，周旋尘境不流俗

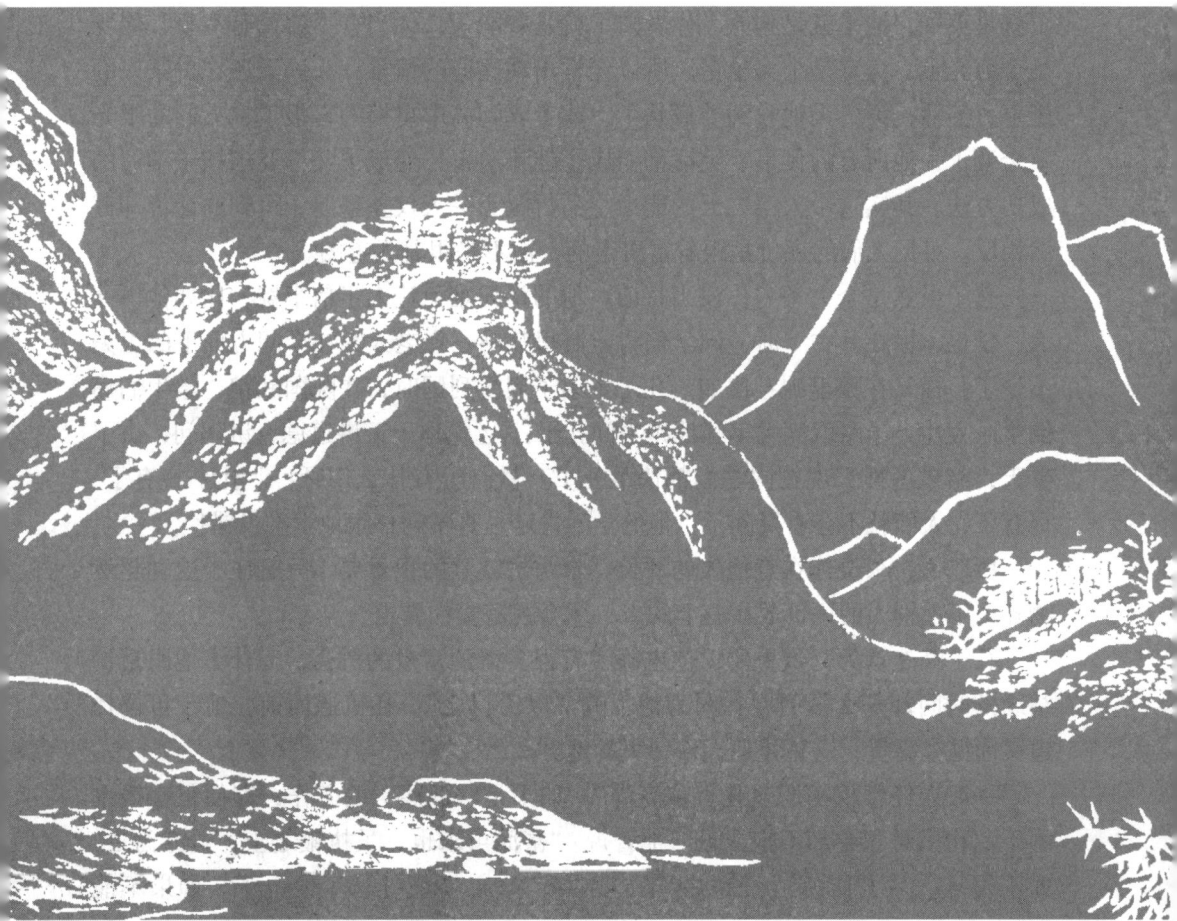

有毒的不吃，犯法的不做

富与贵，重不重要？有的人会说不重要，但孔子这个大圣人认为很重要。他当上鲁国高官后，人们看他的眼光就变了，他感慨地说：自从季孙氏送给我优厚的俸禄后，朋友们更加亲近了；自从南宫敬叔送给我马车后，我的仁道更容易施行了。所以，一个人坚持的道，遇上时机才会受到重视，有了权势然后才能推行。没有这两个人的赏赐，我的学说几乎成了废物。

孔子的话肯定是肺腑之言，因为中国人的老习惯是"以成败论英雄"。你赢了就是英雄，输了就是狗熊，你发财了就是有能耐，你当官了就是有本事，你要是个穷光蛋，肯定是个大笨蛋。所以经常出现这样的情景：头一天还在讲某人的傻事、笑话，第二天他收到委任状了，或者收到高中皇榜的喜报了，人们的眼光就全变了，他所有的傻事、笑话都变成了趣味逸事，变成了父母要求孩子学习的成功方法。其实这个人第二天的能力、品行跟头一天仅差毫厘，得到的评价却截然相反。可见人们的评价是跟着富贵走的，而不是跟着人走的。

孔子虽然是个大圣人，没当官前，他的学问难免让人半信半疑，比如他讲什么"学也，禄在其中"时，同学们肯定心里嘀咕：您老人家在学问方面下的工夫不少了，禄又在哪里呢？比如，孔子率弟子周游列国时，在陈国断粮，学生们病倒了一大片。子路就满腹牢骚地跑去问孔子："老师你天天讲道德、讲学问，讲了半天，结果怎样？现在同学们都快饿死了。做君子有什么用呀！"孔子官有了，禄有了，人们就不会有疑问了：他的学问肯定是真学问！跟他学准没错！

所以说，只要你在意他人的评价，富与贵就真的很重要。只有庄子这种超然物外，不把别人的评价放在心上的人，才会视富贵如粪土。

孔子既然认为富贵重要，他也确实有很多得到富贵的机会，为什么他跟富贵结缘的时间却那么短暂呢？因为他强调"以道得之"，在机遇面前，他宁可选择道义而抛弃富贵，这正是他人格伟大的地方。

一般人经常权衡职业是否"高尚"，如果是"低贱"的工作，即使很赚钱也不干。孔子对职业却不抱成见。他曾说："富而可求也，虽执鞭之士，吾亦为之，如不可求，从吾所好。"只要能正当致富，拿着马鞭赶马车他也干。如果不能

（致富），则随自己所好。《说苑》曾说：没有地位没有钱，不是贤士的耻辱，品格不突出，才是贤士的耻辱。贤士并不是喜欢死亡厌恶生存，也不是厌恶富贵喜欢贫贱，按照正当的方式，尊荣富贵落到自己身上，贤士也不会推辞。这段话，体现了儒家的富贵观的精髓。

儒家所谓正当，主要是一种自我要求，不完全是法律与道德的规范。通常来说，儒家的自我要求高于社会行为规范。它对于"正当"的富贵有如下要点：

第一个要点：无功不受禄。对别人有贡献，接受别人的报酬，这是公平的；无功而受惠，在贤士看来不是正道，不屑于接受。

有一次，孔子去见齐景公，齐景公想把禀丘这个地方送给他。孔子辞谢不受。出来后，他告诉学生们说："我听说君子有功才受禄，现在我游说齐景公，他不接受我的主张，却把禀丘送给我，他真是太不了解我了！"于是辞别景公走了。

孔子的做法可能让人想不通。其实类比一下就不难理解：假设儒家思想是一种精神产品，孔子上门推销，如果人家接受产品又照价给钱，这是正常交易，孔子肯定很乐意。人家不要产品却给钱，这显然不是正常交易，有的人可能乐意，孔子就不做这种无本万利的交易。

第二个要点：烫手的钱不拿。用违反法律道德的方式赚钱，可能受到惩罚和谴责，这明显是烫手的钱，贤士肯定不拿。有的钱虽然没有违反法律道德的嫌疑，却隐藏着难测的风险，贤士也是不拿的。

晋人山涛是个大名士，曾任尚书之职，后来辞职回乡奉养老母。陈郡袁毅担任县令时，贪污行贿，不择手段。他送给山涛一百匹丝。山涛不想表现得同别人不同，接受了这些丝，却把它们藏在阁楼上。后来袁毅事败，凡是接受他贿赂的人，全都受到检查。山涛从阁楼里取出丝交给检查的官吏。这些丝经历了好几年时间，上面布满了尘土，丝质也变坏了，印封仍如以前一样，没有打开过。检查的官吏认为山涛是清白的，山涛也因为自律而没有被袁毅的赃物烫到手。

第三个要点：违反道义的官不当。君子求取功名，都要用正当手段。如果只能用不道义的方式得到官位，他们宁可弃功名如粪土。

齐国权臣崔杼杀掉国君，控制国政后，召集朝中大臣在自己家里歃血盟誓："不亲附崔氏而亲附齐国公室的人，将遭天打雷劈！"

不少大臣都按照崔杼的话发了誓。轮到晏子时，晏子低头含了血，也指天发誓："不亲附齐国公室而亲附崔氏的，将遭天打雷劈！"

崔杼大怒，用矛顶住晏子的胸膛，用戟钩住他的脖子，威胁道："你还是把说过的话改回去吧！这样我就会和你共享齐国。你要是不改的话，应该知道后果！"

晏子镇定地说："崔抒，你难道没有学过《诗》吗？《诗》上说：'密密麻麻的葛藤，爬上树干枝头。和悦近人的君子，不以邪道求福。'君子不以邪道求福，那我更不能够如此。你考虑一下我的话吧！"

崔杼想了想，叹息道："这是个贤德的人，我不能杀死他！"于是把晏子放了。

晏子是个大名士，正是崔杼力图笼络的人才，如果他依附崔氏，必受重用。可他宁可抛掉性命，也不向这个弑君之徒屈服，足见其君子的品格。

第四个要点：损害人格的事不干。君子不害怕贫穷，但害怕丧失自己的人格。

曾参住在鲁国时，家里贫穷，每天穿着破旧的衣服，耕田种地。鲁国国君为了笼络他，派人送给他一块封地，说："请用封地的收入为您添置衣服吧！"

曾参不肯接受。使者反复来了好几次，他还是不肯接受。

使者劝道："先生没有向人家要，是人家主动送给您的，为什么不肯接受？"

曾参说："我听说，接受别人的东西，就会怕人；馈赠别人东西，就会轻视人。即使他送给我东西却不轻视我，我怎么能不怕呢？"他到底还是没有接受封地。孔子听说这件事，夸道："曾参的话，足以保全他的人格。"

曾参不接受馈赠为什么能保全人格呢？俗话说：吃人的嘴软，拿人的手短。接受了国君的馈赠，对国君施行的不合理政策就不好意思批评了，对国君的不合理要求就不敢拒绝了。这就丧失了独立人格。对君子来说，这是不可接受的事。

人生好比行路。我们知道，要想到达目的地，最好是循着宽广平坦的大路而行。走所谓"捷径"，未必能节省时间，反而容易遭遇危险。我们追求成功也是这样，最好走大路，不要走"旁门左道"。

当然，现代的情况跟古代不同了，现代人追求成功，方式方法也可能跟古代有所区别。但以上四条仍然是现代人可行的大路。除此之外，还有一条大路：创新。这是现代人最好的成功之路。

人生就是一个以利为圆心的圆周运动

自古关于"利"的成语很多，例如"追名逐利、见利忘义、利欲熏心"。提到这个"利"字，似乎所有君子都嫌它是一块烫手山芋，不敢明着去招惹，可是有几个人仔细想过，究竟什么是利？

南怀瑾先生这样说："或者是人，或者是物，或者是事，当某一时间，某一空间中，能够产生'利用安身'的功能效果，那么它就具有'利用安身'的价值；也就是在当用、该用、要用、可用、适用、值得用的条件下，那么对这人、或事、或物来说，就构成了价值；也就是对这人、或事、或物的利。"

讲得明白些，就是人生在世，怎能不讲利？人类文化思想包含了政治、经济、军事，乃至人生的艺术、生活，等等，都是以求利为目的。如果不求有利，又何必去学？做学问也是为了求利，读书认字，不外乎是为了获得生活上的方便或是自求适意。即使出家学道，也是为了成仙成佛，这何尝不是求利？

其实早在两千年前，孟子已经思考过了这个问题，并提出了义与利这千古一辩。孟子来到魏国，见到魏国国君梁惠王，于是遭遇了这句问话："叟，不远千里而来，亦将有以利吾国乎？"老头儿，你能为我们国家谋什么利益吗？孟子听后，没有拍案而起，针锋相对，而是颇有风度、庄重地说："王何必曰利？亦有仁义而已矣。"意思是说，大王您何必只图目前的利益？其实只有仁义才是永恒的大利。按照孟子的说法，仁义也是利，道德也是利，这些是广义的、长远的利，是大利，不是狭义的金钱财富的利，也不只是权利的利。可见，人们追求有用或没用的东西都是利，只不过有大利、小利之别而已。

人与人的追求不同，因此对于每个人来说，能够对自己产生"利用安身"的价值的东西也不同。有的人求子孙满堂，得之，心满意足；有的人求福如东海，得之，心中无憾；有的人求无上智慧，得之，最是得意；有的人求万事如意，得之，甚为欢喜；有的人求名扬四海，得之，心中风光无限；有的人求家财万贯，得之，幸福无比。但是无论是求喜求乐求名求财，说穿了，求的还是一个利。

"采菊东篱下，悠然见南山。"陶渊明以他那高洁的品质和优美的诗句，留香于中国的文学与历史的天空。而他不为五斗米折腰的故事，更是为世人所传颂。

在晋安帝义熙元年（405 年）的那年夏天，陶渊明被任命为彭泽县县令。他上任不到三个月，有一天，接到上级官员送来的一份公函。公函上说，郡里有个官员要来彭泽县检查公务，文中暗示陶渊明放聪明些，小心谨慎地伺候。

陶渊明一向正直，从不阿谀奉承。接到公函后，他感到很纳闷，猜不透文中的深层含义，于是他叫县衙里的师爷来给他解释一下。

这位师爷看完之后，心领神会，他说："历任的县太爷为迎接上级每一位官员，都要好生准备，恭恭敬敬地到路边迎候，安排欢迎仪式，为的是讨得他们的欢心。""讨得他们的欢心又如何？"陶渊明问。

"啊，这您还不懂？要是讨得这些官老爷的欢心，那升官发财之路就光明了。否则的话，恐怕连您头上的这顶乌纱帽也保不住了。大人，您可千万别马虎啊！"

陶渊明听到这里，拍案而起，愤怒地说："岂有此理，怎能为这五斗米官俸向乡里小人折腰！这官，我不做了！"

说完，陶渊明脱下官服，交出官印，毅然回家耕田去了。

世人以不为五斗米折腰的陶渊明为淡泊名利、知足常乐、悠然处世的典范。殊不知，他去除名利的束缚，求来的却是另一种利，这对陶渊明来说也许是一种大利，因此在面临选择时，他毅然抛弃了世人所向往的官阶财富，而选择了维护自己的人格和操守，以取得心灵的宁静，保持心中那份做人的崇高感。

古今中外，像陶渊明这样为求大利益而抛弃小名利的人还有很多，例如越国富可敌国的范蠡，更是在身居高位、家财万贯时毅然弃之，选择了另一种人生。

在勾践灭掉吴国后，辅佐勾践二十余年的功臣范蠡却上书请辞，他对勾践说："过去大王受辱，臣不敢言退。今日大仇已报，臣不敢居功享乐。"

勾践十分不解，劝他说："你遍历辛苦，难道不想有快乐的这一天吗？现在你功高位尊，无所忧患，正是尽享富贵的时候，为何轻言放弃呢？"

范蠡搪塞掩饰，不肯正面回答。后来他对家人说："盛名之下，其实难久；人不知止，其祸必生。勾践可与共患难，难与同安乐！"

他的家人不相信他的推断，都劝他不要在功成名就之时离开。

但范蠡自信无失，他长叹道："人的一念之差，往往决定着一生的生死福祸。若为贪念所系，不加约束，祸发之日再想收手，就为时已晚了。"

于是他带着家人从海路逃到齐国，改名换姓，在海边耕田，再创家业。

范蠡是一个非常有智慧的人，他经营有方，加之苦心不懈，没多久，就积累了数十万家产，富甲一方。齐王听说了他的才能，深以为奇，便任他为相。面对这突如其来的殊荣，范蠡的想法却出乎所有人的预料，他忧心地说："治家能积累千金，居官能升至将相，这是平民百姓所能达到的最高位置了。至此若不思退，不用理智制止放纵之念，凶险马上就会降临。"于是他退回了相印，决定散尽家财远走，他的家人苦劝不止，又说："有官不做，我们无话可说，可散尽家财就不可理喻了。这是我们辛劳所得，不贪不占，为何要白白送给别人呢？"

范蠡开口说："官高招怨，财多招忌，这都是惹祸的根苗。人贫我富，人无我有，若只取不施，为富不仁，钱财再多也无益，不如放弃！"

他把家财分给好友和乡亲，自带一些珍宝来到陶邑，隐居下来。

初到陶邑，范蠡自觉无比快乐自在。时间一长，他不甘清闲，又思治业大计。他的家人心有怨气地说："人人思富，个个求财，你富不珍惜，认为钱财无用，今日何必再提此事？钱财有那么好赚吗？"

范蠡轻松一笑说："穷富之别，在乎心也。只要有心，钱财取之何难？"

范蠡在陶邑以经商为业，求取利润。范蠡的经商谋略也是超群的，他采用"贱取如珠玉，贵出如粪土"的方法，买贱卖贵，有进有止，遵循"积贮之理"，没用多久就又积聚了巨万资财，成了当地首富，号称"陶朱公"。

后来，范蠡又散尽家财，周济贫困的乡党故旧，为此他表白说："在我看来，经商是一种乐趣，在求取金钱上不该贪得无厌。钱财乃身外之物，不过分看重它才能得到它，此中真谛非守财者所能悟出。它让人受益无穷啊！"

这位"三聚三散"的越国重臣可谓是不追名逐利的典范，清代诗人徐公修也曾写诗赞道："两国甘心抛相印，五湖浪迹泛扁舟，铸金故主空摹象，凤举鸿冥不可留。"可是范蠡真的是不求利吗？其实不然，范蠡在离开越国之前，写了一封信给越国大夫文种，说："飞鸟尽，良弓藏，狡兔死，走狗烹。越王为人长颈鸟喙，可以共患难，不可与共乐。子何不去？"据《史记·越王勾践世家》记述，文种不听范蠡的忠告，后遭越王勾践猜忌，伏剑自尽。同为越国重臣，一功成身退而生，一身在高位而死。这让我们看出了范蠡的大智慧，即知道如何保全自己，这不也是一种利吗？生命，难道不是人生的大利？

其实纵观人的一生，人们都在围绕着利这个圆点，不停地做着圆周运动，追求的东西多了，这个圆就大一些，人也就跑得累一些；追求的东西少，圆就小一些，自会轻松不少，但无论如何，这个圆总是存在。难怪司马迁在自己的巨著中叹道："天下熙熙，皆为利来；天下攘攘，皆为利往。"他这一叹，固有对世人追逐现实名利的无奈，却也说明了人生天地间，利用安身的道理。

舍生取义，拓展生命的深度

虎啸深山，龙潜海底，驼走大漠，雁排长空，万物都有它的极致之美。人生亦然，也有自己的极致。人生匆匆，如白驹过隙，如流星滑过，但短暂不是放弃的理由。我们不能选择生命的长度，但我们能够拓展生命的深度。

怎样才算活出生命的深度，活出人生的极致，以下故事或许可以告诉你。

秦朝末年，韩信发兵袭齐。齐军败退，齐将田横悲愤交加，为图复国之计，自立为王，率部属五百人隐入海岛（即今田横岛）。

公元前202年，刘邦建汉称帝，为消灭各地残余反抗势力，刘邦又派使者来岛招降："田横来，大者王，小者封侯，不来则举兵加诛。"面对刘邦的再次召见，田横出于"国家危亡，利民至上"的思想，为保全五百部属性命，毅然带着两名随从前往洛阳朝见刘邦。但行至洛阳三十里外的尸乡时（今河南偃师），田横获悉刘邦召见的目的旨在"斩头一观",愤然对随从说:"当初我和刘邦都想干一番大事业,而如今一个贵为天子,一个却要做他的臣子,我忍辱负重只不过是想保全这五百人的性命,刘邦见我,无非是想看我面貌,此地离洛阳三十里,若拿着我的人头快马飞驰去见刘邦,面貌还不会变。"言外之意是:我死,刘邦会认为岛上群龙无首,500 人的性命也就保住了。

说完,不顾随从再三跪求,遥拜齐国山河,悲歌:"大义载天,守信覆地,人生遗适志耳。"慨然横刀自刎。田横自杀后,二随从急将田横之首送至洛阳,刘邦看到田横能为五百人自杀,感动落泪说:"竟有此事,一介平民,兄弟三人前仆后继为齐王,这能说不是贤德仁义之人吗?"遂派两千禁军,以王礼葬田横于河南偃师,并封田横的二随从为都尉。二随从不被官位所动,埋葬田横后,随即在其墓旁挖坑自尽。留岛的五百兵士听说田横自杀后,深感"士为知己者死",田横为保全属下性命而去洛阳,他们为表达对田横的忠义之心,遂集体挥刀自刎。

田横为民谋利殚精竭虑、捍卫国家坚贞不屈、大义载天守信覆地、舍生取义甘抛头颅的大无畏精神,真乃大英雄也。司马迁曾对田横评价说:"田横之高节,宾客慕义而从横死,岂非至贤!"唐朝的韩愈也这样说过:"自古死者非一,夫子(田横)至今有耿光。"像田横这样的人,算是活出了人生的极致。

这正是孟子所说的舍生取义的道理。"生,我所欲也;义,亦我所欲也,二者不可得兼,舍身而取义者也。"几千年前的孟子面对心灵的选择,毅然发出了舍生取义的呐喊,是心灵的选择激发出了先哲的思想火花,这将是一条亘古不变的古训。只有将义定义为人生大利的人,才可能成为真君子、伟丈夫。

孟子不仅仅用这条标准来要求自己,他还以之教化君王,他一直和梁惠王强调"亦有仁义而已矣",只要有仁义就够了。主张行仁由义,极力宣扬仁义的美德。南怀瑾先生认为,孟子所说的这种仁义之道,即是人生的大利。不管是什么伟大的义理,都是力行于义,才能有利于成其为君子,才能够活出人生的极致。

活出极致,就是融个人之"小我"于社会之"大我"中。中国古代向来不缺这种舍生取义,活到极致的人。战国时廉颇、蔺相如"将相和"的故事,是一段传颂千古的美谈。

蔺相如是战国时期赵国的大臣,他不畏秦国的强权,甘冒生命危险,以自己的聪明才智,将"和氏璧"完璧归赵,使赵王免于受辱。归国后,他因功封为上卿,位居廉颇之上。廉颇是赵国大将,自认对赵国劳苦功高,不甘屈居蔺相如之下,愤慨之情溢于言表,数次侮辱蔺相如。蔺相如以国家安危为重,以容忍谦让对待,终使廉颇愧疚悔悟,负荆请罪,二人遂成为至交。

蔺相如的这种处世态度,是基于国家的利益,他这种"大我"的胸怀,诠释了活出极致的内涵——舍私利求大义。和平年代，很难遇到田横为 500 士而牺牲自我的考验，也不会有太多人遇到廉颇和蔺相如为国家大利负荆请罪的美谈。但是鉴前世之兴衰，考当今之得失，历史可以渐行渐远，精神却不能忘却。在人生路上，修身养性，反躬自省，多行仁义，君子之名成矣，人生大利存焉。

人生在世，大义为先，舍己为公，舍生忘死，都是"舍鱼而取熊掌者也"。舍得贪婪，高枕无忧；舍得名利，乐得清静；舍得自我，活出极致。

仁义，伪君子的暗箭

中国几千年来奉行的儒家思想以"仁义"为核心，然而南怀瑾先生指出：仁义的确是一种好德行，但是这德行用久了，便会成为人们用来争权夺利的一种工具。道家思想对仁义持批判的态度，其原因就在于此。他们并不是否定道德观念，而是从反面论证。老子曾说，道德颓废，才有礼仪之说。庄子也说："圣人不死，大盗不止。""仁义者，先王之蘧庐，可以一宿，不可以久处。"为何有如此一说？因为在春秋战国时代，各国诸侯的征伐口号，大体上也都是标榜仁义，而实际上并不是真行仁义，只是利用仁义的美名，以达到争权夺利的目的。

这些以仁义为幌子而图谋自身利益的人，就是所谓的伪君子。与今人憎恨的小人形象颇有不同，小人行事，众人已知其邪，故能得而防患；然而伪君子者，其口蜜腹剑、满腹经纶与道理，事事讲得条条有理，但做来却违背良心，本以为他光明坦荡，却在不知不觉中，坠其陷阱，受尽欺骗和侮辱。

王莽乃汉元帝皇后王政君之侄。幼年时父亲王曼去世，不久其兄也去世。王莽孝母尊嫂，生活俭朴，饱读诗书，结交贤士，声名远播。

王莽对其身居大司马之位的伯父王凤极为恭顺，因此王凤临死嘱咐王政君照顾王莽。汉成帝时公元前 22 年，王莽初任黄门郎，后升为射声校尉。王莽礼贤下士，清廉俭朴，常把自己的俸禄分给门客和穷人，甚至卖掉马车接济穷人，深受众人爱戴。其叔父王商上书愿把其封地的一部分让给王莽。

永始元年（公元前 16 年）王莽封新都侯，骑都尉，光禄大夫侍中。绥和元年（公元前 8 年）继他的三位伯、叔之后出任大司马，时年三十八岁。翌年，汉成帝薨。汉哀帝继位后丁皇后的外戚得势，王莽退位隐居新野。其间王莽的儿子杀死家奴，他逼儿子自杀，得到世人好评。公元 5 年，王莽毒死汉平帝，立年仅两岁的孺子婴为皇太子，太皇太后命王莽代天子朝政，称"假皇帝"或"摄皇帝"。从居摄二年（6 年）翟义起兵反对王莽开始，不断有人借各种名目对王莽劝进称帝。初始元年（8 年）王莽接受孺子婴禅让后称帝，改国号为新。

王莽托古改制，由于贵族、豪强破坏，改制没有缓和社会矛盾，反使阶级矛盾激化，又对边境少数民族政权发动战争，赋役繁重，横征暴敛，法令苛细，终于在公元 17 年爆发了全国性的农民大起义。公元 23 年，新王朝在赤眉、绿林等农民起义军的打击下崩溃，王莽也在绿林军攻入长安时被杀。

唐代诗人白居易的诗说得最是精彩："周公恐惧流言日，王莽谦恭未篡时。向使当初身便死，一生真伪复谁知。"是啊，伪君子就是这样，表面满嘴仁义道德，暗地里却任意妄为。

伪君子是阴险的道德家，说着言不由衷的谎话，干出欺世盗名的勾当。他们有蜜糖般的谎言，有处心积虑的幌子以及儒雅的外表和夸张的表情。他们有着慢条斯理的言辞、文绉绉的腔调，甚至连举止都是做作的。而真小人就是小人，表面和内在都很小人。真小人是灵魂丑恶的家伙在道德舆论即将毁损、崩塌时的疯狂叫嚣，呼吁大家和他一样尊奉自私、残忍和不择手段，以便给道德舆论致命的最后一击。小人们用他们的肮脏，摆开了一个比世界上任何真正的战场都令人恐怖的混乱方阵，使再勇猛的斗士都只能退避三舍。

提到伪君子和真小人，让人想到金庸的《笑傲江湖》，其中那表面温、良、恭、俭、让的岳不群，算是谦谦君子的典范，可是一部绝世武功《葵花宝典》，便把他所有的伪装撕破，最后男不男、女不女，与之前的君子形象形成强烈反差，真是绝大的讽刺；而与之相对的真小人要算任我行了，从他的名字已经能够感受到天下任我驰骋，管他仁义道德的意味。

俗语说：宁做真小人，不做伪君子。其实伪君子与真小人都十分可怕，柏杨先生曾对两者有一精妙论述，"伪君子"有时被逼到墙角，他的良心还有萌芽的可能，"真小人"则根本没有墙角。圣洁的理念，可能使"伪君子"醒悟，却不可能使"真小人"醒悟。"伪君子"有所顾忌，所以才伪；而"真小人"反正挑明了我是无耻之徒，便无所不为，无恶不作。

伪君子令人如沐春风，使你舒服而无提防，正是暗箭难防；而明枪也不易躲，真小人恶人恶语，无所顾忌，一招接一招，说不定哪招就致命。

做人，须防真小人，也须防伪君子。

最大的自私是无私

孟子对梁惠王说的仁义，就是南怀瑾先生理解的大利。在战国时代，国与国之间，都在互相征伐的动乱之中。如果有一个国家，真的以仁义作为治国的最高原则，运用在内政外交上，那么最后的胜利，就必定是属于这个国家。

其实做人又何尝不是这个道理。自私和无私其实都是人的本性，它们并不是绝对矛盾的，当人们仅仅只相信一者时，行为准则都会出现误差，因此可以说：单纯的自私与单纯的无私都得不到真正的快乐。

当一个社会将自私和无私对立起来建立道德评判标准的时候，一般会出现两种情况，要么人们抛弃这种道德，变得彻底自私自利，这种人一般结局会很痛苦；要么人们痛苦地遵守着这种道德，善良、无私，这种人一般也会很痛苦。完全自始至终都坚持自私或者无私的人是少数的，大多数人在经历了痛苦的无私过程后会蜕变成自私，到最后也仍然要承受自私的苦果。因此可以说，最大的自私就是无私。

春秋晋平公时期，南阳缺一个地方官。晋平公问祁黄羊："你看谁可以当这个县官？"祁黄羊说："解狐这个人不错，他当这个县官合适。"平公很吃惊，他问道："解狐不是你的仇人吗？你为什么要推荐他？"祁黄羊笑答道："您问的是谁能当县官，不是问谁是我的仇人。"平公认为祁黄羊说得很对，就派解狐去南阳做县官。解狐上任后，为当地办了不少好事，受到南阳百姓的普遍好评。

过了一段时间，平公又问祁黄羊："现在朝廷里缺一个法官，你看谁能担当这个职务？"祁黄羊说："祁午能担当。"平公又觉得奇怪："祁午不是你的儿子吗？"祁黄羊说："祁午确实是我儿子，可您问的是谁能去当法官，而不是问祁午是不是我的儿子。"平公很满意祁黄羊的回答，于是又让祁午当了法官，后来祁午果然成了能公正执法的好法官。

孔子听说这两个故事后，称赞说："好极了！祁黄羊推荐人才，对别人不计较私人仇怨，对自己不排斥亲生儿子，真是大公无私啊！"

每个人做事都有自己的目的。时隔千年，祁黄羊这么做的目的是什么已经不得而知，那么姑且按照孔子的说法，将他树立为大公无私的典型。其实他的大公无私何尝不包含着让国家安定、政治清明的大私心呢？只是这种"大私心"只有德才兼备的人才能拥有，普通人谁能做到如此高风亮节呢？

按照自私与无私的关系，人们可以看到，在满足自己本身欲望的同时，再去要求无私才是一种符合人性的道德标准，才能将无私这种道德标准更好地贯彻下去。

有一个僧人走在漆黑的路上，被行人撞了好几下。他继续向前走着，突然看见有人提着灯笼向他走来，这时候他听到旁边有人说："这个瞎子真奇怪，明明看不见，却每天晚上打着灯笼赶路！"

僧人被这话吸引了，等那个打灯笼的人走过来的时候，他便上前问道："你真的是盲人吗？"那个人说："是的，我从生下来就没有见到过一丝光亮，对我来说白天和黑夜是一样的，我甚至不知道灯光是什么样的！"

僧人很迷惑，问道："既然这样，你为什么还要打灯笼呢？是为了迷惑别人，不让别人说你是盲人吗？"盲人说："不是的，我听别人说，每到晚上，人们都变成了和我一样的盲人，因为夜晚没有灯光，所以我就在晚上打着灯笼出来。"

僧人感叹道："你的心地多好呀！原来你是为了别人！"盲人回答说："不是，我为的是自己！"僧人更迷惑了，问道："为什么呢？"盲人答道："你刚才过来有没有被人撞过？"僧人说："有呀，就在刚才，我被两个人撞到了。"盲人说："我是盲人，什么也看不见，但我从来没有被人撞到过。因为我的灯笼既为别人照了亮，也让别人看到了我，这样他们就不会因为看不见而撞我了。"

僧人顿悟，感叹道："我辛苦奔波就是为了找佛，其实佛就在我的身边啊！"

盲人的灯笼在无私地为他人指路的同时，也使自己免于被撞的危险。

心灵无私是保持高贵的唯一秘诀，也是营造仁爱氛围的唯一方法。爱默生曾提醒我们：要做一个为后来者开门的人，不要试图使世界成为死巷。此生最美妙的报偿就是，凡真心帮助他人的人，没有人不帮助自己的。

生命不是用来自私的，一个自私的人注定会伤害到自己，而一个乐于助人的人，反而会从别人那里得到好处。把自私从你的心里赶走，你的心中就会充满光明。

用和平成就"全利"

南怀瑾先生有感于乱世离乱给人民造成的痛苦。他引用了台湾诗人王松的诗"不合时宜知多少，生逢乱世做人难"，来说明千百年来，由于战乱，百姓生活困苦，直接面对死亡的威胁，过着非人的生活。孟子用短短几句话就描绘出了一幅乱世图画，即"狗彘食人食，而不知检。涂有饿莩而不知发"。"争地以战，杀人盈野；争城以战，杀人盈城。"

战乱对于百姓来说就是人间的地狱，因为它是死神的盛宴。李白在《战城南》中对战争的描述最是触目惊心："秦家筑城备胡处，汉家还有烽火燃。烽火燃不息，征战无已时。野战格斗死，败马号鸣向天悲。乌鸢啄人肠，衔飞上挂枯树枝。"战争就是潘多拉的盒子，放出了一切罪恶，却把希望留在了盒子里。战争是对生命最可怕的摧残。

公元前 262 年，为了谋取六国，秦攻取韩国野王（今河南沁阳），使韩国上党郡完全与韩本土隔离。韩国想献出上党向秦求和，郡守不愿降秦，他把韩的上党郡十七县献给赵国。秦国派兵攻赵。赵将廉颇驻守长平，筑垒固守，相持三年，不分胜负。公元前 260 年，赵王急于求战，中了秦的反间计，不满廉颇凭险固守以疲秦军的战略，起用赵括代替廉颇，率兵大举进攻。只会纸上谈兵的赵括，正当年轻气盛之时，急于取胜，结果中了秦军诈败之计，在长平被包围，当时秦国的将领便是历史上有名的大将白起。

在极端困难的条件下，赵军广大将士进行了艰苦卓绝的抵抗，他们顽强地坚持了四十六天，终因断粮以致自相残杀，以人肉为军粮。结果相当数量的赵军将士或战死，或饿死，或被自家兄弟吃掉，剩下来的则是饥寒交迫，求生无门。最后时刻，赵括将主力部队分为四队，组织轮番突围，在武讫岭上，赵军遭遇秦将白起的阻截，根本无法突破重围。赵括见状，亲率精兵发起猛烈冲击，不幸中箭身亡。见首领被杀，群龙无首，数十万赵军只得向秦军投降。这数十万赵军降卒被白起分散隔离，然后在毫无防范间，全部被坑杀。为了震慑赵国，白起有意将其中伤、病、残者二百四十人释放回赵国，长平之战遂告结束。这一场战争秦军也是伤亡惨重，据白起后来描述说，秦参战的百万兵士“卒死者过半”。

长平一战，上百万人化为白骨。不管交战的哪一方，都是鲜活的生命，曾经在父亲的严厉管教和母亲的小曲中，蹒跚学步、奔跑、欢笑、成长以至于娶妻生子，而瞬间便是战马嘶鸣、短兵相接、厮杀，然后凄然倒下，一腔热血流进黑色的土地里。承欢父母膝下、经营自己的家庭、享受天伦之乐已经成了一个遥远而奢侈的梦想。在他们倒下的那一刻，脑中也许一片空白，瞬间一切就都结束了。

战争不仅仅是将士的噩梦，一个通往地狱的噩梦，它也是平民的梦魇。平民何罪？他们却要为战争埋单。这种残酷又怎能言传！前事不忘，后事之师，历史用它鲜血淋漓的身躯向后世昭示了和平的可贵。作为后来人，我们怎能不关注、不反思？抚今忆昔，过去的千年，人类社会有了很大的进步，从愚昧走向了文明，从落后走向了繁荣，从幼稚走向了成熟，然而，战争的幽灵始终跟随着我们。人类创造了历史，也发明了战争；战争改变着历史，也改变着人类。历史长卷里的每一页，都浸透了人类生命的血和泪。

在今天，在这用生命和鲜血换来的来之不易的和平年代，让我们的头脑更加理智和理性。远离战争，远离灾难，让和平鸽在蓝天下自由地飞翔，把橄榄枝传递到每一个有生命的角落。举世为仁，那么和平盛世也就是成就了全人类的最大利益。

成功者应具备的两种人格特质

南怀瑾先生认为：“孟子继承孔子的传统精神以及中国文化道德政治的哲学观念，和孔子的文化思想一样，也成为由古到今，甚至将来颠扑不破的真理。”孟子的横空出世，为温良恭俭让的儒家思想注入一股阳刚之气，儒家思想从此刚柔相济，进退自如，上可以辅君王，下可以安黎民，进可以兼济天下，退可以独善其身，既有"铁马冰河入梦来"的壮烈，又有"闲花落地听无声"的静谧。

谦谦君子是孔子的人格特征，而孟子则为后世人提供了铮铮汉子这一阳刚的形象。"谦谦君子，温润如玉"，以玉喻君子，取其圆润，不尖锐。佛家有一个词，圆融，是跟这种成熟的圆润颇为相似的境界。是以佛家讲求戒嗔、戒痴、戒贪，无欲无求，而后能不动声色、不滞于心。谦谦君子的圆润亦同此理。修成佛、修成仙是尘世之人遥不可及的梦想，但磨去棱角、收敛光华、修成谦谦君子却并非太难的事情。容人之量是修成谦谦君子的前提，斤斤计较、小肚鸡肠修不成君子，开阔的心胸、通透的眼光，才是君子的气量。

而铮铮汉子就像一树寒梅，挺立风雪中，傲然绽放。他们敢于仗义执言，绝不妥协。他们不苟且，不油滑，不世故，不屈不挠；他们有志气，有勇气，有骨气，有胆有识。他们立世一尘不染，对人一片冰心，一箪食，一瓢饮，却敢于担荷一切苦难。正如古诗所云：冰雪林中著此身，不同桃李混芳尘。忽然一夜清香发，散作乾坤万里春。

谦谦君子与铮铮汉子，作为两种人格特征，是不具有可比性的，无论做到哪一点，都可以让人心生敬佩。而最能体现两者区别的当属鲁迅和胡适，两位中国现代文学史上的大家。

鲁迅与胡适既是北大同事，又为《新青年》同人，在五四运动中并肩战斗过。

五四运动后期，随着《新青年》杂志的分裂，胡适与鲁迅日渐分道扬镳，走进了不同的营垒。胡适的"多研究些问题，少谈些主义"，"整理国故"，"钻入研究室"乃至后来的"好政府主义"主张皆为鲁迅所侧目。在《华盖集》正续编以及之后的每本杂文集中，我们几乎都不难读到鲁迅对胡适这些主张的愤慨与讽刺。最严厉的谴责是他不点名地称胡适为"向日本人献上'攻心菜'的学者"，愤怒之情溢于言表。甚至以胡适为灵魂的"新月社"被国民政府查封了，鲁迅也没有只言片语的同情或慰问，反而说他们是焦大，被贾府塞了一嘴马粪。这并不是一个文人简单的谩骂，而是一个坚持自己思想的知识分子的磊落之言。鲁迅自己也说他所有的批评都是对事不对人，敢于"横眉冷对千夫指"，也能"俯首甘为孺子牛"，一身铮铮铁骨，绝不妥协。

而胡适却对此抱宽容的态度，并且批评、规劝苏雪林等当时批判鲁迅的人，表现了一代学术大师的卓越风范。鲁迅逝世了，尽管鲁迅与自己生前政见相左，恶言有加，但胡适不仅不否定鲁迅的思想，还为他恢复名誉。胡适的这个态度，宽容、大度、雅量、明智，确实是常人难以做到的"绅士风度"。如果说鲁迅的光明磊落让人由衷敬佩，那么，胡适的这种"绅士风度"也同样让人高山仰止。

　　鲁迅和胡适体现出了"中国知识分子的两种不同选择"。与鲁迅的思想深刻、毫不妥协、坚韧不拔诸多品质相比，胡适表现出来的是一种平常心态，是渐进的、理性的。正如世界有好就有坏，有前就有后，有强势就有弱势，有激进就有保守。如果把鲁迅的犀利、深刻看作激进思想的表达，那么不妨把胡适看作是介于激进与保守之间的温和派。

　　胡适先生如同一位温和的、善为他人着想的谦谦君子，而鲁迅先生就是一身正气、绝不与现实妥协的铮铮汉子。处当今之世，生活瞬息万变，人事纷繁复杂，若想成就普通人的平安与幸福，只修谦谦君子之人格，或者钟爱一身铮铮铁骨，最终很难如意。所以为人还需讲究方圆之道，修铮铮汉子的一身正气，心中方方正正，处世有底线，为人讲原则；取谦谦君子的圆融为人，左右逢源，在熙熙攘攘的人世间游刃有余。

　　人生若达此境界，无论朗朗乾坤，抑或滔滔浊世，于我又有何妨！

立身三宝：正义、尊严、人格

　　孟子在去往齐国的路上，碰巧路遇弟子充虞，师徒对话间，孟子一句"如欲平治天下，当今之世，舍我其谁也？"如一股浩然正气奔涌而出，瞬间便"沛乎塞苍冥"。正是这股浩然正气使孟子不与混乱的现实环境妥协，始终坚持自己的理想和人格，成为顶天立地的大丈夫。

　　南怀瑾指出，像孟子这样的圣人，并不是不懂得怎样去"阿世苟合"，向时代风气妥协，以便获取自己本身的利益。他实在"非不能也"，而是不肯为也，宁可为真理正义穷困受苦，也不愿苟且现实，追求那些功名富贵。这就是圣人人格。

　　人格是构建人生大厦的支柱，没有它，壮丽与辉煌将无从谈起；人格是人生的风帆，有了它，才能驶向理想的彼岸；人格是一个人的名片，在这张名片上印制高尚，人生之路畅通无阻，而一旦打上卑鄙的烙印，一世再难有英名。人格是人生亮丽的风景线，唯有它，才具有吸引人、影响人的巨大魅力。人格高尚者，让世人敬重，如屈原、孟子、陶渊明、李白、文天祥等，一世英名照汗青；人格低下者，让世人唾弃，如秦桧、严嵩、慈禧、汪精卫等，遗臭万年遭唾弃。

　　南宋奸臣秦桧以"莫须有"之罪害死岳飞，一向为历代百姓所痛恨。位于杭州的岳王坟有以铁铸成的秦桧夫妇跪像，不断地被人咒骂、踢打、吐口水。

　　关于秦桧夫妇铁像，有一个传说。

　　话说有个姓秦的浙江巡抚，上任后见秦桧夫妇的跪像受辱，感到面目无光，想将铁像搬走。为免激起民愤，他命人在夜间偷偷地把铁像搬走，扔进西湖。不料，次日湖水忽然发出恶臭。由于岳王坟的铁像不翼而飞，百姓纷纷要求官府调查。不久，铁像竟然从湖底浮起。百姓将铁像捞起，放回岳王坟前，湖水又清明如初，臭味全无了。百姓都认为是秦桧弄污了西湖。姓秦的巡抚见此情形，亦无可奈何。后来有秦姓人作诗："宋字以后少名桧，我在坟前枉姓秦。"秦桧就这样向罪恶交出了自己的人格，从此遗臭万年，永被后来人唾弃。

谁爱遗臭万年，想必只有那些沽名钓誉之徒、贪婪无耻之辈，而大多数人都想保持着清白的良心，无愧于天地过完此生，以求无憾。还有很多人活出了常人难以企及的大人格，为后世传颂。

嵇康，"竹林七贤"之一，他一面崇尚老庄，恬静寡欲，好服食丹药求长生；一面却尚奇任侠，刚肠疾恶，在现实生活中锋芒毕露，他对那些传世久远、名目堂皇的教条礼法不以为然，更深恶痛绝那些乌烟瘴气、尔虞我诈的官场仕途。他宁愿在洛阳城外做一个默默无闻而自由自在的打铁匠，也不愿与竖子们同流合污。所以，当他的朋友山涛向朝廷推荐他做官时，他毅然决然地与山涛绝交，并写了历史上著名的《与山巨源绝交书》，以明心志。

不幸的是，嵇康那卓越的才华和不羁的性格，最终为他招来了祸端。他提出的"非汤武而薄周孔"、"越名教而任自然"的人生主张，深深刺痛了当政者。于是，在钟会之流的诽谤和唆使下，公元 262 年，统治者司马昭下令将嵇康处死。

在刑场上，有三千太学生向朝廷请愿，请求赦免嵇康。而此刻嵇康所想的，不是他那神采飞扬的生命即将终止，却是一首美妙绝伦的音乐后继无人。他要过一架琴，在高高的刑台上，面对前来为他送行的人们，铮铮琴声响起，激越的曲调，铺天盖地，飘进每个人心中。弹毕，嵇康从容地引首就戮，那一刻，残阳如血。

那一年嵇康三十九岁。

嵇康钟情于道家，孟子为儒，两人都有着狂放的性格以及绝不谀世的情操，真可谓大丈夫也。这就是自古高风亮节的代表。也许他们在当时志不能伸，却留一世英名与后人。因此，在《正气歌》中，文天祥诗云："天地有正气，杂然赋流形。下则为河岳，上则为日星。于人曰浩然，沛乎塞苍冥。皇路当清夷，含和吐明庭。时穷节乃见，一一垂丹青。"

"当今之世，舍我其谁"，中国历史上能讲出这种话的人可谓空前绝后了。像这种大丈夫一定有大人格、大境界、大眼光、大胸襟！

现代社会中，要想立身成事，浑身正气，就要守住大丈夫的尊严与人格，成功或者成人都没有捷径，人间正道是沧桑。完美人生来自完美人格，我辈即使不能名垂千古，也要携一身正气，如果不能照亮世界，也要照亮自己的人生，这才不枉人世走一遭。

为人有善行，为政有德行

南怀瑾先生认为，《黄帝内经》中不仅讲求心态，也讲求行为，因为两者是紧密相连的。

"邦有道，危言危行；邦无道，危行言孙。"这是《论语》里面的一句话，也是孔子对于时局和政事的看法。南怀瑾先生认为，孔子在这里要告诉学生一个非常重要的问题：在国家太平的时候与社会动荡的时候怎么做人做官，换句话说就是在治世和乱世怎么做到既能保住自己的身家性命，又能尽到为人臣子的责任。

南怀瑾先生解释说这个"危"字就是正的意思。"孙"字古代与"逊"字通用，逊者退也，就是谦退的意思。孔子说，社会、国家上了轨道，要正言正行；遇到国家社会乱的时候，自己的行为要端正，说话要谦虚。

历史上还有一个备受争议的人，他就是冯道。南怀瑾先生对于这个人推崇备至，认为他不仅品行端正，而且是一个会做官会做人的人，做到了孔子说的治世与乱世做官的原则。在唐宋之间，五胡乱华几十年间，换了好几个皇帝，都是胡人来统治。五个朝代，都请他出任要职，活了七十三岁，晚年号为长乐老人。我们可以断定他一定是一个品行无懈可击的人，否则何以能事五朝？他认为在那个时代中，都是豺狼当道，不须向谁尽忠。只是要保存中国文化的精神、中华民族的命脉，等待自己国家有真正的人才出来领导，用不着向胡人尽忠。他等了好几十年，直到他死后才出了一个赵匡胤。这个故事说明冯道在当时那么乱的时代，确实是做到了"危行言孙"。说到冯道，在这里我们可以看看他的一次经历。

冯道在后晋石敬瑭手下担任宰相，因为石敬瑭为求得契丹出兵援助自己打败后唐，夺取天下，不仅割卢龙一道和雁门关以北地区为厚赂，而且自称臣、称儿。事定后，需要派一名重臣为礼仪使到契丹，为契丹主耶律德光和萧太后上尊号。

石敬瑭心中的理想人选是冯道，但考虑到此行可能有去无回，感到难以启齿，便叫几名宰相商议决定。捧着诏书的文书小吏一到中书省便哭出声来，因为自己的皇帝对外藩称儿、称臣实在是太屈辱了。

冯道正和几名同僚商议政务，见状大惊。待明白来意后，几名宰相都吓得面无人色，唯恐这桩既危险又屈辱的差事砸到自己头上。

冯道看出了大家的意思，也不说话，很镇静地在一张纸上写下"道去"两字，其他人看后既感到解脱又替他难过，有的人甚至当场落泪。

　　冯道出任礼仪使到了契丹后，契丹主对他很重视，本想亲自出去迎接，后因有人劝他"国君不应迎宰相"才作罢。

　　给契丹主和太后上过尊号后，冯道便被契丹主留下来为官，契丹族的风俗只赐给贵重大臣象牙笏，或在腊日赐牛头，有一样就是特殊宠幸，冯道却全得到了。他还为此作诗一首："牛头偏得赐，象笏更容持。"

　　契丹主知道后大为高兴，暗示要长期留他在契丹为官，冯道说："南朝为子，北朝为父，我在两朝做官，没有什么分别。"契丹主听了更是喜欢。

　　冯道把得到的赏赐都用来买木炭，对人说："北方寒冷，我年纪大了，难以忍受，不得不多做些准备。"摆出一副扎根契丹的架势。

　　开始契丹主唯恐留不住冯道，待见他如此，不仅不再怀疑他的忠诚，反而觉得自己的儿皇帝那里更需要这样忠诚有名望的大臣辅佐，便让冯道回石敬瑭那里。

　　冯道三次上表推辞，表称自己眷恋上国，不忍离去，契丹主一再催促强迫，冯道才显得百般不情愿地上路了。他先在驿馆中住了一个月，然后慢腾腾向回返。一路上到一个地方便停下来住宿，一点也不着急，契丹主派人查探后，愈加放心。冯道一直走了两个月，才出了契丹国境。

　　冯道身边的人问他："我们能逃出虎口，返回家乡，恨不得身生双翅，您却走走停停，却是为何？"冯道笑着说："急有什么用？我们如果走快了，契丹主用快马一天就可以把我们追回去。我们走得慢，他们难以觉察我们的心思，这样才能安全返回。"左右的人听后，都恍然大悟，钦佩不已。

　　一个真正的大丈夫不仅要行得端，站得直，还要学会弯曲的哲学。不论是做人还是做官，要做到"能伸"很容易，但是要做到"能曲"就不是那么简单的事情了。不管是为官还是为人，屈伸和正直公正有德行从来都不是矛盾的，行善有时候也要采取迂回的方式，这样才能保证对方的尊严。

存仁善之心，行仁慈之事

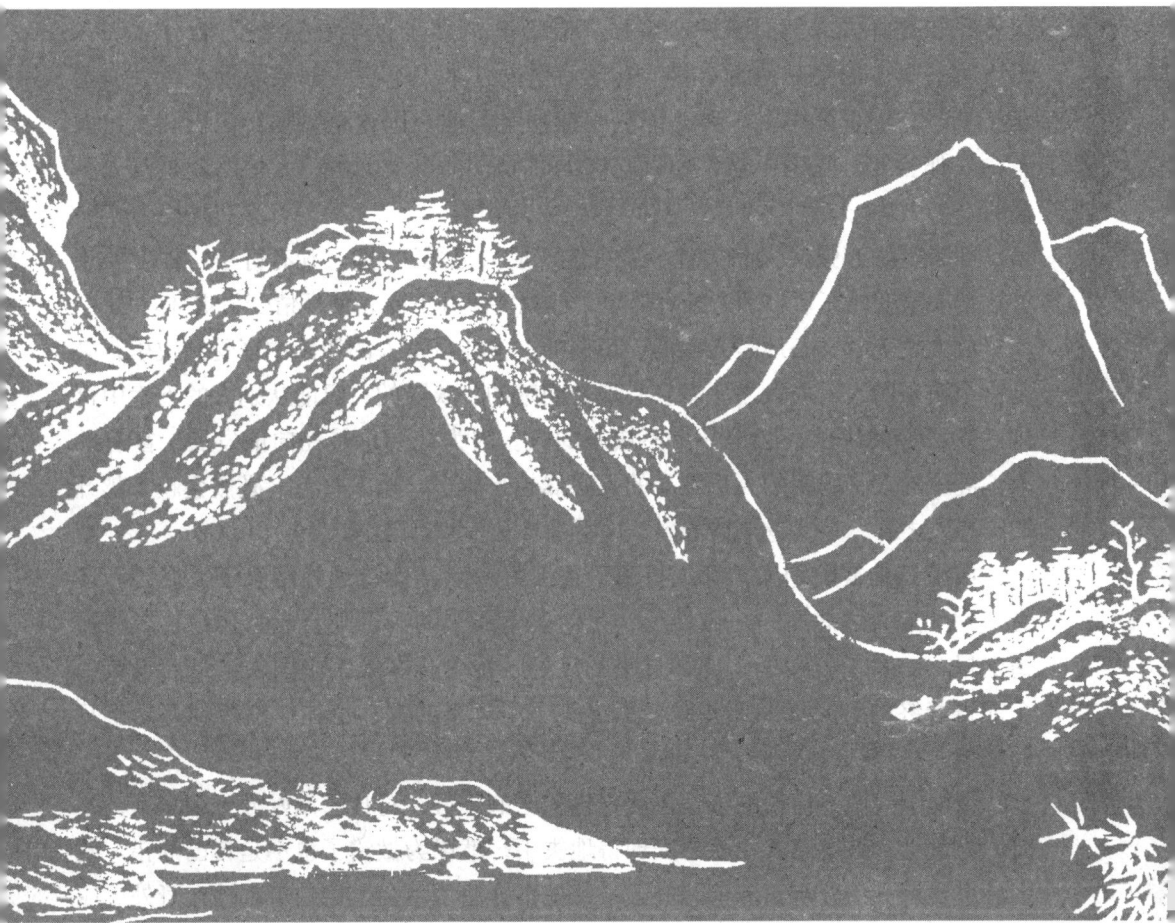

助善莫助恶

好人心地善良，总愿意看见别人过得开开心心，看见别人不快乐，就跟着难受；看见别人遭遇不幸，就跟着流眼泪。所以他们总愿意成人之美，巴不得别人的事情有一个好结果，他也跟着开心。

而有的人正好相反，看见别人衣服漂亮一点儿，他心里难受；看见别人相貌漂亮一点儿，他心里难受；看见别人娶的老婆漂亮一点儿，他心里难受；看见别人学业优秀、事业成功，他心里更难受，反正别人开心，他就难受。这种人不见得是坏人，就是嫉妒心太强。俗话说："傻子过年看隔壁。"看什么呢？看人家餐桌上的菜品是否丰盛。自己家里吃什么先不管，如果隔壁大鱼大肉摆满了桌子，心里就难受。要是隔壁吃糠咽菜，他心里才高兴呢！记得"文化大革命"那会儿，吃肉不易，所以吃肉的时候，都要关上房门，怕的就是惹人不高兴。

如果嫉妒心强又人品欠佳，就可能"成人之恶"，别人凡有好事，他就要想办法帮人家变成坏事；别人凡有坏事，他就要落井下石，使事情变得更坏。

成人之美者，心地是光明的、坦荡的，他能从别人的快乐中享受到快乐，必是一个快乐的人；成人之恶者，心地是阴暗的、狭隘的，只能从别人的不幸中得到一点可怜的快乐，必是一个不快乐的人。因为社会总是在向前发展，富有的人、健康的人、聪明的人、漂亮的人必然越来越多，乐人之善，必然会越来越开心，恶人之善，必然越来越苦恼，这不是自己折磨自己吗？

如果只是嫉妒别人，坏人好事，还要好一点，不过到处结怨于人而已。还有一种"成人之恶"——做帮凶，是绝对不能干的，否则会成为公敌，成为过街老鼠，一辈子就毁了。比如过去的汉奸，帮着日本人杀中国人，最后没有一个能得善终的。又比如那些跟着黑道头子干坏事的人，也往往沦落到万劫不复的境地。

帮助别人做不道德的事，也会损害自己的德行，对自己没好处。很多事，不要因为自己不是发起人，就心安理得地去干，就以为做错了也不是自己的错。我们心里要有一个分辨正邪善恶的天平，把不合法、不合道德的事都挡在身外。应该如何做呢？我们不妨看一个事例：

一个年轻人去一家杂货店应聘。老板问他："假如我雇用了你，你能保证完全听从我的吩咐吗？"

年轻人回答："非常乐意，老板！"

老板又问："如果我告诉你白糖的质量上乘，而它实际上却含有杂质，你会怎样对顾客说？"

"我会告诉顾客白糖质量上乘，并劝他们放心购买。"

"很好！如果我告诉你咖啡是纯净的，而里面却掺了大豆粉，你又怎样向顾客推销呢？"

"很简单，"年轻人微笑道，"我会告诉他们，本店一向重誉守信，绝对不可能卖掺了大豆粉的咖啡。"

"好极了！如果我告诉你黄油是新鲜的，而它们事实上已经存放了一个月之久，你又怎样把它们推销出去呢？"

"我会说这批黄油是昨天刚进的货，可以放心食用。"

老板满意地点点头，拍拍年轻人的肩，笑容满面地说："你真是个聪明的小伙子！说吧，你希望得到多少薪水？"

"我不是一个很贪心的人。你只要每周付给我一万美元，我就感到相当满意了。"

"什么？每周？一万美元？"老板大吃一惊，"你没说错吧？难道你认为我会付给你这么高的薪水吗？"

年轻人冷冷地说："一流的骗子就要有一流的价钱。假如你想雇我在这里当骗子，你就得付每周一万美元。否则，我只要每周一百美元就够了。"

在这个正直的年轻人面前，老板感到十分惭愧。他说："小伙子，我不想改变你的思考方式。你就在这里干吧！每周一百美元。真见鬼，因为你这个坏蛋，我也许得改变做生意的方式。"

你瞧，一个正直的人，他能用自己的人格力量使别人也变得正直起来。

如果没有帮凶，坏人就不会有那么坏，至少不会坏到那么彻底。人都有趋同心理，相互推波助澜，能干出轰轰烈烈的好事，也能干出令人发指的坏事。我们要保持自己的独立人格，就要遵从自己的价值判断，不要受趋同心理所左右。不管别人干不干这事，如果自己觉得是好事，就大胆去干；如果自己觉得是坏事，就坚决不干。这才是真正的"成人之美，不成人之恶"。

带着爱心生活

做个好人就是一种幸福。这至少能说明两个问题，第一，你不是弱者；第二，你不需要做坏人。

当你在车上给老人让座时，说明你还没有衰老到在车上站一会儿就头晕目眩的程度。当你给他人出力时，说明你身体健全，不需要别人帮你推轮椅，不需要别人喂你吃东西，不需要别人搀扶着你的手，告诉你前面有一条小沟。当你给予别人一些资助时，说明你不需要为了一日三餐去偷东西、去抢劫他人或者干其他违法乱纪的事。

我们为什么要为自己是个好人、别人却是坏人而愤愤不平呢？他需要靠干坏事维持一点可怜的享乐，而我们却能自食其力，难道我们还要嫉妒那个可怜虫吗？

所以，我们用不着抱怨什么"好人没好报"，因为我们是个好人，这本身就是一种好报，何必贪求更多呢？

当然，做好人也还有其他额外的回报，除了某些意外的知恩图报外，做好人对我们的身心健康非常有好处。

美国《今日心理学》学报曾登载过一篇名为《助人者的快感》的论文，报道说："纽约市健康增进学院分析过 1700 多个妇女的健康状况，她们都是长期做义务工作的，结果发现她们每次为别人提供帮助时，自己的生理疾病也告减轻甚至消失，包括头痛、失声、因狼疮或多发性硬化导致的疼痛、抑郁症等。"

报道还说："在先后两次调查中，那些人士做帮助他人的工作之时，分别有68％及88％不约而同感到一种明显可辨认的生理体验。有一位妇女形容它是'胸部颈部轻微紧缩，好像血液更畅通了'；另一位说'感到自己很安全、健康、舒畅、幸福，就像游泳时出现的感觉一样'；另一位到老人院做义工的女士形容那种感觉，好像打完一场网球时一样又开心又疲倦。许多妇女形容说，做完义务工作之后，觉得整个人平静自在，很有价值感。"

有个名叫玛吉的女大学生到医院做义工的第一天，被派到急症室服务。这天晚上，有四个因车祸受伤的人被送来救治，其中两个不成人形，经检查已经死亡，另外两个全身多处骨折，血流满面，表情扭曲，处于半昏迷状态。

玛吉有生以来第一次看见这样的惨景，吓得花容失色。她努力克制自己，给医生打下手。好不容易忙完了，她独自躲在角落里，回想起刚才的情景，浑身颤抖，面如死灰。

大家都猜测她以后再也不会到医院来当义工了，但让人意外的是，她不但来了，还成了这里的常客。有人问她为什么，她说："不知为什么，我每次在这里工作，都感觉到人生很圆满。越忙越恐怖，我反而觉得越快乐。如果隔一段时间不来，反而很怀念这个鬼地方！"

玛吉到医院从事如此恐怖的工作，又没有报酬，她为什么会感到快乐呢？其他做义工的人士，从事的也是没有报酬的劳动，为什么会感到快乐呢？对此，哈佛大学心脏病专家赫伯特·本森解释说：当我们去帮助他人时，不期然会"忘我"，于是身体各部分产生微妙的变化，出现一种特别的感觉，就是所谓"助人者的快感"。

后来，心理学家经过进一步研究，发现了"助人者的快感"的产生，原来是大脑分泌出的脑内吗啡呔在起作用，这种化学物质不但令人兴奋，感到无名的快乐、平静、满足，还会令全身的细胞减少氧化，变得更年轻更有活力。

美国心理学家杰克·潘克塞佩也得出了脑内吗啡呔产生快感的相同结论。他还指出，不仅帮助别人时会产生脑内吗啡呔，当我们跟他人相处开心时，也有这种东西分泌。另外，我们从事体育锻炼之后，大脑也可能会分泌这些物质。不过，我们帮助他人时，这种分泌特别有保证，几乎一定有那种美妙快感，如果事后回想起帮助他人的情景，大脑还会再次分泌脑内吗啡呔。而从事其他活动则不能保证每次都有这种分泌，事后的回忆更是如此。

由此看来，做好人真的有好报。不一定别人给自己一笔钱，或给一个官做才是好报，因为做好事而身体好，心情快乐，这不就是最好的回报吗？

好事要做干净

做好事最大的价值，不是为此付出的劳动，而是一颗无私帮助别人、不求回报的好心。为求回报而做好事，好心没有了，就失去了原有的价值！

社会上有太多的人，错把帮助当投资，给了人家一元钱，就希望加倍的回馈。给了人家一个微笑，就期待满天阳光的回报。就是有所施舍，也把自己和受惠者之间的距离定形，把社会阶级的差距和彼此之间的歧视固定化。使受惠者在得到帮助的同时受伤害，而且这些伤害常常愈来愈深。比如"不食嗟来之食"的古代故事中，富者于灾荒之年施粥，事情虽好，态度却不好，"喂，来吃吧！"高傲与轻视溢于言表，难免让人怀疑他不是在做好事，而是在露富。这种没有好心参与的好事，价值大打折扣，怎么能期待回报呢？

相反，只要有好心，哪怕只是做一点点好事，也能折射出夺目的人性之光。

《众经撰杂譬喻》里讲了一个"贫妇施豆"的故事：

佛陀在一个国家传授道法，国王广设布施，供养佛与众比丘。都城里有一位贫穷的老妇人，家中一无所有，平日靠乞讨度日。她也想供佛，家里却没有什么值钱的东西，只有别人施舍给她的一点儿黄豆。于是，她抓起这些黄豆，急忙赶到王宫，想施在佛的面前。可是，看门人见她衣衫褴褛，不放她进去。

佛陀在宫中察知这件事，就运用神力取走老妇人手中的黄豆，将它们遍施在国王摆出的各种食物之中。国王在每种食物中都吃到了黄豆，非常生气，便叫来厨师，准备治罪。

佛陀劝阻道："大王，这并不是厨师的错，这些黄豆是宫外一个贫妇所布施的。"

国王听后很不高兴，他才不愿吃一个贫妇的东西呢！

佛陀又说："这位贫妇一片真善之心，虽然只有一把黄豆，也能协助国王施饭食。"

国王不以为然地说："这点黄豆算什么？怎么能与我所布施的那些美味佳肴相比呢？"

佛陀说："贫妇所施的黄豆虽然很微薄，但将来所获得的福报却一定比大王更多。"

国王很不服气："难道我这么丰厚的布施竟比不上贫妇手中一小捧黄豆的功德吗？"

佛陀说："贫妇的布施虽少，却是她尽其所有的布施；大王布施的虽多，却全都来自于百姓，于自己毫无损失。所以说，贫妇的布施多，而大王的布施少。因此，贫妇所得的福报一定多于大王。"

很多人就像这位国王一样，通过各种手段，强取豪夺，从别人那里获得财物，然后用它们做好事，换取好名声。这样以恶行善，并不是真正的做好事，不过是欺世盗名罢了。

而这位贫妇，虽然能力微薄，却尽其所能做好事，这才是真正做好事。

在这世界上，大富大贵之人毕竟只是极少数，大部分人能力有限。但是，只要尽自己所能给别人提供一些帮助，比如替陌生人指个路，为老人让个座，给残疾人施舍些钱，这样的小事是人人都能做到的。只要带着好心去做一些力所能及的善事，也不失为一个好人了。

福报有时，未熟不受

按佛家的说法，做了好事就有可能得到善报。只不过，要有耐心。今天晚上做了好事，明天早上就要求回报，心情就太急迫了。给老板做事还要一个月才领工资呢，你是做好事，又不是给人打短工。好报肯定有，但"未熟不受"，没到发薪水的日子，不要急忙写领条。

干坏事也一样，恶报肯定有，"未熟不受"。好比一个人，犯了谋杀罪，抓住了当场处决，行吗？不行，要经过法庭审判，将他的罪过一条条列出来，让他死得心服口服，也让其他人搞清是为什么，这样才能起到惩戒坏人、鼓励好人的作用。

好报恶报都是渐次积累的，做好事不一定每次都有好报，但只要一次好报，就足以抵偿以前做过的所有好事。做坏事不一定每次都有恶报，但只要一次恶报，就足以清算以前做过的所有坏事。

报应又分现世报和后世报，有时报在今生，有时报在后代。南怀瑾大师说："一个家庭能够常做好事，后代子孙一定好，如果你使坏，喜欢做缺德事，就算现在聪明能干、富贵荣华，将来后代子孙必然要糟。这是真的哦！我这辈子几十年来，因果报应的事情看多了，很多都是现世报。错事干下去，没几年光景便自食恶果，惨兮兮的，只是平常不好意思说明罢了。所以我们小时候受传统文化家庭教育有句话：'但存方寸地，留与子孙耕。'"

以"未熟不受"的心态看待社会上的不平等现象，以"福报有时"的心态多做好事，随时可能收到意外的惊喜。

在1949年的某一天，有个年轻人开车从医院出发，准备回家召集所有的亲友，赶至医院见他的祖母最后一面。他的祖母得了严重的肾病，必须马上输血，否则过不了今晚。但祖母的血型是AB型阴性，这种血型极稀少，一时之间没有办法找不到合适的捐血人，医生只好宣告她的病没希望了。

路上，年轻人遇见一个高举着手想搭便车的军人。满腹哀伤的他原本没心情去理会这种善事，但他想起祖母平日的殷殷教导，就停下车子，让那个军人上了车。军人见他脸色不好，就关心地打听起来。当军人听说他的祖母急需AB型阴性血时，马上叫年轻人掉转车头重回医院，年轻人感到很惊讶。军人指指自己脖子上的兵籍牌，上面清楚地写着——血型：AB型阴性。

年轻人的祖母因此活到了百岁开外，直到1996年才去世。

大家都相信是因为年轻人的一念之善带来了福音，而善根却在于老祖母平日教导孙子与人为善。这不正是南大师所说的"但存方寸地，留与子孙耕"吗？这个老太太有福，子孙耕福地，孝敬到了她老人家，可谓现世报。

美国哲学家、诗人爱默生说："人生最美丽的补偿之一，就是人们在真诚地帮助别人之后，同时也帮助了自己。"当我们向世界种下爱心时，可能会以意想不到的方式获得报偿。如果每个人都向世界播下善良，那么，每个人都会从中受益。

弗莱明是一个穷苦的苏格兰农夫。有一天，他在田里耕作时，听到一个孩子求助的哭声。他急忙放下农具，跑到泥沼边，看到一个小男孩正在粪池里挣扎。弗莱明顾不得脏臭，把这个孩子救了出来。

过了几天，一辆崭新的马车停在弗莱明家门前，车里走下来一位高雅的绅士，他自我介绍说是被救孩子的父亲。"我要报答你，好心人，你救了我孩子的生命。"绅士说。

弗莱明拒绝道："我不能因救你的孩子而接受报酬。"正在这时，他的儿子走进茅屋。绅士就问："那是你的儿子吗？"

"是的！"弗莱明很骄傲地回答。

绅士忽然有了一个好主意，他说："我们来定个协议吧，让我带走你的儿子，并让他接受良好的教育。假如这个孩子像他父亲一样，他将来一定会成为一个令你骄傲的人。"

弗莱明答应了。后来他的儿子从圣玛利亚医学院毕业，并成为举世闻名的医学家，他就是盘尼西林的发明者和诺贝尔医学奖获得者弗莱明·亚历山大爵士。数年后，绅士的儿子染上了肺炎，是谁救活了他呢？盘尼西林。那位绅士是英国上议院议员丘吉尔，他的儿子就是英国伟大的政治家丘吉尔爵士。

老丘吉尔知恩图报，帮助老弗莱明的儿子小弗莱明，小弗莱明发明的盘尼西林，又救了小丘吉尔以及千千万为病菌所苦的人，这样的因果关系，事先谁能预料呢？但它却真真实实地发生了。这大概就是所谓的"福报有时，未熟不受"吧。等到时机成熟，就能看到累累善果，不但可以自享，还可以大家分享。这不是最圆满的结果吗？

慎防好心成恶意

什么是真正的慈善？佛祖讲得很清楚，一是出于至诚之心；二是不求回报；三是不贬低人家。下面我们不妨一一剖析：

第一，依从一念之善，是真行善。在佛的三大布施原则中，最重要的当然是至诚之心。你不是因为他有权有势，不是因为他长得漂亮，不是因为他将来可能有出息，不是因为想炫耀自己，总之没有任何私心杂念，完全是因为一念之善，这样的施予才是真正的慈善，无论你的施予多么微不足道，都是该得善报的。

南大师曾讲过一个施善得报的故事：

有一次，佛托着钵出来化缘，遇到两个小孩在路上玩沙子。他们看见佛，就站起来非常恭敬地行礼，其中一个孩子抓起一把沙子放在佛的钵盂里，说："我用这个供养你！"

佛说："善哉！善哉！"

另外一个孩子也抓起一把沙子供在佛的钵盂里。佛就预言，百年后，一个是英明的帝王，一个是贤明的宰相。

百年后，一个孩子当了国王，就是历史上有名的阿育王；另一个就是他的宰相。在典籍中，关于阿育王的史实与传说很多：比如，他曾经打败东征的亚历山大；他建的一座寺曾经飞到中国来，就是浙江宁波的阿育王寺。

阿育王的一把沙子就得到了这么大的回报，很多人向寺庙里捐金捐银，什么好处也没见到，这是什么原因呢？因为捐金捐银者动机不纯，或者是为了炫耀自己的好心，或者是出于对未来的渴求，或者是出于对过去所行恶事的恐惧，总之都无诚意。阿育王和他的伙伴却仅仅是出于一念之善，没有任何私心杂念。

另外，在我们看来，一把沙子根本不是可捐之物。但对两个玩沙子的孩子而言，沙子是他们的玩具，是他们喜欢的东西。所以，他们的善念的价值并不比别人送出的财物低。

第二，行善不能求回报，否则不是真行善。有的人天天抱怨：我好人没少做，坏事没多干，为什么好事轮不到我头上？真是好人没好报啊！这种人居然自称好人，真是滑稽！与其说他是好人，不如说他是商人——他做好事都是为了换取好报，跟商人卖东西赚钱又有什么差别？而且他追求的是暴利，想用微小代价换取巨额回报，认真算起来还只能归入奸商一列。

真行善者是出于帮助他人的善念，并无要求回报之心。

第三，不要轻视和贬低接受帮助的人。"不轻毁他"是什么意思呢？"轻"是轻视，因为自己处于"施主"的地位，心里难免有几分优越感，在语言神态上就可能表现出看轻对方之意。"毁"是诋毁的意思，也就是说人家的坏话。这个坏话不是当场说的，是背后说的。比如，给了人一个帮助，生怕人家不晓得自己心眼好，马上去告诉人家："那小子现在都混成这样了，穷得连给小孩交学费的钱都没有。我看他可怜，借给他 500 元。"这好像是真话，怎么说是诋毁呢？因为这是揭人隐私。人在社会上，是要信誉的，这是一种无形资产。你让人知道了他的窘状，他的信誉马上下降。以后办事人家不放心他。所以，你借给他 500 元，一句话就让他损失了无形资产 5000 元。你这 500 元他还要还你，他损失的 5000 元找谁去要？他不找你报仇就好了，还想指望他的回报？

假如受自己帮助的人发达了，自己却原地踏步，说的话就更难听了："那小子，当初如何如何，要不是我帮他一把，他哪有今天？"这就不止是诋毁，而是诬蔑了。他能到今天这一步，99%肯定是靠自己的才能和努力，你那点帮助哪够用？不自度者，连佛祖也认为度不了他，难道人的本领比佛祖还大？你的话，等于抹杀了他的全部努力，不是诋毁吗？人家不报复就好了，你还指望他的回报？

南怀瑾大师告诫说："不要轻毁任何一个人，这是大乘佛法的菩萨戒。你明知这个人是骗子，但并不因此看不起他。他来骗你，说明他有需求，达不到目的，他会睡不着觉，明天还会想办法来找你。你干脆受他一骗，让他睡一个好觉，亦一大乐事也。"

对骗子都不"轻毁"，这种境界就很高了。我们平时起码要保证不轻视和贬低接受帮助的朋友，以免损害善心的价值。

播种爱心，与人为善

一次齐宣王坐于堂上，看见有个人牵着牛从堂下走过，于是就问道："牵这头牛去干什么啊？"那个人回答说："用它的血来涂祭新铸的大钟。"齐宣王说："快点儿将它放了吧，我不忍心看见它因为无罪而被处死时那瑟瑟发抖的样子。"那个人疑惑地问："那么钟就不用血来涂祭了吗？"齐宣王说："怎么可以废掉这个礼仪呢？用羊血来代替吧。"后来孟子知道此事，夸赞齐宣王有不忍之心，即仁心。

南怀瑾先生认为，这种不忍之心，即人类仁慈心理的根本，这种心理似乎人人都具有，却被后世称为"妇人之仁"，成为一个贬义词。实际上妇人之仁也正是真正慈悲的表露。

鲁迅先生的诗说得好："无情未必真豪杰，怜子如何不丈夫。"鲁迅是这样写的，也是这样做的。

1929 年 9 月，鲁迅先生的夫人许广平生育一男孩，取名海婴。

海婴生性活泼，经常缠着父亲。鲁迅喜欢饭后靠在藤躺椅上，把零食放在桌边，一边慢慢地吃，一边悠闲地看书。海婴经常从藤躺椅下钻出来，毫不客气地抢父亲的糖果、饼干。鲁迅只是微笑地看看儿子，从不呵斥。海婴也从来不怕父亲，有时还会跑到他的身边，轻轻揪他的胡子玩，更喜欢的是骑马一般坐在他的身上。

由于鲁迅对自己幼年受的束缚人性的封建教育十分不满，所以他不愿让海婴重蹈覆辙，因而他喜欢孩子"敢说、敢笑、敢骂、敢打"的天性，愿他做一个活泼而真诚的人。

一次，鲁迅告诉来访的朋友说："这小孩淘气，有时弄得我头昏，他竟问我：'爸爸可不可以吃？'我答：'要吃也可以，自然是不吃为好。'"友人听了发笑，说孩子正处于幻想旺盛时期，所以会闹出这样的笑话，鲁迅点头称是。后来，他作了一首《答客俏》的诗，写出了他对孩子的一片爱怜之情：

无情未必真豪杰，怜子如何不丈夫。

知否兴风狂啸者，回眸时看小於菟。

楚人称虎子於菟。鲁迅爱怜其子，意在期望他成为虎虎有生气的栋梁之材。不料海婴刚满7岁，鲁迅便撒手人寰，鲁迅在去世前嘱咐家人："孩子长大，倘无才能，可寻点小事情过活，万不可去做空头文学家或美学家。"

鲁迅一生，怀着"立人"的理想，把批判的锋芒指向任何形式、任何范围对人的奴役与压迫。他的语言锋利如剑，入木三分，即使受到攻击与迫害，也绝不妥协，绝不饶恕。他真是顶天立地的大丈夫，真豪杰。但是他却是侠骨柔肠，如此怜爱自己的孩子，让人难以置信。但事实如此，先生的这一番怜子情怀并没有损害他的硬汉形象，相反却使其更加可敬可爱。心中有情有爱，世界才会风光无限。仁爱之心如一盏明亮的灯，它可以照亮我们的人生。所谓仁爱，就是先想到别人，能宽容别人，就是要与人为善。

《贾谊集》中记载了这样一则故事：

楚惠王吃酸菜时，突然发现菜中有一条蚂蟥，他没有声张，不动声色地吞了下去，结果肚子痛得不能吃饭。令尹前来问候，关心地问道："大王怎么得了这种病？"

楚惠王说："我吃酸菜时见到一条蚂蟥，心想，如果把这事张扬出去，只是斥责庖厨等人，而不治他们的罪，就违反了法度，那样，今后我自己的威信就无法树立；如果追究他们的责任，就应该诛杀他们，这样，太宰、监食的人，按法律都将处死，我于心不忍啊。所以，我只好把蚂蟥悄无声息地吞咽下去。"令尹深深地施了一礼，祝贺道："我听说上天是铁面无私、六亲不认的，只是辅佐有德行的人。大王您大仁大德，正是上天保佑的人啊，这点小病是不会伤害您的。"当晚，楚惠王胃里的蚂蟥真的出来了，他也不用再忍受疼痛之苦。

古语云："人生一善念，善虽未为，而吉神已随之。"意思是说一个人只要心存爱心，即使还没有去付诸实践，吉祥之神已在陪伴着他了。为使他人免除灾难，而不惜自己忍受痛苦的人，怎么会得不到上天的眷佑呢？爱人者，人恒爱之；敬人者，人恒敬之。

佛教讲慈悲，慈悲是什么？说到底，慈悲是一种关怀，是无条件地爱一切生命。弘一法师就是一位十分懂得去关怀生命的人，即使是一只小小的蚂蚁，在他的眼里也是值得去尊重和关怀的。

播种爱心，不仅能够得到内心的安静祥和，达到美好的境界，而且能够让别人获益，记取你的那份善良与美好。上善若水，涓涓细流，润物无声。播撒爱心，幸福触手可及。

欲立事，先立志

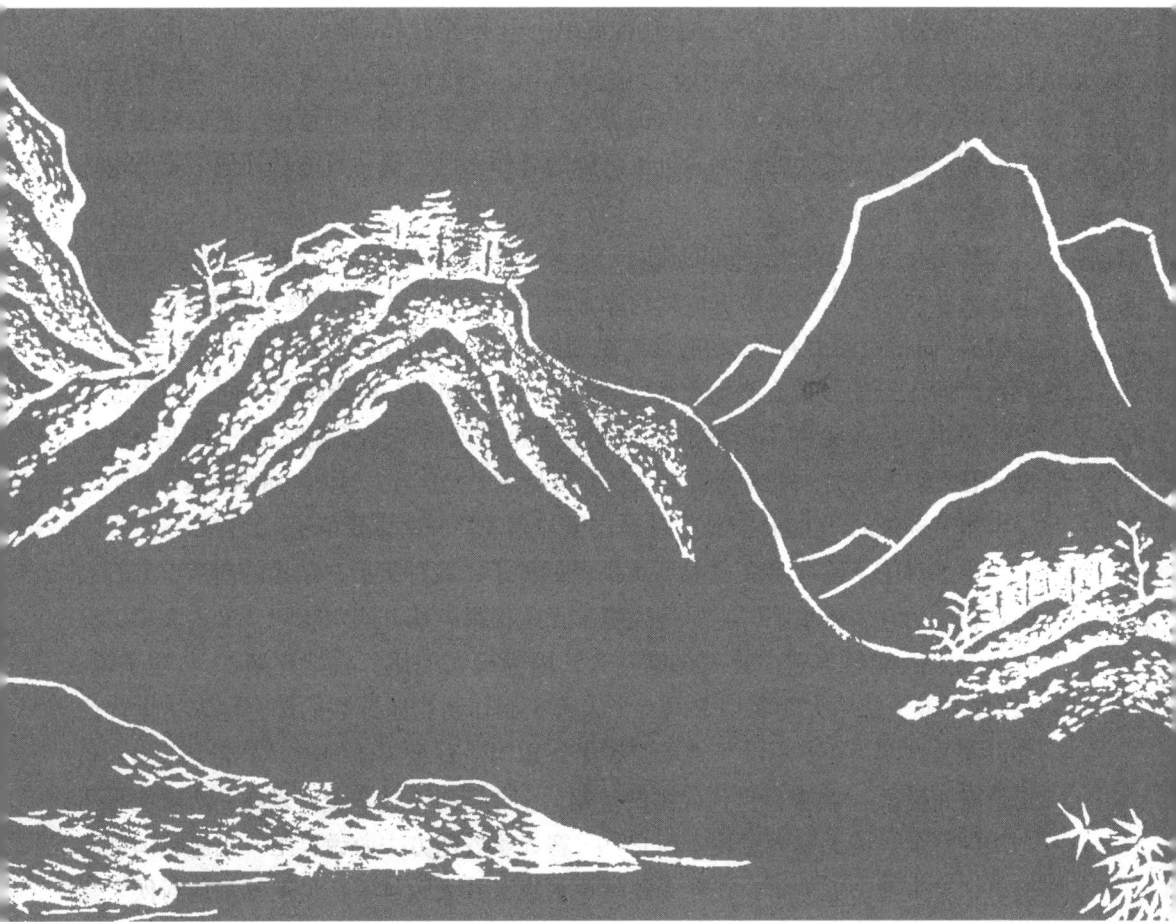

天生我才必有用

庄子跟惠施（又称惠子）是朋友，一个是道家的代表人物，一个是名家的代表人物。所谓名家，据南怀瑾大师说："这个'名'就是逻辑，所谓'名理'，表示名称、思想和观念的意思，任何一个思想、名称和观念，都要合乎条理才行，即后世西方的逻辑学。"

惠施大概就是庄子所谓"德合一君"这一类人，他曾出任魏国宰相十二年，是战国时期著名的政治家、思想家、论辩奇才，名家的代表人物之一。据南大师说，"名家"即逻辑学家。惠施曾提出一个著名的无限概念："一尺之捶，日取其半，万世不竭。"他还提出了"山与泽平"、"卵有毛"、"鸡三足"、"犬可以为牛"、"火不热"、"矩不方"、"白狗黑"、"孤驹未尝有母"等悖论，它们对西方思想界也产生了比较大的影响。可惜惠施的著作多已亡佚，只能从其他诸家的论述中看到他的言行片段。

庄子与惠施走的是不同的道路。庄子主张"外天下"、"外物"、"外生"（《庄子·大宗师》），走的是出世道路；惠子则以"天下"为事，"逐万物而不反"，执"有情"而"泛爱万物"，走的是入世道路。惠子的学说在当时为"显学"，学习者众。而庄子的学说在当时属于"冷门"，曲高和寡。由于观点不同，两人经常发生争论。但争论并不影响双方的友谊。惠子死后，庄子慨叹道："自夫子之死也，吾无以为质矣，吾无与言之矣！"可见惠子是庄子一生唯一的知己。

本节选录的"大瓠之辩"，就是庄子与惠子的一次重要争论。

惠子对庄子说："魏王送给我大葫芦的种子，我种下后，结出的葫芦有五石大的容积。用它来盛水吧，它质地太脆，无法提举。切开当水瓢吧，又太大了，没有哪只水缸能容下它。我不是嫌它大，因为确实无用，就把它砸了。"庄子说："你真不善于使用大物啊！宋国有个人善于制作防止手冻裂的药，他家世世代代都以漂洗丝絮为业。有个外地人听说了，想用一百金买他的药方。这个宋国人召集全家商量说：'我家世世代代漂洗丝絮，一年所得不过数金；现在一次就能靠药方赚到百金，请大家同意我卖掉它！'客人拿着药方去游说吴王。正逢越国挑起战事，吴王就命他为将，在冬天跟越军水战，并大败越人，吴王就割地封侯来奖赏他。同样一个防止手冻裂的药方，有人靠它得到封赏，有人却只会用于漂洗丝絮，这是因为使用方法不同啊！"

惠子从实用的角度出发，认为大葫芦无用，隐喻庄子的学说大而无用。庄子却从另一个角度，论证大葫芦不是无用，而是惠子不善于使用。庄子的观点看似有理，其实包含了一些逻辑错误，但却具有很强的迷惑性。

第一个逻辑错误只是小毛病。惠子所说的是大葫芦，而且他说明了这个葫芦"以盛水浆，其坚不能自举"，质地是很脆弱的，用这么一个易碎的东西去"浮游江湖"，安全就难以保障了。怎么敢把生命寄托在一个并不结实的葫芦上呢？

不过庄子认为惠子"拙于用大"的观点并不错。比方说，这个葫芦竟然有五石大，是世上难得的一个稀罕物，摆在那里让人参观，肯定观者如堵。这样的用途庄子不是想不到，但肯定不好意思说，因为惠子原本就认为他的学说只能看，不能用。正因为观点没错，只是引证错误，所以说是个小毛病。

第二个逻辑错误就比较大了。那个外地人买到药方，去游说吴王，当了将军，立了战功，封了侯，好像很合乎逻辑。但其中忽略了一个问题：这个外地人凭什么受到吴王信任？难道仅凭药方吗？假如吴王仅仅对药方感兴趣，花大价钱买下来就是了，怎么会任命他为将军，把战争成败和士兵们的生命交在他手里呢？很显然，外地人主要靠自己的口才、见识和用兵才能而获得重视。他为什么能打胜仗？主要靠自己的指挥才能和将士们的勇敢精神，而不是靠药方。试想，武器尚且不能成为战争的决定因素，何况一个药方呢？

不可否认，有些东西，有些才能，在不同的人手里确实能发挥不同的作用，但我们不要过于强调它们的价值，更不要依赖它们。世界上任何事业的完成，都是多种人、多种资源、多种才能共同促成的，一个人通常不具备所有成功要素，因此要强调合作。有的人挟一技之长，傲视天下，轻视合作，这种人是不可能太有出息的。

那么，在大葫芦的问题上，到底是惠子的观点正确，还是庄子的观点正确呢？其实都无所谓正确或错误。因为他们没有就这个问题设定前提条件：在什么情况下用。一般而言，凡物必有其用，但在特定条件下，有些东西有用，有些东西无用。好比将一个大车轮胎安在小车上，肯定没有用。如果不设定条件，就无法作出正确的结论。

但两人的观点对我们很有启示意义。庄子的观点，可以帮我们肯定自己是个有用的人。不少人对自己到底是不是人才产生过怀疑，就连英国大文豪莎士比亚也曾认为自己是个百无一用的人。庄子的观点可以帮助信心不足者作出肯定回答：天下没有无用之人，人人都是人才。惠子的观点则提醒我们，在一个特定的环境下，无论从某项工作，还是做某件事情，都需要跟这项工作、这件事情要求的条件相适配，大而无当，不如小而有用。

一生只做一件事

《大学》详细论述了个人修行的流程，共分止、定、静、安、虑、得六个步骤。

第一步是"止"，给自己量身定位，也就是确定理想的目标。这里"理想"二字很重要。有的人渴望当政治家，但看见社会上"一切向钱看"，觉得发财也许更好，便确定一个当商人的目标，但因为这不是内心渴望的，追求的动力就比较弱。所以要根据内心的真实渴求而量身定位。

第二步是"定"，即目标专一。做与目标有关的事，思考跟目标有关的问题。

现代社会，人们的机会不是太少，而是太多。一位大企业家说："面对多变的社会，过多的选择机会反而会造成犹豫不决。"机会太多了，又想追求这个，又想追求那个，就会五心不定。所以必须忍痛舍弃其他目标，而"定"于其一。

有一个禅宗故事：

慧远禅师年轻时喜欢四处云游。有一次，他遇到一位嗜烟的行人，相伴走了很长一段山路，然后坐在河边休息，两人谈得很投机，那人便送给慧远一根烟管和一些烟草。分手后，慧远心想：这个东西令人十分舒服，肯定会打扰我禅修，还是趁早戒掉吧！于是，他把烟管和烟草都扔掉了。

后来，他又迷上了《易经》。一年冬天，他写信向老师索要一些寒衣，但是直到冬天过去了，老师还没有寄衣服来，也没有任何回音。慧远禅师用《易经》卜了一卦，结果算出那封信并没有寄到。

他心想："《易经》占卜固然灵验，但如果我沉迷此道，怎么能够全心全意地参禅呢？"从此以后他再也不接触《易经》之术。

再后来，他又迷上了书法，每天钻研，小有所成，有几个大书法家居然也对他的书法赞不绝口。他转念想道："我又偏离了自己的正道，这样下去，我很可能成为书法家，成不了禅师了。"从此他一心参悟，放弃了一切与禅无关的东西，终于成为一位禅宗大师。

慧远禅师真是一个懂得如何让自己"定"下来的人，他舍弃的并非都是不好的东西，但一个人不能同时追求几个目标，既然选择禅修，就守定这个目标，他的心也就定下来了。

第三步是"静"，即心无杂念。这是很难的一步，无论读书也好，做事也好，不知不觉就会想一些杂事。即使目标专一的人也会如此。如何入静呢？需要进行

"打住"训练：当意识到自己在胡思乱想时，就提醒自己一下："打住！"或者："别乱想了！"经过一次又一次提醒，养成静的习惯，就能随时入静了。

对相当多的人来说，不能入静的原因是体力问题，想了一会儿事就头昏脑涨，自然会停下来想一些比较轻松有趣的问题。所以说，锻炼身体是一件跟任何目标都有关的事。

第四步是"安"，即保持平常心。我们读书、办事、与人交往，都容易先入为主。比如：这本书是经典，我要好好拜读，这本书不好，我要瞧瞧它的毛病在哪里；这件事重要，我不能掉以轻心，这件事很烦人，对付对付算了；这个人很有身份，我该听听他的高见，这个人很讨厌，我要快点把他打发走。凡此种种，都是缺少平常心的表现，很可能让自己的思路变调，言行失当。保持平常心，神志最清澈、明亮，智慧便绵绵而生。

第五步是"虑"，即冷静思考。用大脑学习，用大脑做事，这个道理很简单，不必多说。

第六步是"得"，即取得成果。把前面几步做好了，这一步水到渠成，但也要分辨是真"得"还是假"得"。

有一个笑话：

某财主家有一个儿子，特别聪明。财主请了个先生来教他识字。第一天教了个"一"字，他很快学会了；第二天教了个"二"字，他很快学会了；第三天教了个"三"字，他很快学会了。这个聪明儿子高兴地说："得之矣！得之矣！一画一道，二画二道，三画三道，其余的俺不学也会，要先生何用？"财主也很高兴，就把先生打发走了。有一天，财主让聪明儿子给万先生写信，聪明儿子画了一早上，也没把"万"字写出来。

在"得"字上，无论是学问上的收获，还是名利权位上的收获，都有必要审视一番，到底有没有"得"？是不是假得而真失？可别学这个聪明儿子，还没入门就以为"得之矣"！

心量决定能量

庄子那个时代的科学知识有限，他以为大鹏是借风力飞上九万里高空，然后坐在风上飞行，就像人坐在船上航行一样。实际上大鹏必须在风中飞行，或者说必须在空气中飞行。空气固然会带来阻力，如果没有阻力，大鹏就无法飞行。

中国古代的文人有一个老毛病：用想象而不是用实验解释科学道理，有时会错得离谱。他们再用想象的科学道理解释人生之道，难免存在很多观念误区。庄子的"莫之夭阏"就是一个观念误区。他认为大鹏远飞的条件是无阻无碍。以之喻人生，要实现远大的理想，必须借助某种强大的势力升到很高的地位，要使前进道路上没有障碍，但这是不可能的。据说楚威王曾诚心礼聘庄子出任宰相，这等于把他托上九万里高空，但庄子拒绝飞行。原因可能是障碍太多，无论朝廷君臣还是在野平民，都醉心于名利，每一个人的贪欲对他的"无为"之道都是一个障碍。

就像大鹏只能在阻力中前进一样，人类也是在解决问题中前进的。如果没有问题，人类就不会进步。所以，一个追求远大理想的人，不能害怕问题而要欢迎问题。庄子要求"莫之夭阏"，那么他的理想三万年也不会实现的。后世很多文人受庄子的影响，在生活中，在事业上稍遇挫折就想放手，躲到一边做旁观者，还认为自己洒脱，还认为别人没有"道心"。不过这个问题太大了，涉及传统文化的基础问题，一言难尽。而且我们读古人书，不宜老盯着缺陷，而要取其所长。庄子这段文字中有两个特别可取的观点，概括地说，一是容量要大，二是能量要强。

前一节讲了志向要坚定的问题，它也有一个大小的问题。这是人心的容量。志向越大，心量越大。一般来说，事业容量不会超过人的心量。陈胜是个农民，他种田的时候说："燕雀安知鸿鹄之志哉！"造反的时候又说："王侯将相宁有种乎？"（《史记·陈涉世家》）这志向大不大？刘邦还是个亭长时，看见秦始皇，"喟然太息曰：'嗟乎，大丈夫当如此也！'"（《史记·高祖本纪》）这志向够大了吧？项羽看见秦始皇出巡，也对叔父项梁说："彼可取而代之也！"（《史记·项羽本纪》）。

志向大小跟事业容量有什么关系呢？打个比方，你的志向仅仅在于自身享乐，那么对别人的事都不会关心，甚至对父母兄弟的疾苦也不放在心上。既然你不关心别人，别人对你的关心也有限，一个孤家寡人，能成得了什么事？假如你的志向止于一家一计，那么你对所有家人的事都会关心，对家庭之外的事就缺乏足够关注，在做人做事方面，也以对家庭的利弊为判断依据，这样就有很大的局限性。假如你的志向是想让自己的"道"传播全国，那么国家的事你都会关心，对需要做却无人去做的事你会当成自己的事，主动去做。关心的事多了，自然有智慧，有见识；做的事多了，自然有功劳，收获也会与之递增。

有一个故事：楚共王出去打猎时，不小心把心爱的弓遗失了。左右请他派人去找，他说："算了吧！楚国人丢了弓，还是楚国人捡去了，何必去找呢？"

楚共王以楚国为家，那么楚国人就像家里人一样。这好比在家里丢了 10 元钱，心想反正是家里人捡到了，懒得费心去找。

楚共王的志向好像已经很大了，孔子还是觉得不够大。他听说这件事后，叹息道："惜乎其不大，亦曰：'人遗弓，人得之而已，何必楚也！'"意思是：可惜他的境界还不够大，也可以说，人丢了弓，反正是人捡到了，何必一定要求楚国人捡到呢？

孔夫子有这样境界，是因为他以天下为家，在他眼里是不分什么楚国人、鲁国人的。

有了鹏程万里的志向，接下来又需要托起大翼的能量。正如南怀瑾大师所说："一个人想成大功立大业，或者修道也好，做生意也好，要有本钱啊，本钱就是你的风。很多年轻人老是想：要是我呀，就要怎么样怎么样。想了半天，有没有本钱啊？一毛钱也没有。没有风，还飞个什么？所以青年人要想做一番事业，你的能力、才智都要去培养才行。风力不够，没你的事，本钱积累厚了，才可以飞上九万里的高空。"

在这段话里，南大师讲了两种能量：能力、才智。也许还包括资本。这也是一种极重要的能量。

还有一种能量，南大师没提，但十分重要，那就是人际资源。《孙子兵法》说："上兵伐谋，其次伐交，其次伐兵，其下攻城。"这个"伐交"，说大点是办外交，说小点是搞公关，再说小点是拉关系，总之很重要。但这里所说的人际资源并不是指一时利益相合的泛泛之交，而是有比较稳定关系又有较大价值朋友、下属、忠诚客户。狐朋狗友再多，资源有限；平庸下属再多，资源有限；信用等级欠佳的客户再多，非但不是资源，可能还是负资源。

有时候，人际资源的价值比自身能力更重要。周文王首先找到了一批忠臣良将，并联络了八百诸侯，才取得伐纣的胜利。秦始皇几乎把各国的重要人才都笼络在身边，才取得一匡天下的成功。刘邦创业的基本班底是他昔日的朋友，而他打败项羽，靠的是人才济济。李世民事先笼络了一大批文臣、武将，才取得玄武门政变的成功。宋太祖深受部将拥护，才得以黄袍加身。

有的人觉得自己才能出众，却无法成功，以为是运气欠佳，其实可能是人际资源太贫乏。你只需掰着指头数一数，有几个肝胆相照的朋友？遇到大事，有谁可以交托？遇到难事，有谁可以信任？这样数一数，也许就知道自己缺少什么了！

在心量和能量之间，心量是基础。你有这么大的心量，才会努力去积累与之相当的能量。如果心量不大，即使有机会积累能量，也不会放在心上。比如读书就是积累能量，心无大志的人，看见书犯晕，哪会对这种能量引起重视？所以说，心量决定能量。

机会属于为野心而准备的人

庄子《逍遥游》中所讲的鲲化为鹏，是一个对现代人来说没有什么吸引力的神话传说。但庄子的目的不是讲故事，而是阐述"道"。关于"道"，有各种解释，南怀瑾大师认为，有三种含义：一是"人世间所要行走的道路的道"，或可引申为方法、技巧；二是"代表抽象的法则、规律，以及实际的规矩，也可以说是学理上或理论上不可变易的原则性的道"。三是"指形而上的道。如《易·系传》所说：'形而上者谓之道，形而下者谓之器。'"这一含义可用我们比较熟悉的"自然规律"或"客观规律"等名词来表达。

有人认为，"道"是唯一，是不可逆转的真理。即使庄子本人也有这种想法，所以他经常嘲笑、鄙视那些营营于名利之间的"俗人"，好像他们的追求都是有缺陷的，只有自己的追求才是对的。由此可见庄子的修为境界并不高，对道的理解还未臻完善。他更像一个文学家而不是一个思想家。

老子在《道德经》中说："道生一，一生二，二生三，三生万物。"道并不是唯一，而是变化无穷。打个不那么准确的比方，假设道是北京城，从北京出发，向东南西北任何方向出发都是依道而行。所以庄子追求"无为"，庄子批评的人追求大有作为，都不能说是错的，关键在于是否依道而行而已。

但庄子的鲲化为鹏的寓言，确实发掘了人生发展之道，其中的关键是一个"化"字。鲲不是一天就化成鹏的，它住在北海，到底沉潜了多久呢？不一定。反正要沉潜到化为鹏之时，方能一飞冲天。

人生也是如此啊，你想腾飞，必须沉潜，在默默地努力中积聚能量。但我们有一个常识，鱼是不能化成鸟的，鱼越大越不可能化成鸟。从科学上来说，如果鱼需要化成鸟，或者鸟需要化成鱼，通过长期进化，都是可能的，却不是此生能完成的事。那么庄子的比喻是否合乎逻辑？实际上，庄子笔下的鲲，不是一条鱼，而是一颗博大的心，或者说一个远大的志向。当你心中有鲲，你的生命就极可能发生鹏的蜕变，而一飞冲天。

在这个问题上，东西方的智者的认识是完全一致的，他们都认为人生的腾飞首先在于志向。

我们先来看一个东方的例子：

晏子临终时，叫人把堂屋前的柱子剖开，将遗嘱藏在里面，又交代妻子说："柱子里面的话，等儿子长大后给他看。"

晏子的儿子长大后，打开遗嘱，只见上面写着：布匹不能缺乏，缺乏了就没有衣穿；牛马不能缺乏，缺乏了就不能耕田；士人的志气不能缺乏，缺乏了就不能担当大事。缺乏志气，才是真正的缺乏。

有些生活中的落魄者并不认为自己缺乏志向，甚至觉得自己野心挺大的，因为他们做"白日梦"时，曾经想象过自己成为巨富乃至当皇上。可是正因为想得太多，反而没有志向。人生只需要一个目标，目标太多，不是野心，而是心野。

这里把志向和野心混为一谈，其原因在于，任何人立定志向时，并不是已经接近人生目标，而是差得太远，所需条件根本不具备，如果他把志向讲出来，别人一定会大笑他有野心。其实志向和野心并无两样，都是追求未来，不满足于现状。

那么，真正的志向或野心是什么呢？韩褐子的话可以作为答案。

有一次，他要过河，船夫对他说："人们从这儿过河，都祈求河神保佑一帆风顺，您为什么不向河神祷告呢？"

韩褐子对此说不以为然。船夫将船划到河中间，船就旋转起来。船夫说："刚才我已告诉过您了，您不听我的劝告，现在船到河中打旋，很危险了。您是不是已经准备好了脱掉衣服下水游泳？"

韩褐子说出了两句名言："吾不为人之恶我而改吾志，不为我将死而改吾义。"意思是：我不会因为别人讨厌我就改变我的志向，我不会因为我快要死了就改变我的原则。

他话音刚落，船就走得平稳起来。韩褐子道："《诗经》说：'莫莫葛藟，施于条枚；恺悌君子，求福不回。'（茂密的葛藤，蔓延到树梢。和悦的君子，依正道求福。）连鬼神都不违正道，何况人呢？"

韩褐子的话可谓说出了至理：不因别人的态度而改变，不因境遇的顺逆而改变，并且坚持依正道求福，这才是真正的志向。

立定志向后，等于人生只有一个地方是自己想要去的，就不会对其他机会左顾右盼，也不会为眼前的障碍所迷惑，能够一心一意地向目标出发。

但是，鲲化为鹏，并非易事，需要长期的准备才行。在这方面，东西方的成功之道也是完全一致的。

我们先看一个东方的例子：

春秋贤士宁越原先是中牟地方一个农民，他觉得耕田种地太辛苦了，就向朋友请教说："怎样做才能摆脱这种苦差事呢？"

朋友说："最好的办法是读书。读20年书就可以达到目的了。"

宁越说："我想用15年实现这个目标。别人休息，我不休息；别人睡觉，我不睡觉。"

苦读 15 年后，宁越因学识渊博，被周威公聘为老师。

宁越的起点并不高，但能够持之以恒地学习，最后成为天子的老师，这就应了一句西方名言：机会属于有准备的人。

大鹏"怒而飞，其翼若垂天之云"的豪情固然令人羡慕，但当条件不成熟时，还需要像鲲在北海沉潜的耐心。

见地高超，成就自高

《庄子·逍遥游》中讥笑大鹏的蝉和小鸠很有意思，像极了生活中的小人物。他们很难理解杰出人士辛苦打拼到底是为了什么。"他那么有钱，又舍不得花，还成天忙碌劳累，真是不会享福啊！要是我，才不会这么傻呢！"说这话时，就不知道回过头想想：既然自己这么聪明，为什么无钱享受呢？还说别人傻！

小人物未必缺少天赋和才能，却缺少远大理想。他们的最高愿望是开心享受生活，任何需要付出艰辛努力才有所成就的事他们都不感兴趣。天赋和才能只是他们向人炫耀的羽毛，而不是应用工具。他们也许是千里马，但从不奔跑，更不上赛场。他们只想轻轻松松获得"一食或尽粟一石"的待遇。如果得不到，就抱怨"千里马常有，而伯乐不常有"，然后使出一匹驴子的力气来应付差事。他们还嘲笑那些勤于事业的人不会生活。

如果说小人物有什么人生目标的话，那就是工作轻闲一点，生活富裕一点，享乐多一点。可是，工作轻闲跟生活富裕享乐多，却是相互矛盾的。所以，绝大多数小人物不能实现他们的目标，只能生活在缺憾和不满足中。若是侥幸致富，他们就由享乐而堕落，直到成为世界上最糜烂的一群人。

人们生活在世界上，虽然都是人类的一分子，差异其实挺大的，最大的差异在智能和抱负两方面。人与人了解之难，有时也是这两大差异造成的，就像庄子所说：小知不及大知，小年不及大年。

大凡心怀大志的人，都强调"大知"、"大年"，他们通常有如下两个特点：

第一，多用大智能，少用小聪明。大智能是什么？是一种追求可持续发展的艺术，小聪明是一种迅速达到目的的手段。在大智能和小聪明之间，是大聪明。

我们不妨举个例子来说明小聪明、大聪明和大智能的区别。

好比一家商店，售卖的食品超过了保质期，按规定是要销毁的，那不是白白蒙受了损失吗？喜欢用小聪明的人，为了避免损失，就撕掉原来的标签，贴上新的标签，让顾客以为食品还很新鲜，稀里糊涂买回去，他们吃不吃，吃了好不好，那就顾不得了。

用小聪明解决问题，往往存在很多后续的风险，比如，顾客发现上当，再也不来买东西，就失去了一个顾客；工商部门来查处，罚款，吊销执照，损失就大了；顾客吃坏了身体，到法院打官司，麻烦就大了。所以，用小聪明解决问题，可能带来更多问题。

有大聪明者，却不这样干。比如有一个老板，发现食品过期，他就主动打电话给工商部门，表明将当众销毁一批过期食品，要求派人来监督。工商的人一听，这样自觉的经营户真是难得，当即决定作重点宣传，通知媒体来采访。结果，该老板虽然损失了钱，知名度却提升了，顾客都放心到他这里买东西，他的生意更好了。

按大聪明做事，已经很不错了，但跟大智能比起来，还差得太远。仍以卖食品为例，大智能者的做法是，事先了解服务区的顾客消费趣向，提供顾客喜爱的商品；调查服务区的消费能力，确定各种商品的流量，保持合理的库存；通过改善管理降低成本，使商品价格更有竞争力；通过改善服务营造一个温馨氛围，使顾客宾至如归，等等。当你做好了这一切，你的商店里根本不会出现过期食品，你用不着采用宣传手段就顾客盈门，工商部门不会跑来罚款，也没有顾客扯皮打官司。这样不是更好吗？

第二，多用"长寿"的做法，少用"短命"的做法。在这里，"长寿"和"短命"当然是打比方，意思是长线行为和短线行为。前者追求长远的利益，后者追求眼前的好处。

"长寿"和"短命"还可以分成两层意思，一是事业的长久或短暂，二是精神的长久或短暂。

事业长久或短暂，很好理解，周朝有八百多年的历史，秦朝只有可怜的十几年；乾隆当了六十年皇帝，袁世凯只干了八十三天。前者长久而后者短暂，一目了然。

精神的长久或短暂，就如诗人臧克家所说："有的人活着，他已经死了；有的人死了，他还活着。"这是指精神寿命。比如孔子、老子、庄子或者商汤周文、秦皇汉武这些人，他们虽然死了，人们却还在传诵他们的事迹，学习他们的思想，这说明他们的精神还活着。

心怀大志者，往往追求精神长寿，对于生命的长度并不特别放在心上。这是很高的境界，却让普通人难以理解：人都死了，什么都不知道，还管身后的事干什么？法国的路易十六就是这样想的，他说："在我死后，地球上洪水滔天都与我无关。"所以他穷奢极欲，只顾自己，不顾他人。结果法国人民起来造反，把他押上了断头台。脑袋掉了，名声臭了，真可谓"身与名俱灭"，太短命了！

其实，生与死只是一个相对概念，从某种意义上来说，人们从来不曾活过，也从来不曾死过。在出生之前，就以某种形态存在着，在死了之后，仍然以某种形态存在着。生与死，其实是存在的不同形态而已。所以，老子说："死而不亡者寿。"这种肉体消失了而精神不灭的人，才是真正长寿的人。而心怀大志者，都是追求"长寿"的人。

虽然生死都是存在的形态，每个人的存在形态还是有差别的，心怀大志者，不但追求精神长寿，也追求更美好的形态。即使千百年后，人们还惊羡他们美好的形象，他们人生的珍贵价值也就体现出来了。

在平凡中变为超人

庄周梦为蝴蝶，翩翩起舞，那感觉一定很快乐。类似的梦，每个人大概也做过。不知蝴蝶梦我，还是我梦蝴蝶，这样瞬间的迷惑，每个人大概也有过。有时候，我们可能希望自己是梦中人，而不是现实中的这个我。

有可能变成梦中人吗？有可能吗？答案应该是：完全可能。

用道理来验证这个答案，太费劲了，我们还是来看一个真实故事吧！

凯尔泰斯·伊姆雷是匈牙利一位木材商的儿子，从小就比普通人呆笨，人们都喊他"木头"。9 岁之前，他除了因遵守课堂纪律而获得一枚玩具螺丝钉的奖励外，再也没有别的值得夸耀的地方。

12 岁时，他做了一个梦，梦见国王给他颁奖，因为他的作品被诺贝尔看上了。他不敢把这个梦告诉别人，因为别人肯定会嘲笑说："这是做梦！"但他实在觉得这个梦很有趣，梦中的他是多么快乐啊！所以，他还是忍不住羞怯地把梦告诉了妈妈。妈妈鼓励他："我曾听说，当上帝把一个梦放在谁心中，就是真心想帮助他完成。"

伊姆雷信心大增。他想：世界那么大，上帝竟然选中了我，我是多么幸运啊！

从此，他爱上了写作。在日后的生活中，伊姆雷饱经磨难，先是屡遭退稿，二战时又因为是犹太人，被关进了纳粹的集中营，好不容易才死里逃生。"倘若我经得起考验，上帝会来帮助我的！"他靠这样的信念活下来并坚持写作。

1965 年，他终于写出第一部小说《无法选择的命运》。以此为始，他又写出一系列佳作。

瑞典皇家文学院宣布：把 2002 年诺贝尔文学奖授予匈牙利作家凯尔泰斯·伊姆雷。他终于实现了少年时的梦境！

居里夫人说："使生活变成幻想，再把幻想化为现实。"如果我们对现实生活不满意，不妨用想象设计自己想要的生活，然后把它当成自己的目标。

不要因为自己太平凡而不敢梦想。每一个巨人都是从凡人开始蜕变的，他们跟普通人的唯一差别是：给自己安上了梦想的翅膀，所以他们能飞得更高，走得更快。

某记者问一位著名的魔术师："您成功的秘诀是什么？"

魔术师带着记者来到马路对面的一个下水道口，温和地说："请躺在这里，试试你能看到些什么？"

记者屈身躺到地上。他闻到了下水道发出的恶臭，看到了香味四溢的饭店和富丽堂皇的商场，他还看见剧场门前熙熙攘攘的人群——他们都是慕名前来观看魔术师表演的观众。最后，他看到窗台下方有一行模糊的字迹，那是魔术师的名字。

魔术师说："多年前，我是一个乡下来的孩子。冬天，我蜷着身子躺在这里。下水道口尽管恶臭，但比较暖和。我看到了食品和衣物，但我身无分文。我还看到了无数人到对面的剧场去看演出。我萌生了一个梦想：有一天，我也要走进这座豪华的剧院，不是去看演出，而是让别人看我的演出。这样想了之后，我就从地上捡起一根铁钉，用冻僵的手指，把自己的名字刻在水泥窗台上……你问我的成功秘诀是什么，答案就这么简单。我用一颗生锈的铁钉，把我的梦想刻在这里。每当我丧失信心时，我就来到这里，直到勇气重新灌满了胸膛。"

普通人并不缺少天赋和智能，缺少的只是一个为之激动不已的梦想。一个人无论起点多么低，哪怕像这个魔术师的童年一样，只是一个流浪的孩子，也有资格拥有梦想。

梦想有时看似遥远，一旦你坚守它，就极可能实现。

当然，坐在那里等待人梦，永远走不进梦境中。顺其自然，不刻意追求什么。所谓"至人无己，神人无功，圣人无名"，当你超然物外，不刻意追求自我，不刻意追求功名时，你的心灵就获得了一种平静的快乐。你已经走进了美好的梦境中，哪用得着到别处去追求梦境呢？

新生活从选定方向开始

孔子告诉颜回，你对自己的人生观都还没有确定，学问道德修养都还不够，哪里有资格直接去指点别人行为的得失啊！一个人没有自己的人生观，没有人生的方向，没有确定自己活着究竟要做一个什么样的人，究竟要做什么事，而跟着环境在转，这就犯了庄子所说的"所存于己者未定"（《庄子·内篇·人间世第四》）的毛病。一个人对于自己人生的方向都没有确定，那是人生最悲哀的事。

南怀瑾先生认为人生的方向，也即是人生的哲学。人生自然有自我存在的价值，选择一个目标，也等于明确了人生的方向，这样才不至于迷失。

成就辉煌的人生在很大程度上取决于人生的方向，个人的幸福生活也离不开方向的指引。确立人生的方向是人一生中最值得认真去做的事情。你不仅需要自我反省、向人请教"我是什么样的人"，还需要很清楚地知道"我究竟需要什么"，包括想成就什么样的事业、结交什么样的朋友、培养和保留什么样的兴趣爱好、过一种什么样的生活？这些选择是相对独立的，但却是在一个系统内的，彼此是呼应的，从而共同形成人生的方向。

闻名于世的摩西奶奶是美国弗吉尼亚州的一位农妇，76 岁时因关节炎放弃农活，这时她又给了自己一个新的人生方向，开始了她梦寐以求的绘画生涯。80 岁时，她到纽约举办画展，引起了意外的轰动。她活了 101 岁，一生留下绘画作品 600 余幅，在生命的最后一年还画了 40 多幅。

不仅如此，摩西奶奶的行动也影响到了日本大作家渡边淳一。渡边淳一从小就喜欢文学，可是大学毕业后，他一直在一家医院工作，这让他感到很别扭。马上就 30 岁了，他不知该不该放弃那份令人讨厌却收入稳定的职业，以便从事自己喜欢的写作。于是他给耳闻已久的摩西奶奶写了一封信，希望得到她的指点。摩西奶奶很感兴趣，当即给他寄了一张明信片，她在上面写下这么一句话：做你喜欢做的事，哪怕你现在已经 80 岁了。

人生是一段旅程，方向很重要，每个人都可以掌握自己人生的方向。找到人生方向的人是最快乐的人，他们在每天的生活中体验、追求一种能令他们愉悦和满意的生活，他们的生活是与他们所向往的人生方向相一致的，对人生方向的追求使他们的生命更加有意义。

南怀瑾先生说，人生的方向也是人生的哲学。在追求自己的人生方向的过程中，应不断地作出总结，这并不是说你正处于一个人生的危急关头，不得不在你未来的目标和你的职业道路之间作出一个选择，而是从一开始就给自己选定人生的方向，这才是最关键的人生问题。

实践出真知，有行才有悟

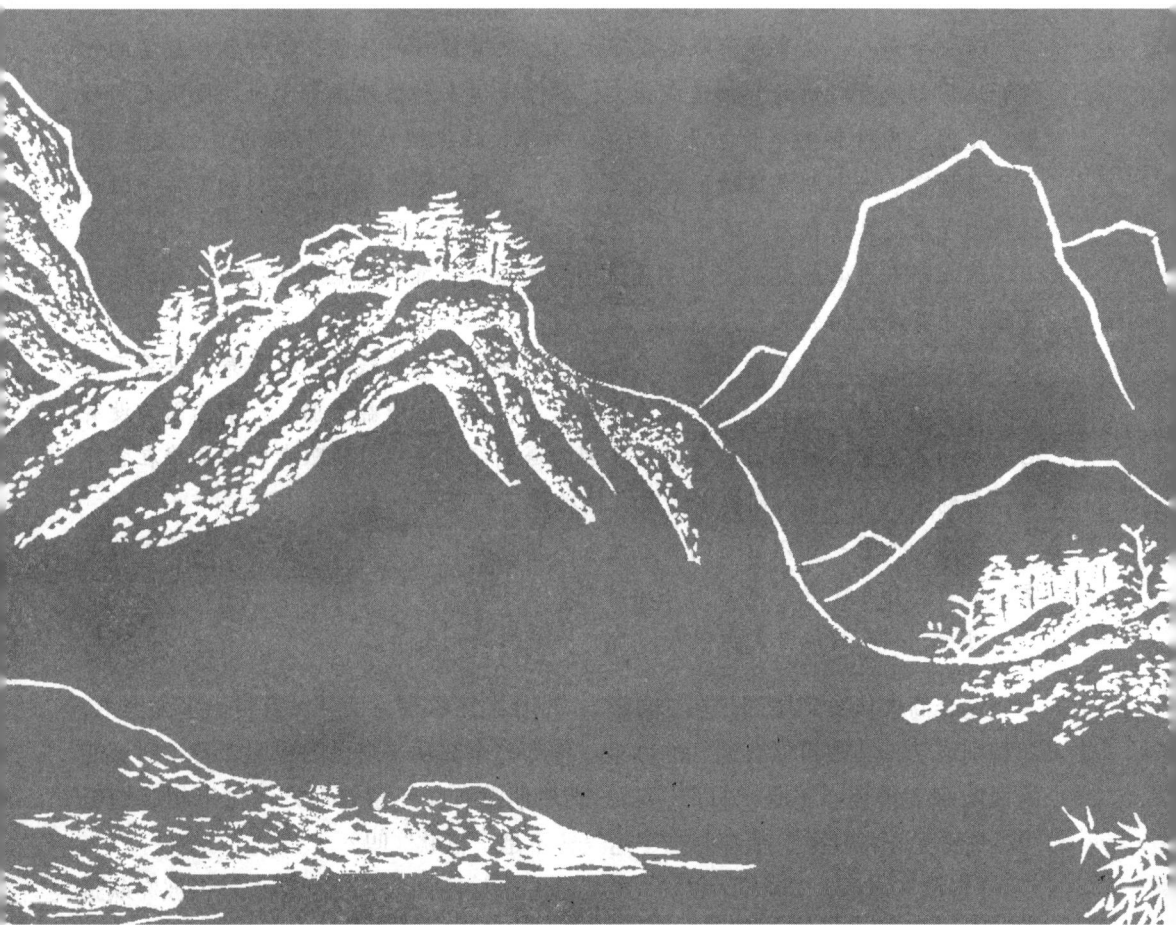

认真打好每一"锤"

《大学》所讲的"诚其意",有两个要点,一个是"毋自欺",一个是"慎其独"。

为什么要提倡"毋自欺"而不提倡"毋欺人"呢?因为品德修养是自己的东西,属于自用品,主要用途不是拿来展览。它好比一艘承载远航的舟,直接关系到自身安全乃至身家性命。坐在一条破船上,不去想办法维修,还一个劲地向人表白这条船多么优秀,多么牢固,到时候翻了船,结果还是自己承受。

有一个商人,从事航海贩运发了大财。他曾经一帆风顺,各种各样恶劣的气候和地形都没有对他的货物造成损失,似乎命运女神格外垂青于他。他贩卖的砂糖、瓷器、肉桂和烟草等总是很畅销。所以,他很快就成了腰缠万贯的大富翁。他开始挥霍。一个朋友目睹了他的豪华盛宴之后,羡慕地说道:"您的家常便饭就这样的气派,真让我大开眼界!"

这人商人自豪地说:"这还不是靠我努力奋斗,靠我的聪明才智,靠我的独具慧眼,才有今天的成就?"

但后来,这位商人的运气似乎特别差,他用赚来的钱搞投机生意,结果亏得一塌糊涂。接着,他的一条船因为设备太差,在风浪中翻了船。一条船因为没有必要的防御武器,被海盗掳了去。又因为遇到经济危机,他贩卖的商品堆在仓库里,直到变质了还无人问津。于是,他破产了,变得一文不名。

此后,他唯一聊以自慰的方式是向人讲述自己过去的辉煌历史,以及种种不幸,末了总会哀叹说:"都怪时运不济啊!要不然……"

可是,别人对他并无敬佩和同情,不过微微一笑而已!

这个商人从头到尾都是在"自欺",他在经营管理方面并没有付出多大努力,却特别成功,其中自然有运气的因素。他却完全归功于自己的聪明才智,对可能的风险毫无警惕,不是"自欺"吗?既然他没有在经营管理方面付出相应的努力,失败是正常现象,他却归结于运气,不是"自欺"吗?

"自欺"之后,"欺人"和"人欺"往往会接踵而来。至于别人是否被你欺骗和是否欺骗你，又要看对方的智慧和德行。

为什么要提倡"慎其独"呢？原因也在于品德是自用品而不是展览品。好比一辆私人小车，在独自一人时，把它拾掇得干干净净，把它维修到没有毛病，并不是一件多余的事。在个人品德修养方面，即使无人监督时也坚持做正确的事，其价值比维修小车更大。

"慎其独"包括两个方面：

第一，做人的诚意。真心实意地希望别人好，并且对自己的言行负完全责任。如果真心实意地希望自己好，言行完全从自利出发，诚意就没有了。如果大家都有诚意，以负责任的态度做人，那么大家都能享受地生活。

孔子说："君子之德风，小人之德草。"君子的品格就像风一样，迅速传遍每一个地方。小人的品格就像草一样，风吹两边倒。而君子"慎其独"，并不是想向世人证明自己的杰出，而是以自己的美好言行感化周围的人，营造一个和谐的世界。

第二，做事的诚意。有的员工这样解释工作不负责任的原因："老板有眼无珠，我做给谁看？"事情首先是做给自己看的，至少要做到自己满意的程度，才算有诚意。如果你有诚意，别人迟早也会看到的。

从前有个老铁匠，他打的铁链比谁都要结实，但他赚的钱并不比同行多。因为打一条好铁链花的时间会更多。但他仍一丝不苟地把铁链打得结结实实。有一次，他精心打制的一条船用巨链被安装在一条大海轮上，做了主锚链。那天晚上，海上风暴骤起，巨浪滔天，船上所有的锚链都放下了，可那些劣质铁链就像纸做的一样，全都折断了。只有老铁匠打制的铁链经受了海浪的考验，保住了全船一千多乘客的生命。

风浪过去，黎明到来。全船的人都为此热泪盈眶，欢腾不已。他们自发地聚集到老铁匠的店铺前，向他表示诚挚的感谢。自此，老铁匠打制的铁链成了名品。

世上无数灾难的发生，都是粗率、马虎、不负责任造成的。世上无数失败的发生，都是不能有效控制自己的言行造成的。所以，"慎独"不仅对他有利，对自己也同样有利。只要像这个老铁匠一样，始终认认真真地打好每一"锤"，又怎么可能默默无闻呢？

事无大小，全力以赴

世界上最成功的人，永远不是那些智慧最高、计谋百出的人，而是那些凡事全力以赴、追求一百分的人。这种人有以下三个特点：

第一，做得比精还要精。俗话说得好："艺无止境。"我们学习知识、技能，有时好像已经精通了，其实跟更高的境界比起来，还远远不够。只有以过去的基础为起点，不断向更高处攀登，才有可能超越大众，达到杰出的水准。

孔子精通六艺，在文武两方面都能教出杰出的弟子，他为什么那么厉害？正是得益于精益求精的习惯。他 30 岁时，跟师襄子学琴。有一次，师襄子教了他一首曲子后，他每日弹奏，丝毫没有厌倦的样子。

过了一段时间，师襄子对他说："这首曲子你已经弹得很不错了，可以再学一首新曲子了！"

孔子站起身，恭恭敬敬地说："我虽然学会了曲谱，可是还没有学会弹奏的技巧啊！"

又过了许多天，师襄子认为孔子的手法已经很熟练，乐曲也弹奏得更和谐悦耳了，就说："你已经掌握了弹奏技巧，可以再学一首新曲子了！"

孔子说："我虽然掌握了弹奏技巧，可是还没有领会这首曲子的思想情感！"

又过了许多天，师襄子来到孔子家里，听他弹琴，被他精妙的弹奏迷住了。一曲终了，师襄子长长吁了一口气说："你已经领会了这首曲子的思想情感，可以再学一首新曲子了！"

孔子还是说："我虽然弹得有点像样子了，可我还不了解作曲者是一位怎样的人啊！"

又过了很多天，孔子请师襄子来听琴。一曲既罢，师襄子感慨地问："你已经知道作曲者是谁了吧？"

孔子兴奋地说："是的！此人魁梧的身躯，黝黑的脸庞，两眼仰望天空，一心要感化四方。他莫非是周文王吗？"

师襄子既惊讶又敬佩，激动地说："你说得很对！我的老师曾告诉我，这首曲子就叫作'文王操'。你百学不厌，才能达到如此高的境界啊！"

一般人总是达不到老师的要求，孔子所达到却远远超出老师对他的要求。这就是平庸者与成功者的差别。平庸者浅尝辄止，成功者精益求精，两者所达到的境界自然有天壤之别。

第二，做得比好还要好。我们做人、做事情，有时好像已经做得很好了，但跟更好相比，还有很大的差距。只有在好中求好，才可能在众多竞争者中脱颖而出。

库特是世界闻名的"东方饭店"的创始人。他做生意的一条成功经验是："获得顾客的好感，让别人来宣传你。"怎么样让别人充当义务宣传员呢？最好的办法当然是让顾客绝对满意，使他们忍不住口出赞誉之词。为此，库特亲自给饭店员工制定了长达 141 页的《工作条例》，内容几乎包括各种可能出现的问题。每个员工都能将 141 页条例背得滚瓜烂熟，办事绝无差错、绝对高水准。

有一次，中国一位姓王的先生出差到泰国，下榻于东方饭店。第二天早上，他去餐厅时，楼层服务生恭敬地招呼："王先生，您是要用早餐吗？"

王先生很奇怪，反问："你怎么知道我姓王？"

服务生说："我们饭店规定，晚上要背熟所有客人的姓名。"

王先生既惊讶又敬佩，不禁对这家饭店与众不同的服务留下了深刻印象。

一年后，王先生再次来到泰国，几乎未经考虑就选住东方饭店。这一次，该饭店的服务更让他吃惊。他走进餐厅时，服务小姐微笑着问："王先生，您还要老位子吗？"

王先生惊奇地想：我自己都忘了上次用餐的位子，难道她的记忆力这么好？

服务小姐看出他的疑虑，主动解释："我刚刚查过电脑记录，您去年 6 月 8 日在靠第二个窗口的位置上用过早餐。"

王先生对这种精确的服务感到由衷的佩服和欣赏，他连连点头说："好！老位子！就坐老位子。"

服务小姐又问："您的老菜单是一个三明治，一杯咖啡，一个鸡蛋，您要老菜单还是换新菜单？"

"不用换了，就要老菜单！"王先生已不再惊讶，他现在完全明白这家饭店的生意为什么总是那么好。

有人说：人生如战场。假如这一说法正确的话，打胜仗的最有力保障是什么？不是"孙子兵法"，不是"三十六计"，而是把事情做到极致。好比 A 国跟 B 国打仗，A 国的飞机是最好的，导弹是最好的，总之各种武器都是最好的，他们的士兵也训练有素，而且事前已经将 B 国的政治、经济状况以及兵力部署情况摸得一清二楚，这仗还怎么打？不用打就知道 A 国必胜无疑。在人生战场上也是如此，获胜的最大把握在于把任何事情都做得比好还要好。

第三，做得比细还要细。历史上，中国人增产粮食的一条重要经验是，改变粗放的耕种方式，精耕细作。我们想在人生中取得更大的成就，光靠占有更大的生存空间、更多的人力，不是治本之道，必须"精耕细作"才行。这是提升竞争力的一项最重要武器。

台湾塑胶集团创始人王永庆有一条重要的经营理念："追根究底，点点滴滴求其合理化。"其意就是以最高效率为目标，把各项工作做得尽可能细致。

有一段时间，王永庆在电梯里多次遇见同一位年轻人。他不禁感到奇怪："这后生仔为何经常跑上跑下呢？"一问，竟让他发现了一桩不合理的事情：原来，台塑与某企业合作开办了一家公司，这家公司的付款业务由台塑财务部统一办理，但票据签章由对方指派的会计处长办理，双方在不同楼层办公，所以，这位负责杂务的年轻人需要两边跑，一天跑十几趟。

王永庆认为这是缺乏效率的做法，马上对那位会计处长说，台塑已运用电脑处理采购付款业务，总共要经过 4 道关卡，确认无误之后才决定付款，其管制功能比盖章还有效，何必为了支票盖章，让经办人员跑来跑去浪费时间呢？在他的干预下，从以后这两项业务都由台塑财务部统一经办，这就节省了人力。

王永庆的眼光与许多企业家不同，在别人眼里的小事，在他眼里却是大事。他认为，一时的钱财损失，数额再大也有限；制度有漏洞，再小的问题也影响长远，所以要点滴追求合理化。他说："我们对于所有可能涉及成本的项目，都会一一用心追根究底，直到最为节省才肯罢休。"

由于王永庆"点点滴滴求其合理化"，所以，台塑是世界上成本控制最好的公司之一。比如，台塑集团在世界各地投资，经常新建或改建厂房。为了降低建厂成本，台塑的核算深入到每个细节，编的建筑规范手册就有几大本，每平方米建筑需要多少块砖、需要多少人工、需要多少辅助材料以及具体操作步骤等，都计算得十分精确，绝少浪费。一般来说，在建厂成本上，假如美国人来做需要 140 元，日本人要 100 元，而台塑只用 67 元就够了。一家企业把工作做到了如此细致的程度，竞争力是可想而知的。台塑数十年屹立不倒、稳步成长是有道理的。

在生活中，很多人认为只要把握大方向就行了，轻视小事，轻视细节，所行之事难免诸多疏漏。大方向固然重要，但这不足以让你成为胜者。因为任何一个大方向上都挤满了竞争者，即使你走的是一条全新之路，迟早会有竞争者挤上来。所以，靠大方向取胜不是长久之计，只有点滴以求，把工作做得更细、更好、更精，你才有希望成为赢家。

做一个行动家

中国有一个老毛病，教育者跟实行者经常是分离的。教育者只负责教人怎么做，自己并不实行，他们也不必为实行之后的结果承担责任，所以教得对不对，他们没有一点压力。像孔子这种有责任心的大教育家，还会去反复研讨、论证，责任感不强的教育者，只顾从书本中翻拣出一些自以为是的知识教给别人，能不能用，好不好用，全然不管。比如到了 18 世纪时，西方人早就知道了地球是圆的，早就知道了宇宙是无穷的，中国的老师还在教什么"气之清者上浮为天，气之浊者下沉为地"，还是几千年前那一套。

所以，中国的实行者对教育者并不敬服，稍违心意，就说什么"书生之见，不足为用"。在《三国演义》里面，诸葛亮嘲笑东吴大儒张昭的话尤为刻薄：坐议立谈，无人可及；临机应变，百无一能。诚为天下笑耳！这不等于骂张昭是个"书呆子"吗？

而中国的实行者通常并不认为自己有教育的责任，他们掌握了秘籍、奇方、妙法，绝不轻易示人，还定下"传子不传女"之类的规矩，生怕外人学到手。因为缺乏共同研讨，中国的科学技术逐渐落后于西方，也就不奇怪了。

中国出现教育者跟实行者分离的局面，肯定不是孔子的过错，他要求学生"先行其言"，可见是非常重视实践的。后来中国"独尊儒术"，而历代孔子门生偏偏丢掉了"先行其言"这一条，可谓弃其精华。

西方发达国家的学者正好相反，重视实证，很多人亲身参加到社会实践中，即使专业教育工作者，也重视社会调查，重视用现实事例印证理论，所以他们的理论当然更具实用性，学生们也更乐意向他们学习。

在生活中，我们最好拜理论家兼实践家为师，如果找不到的话，也要尽量拜实践家为师，对务虚不务实的"空头理论家"的观点则要保持谨慎。并不是说一定要求对方当官、发财，起码要求他进行过踏踏实实的研究，而不是信口开河。

当然，最要紧的是，我们自己不能当一个空口理论家。对于自己所持的观点，最好先去实践一番，即使没有实践机会，也要寻找现实的佐证来检验它，不要想当然地认为它一定是正确的。

在做人做事时，我们还要注意一个要点：我示范。比如，我要求员工遵守纪律，自己首先要遵守纪律；我要求下属努力工作，自己首先要努力工作；我要求别人对我有礼貌，自己首先要讲礼貌，诸如此类。也就是孔子所说的，先去实践自己认为应该做的事。当我们希望别人表现得合乎要求时，没有什么比我们亲自做给别人看更有说服力。

有一个故事：

某女老板买下了一家不景气的国营造纸厂。那时正是严冬，由于工厂停产多日，各处管道都冻住了，为了保证如期开工，厂方发动工人们加班加点烘烤管道。干到晚上，工人们都不乐意了，有的人说气话："工厂还没开业，就让老子当牛做马替她卖命。"有的人说风凉话："资本家都这样，不剥削咱们工人阶级的剩余价值，怎么能发财？"结果大家越干越没劲，最后都坐下来，只顾着聊天说闲话。

这时候，女老板来了，她吃力地拉着一大筐木材，来到水管边，擦一把汗，一声不响地架起木材，生起火来。这无声的语言，使工人们沉不住气了。他们身强力壮的，却眼睁睁地看着一个弱女子在那里忙活，于心何忍？于是，他们也不声不响干起来，再也没人说废话。

孔子说："是故君子有诸己而后求诸人，己诸己而后非诸人。"自己袖着手在那里要求别人，是没人服气的；先给别人做出一个样子，这就是最好的说服力。

把握生命，空想抵不上实干

如果没有行动，那么再远大的目标也永远只是目标。而作为一个想要成功而不虚度此生的人或者是一个团体的领导者，最需要的不是侃侃而谈，不是每天向下属描绘未来的美好图景，更重要的是要有实干精神，带领下属将设想变为现实，否则未来的美好图景只能停留在想象中。

人生苦短，真正能做到珍惜生命的人却并不多，很多人都是在时光流逝中回望过往屡屡叹息，立下宏愿后不久又重新陷入了空想的怪圈。

孙强大学毕业后，在一座大城市做过很多工作，就是没有一个待的时间超过三个月的，原因就在于他做任何事总是停留在想象的层面上，却懒于将想法变成行动。他想象自己会是一个很棒的设计师，却从来没有做过一个设计图；他觉得自己文笔很好，却从来没有踏实地写过一篇文章；他认为自己很适合做市场营销，却从来没有尝试过这方面的工作……孙强总是这样，在思想上很积极，在行动上却很懒惰，是思想的巨人，行动的矮子。

不久，孙强又去一家公司求职，这家公司也觉得孙强有市场策划的才能，决定经试用后再录用他。这家公司让他用半个月的时间搞个市场策划。这次孙强决心要好好做，他计划用一周时间搞市场调查，用五天时间写出规划，三天时间进行修改。这样，用不到十五天就能完成工作任务。开始几天孙强不辞辛苦地奔波于各大市场进行调查，可坚持了没几天，他的计划就搁浅了，他总觉得自己还有很多时间。结果，十天过去了，材料还没动笔写。

一天，经理要看他写的市场策划材料，他推说还不到交稿时间。经理见离交稿时间只有三天了，他还没出成稿，便认为他对工作不认真，就对他说："你也不用写了，从明天起你就不用来上班了。"这份工作又因为孙强的空想而失去了。

十个空想家也抵不上一个实干家，因为当空想家将生命浪费在构建空中楼阁的时候，务实的人们早就一步一个脚印，开始创造属于自己的一切了。两者的区别显而易见。幻想写出长篇巨作的年轻人，从未真正开始着手实现自己美好的愿望，最终贻误了自己的一生。空想对于我们的人生是多么危险，由此可见一斑。

只有抓紧生命里的每一分钟，别让光阴耗费在蹉跎中，踏踏实实地去把想法变成行动，才能取得应有的成绩；只有下定一个决心，历经学习奋斗、成长这些不断的行动，才有资格摘下成功的甜美果实。心动不如行动，心动更要行动！光有梦想是不够的，必须付之于行动，否则到头来也只是竹篮打水一场空。早一刻行动，就可能早一刻成功！

这个世界上有太多思想的巨人、行动的矮子。而更多的时候，我们不仅仅需要一对梦想的翅膀，更需要一双踏踏实实做事的脚，去开创我们的未来。清谈者坐而论道，百无一用；空想者原地踏步，一事无成。唯有珍惜当下的时光，行动起来，才能让自身不断超越，变得越来越优秀。

唯有行动才能充实生命

真的勇士敢于直面现实，敢于披坚执锐，敢担当，敢负责。天下事，总在局外呐喊终是无益，总需躬身入局，成事乃可冀。但是以孔孟为代表的先儒们却奉行着师道和臣道的路线。用南怀瑾先生的话说，尽管儒家标榜的是尧、舜、禹、汤、文、武历代帝王的盛德，可是他们本身所走的路线，都是"依附草木"式的，依靠一个既成的力量借以推行王道，并没有自己去开辟一条路，或自己起而行之，去实现他们的理想。

老子有三宝之说：曰"慈"，曰"俭"，曰"不敢为天下先"。而儒家的路线正合了老子的第三宝：不敢为天下先。看来儒、道的分类真是后人强加在这些老夫子身上的，他们本身的思想倒是有不谋而合的地方。

儒家不为天下先，是因为他们唯恐会使天下更乱。而这一想法，保全了儒家，却苦了天下百姓，以至于影响了后世的儒家精神，只能规规矩矩走臣道的路子，希望"致君尧舜上，再使古风淳"，却受到各种客观环境的限制而力不从心，事与愿违。南怀瑾先生面对这一事实，不做评价，但他的一句"至堪浩叹"也是不评之评了。

正所谓"坐而论道，不如起而行之"。一个人口口声声说自己有理想、有抱负，而不去付诸行动，夸夸其谈又有何用，天上不可能掉馅饼。古人云：行胜于言。又云：知之匪艰，行之维艰。古往今来，多少天下事误于清谈客的舌端？而我们本来应该瑰丽辉煌的人生又有多少埋没于迷蒙与幻想中？

虽然现代人接受的信息量已经很大，有些道理不说也懂，可只是明白没有用，正是"道虽迩，不行不至"，只有行动才是硬道理。"以排除万难、坚定不移的勇气向前冲，必有成功的一日。"相信自己，就是相信成功。

苏轼在江北瓜州任职时，和江南金山寺只一江之隔，他和金山寺的住持佛印禅师经常谈禅论道。一日，苏轼自觉心有所悟，便撰诗一首，派书童过江，送给佛印禅师印证，诗云：稽首天中天，毫光照大千。八风吹不动，端坐紫金莲。

（注：八风是指生活上所遇到的"称、讥、毁、誉、利、衰、苦、乐"等八种境界，能影响人的情绪，故以风喻之。）

佛印禅师看过之后，挥笔批了两个字，就叫书童带回去。苏轼以为禅师一定会对自己修禅的境界大加赞赏，于是急忙打开禅师之批示，只见上面赫然两个大字：放屁！不禁无名火起，过江找禅师理论。

其时，佛印禅师早站在江边等待，苏轼一见禅师就生气地说："我们是至交道友，我的诗、我的修行，你不赞赏也就罢了，岂能骂人？"

禅师若无其事、气定神闲地说："骂你什么了？"

苏东坡把诗上批的"放屁"两字拿给禅师看。

禅师大笑说道："哦！你不是说'八风吹不动'吗？怎么'一屁打过江'了呢？"闻之，苏轼顿时惭愧不已。

修行，不是口上说的，行到才是功夫。自古以来，清谈误国，临渊羡鱼，不如退而结网，只有真正地行动起来，将思想落到实处，这种思想才有意义。"木秀于林，风必摧之；堆出于岸，流必湍之；行高于人，众必非之"，这段出自三国魏人李康《运命论》的话，对今人影响太深，大家已经没有勇气为天下先，怕的就是枪打出头鸟。

可是要想成事，必须得有人挺起我们国家的脊梁，敢为天下先，而那些真正站出来的人，他们就将成为天下人的先驱。

100 多年前，在广东香山翠亨村的一棵大树下，一位老人正在给一群孩子讲太平军的故事。故事刚讲完，就有一个孩子站起来，攥紧拳头，称赞太平军首领洪秀全是反清大英雄，并发誓要做"洪秀全第二"。这个一马当先，从小立志的孩子是谁？他，就是后来推翻清王朝统治的同盟会的首领孙中山。

为了救国民于水火，孙中山联合一些反清志士，在檀香山组织了革命团体兴中会，建立了中国第一个资产阶级革命团体，这大大推动了全国的资产阶级民主革命运动。

他在同盟会创办的机关刊物《民报》发刊词中，把同盟会的革命纲领阐发为"民族"、"民权"、"民生"三大主义。他这样做，也是为了推翻清王朝的统治，解除民族压迫；推翻君主专制政体，建立民国政府；解脱劳动者的贫困，做到"家给人足"。

孙中山的思想很先进，他的行为走在社会的前端，他敢为天下先：建立第一个全国性的资产阶级政党；主张"三民主义"；设计制作了实用、方便的中山装……

孙中山先生敢为天下先，从而结束了中国持续几千年的黑暗帝制，给我们国家提供了一个大踏步向现代文明迈进的机会。这才是真正的英雄风范。

坐而论道可以气象万千，起而行之才会乾坤随我旋转。有志向、有目标却不能付诸行动的人是可悲的，注定要承受心灵的苦楚。只有行动和付出才会有收获。理想能带给人希望，却并不能使人真实地拥有。唯有行动、付出，才会充实生命。

老老实实做事，规规矩矩做人

南怀瑾先生说，怎么样平实地去做事呢？《金刚经》开始就告诉我们，怎么样叫修行？不要忘记了开头，第一品穿衣、吃饭、洗脚、睡觉，就是规规矩矩做人，老老实实做事，诸恶莫作，众善奉行，都说完了。佛陀先做一个榜样给你看，他自己穿上衣服、化缘、吃饭，吃完了，洗了泥巴脚，敷座而坐。也没有一个学生把他位置铺好，是他自己来安置，把位置拍拍平，然后自己上去坐。

修禅并非让你另起炉灶，故弄玄虚，而是要从身边的每件小事做起，老老实实做事，规规矩矩做人。一个人如果真的能将人做好了，那就离佛的境界不远了。

东汉时代，有个青年叫陈蕃，他志存高远，喜好读书，但生活却很懒散。一天，陈蕃的父亲出远门去了。一位名叫薛勤的人来拜访陈蕃的父亲，正巧他父亲外出不在，薛勤便一边和陈蕃寒暄，一边随意地走进陈蕃的书房。

薛勤一进书房，吓了一大跳。屋子里不仅肮脏，空气也污浊。杂物、蜘蛛网、灰尘、垃圾到处都是。薛勤看了后，对陈蕃说："年轻人，你为什么不打扫书房呢？"

没想到陈蕃却满不在乎地回答："大丈夫活在世上，要干的是轰轰烈烈的大事业，要扫除的是天下一切不平的事情，哪里会花心思去清扫小小的屋子呢？"陈蕃说得理直气壮，有些得意的神情。

听着陈蕃理直气壮的回答，薛勤心里暗想：此人年少而有大志，但连小事都不愿意做，怎么干大事呢？于是，薛勤对陈蕃说："你连一间小小的屋子都不打扫干净，又怎么去扫天下呢？"

所谓"一屋不扫何以扫天下"！能把一件简单的事情做好，本身就不简单；能把每一件平凡的事情做好，就是不平凡。一个人是否能够成功，最关键的在于你是否心甘情愿地从小事做起，而不是空怀壮志凌云。大凡成功者都会深有体会，成功是需要水滴石穿的精神的，而绝不是一蹴而就的，千条大河归大海，各种小事都能结出硕果，其实，只要你努力地做好每一件小事，就胜过一手遮天的青云直上。

的确，一片菜叶能值多少钱？但我们若对万事万物都抱以金钱的多少来加以计量。那么，我们便永远都不会懂得去珍惜。要知道，哪怕只是一片小小的菜叶，那也是自然界的馈赠，难道我们就不应该去珍惜它吗？

有一位名叫光藏的青年，一心想成为佛像雕刻家，所以特地去拜访东云禅师，希望禅师能指点一些与佛像有关的常识，以便使自己的雕刻技艺更上一层楼。

东云禅师见了他以后，没有说什么，只是让他替自己到井边汲桶水。过了一会儿，东云禅师突然冲着光藏开口大骂，并要赶他出门。

这时已近黄昏，其他弟子很同情光藏，就请求师父留光藏在寺中住一宿，让他明天再走。

三更时分，光藏被叫醒去见东云禅师。禅师温和地对光藏说："你也许不知道白天我为什么骂你。我现在告诉你，佛像是被人膜拜的，雕刻的人需要有虔诚的心，才能雕刻出庄严的佛像。白天我看你汲水的时候，水溢出了桶外，虽然溢出的只是几滴水，但那都是福德因缘所赐予的，而你却毫不在乎。像你这样不知惜福、轻易浪费的人，又怎能雕刻出传神的佛像呢？"

光藏对禅师的训示颇为感动，歉敬不已。在一番反省之后，光藏决定做一名佛门弟子。若干年后，光藏终于成为雕刻技艺独树一帜的一代宗师。

如何才能提升自己的雕刻技术？禅师说："你要有一丝不苟的禅心才行，这其实正是做人的根本，一个人只有先将人做好了，才能讲修禅。"佛其实是"人"的升华，如果，生活中的你还在幻想成佛，那就赶快行动，好好地做一个人吧！

呆者的成功秘诀

蒲松龄说："性痴，则其志凝；故书痴者文必工，艺痴者技必良……世之落拓而无成者，皆自谓不痴者也。"一个人在做某件事时，如果身上时常显露出一种呆气，他就离成功不太远了。

正光元年十二月，有一位名叫神光的禅僧，为了求法，就通宵站在洞外不动。

达摩问："你一直站在雪中，究竟有什么心愿？"神光："但愿师父打开甘露之门，拯救众生，请教我佛法吧！"达摩："诸佛为求无上的悟道，不惜花费无限的时间去修行。你凭极小的决定，怎么能求到大法，我想你是很难如愿的。"神光取刀断臂，达摩："诸佛为求法，不把身体当身体，不把生命当生命。你断臂求法，也是一种很好的行为。"神光："请师父为弟子安心。"达摩："你拿心来，我将为你安心。"神光："我已寻了很久，可是我找不出心来。"达摩："假如你能够找到的话，那又怎能算是你的心呢？我已经给你安好了心，你现在明白了吗？"神光："明白了。诸法本来空寂，因此菩萨才不动念，不动念才能登涅槃之岸。"于是，达摩就收神光为弟子。

这是中国禅宗二祖神光有名的断臂求道的公案。了解神光大师学佛的经历，便可知道神光的聪明智慧，他绝不是那种笨呆瓜。那么他何以为了求得这样一个虚无缥缈而不切实际的禅道，肯作如此的牺牲呢？世间多少聪明的人，都被聪明所误，真是可惜可叹！何况现代的人们，只知讲究利害价值，专门喜欢剽窃学问，而自以为是。其次，更为奇怪的是，神光为了求道，为什么硬要砍断一条臂膀？多叩几个头，跪在地上，加上眼泪鼻涕的苦苦哀求不就行了吗？再不然送些黄金，多加些价钱也该差不多了。岂不闻钱可通神吗？为什么偏要断臂呢？这算是千古呆事，也是千古奇事。神光既不是出卖人肉的人，达摩也不是吃人肉的人，为什么硬要断去一条臂膀呢？姑且不说追求出世法的大道吧，世间有许多的忠臣孝子、节妇义夫，他们也都和神光一样是呆子吗？宁可为了不着边际的信念，不肯低头，不肯屈膝，不肯自损人格而视死如归；从容地走上断头台，从容地被钉上十字架。这又是为了什么呢？儒家教诲对人对事无不竭尽心力者谓之忠，敬事父母无不竭尽心力者谓之孝。难道这些都是呆事吗？

虚云老和尚，他在终南山修道的时候，煮什么东西就吃什么。有一次煲马铃薯——煲起来之后他去打坐。这一坐就坐得定下去了。这一定呢，定了好多天，他自己还不知道，旁边的人好几天没有见他，过去一看，他还在那里打坐，就把引磬一敲，替他开静。开静以后，他说："吃饭啦，吃饭啦！"叫人家吃，把他煲的那个东西打开一看，里面的东西长毛了，长得很长。计算一下，他入定已六七天了。

虚云和尚为修道连饭都忘记吃了，这是何等的呆气，但是也唯有这种呆，才能有所成就。

虚云老和尚过去手下有一个很勤劳的人，他没有什么文化，一天到晚尽做些苦差事，别人不做的苦差事，他都去做。但他一心念佛，修行很用功。人家都看不起他，他也不放在心上。他跟老和尚告假三年，外出参学，回来之后，他还是老样子，别人不去做的苦事、重活儿，他都去做。他一个人住在一个小茅草屋里，有人看到他的小房子起火了，跑过去一看，什么也没有。他到死时，年龄不大，才三四十岁。他走时，穿衣搭袍，拿着一把草，一把引磬，坐在一个草垫上，就这样自己把自己烧掉了。烧完之后，他坐在那个地方，还像活人一样，引磬还在手上拿着，这件事传得很远。当时唐继尧在当地当督军，他要亲自看一看。唐继尧看的时候，用手稍稍动他一下，整个身体都垮掉了，成了灰。后来，唐继尧就把那个引磬拿到博物馆去陈列起来了。

虚云老和尚的弟子，也是因为呆，才最终成就大气候。

南怀瑾先生说，如果以凡夫看来，应当也是呆事。"千古难能唯此呆"，愿世人"尽回大地花万千，供养宗门一臂禅"。那么，世间与出世间的事，尽于此矣。

是的，任何一位能够有所成就的仁人志士都会有些呆气，但就是这种呆气，才使他们得以冲破世间的重重障碍，克服各种各样的困难，成就一番大事业。"千古难能唯此呆"，如果，你也想获得解脱，升华自己的生命，不妨呆一些，因为"呆"可以使你获得最后的成功。

第二十五课

目标高远，由低起步

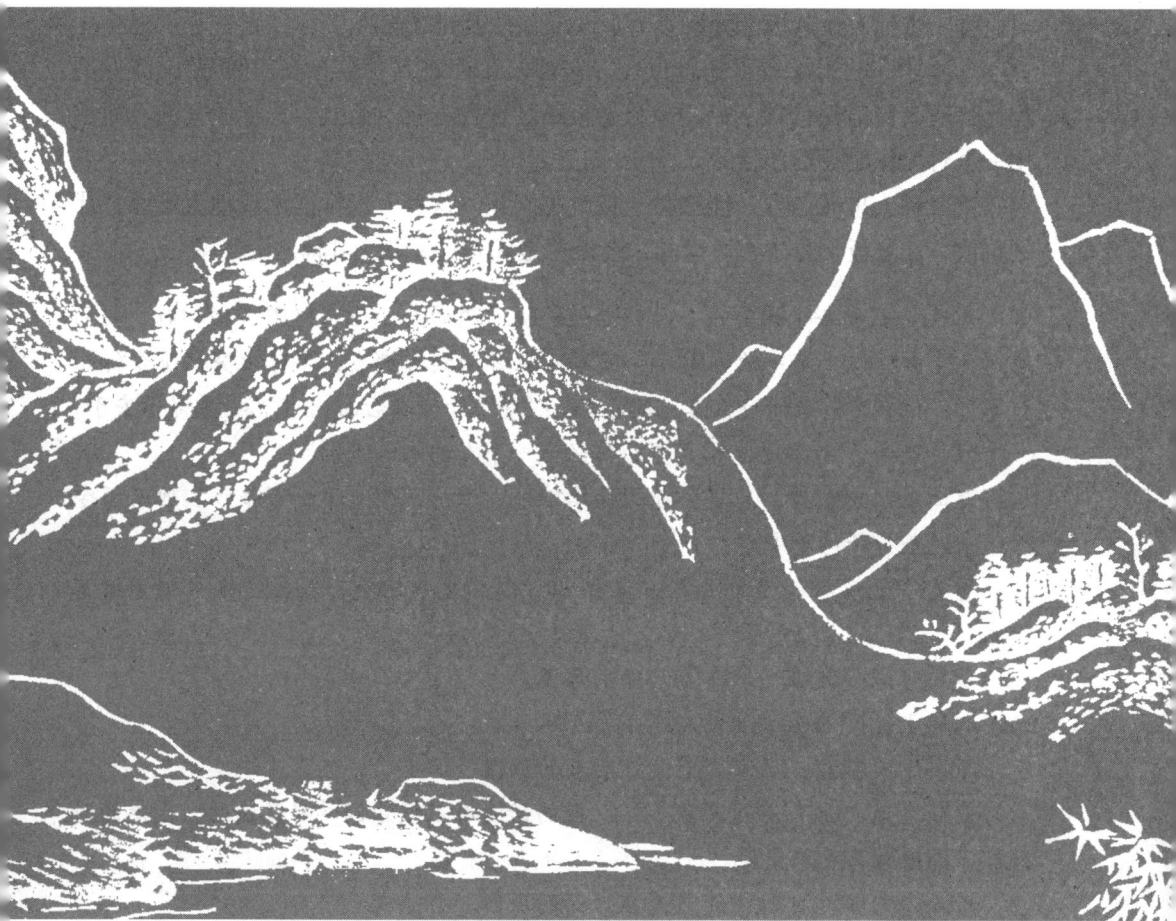

先拿出业绩，再计较待遇

任何人，如果只是为了获得薪水，而不去考虑自己的工作是否对得起那份薪水，这样的人永远都不会赢得上司的赏识和同事的尊重。

如果你抛开得失的计较，踏踏实实做好本职工作，加薪和升迁自然会到来。如果你再进一步，成为一个老板不可缺少的人才，必能受到重用，哪用得着担心吃饭问题呢？

有三种员工是老板不可缺少的，第一种人忠诚敬业，主动承担责任而无须上司监督。这种人让老板十分放心，永远没有丢饭碗之忧。

忠于职守的人，方可托以重任。这种人在普通人看来有点"傻帽"，但他们却比普通人更值得信赖。只要一个老板稍具理智，就不会放弃忠于职守的人而重用一个对工作缺乏责任感的人。

第二种人忠诚敬业，能够替老板解决问题。这种人经常能创造他人难以替代的价值，让老板十分省心。因此，老板总是优先提拔他，并倚之为膀臂。

春秋贤士董安于就是一个能替老板解决问题的人。他在赵国当宰相时，赵简主对他十分信赖。有一次，赵简主随军队从晋阳到邯郸去，半路上突然下令停止行军。一位官员前来询问原因，赵简主说："董安于还在后面。"意思是要等董安于。

官员劝道："行军是三军大事，何必受一个人的影响呢？"

赵简主想想也对，又下令部队继续前进。但是，才走了一百多步，他又下令停下来，坚持等待董安于。

董安于赶来后，赵简主说："秦国和晋国相交的道路，我忘了派人把它堵塞起来。"

董安于说："这正是我走在后面的原因。"

赵简主说："公家的宝物我忘了派人运来。"

董安于回答说："这正是我走在后面的原因。"

赵简主说："行人烛过年纪大了，他的话没有不被晋国学习效法的，我走的时候忘了向他辞行和聘请他。"

董安于回答说："这正是我走在后面的原因。"

你瞧，凡是赵简主当办而忘了办的事，董安于都替他办好了，赵简主怎么会不重用他呢？

多年后，赵简主和董安于都相继故世，赵简主的儿子赵襄子担任国君。晋伯联合韩、魏两国，想灭掉赵国。赵襄子要钱没钱，要粮没粮，要武器没武器，急得六神无主。这是，谋士张孟谈说："我听说圣人治政，财富藏在民间，而不是藏在公家的仓库里。当年董安于治理晋阳时，曾苦心经营，民心归服，足可一战。"果然，赵襄子一声令下，百姓齐声响应，钱有了，粮食有了，武器也有了。结果，赵国在三国围攻下，坚守了三年之久，为最后反败为胜创造了条件。

后来，人们评论说：赵国能在大军的围困下坚守三年之久，全靠董安于当年的深谋远虑啊！

一个像董安于这样的员工，哪个聪明的老板舍得放弃他呢？他又何须担心得不到优厚报酬呢？

第三种人忠诚敬业，把公事当成自己的事，为了团队利益而不计个人得失。这种人让老板十分动心，永远不必担心老板会炒他的鱿鱼。

世间的道理总是这样：越是强调"拿一分钱干一分活"，越是没钱花；越是不计报酬，报酬反而找上门来。把公事当成自己的事，老板也会把你当成自己人。

如果你想得到重用，有必要记住这句话：你不是在为别人工作，而是在为自己工作。当你具备了做主人的心态时，你就会不断提升自己的价值，成为老板不可缺少的人才。

拥有真本领，终有发达时

南怀瑾大师说："一个人不怕没有地位，最怕自己没有什么东西站得起来。根本要建立。如何建立？拿道家的话来说：立德、立功、立言——古人认为三不朽的事业，这是很难的成就……这个'立'，是自己真实的本领，自己站得起来。不怕没有禄位，怕的是自己的修养不够。同时也不要怕没有知己，不要怕没有人了解，只要能够充实自己，别人自然能知道你。"

有的人天天抱怨没人了解自己的本事，没有人重用自己的才能，抱怨"千里马常有，而伯乐不常有"，却从来不想想：自己到底是不是千里马呢？俗话说，是骡子是马，拉出来遛遛，假如真的是千里马，就要拿出脚力来。老是躺在那里等草料，人家怎么看得出你是千里马呢？

如何证明自己是千里马呢？首先要在立德、立功、立言上下功夫，让别人清楚地看到自己的价值。

如何立德？就是拿出好心来，多做于人有益的事。雷锋只是一个普通战士，因为爱做好事，就全国扬名，成了大家学习的楷模。

当然，不是每个人都要把"立德"做到全国扬名的地步，但至少要在本单位树立一个好形象，让领导、同事和下属都称道你的德行。

什么是"德"呢？每个时代、每个国家、每个地区、每个团队都有不同的标准，我们当然只能与时俱进、入乡随俗。就工作单位来说，具有团队精神、忠诚敬业、勇于创新、勤劳节俭，都是公认的美德。认认真真体现这几个方面的德行，自然会受到欣赏和重视，你在工作单位的地位就确立了。

苏格拉底说："美德即知识。"一个人学到了多少书本知识、掌握了多少办事技能，并不是成功的关键，只要具备了美德，就具备了最大的才能。

如何"立功"呢？当然要用业绩说话。美国前总统约翰·肯尼迪曾在就职演讲中说："不要问你的国家能为你做些什么，而应该问你能为国家做些什么。"

假如你是公司员工，不妨把这句话改为："不要问你的公司能为你做些什么，而应该问你能为公司做些什么。"

在职场中，人们都关心自己的利益，关心自己能否获得足够的收入和升迁机会，却很少有人会问自己："我能为公司提供什么？我能为同事做点什么？我能为下属做点什么？"

经常问自己"我能为公司做什么"，并在工作中切实付出而不斤斤计较报酬的职员，根本不用担心没有获得回报的机会，更不用担心会失业。职场中人，如果能经常问自己"我能为公司做些什么呢"，那就是思考到了正确的问题和做了正确的事。

如何"立言"呢？当然要设法让自己的意见成为大家的意见。这并不是说，应该唠唠叨叨，到处发表高见，而是要说出真知灼见，使人心悦诚服，并乐于听从。如果老板、同事、下属遇到什么问题都乐意听听你的意见，你的地位就确立了。

当我们想表达意见时，不要急于夸夸其谈，最好事先为发言做好准备工作，拿出成熟的、行之有效的意见。这是"立言"的关键。

成大器当有定力

我们想在这个世界上有所成就，获得定力比获得任何能力都重要。古今成大事者，无不定力惊人：在战场上，枪声阵阵，炮声隆隆，将军们在指挥所里，围着地图讨论战事，对随时可能发生的危险毫不理会；在实验室里，科学家埋头实验，忘记了饥饿，忘记了疲劳，连时间流逝了也浑然不觉……如果将军一听见枪响就吓得钻到桌子底下，这个仗就不用打了，打下去肯定输，还不如趁早解甲归田，回家抱老婆孩子去；如果科学家一听见风吹草动就分神，这个研究不用搞了，搞下去肯定没结果，还不如改行卖小白菜去。

什么是定力？《顿悟入道要门论》上说："定者，对境无心，八风不能动。八风者，利、衰、毁、誉、称、讥、苦、乐是。若得如是定者，虽是凡夫，即入佛位。"用通俗的说法，就是荣辱得失不存于心，喜怒哀乐不形于色。

定力是如何来的呢？这正是须菩提向佛祖请教的问题。他问得当然更深入些：如何降伏其心？将心降伏了，心自然定了。可惜佛祖的回答很让人失望：就是这样定。"这样"是怎样？令人费解。

佛祖的意思不易明白，暂时放下不谈，我们不如先搞清将军、科学家们是如何获得定力的，这对我们或许更有借鉴作用。无论将军还是科学家，或是其他行业的尖子人才，他们的定心之法，无非是聚精会神，将注意力集中在一点上：将军集中于战事的变化，科学家集中于研究的问题。如何将注意力集中到一点呢？要放弃利弊得失的考虑，甚至将生死置之度外——这就达到佛法中很高的境界了。

要是将军心里老想着某颗子弹不长眼睛竟找上自己，或者科学家想着熬夜太多头发会白得更快之类，心思散了，定力就没有了。

关于定力的问题，大文豪欧阳修曾跟一位高僧探讨过。当时，欧阳修在洛阳为官，有一天，他屏退随从，独自一人游览嵩山。他来到一座山寺，推门而进，看见一位老僧，正在堂上读经，对他的到来置若罔闻。欧阳修跟老僧说话，老僧也不理会。欧阳修非常惊讶，问道："您在山上住了多久？"

老僧这才开口："很久了。"

"您读的是什么经？"

"《法华经》。"

欧阳修又问："我听说古代的高僧，在临死之前，大多是在谈笑中坐化。这是用什么方法办到的呢？"

"不过是定慧力罢了！"

"现在这种高僧却寥寥无几，这又是什么原因呢？"

老僧笑道："古代的人，心念都在定慧上，临终时如何会散乱呢？现在的人，心思都在散乱上，临终如何能得定力呢？"

欧阳修对老僧的话佩服得五体投地。

老僧的话，确实说透了世情。常人缺乏定力，主要就是心思散乱造成的，一会儿担心老板会不会批评我，一会儿考虑干得这么卖力是否值得，一会儿又想起老张还欠我几贯钱未还，这样怎么定得下来呢？

有没有什么方法可以修炼定力呢？

当然有。

佛祖说"就是这样定"，好像说了一句废话，其实是告诉了我们一个简易的定心方法：你想到心不够定，你想降伏自己的心，这时，你的注意力自然就集中于"定心"这个点，心实际上已经定住了。就是这么简单！不信你试一试。

问题的关键，不是人们有没有定心的方法，而是根本不想让心定下来：想恋人想得很心痛，还要想；想升官发财想得很头痛，还要想。站住要比奔跑容易，站不住是因为不想站住；定心也是这样，不想定下心来，自然就定不下心来。

与现实博弈，输赢就看自己

人与现实之间存在着多种多样的博弈，是利用现实，还是为现实所用，一切尽在自己的掌握之中。《庄子·内篇·齐物论第二》中说："唯达者知通为一，为是不用而寓诸庸。庸也者，用也；用也者，通也；通也者，得也。"有人说，子思的《中庸》便是依据庄子"中庸之用"的思想而来，究竟是否如此，也未可知。南怀瑾先生在解释庄子这里提到"庸"的作用，无用之用是为大用，并非是主张完全不用，还是应该用，用而恰当，用而适可，他下面就有"用"字的解释："用也者，通也；通也者，得也。"所以《中庸》的来源差不多也有这个意思。

庄子所处的动乱的战国，许多人对于现实都抱有同样的思想——逃避现实。然而现实是逃不开的，只有想办法，善于用现实，不被现实所用，才能安身立命。用得好，便是"庸"；用得不好，就变成后世所谓的"庸碌"。"庸"不是马虎，不是差不多，是"得其环中"，恰到好处，最高的智慧到了极点，看起来很平常，但"得其环中，以应无穷"。

现实总是不尽如人意的，如何博弈，如何取胜，也是人生的一大智慧，"用"好现实中的一切，即便是苦难和挫折，也能通达天地，领悟"中庸"。

有一个青年，出生于贫寒农家，侍弄过庄稼，做过木匠，干过泥瓦工，收过破烂，卖过煤球，曾经感情受挫，官司缠身。他独自闯荡，居无定所，四处漂泊，总遭受别人鄙夷的眼光，但他与众不同的是，他热爱文学，写下了许多清澈纯净的诗歌。

曾经有知情者疑惑，这样清澈的文字居然出自于一个痛苦挣扎在生活边缘的人的笔下，对此，他解释："我是在农村长大的，农村人家家都储粪。小时候，每当碰到别人往地里运粪时，我总觉得很奇怪，这么臭这么脏的东西，怎么就能使庄稼长得更壮实呢？后来，经历了这么多事，我发现自己并没有学坏，也没有堕落，甚至连麻木也没有，就完全明白了粪和庄稼的关系。粪便是脏臭的，如果你把它一直储在粪池里，它就会一直脏臭下去，但是一旦它遇到土地，情况就不一样了，它和深厚的土地结合，就成了一种有益的肥料。对于一个人，苦难也是这样，如果把苦难只视为苦难，那它真的就是苦难，但是如果你让它与你未来世界里最广阔的那片土地去结合，它就会变成为一种宝贵的营养，让你在苦难中如凤凰涅槃，体会到特别的甘甜和美好。"

这个青年的解释也正是人与现实的博弈关系的最好注解，土地能够转化粪便的性质，心灵同样可以转化苦难的流向，升华与堕落，都在于自己对现实的理解。面对苦难的现实，他的笔下流淌的竟是美丽纯净的歌："我健康的双足是一面清脆的小鼓，在这个雨季敲打着春天的胸脯，没有华丽的鞋子又有什么关系啊，谁说此刻的我不够幸福？"

南怀瑾先生经常讲，人生只有十二个字："看得破，忍不过；想得到，做不来。"得道的人处在世间，心如明镜，一切都像镜子摆在那里，一切影像在他前面一照，如梦如幻。用镜子处事这个道理，可以用八个字概括："物来则应，过去不留。""不将不迎"，"迎"就是欢迎，"将"就是去将就，去执着，既不执着也不欢迎，任何事情来了也不拒绝，听其自然。"应而不藏"，一切恩怨是非，都不藏于心中，并非心中没有是非善恶，只是过去不留。"故能胜物而不伤"，修养到这样才能入世，这样才是道的最高境界。只有如此，才能不被物质所打垮，不被环境所诱惑，才不会伤害到自己，做到我还是我。

现实即人生，内心的恬淡与追求能够决定生活的外在与内涵。

一个小和尚要去化缘，特别挑了一件破旧的衣服穿。

"为什么挑这件？"师父问。

"您不是说不必在乎表面吗？"小和尚有点不服气，"所以我找件破旧的衣服。而且这样施主们才会同情，才会多给钱。"

"你是去化缘，还是去乞讨？"师父若有所思地说，"你是希望人们看你可怜供养你？还是希望人们看你有为，透过你度化千万人？"

是在现实中沉溺，还是在内心中升华？博弈的双方，双赢或双败的概率总是等同的，关键在于你怎么做。

抓住眼前也就抓住了永远

在《庄子·内篇·逍遥游第一》中，庄子说："适莽苍者，三飡而反，腹犹果然；适百里者，宿春粮；适千里者，三月聚粮。之二虫又何知！小知不及大知，小年不及大年。"

到近郊的草木间去，一天在那里吃上三顿饭，回来了肚子还饱饱的；假如走一百里路呢？就不同了，得带一点干粮，说不定要两三天才能回来；如果走一千里路，那就要准备带两三个月的粮食了。南怀瑾先生进一步讲，看上去这是庄子在告诉我们出门旅行该怎么准备，实际上讲的却是人生的境界。前途远大的人，就要有远大的计划；眼光短浅，只看现实的人，恐怕只能抓住今天。我们应该做的不只是拥有今天，还应该抓住明天、后天，抓住永远。

如何抓住永远？只有让你的人生持续发展，为今后的旅程做好充分的准备，才能走得更远，而非永远停留在一点。

有两个和尚分别住在相邻的两座山上的庙里，两座山之间有一条小溪，两个和尚每天都会在同一时间下山去溪边挑水，久而久之二人成为好友。时光飞逝如白驹过隙，在每天一成不变的挑水中不知不觉已过了五年。

突然有一天左边这座山的和尚没有下山挑水，右边那座山的和尚心想："他大概睡过头了。"便没有在意。哪知第二天左边这座山的和尚还是没有下山挑水，第三天也一样。过了十天还是一样，直到过了一个月，右边那座山的和尚终于受不了了，他心想："我的朋友可能生病了，我要过去拜访他，看看能帮上什么忙。"于是他便爬上了左边这座山，去探望他的老朋友。等他到了左边这座山的庙里，看到他的老友之后大吃一惊，因为他的老友正在诵经读书，一点也不像一个月没喝水的人。他很好奇地问："你已经一个月没有下山挑水了，难道你可以不用喝水吗？"

左边这座山的和尚微笑着说："来，我带你去看。"于是他带着右边那座山的和尚走到庙的后院，指着一口井说："这5年来，我每天做完功课后都会抽空挖这口井，即使有时很忙，能挖多少就算多少。如今终于让我挖出水，我就不用再下山挑水了，可以有更多时间诵经打坐，钻研佛理。"

世界上有三种人：第一种人只会回忆过去，在回忆的过程中体验感伤；第二种人只会空想未来，在空想的过程中不务正事；只有第三种人将现实与理想完美结合，高瞻远瞩，脚踏实地。只有将昨天、今天、明天的事情都打理妥当，才能走好漫漫人生路。

"之二虫又何知！"这两个小动物又懂什么呢？它们的知识范围有限，正所谓，小知不及大知。如果一个人没有眼光气度，就会鼠目寸光，其前途成就也很有限。高瞻远瞩的人，才能成就千秋的事业，这便是智慧的大小有别。一个人寿命的长短，关键在于你能不能把握。有些人活了几十年就死了，不懂得如何把握，所以说"小年不及大年"。

有些人做事只图眼前利益，而不会为长远打算。眼前可以得到的利益总给人一种实实在在的感觉，短视的心理却常常使人们失去本应该能够得到的美好事物。也许人们认为自己的行为是更注重现实，而实际上是自己将未来的发展与成功的机遇白白浪费掉了。沉湎过去和未来就会迷失现在的一切，甚至包括自身。

有一个人经常出差，经常买不到坐票。可是无论长途短途，无论车上多挤，他总能找到座位。

他的办法其实很简单，就是耐心地一节车厢一节车厢找过去。这个办法听上去似乎并不高明，但总是很管用。每次，他都做好了从第一节车厢走到最后一节车厢的准备，可是每次他都用不着走到最后就会发现空位。他说，这是因为像他这样锲而不舍找座位的乘客实在不多。经常是在他落座的车厢里尚余若干座位，而在其他车厢的过道和车厢接头处，居然人满为患。

他说，大多数乘客轻易就被一两节车厢拥挤的表面现象迷惑了，不大细想在数十次停靠之中，从火车十几个车门上上下下的流动中蕴藏着不少提供座位的机遇；即使想到了，他们也没有那份寻找的耐心。眼前一方小小立足之地很容易让大多数人满足，为了一个座位背负着行囊挤来挤去有些人也觉得不值。他们还担心万一找不到座位，回头连个好好站着的地方也没有了。与生活中一些安于现状、不思进取、害怕失败的人永远只能滞留在没有成功的起点上一样，这些不愿主动找座位的乘客大多只能在上车时最初的落脚之处一直站到下车。

急功近利是人性的一面。许多人贪图小便宜，往往被眼前的小利益迷惑，殊不知在得到的同时却往往失去了更多。生活中，我们常常被眼前利益的绚烂外貌蒙住了双眼，宁愿一直低头享受那片刻的短暂欢愉，也不肯抬起头望望远方，去寻找更大的空间。只为眼前利益的人，受人性所限，只会陷入庸人自扰的无边烦恼；唯有立足长远的人，才能突破人性的瓶颈，活出智慧人生。

前途是一次有计划的旅行，只有做到执着而有远见，自信而把握关键，才能拥有一张人生之旅永远的坐票。

到达目标最短的距离是曲线

孟买佛学院是印度最著名的佛学院之一，这所佛学院的特点之一是建院历史悠久，培养出了许多著名的学者。还有一个特点是其他佛学院所没有的，这是一个极其微小的细节。但是，所有在这里学习过的人，几乎无一例外地承认，正是这个细节使他们顿悟，正是这个细节让他们受益无穷。

这是一个被很多人忽视的细节：孟买佛学院在正门的一侧，又开了一个小门，这个小门只有 1.5 米高、0.4 米宽，一个成年人要想过去必须学会弯腰、侧身，否则就会碰壁。

其实这就是孟买佛学院给它的学生上的第一堂课。所有新来的人，老师都会引导他到这个小门旁，让他进出一次。很显然，所有的人都是弯腰侧身进出的，尽管有失礼仪和风度，但是却达到了目的。老师说，大门虽然能够让一个人很体面、很有风度地出入，但有很多时候，人们要出入的地方，并不是都有着方便的大门，或者，即使有大门也不是可以随便出入的。这时，只有学会了弯腰和侧身的人，只有暂时放下尊贵和虚荣的人，才能够出入。否则，在很多时候，你就只能被挡在院墙之外了。

孟买佛学院的老师告诉他们的学生，佛家的哲学就在这个小门里。其实，人生的哲学何尝不在这个小门里。人生之路，尤其是通向成功的路上，几乎是没有宽阔的大门的，所有的门都需要弯腰、侧身才可以进去。因此，在必要时，要忍辱负重。正如南怀瑾先生所说，人在遇到不测风云时，能站起来就站起来，站不起来就得见机振作，要能屈能伸，不可撞得头破血流，让自己难有东山再起之日。进退皆宜，能屈能伸，人生之路才会越走越宽。

遥想项羽当年，率兵反秦，称王称霸，真是英雄豪气盖云天，这样一位大英雄在败北之际，却选择了自刎。空留一曲"力拔山兮气盖世，时不利兮骓不逝。骓不逝兮可奈何？虞兮虞兮奈若何"的悲歌。如果项羽能够回到江东，也许江东子弟还会跟随他，重谋天下，其结局也就不会如此悲惨。因此，人在该示弱时当示弱，万不可因一时之意气葬送自己的一生。

大丈夫要能屈能伸。能屈难，能伸也不容易。众所周知，勾践灭吴的故事。当他被吴国打败，困于会稽山上时，可以说是他遇到了人生道路上的一扇小门！他选择了弯腰和侧身通过这扇小门，卧薪尝胆，十年生聚，十年教训，励精图治，终于一举灭吴。这正是勾践能屈亦能伸的结果。

为人处世，参透屈伸之道，自能进退得宜，刚柔并济，无往不利。能屈能伸，屈是能量的积聚，伸是积聚后的释放。屈是伸的准备和积蓄，伸是屈的志向和目的。屈是手段，伸是目的。屈是充实自己，伸是展示自己。屈是圆通，是高超的处世技巧；伸能圆满，是美妙的做人心境。

屈是一种气度，伸更是一种魄力。处逆境当屈则屈，大丈夫矣。当屈不屈，意气行事，莽夫行为，易折。处顺境乘势应时，该伸则伸，伟丈夫矣。当伸不伸，一蹶不振，优柔寡断，无能。伸后能屈，需要大智。屈后能伸，需要大勇。屈有多种，并非都是胯下之辱；伸亦多样，并不一定叱咤风云。屈中有伸，伸时念屈。屈伸有度，刚柔相济。

能屈能伸者，英雄之谓也！

人生要耐得住寂寞

老子所说的"同于道者，道亦乐得之"，与孔子的"德不孤，必有邻"，道理相似。修道的人，自然会与修道的人在一起，因为志同道合。所以，真正为道德而努力，不要怕寂寞、怕凄凉，纵然不得之于一时，也得之于万古。南怀瑾先生笑言，做人做学问，也一定要耐得住寂寞才行啊！

无论做什么事，都不要做表面功夫，坚持自己的理想，不要被外在的事物所影响。因为，真正为道德做学问的人，要"富贵不能淫，贫贱不能移，威武不能屈"，节操不移，才能出世入世，志在利他。

从前，有位年轻的猎手，他枪法极准但总捕猎不到大雁，苦恼的他找到一位长者求教。长者把他领到一片大雁栖息的芦苇地，指着站得最高的一只大雁说："那只大雁是放哨的，我们管它叫雁奴。它只要一发现异常情况就会向雁群报警，所以接近雁群往往是很困难的。但我有办法，你现在故意惊动雁奴再潜伏不动。"年轻人照做了。雁奴发现年轻人后立即向同伴发出警告，正在栖息的雁群闻讯后纷纷出逃，但没发现什么，便又飞回原地。长者让年轻人如法炮制了好几回。终于，几乎所有的大雁都以为雁奴谎报军情，纷纷把不满发泄在雁奴身上，可怜的雁奴被啄得伤痕累累。"现在，你可以逼近雁群了。"长者提醒道。于是，年轻人大摇大摆地走进了芦苇地，雁奴虽瞧在眼里但也懒得再管，年轻人举枪……

人类社会也常常会这样，忠诚的人被误解，被误解的人不能坚持到底。

说到志在利他的寂寞者，便想起了鲁迅先生笔下的"魏连殳"，一个最终没能坚持自我的孤独者，一个在孤独中悲哀死去的理想破灭者。

曾经历过辛亥革命风暴，接受过五四新思潮洗礼的魏连殳原是一个正直、善良、不满现实的知识分子，在贫困的境遇里遍尝人间辛酸，饱尝世态炎凉。生活经历使他一度成为旧势力面前的叛逆者、旧习俗笼罩之下的异路人。看透了旧制度所特有的产物——虚伪、冷酷，所以"对人总是爱理不理的"，但他冰冷面容下仍未失去火热、善良之心——愿给失意者和小孩子以温暖。

魏连殳为社会所不容，不得不在被嘲笑、被咒骂、被排挤中打发时光，在冰冷凄苦的环境中忍受着被侮辱、被欺凌的精神苦刑，咀嚼着不可排遣的孤独、寂寞。当流言追逐他、失业打击他、数千年传统的灰色人生逼迫他走向绝境时，他终于向残酷的现实低头，他投进军阀怀抱乞求"实际"，躬行起"先前所憎恶、所反对的一切"。

实际上，他是在"胜利"的喧闹中独饮悲哀痛苦的冷酒，最终背负着不可愈合的内心创伤而悲惨死去。魏连殳是个失败的、迷失自我的寂寞者，无法在与现实的博弈中保全自己的理想与尊严，一时的妥协却换来了心灵的沉沦。

寺院中都有不可违背的清规戒律，即便如此，有些和尚还是会屡屡犯戒。这天，刚刚做完日常佛事，僧侣们正要走出禅房时，方丈守心法师扬手碰落了供台上的一个瓷瓶，摔了个粉碎。众弟子一下愣在那里，不知方丈的这一举动，是有意为之，还是无意所致。守心法师见学僧都以探询的眼光看着自己，便语气凝重地说："一抔泥土，不知经历了多少工序，经过了多长时间的煅烧，才超脱成珍贵的瓷瓶，被我们摆上了神圣的供桌，成为一件高贵圣洁的法器。如果保存好了，千百年都不会损坏，可以万世流传。可是，扬手之间，它就坠落于地，一文不值了。同理，一个人，尤其是敛德修行的僧人，取得了法号，悟出个境界，不是件易事！若不珍惜、不自律，堕落起来与瓷瓶无异！"僧侣都默默无语，有些人忽然有所顿悟，合掌跪地，深表忏悔。

戒律如此，本心也是如此，志在利他的寂寞者总是曲高和寡，高处不胜寒，要耐得住寂寞，耐得住别人的口舌，实是不易，一不小心，打碎的便不只是寂寞了。苏轼在《水调歌头》中有一句写道："我欲乘风归去，又恐琼楼玉宇，高处不胜寒。起舞弄清影，何似在人间？"屈原在所处的时代，也是"众人皆醉我独醒"，不过寂寞了一时，依然赢得了一世盛名，忠心高洁，世人皆知，可谓了无遗憾了。

从最低处开始

老子在提及万事万物的辩证两面之时，一笔带过了一句"高下相倾"。高与下的关系，看似十分简单，南怀瑾先生却发掘出许多深远的含义。高高在上，低低在下，表面看来，绝对不是齐一平等的，重点在相倾的"倾"字。天地宇宙，本来便在周圆旋转中，凡事崇高必有倾倒，复归于平。因此，高与下，本来就是相倾而自然归于平等的。即使不倾倒而归于平，在弧形的回环旋律中，高下本来同归于一律，即佛法中所说"是法平等，无有高下"。

一位闻名遐迩的画家每逢青年画家登门求教，总是很耐心地给人看画指点；对于有潜力的青年才俊，更是尽心尽力，不惜耗费自己作画的时间。一次，一位后辈画家对于前辈的关爱有加感激涕零，老画家微笑着讲了一个故事。

40年前，一个青年拿了自己的画作到京都，想请一位自己敬仰的前辈画家指点一下。那画家看这青年是个无名小卒，连画轴都没让青年打开，便推托私务缠身，下了逐客令。青年走到门口，转过身说了一句话："大师，您现在站在山顶，往下俯视我辈无名小卒，的确十分渺小；但您也应该知道，我从山下往上看您，您同样也十分渺小！"说完转身扬长而去。青年后来发愤学艺，终于在艺术界有所成就，他时刻记得那一次冷遇，也时刻提醒自己，一个人形象是否高大，并不在于他所处的位置，而在于他的人格、胸襟、修养。

的确，站在山顶的人和居于山脚的人，在对方眼中，同样渺小。高高的山峰终于被一群登山者踩在了脚下，极目四眺，一切都离他们那么远。"你们看，山下的人都如蚂蚁一般！"其中一人兴奋地嚷着。"可是，他们也许根本就没觉着山上有人。"一位同伴在一旁轻轻地说。大家霎时冷静下来：是啊，巍峨的只是脚下的山峰，我们还和过去一样普通，并不因位置的升高而高大。

提起高下的问题，不由使人想起苗家人房屋建筑的特点。一个不大的屋子里面可以有几十个房檐和门槛，平日里，苗寨里的乡亲们就背着沉甸甸的大背篓从外面穿过这些房檐和门槛走进来。虽然障碍如此之多，可从来没有人因此撞到房檐或者是被门槛绊倒，而外乡人初至，即使是空手走过这样的屋子里也会经常碰头跌跤。一位苗家老人常常告诫初来的外乡人，要想在这样的建筑里行走自如，就必须牢记：可以低头，但不能弯腰。低头是为了避开上面的障碍，看清楚脚下的门槛；而不弯腰则是为了有足够的力气承担起身上的背负。

老人的告诫又何尝不是对人生的形象比喻，苗家建筑好比人生，一路上充满了房檐和门槛，一个不大的空间里到处都是磕磕绊绊，而人们肩膀上那个沉沉的背篓里装满了做人的尊严。背负着尊严走在高低不平、起伏不定的道路上，必须时刻提防四周的危险，还要时刻提醒自己：头要低，腰须挺。

有一个禅宗故事再次点明了"高下相倾"蕴含的深意。

明心禅师游方归来，见苦心禅院的学僧们正在寺前的围墙上描绘一幅龙虎斗的画像，画面上巨龙于云端盘旋而下，虎踞山头，作势欲扑。众僧多次修改，总觉不尽如人意，却不知问题所在。明心禅师见状，微笑言道："动态不足。"学僧们欲闻其详，禅师道："龙于攻击之前，头须向后退缩；虎作上扑之时，头必自下压低。龙颈愈屈，虎头愈低，冲势愈猛，扑劲愈大，此乃常性。"学僧们点头受教。明心禅师进一步指点迷津："为人处世，参禅修道的道理也是如此啊。"学僧们闻言恍然大悟。

有一位禅师曾经譬喻说："宇宙有多大多高？宇宙只不过五尺高而已！我们这具昂昂六尺之躯，想生存于宇宙之间，只有低下头来！"人生在世，有时顶天立地，孤傲不群，犹如龙抬头虎相扑；但有时也应虚怀若谷，犹如龙退缩，虎低头。当进则进，当退则退；当高则高，当低则低。高下相倾，进退有据，才能独立于世。

唐朝布袋和尚曾写过这样一首诗：手把青秧插满田，低头便见水中天；心地清净方为道，退步原来是向前。波澜壮阔的大海之所以能够包容万物，笑纳百川，深远伟大，关键在于其位置最低。位置放得低，所以能从容不迫，能悟透世事沧桑。正如一位哲人所言，想要达到最高处，必须从最低处开始。

唯走坎坷路，方成坚定心

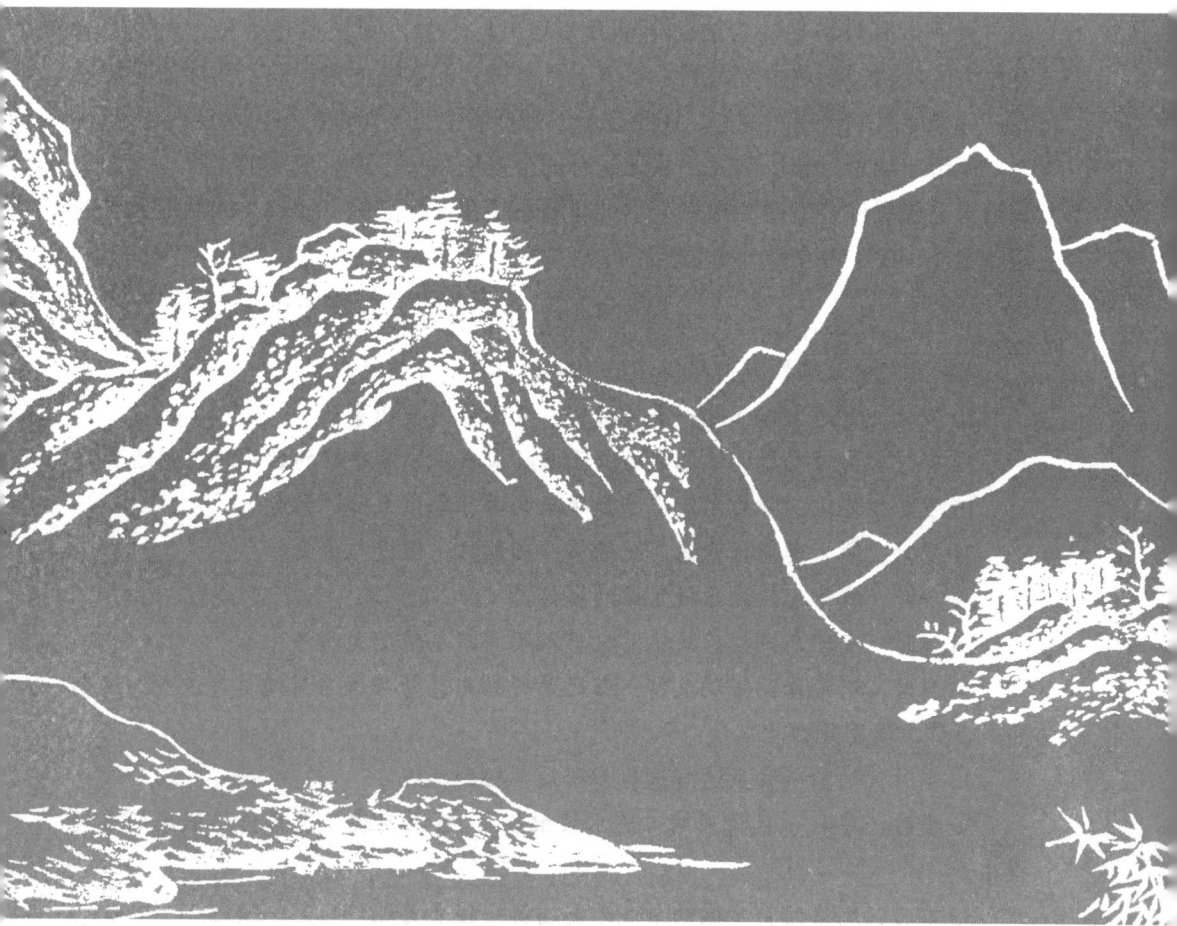

成功总是从无到有

《老子》里面有一句："有无相生，难易相成，长短相形，高下相盈，音声相和，前后相随，恒也。"也就是说对于一切事物来说，相反的两种属性总是相互融合、相互统一的。南怀瑾先生在解释"难易相成"时说，难与易，互为成功的原则，其重点在于难易相成的"成"字。天下没有容易成就的事，但天下事在成功的一刹那，都会显得十分容易，凡事都是看似容易，做起来艰难，"图难于易"，正是成功的要诀。

天下事有难易乎？为之，则难者亦易矣；不为，则易者亦难矣。人生中所有伟大的成功，都是由于做到了看来不可能做到的事情而取得的。而即便是普通人，如果能以一颗决然的心，图难于易，那些看上去不可能的事也会变成可能。

所谓成功总是从小到大，从无到有的。人生是一个追求成功的过程，人们总是给自己设置许多障碍，却忘记了难与易总是相对而言的。而这类的从无到有的奋斗案例，放眼古今中外更是俯拾即是。

3 岁时，莫扎特已经学会弹奏古钢琴，并能记住只听过一次的乐段。

7 岁时，波兰钢琴家肖邦创作了《G 小调波罗乃兹舞曲》。

10 岁时，爱迪生建立起一个实验室，开始他的发明事业。

12 岁时，格特鲁德·埃德成为女子 800 米自由泳最年轻的世界纪录创造者。

15 岁时，鲍比·费希尔获得"最年轻的国际象棋大师"称号。

21 岁时，简·奥斯汀开始写她的第一部著作《傲慢与偏见》。

22 岁时，海伦·凯勒出版了她的自传。

25 岁时，查理斯·林德析格首次单人不间断飞越了大西洋。

40 岁时，芭蕾舞蹈家玛戈特·芳廷才开始与芭蕾舞著名男演员鲁道夫·纳勒耶夫合作，同登舞台。

43 岁时，约翰·肯尼迪当选为美国最年轻的总统。

50 岁时，亨利·福特采用"流水装配线"，首次实现了汽车价格低廉的大规模生产。

53 岁时，玛格丽特·撒切尔成为英国第一任女首相。

64 岁时，弗朗西斯·奇切斯特独自乘 53 英尺长的游艇周游世界。

65 岁时，丘吉尔首次成为英国首相。

76 岁时，红衣主教安吉洛·龙卡利成为约翰二十三世教皇，于 5 年内进行了重要改革，为罗马天主教廷开创了新纪元。

80 岁时，摩西奶奶（安娜·玛丽·罗伯逊）举行了首次女画家个人画展。

81 岁时，本杰明·富兰克林巧妙地协调了议会众代表的分歧意见，使美国宪法得以通过。

84 岁时，丘吉尔二任首相告退，回到下议院，又一次获得议会选举，并展出他的画作。

88 岁时，大提琴家帕布罗·卡萨尔斯照常举行音乐会，于 96 岁逝世。

1983 年，美国黑人早期爵士音乐钢琴演奏家兼作曲家尤比·布莱克逝世，圆满地走过了他的 100 岁人生。他在去世前 5 天时说："如果早知道我能活这么长，我一定会更好地努力奋斗。"

成功总是由无到有，由小变大，由少到多，这中间需要人不断地努力与争取，这便是"图难于易"的成功要诀。不过，从另一个角度看，"图难于易"还具有一层更深的寓意。历史学家司马迁对汉初三杰之一张良赞誉有加："运筹帷幄之中，制胜于无形；子房计谋其事，无知名，无勇功，图难于易，为大于细。"

无为之中的大有所为

"万物作焉而不辞，生而不有，为而不恃。"南怀瑾先生将自然的法则与处世之道融会贯通，娓娓道来。天地间的万物，不辞劳苦，生生不息，但并不将成果据为己有，不自恃有功于人，如此包容豁达，反而使得人们更能体认自然的伟大。所以上古圣人，悟到此理，便效法自然法则，用来处理人事。

所谓"处无为之事"是说为而无为的原则，一切作为，应如行云流水，义所当为，理所应为，做应当做的事。做过了，如雁过长空，不着丝毫痕迹，不有纤芥在心，正如泰戈尔诗中所写，"天空没有翅膀的痕迹，但鸟儿已经飞过"。

孔子一心向老子问"礼"，于是便带着弟子们来到了洛阳。老子把孔子师徒引入大堂，入座之后，孔子表明来意，老子点头微笑。孔子师徒正准备洗耳恭听之时，不想老子却张开嘴巴："你们看我这些牙齿如何？"孔子师徒莫名其妙地看了看老子七零八落的牙齿，不知何意。随后，老子又伸出舌头问："那么，我这舌头呢？"孔子又仔细看了看老子的舌头，灵光乍现，醍醐灌顶，孔子顿悟，微笑着答道："先生学识渊博，果然名不虚传！"

后来，师徒几人辞别老子，起身返回鲁国。弟子子路却疑云重重，不得释然。颜回问其何故，子路说："我们大老远跑到洛阳，原本想求学于老子，没想到他什么也不肯教给我们，只让看了看他的嘴巴，这也太无礼了吧？"颜回答道："我们这次来不枉此行，老子先生传授了我们别处学不来的大智慧。他张开嘴让我们看他的牙齿，意在告诉我们：牙齿虽硬，但是上下碰磨久了，也难免残缺不全；他又让我们看他的舌头，意思是说，舌头虽软，但能以柔克刚，所以至今完整无缺。"子路听后恍然大悟。

颜回继续道："这恰如征途中的流水虽然柔软，但面对当道的山石，它却能穿山破石，最终把山石都抛在身后；穿行的风虽然虚无，但它发起脾气来，也能撼倒大树，把它连根拔起……"孔子听后称赞说："颜回果然窥一斑而知全豹，闻一言而通万里呀！"

满齿不存，舌头犹在，无为而作，才能完成义所当为之事。

三国时曹魏阵营有两个著名谋士，一是杨修、一是荀攸。杨修自恃才高，处处点出曹操的心事，经常搞得曹操下不了台，曹操"虽嘻笑，心甚恶之"，终于借一个惑乱军心的罪名把他杀了，而荀攸则完全是另一种下场。荀攸有着超人的智慧和谋略，不仅表现在政治斗争和军事斗争中，也表现在安身立业、处理人际关系等方面。他在朝二十余年，能够从容自如地处理政治旋涡中上下左右的复杂关系，在极其残酷的人事倾轧中始终地位稳定，立于不败之地。

在当时的社会政治、经济条件下，曹操虽然以爱才著称，但作为封建统治阶级的铁腕人物，铲除功高盖主和有离心倾向的人，却从不犹豫和手软。荀攸则很注意将超人的智谋应用到防身固宠、确保个人安危的方面。那么，荀攸是如何处世安身的呢？曹操有一段话很形象也很精辟地反映了荀攸的这一特别的谋略："公达外愚内智，外怯内勇，外弱内强，不伐善，无施劳，智可及，愚不可及，虽颜子、宁武不能过也。"可见荀攸平时十分注意周围的环境，对内对外，对敌对己，迥然不同，判若两人。参与谋划军机，他智慧过人，迭出妙策；迎战敌军，他奋勇当先，不屈不挠。但他对曹操，对同僚，却注意不露锋芒、不争高下，把才能、智慧、功劳尽量掩藏起来，表现得总是很谦卑、文弱、愚钝。

荀攸大智若愚、随机应变的处世方略，使得其在与曹操相处二十年中，关系融洽、深受宠信。从来不见有人到曹操处进谗言加害于他，也几乎从未得罪过曹操，或使曹操不悦。建安十九年（214 年），荀攸在从征孙权的途中善终而死。曹操知道后痛哭流涕，对他的品行推崇备至，赞誉他为谦虚的君子和完美的贤人，这都是苟攸无为而作、明哲保身的结果。

苟攸深谙老子"无为"之道，无为而为，反而能够有所作为。世间法则，均是在两个极端之间徘徊，例如，以柔克刚，"木"虽钝，但削成"矛"状，或许比真正的矛还要锋利。

做人处世，效法天道，尽量地贡献出来，不辞劳苦，不计较名利，不居功，秉承天地生生不已、长养万物万类的精神，只有施出，而没有丝毫占为己有的倾向，更没有相对地要求回报。人们如能效法天地存心而做人处事，这才是最高道德的风范。计较名利得失，怨天尤人，便是与天道自然的精神相违背。

成有因，败也有因

老子指出无论有无、难易、高下、音声、前后等现象界的种种，都在自然回旋的规律中相互为用，互为因果。南怀瑾先生说，老子正是借此来告诫世人要认识道的妙用，效法天地宇宙的自然法则。

俗话说"种瓜得瓜，种豆得豆"，种什么样的因就会结什么样的果。因果自有定，做人必须不执着，不落偏，不自私，不占有，为而无为，才能得到好的回报。然而，人们通常只注重结果而忽视前因，因此往往陷入人生的误区。

明朝有位名叫袁了凡的人，他在家训中讲了自己亲身经历的一件事。年轻的时候，袁了凡曾经遇到一个算命很准的人，算他未来的事情一一应验。于是袁了凡就有了一种"顺天应命"的人生态度，认为一切都是注定的，不需要刻意追求。

有一年，他去拜访一位名叫云谷的禅师。云谷禅师对他说，命运是可以改变的，修养内心，增进品德，就可以改变命运，并引经典作为证明。

袁了凡告诉禅师，按算命的说，他自己考不上进士，而且没有儿子。

云谷禅师问："你自己想想，你能考到进士吗？应该有儿子吗？"

袁了凡想了很久，说"不应该"，并承认他自己性格上有很多缺点，性格急躁，心胸不开阔，不能容人。有时还仗着聪明来压制别人，任性，说话不注意以及有洁癖、脾气不好、冷漠、说话多、喜欢喝酒、喜欢彻夜常玩、不保养身体等。他认为这都说明自己德行不够，所以不应该有福气。

云谷禅师先肯定了袁了凡的说法，随后说："你今天既然已经知道自己的错误，就应该改正……务必要积德，务必要宽容，务必要有爱心，务必要爱惜身体。从前的种种，就像昨天的你已经死了。以后的一切，就像你是今天刚出生的，这就是你精神生命的再生……"

袁了凡相信云谷禅师的话，诚恳地接受了他的教导，在佛前做了忏悔，并且表露心愿，发誓要做三千件善事，以报答天地祖宗。云谷禅师给他一个"功过格"，让他每天记录自己做过的事情。做了善事就记录上去，加一个数，做了坏事就减一个数。他说："提高自己的修养，促使命运的转变。什么叫'修养'？就是有什么缺点，都要想办法消除。能做到这一点，就达到了'先天的境界'，这是真实的学问啊。"

从那天起，袁了凡每天都提醒着自己，感觉生活和过去不同了，过去是放任自己，而现在是时时警觉。就是自己一个人的时候，也不敢做不好的事情，害怕得罪天地。遇到别人恨他、诋毁他的时候，也能有度量宽容了。他做了一本空表格，起名叫"治心编"。每天做的事情，大大小小都有记录，看自己做的善事有多少。后来，他的性格大为改善，而命运也越来越好。

因果常在，不种善因，哪结善果？凡事从自身找原因，才能最终得到你想要的结果。成事在天，谋事在人，偶然中总有必然。人世间，没有偶然的成功也没有偶然的失败。每个人要想追求成功，就不能在失败中自怨自艾。追前因，才能逐后果，成功有成功的原因，失败也有失败的原因。

言满天下无口过

老子云："天地之间，其犹橐龠乎？虚而不屈，动而愈出。多言数穷，不若守中。"意思是，天地之间，不正像一个冶炼的风箱吗？虚静而不穷尽，越动风越多，话多有失，词不达意，还是适可而止为妙。

有人认为老子所说的"多言数穷，不若守中"只是明哲保身、与世无争的教条，因为为人处世终究是"是非只为多开口，烦恼皆因强出头"，但是，这样理解有些浅显，只是抓住了这句话的一层含义而已。南怀瑾先生进一步发掘这句话的深意，他指出人世间的是非纷争，并无一个绝对的标准，"才有是非，纷然失心"。只有心中虚灵有持，不落在有无、虚实的任何一面，才能不致屈曲一边，洞然烛照。

老子说，天地是一个大风箱。风箱，在当用的时候，便鼓动成风，助人成事。在不需要的时候，便悠然止息，缄默无事。因此，"多言数穷，不若守中"，并非让人完全不开口说话，只是说所当说的，既不可多说，也不可不说。所谓"言满天下无口过"，才是守中的道理，才与后文老子所说"善言无瑕口"的意旨相符。宋人张邦基在《墨庄漫录》中曾录有一则与苏轼有关的乡谈趣闻。

苏轼在翰林院供职时，他的弟弟苏辙在处理政务的机构为官。有个早年与苏轼兄弟有往来的旧交，写信求苏辙在任内为他谋份差事，久而未遂。一天，这人找到苏轼，说："鄙人想托学士为我的事情跟令弟打个招呼。"苏轼沉吟片刻，跟他说了个故事：

"过去有个人很穷，无以为生，就去盗墓。他挖开一座古墓，见有个全身赤裸的人坐在棺内对他说：'我是汉代的杨王孙，提倡裸葬，没有财物可接济你。'盗墓人无奈，又费了好一番力气挖开了另一座古墓，见有个皇帝躺在棺内对他说：'我是汉文帝，墓里没有金银玉器，只有陶瓦器皿，无法接济你。'盗墓人颇为丧气，见有两座古墓并排在一起，就去挖左边这座墓，直挖到精疲力竭方才挖开。只见棺内有个面带菜色的人对他说：'我是伯夷，被饿死在首阳山下，没办法帮得到你。'接着，伯夷又说：'我劝你还是别费力气再挖了，还是另找个地方吧，你看我瘦成这样，我弟弟叔齐也好不到哪儿去，也帮不了你。'"听完苏轼所说的故事，旧交顿悟，大笑而去。

苏轼以讲故事的形式，巧妙地运用了三个典故，将自己兄弟俩严于律己、不谐流俗的意思，逐层循次地表达了出来，语言生动流转，妙趣横生，取得了非常好的婉拒效果。既说出了自己的原则，又让故人会心而去，言满天下，不留罅隙。

鬼谷子也曾说过："与智者言依于博，与博者言依于辩，与辩者言依于要，与富者言依于豪，与贫者言依于利，与勇者言依于敢，与愚者言依于锐。"意思是告诉人们，和聪明的人说话，须凭见闻广博；与见闻广博的人说话，须凭辨析能力；与有钱的人说话，言辞要豪爽；与穷人说话，要晓之以利；与勇敢的人说话不要怯懦；与愚笨的人说话，可以锋芒毕露。

可见，言满天下无口过，是智慧，也是艺术，是一门语言艺术，做人艺术。正如老子所言"多言数穷不若守中"，做人懂得把握言语的机妙，何时该说、该说什么、如何说，自然做人无过，这个时候即便多言也无妨了。

沉潜是为腾飞做准备

《庄子·内篇·逍遥游第一》中，庄子说深海里头有条鱼，突然一变，变成天上会飞的大鹏鸟。南怀瑾先生说，鲲化鹏这个问题含义丰富，包含了两个方面——"沉潜"与"飞动"。潜伏在深海里的鱼，突然一变，变成了远走高飞的大鹏鸟。南怀瑾先生讲解《逍遥游》一开始便告诉了人们一个人生的道理，人生的某个时刻，或是一个人年轻之时，或是修道还没有成功的时候，或是倒霉得没有办法的时候，必须"沉潜"在深水里头，动都不要动。只有修到相当的程度，摇身一变，便能升华高飞了。

《三国演义》中曹操与刘备青梅煮酒，遥指天边龙挂，曾云：龙能大能小，能升能隐；大则兴云吐雾，小则隐介藏形；升则飞腾于宇宙之间，隐则潜伏于波涛之内。方今春深，龙乘时变化，犹人得志而纵横四海。龙之为物，可比世之英雄。其实，这其中便蕴含着鲲鹏沉潜高飞之道。

成败宛若两重天，人生必须厚积薄发，时机未达之时，静若处子，沉心定气，卧薪尝胆；一旦时机成熟，动如脱兔，灵敏应对，抓住机遇，扶摇直上。孟子曰："大丈夫穷则独善其身，达则兼济天下。"这句话其实也是对沉潜以待的深刻解读，数千年前的古人便将"厚积"与"薄发"的辩证法诠释得淋漓尽致。

一位年轻的画家，在他刚出道时，三年没有卖出去一幅画，这让他很苦恼。于是，他去请教一位世界闻名的老画家，他想知道为什么自己整整三年居然连一幅画都卖不出去。那位老画家微微一笑，问他每画一幅画大概用多长时间。他说一般是一两天吧，最多不过三天。那老画家于是对他说，年轻人，那你换种方式试试吧，你用三年的时间去画一幅画，我保证你的画一两天就可以卖出去，最多不会超过三天。

智者告诫一个碌碌无为的人："你年轻聪明，壮志凌云。你并不想庸庸碌碌地了此一生，而是渴望名声、财富和权力。因此你常常在我耳边抱怨：那个著名的苹果为什么不是掉在你的头上？那只藏着'老子之珠'的巨贝怎么就产在巴拉望而不是在你常去游泳的海湾？为什么拿破仑偏能碰上约瑟芬，而英俊高大的你总没有人垂青？于是，我想成全你。先是照样给你掉下一个苹果，结果你把它吃了。我决定换一个方法，在你闲逛时将硕大的卡里南钻石偷偷放在你的脚边，将你绊倒，可你爬起后，怒气冲天地将它一脚踢下阴沟。最后我干脆就让你做拿破仑，不过像对待他一样，先将你抓进监狱，撤掉官职，赶出军队，然后将身无分文的你抛到塞纳河边。就在我催促约瑟芬驾着马车匆匆赶到河边时，远远地听到扑通一声，你投河自尽了。唉！你错过的仅仅是机会吗？不，绝对不是，你错过的是准备，机会向来只垂青于有准备的人，你在放弃准备的同时，便赶走了机遇。"

怎样在不破坏天鹅高贵优雅的观赏姿态的同时剥夺它的飞翔习性？一个两全其美的办法便是——尽量缩小水域的空间，因为天鹅在展翅高飞之前，必须有一段足够长的水面供它滑翔，如果助跑线的长度过短，天鹅就难以施展它拥抱蓝天的理想了。久而久之，困于小水域的那群天鹅便会丧失飞翔的信念，甚至泯灭了飞翔的本能。人又何尝不是如此，沉潜的日子相当于长长的助跑线，能够让你飞得更高更远。成功绝不是一蹴而就的，只有静下心来日积月累地积蓄力量，才能够"绳锯木断，水滴石穿"。

学无常师，多方求教

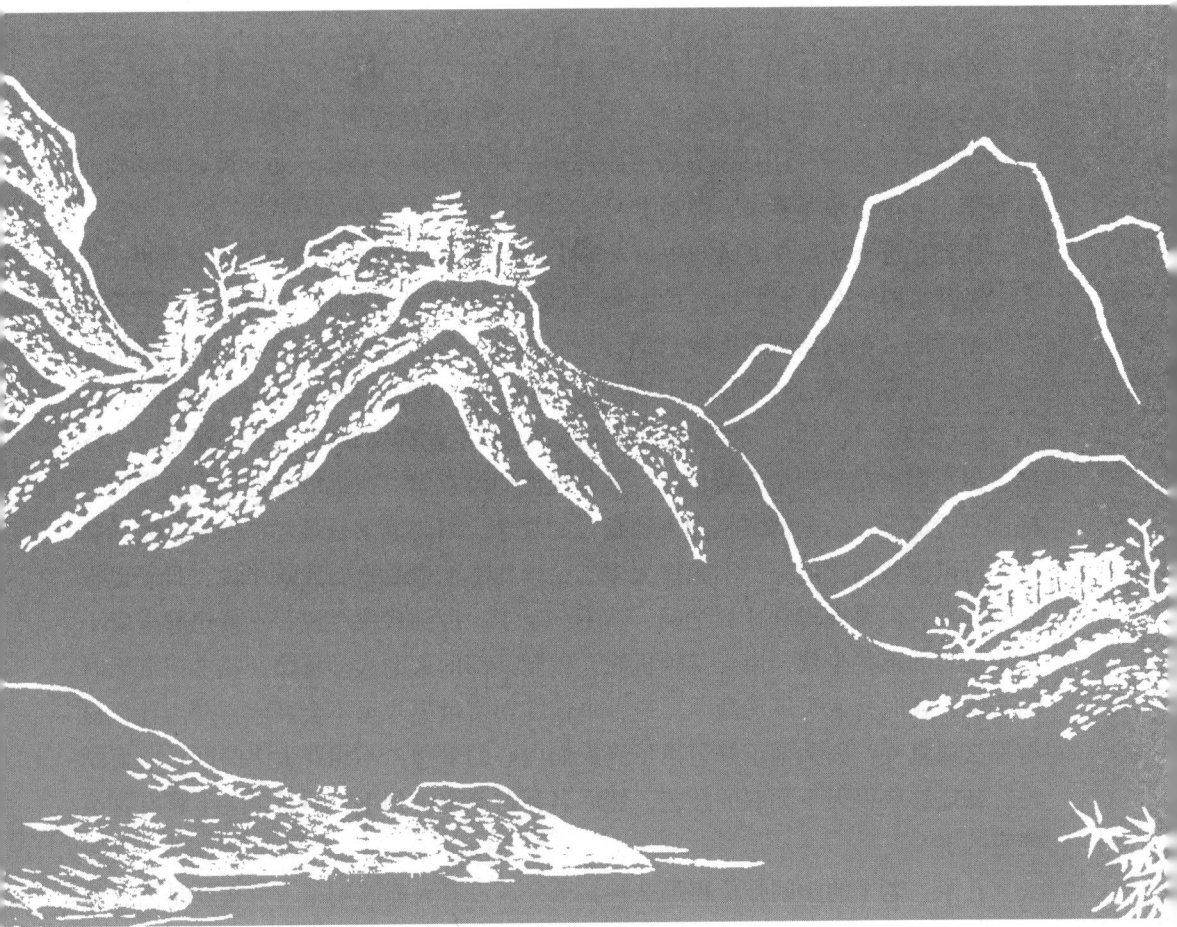

莫做有知识的傻瓜

南怀瑾大师把硕士、博士学位形容为"死人棺材"，把所有学问形容为"死人古董"，此说确实精当。不错，你这个硕士、博士学位里面，确实装了不少学问。但这个学问只是"死人的古董"，虽说值钱，好不好用，却很难说。因为社会总是走在书本前面，两者始终存在差距，这个差距，要靠灵活的变通和在实践过程中用心领悟来弥补。如果认为可以躺在学位上吃老本，跟睡死人棺材其实没有两样。

"睡死人棺材"，是一般长于学习、短于实践者的通病。

在很多人的观念中，读书学习是连在一起的，不是两个词，而是一个词，好像读书就是学习，学习就是读书。其实，学习未必是读书，读书也未必是学习。无论是知识、经验，还是做人做事的理念，未必都是从书本上来，只要能学到而且有用，无论是从哪里来，都是学习。

比如，香港首富李嘉诚初中都未毕业，台湾首富王永庆只有小学文化程度，日本"经营之神"松下幸之助读书更少，只念过三年书就辍学了。但他们在经营管理方面的学问，足以给大学教授讲课。他们读书不多，但在各自领域都有丰富的经验，而且形成了自己独到的理论；在为人处世方面的功力之高，更让常人难以企及。

《红楼梦》说得好："世事洞明皆学问，人情练达即文章。"有些人虽说没有读书，但实实在在学到了人情世故，谁敢说他们没有学习？谁敢说他们没有学问？把读书看成学习的全部，是懒人和蠢人的观念。因为读书是最轻松的事：爱动脑筋，可以读些高深的书；不想操太多心，读几本消遣故事、武侠小说，日子也很容易打发。但要说得到什么学问，就不一定了。说到武侠小说，不禁想起金庸小说中描写的那些少侠，由于某种机缘，得到某部前人的武学秘籍，花上三五天时间苦练，顿时打遍天下无敌手。这种事情在现实世界永远不会发生，却为什么显得那么逼真呢？因为他正好道出了懒人们内心的梦想，不想花太多时间、心血学习，却能够获得天下无双的技艺，然后名利财色统统到手。但是，天下哪有这么便宜的事？

孔子、老子的学问被传得那么神，至今还没有人能够超越，大概就是因为读死书、死读书的懒人太多吧！其实，孔子、老子都是几千年前的老人家，受时代局限，两人的学问都存在很大缺陷，很容易超越，大家图省事，甘心情愿睡"死人棺材"，自然就超越不了。

但是，释迦牟尼却没有死人棺材给人睡，他不像一般学问家那样，摆出一副严肃的面孔，告诉人家我这个学问就是真理，相信我就对了，不信我就错了。释迦牟尼明白无误地告诉大家：我这里没有佛法，你找我要佛法，算是找错人了。佛法在哪里？在你自己那里。

事实本来就是如此。所谓佛法，就是一个零。释迦牟尼可以给你无数个 0，但你那里至少要有个 1。你有一个 1，加上他给你的无数个零，你就得到了无量无边的佛法。你那里没有一个 1，给你多少个 0，还是等于 0。这个 1 是什么？是我们的自性。它被贪、嗔、痴等种种恶业盖住了，要靠自己灵性的觉醒将它发掘出来。除此之外，谁也帮不上忙，释迦牟尼也不例外。所以《心经》说咒曰："揭谛揭谛！波罗揭谛！"什么意思？"自度自度！快快自度！"

求人不如求己，"睡死人棺材"也不好玩，还是"快快自度"吧！

别被学问捆住手脚

子夏认为，即使是微不足道的小技巧，也一定有可取的地方。南怀瑾大师进一步解释说："人生天地间的学问，分门别类，不止一种，虽然有很多小道，如下棋、写中国字、作诗、刻图章，甚至于打牌吧，这些都不是什么大学问，只是小道，古人所谓雕虫小技。但也是学问，并不简单，都很难，如果深入去研究，都会有所成就。"

任何技术都有可取之处，比方说打篮球，好像只是玩玩，可是玩好了，没准 NBA 会花上千万美元请你去打球，玩给大家看；又比方说打麻将，好像是玩物丧志的东西，可是玩精了，没准麻将协会也要请你去当教练。

虽然任何技巧都有可取之处，仍然只是"小道"，不仅打牌下棋如此，领导才能、管理技巧以及世间一切技术，都是如此。那么，什么是"大道"呢？你的人生目标才是大道。对孔子来说，他的人生目标是弘扬仁义道德，所以他一再宣称仁义道德才是大道。你的人生目标可能跟孔子一样，也可能不一样，关键看你自己的趣向。但最好把目标放远大一点。正如南怀瑾大师所说："前面的目标不放远大，专抓一点小成就当成大学问，就被困住了，像掉进泥坑里去了，爬不起来，所以君子不取小道，宁可走大路。"

如何走大路呢？有两个要点。

第一，不要受专业限制。在很多人的头脑中，"专业对口"的观念根深蒂固，好像学什么就只能干什么，在择业时，将视点全放在相关的行当上。实际上，任何专业都是"小道"，关键是要把人生目标选好。鲁迅年轻时立志改变中国人"东亚病夫"的形象，所以他去学医，想改良中国人的身体素质。后来，他发现改变中国人的精神更重要，又以此为目标，毫不犹豫地抛掉医学这种小道，拿起了笔。其实学医和从文都是"小道"，那么鲁迅的"大道"是什么呢？他学医时，大道是提升中国人的身体素质；从文时，"大道"是改变中国人的精神素养。他坚定地走自己的大道，所以能将"小道"发扬光大。

第二，不轻视"小道"，但只做与目标有关的事。假设人生目标是道路，那么专业技术就是行路的交通工具。没有哪种交通工具绝对是好的，也没有哪种交通工具绝对是坏的。小车虽然先进，到了山沟沟里，还不一定有毛驴跑得快呢！同样的道理，无论从事什么工作，都无高尚低下之分，关键在于目标是否高尚，以及能否成功地实现目标。

为了达到目标，一定不要轻视任何专业技术，也不要迷恋任何专业技术。这就是所谓的能"入乎其内，出乎其外"。用什么技术或不用什么技术都不要紧，一切应以目标为指向。心中执着于目标，就不会偏离方向。

生命有限，技能无穷，我们不可能把什么事情都学好，也不可能在每一项工作上都取得杰出成就。但围绕目标去学习，去实践，无疑是最有效率的做法。

空思不如多学

世上有两种糊涂虫，一种学而不思，一种思而不学。这两种人，正如南怀瑾大师所描述："有些人有学问，可是没有智慧的思想，那么就是迂阔疏远，变成了不切实际的'罔'了，没有用处。如此可以作学者，像我们一样——教书，吹吹牛，不但学术界如此，别的圈子也是一样，有学识，但没有真思想，这就是不切实际的'罔'了。相反的，有些人'思而不学则殆'。他们有思想，有天才，但没有经过学问的踏实锻炼，那也是非常危险的。许多人往往倚仗天才而胡作非为，自己误以为那便是创作，结果陷于自害害人。"

南怀瑾大师认为"学而不思"的人可以做学者，教书，这还是抬举了他们。真正能把书教好就不简单，就不算"罔"了，还称得上"人类灵魂的工程师"。实际上，"学而不思"的人，是什么事都做不好的。因为做任何事，都必然跟他人发生关系。好比写文章，看起来自己一个人可以做，如果不了解别人的阅读趣向，写的文章就没人愿意看，等于废纸一堆。教书也一样，不知道学生的兴趣点，讲课只能帮助学生打瞌睡，一点儿用也没有。

"思而不学"的人危害更大，因为他们满脑子偏见，每天觉得这件事不公平、那件事不公平，每天看不惯这个人、看不惯那个人。带着这种观念，肯定会说很多错话，做很多错事，其结果是害人害己。

所以，与其"思而不学"，不如"学而不思"，大不了当个"书呆子"，干不出有价值的事，但起码不会害人害己。

当我们对某件事感到迷惑的时候，通过学习来解惑，显然是简便而积极的方法。比方说，看见某件事不公平，它为什么不公平？应该如何改进？其实别人早有研究，看看相关书籍就知道了，或者向专业人士请教一下，心里一个结也解开了。用不着自己胡思乱想，越想越糊涂；看见某个人很讨厌，如何跟这种人打交道？如何调适自己的心态？别人也早有结论，看看书就知道了，或者向有经验的人士讨教一下，办法就有了，用不着自己胡乱猜疑，越猜越生闷气。

要想获得真智慧，最好的办法是既学又思。不过，学与思也同样要讲方法，用对了方法，自然功效百倍。在这方面，古人早就总结出了五大实用经验：

第一，博学之。多看一些书，不管是文科的、理科的都看一些。有些人看书，光看文艺作品，光看武打小说，或者光看专业书籍。并不是这些书不好，关键是偏于一端，眼界、思路会受到局限，不利于拓展思维。这就像吃饭偏食一样，难免营养不良。把各种知识都装一些在大脑里，在生活中遇到不同的问题，都不至于全然迷惑，这既有利于拓展思维，亦有利于激发灵感。

第二，审问之。多问几个"为什么"，然后去寻找答案，既能激发学习兴趣，也能增进智能。比如"思而不学则殆"这句话，它到底对不对？思而不学的具体表现是什么？思而不学有哪些危害？等等。有了问题，就有了学习和研究的方向。

第三，明辨之。对同一件事，因为每个人观察的角度不同，可能得到的结论也不同。面对众多观点，就需要仔细分辨究竟哪种观点更正确，或者更适于自己所需。比如，有专家说，吃苹果应该吃皮，因为苹果皮里含有丰富的营养，甚至比果肉价值更大。又有专家说，吃苹果不应该吃皮，因为果农杀虫时，农药会残留在果皮中，有害健康。这时候，我们就需要分辨一下到底健康重要还是营养重要，不能盲目相信某个专家的意见。

第四，慎思之。我们不能老是被动地接受别人的观点，还要思考出新。比如，苹果皮会残留农药，有没有办法解决这个问题呢？很多消费者不知道这个事实，用什么办法提醒他们呢？我们的思考不一定每一次都有结果，但它确实是创新必不可少的一步。

第五，笃行之。我们想到某个好的观点，或者某个好的办法，自己肯定越想越觉得对。但它到底对不对？最好拿到实践中检验一下。当然，所谓实践，不等于什么事都要去做一下。有时条件不允许，有时不宜去做。比如，我们认为绝大多数强盗是因为恐惧才伤害人，而不是天性邪恶。这个观点到底对不对呢？我们当然不能拿着刀子去客串一回强盗，但可以通过到监狱去采访，或请教有关专家来获得答案。这也是实践，是"笃行之"。

学无常师，多方求教

子夏说"贤者识其大者，不贤者识其小者，莫不有文武之道焉"，耐人寻味。我们中国人有一个观念误区，好像学问都在那些名家大师手里，都在那些学者老师手里，农夫农妇、贩夫走卒之类没读过书的人都没学问。这种观念真是大错特错。

打个比方，大学教师中懂孔子《礼记》的人不多了，可是古代的礼仪，乡下的老农民大都懂一点，并且还在生活中运用。人家虽然不知道《礼记》里的句子，他会运用，就不能说他不懂"礼"。到底是擅长搏击的人武功高呢，还是把刀谱、剑谱背得滚瓜烂熟的人武功高呢？我认为还是擅长搏击的人武功高，光背武功秘籍有什么用？

另外，任何学问都不是平白无故地长在学者脑袋里，必有源头。它的源头在哪里？在生活中。农夫农妇、贩夫走卒都是生活中人，他们的头脑中装满了从生活中得来的好经验，学者们就是将他们的经验加以提炼，才形成了好的理论。而生活中人虽然没有提炼能力，并不等于他们脑袋里的东西没有价值。好比金矿石，提炼后价值更高，没有提炼之前，其价值仍在，值得我们去提炼。孔子所说的"三人行，必有我师"，并不是故作谦虚，而是认识到了从别人的头脑中找金矿的价值。

在生活中，还有一些人，虽然身处低位，无权无钱无名，却具有智慧，并且善于总结经验，也就是说，具有将金矿提炼成金块、打造成金器的能力，只不过没有人发现他们的才能，所以一直默默无闻。向这样的人请教，也许比在大学里读几年书还要有价值。

比如伊尹未发迹前，不过是有莘国君的奴隶，地位十分低贱，谁都不会认为他有学问，但他确实很有学问。可惜有莘国君不识其才，看他烧得一手好饭菜，便让他当了厨师。伊尹十分注意学习，常借迎来送往、招待宾客之机，从宾客们口中了解天下大事。

有一次，商汤王的左相仲虺因公事从有莘国过境，逗留数日。伊尹便借招待他的机会，多次与他接触。交谈中，仲虺发现伊尹是个难得的人才，回国后，便将伊尹的详情禀告了商汤，并借商与有莘国结亲之机，要求让伊尹作为陪嫁奴隶。这样，伊尹就来到商汤家中。但商汤认为一个奴隶不可能有多大本领，仍让他去当厨师。伊尹常乘机接近商汤，利用烹调做比喻向商汤陈说政治见解，先后达 70 次，商汤均不为所动。

一天，伊尹故意将几样菜蔬做得淡而无味，或咸不入口，一同献给商汤。商汤大为不满，立刻召伊尹前来问话。伊尹对商汤说："大王，烧菜既不能过咸，也不能太淡。过咸则难于下咽，过淡则无滋味。治理国家也是同样的道理啊！既不能操之过急，急则生乱；又不能松弛懈怠，懈怠必然使国事荒疏。"

伊尹停顿了一下，见商汤听得聚精会神，便继续说："如今，夏王桀荒淫无度，昏庸暴虐，民心尽失，天下纷乱，黎民百姓饱受其苦，恨之入骨。而大王您以仁德治国，伸张正义，取信于民，已是众望所归，为当今天下唯一贤明的君主。您何不适时起兵，伐夏救国，拯救万民于水火之中，成就惊天动地的伟业呢？"随后，伊尹详尽地分析了天下大势，论述了消灭夏朝的具体步骤和策略。

商汤这才发现伊尹是个杰出人才，当即宣布解除他的奴隶身份，并任命他为右相，与仲虺一同辅佐朝政，共同筹划灭夏大计，终于大功告成。

伊尹的事例说明，一个人有没有学问，不能看他的身份，不能看他的财势，不能看他的学历。有的人瞧不起地位低的人，认为向地位低的人请教有失身份。其实，在生活中，"伊尹"不止一人，其中多数人未能立业扬名，但不等于他们的学问没有价值。我们看见的某个厨师，说不定他是一个尚未发迹的"伊尹"呢！我们看见的某个老钓翁，说不定他是一个尚未发迹的"姜子牙"呢！我们看见的某个小商人，说不定他是一个尚未发迹的"宁戚"（齐桓公的大臣）呢！向"伊尹"、"姜子牙"、"宁戚"们求教，怎么会有失身份呢？

即使对方不是"伊尹"、"姜子牙"或"宁戚"，不过是一个很普通的人，只要他有一技之长，也值得我们请教。如此积少成多，必成大学问。

对任何一个期待事业有成的人来说，仅凭从某个名师那里学到的一点有限知识是远远不够的，多求教，方能"集众美于一炉"，练成一鸣惊人的绝艺。

增长智慧的捷径

孔子所说的"畏"，不光是害怕、恐惧的意思，主要是敬畏的意思。

南怀瑾大师认为，只有最聪明的人和最笨的人才可以无畏，这是很有道理的。最聪明的人无畏，是因为他知道危险会来自哪里，能小心地避开；最笨的人根本不知道有危险，自然不害怕。好比刚出生的小孩子，他唯一害怕没奶吃，其他的什么都不怕。稍有知识，怕的东西就多起来。

尽管孔子提倡应该有所畏惧，绝大多数人却以"无所畏惧"为本事，这是什么原因呢？因为人们普遍认为自己已经足够聪明。事实上，只有孔子这种"知天命"的人才称得上足够聪明，一般人根本没到这境界，还是有所畏惧的好。

为什么要"畏天命"呢？因为"祸福生于隐约之中"，都由"天命"掌管，经常以出乎意料的方式出现在我们面前，令人不得不畏。

"天命"是什么？我们将它理解为自然规律，或理解为神佛，都无不可，反正是某种我们无法控制的东西，但可以发挥主观能动性，使它帮助自己趋利避害。

当然，要相信自然规律是科学。这当然有道理，科学还是要搞，对那些科学暂时还搞不清的事物，比如自然规律，不妨假定为"天命"。孔子"敬鬼神而远之"，可见他谈"畏天命"，也不是提倡迷信，他只是承认有某些自己无法了解的事物存在，而且在发挥人力所无法阻挡的作用，不得不有所敬畏。

"天命"的威力，不是靠人的有限智慧能测知的。有时我们看起来必然成功的事，却因为某个意外的变故而失败了；有时我们看起来很绝望的事，却因为某个意外的机遇而成功了。这并不是自己事先设计的套路，但其中肯定存在某种逻辑关系。我们有很多更重要的事需要做，根本没有必要穷毕生之功去搞清这种逻辑关系。

《三国演义》中的诸葛亮，是智慧的化身，他运筹帷幄，战无不胜，呼风唤雨，无所不能，好像是一个半神半人的人物。可是他也拿"天命"没有办法。当他用计火烧司马懿父子，眼看司马大军就要覆灭，一场大雨忽然下来，救活了司马父子，所以他不得不仰天长叹："谋事在人，成事在天！"

既然诸葛亮都对"天命"束手无策，我们智不过诸葛，怎么能不有所敬畏呢？

什么人可以不畏"天命"呢？不是聪明人，而是生性达观的人，他们抱着"尽人事而听天命"的心态，把一切都看得淡薄，自然会胸襟开阔，失意泰然、得意淡然、无忧无虑、无怨无责、心身愉快、无处不适、无处不安。

为什么要"畏大人"呢？"大人"包括地位高、辈分高和学问高的人。

在专制时代，地位高的人说的话就是法律，就是政策，所以也可以由"畏大人"引申为畏法律。苏格拉底说："守法即是正义。"这是从道德层面来强调法律值得敬畏。从客观上来说，藐视法律，就等于跟自己的身家性命过不去，又有什么好处呢？

当然，大人物本身也值得敬畏，不尊重大人物，对自己没什么好处。三国时的祢衡，他不"畏大人"，脱掉裤子骂曹操，指着鼻子骂袁绍，拍着桌子骂黄祖，最后把小命搞丢了。

在专制时代，辈分高的人享有优先尊重权，请客要让辈分最高的人坐上位，走路要先向老人行礼。到了今天，敬老仍然是基本的礼仪，不尊重老人，虽然不至于吃官司，起码会被人暗骂没大没小，影响你的个人形象。

在专制时代，学问高的人往往有较多当官的机会，对他客气一点没坏处。苏秦未发迹时，穷困潦倒，他的嫂子就轻视他，对他说了很多难听的话。等到苏秦发迹了，嫂子跪在他面前，吓得瑟瑟发抖，那岂不是很尴尬？到了今天，学问高的人成功机会也较多，"狎大人"事实上是在把机会挡在门外。

而且，学问高的人竞争力往往比较强，跟他作对手不如跟他做朋友。孙膑学问高，庞涓跟他是同学，联手打天下不是很好吗？庞涓却因为嫉妒心理作怪，偏要"狎大人"，把孙膑逼到敌对阵容去，结果招致身败名裂的下场，这不是很愚蠢吗？

为什么要"畏圣人之言"呢？所谓圣人，往往有很强的洞察力，对世道人情的理解比一般人深。追随圣人之言去探索，往往能让自己达到更高的境界。不把圣人的话当回事，轻视它们，"恶搞"它们，得到的不过是无知和妄语，对自己的身心智能都是没有好处的。

"畏圣人之言"，实际上是畏自己的无知。大千世界无穷，人的智力有限，穷毕生精力，也难以理解万一，所以在做人做事时，难免经常有不知对错、无所适从之感。如何解决这个苦恼呢？向智慧高于自己的"圣人"学习。我们用不着把圣人之言当金科玉律，但是把它们当成学习的基础，无疑是提高自身智慧的捷径。

不怕不懂，就怕装懂

我们从小就听到过"知之为知之，不知为不知"这句话，可有几个人真正地理解并运用呢？这是《论语·为政》中孔子说的："由，诲女知之乎！知之为知之，不知为不知，是知也。"

孔子说："子路，我教导你的话，明白了吧！凡事知道就是知道，不知道就是不知道，这是真正的'知道'。"南怀瑾认为一个敢于说自己"不知道"的人才真有气魄。又是子路被教训，大家都知道子路性子急、爽直、尚勇，关于勇的问题就他爱问孔子，一度让孔子很头疼。从这里我们看到孔子确实很会教诲他人，因材施教。子路做事爱冲动，难免爱逞能，爱大包大揽。子路还做过冉求的上司，遇到这样肯揽事却不一定能做好的上级，不知道是幸运还是不幸？

凡事都要想好了再去做，莫要不懂装懂，那样不仅会让人看不起你，而且会让你事业受挫。生活中，不怕一知半解，不怕一无所知，怕只怕不懂却要装懂。事实上，不懂装懂本身就是一种无知的表现，它同无知一样可怕。

有位小杂志社社长不管在什么场合总喜欢装腔作势，并且故意以降低自己的音调来表现庄重的样子。不但如此，他也总是一副无所不知的样子，这种姿态让人觉得他好像在做自我宣传。

然而，不论他再怎么装腔作势，夹着再多的暗示性话语，他出版的杂志或周刊也永远上不了台面，他出版的刊物总是被人批评为现学现卖、肤浅的杂学之流，这是因为他对任何事都喜欢进行评论。当他一要开口说话，旁边的人就说："天啊！又要开始了。"

这和说大话、吹牛并无不同。自己虽然没有高人一等的智慧，却装出一副什么都知道的样子，这样会被人看作是虚张声势的伪君子。在人际交往中最令人敬而远之的就是这种一点也不自知的人。承认自己也有不知道的事并不丢人，为了要自抬身价而不懂装懂，一旦被对方看穿，反而会令对方产生不信任感。

韩愈说"闻道有先后，术业有专攻"，每个人都有自己的专长，不可能每件事都很精通。愈是爱表现的人，愈是无法精通每件事。交朋友应该是互相取长补短，别人比自己精通的地方就应不耻下问，即使是自己很精通的事，也要以很谦虚的态度来展现实力，这样才能说服他人。

在一个高度发达的信息时代，每个人所吸收的知识都不可能包罗万象。若不以虚心的态度与人交往，如何能够受到大家的欢迎？凡事都自以为是的人，必然得不到大家的尊敬。不懂装懂就是无知，不利于交际范围的扩展。这样的人在社会中恐怕永远也不会受欢迎，不懂装懂和自作聪明的处事方法会毁掉一切刚刚兴起的事业，人们会失去对你的兴趣和信任。作为一个有职位的领导，如果爱装腔作势，对自己不懂的事也一味勇往直前，那么这种破坏力比一般人还大。俗话说权力越大，责任越大，做领导的理应比其他人更慎重，做事更应顾全大局。千万莫让一时的表现欲毁了你的未来。

古希腊著名哲学家苏格拉底讲过："就我来说，我所知道的一切，就是我什么也不知道。"以最简洁的形式表达了进一步开阔视野的理想姿态。可以说，至今仍有很多人信奉他这句名言。无论你多么伟大，无论你多么有才能，你也有不知道的地方，说不知道并不就意味着你无能，反而在勇敢承认的同时你获得了更多的称赞。

有一位学问高深、年近八旬的老妇人。她原是大学教授，会讲五种语言，读书很多，语汇丰富，记忆过人，而且还经常旅行，可以称得上是见多识广。然而，人们从未听到过她卖弄自己的学识或对自己不了解的事情假称通晓。遇到疑难时，她从不回避说"我不知道"，也不用自己的知识去搪塞，而是建议去查阅有关专著、资料，以做参考。看到老人的这一切，每个跟她接触的人才真正懂得了怎样才能被别人敬重，怎样才能获得做人的尊严。

心理学家邦雅曼·埃维特曾指出，平时动不动就说"我知道"的人，头脑迟钝，易受约束，不善同他人交往。迅速和现成的回答，表现的是一种一成不变的老一套思想；而敢于说"我不知道"所显示的则是一种富有想象力和创造性的精神。埃维特还说，如果我们承认对这个或那个问题也需要思索或老实地承认自己的无知，那么我们自己的生活方式就会大大地改善。诺贝尔奖得主杨振宁曾说："对于中国的学生，要能够知之为知之，但最重要的是不知为不知。"或许这才是做人做事的真正学问。

学问越多越自认无知

孔子曾对他的学生说："你们以为我真正有学问吗？我老实告诉你们，我一点学问都没有，我什么都不懂（子曰：吾有知乎哉？无知也。有鄙夫问于我，空空如也，我叩其两端而竭焉）。有不曾受教育的人来问我，我实在没有东西，就他的程度所问的，我便就我所知的答复。"南怀瑾先生认为孔子最伟大的地方就在于他的学问、修养很高，却能保持谦恭的态度。

孔子的谦虚在《论语》中有很多处表现，我们说最高的知就是"无知"。为什么要这样讲？因为要一个人骄傲是很容易的，但是让一个人谦恭却很难。古话有"文人相轻"，说文人之间互相看不起对方的文章与学问。其实，何止是文人啊？很多人都有这个心理，总觉得这个事情只有让我来做才能做得好，别人则一概瞧不上。我们身边自负的人比比皆是，但是真正谦恭的人却很少见。

在一个经常交织着风雨雷电的古老星球中，住着两位仙人，一位叫自负，另一位叫谦虚。有一次，自负仙人认为自己比谦虚仙人厉害，就想去挑战谦虚，想战胜在这星球上唯一能与他抗衡的谦虚仙人。见到谦虚，自负认为一定能战胜谦虚，总纠缠着他不放，谦虚为了不伤和气，也就勉强接受了他的挑战，不过不是动武，而是提出要赌一场。赌什么呢？经过一番讨论后，他们决定赌谁能在另一个星球中走向成功。主意已定，两人便一同向地球飞去了。

来到地球后，他们各自化作一个打工者，来到同一家公司应聘，当踏进此公司时，自负就向谦虚夸下海口说他一定会被这家公司聘用。谦虚什么也没说。进入面试室后，自负改不了自身的毛病，一坐下来就跷起二郎腿滔滔不绝地说着他的宏伟蓝图，还把工作人员递给他的一份企划案批得一无是处；而谦虚则保持着他一贯的态度，对企划案礼貌地提出不同的意见，遇到不明白的地方还虚心地询问工作人员。面试后，自负很是得意，认为自己留给工作人员的印象一定不错，肯定能被聘用。心里越发瞧不起谦虚，甚至想象着回到星球后如何大张旗鼓地庆祝自己赌赢了。

过了一会儿，面试结果出来了，工作人员宣布正式聘用谦虚。听到这个宣布，自负很不服气地对工作人员说："我哪样不比他强，为啥不选我呢？"工作人员只说了一句话："因为你太自负了。"最后自负低着头，灰溜溜地走出了这家公司。自负仙人知道自己输了，沉着脸，低着头，飞回了那古老星球。

现实生活中我们往往会发现这样的现象：一些取得成就的人，往往会上演一幕小人得志的丑剧，将最初的谦恭忘得一干二净。这样的人其实不具备谦虚的美德，但伟大的人则不会如小丑般，他们的谦恭是由内而外、自始至终的。

越在名利的顶峰处显示出的虚心，越发显得弥足珍贵。谦虚是每个人获得成功必不可少的品质。在你到达成功的顶峰之后，你会发现谦虚真的十分重要。因为只有谦虚的人才能得到智慧。一个人如果把自己放得太高，眼睛里就看不到地上的万事万物，而只能看见天上的白云。脚跟都沾不着地面的人，怎么能踏实做事呢？

管人先管己，带人先带心

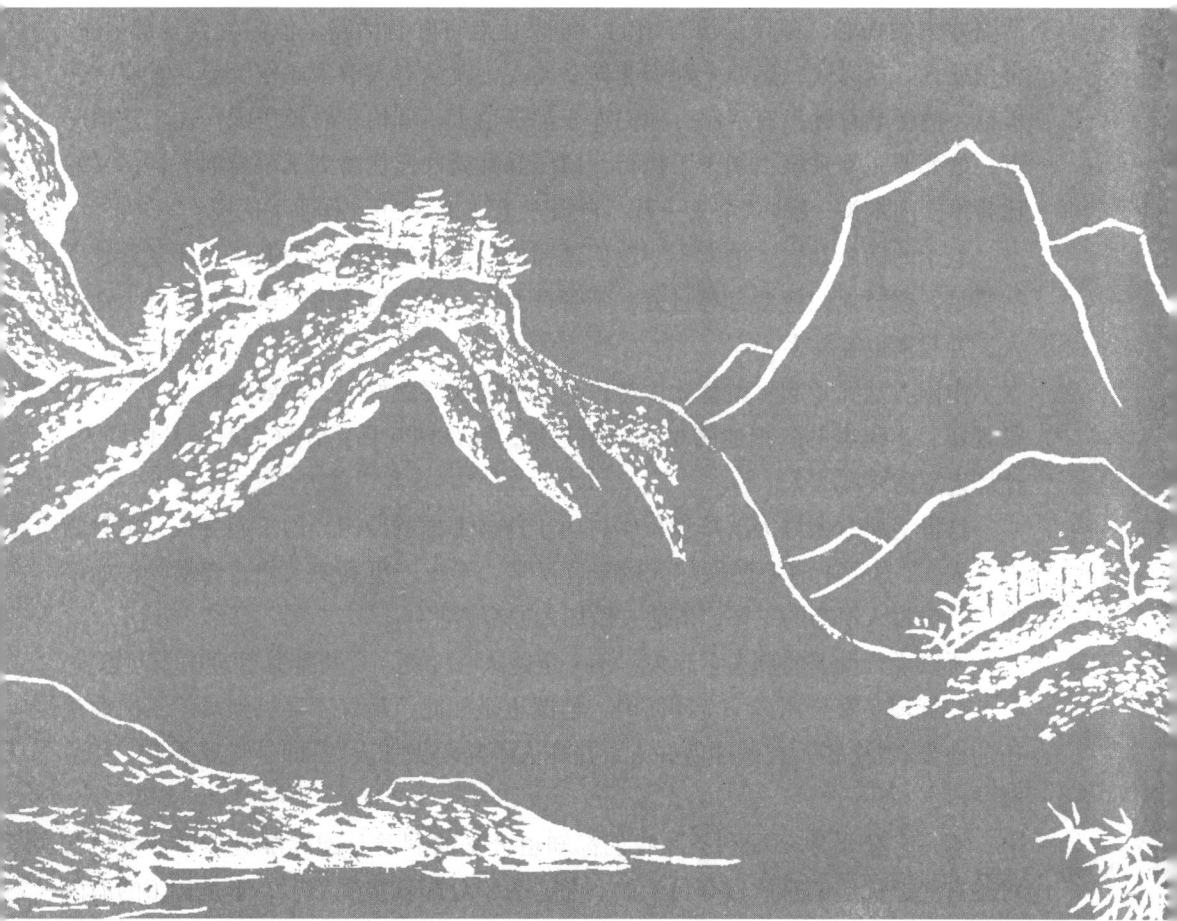

不要迷信惩罚的效力

老子的"民不畏死"这段话，是什么意思呢？春秋时期，社会混乱，民不聊生，不少人为了生存，或聚而为盗，或揭竿造反。当时最著名的强盗大概是盗跖，据《庄子·杂篇》介绍，此人是大贤士柳下惠的弟弟，"从卒九千人，横行天下，侵暴诸侯"。司马迁在《史记》中则说他"性格残忍凶暴，然部下盛赞其信义"。官府多次出兵镇压，都拿他没有办法。

当然老子并不是单讲盗跖，而是泛指镇压盗匪这件事。他认为，老百姓没有活路才去做强盗，镇压是没有用的。如果让老百姓有活路，他们就会爱惜生命，害怕死亡。这时候，惩处个别为非作歹的人，就没有人敢为非作歹了。官府穷奢极欲，搞得老百姓没有活路，他们连死都不怕了，哪怕官府镇压呢？在正常情况下，处死罪犯本来该由刽子手执行，镇压暴乱就好比代替刽子手行刑一样，又好比替木匠削木头一样。"杀人一万，自损三千"，哪有不"伤手"的呢？

老子的话是劝告统治者不要迷信惩罚的效力，最好的管理办法是让老百姓生活富足，这样他们就会自尊自爱，不管理他们，他们也懂得自律。即使有个别坏人，管起来也容易多了。

中国人从孔子起，就喜欢说教，老是劝别人要做好人，不要做坏人。老子就很现实，不玩虚的。把他的观点归结起来，就是两句话：让好人有条件做好人，让坏人不需要做坏人。

这世上愿意做好人的毕竟很多，由于这样那样的原因，做不起好人，也只好做坏人。 这世上真心愿做坏人的毕竟不多，半夜三更翻窗入户，容易吗？如果他有一份收入不错的工作，请他去做坏人他都不愿干。

所以说，世上的坏人多起来，不一定是人心变坏了，可能是管理出了问题。

在管理一家公司或一个团队时，情况也是如此，最好不要搞到员工不怕炒鱿鱼的地步。"让好人有条件做好人，让坏人不需要做坏人"，即是管理要点。其法有三：

第一，公平地分配利益。我们都知道公平的利益分配标准是"多劳多得"，可是有些老板偏偏喜欢侵夺员工的利益，公平分配就实现不了，于是员工的消极怠工、侵吞公司财物等种种"坏事"就会接踵而来，无论采用多么严厉的管理措施都无济于事。

一般来说，世界上最优秀的公司，都是利益分配问题解决得最好的公司。

世界汽车业的先驱亨利·福特说："要想员工忠心耿耿地为你效劳，是最容易不过了。但是，万万不能耍手段，你只需要更多地为员工的利益着想。"公平分配利益就是最好的管理之道，缺此一条，无论什么管理手段都会显得软弱无力。

第二，尊重和信赖。美国管理专家托马斯·彼得斯说："在那些优秀的公司里，尊重个人是压倒一切的主题。"你越是尊重员工，员工越是自尊自爱；你越是信任员工，员工越是值得信赖。

有的老板就像地主请长工似的，天天盯着员工的一举一动，生怕他们偷懒。假如制度不合理，员工没有成为优秀员工的意愿，盯得再紧又有什么用呢？

第三，同舟共济，勇于承担道义责任。每个人都只会为自己的目标而奋斗，而不会为别人的目标而奋斗。老板如此，员工也是如此。但是，如果老板把员工视为自己人，同进共退，双方的目标却能趋于一致。这样，大家就会全心协力地为一个共同目标而奋斗。

杰出人士都勇于承担道义责任，就像一位勇敢的船长，具有与船共存亡的决心。正因为有这种决心，他的船更不容易沉没。

有的老板将公司看成自己的领地，员工只是手中的工具。毫无疑问，他们只能得到一些得过且过混日子的员工，不可能建立起一支忠诚的、能干大事业的队伍。

杰出人士将公司看成全员共同创业的场所，员工自然会将公事当成自己的事，充分释放自己的潜力。这样，何愁事业不能做大呢？

说得好不如做得好

说一千，道一万，不如做给别人看。

有一个宰相夫人非常重视儿子的前途，她每天不辞劳苦地劝告儿子要努力读书，要有礼貌，要讲信用，要忠君爱国等。而宰相每天早上离开家去上朝，晚上回来则看书，极少指教孩子。爱儿心切的夫人终于忍不住说："你别只顾公事和看书，也该好好地管教管教你的儿子啊！"

宰相淡淡地说："我时时刻刻都在教育儿子啊！"

言传不如身教，榜样的力量无穷，苦口婆心地劝说、讲大道理，都不如一个简单的行动。

某县有一所初级中学，被称为全县最差的学校。这里的环境脏乱差，学生的成绩一塌糊涂，每次教育系统评比都是倒数第一。

并不是这所学校的领导和老师们全没责任心，他们也想把学校管好，把学生教好，但不知为什么，这里的学生好像天生长了"反骨"，就是不服管。上课的时候，有的人说笑聊天，有的人随意出入，根本不把老师放在眼里，甚至有人公然跟老师打架，课堂纪律无法维持。时间一长，老师们都失去了信心，有门路的纷纷调离，没门路的只好无精打采地混着。学生家长也对老师们失去了信心，纷纷让孩子转学，学校的情形更是每况愈下。

终于，县教育局对这所学校失去了耐心，撤换了校长，并给新校长立下"军令状"：半年之内，如果情况得不到改善，将撤销这所学校。新校长认为，要抓管理，首先要从老师抓起。于是，他决定从省城请一位特级教师来讲课，给本校的老师作一个示范，让他们知道应该怎样当好一个老师。

特级教师来了，是一位三十不到的女性。她一身素净，穿着打扮时尚而不轻佻。只见她满面春风地走到讲台上，用欢快悦耳的声音跟同学们打招呼："同学们好！"

按照礼仪，同学们应该回敬一声"老师好"，谁知教室里鸦雀无声，因为他们还没有养成讲文明讲礼貌的习惯。特级教师冲同学们调皮地眨眨眼睛，表示她对这个冷遇的理解，于是同学们都笑了。

特级教师将讲义放在讲桌上，却发现讲桌里外外都是粉笔灰，她的手上、衣服上也沾了好些。看来这张桌子已有些日子没有好好清理过了。再看黑板上，昨天书写的内容还留在上面，且被同学们加了不少即兴创作的内容，比如小人头之类。

特级教师看看手上的粉笔灰，看看衣服上的粉笔灰，夸张地一笑，说："我快成一个白人了！"

同学们都笑了，然后他们脸上又都露出一点难为情的意思，因为他们觉得让这么白的手、这么干净的衣服沾上粉笔灰，真的不应该。

特级教师又和颜悦色地问："哪位同学能告诉我，抹布和粉笔刷在哪里？"

同学们面面相觑，不知是否该帮老师的忙。这时，一位男生跳起身，从教室的角落里找来了抹布和粉笔刷。特级教师接过来，真诚地说了一声"谢谢"。然后，她花了好几分钟时间，仔细清理黑板和讲桌。干完活，她又仔细地审视了一遍，满意地点点头，然后回过身，笑着对同学们说："这样是不是好看多了？"

结果，这堂课，同学们都听得特别认真，没有一个人违反课堂纪律。下课后，值日生马上跑过去，将黑板擦干净，还将已经很干净的讲桌擦了一遍。他们已经知道应该怎样做一个学生。

那些旁听的老师们呢，他们也知道了应该怎样做一个老师。

在领导艺术中，有很重要的一条，即：我示范。千言万语也比不上亲自做给别人看。当你用友善、真诚、尊重的态度对待别人时，无疑也会得到友善、真诚、尊重的回报。当你认真履行自己的职责时，对方也会见样学样，即使学得不是那么像。

当对方的表现不尽人意时，抱怨和指责通常是没有用的，反而会使双方的距离越来越远。那又何必抱怨和指责呢？不如以身示范，"行不言之教"。

取才，不拘一格是道

孟子在齐国十分不得志，于是打算离开这里。在临走之际，他对齐宣王说："王无亲臣矣。"即大王您没有值得信任的臣子了，因为"昔者所进，今日不知其亡也"。过去有人推荐了人才给您，但是都得不到重用，最后都悄悄离开了。齐宣王于是问他如何取才。孟子回答他说："国君进贤，如不得已，将使卑逾尊，疏逾戚。"意思是说，如果您真遇到贤才的话，就不要拘泥于成规，应该越级提拔，使得人尽其才。

由此，南怀瑾先生对中国古代历来的人才选拔制度进行分析，认为每一个朝代稳定之后，人才选拔上都会出现世臣巨族门第之见。即使自唐太宗以选拔考试取士以后，经过历代的累积，门第世臣的弊病还是屡屡发生，很难做到"拔识于稠人"，即从普通百姓中选才的程度。为此无数人怀才不遇，国家的人力资源也遭受了重大损失。

南怀瑾先生的这一观点为现代的领导人提供了一个取才之道，其核心就是要不拘一格选人才。正如电影《天下无贼》中葛优饰演的黎叔所说："21世纪什么最贵？人才。"现在企业的竞争大都是人才之争，因此选出德才兼备的人才是每个领导的愿望，也是必做之事。

"上品无寒门，下品无士族"，讲究出身、门第，这在封建社会里可以说是一种再正常不过的现象。但这恰恰是选拔人才过程中的严重弊端，因此，有识之士多持反对态度。南北朝时期的西魏大臣苏绰在参与治理国家的实践中，坚决主张选用贤良，彻底打破传统的门户之见。他透彻而形象地指出："自昔以来，州郡大吏，但取门资，多不择贤良；末曹小吏，唯试刀笔，并不问志行。夫门资者，乃先世之爵禄，无妨子孙之愚瞽；刀笔者，乃身外之末才，不废性行之浇伪。若门资之中而得贤良，是则策骐骥而取千里也；若门资之中而得愚瞽，是则土牛木马，形似而用非，不可以涉道也。若刀笔之中而得志行，则是金相玉质，内外俱美，实为人宝也；若刀笔之中而得浇伪，是则饰画朽木，悦目一时，不可以充榱椽之用也。今之选举者，当不际资荫，唯在得人。苟得其人，自可起厮养而为卿相，伊尹、傅说是也，而况州郡之职乎。苟非有人，则丹朱、商均虽帝王之胤，不能守百里之封，而况于公卿之胄乎。由此而言，观人之道可见矣。"

因此，在选用官吏方面，必须切实做到："将求才艺，必先择志行。其志行善者，则举之；其志行不善者，则去之。"苏绰选用人才的标准是很明确的，即选用有德有才、德才兼备之人，而全然不顾其出身门第的高低贵贱。

正是英雄不问出处，只要是人才就可以为我所用。当然，选拔人才最需要的还是一双慧眼，这双慧眼怎样得来，下面这个故事提供了一个方法。

战国时期魏文侯是一位礼贤下士的国君。一次，他想提拔一位相国，可是有两个合适的人选，让他难以抉择。于是他找来谋士李克，对他说："有句谚语说'家贫思良妻，国乱思良将'，现在我们魏国正是处在'国乱'的这个状态，我迫切需要一位有本事又贤良的相国来辅助我。魏成子和翟璜这两个人都不错，我该怎样取舍？"

李克听后，并没有直接回答魏文侯的话，却说："大王，您下不了决心，是因为您平时对他们的考察不够。"魏文侯急忙问："怎样考察？有何标准吗？"

李克说："当然有，我认为考察一个人的标准应该是：一看他平时亲近些什么人，从他亲近的人的品质可以看出他的为人；二看他富裕了和什么人做朋友，如果富裕了就摒弃以前穷时结交的朋友，或者巴结富贵人，那此人就不可取；三要看他当官后推荐什么人，只有真心为您效力的人才会为您推荐天下最贤良的人；四看他不做官了，不屑于做哪些事情，如果他不做官了，却还摆做官的架子，接受别人的馈赠，像当官时一样威风，那他就不是一个忠心的人；五看他贫穷了哪些钱他不屑于拿，如果他贫穷了就去拿讨来的钱或者偷窃来的钱，那他就不是一个贤德的人。只要您按照这五个标准去衡量他们，就可以作出决定了。"

魏文侯听后点头称是。

李克出来后遇见了翟璜，翟璜问道："听说魏文侯找你商量谁做相国的事情，不知结果如何？"李克说："结果已定，魏成子为相国。"翟璜气不过，愤愤地说："我哪里不如魏成子？大王缺西河太守，我把西门豹推荐给他；大王要攻打中山这个地方，我就推荐了乐羊；大王的儿子没有师傅，我就推荐了屈侯鲋，结果是：西河大治，中山攻克，王世子品德日增，我为什么不能做相国呢？"

李克说："你怎么能比得上魏成子呢？魏成子的俸禄，百分之九十都用来罗致人才，所以子夏、田子方、段干木三人都从国外应募而来。他把这三个人推荐给大王，大王以师礼相待。而你所推荐的人，不过是魏文侯的臣仆，你怎么能和魏成子相比呢？"翟璜沉默了一会儿，无奈地说："你是对的，我的确比不上魏成子。"果然，魏文侯让魏成子做了相国。

选拔人才需要大智慧、大眼光，需要有理性的头脑，需任人唯贤，不可任人唯亲。《红楼梦》中贾雨村的一句"玉在匮中求善价，钗于奁中待时飞"，道出了自古以来所有想一展自己抱负的人的心声。大文学家韩愈感叹道："世有伯乐，然后有千里马。千里马常有，而伯乐不常有。"确实，千里马是人才，而识得千里马的伯乐更是人才。

懂得不拘一格的识才、选才之道，惜才、爱才，这样的领导就是伯乐。

用人不可学非所用，用非所长

孟子关于用人之道也有他的心得。"夫人幼而学之，壮而欲行之。王曰：'姑舍女所学而从我。'则何如？今有璞玉于此，虽万镒，必使玉人雕琢之。至于治国家，则曰：'姑舍女所学而从我。'则何异于教玉人雕琢玉哉？"

意思是说，一个人从小就学一样东西，长大之后，想施展所学，你却要他放弃自己所学，而按照你的方法去做，结果会怎么样？再假定有一块上等玉石，即使价值万两黄金，也一定需要琢玉的工人依他的学识技术，把它雕琢好才可以。你现在寻找治国之才，却叫他放弃平生所学，唯你是从，岂不是等于让琢玉的人放弃他所学的技术，而按你的方法来琢玉一样？这如何行得通？

南怀瑾先生总结孟子的说法其实就是用人不可学非所用，用非所长，而是要知人善任，唯才所宜。拿破仑说过，最难的不是选拔人才，而在于选拔后怎样使用人才，才能使他们的才能发挥到极致。因为发现人才，识别人才，选拔、推荐人才，都是为了善用人才。韩信用兵，多多益善；刘邦择将，三人而已，这就是领导用人的奥妙所在。"伯乐"与"千里马"的关系，可谓人人皆知，但不见得人人都能用。管理学大师德鲁克说过："人的长处，才是一种真正的机会。"大凡高明的领导者无不深明此意：要以人的长处运用为机会，善于识察人的长处，并能用得恰到好处，这样就能不失时机地赢得事业的成功。这也正是中国管理者们从古至今一直在学习汲取并不断实践的用人之道。

唐代陆贽说过："若录长补短，则天下无不用之人；责短舍长，则天下无不弃之士。"唐代韩愈在《送张道士序》中也说："大匠无弃材，寻尺各有施。"用人也是如此。俗话说："人无弃才。"关键在于知人善任。只有知人善任，才能人尽其才。知人善任是领导艺术，也是决定事情成败的关键所在。

《贞观政要》记载着唐太宗李世民的用人之术。李世民说："明主之任人，如巧匠之制木。直者以为辕，曲者以为轮，长者以为栋梁，短者以为拱角，无曲直长短，各有所施。名主之任人也由是也。智者取其谋，愚者取其力，勇者取其威，怯者取其慎，无智愚勇怯兼而用之，故良将无弃才，明主无弃士。"李世民不仅是这样说的，也是这样做的。

在一次宴会上，唐太宗对王珪说："你善于鉴别人才，尤其善于评论。你不妨从房玄龄等人开始，评论一下他们的优缺点，同时和他们互相比较一下，你在哪些方面更优秀。"

王珪回答说："孜孜不倦地办公，一心为国操劳，凡所知道的事没有不尽心尽力地去做，在这方面我比不上房玄龄；常常留心于向皇上直言进谏，认为皇上的能力、德行比不上尧舜，这方面我比不上魏徵；文武全才，既可以在外带兵打仗做将军，又可以进入朝廷担任宰相，在这方面，我比不上李靖；向皇上报告国家公务，详细明了，宣布皇上的命令或者转达下属官员的汇报，能坚持做到公平公正，在这方面我不如温彦博；处理繁重的事务，解决难题，办事井井有条，这方面我也比不上戴胄；至于批评贪官污吏，表扬清正廉洁，疾恶如仇，这方面比起其他几位来说，我也有一技之长。"唐太宗非常赞同他的话，而大臣们也认为王珪完全道出了他们的心声，连连点头称是。

从王珪的评论可以看出，唐太宗的团队中每个人各有所长，但更重要的是唐太宗能将这些人依其专长运用到最适当的职位上，使其能够发挥自己所长，进而让整个国家繁荣强盛。其实在用人大师的眼里，没有废人，正如武林高手，不需名贵宝剑，摘花飞叶即可伤人，关键看如何运用。

人才如花，艳花大多不香，香花大多不艳，艳而香的花大多有刺。艳者取其艳，容其不香；香者取其香，容其不艳；艳且香者取其艳香，容其有刺。要做一个好的领导者就要重视人才、知人善任，并且能够笼络人心，留住人才。对于有能力的人，要安排合适的岗位发挥他们的长处；对犯了错误的人，要悉心教育；对待有大功劳的人，要重奖，要提拔，以形成一个积极向上的团队氛围。

若无伯乐，乃千里马之大不幸。而遇一不能善用人才的领导，却是人才之大不幸。因为，你也只能在泥沙遮不住珍珠光彩的信念中埋没一生，在"天生我材必有用"的自嘲中抗争一生。对领导者来说，善于用人，则家和业兴国盛；埋没人才，则害人害己害国。

上行下效的力量

孟子为人正直，说话也耿直，他说梁惠王"庖有肥肉，厩有肥马，民有饥色，野有饿莩，此率兽而食人也。兽相食，且人恶之；为民父母，行政，不免于率兽而食人，恶在其为民父母也"。意思是说厨房里有肥嫩的肉，马棚里有壮实的马，老百姓却面带饥色，野外有饿死的人，这如同率领着野兽来吃人啊！野兽自相残食，人们见了尚且厌恶，而身为百姓的父母，施行政事，却不免于率领野兽来吃人，这又怎能算是百姓的父母呢？

南怀瑾先生指出，这里孟子在讽刺梁惠王"上梁不正下梁歪"。无论是行政机关，还是企业，作为领导人，总是主导着单位的发展方向和道德风气，古语云：上有所好，下必甚焉。中国自古就有"上行下效"的事情，君不见"楚王好细腰"，而民间"多饿死"吗？

春秋时期，自从宰相晏婴去世之后，齐景公一直很苦闷，因为再无其他人敢于正面指责他的过失。

有一天，齐景公大宴文武百官，席散后，一起到广场上射箭取乐。每当齐景公射出一支箭，即使没有射中靶心，文武百官也都高声喝彩："好呀！妙呀！""真是箭法如神，举世无双。"

事后，齐景公把这件事情对他的臣子弦章说了一番。弦章对景公说："这不能全怪那些臣子，古人有云'上行而后下效'，国王喜欢吃什么，群臣也就喜欢吃什么；国王喜欢穿什么，群臣也就喜欢穿什么；国王喜欢人家奉承，自然，群臣也就常向大王奉承了。"

景公听了弦章的话，认为很有道理，就派侍从赏给弦章许多珍贵的东西。弦章看了摇摇头，说："那些奉承大王的人，正是为了要多得一点赏赐，如果我受了这些赏赐，岂不是也成了卑鄙的小人了！"他坚决地拒绝了这些赏赐。

"上行下效"的道理在这个故事中得到了很好的阐释，正是因为国君喜欢听人奉承，因此，才有下面人的好话连篇，每个人似乎都在戴着一个面具作秀，其目的也不一定都是卑劣的，毕竟人在屋檐下，不得不低头啊！

有古诗说：问渠哪得清如许，为有源头活水来。只有领导这个源头清明透彻，正直无私，他流经的地方才会不含杂质，他的下属才会具有正直的人格。

榜样能带给人巨大的力量，富有领袖气质的领导者都明白这个道理。美国前副总统林伯特·汉弗莱说："我们不应该一个人前进，而要吸引别人跟我们一起前进。这个试验人人都必须做。"这就是说,以身作则可以成为富有领袖气质的领导者的一股强大的力量。

《论语》有言:"其身正,不令而行;其身不正,虽令不从。"要正人,先正己,自己以身作则才能约束他人。一个好的领导就是下属的榜样,而榜样的力量是无穷的。

因此,领导要想正人必先正己,"上清而无欲,则下正而民朴"。要求别人做的,自己首先要做到;禁止别人做的,自己坚决不做。唯有如此,才能真正地发挥出自我影响力。

领导者的底线:在其位,善谋其政

何谓领导,即手中有一定的权力,可以指挥其他人为一个目标而努力、而行动的人。一个领导手中有多大权力,就应该发挥多大的能力,否则就会出现孟子所说的"不能者"与"不为者"之间的矛盾。

一次,齐宣王问孟子:"不为者与不能者之形,何以异?"即两者之间有什么差异?孟子答曰:"挟泰山以超北海,语人曰'我不能',是诚不能也,为长者折枝;语人曰'我不能',是不为也,非不能也。"意思是说,要人做背着泰山以超越北海的事情,如果他回答不能做到,那是真的不能,但是让他为长者折一段树枝,他如果说不能,那就是有这个能力而不去做了。

南怀瑾先生对孟子这一比喻的内涵进行了阐释,即一个普通人当然做不到"挟泰山以超北海",但是如果领导集中天下人的力量,那就另当别论了。这里孟子是暗示齐宣王,你有施行仁政的权力和能力,不是做得到做不到的问题,只是你肯不肯做而已。正是在其位,就要谋其政也。

三国时期,"运筹帷幄之中,决胜千里之外"的诸葛亮身居丞相之位,兢兢业业,鞠躬尽瘁,他一直坚持事必躬亲,处理政务通宵达旦,极度辛劳,以致身体日渐消瘦。虽然诸葛亮乃旷世之才,可他事必躬亲,已经超出主管政事的权限。长此以往,健康不仅受损,办事效率也会降低。这时,蜀国主簿杨颙"以家论国",诚心劝谏诸葛亮,"处理政务有一定制度,上下不能超越权限而相互侵犯"。

杨颙是如此劝谏诸葛亮的,他说:"一家中主人负责持家,男仆负责种地,女仆负责做饭,鸡负责报晓,狗专门吠叫防盗,牛的任务是驮运货物,马专门在出远门时使用。只要职责明确,主人的需求也就可以满足了。可是突然有一天,主人要自己包揽所有家务,不再分派任务给其他人。于是,主人耗时耗力,弄得身疲力乏。究其原因，他丢掉了当家做主的规矩。"诸葛亮听后，觉得非常有理，放权于别人，并不失为政之道理，因此他欣然采纳了杨颙的建议。

中国自古就有"不在其位，不谋其政"的说法，其有四个方面的含义，即"在其位，谋其政"、"在其位，不谋其政"、"不在其位，谋其政"、"不在其位，不谋其政"。其中"在其位，谋其政"，实际上是与"不在其位，不谋其政"相对应的，两个说法表面相反但内涵一致。作为一个领导者必须深谙此道。

这就是"不在其位，不谋其政"的道理，只有各司其职，才能出效率，出成绩！不在其位，可以不谋其政。相反，如果一旦身在其位，就必须善用其权，该做的、必须做的，不仅要做，还要做好。否则，于人于己，于家于国，有害而无利也。

清代纪晓岚的《阅微草堂笔记》里记载了这样一个故事：

一位官员死了之后去见阎王，自称清廉，所到之处只饮一杯水，不收一分钱，自认无愧于心。不料，阎王却大声训斥道："不要钱即为好官，植木偶于堂，并不水饮，不更胜公乎？"官员辩解："某虽无功，亦无罪。"阎罗王又言："公一生处处求自全，某狱某狱，避嫌疑而不言，非负民乎？某事某事，畏烦重而不举，非负国乎？三载考绩之谓何？无功即有罪矣。"

这个故事对古代庸官刻画得入木三分。这种庸官的形象放在今天，就是"一杯茶一支烟，一张报纸看半天"，"不求有功，只求无过"，办事拖拉、工作推诿，纪律涣散、政令不畅，虽然两袖清风，但却无所作为。庸官之害在于其"在其位而不谋其政"，不能想群众之所想、急群众之所急，误国误民。想要成就一番事业的领导必须剔除这种庸官逻辑。

古人说："坐而论道，谓之王公；作而行之，谓之士大夫。"为官者需要各司其职，各尽其能。明君、清官也好，为民办实事的县长、局长也好，或者是各个企业的领导也好，既然有了一个足以施展抱负的位子，那么就应该在位子上尽心尽力，出谋划策，将自己的本职工作做到最好。

如果一个人在其位而善用其权，在复杂的竞争中，能适时放权，收敛自己的锋芒，本分行事与适时突破相结合，那么他就能在自己的生存圈子里游刃有余。

做官一阵子，做人一辈子

有人曾经这样问孔子，你觉得郑国的子产怎么样啊？孔子说：噢，子产是个了不起的大政治家呢。子产当政的时候，对社会贡献很大，对国家的老百姓，是有恩惠的人。南怀瑾先生认为孔子最敬佩的人之一就是郑国的大政治家子产，所以孔子才会这样作答。

但是这个人好像还一副很不满足的样子，又接着问孔子：你认为楚国宰相子西如何呢？孔子回复他的话意犹未尽，他说："他啊，他啊！"明眼人一看就知道孔子对他不是很钦佩，但是孔子又不好直接说什么，毕竟这不是我们这位孔圣人的做人风格——孔子很反感背后乱批评别人。那么，孔子为什么要这样说呢？这里有一个插曲，知道了这个故事就明白孔子为什么如此回答。孔子在春秋时代弟子三千，而且有很多能人、贤人，所以他的名声很大。当他来到楚国的时候，这位大宰相怕位置不保，担心孔子过来抢了他的宝座。就单这一件事我们就能看出子西这个人胸怀不够宽广，很有点嫉贤妒能的意思，同时他还用小人之心度君子之腹。一个国家有这样一个位高权重的人当宰相，他能为他的母邦带来什么实质性的贡献呢？

接下来这个人还不满足，偏要把春秋时的几个大宰相放在一起，让孔子来做个比较。他又问道："那你认为管仲这个人怎么样啊？"我们知道没有管仲就不会有齐桓公的称霸，是他帮助齐桓公七连诸侯，这在当时是个了不起的功绩。因为当时诸侯纷争，乱成一团，而齐桓公能号令天下，组织大家开了一场又一场的"国际会议"，全都仰仗管仲之力。所以孔子对管仲很是佩服，我们几乎能想象到孔子回答这个人问题时的表情和动作，似乎孔子应该是竖起大拇指连连点头称赞管仲：管仲才算得上是一个真正意义上的人。真了不起！他在当政的时候，能够把齐国另一大夫伯氏的三百好田没为公有，而伯氏一家人因此穷困，只有青菜淡饭可吃，但一直到死，也没有怨恨管仲，心服口服。所以孔子说他能够称为一个人，了不起。我们如果稍微注意一下，就能发现孔子心中的标准。他为什么不说管仲也是一位大政治家呢？这是因为仅仅如此说，会降低了管仲的价值。因为政治家只是一个政治上很有作为的人物，而能够将别人的财产拿走，还能让别人没有一丝一毫的怨言，这就不是用"政治家"所能概括得了的了。所以孔子称他是一个"人"。

我们通篇看下来就会明白这样一个朴素而深刻的道理：做官只有一阵子，做人却是我们一辈子的事业。做人比起做官要重要得多，它们也不是一个层次上的哲学命题。

清代康熙年间，北京城里延寿寺街上廉记书铺的店堂里，一个书生模样的青年站在离账台不远的书架边看书。这时账台前一位少年购买一本《吕氏春秋》，付书款时有一枚铜钱掉下滚到了这个青年的脚边，青年斜睨眼睛扫了一下周围，就挪动右脚，把铜钱踏在脚底。

不一会儿，那少年付完钱离开店堂，这个青年就俯下身去拾脚底下的这枚铜钱。凑巧，这个青年踏钱、取钱的一幕，被店堂里面坐在凳上的一位老翁看见了。他见此情景，盯着这个青年看了很久，然后站起身来走到青年面前，同青年攀谈，知道他叫范晓杰，还了解了他的家庭情况。原来，范晓杰的父亲在国子监任助教，他跟随父亲到了北京，在国子监读书已经多年了。今天偶尔走过延寿寺街，见廉记书铺的书价比别的书店低廉，所以进来看看。老翁冷冷一笑，就告辞离开了。

后来，范晓杰以监生的身份进入誊录馆工作，不久，他到吏部应考合格，被选派到江苏常熟县去任县尉官职。范晓杰高兴极了，便水陆兼程南下上任。到了南京的第二天，他先去常熟县的上级衙门江宁府投帖报到，请求谒见上司。

当时，江苏巡抚大人汤斌就在江宁府衙，他收了范晓杰的名帖，没有接见。范晓杰只得回驿馆住下。一天过去，又得不到接见。这样一连十天。第十一天，范晓杰耐着性子又去谒见，威严的府衙护卫官向他传达巡抚大人的命令："范晓杰不必去常熟县上任了，你的名字已经写进被弹劾的奏章，革职了。""大人弹劾我，我犯了什么罪？"范晓杰莫名其妙，便迫不及待地问。"贪钱。"护卫官从容地回答。"啊？"范晓杰大吃一惊，自忖："我还没有到任，怎么会有贪污的赃证？"一定是巡抚大人弄错了。急忙请求当面见巡抚大人陈述，澄清事实。护卫官进去禀报后，又出来传达巡抚大人的话："范晓杰，你不记得延寿寺街上书铺中的事了吗？你当秀才的时候尚且爱一枚铜钱如命，今天侥幸当上了地方官，以后能不绞尽脑汁贪污而成为一名戴乌纱帽的强盗吗？请你马上解下官印离开这里，不要使百姓受苦了。"范晓杰这才想起以前在廉记书铺里遇到的老翁，原来就是正在私巡察访的巡抚大人汤斌。

一枚铜钱断了范晓杰的政治之路，让他在还没有起飞的时候就先折了翼，归根结底不是因为那一枚铜钱有多厉害，而是因为他不会做人，人都没做好，又如何能做好事情呢？做人要恪守自己的原则。做人要有正确的人生信念、执着的人生追求，做人要合乎历史潮流，不可随波逐流。陶渊明不为五斗米折腰，朱自清宁可饿死不食美国面粉，鲁迅"横眉冷对千夫指，俯首甘为孺子牛"。

做不好事情也做不好官，这就是做官一阵子、做人一辈子的核心。通篇读下来，我们能感受到孔子知人论世的准确、深刻，同时更感受到只有人生经验很丰富的人才能有如此体会。在实践中磨砺，在实践中锻炼自己，不愿吃苦、不肯艰苦奋斗的人，成就不了大事，也不可能成为顶天立地之才。

能忍还能挨一刀，不忍丢掉命一条

"小不忍，则乱大谋"这句话几乎所有人都明白它的意思，在小事情和小细节上如果不能忍耐，动不动就吹胡子瞪眼，这样的人多半性格急躁不能宽容，"大谋"就会因此而被破坏。在这方面清朝的曾国藩就是一个典型，他一生奉行"忍"的为官处世之道。因此他才能官居高位，在宦海中几经沉浮却没有被淹没，最终得享天年。如果我们稍微留心一下历史就会发现，笑到最后的人几乎都是有"忍"之海量的人，开创清朝升平之世的康熙皇帝就是这样的一个人。

根据祖宗的惯例，康熙满十四岁那年举行了亲政大典。可是亲政后的康熙帝，仍然没有实权，鳌拜继续大权独揽。皇帝与权臣之间的矛盾，终于在如何对待苏克萨哈的问题上公开化了。

苏克萨哈是顺治皇帝临终时指定的四位顾命大臣之一，一向为鳌拜所妒忌。在一次朝会上，鳌拜对康熙帝说："苏克萨哈心怀不轨，蓄意篡权，我已下令将他抓了起来。请皇上同意将苏克萨哈立即正法。"

此时康熙尽管对鳌拜的做法不满，可自知实力上远不是鳌拜的对手，所以只好忍耐。虽然表面上一个要杀，一个不准杀，谁也不肯让步，但实际上还是鳌拜势力更大。鳌拜一气之下，袖子一拂，扬长而去。满朝文武，人人惶恐，没人敢说话。鳌拜一回到家，马上传令绞杀苏克萨哈，同时诛杀了他的一家人。

康熙听到苏克萨哈被处死的消息后，气得两眼冒火，决心要除掉这个欺君擅权的鳌拜。但是，康熙心里清楚：鳌拜羽翼丰满，并且掌握着朝廷的军政大权，党羽亲信遍及朝廷内外。而且其身高力大，武艺高强，平时行动总是戒备森严。康熙帝深知要除掉鳌拜绝非一件易事，弄不好，激起兵变，那么，他这皇帝的位子也就别想再坐了。

经过一夜的冥思苦想，康熙帝最后定下了铲除鳌拜的计策。第二天鳌拜上朝时，康熙帝不露声色，也不再提苏克萨哈的事情，仿佛根本就没有发生过昨天那场争执一样。鳌拜心里却暗自得意：皇上到底是个小孩子，你一厉害，他就软下来了。其实他哪里知道，这是康熙帝高明的地方，先忍一步为的是最终的胜利。

没过几天，康熙帝给鳌拜晋爵位，加封号，又给鳌拜的儿子加官晋爵，鳌拜心里美滋滋的。康熙一面故作软弱无能，稳住鳌拜，一面挑选了十几个机灵的小太监，在宫内舞刀弄棒，练习角力摔跤。康熙帝自己也加入摔跤队伍与小太监们对阵取乐。消息传到宫外，大家认为只不过是小皇帝变着法子闹着玩罢了。鳌拜进宫奏事，见一伙小太监们练习摔跤，康熙在一旁忘情地呐喊、助威，也认为是小皇帝瞎折腾，闹着玩。

小小年纪就能如此机智，沉默忍耐，康熙确实有过人之处。所以从表面上看，朝中大事一切照旧，鳌拜还是那样为所欲为，康熙对鳌拜还是那样信赖，鳌拜渐渐放松了戒备。练习拳棒和摔跤的小太监们，技艺逐渐纯熟。康熙见时机已到，决定向鳌拜下手。

一天，康熙派人通知鳌拜，说是有要事商量，请他立即进宫。鳌拜直奔宫中，康熙此时正和小太监们玩摔跤，鳌拜上前，正要与康熙打招呼，十几个小太监打打闹闹地挨近了鳌拜身边。说时迟，那时快，大家一拥而上，拉胳膊扯腿地将毫无防备的鳌拜翻倒在地。

鳌拜很快反应过来，感到大事不妙，急得挣扎反抗时，十几个小太监已牢牢地将他制伏在地，哪里肯让他脱身。他们拿来准备好的绳索，将鳌拜捆了个结结实实。

康熙正颜厉色地对躺在地上动弹不得的鳌拜说："你欺凌幼主，图谋不轨，飞扬跋扈，滥杀无辜。今日下场，是你罪有应得。你鳌拜罪行累累，罄竹难书，待我查清你的罪行，一定严惩，绝不宽待。"

鳌拜自知难逃一死，紧紧地闭着双眼，一句话也不说，只能像待宰的羔羊那样，任人宰割！

看了历史故事再观察我们自身的得失，不得不暗自佩服孔子的智慧，这也正是为什么《论语》得以成为我们中国人的"圣经"的缘故。经典之所以能成为经典，圣人之所以能被称为圣人，不是因为他的理论有多么高深莫测，让普通人参不透它的玄机，而是由于它贴近大众的生活和心理，才得到众人的认可和景仰。

别再检验"踢猫效应"

《论语》中记录了很多各国"领导人"问政于孔子的事。鲁哀公问，你的弟子中，哪一个能真正继承你的学问？最好学的是谁？孔子说，只有颜回。南老解释说孔子认为继承学问道统的是颜回，不一定有帝王之才，却有师道的风范；而再雍则有君道之才。颜回足为人师的学问德业在哪里呢？"不迁怒，不贰过"，但是"不幸短命死矣"，可惜已经死了。"今也则亡"，现在就没有了。"未闻好学者也"，再也找不到第二个好学的人了。我们现在要讨论的是"不迁怒"，这个很难做到，需要极高的修养。我们通常看到的都是"迁怒"的现象，明明是自己在外边受了气，根本不关亲人的事，但是这口恶气不出心里就不会痛快，于是对着家里人乱发火。踢猫效应说的就是这个道理。

A 是一家公司的市场部主管。一日，A 在上班时因为堵车心情不好，而且还被警察罚款，来到公司后他一脸阴沉。这时，A 的下属 B 因为工作来找 A 汇报，B 理所当然成了 A 的情绪宣泄对象。B 莫名其妙地被上司批评了一顿，本来很好的心情一下子也变坏了，而且一整天都闷闷不乐。晚上下班回家，B 的儿子小 C 看到父亲回来，很得意地将自己在幼儿园画的画拿给父亲看，希望得到父亲的表扬。B 本来就很烦躁，不仅没有表扬儿子，反而骂了他一顿，说他瞎胡闹。小 C 莫名其妙被父亲骂了一顿，心里十分委屈，却又不知道说什么。这时，家里的小猫从他面前经过，小 C 狠狠地踢了猫咪一脚。

情绪失控的后果很可怕，有时候能让一个人失去理性的判断，做事不够冷静，甚至会酿成灾祸。处于情绪低潮当中的人们，容易迁怒周遭所有的人、事、物，这是自然而然的。情绪的控制，有待智慧的提升，所以很多时候，我们对待不如意，只需要很简单的 3 个字："不迁怒！"

情绪会传染，当人们不开心的时候，身边的人很容易就成了宣泄的对象，很多时候我们会找比我们弱的人进行发泄，以此平衡自己的情绪。同样的，被发泄者也会继续将这些负面情绪传递给别人，以此类推。

据说，科学家已经通过研究发现，原来心情舒畅、开朗的人，若同一个整天愁眉苦脸、抑郁难解的人相处，不久也会变得情绪沮丧起来。一个人的敏感性和同情心越强，越容易感染上坏情绪，这种传染过程是在不知不觉中完成的。如果一个情绪并不低落的学生，和另一个情绪低落的学生同住一间宿舍，这个学生的情绪往往也会低落起来。在家庭中，某人若情绪低落，他（她）的配偶最容易出现情绪问题。科学家们甚至证明，只需要 20 分钟，一个人就可以受到他人低落情绪的传染。

在生活中有这么一种人，总想让别人的喜怒哀乐与自己"同步"。当他们心情愉快时，希望周围的人也跟着自己高兴；当他们心情不好时，别人也不能流露出一点欢乐。否则，轻者耿耿于怀，重者便寻衅以"制伏"对方。这种情绪上以自我为中心的做法是极其不好的，因为它会严重破坏和谐的社会及家庭环境并造成许多不良后果。

时间久了，他会因不受欢迎而成为孤家寡人，陷入孤立的状态之中。其实，当你高兴时，别人不一定都有高兴的事；而当你心情很坏时，别人也许心境极佳呢！所以，总想让别人的情绪围着自己转，是不现实的。若是一个人高兴，全天下的人都眉开眼笑；而一个人悲伤，所有人心情都低沉，这岂不是太滑稽了吗？

理解了这个朴素的道理，也就明白了不迁怒的重要，更会在实践中用行动来支撑它。从另一方面来讲，爱迁怒的人多半脾气暴躁。如果我们能慢慢修炼自己不迁怒于人，久而久之自己的性格也会发生转变，个人修养也会得到提高。当然这就是不迁怒的质变过程了。

包容也是信任的标号

人们常说"水至清则无鱼，人至察则无徒"，这两句话含有很深的意义，尤其一个领导人更要注意这一点。孔子在《论语·八佾》中说："居上不宽，为礼不敬，临丧不哀，吾何以观之哉？"孔子要表达什么呢？南怀瑾先生认为一个上级最怕的是"察察之明"，太过精明了，眼睛里揉不了沙子，不会装糊涂，这就是"居上不宽"。金无足赤，人无完人，如果你是别人的上级，你不能容忍下属的任何过错与不足，那么做你下属的人就惨了。这也是为什么当初管仲没有把鲍叔牙推荐给齐桓公的缘故。历史上有很多明君，他们都是睁一只眼闭一只眼，在小事情上他们都无比糊涂，不会把下属逼得每日战战兢兢，如临深渊、如履薄冰。当然遇到大事情的时候，或者触犯大原则的时候，他们也毫不客气，一点儿也不手软。

为礼要敬，并不是只限于下级对上级行礼要恭敬，上面对下面的爱护，也包括在礼的范围之内。而且都要敬，就是都要做到诚恳、真挚，不真诚没有用。天天行礼很方便，但中间没有诚意就没有用。同样的，做长官的对部下的爱护关怀，也要有诚敬之心，假的关怀没有用。临丧不哀，就是当别人遇到沉痛的事情我们也要表现出真的哀痛，否则你就没有必要假惺惺地去关心别人。假如没有沉痛的心情，就是属于"临丧不哀"的情况。

以上几点总结起来，孔子是说做上级的人有度量，并且能真心关怀下属。容人之过，释人之嫌，不但是一种为人的度量，同时也是一种生存的谋略。

楚庄王逐鹿中原，连续几次取得了胜利。庄王设宴款待群臣。席间，庄王命最宠爱的妃子为参加宴会的人敬酒。

这时，天色渐渐暗下来，大厅里开始燃起蜡烛。猜拳行令，敬酒干杯，君臣喝得兴高采烈，好不热闹。忽然，一阵狂风刮过，客厅内所有的蜡烛一下子全被吹灭，整个大厅一片漆黑。庄王的那位美妃正在席间轮番敬酒，突然，黑暗中有一只手拉住了她的衣袖。对这突然发生的无礼行为，美妃喊又不敢喊，走又走不脱，情势紧迫之下，她急中生智，顺手一抓，扯断了那个人帽子上的帽缨。那人手一松，美妃趁机挣脱身子跑到楚庄王身边，向庄王诉说被人调戏的情形，并告诉庄王，那人的帽缨被扯断，只要点明蜡烛，检查帽缨就可以查出这个人是谁。

楚庄王听了宠妃的哭诉，出乎意料地表示出很不以为然的样子，趁烛光还未点明，便在黑暗中高声说道："今天宴会，盛况空前，请各位开怀畅饮，不必拘礼，大家都把自己的帽缨扯断，谁的帽缨不断谁就是没有喝好酒！"群臣哪知庄王的用意，为了讨得庄王欢心，纷纷把自己的帽缨扯断。等蜡烛重新点燃，所有赴宴人的帽缨都断了，根本就找不出那位调戏美妃的人。就这样，调戏庄王宠妃的人，不仅没有受到惩罚，就连尴尬的场面也没有发生。按说，在宴会之际竟敢调戏王妃，堪称杀头之罪了。楚庄王为什么蓄意开脱，不加追究呢？他对王妃解释说："酒后失态是人之常情，如果追查处理，反会伤了众人的心，使众人不欢而散。"

时隔不久，楚庄王借口郑国与晋国在鄢陵会盟，于第二年春天，倾全国之兵围攻郑国。战斗十分激烈，历时三个多月，发动了数次冲锋。在这场战斗中有一名军官奋勇当先，与郑军交战斩杀敌人甚多，郑军闻之丧胆，只得投降。楚国取得胜利，在论功行赏之际，才得知奋勇杀敌的那位军官，名叫唐狡，就是在酒宴上被美妃扯断帽缨的人，他此举正是感恩图报啊！

容人之过，方能得人之心。有过之人非常希望得到他人的宽容和友谊，希望得到悔过自新的机会。这种需要一旦得到满足，其对立情绪便会立即消失，感恩戴德，"得人滴水之恩，必当涌泉相报"的情感很快在心理上占据主导地位。在这个基础上，稍加引导，就会产生像"戴罪立功"那样的心理效果。

如果说当年楚庄王"三年不鸣，一鸣惊人"之举表现出他在诸侯中问鼎称霸的韬略和气魄的话，那么在宴会中绝缨之事，则表现了他那宽容大度的襟怀。一名统御者能宽宥属下的某些过失，宽大为怀，容人之过，念人之功，谅人之短，扬人之长，必然会得到部下的奋力相报，在客观上为自己留下了一条后路。

君子之交淡如水，岁久才觉情愈真

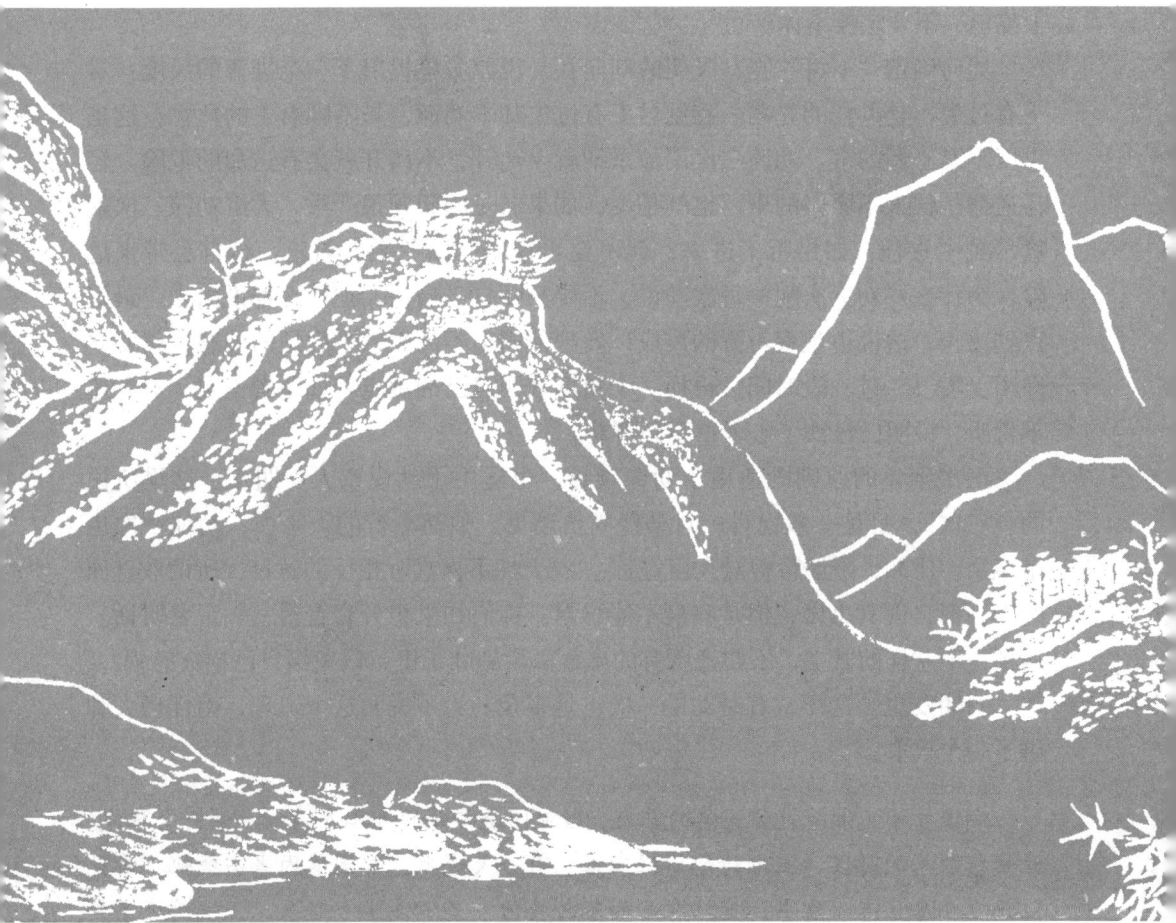

耐心经营你的人际关系

有人说："良药苦口利于病，忠言逆耳利于行。"这话的确不假。但是，谁爱吃苦药呢？小孩常把吃苦药当成虐待，大人常把逆耳忠言视为人身攻击。所以，进"忠言"的结果有时是"好心没好报"，对方非但不感激，反而心生怨意。

那么，上司和朋友有错，该不该进"忠言"呢？应该！眼睁睁地看着别人往陷阱里跳，却不伸手拉一把，是说不过去的。关键要把握好进"忠言"的度，这个度就是孔子所说的"不可则止"：把自己的观点说出来，对方不愿意听，就闭上嘴巴，不要喋喋不休。

如何确定"不可"呢？汉朝的刘向在《说苑》里提出了一个进言的尺度：君王有过失，是危亡的先兆。看见君王有过失却不劝谏，是不顾君王的危亡，这是忠臣不忍心做的事。劝谏三次不被采纳就要离开，不离开就会有送命的危险。轻易送命是仁人不愿做的事。也就是说，如果君王的问题很严重，大臣劝谏三次就算尽到了责任，如果听不进去，就不要再说了，以免激怒君王，给自己带来危险。为什么要劝三次呢？每次劝说，不要只顾自己痛快，把什么都说出来。最好点到为止，边说边观察对方的反应，发现他露出不高兴、不耐烦的神态，就要立即闭上嘴巴。过一段时间，再换一个角度表明自己的观点。如是者三次，对方还不肯听，说明已经铁了心了，不必再劝。

三次则止的原则既适用于劝谏领导，也适用于劝说亲人、朋友。这里所说的"三次"，只是一般而言。对某些固执己见、独断专行的人来说，劝他一次也是多余。比如，隋炀帝曾对大臣宣称："我天性不喜欢听相反的意见，所谓敢直谏的人，都自说其忠诚，但是我最不能忍耐。你们如果想升官晋爵，一定要听话。"遇到一个这样的君主，不妨把所有的忠言都烂到肚子里，以免给自己招灾惹祸。

对朋友也是这样，有时劝说一次也是多余。为了说明这个道理，南怀瑾大师讲了一个故事：

湖南才子王湘绮是曾国藩的幕友，当曾国藩率领的湘军在前方和洪秀全作战，开始露败象的时候，王湘绮想请假回家。有一天晚上，曾国藩因事去找他，看见他正坐在房里专心看书，就站在后面不打扰他。差不多半个时辰，王湘绮还不知道，曾国藩又悄悄地退回去了。第二天早上，曾国藩就送了很多钱，诚恳地安慰一番，让王湘绮立刻回家。有人问曾国藩，为什么突然决定让王湘绮回去？曾国藩说，王先生去志已坚，无法挽留了，何必勉强呢？再问曾国藩何以知道王湘绮去志已坚？曾国藩说，那天晚上去王湘绮那里，他正在看书，可是半个时辰没有翻过书。可见他不在看书，在想心思，也就是想回去，所以还是让他回去的好。

南怀瑾大师还说："对上位者如有不对的地方，做干部的，为了尽忠心，有劝告的责任。但劝告多次以后，他都不听，再勉强去说，自己就招来侮辱了。对朋友也是这样，过分的要求或劝告，次数多了，交情就疏远了。这里，孔子告诉子贡，交朋友之道，在'忠告而善道之'。尽我们的忠心，劝勉他，好好诱导他，实在没有办法的时候：'不可则止'，就不再勉强。假如过分了，那就不行；'毋自辱焉'，朋友的交情就没有了，变成冤家了。"

假如对方是对我们非常重要的人，必须让他接受正确意见，又该怎么办呢？对此，我们首先要把握三个原则：

第一个原则是：多说顺耳忠言，不要贬低对方。我们要对人说忠言时，在未说之前，先以甘言冲淡其刺激性，肯定对方的优点，然后再说规劝的话，人家也就容易接受了。

《菜根谭》说："攻人之恶毋太严，要思其堪受；教人之善毋过高，当使其可从。"在任何时候，我们都要顾及对方的自尊心，不能因为自己的意见是对的，就理直气壮地坦率陈言。比如父母对孩子说："你看隔壁的小明，又勤快成绩又好，你咋不学学人家呢？"又比如妻子对丈夫说："你瞧人家大刘，房子有了，车子有了，票子也有了，你有什么呢？"像这样的所谓忠言，不论是大人还是小孩，都是听不进去的，说了不如不说。

第二个原则是：让对方明白你的好意。你说忠言，到底是为了贬低他抬高自己，还是为他好，他也许并不明白，所以，你要设法让他感到你的好意。在此之前，忠言不必出口。此外，讲话时态度一定要谦和诚恳，用语不能激烈，否则对方就会以为你在教训他；也不必过于委婉，否则他会认为你惺惺作态。

第三个原则是：选择适当的场合。原则上讲，最好避开第三者，以一对一方式进行，以免让对方产生当众出丑的感觉。

把握了以上三个原则之后，还要讲究劝说的技巧。但是，这方面的技巧很多，限于篇幅，不一一介绍，这里仅推荐三种很适用而且效果明显的方法：

第一招：顺毛摸。当对方说出某个意见，顺着对方的意思说出相反的结果，使对方意识到自己的错误。这就好比数学里的反证法。

有一次，晋文公发现烤肉上缠着头发，就叫来厨师大骂："你有心害死我吗？

为什么烤肉上缠着头发？"

厨师忙跪下来，说："我有罪：我磨刀时，把刀磨得像干将莫邪一样锋利，能切断肉，却切不断缠在肉上的头发，这是第一条死罪；我用木棍穿上肉，却没有发现缠在上面的头发，这是第二条死罪；我捧着炽热的炉子，炭火烧得通红，将肉烤熟了，头发竟没有烧焦，这是第三条死罪。据此看来，难道您的厅堂里有怨恨我的人吗？"晋文公觉得有道理，就叫侍臣调查，发现果然有人想诬陷厨师，晋文公就将那个小人杀掉了。

厨师为什么不立即反驳晋文公的话呢？因为向一个大人物说"你错了"是非常危险的。先说"你是对的"，再论对错，对方心情上就比较容易接受了。

第二招：顺口溜。有话要说时，不立即表达，等到某个合适的时候顺口说出来，对方不易产生抵触情绪。

有一次，赵襄子连喝了五天五夜的酒，还得意地向身边一位姓莫的伶人道："你看我多厉害！喝了五天五夜都不醉。"

莫伶人说："您就接着喝吧！离那个商纣王只差两天了。我听说商纣王能连喝七天七夜，您已经喝了五天五夜了！"

赵襄子一惊，吓得酒也醒了，自此，他在享乐方面收敛多了。

莫伶人看见赵襄子喝了五天五夜，肯定早就有话要说，他却一直等到赵襄子谈起这件事时才"顺便"说出来，可谓深得进谏要领。

第三招：抛钓饵。当对方说出某个意见时，故意在神态上表现出欲言又止的样子，让对方知道你有话要说，引起他的好奇心。当他追问时才说出来，这样他就不会怪你多嘴饶舌了。

主动向对方表达意见，对方会产生抗拒心理。设法让对方主动询问意见，他更听得进意见。

总之，经营人际关系要有耐心，不能全依自己的想法来。尊重别人的想法，关心别人的感受，这是经营人际关系的要点。

交到真心朋友是一种福分

本杰明·富兰克林说："成功的第一要素是懂得如何搞好人际关系。"这个道理很好理解。可是如何经营人际关系，这是一门大学问。首先要把握两个原则：

第一个原则是"和而不同"。两个或多个有着独立思想、独立人格、个性迥异的人，在相互理解、相互欣赏、相互谦让的基础上，融洽相处。如果你看不惯我，我看不惯你；你瞧不起我，我瞧不起你，为了某种需要不得不走到一起，就变成小人之交了。

第二个原则是"以文会友"。大家虽然在学识、才能、经验、阅历、背景、相貌等诸多方面都有差异，追求的目标却相同。如果大家虽然在做同一件事，却各怀心思，力量就很难融合到一起，又变成"同而不和"了。

符合上述两个原则的朋友关系，才是真心朋友。人生能交到一个真心朋友，绝对是一大幸运，能交到一批真心朋友，那就太幸运了！

但是，真心朋友不是天生的，需要我们用真心去浇灌，才能盛开友谊之花。所以，我们想得到真心朋友，首先自己就要做一个真心朋友。

第一，以道交友，追求共同的人生目标。双方追求的目标相同，就可结伴而行，相互扶助。如果目标不同，自然只能各走各的路。三国时管宁和华歆绝交的故事，是大家都熟悉的。两人年轻时在一所私塾里求学，交情很好，经常在一起劳动、学习，形影不离。有一次，两人坐在同一张席子上读书，这时有一位大官乘车经过，管宁依旧读书，好像没事一般，而华歆却抛下了书本，跑出去看热闹，好像很羡慕的样子。管宁认为华歆贪慕富贵，跟自己志向不同，就把垫席割成两半，宣布绝交。管宁的做法虽然有点过火，但两人选择的人生道路不同，事实上也只能维持泛泛之交，很难做真心朋友的。

第二，以礼交友。我们对任何人都要保持尊重、注意礼仪。对人轻率不恭，别人根本不愿走近，更谈不上成为真心朋友。子贡在这方面就得到过一个教训。

有一次，他去承地时，看见路边有一个穿着破衣烂衫的人，就很随意地问道："这里到承地还有多远？"

此人名叫丹绰，是一个大贤士。他见子贡无礼，就默不作答。子贡不高兴地说："人家问你，你却不回答，是否失礼？"

丹绰掀开身上裹着的破布说："看见别人却心存轻视之意，是否有失厚道？看见别人却不认识别人，是否有欠聪明？无故轻视侮辱别人，是否有伤道义？"

子贡一听此人出言不凡，顿时心生敬意，马上下车，恭恭敬敬地说："我确实失礼了！您指出了我三大过失，还可以再告诉我一些吗？"

丹绰说："这些对你已经足够了，我不再告诉你。"

此后，子贡对人再也不敢起轻视之心，在路上遇到两个人就在车上行礼，遇到五个人就下车行礼。

我们应该有这样的理念：每一个人都有可尊敬之处。不了解一个人而轻视他，是狂妄自负；了解一个人而轻视他，是缺乏识人之智。

第三，以诚交友。与朋友结交，要真诚相待。但是，我们不能强求对方的真诚，如果我们重视对方，首先要向对方表达诚意。

三国时的周瑜，起初在军阀袁术部下当居巢长，也就是县令。当时地方上发生了饥荒，居巢的百姓没有粮食吃，饿死了不少人，军队也饿得失去了战斗力。周瑜急得心慌意乱，却不知如何是好。

有人献计说，附近有个乐善好施的财主鲁肃，家里想必囤积了不少粮食，不如去向他借。周瑜带上人马登门拜访鲁肃。鲁肃家里存有两仓粮食，各三千斤。他一看周瑜仪表不凡，定是成大器之才，有心结交，立即爽快地说："我送一仓粮食吧！就算是给朋友的见面礼。"

周瑜愣住了，要知道，在饥馑之年，粮食就是生命，这份礼物可不轻啊！周瑜被鲁肃的言行深深感动了，两人从此交上了朋友。后来周瑜当上了将军，他就把鲁肃推荐给孙权。鲁肃终于得到了干大事业的机会。

第四，以义交友。做人要讲义气，"有福同享，有难同当"才是真朋友。管鲍之交传颂数千年，是值得我们学习的。鲍叔牙深知管仲有谋划大计、图成霸业的雄才伟略。他们共同做生意，管仲每次都要多分得些财物，鲍叔牙知道管仲家贫，并非出于贪心；他们一起办事，管仲经常惹麻烦，鲍叔牙知道这是运气不好，从不认为他愚笨；他们参加战斗，管仲多次逃跑回家，鲍叔牙知道他有高堂老母需要奉养，从不认为他怯懦；他们一起当官，管仲多次被炒鱿鱼，鲍叔牙知道这是因为没有遇到明君，并不认为管仲无能。后来，鲍叔牙将管仲举荐给齐桓公，管仲才得以施展雄才伟略，助桓公图成霸业。难怪管仲感慨地说："生我者，父母也；知我者，鲍子也！"

交朋友时，如果见别人发达了就去趋奉，失意了就弃而远之，这不过是小人之交，是很难交到真朋友的。

第五，以信交友。朋友信服你，才愿意跟你保持友谊。这就要求你对朋友守信用。

在生活中，有些人不知道信之重要，经常用虚言假意敷衍别人，久之必然失去别人的信任。这样怎么能交到真心朋友呢？

跟有本事没脾气的人交朋友

交朋友的好处，没有人不知道；交朋友的坏处，没有人不担心。交到一个好朋友，等于交了一场好运；交到一个坏朋友，比发生一起火灾还可怕。

如何结交好朋友而回避坏朋友呢？这就要拿出自己的眼力来。隋朝王通在

《中说·魏相》一书中说："君子先择而后交，小人先交而后择，故君子寡尤，小人多怨。"意思是说，聪明人先选准人再交朋友，不聪明的人先交朋友再选择人。所以聪明人很少因交朋友带来麻烦，不聪明的人却经常因交朋友带来怨恨。

唐人孟郊的《审交》诗云："结交若失人，中道生谤言。君子芳桂性，春荣冬更繁；小人槿花心，朝在夕不存……唯当金石交，可与贤达论。"大意是说，如果与不可交之人结交，到了中途，就会出现诽谤，遭人议论。君子之间的交往，恰如那陈年佳酿，天气越冷，饮之愈觉香醇；与小人结交就如同槿花绽放，早上才开，晚上就谢了。只有与那些可以肝胆相照的人结下稳固的交情，才有资格跟贤达之士坐而论道啊！

这首诗说明，交到坏朋友，其坏处不仅来自这个朋友本身，还会遭到其他人的排斥和非议。相反，交到好朋友，不但受人称道，也会吸引到更多的好朋友。

如何识别某个人是否可交呢？南怀瑾比较推崇曾国藩的识人功夫。他说："有人说，清代中兴名臣曾国藩有十三套学问，流传下来的只有一套——曾国藩家书，其他的没有了，其实传下来的有两套，另一套是曾国藩看相的学问——《冰鉴》这一部书。它所包涵看相的理论，不同其他的相书……'功名看气宇'，就是这个人有没有功名，要看他的风度。'事业看精神'，这个当然，一个人精神不好，做一点事就累了，还会有什么事业前途呢？'穷通看指甲'，一个人有没有前途看指甲，指甲又与人的前途有什么关系呢？绝对有关系。根据生理学，指甲是以钙质为主要成分，钙质不够，就是体力差，体力差就没有精神竞争。有些人指甲不像瓦型的而是扁扁的，就知道这种人体质非常弱，多病。'寿夭看脚踵'，命长不长，看他走路时的脚踵。曾经有一个人，走路时脚跟不点地，他果然短命。这种人第一是短命，第二是聪明浮躁，所以交代他的事，他做得很快，但不踏实。'如要看条理，只在言语中'，一个人思想如何，就看他说话是否有条理，这种看法是很科学的。"

曾国藩的这种识人方法很好，可惜太专业了，一般人不会用，而且，它主要是看一个人有没有出息，并不是每一个有出息的人都值得自己去交。还是孔子的识人法比较简便易行，而且对每个人都适用。这种方法如何运用呢？

第一，看这个人的追求目标。有的人追求为天下人造福，有的人追求出人头地，有的人追求成名成家，有的人追求把小日子过得安逸。目标不同，境界有别。但不是说一定要跟境界高的人交朋友，关键要看你是否认同他的目标。如果你想为天下人造福，就去跟志向相同的人交朋友。如果你只想把小日子过好，却去跟志向远大的人交朋友，迟早会成为他的累赘，朋友就交不成了，当个崇拜者还差不多。如果你志向远大，却去跟一群只想过安稳日子的人交朋友，必然被他们那些无足轻重的小事所干扰，也不适合。

当然，我们也不能瞧不起那些心无大志的人。维持普通的朋友关系就可以了，用不着有意回避，也不必深交。

第二，看这个人实现目标的手段是什么。一般来说，用正当手段实现目标的人才值得交往。比方说，一个人想赚钱，这并没有错，如果他靠偷盗抢劫、欺蒙拐骗赚钱，手段不正当，迟早必遭报应，跟他交朋友，不是会受拖累吗？

跟忘恩负义的人也不能交朋友。比如《三国演义》里的吕布，武功天下无敌，是一个能干大事的人。可他干大事的手段却不地道，杀了两个义父，抢了恩人刘备的徐州，搞得天下英雄只想跟他做敌手，不想跟他交朋友。但那个聪明过人的陈宫，偏偏投奔他，结果受了连累，一命呜呼。在忘恩负义者眼里，"朋友是用来出卖的"，极具杀伤力，切记敬而远之。

第三，看这个人的兴趣爱好是什么。有的人爱读书，有的人爱网聊，有的人爱玩游戏，有的人爱打牌赌博，有的人爱书法，有的人爱运动……爱好不同，显示了每个人的不同品位和素养。最好跟品位高的人交朋友。天天跟人去玩游戏，没准就患上了"网络综合征"；天天跟人去打牌，没准就成了赌徒。

另外，看人的爱好，不能只看表面。比如同样是看书，有的人爱看专业书籍、学术著作，有的人爱好黄色小说、武打小说，两者的趣味是完全不一样的。一定要搞清他的真实爱好才行。

用孔子的"视其所以，观其所由，察其所安"的方法把人一看，不管对方是披着羊皮的狼，是披着狼皮的羊，还是披着虎皮的老虎，都将现出原形，你就可以据此择定自己的真朋友了。

一般来说，有本事没脾气的人，是最值得交的朋友。但这种人极难得，偶然看见一个，不妨主动结交，千万不要错过。

交可谋的朋友，也交不足谋的朋友

"道不同，不相为谋。"朋友有很多种，有泛泛之交，也有知心密友，还有合作伙伴等，孔子说，有的人和你的目标不一样，思想差异也很大，那么就没有必要在一起谋事。大家各走各的道，没有什么冲突，这样也好。切莫硬要把自己的意愿强加给朋友，你如果要开店做生意，而你的朋友热衷其他事情，那么就不要拉着他一起了。这是有原因的，弄不好连朋友也没得做，大家反目成仇了。正所谓："可与共学，未可与适道。可与适道，未可与立。可与立，未可与权。"（《论语·子罕》）

南怀瑾先生说这是做人做事最要注意的。讲到这种人生的经验，孔子真是圣者，实在是了不起。孔子觉得有的人你和他做同学就好，但是不一定能一起开创事业。这样的事情很多，生活中总有一些人在创业的时候要拉上自己的好友，稍微不慎就会成为冤家，这样做是将友谊放在一个火山口上，说不定火山爆发友情就要中止。

"可与适道，未可与立。"有些人可以共创事业，但是没有办法共同建立一个东西，无法创业。"可与立，未可与权。"有些人可以共同创业，但不能给他权力，无法和他共同权变。这在历史上很多故事中可以看到，有些人学问、道德都不错，做别人的部下很好，但是一旦你放大权到他的手里就坏事。

说到这些，南怀瑾先生给我们举了王安石和赞元禅师的故事。

王安石与赞元禅师的交情犹如兄弟，一个做了宰相，一个出家当了和尚，王安石每个月都要写信给赞元，而赞元始终不打开来看。有一天王安石问他能不能学道，赞元禅师说："你只有一个条件可以学道。但有三个障碍永远去不了，只好再等一世，来生再说学道的事吧！"

王安石听了很不痛快，要他说明。赞元禅师便说："你的气大，又热心于人世的功名事业，成功与失败，没有绝对的把握，你心里永远不会平静，哪里能够学道呢？并且你脾气大，又容易发怒。做学问，重理解，对学道来说，是'所知障'，你有这三个大毛病，怎么可以学道？不过，不大重视名利，而且生活习惯很淡泊，很像一个苦行僧，只有这一点比较近道而已。所以说你可以先研究修道的理论，等来生再说吧！"

我们看了这一段对话，再研究一下王安石的一生与宋神宗时代历史上的成败得失，便可以了解孔子所说的这三句话的分量了。人间的道理都被他说遍了，也全被他说中了。当然这些都是要有自己的经验才能感受得到，否则只会如隔靴搔痒。历史上明太祖朱元璋起初很反对孟子，他觉得孟子是看不起贫苦出身的人的，于是要打倒孟子。可是后来他经历了一些人、事之后，他改变了自己的看法，觉得圣人之言还真有道理。

我们看《论语》也一样，当时不觉得孔子有多了不起，走过了人生的一些春秋后自然就会心生敬畏。这一点就好像自己小时候不听话一样，父母要我们好好学习，我们觉得他们很唠叨、烦人，于是不听，最终学业无成，悔恨终生。到这个时候才体会到父母言论的正确，也才体会到他们的良苦用心。但是此时悔恨已经晚了，只好用来教育自己的下一代。但是他们能不能听还是另外一码事，这不得不说是一个遗憾。

什么样的朋友值得交

在交友方面，孔子给了后人很多建议和提示："益者三友，损者三友。友直、友谅、友多闻，益矣；友便辟、友善柔、友便佞，损矣。"孔子说有三种朋友我们和他相处会受益匪浅。第一种是他很正直，这种人就像是他的弟子子路一样，多半很有点侠气，对朋友讲义气；第二种是性格宽厚的人，这样的人多半心地善良，很仁慈，不会对人吹毛求疵，比如孔子的弟子曾子和颜回；第三种是学问很好的人，他们知识渊博，能带给你很多你学不到的智慧，能提升你的眼界，比如孔子的弟子冉求和子贡。

交友之道和谈恋爱的道理一样。如果交上一个好的朋友是怡情悦性的一件美事，这就如同谈恋爱遇上一个理解自己、相处愉快的恋人一样。虽然性质不同，但结果相似：遇到君子，双方都有进益，皆大欢喜的场面；遇人不淑，被人拉下水或吃了哑巴亏，只好自认倒霉。上面讲的是益者三友，可是孔子紧接着还告诉我们损者三友，交友也是宁缺毋滥。那么，是不是只能被动接受，毫无预防和还击之力呢？非也。他告诉我们三种人万不可接近，谨防上当——"友便辟，友善柔，友便佞"。

首先是友便辟，这种朋友指的是专门喜欢谄媚逢迎、溜须拍马的人。他知道你喜欢什么，他就对你投其所好。我们在生活中工作中经常会碰到这样的人，尤其当你是他的上司，或者你对他还有点利用价值，那么你的什么话，他都会说"所言极是"；你做的任何事情，他都会说"太棒了"，其实有可能他打心眼里还瞧不起你的这一套。他从来不会对你说个"不"字，反而会顺着你，称赞你，夸奖你。这种人特别会察言观色，见风使舵，细心体会你的心情，以免违逆了你的心意。就像俄国小说家契诃夫写的"变色龙"一样，他们是骑墙之草，永远都会顺风跑。你得意时他追随你，不离左右，你一旦失意，他立刻让你感受什么叫人走茶凉与世态炎凉。

如果大家稍微留心，便会发现像这样的人比比皆是，比如大贪官和珅。他对乾隆皇帝百般逢迎，奴颜谄媚，几乎无所不用其极。他就是一个典型的"便辟"之人。

孔夫子说，和这种人交朋友，太有害！为什么？和这种人交朋友，你会感到特别舒服、愉快，就像乾隆皇帝一样，明知道和珅贪赃枉法，还是离不开他。人性的一大弱点是爱听恭维话，法国思想家卢梭说，要讨厌那些奉承我们的人真是太难了。连伟大的人物尚且有如此感叹，平凡如你我者就更不必说了。但就是因为这样的人危害最大，所以才值得我们关注。

第二种叫友善柔。这种人是典型的"两面派"。他们当着你的面，永远是和颜悦色，满面春风，恭维你，奉承你，就是孔子说的"巧言令色"。但是，在背后呢，会传播谣言，恶意诽谤。比如像唐朝大奸臣李林甫，他口蜜腹剑，绵里藏针，就好比是独门暗器一样，让我们防不胜防，招架不住。

第三种叫友便佞。便佞，指的就是言过其实、夸夸其谈的人。其中这个"佞"就是指口才好但不诚实、不正直，也就是所谓"假、大、空"。这种人生就一副伶牙俐齿，没有他不知道的事，没有他不懂的道理，说起话来，滔滔不绝，气势逼人，不由得人不相信。可实际上呢，除了一张好嘴，别的什么也没有。

巧舌如簧，却腹内空空，"吹牛不打草稿"的人，你敢和他做朋友吗？孔子一向推行"敏于行，讷于言"的做人处世理念，像夸夸其谈的人在他那里是不会有什么好评语的。有了一些人生阅历的人就会懂得孔子这几句话的高深之处了。

友情需要文火慢炖

孔子说：晏子这个人了不起，是个善于和人交往的人，他的交往之道就在于"久而敬之"。这四个字是什么意思呢？就是说晏子和老朋友交往，越是相处得久的人越是"相敬如宾"。我们现代人乍听这句话觉得没有什么了不起的，甚至会认为这个就算会交友了吗？好朋友不是更亲密无间吗？在南怀瑾先生看来这句话蕴藏着很深的交往艺术。比如有的人因为和老朋友交情深厚，相处起来无所顾忌，时间久了，一对"死党"变成"最熟悉的陌生人"。孔子非常敬重晏子，在司马迁的《史记》中有描写他的"管晏列传"。像晏子这样的大政治家都推崇"久而敬之"的交友之道，或许它确有深刻的道理。

在文坛，两位世界级文学大师的故事不幸从反面印证了晏子的正确。

加西亚·马尔克斯是1982年诺贝尔文学奖获得者，巴尔加斯·略萨则是近年来被人们说成是随时可能获得诺贝尔文学奖的西班牙籍秘鲁裔作家。他们堪称当今世界文坛最令人瞩目的一对冤家。他俩第一次见面是在1967年。那年冬天，刚刚摆脱"百年孤独"的加西亚·马尔克斯应邀赴委内瑞拉参加一个他从未听说过的文学奖项的颁奖典礼。

当时，两架飞机几乎同时在加拉加斯机场降落。一架来自伦敦，载着巴尔加斯·略萨，另一架来自墨西哥城，它几乎是加西亚·马尔克斯的专机，两位文坛巨匠就这样完成了他们的历史性会面。因为同是拉丁美洲"文学爆炸"的主帅，他们彼此仰慕、神交已久，所以除了相见恨晚，便是一见如故。巴尔加斯·略萨是作为首届罗慕洛·加列戈斯奖的获奖者来加拉加斯参加授奖仪式的，而马尔克斯则专程前来捧场。所谓殊途同归，他们几乎手拉着手登上了同一辆汽车。他们不停地交谈，几乎将世界置之度外。马尔克斯称略萨是"世界文学的最后一位游侠骑士"，略萨回称马尔克斯是"美洲的阿马迪斯"；马尔克斯真诚地祝贺略萨荣获"美洲诺贝尔文学奖"，而略萨则盛赞《百年孤独》是"美洲的《圣经》"。此后，他们形影不离地在加拉加斯度过了"一生中最有意义的 4 天"，制订了联合探讨拉丁美洲文学的大纲和联合创作一部有关哥伦比亚—秘鲁关系的小说。略萨还对马尔克斯进行了长达 30 个小时的"不间断采访"，并决定以此为基础撰写自己的博士论文，这篇论文也就是后来那部砖头似的《加夫列尔·加西亚·马尔克斯：弑神者的历史》。

基于情势，拉美权威报刊及时推出了《拉美文学二人谈》等专题报道，从此两人会面频繁、笔交甚密。他俩都是在外祖母的照看下长大的，青年时代都曾流亡巴黎，都信奉马克思主义，都是古巴革命政府的支持者，现在又有共同的事业。

作为友谊的黄金插曲，略萨邀请马尔克斯顺访秘鲁，后者谓之求之不得。在秘鲁期间，略萨和妻子乘机为他们的第二个儿子举行了洗礼；马尔克斯自告奋勇，做了孩子的干爹。孩子取名加夫列尔·罗德里戈·贡萨洛，即马尔克斯外加他两个儿子的名字。

但是，正所谓太亲易疏。多年以后，这两位文坛宿将反目成仇、势不两立，以至于 1982 年瑞典文学院不得不取消把诺贝尔文学奖同时授予马尔克斯和略萨的决定，以免发生其中一人拒绝领奖的尴尬。当然，这只是传说之一。有人说他俩之所以闹翻是因为一山难容二虎，有人说他俩在文学观上发生了分歧或者原本就不是同路。更有甚者说略萨怀疑马尔克斯看上了他的妻子。这听起来荒唐，但绝非完全没有可能。后来，没有人能再把他们撮合在一起。

看完了他们的故事，我们不得不感慨"君子之交淡如水"这句话是多么正确，而孔子之所以推崇晏子也有其深刻的人生体悟，相信一个没有太多人生经历的人是不会理解其深意的。

孔子曾说"唯女子与小人难养也"，这并不是在说女性，而是说如何保持距离。女子与小人是最难办的了，对她太爱护、太亲近了，她就会恃宠而骄，让你无所适从；如果疏远她，又会招来怨恨。这里的女子和小人其实更是偏重于做朋友来说的，"近则不逊，远之则怨"，在与朋友交往过程中要懂得保持距离。人生的路途上难免中途停车或者减速，如果想要让我们的友情更加长久和健康，就请保持一个安全距离吧。友情不能一气用光，用心经营才是首选，而方法就是文火慢炖。

十月胎恩重，三生报答轻

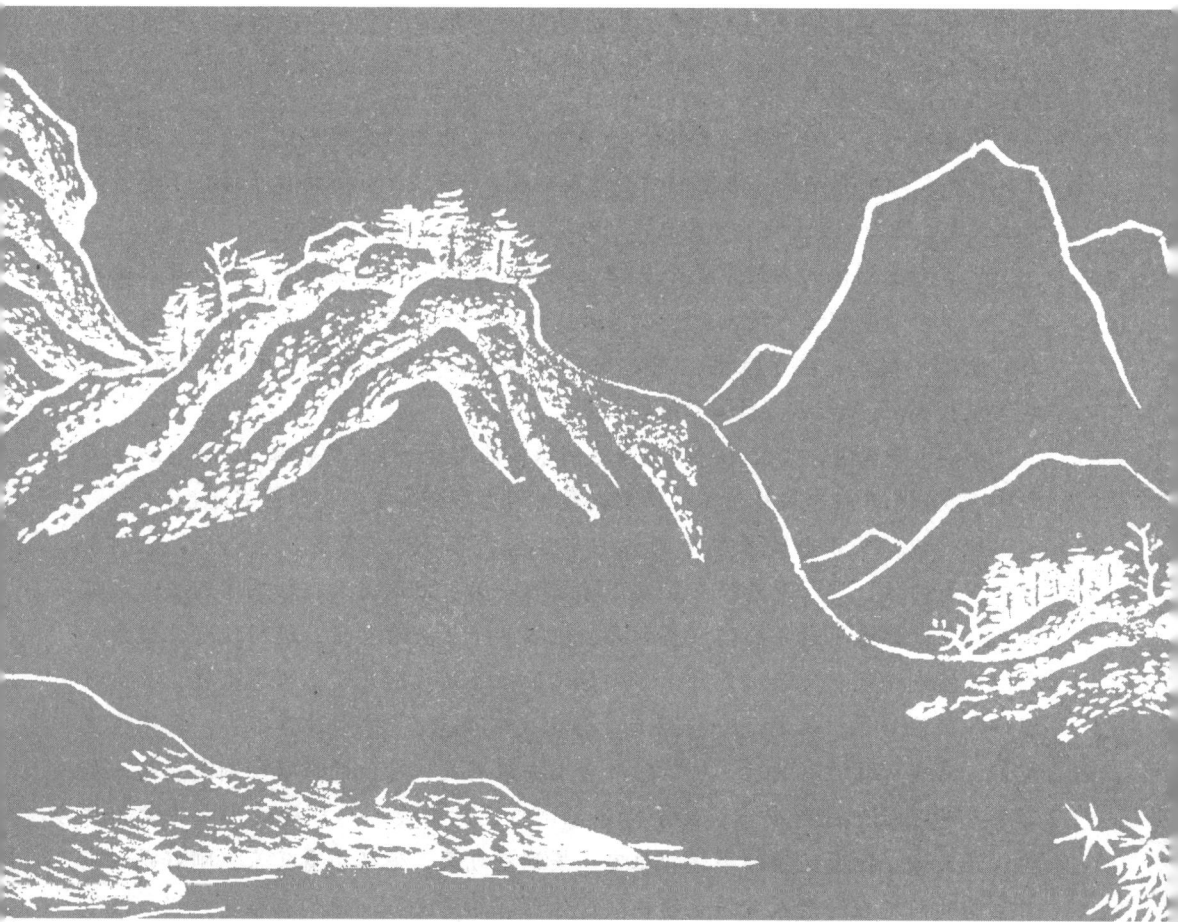

孝是爱的根本

《论语》中有一段话，是孔子的弟子有若对于孝的理解，他说：一个对父母尽孝、对兄弟友爱的人，但是却喜欢犯上作乱的简直太少了。"孝弟"可以说是一个人的立身之本啊。所谓"孝"就是对父母应尽孝道，所谓"弟"就是友爱兄弟的意思。在南怀瑾看来，"弟"包括了兄弟姐妹的爱，还有朋友。中国有首名为《劝孝歌》的古诗："人不孝其亲，不如禽与兽。"语言虽然很直白，但是却蕴含着很丰富的内涵。一个人不论他出身什么样的家庭，也不论他将来的地位有多大的变化，只要他的父母还健在，那么他就有尽孝道的义务，这也是人之所以为人的根本。

他本在一家外企供职，然而，一次意外使他的左眼突然失明。为此，他失去了工作，到处求职却因"形象问题"连连碰壁。"挣钱养家"的担子落在了妻子的肩上，天长日久，妻子开始鄙夷他的"无能"，像功臣一样对他颐指气使、居高临下。

她日渐感到他的老父亲是个负担，拖鼻涕淌眼泪让人看着恶心。为此，她不止一次跟他商量把老人送到老年公寓去，他总是不同意。有一天，他们为这件事在卧室吵了起来，妻子嚷道："那你就跟你爹过，咱们离婚！"他一把捂住妻子的嘴说："你小声点儿，当心让爸听见！"

第二天早饭时，父亲说："有件事我想跟你们商量一下，你们每天上班，孩子又上学，我一个人在家太冷清了，所以，我想到老年公寓去住，那里都是老人……"

他一惊，父亲昨晚果真听到他们争吵的内容了！"可是，爸——"他刚要说些挽留的话，妻子瞪着眼在餐桌下踩了他一脚。他只好又把话咽了回去。第二天，父亲就住进了老年公寓。星期天，他带着孩子去看父亲，进门便看见父亲正和他的室友聊天。父亲一见孙子，又抱又亲，还抬头问儿子工作怎么样，身体好不好……他好像被人打了一记耳光，脸上发起烧来。"你别过意不去，我在这里挺好，有吃有住还有的玩……"父亲看上去很满足，可他的眼睛却渐渐涌起一层雾来。为了让他过得安宁，父亲情愿压制自己的需要——那种被儿女关爱的需要。几天来，他因父亲的事寝食难安。挨到星期天，他又去看父亲，刚好碰到市卫生局的同志在向老人宣传无偿捐献遗体器官的意义，问他们有谁愿意捐。很多老人都在摇头，说他们这辈子最苦，要是死都不能保个全尸，太对不起自己了。

这时，父亲站了起来，他问了两个问题：一是捐给自己的儿子行不行？二是趁活着捐可不可以？"我不怕疼！我也老了，捐出一个眼角膜生活还能自理，可我儿子还年轻呀，他因为这只失明的眼睛失去了多少求职的机会啊！要是能将我儿子的眼睛治好，我就是死在手术台上，心里都是甜的……"所有人都结束了谈笑风生，把震惊的目光投向老泪纵横的父亲。屋子里静静的，只听见父亲的嘴唇在抖。他已说不出话来，一股看不见的潮水瞬间将他包裹住。他满脸泪水，迈着沉重的步伐，一步步走到父亲身边，和父亲紧紧地抱在一起。当天，他不顾父亲的反对，为父亲办好有关手续，接他回家。至于妻子，他已做好最坏的打算。临走时，父亲一脸欣慰地与室友告别。

室友一把眼泪一把鼻涕地埋怨自己的儿子不孝，赞叹他父亲有福气。父亲说："别这样讲！俗话说，庄稼是别人的好，儿女是自己的亲，打断骨头连着筋。自己的儿女，再怎么都是好的。你对小辈宽宏些，孩子们终究会想过来的……"说话间，父亲还用手给他将将衬衣上的皱褶，疼爱的目光像一张网，将他兜头罩下。他再次哽咽，感受如灯的父爱，在他有限的视力里放射出无限神圣的光芒。

父辈以他们的宽容承载着晚辈的伤害，对此我们难道可以无动于衷吗？也许在竞争激烈的现代社会，你不得不离开父母，外出创业；不得不终日忙碌，以至于顾不上照顾父母。但是，对远在老家的父母，千万不要认为借邮局之手汇上一笔钱就算是尽了孝心了，要知道孝不仅仅是养活父母，更是一种发自内心的真挚情感。

父母对子女的爱，就像流水，一直在流；而子女对父母的爱，就像风吹树叶，风吹一下，就动一下，风不吹，就不动。趁他们有生之年赶快尽一点自己的孝心吧，莫要等到"子欲养而亲不待"时再后悔。

能养不算孝

子游问孝。子曰："今之孝者，是谓能养。至于犬马，皆能有养。不敬，何以别乎？"（《论语·为政》）子游问老师什么是孝道。孔子回答他说：现在很多人以为能养就算孝了，这真是一种错误的做法。孝道不是像养只狗或养匹马那样简单，认为给它点吃的喝的就可以了。如果这样的话，那我们和其他禽兽还有什么区别呢？孝道不是像如今很多人认为的那样，以为一个月给父母多少钱，买多少礼品就算尽到了孝道。真的孝敬父母，在南老看来还要有一颗关爱父母的心。

在南方一座宁静的小城，有一个不大不小的图书馆。图书馆里的一名管理员发现有一位奇怪的老读者，他背驼得厉害，但老读者风雨无阻，几乎天天泡在图书馆的报刊阅览室里。不仅如此，在所有读者中，他总是第一个进去，最后一个走。有时读者都走光了，他也不走，天天如此，阅览室管理员对这个读者烦透了，打心眼里烦。那个老读者每次来到阅览室，翻翻这看看那，看上去毫无目的，纯粹是来消磨时光的。管理员越来越看不上这个驼背的老头，他一来她就烦，别的管理员也如此，对他也没有一点儿好感。有一天，偶然发生的一件事，让管理员从此改变了对这位老人的看法。

那天在下班的路上，同事突然问她："你母亲是不是被聘为我爱人那个商场的监督员了？"管理员愕然："没听母亲说过呀。"同事说："我的爱人在某商场当营业员，她们商场每天开门，迎来的第一个顾客常常是你母亲。老人什么也不买，却挨个看柜台，还要问这问那。时间一长，营业员们就以为老人是商场的领导雇的监督员，是来监督他们工作的——因为商场领导有话在先。营业员们就对老人很戒备。"虽然同事没有直接说出来，但是她依然听出了那话语中的不友好和厌烦。

管理员径直回到母亲家，她父亲两年前病故，母亲一个人生活。她把同事所说的事情一说，问母亲是否真的在给人家做监督员。母亲矢口否认："没有这回事呀？他们大概是误会了，我就是闲逛而已。"

她开始数落母亲。孰料，母亲长叹了一声，伤感地说："我们这些老人一天到晚太寂寞了，逛逛商店，消磨一下时间，可时间一长就养成习惯了，一天不去就觉得不得劲儿。要不，你要我干什么呢……"母亲说到这里，垂下花白的头，悄悄地流下了眼泪。

就在一刹那间，管理员突然感到心里酸酸的。母亲有一儿两女，可由于很多原因，他们很少来看母亲，陪在老人身边，陪她聊聊天，母亲需要的是排解寂寞和孤独呀！那天管理员没有回家住，而是陪母亲住了一晚，聊了一晚上。

第二天早上，管理员上班很早，但驼背老人仍然等候在阅览室门前，也不知怎么她心中突然涌起一股柔情，她第一次没有用以前的那种眼光来看这个老人。管理员面带微笑，对他说："早啊大爷，这么早就来了，来了就进来吧。"

每个人的生命总是要一步步接近衰老，在我们风华正茂的时候，是否想过那养育我们多年的父母呢？他们把余热都已发挥至尽，他们的人生正如一幕戏剧般行将落幕，对此，我们可否对他们多一点体贴和理解呢？

看到这样心酸的晚年，我们大概才真的理解为什么孔子说"能养"根本就不算孝了。请记住：孝顺永远不是一沓钞票或者一包礼品，孝顺也许就是简单的问候，聊聊家常。关心父母寂寞的晚年是我们每个儿女应尽的义务。

态度决定爱的深度

有一句话说："我们能伤害的多是爱我们的人，不爱我们的人我们很难伤害。"深思起来，这句话很有道理。世间最爱我们的莫过于父母。对于我们，他们无限包容。这种爱来得太容易，太无偿，所以很多人便在不知不觉中肆意挥霍，因为他们知道，无论自己如何对待父母，多么伤父母的心，父母都会一如既往地爱自己。常常看到一些人对自己的父母说话时很冲，有时候像训斥儿女一样呵斥父母，像和人吵架一样对父母大声嚷嚷，这些人很多是发自内心爱父母的，然而他们对父母的态度实在让人无法接受。

南怀瑾先生曾多次提到儿女对父母的态度，《论语》记载：子夏问孝。子曰："色难。有事弟子服其劳，有酒食，先生馔。曾是以为孝乎？"父母在做事的时候，后辈儿女接手代劳；有美食，拿给父母长辈吃。这样就是孝吗？在南怀瑾看来，仅仅替父母长辈做事，将佳肴奉上，不一定就是做到孝了。

陈毅一生十分孝敬父母，投身革命后，虽然长年战乱、远离家乡，但总是千方百计寄回家书，让父母知道自己的近况，向父母请安问好。新中国成立后，父母没有同陈毅一起居住，陈毅除了每月给父母寄上足够的生活费外，仍在百忙中挤出时间亲笔给父母写信，聊叙家事，宽慰老人。

1962 年，身居要职的陈毅已 62 岁，这年春天，他工作途经成都，当时，他的老母亲已年过八旬，重病在身，住在成都陈毅弟弟家中。当天下午，陈毅就与妻子张茜前去看望。由于老人病重，有时小便失禁，陈毅刚到母亲房中，恰遇母亲换下一条被尿弄湿的裤子。母亲担心让儿子见到污浊之物，便不停挥手、使眼色，要身边照顾她的保姆将尿裤藏起来，保姆慌忙中将裤子扔到了床下。

陈毅拉住母亲的手关切地问道："娘，您把啥子东西扔到床下了？"母亲连连摇头说："没啥子，不关你的事。快坐下，跟娘聊聊天！"陈毅笑了笑，对母亲说："娘，您怎么对我也保起密来了？"说着，弯下身去，要看个究竟。母亲见瞒不住，只好将事情的缘由告诉儿子。陈毅听罢，眼圈红了，动情地说："娘！您久病在身，我没能在您身边侍候，心里有说不出的难受。这裤子应该马上拿去洗了，还藏着干什么！"说着，他一手拿过裤子，并对保姆说："我母亲的病如此重，平时不知给你们添了多少麻烦！今天，就让我去洗吧！"

保姆怎么也不让，母亲也赶紧阻拦。陈毅诚恳地说："娘，我不是说着玩的，您就允了吧。小时候，您不知给我洗过多少尿裤屎裤啊，儿子无论怎么做，也难报答养育之恩。"接着，对妻子笑道："我们家乡有句俗话，'婆媳亲，全家和'。

你这个常年不能照顾婆婆的媳妇，也该尽点孝道，今天我们俩一起来洗这条裤子，好不好？"

很多人都说："我爱我的父母。"事实上，他们确实是发自内心爱自己的父母，只是，在和父母对话时，常会态度恶劣，或者对父母的言语敷衍了事，相当不耐烦，或者是声色俱厉地呵斥父母，这些言语上的冲撞常会深深刺痛父母的心。

爱在态度上。孝敬父母就要由内而外，发乎真心，给予父母同等的尊重，这才是真正的孝。

父母之年，不可不知

子曰：父母之年，不可不知也，一则以喜，一则以惧。（《论语·里仁》）孔子说父母亲的生日不可不知道啊，一则为父母添寿而感到喜悦，同时也为父母年龄的增长而暗自恐惧。为什么要恐惧呢？因为人的一生是有限的几十个春秋，多了一个春秋也就等于向垂暮的晚年迈进了一步。这是南怀瑾先生对孔子的解读。

一次，桑托到邮政总局给朋友拍电报。在他身边坐着一位老太太，她把头低低地俯在电报纸上。她在上面写了些字，随后把电报纸拿到眼前，眯缝着眼睛看。看过之后，把纸揉成了一团，又拿了一张新的，重新填写，写完了又揉成一团，然后又伏在桌子上，想要再填写一张。桑托要帮助这位老太太填写，可是她怎么也不肯。她自己又拿了一张电报纸，打算再重新填写。后来她叹了口气说："我就住在这儿附近，可是，往五层楼上爬很吃力，不戴眼镜又写不了……您若是不急着走的话，请替我写一下。"桑托拿过电报纸，老太太一字一句地说出华盛顿的地址。然后，沉默片刻，叹息地说："请写上：亲爱的妈妈，祝贺您的生日。到我们这儿来吧。吻您。薇拉·娜嘉·谢尔盖。"桑托看了看老太太，问她："您的妈妈还健在？"老太太很不愉快地冷笑一下说："妈妈——就是我。""啊？""明天是我的生日，女儿她很可能忘了给我拍贺电，因此，我就决定……免得邻居们责怪她。她是我的好女儿，大家都很尊重她，她在贝尔实验室当工程师。"桑托想象得出来，她的女儿一定是整天很疲劳、很操心的人。在实验室和在家里都有好多事情要做。可能，女儿过去有时候忘记了给妈妈拍贺电，老人就会抱怨："你看，孩子们不需要我们了，把我们忘记了……"

"女儿不会忘记向您祝贺的。不过偶然情况总是免不了……"

老太太抬起一双忧伤的眼睛望着桑托，低声说："她已经忘记 12 年了。"

桑托对老人家还能说什么呢？用什么语言来安慰她？是不是要责怪她的女儿

呢？虽说这是有理由的。可是，老太太已经平静下来，她对他说："对不起，请您帮我买一张带玫瑰花的贺电专用电报纸，我的女儿干什么都喜欢漂亮的……"

有句老话叫：树欲静而风不止，子欲养而亲不待。正如孔子所言，趁着父母都还健在的时候及时表达你们的爱吧，哪怕是一个简单的电话或者一声亲切的问候，千万不要让自己将来悔恨终生。

子欲养而亲不待的痛悔

古诗有云："树欲静而风不止，子欲养而亲不待。"树原本想静下来，可是风却在不停地刮，子女想奉养父母，可双亲却已经不在人世。

时间如流水，青少年时期每个人都有很多事情要忙，忙学习，忙游戏，忙作业……成人了，还要忙工作，忙事业。当我们认为真正拥有了可以孝顺父母的能力时，可能已经太晚了，因为这时候的父母已经吃不动、穿不了了，有的父母甚至已经离开了尘世。在这个世界上，什么事情都可以等待，只有孝顺是不能等待的，否则只会留下无穷无尽的痛悔。

一日，孔子领着弟子外游，忽然听到路上有哭声，声音非常悲切。于是，孔子说道："快赶车，前面有贤人。"到了哭声之处后发现是皋鱼，披着粗布衣服，抱着镰镐，在道旁哭。孔子下车对他说："你又没有什么丧事，为什么哭得这么悲伤呢？"皋鱼说："我有三个过失啊，我少时好学，曾游学各国，而把父母放在次位，归时双亲已故，这是第一个错误；为了我的理想，再加上侍奉君主，没有很好地侍奉亲人，这是第二个错误；和朋友交情深厚，稍微疏远了亲人，这是第三个错误。树想静下来可是风却不停，孩子想好好赡养父母可是父母却不在了！过去而不能追回的是时间，走了而不能再见的是亲人。我请求从此放下一切，什么也不要做了。"孔子告诉弟子："你们都知道了，要以此为戒啊！"于是，他的门人十之有三回家赡养父母去了。

儒家认为，"孝"是伦理道德的起点。一个重孝道的人，必然是有爱心、讲文明的人。重孝道的家庭，亲情浓郁、关系牢固；反之，必然是亲情淡薄，家庭结构脆弱，容易解体。而家庭是社会的基础，可见，不重孝道将会影响到整个社会的稳定与和谐。

子欲养而亲不待，即使悔不当初又能如何？南怀瑾先生在论及《论语》中的孝道时曾提及西方的十字架文化，即在上帝的监督下爱父母、爱子女、爱他人。

当昔日的子女做了父母，当他们真正懂了为人父母的难处，想要回报父母时，恐怕多半已不能如愿了。所以，行孝要早。

卡耐基在为成年人上的一堂人生课上，给他们出过一道家庭作业："在下周以前去找你所爱的人，告诉他们你爱他，而那些人必须是你从没对其说过这句话的人，或者是很久没听到你说这句话的人。"

下一堂课程开始前，卡耐基问他的学生们是否愿意把他们对别人说爱而发生的事和大家一同分享。一个中年男子从椅子上站起身，开始说话了："卡耐基先生，上礼拜你布置给我们这个家庭作业时，我对您非常不满，因为我并没感觉有什么人需要我对他说这些话。但当我开车回家时，一个念头一闪而过，自从 6 年前我的父亲和我争吵过后，我们就开始彼此躲避，除了在圣诞节或其他不得不见的家庭聚会之外，我们避而不见，即使见面也从不交谈。所以，回到家时，我告诉我自己，我要告诉父亲我爱他。

"在我做了这个决定后，忽然感到胸口上的重量一下子减轻了。第二天，我一大早就起床了，整晚都在想这件事。我很早就赶到办公室，两小时内做的事比从前一天做的还要多。9 点钟时，我打电话给爸爸，问他我下班后是否可以回家去，因为我有些事想要告诉他。父亲以暴躁的声音回答：'又是什么事？'我跟他保证，不会花很长的时间，他同意了。下午 5 点半，我到了父母家，按门铃，祈祷爸爸会出来开门，如果是妈妈来开门，我恐怕会丧失告白的勇气。但幸运的是，爸爸打开了门。我没有浪费一点时间，踏进门就说：'爸，我只是来告诉你，我爱你。'

"父亲听了我的话，不禁哭了，伸手拥抱我说：'我也爱你，儿子，原谅我竟一直没能对你这么说。'这一刻如此珍贵，我甚至期盼时间停止。但这不是我要说的重点，重点是两天后，从没告诉过我有心脏病的爸爸突然病发，在医院里结束了他的一生。这一刻来得如此突然，让我毫无防备。如果当时我迟疑着没有告诉爸爸我对他的爱，可能永远都没有机会了！所以我想对所有儿女说的是：爱你的父母，不要迟疑，从这一刻开始！"

爱，需要用行动来表达，对父母的爱也是如此。像关心自己的子女一样关心自己的父母，你便不会总为自己推迟行孝的举动而寻找借口。爱你的父母，就像爱你的孩子，只有这种付出才是真正的孝。

你曾感受到时间的流逝吗，你曾感受到周遭人、事物随着时间不断改变吗？你曾想过最亲近的人有一天将离你而去吗？世人在年少时大多不能完全理解父母的爱，等自己也为人父母，理解父母的苦心时，父母已经等了很久了。所以，孝敬父母要趁早，现在就去做，不要等父母都不在了而空留遗憾。

幸福由己造，悲喜由心生

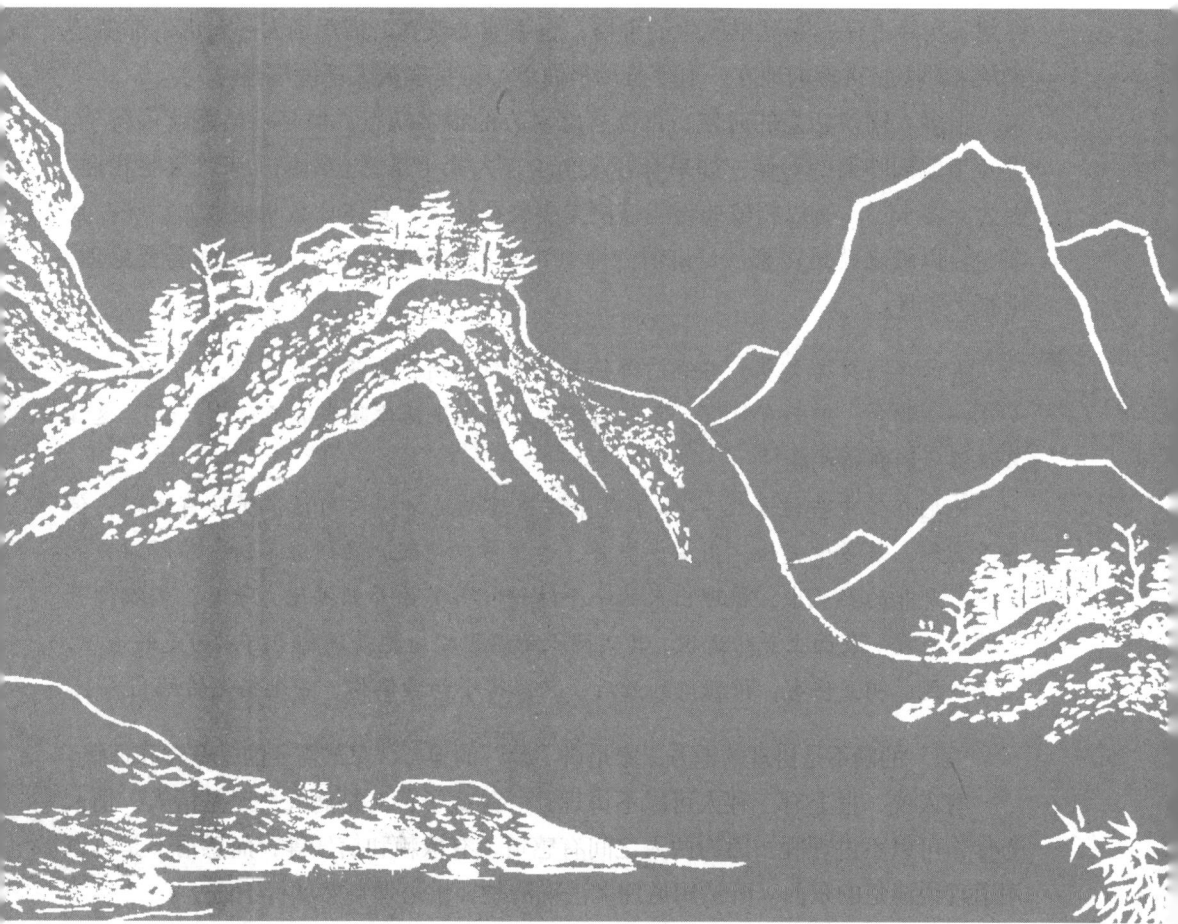

家不是讲理的地方

南怀瑾先生在讲到饮食男女时说，我们这个世界之所以闹了那么多事，中华民族五千年的历史，你打过来，我打过去，这里拆房子，那里盖房子，就是两个人闹的祸，一个男人，一个女人。人如果到了无男无女，无饮食需要，不知可以减少多少烦恼。其实南怀瑾先生的这番话，看似调侃，实则大有深意。因为男人和女人组成家庭，家庭组成国家。那么，国家有问题，那一定是最基本的家庭出问题了。

但是家庭的问题在哪里呢？我们常说清官难断家务事。家庭的事情的确不好评判。实际上评判家庭里发生的事情，也不能太较真，借用别人一句话，那就是家从来都不是讲理的地方。道理虽然很简单，可是多数人都做不到。

很多人刚谈恋爱的时候，可以容忍对方的很多缺点，但是一结婚就不行了。可是当他们吵架的时候，如果有客人来了，大家于是就立刻停下来，笑脸相迎，因为宾客来了。所以相敬如宾能够使夫妻关系长久。具体什么叫相敬如宾呢？其实一言以蔽之就是：家，是讲情的地方，不是说理的地方。夫妻之间若要论理，则家无宁日。

有这样一对老夫妻，当他们得知女儿要结婚时，心里非常高兴，夫妇俩送给女儿一个锦囊，里面有封信，把自己多年的婚姻生活体验告诉了孩子，说："这就算祝福你的新婚礼物。"

他们在信中告诉女儿："家不是个讲道理的地方。这句话乍听没有道理，但却是真理，是多少夫妇，用多少岁月、尝了多少辛酸，在纠缠不清、难解难分的爱恨、是非的混乱中，梳理出来的一个结论。当夫妇开始据理力争时，婚姻便开始蒙上阴霾。表面上是讲道理，其实两人都不自觉地抱着满脑子自以为是的道理，相互敌视、相互伤害，讲理讲到最后，只落得个两败俱伤，分道扬镳的结局。"

"家"的确不是讲理的地方，家是讲"爱"的地方，家最需要的是宽容和理解。

有人说，世上有三种人可以不讲理：一是疯子；二是病人；三是情人。情人为什么可以不讲理呢？因为两人之间有感情、有依赖和信任等，而感情不是可以用道理说清楚的东西。既然用道理无法说清楚，讲道理自然就行不通了。

谈恋爱的时候，男人似乎很能容忍女人的不讲理。有时候，女友的蛮横、赌气、吵吵闹闹反而是爱情中的小插曲，能把爱情点缀得更甜蜜。可是，女友一旦成为妻子，男人的好脾气一下子就消失了，因为他们已转换成丈夫，变成一家之主了。但女人的角色转换过程比较慢，她们大都还在做梦，隔三岔五还想跟丈夫赌赌气，要要大小姐脾气，还想让丈夫哄着她让着她。不幸的是，她们的丈夫早已不是那个恋爱时处处让着她的男孩子了，他们会生气，会开始要求老婆"做事说话请讲道理"。而这个"讲道理"，免不了就要伤害夫妻间的感情。有人说，男女两性的感情历程不同，男人是从百花齐放的春天很快进入炎热的夏季，而炽热的情火燃烧之后就迅速地进入成熟的秋天，不久，寒冷的冬季就来临了。女人不一样，她们长久地在春日里徘徊，很久很久才进入燃烧的夏季，接着，她们并不马上步入秋日的成熟，而是缓缓地再度转回春季，继续徜徉在温暖的春光里。所以，有很多女人，包括一些十分优秀的女人，在自己的爱人面前，感情却都脆弱得很，是禁不住打击的。

那是个秋日微凉的黄昏，莲刚跟丈夫恼过气，披散着一头湿淋淋的乱发，站在阳台上，任风阵阵地吹着。

丈夫突然拿着吹风机走过来，对她说："好了！坏女孩！快进来把头发吹干。"一头湿气渐渐散尽时，丈夫有感而发地说："或许，几十年后的某个黄昏，你一个人独坐的时候，会忽然想起眼前的这一刻，而我那时已经先你而去了。"

听了这话，莲刹那间体会到丈夫心中那份疼惜她的心情。

佛语说"十年修得同船渡，百年修得共枕眠"，而千年之后又能相守几时？

在莲的回忆里，丈夫在争吵之后帮她吹头发时说的话，深深地打动了她，让爱耍脾气的莲领略到，夫妻俩的感情有多珍贵。宽容与体贴是增进夫妻感情的良药。男人们应该多注意另一半的优点，并找合适的时间告诉她，她便能很快地满足了。

家庭成员尤其是夫妻之间不能太较真，不能太讲理，其实夫妻之间不需要这些，他们需要的是宽容，需要的是爱。家庭是社会的最基本单位，一个能处理好家庭问题的人，在做其他事情的时候也一样能成功，因为他具备了几种优秀品质：责任、包容、关爱、理解。

婚姻，最重要的一道选择题

"有天地然后有万物，有万物然后有男女，有男女然后有夫妇，有夫妇然后有父子，有父子然后有君臣，有君臣然后有上下，有上下然后礼义有所错，夫妇之道不可以不久也，故受之以恒，恒者久也。"南怀瑾先生认为这是孔子的婚姻观。认为夫妇之道能长且久，才符合正统。由此观之，选择一段好婚姻是十分必要的。

启蒙思想家卢梭曾说："我不仅把婚姻描写为一切结合之中最甜蜜的结合，而且还描写为一切契约之中最神圣不可侵犯的契约。"而越来越多的人却正在践踏、无视这种契约，他们把婚姻仅仅视作一种最为平常的合作关系，可以招之即来、挥之即去，就像一张彩票，即使赌输了，也可以撕毁，事实上，谁亵渎了婚姻，谁就最终亵渎了自己。

婚姻是比爱情更现实的东西，它源于爱情，又高于爱情，爱情不需要刻意地雕琢，婚姻却要用心去经营，一旦我们经营不善，我们怀中的爱人就会一去不复返。

英国著名影星费雯丽在出演了好莱坞历史上最经典的爱情作品《飘》之后，一夜成名，她本人与"忧郁王子——哈姆雷特"的扮演者劳伦斯之间的爱情也堪称一段爱情佳话，两个人的爱情在历经种种磨难之后终于修成正果——他们步入了婚姻的圣殿。

然而，正是这两位对爱情有着最为完美的诠释的影星，他们的婚姻却以不幸告终。他们的爱情经受了考验，而婚姻却一败涂地。

他们的爱情是完美的，然而正是因为他们要求以完美的爱情的眼光来要求婚姻，他们的婚姻才抵抗不了这理想的重压而轰然倒塌，这种不可承受之重终于毁灭了他们的幸福。有很多恋人在没成婚时卿卿我我，而一旦婚后却反目成仇，曾经山盟海誓的爱情被婚姻磨去了最后的光泽，两个人以分手告终。婚姻，对很多不善经营的人来说，确实是爱情的坟墓，但是，只要能用心过好你和另一半的每一天，你和爱人的感情就会在这种可贵的经营下日久弥深。

英国政治家丘吉尔，他曾经不无炫耀地说："我最显赫的成就，不是别的，而是当年我说服了克莱蒂娜与我结婚，她是我一生中唯一的女人，没有她我可能不会有任何成就。"

"成家立业"这个词很有意思，它把"成家"放在了"立业"前面，不是没有道理。先成家，我们的事业就有了后盾，我们会有一种归属感，才能把更多的心思花在事业上。一个良好的家庭可以给成员以温暖，可以为他的创业提供很多力量源泉；而一个很糟糕的家庭，只会让成员觉得负担重重。而且糟糕的家庭关系又会影响到家人和身边的其他人。长此以往，会使得成员之间极不和谐，甚至反目成仇。

现代社会，我们对婚姻的态度也越来越不严肃，社会上出现很多不好的东西。孔子说"夫妇之道不可以不久也"。但是很多人还是吵着闹着要离婚。为什么？选择不慎重而已。人的一生中婚姻是最重要的选择，若对则一生幸福，若错则万劫不复。如此，一念之间也。

爱情的夏天和婚姻的冬天

"稽首慈云大士前，不升净土不升天，愿为一滴杨枝水，洒到人间并蒂莲。"这首诗歌是清朝女诗人冯小青所写。意思是，在大师面前发誓，我死了之后不成佛不成仙，只愿意做观音菩萨净瓶中的杨枝水，洒到人间，让更多的人和和美美。南怀瑾先生说她境界很高。不为自己的痛苦所困，而是想到世界上其他女性的痛苦，于是希望将来自己能够使人间每个家庭美满和快乐。

她遭遇到了什么？原来冯小青是个才女，人也长得很漂亮，年纪轻轻却遇人不淑，结了婚才知所嫁非人，先生早已有了太太，因此痛苦一辈子，抑郁而死。因此冯小青能写出这样的诗来，的确非常人心境。但是她的这番遭遇也似乎印证了那句话：婚姻是爱情的坟墓。其实说白了很多人由于无法适应婚姻与爱情的温差，因而使得双方的感情越走越远。

一对曾经让人羡慕不已的恋人，在结婚一年后吵吵闹闹地走上了法庭，要求离婚。朋友、家人都十分惊讶，力图去劝说他们："相恋5年，多少次花前月下，为什么反目成仇呢？"妻子委屈地说："他曾说爱我一辈子，可是现在他宁肯欣赏那些街上的漂亮女孩，回到家，也懒得看我一眼，还挑三拣四。"其实这位妻子很漂亮，在街上同样有极高的回头率。丈夫生气地说："你不也一样，在街上、班上都能和颜悦色温柔体贴地对待每个人，回到家里，总是冷着个脸，絮絮叨叨，总是强词夺理，越来越像个泼妇！"

调解员说："你们都希望对方永远爱自己，可是却受不了生活中的平凡琐事，自己反省一下，是否是这样的情形？你们有很深的感情基础，生活应该多制造一些爱的氛围，平凡的生活也有其独特的魅力，试着去寻找吧！"

有人说恋爱和婚姻本就是两码事，更有人把婚姻当作爱情的坟墓。其实只要看清婚姻的本质，认真去面对婚姻，就不会有那么多因为琐事而被忽略的爱情，就不会有那么多因为不耐烦而被磨灭的激情了。婚姻永远是由无数个琐事的细节叠加而成的，所以说琐碎的生活成就了爱情的永远。在琐事中，发现乐趣，在琐事中互相谅解，这是成功夫妻的宝典。

一位社会学博士生，在写毕业论文时糊涂了，因为他在归纳两份相同性质的材料时，发现结论相互矛盾。一份是杂志社提供的 4800 份调查表，问的是：什么在维持婚姻中起着决定作用（爱情、孩子、性、收入、其他）？90％的人回答的是爱情。可是从法院民事庭提供的资料看，根本不是那么回事，在 4800 对协议离婚案中，真正因感情彻底破裂而离婚的不到 10％，他发现他们大多是被小事分开的，看来真正维持婚姻的不是爱情。

其中有个案例是关于老年夫妇的。这对离婚者男的是教师，女的是医生。他们离婚的直接原因是：男的嗜烟，女的不习惯；女的是素食主义者，男的受不了。

还有一对夫妻他们大学时曾是同学，上学时有 3 年的恋爱历程，后来分在同一个城市，他们结婚 5 年后离异。直接原因是：男的老家是农村的，父母身体不好，姐妹又多，大事小事都要靠他，同学朋友都进入小康行列，他们一家还过着紧日子，女的心里不顺，经常吵架，结果就分手了。

还有一对"速分"的。这一对结婚才半年，男的是警察，睡觉时喜欢开窗，女的不喜欢；女的是护士，喜欢每天洗一次澡，男的做不到。俩人为此经常闹矛盾，结果协议离婚。

本来这位博士以为他选择了一个轻松的题目，拿到这些实实在在的资料后，他才发现《爱情与婚姻的辩证关系》是多么难做的一个课题。

他去请教他的指导老师，指导老师说，这方面的问题你最好去请教那些金婚老人，他们才是专家。

于是，他走进大学附近的公园，去结识来此晨练的老人。可是他们的经验之谈令他非常失望，除了宽容、忍让、赏识之类的老调外，在他们身上他也没找出爱情与婚姻的辩证关系。不过在比较中他有一个小小的发现，那就是：有些人在婚姻上的失败，并不是找错了对象，而是从一开始就没弄明白：在选择爱情的同时，也就选择了一种生活方式。

正是生活方式这一点，决定着婚姻的和谐。有些人没有看到这一点，最后使本来还爱着的两个人走向了分手的道路。不要被爱情的火热烫伤了手，很多时候我们要理智。两个人相爱的时候，温度很高，大家把自己最好的一面展现给对方。但是，一结婚所有的生活细节全来了。突然发现对方有很多做法，自己不能适应。于是一家人开始"斗法"，最后两败俱伤，什么浪漫、美妙都没有了。其实爱情真的是需要经营。真正的金婚银婚，都是走过了一段漫长的磨合之路。很多人接受不了婚姻中的冷淡，我们不要因为暂时的冷，而放弃一个本来可以很美好的家庭。

正如南怀瑾先生所赞赏的冯小青那样，她虽然遭遇不幸，但是却希望所有的有情人终成眷属。我们也希望处于恋爱或者婚姻中的人们能够理智地对待生活中的平淡与高潮，家长和理短，让感情走得更远。

婚姻中的"刺猬法则"

南怀瑾先生曾经讲"因缘"，他认为因缘，有三项内涵、四种关系。三项内涵即是善缘、恶缘、无记缘。所谓无记缘，就是不善不恶的缘。譬如我们有许多接触过的人，不是自己有意去找他，偶然一次，过去了也就忘了，这种缘属于无记缘。这么多因缘，我们应该怎么办？南怀瑾先生在讲到禅的时候说"万事随缘过"。

人世间最刻骨铭心的缘分，莫过于夫妻缘分了。我们常常发现很多夫妻，日子没过多久，就出现了各种问题：生活习性的，态度观念的……但是走到夫妻这一步最常见的，还是双方有一方对对方管得比较严，生活中失去了自由空间。其实这就是不懂随缘的结果。每个人都有自己的空间，在感情生活中随缘，就是不强求，用现在的话说就是要给对方以自由。

莉莎和男朋友分手了，情绪低落，从他告诉她应该停止见面的一刻起，莉莎就觉得自己整个人被毁了。她吃不下睡不着，工作时注意力集中不起来。人一下子消瘦了许多，甚至被人认不出来了。一个月过后，莉莎还是不能接受和男朋友分手这一事实。

一天，她坐在教堂前院子的椅子上，漫无边际地胡思乱想着。不知什么时候，身边来了一位老先生。他从衣袋里拿出一个小纸口袋开始喂鸽子。成群的鸽子围着他，啄食着他撒出来的面包屑，很快就飞来了上百只鸽子。他转身向莉莎打招呼，并问她喜不喜欢鸽子。莉莎耸耸肩说："不是特别喜欢。"他微笑着告诉莉莎："当我是个小男孩的时候，我们村里有一个饲养鸽子的男人。那个男人为自己拥有鸽子感到骄傲。但我实在不懂，如果他真爱鸽子，为什么把它们关进笼子，使它们不能展翅飞翔，所以我问了他。他说：'如果不把鸽子关进笼子，它们可能会飞走，离开我。'但是我还是想不通，你怎么可能一边爱鸽子，一边却把它们关在笼子里，阻止它们要飞的愿望呢？"

莉莎有一种强烈的感觉，老先生在试图通过讲故事，告诉她一个道理。虽然他并不知道莉莎当时的状态，但他讲的故事和莉莎的情况太接近了。莉莎曾经强迫男朋友回到自己身边。她总认为只要他回到自己身边，就一切都会好起来的。但那也许不是爱，只是害怕寂寞罢了。

老先生转过身去继续喂鸽子。莉莎默默地想了一会儿，然后伤心地对他说："有时候要放弃自己心爱的人是很难的。"他点了点头，但是，他说："如果你不能给你所爱的人自由，那么你就并不是真正地爱他。"

长相厮守的意义不是用柔软的爱捆住对方，而是让他带着爱自由飞翔。要知道，爱需要自由的空间。缘分不能强求，强求则会导致缘灭。生活中一些事情常常是物极必反的，你越是想得到他的爱，越要他时时刻刻不与你分离，他越会远离你，背弃爱情。你多大幅度地想拉他向左，他则多大幅度地向右荡去。

所以我们应该让爱人有自己的天地去做他喜欢的事情，譬如集邮，或是其他任何爱好。在你看起来，他的爱好也许傻里傻气的，但是你千万不可嫉妒它，也不要因为你不能领会这些事情的迷人之处就厌恶它。你应该适时地迁就他。

爱人有了特殊的爱好以后，我们还必须给他另外一个好处：有些时候要让他独自去做他喜爱的事，使他觉得拥有真正属于自己的东西。毫无疑问，爱人时常需要从捆在他脖子上的爱的锁链里挣脱出来。如果我们能够帮助并支持他们，去培养一些有趣的爱好——并且给他们合理的机会享受完全的自由——那么我们就是在做一些使他们快乐的事了。

我们应当自信，真正的爱是可以超越时间、空间的。因此，作为婚姻的双方，在魅力的法则上，请留给彼此一个距离，这距离不仅包含空间的尺度，同样包含心灵的尺度。

留下你自己独特的性格，不要与他如影随形；留下你自己内心的隐私，不要让他感到你是曝光后苍白的底片；留下你一份意味深长与朦胧的神秘，不要试图挽留他离去的脚步，不要幻想他的目光永远专注于你，一切都应是自然形成。在你们之间留下一段距离，让彼此能够自由呼吸。

这难道不是爱的真谛吗？爱并保持距离。人的心理诉求确实是很复杂的。南怀瑾先生说爱是自私的，可以说也有一定的道理。当你说爱是为了对方的时候，这个举动难道不是为了自己而做出的吗？因为为了对方会让你开心，于是你才去爱别人，可见是源于自己的心理诉求的。但是爱情又是无私的。当我们为对方做事情的时候，也确实没有求回报，只要为对方做事就很开心。人总是要有一定的心理空间的，爱情的距离不能太近了。当侵犯了那个底线时，曾经再好的恋人也可能会反目。因此爱必须给对方以自由，这是两人关系能够保持长久的前提。

世间诸事都逃不脱因缘二字，有很多事情强求反而什么都得不到，因为你所要的上天并没有给你安排，而你对本来属于你的东西又视而不见。人的可悲就在于此。夫妻之爱，是缘。这种缘尤其需要珍惜。珍惜缘分就是随缘，爱情或婚姻中太多的羁绊会破坏这段缘分的。

体会生命中的美好

其实，一个人生活得开心不开心、幸福不幸福都在于他内心的感觉，一个人内心的基调决定了他人生的基调。只有笑对人生，我们才能发现并体会到生命中的美好。讲《黄帝内经》的时候，南怀瑾先生多次讲到心性的重要。

有这样一则古老的寓言：

在一个春光明媚的早晨，有一只漂亮的鸟儿站在摆动的树枝上放声歌唱，树林里到处回荡着它甜美的歌声。

一只田鼠正在树底下的草皮里掘洞，它把鼻子从草皮底下伸出来，大声喊道："鸟儿，闭上你的嘴，为什么要发出这种可怕的声音？"

这只歌唱的鸟儿回答说："哦，先生，我总是忍不住要歌唱。你看，空气是多么新鲜，春天是多么美好，树叶绿得多么可爱，阳光是多么灿烂，世界是多么可爱，我的心中充满了甜蜜的歌儿，我无法不歌唱。"

"是吗？"田鼠睁大眼睛不解地问道，"这个世界美丽、可爱吗？这根本不可能，你完全是胡扯！世界上的任何事情都是毫无意义的。我已经在这儿生活了这么多年，我了解得很清楚。我曾经从各个方向挖掘，我不停地挖啊挖啊，但是，我可以告诉你，我只发现了两样东西，也就是草根和蚯蚓。除此之外，再没有发现过其他东西，真的，没有任何可爱的东西。"

快活的鸟儿反驳说："田鼠先生，你自己上来看看吧。从草皮底下爬上来，到阳光中来吧。你上来看看太阳，看看森林，看看这美丽可爱的世界，呼吸一下新鲜空气，要是这样，你也会忍不住流泪的。上来吧，让我们一起放声歌唱！"

显然，快活的鸟儿和迷惑的田鼠代表了两种不同的生活态度——乐观主义和悲观主义。就像鸟儿对田鼠说的那样，我们也可以对那些悲观主义者说："出来看看吧，先生。看看这明媚的阳光，看看这可爱的世界，你会感觉到一切都是美好的。"

晓飞在她三十岁以后终于意识到，其实她的生活并不快乐。她将责任全部归咎于丈夫、前任老板以及亲属。但是有一天，一位认识她已十年的朋友对她说："晓飞，你将你的不快乐归咎于你周围所有的人，为什么你就不能从自己身上找找原因呢？坦率地说，我总觉得和你在一起有种压抑的感觉。"

这句话对晓飞触动很大，那以后，她开始认真思考自己的生活方式，并开始努力尝试使自己快乐起来。她学着观察并感受每天发生在她周围的一切，她努力将自己的思维投向那些积极和快乐的事情，并学会将烦恼放在一边，这样做了以后，她发现她的生活正发生着日新月异的变化。

在以后的日子里，每当晓飞与其他的人谈论自己的生活经历时，她总是这样说："在过去的许多年，我从未发现自己只是关注那些令人沮丧和消沉的事情，那时的我简直让人没法忍受。幸运的是，我的一位很好的朋友提醒了我，是他让我学会将那些糟糕的东西扔进垃圾桶，让我体验到生活中原来有那么多美好的东西。"

当你只是关注那些令人沮丧的事情时，你的生活也是令人沮丧的；当你选择忽略那些令人沮丧的事情，只关注那些快乐的事情时，你才能体会到生活的美好。

只有感受到生活的美好，生活才变得有意义。如果你总是缺少用希望的眼睛看世界，那么这样灰色的生活对你来说没有任何价值；而如果你用快乐的眼光看生活时，你会发现那些美好其实一直围绕在你身边，幸福就是这样唾手可得。

该遗忘的遗忘，该铭记的铭记

南怀瑾先生说，从外形上看不出一个人有道德、道有所长时，在欣赏他的道德学问时，就不会去注意他的外形好看与否。很多人都是这样，应该忘记的不忘，而不该忘记的却忘记了。生活中，总有一些事情需要我们牢记于心头，而又有另外一些事需要我们忘却于脑后。什么该记住，什么该忘却，这才是需要我们用心去体会的。

铁匠和他的好朋友结伴去旅行，一路上两个人相互照顾。

有一天，他们在翻过一座大山时，铁匠不幸失足，在他滑向悬崖边的一瞬间，好朋友不顾自身危险，拼命拉住了他。铁匠于是在附近的一块大石头上刻下：某年某月某日，好朋友救了铁匠一命。

他们继续前行。一个月后，他们来到一处结冰的河边，他们为是踏冰而过还是寻桥而过争吵起来。一气之下，好朋友踢了铁匠一脚，铁匠跑到冰面上刻下：某年某月某日，好朋友踢了铁匠一脚。

有个过路的行人见了，好奇地问铁匠："你为什么把好朋友救你的事刻在石头上，而把他踢你的事刻在冰上？"

铁匠说："好朋友救了我，我永远都感激他；至于他踢我的事，我会随着冰上字迹的融化而忘得一干二净。"

任何人，在具备"兽性"的同时也拥有"人性"。所谓"兽性"有时表现在一个方面——人是容易记仇的动物，他会把损害自己利益的人与事牢记于心；而在"人性"方面的表现是，他能在"忘"与"记"两方面做出正确的选择：很快忘掉不愉快的东西，永远牢记别人的"好"。人之所以为人，就是在"人性"和"兽性"的较量中，"人性"永远占据上风，即或是暂时退却，但必将取得最后的胜利。

南怀瑾先生认为，在人生的旅途中，我们要学会去记住别人对你的帮助，忘却自己对别人的不满，学会宽容才能让你活得更自在、更轻松，坦然地去面对旅途中的风风雨雨。

的确，宽容是一种美德。正如法国 19 世纪的文学大师雨果曾说过的一句话："世界上最宽阔的是海洋，比海洋宽阔的是天空，比天空更宽阔的是人的胸怀。"让我们相信每个人即使是有坏处，那也一定有值得人同情和原谅的地方。要知道，宽恕别人所不能宽恕的，是一种异常高贵的行为。

宽容是一种美。深邃的天空容忍了雷电风暴一时的肆虐，才有风和日丽；辽阔的大海容纳了惊涛骇浪一时的猖獗，才有浩渺无垠；苍茫的森林忍耐了弱肉强食一时的规律，才有郁郁葱葱。宽容是壁立千仞的泰山，是容纳百川的江河湖海。

宽容也是一种幸福，我们饶恕别人，不但给了别人机会，也取得了别人的信任和尊敬，我们也能够与他人和睦相处。宽容，是一种看不见的幸福。宽容更是一种财富，拥有宽容，就拥有一颗善良、真诚的心。宽容和忍让是人生的一种豁达，是一个人有涵养的重要表现。

遗忘别人的"不好"，铭记别人的"好"。当你对别人宽容之时，即是对你自己宽容。因此，哲人说："人类尽管有这样那样的缺点，我们仍然要原谅他们，因为他们就是我们。"同样，当你宽容别人的时候，带给别人舒心和快乐，也把幸福带给了自己。

世界上什么最值钱

世界上最有价值的东西是什么？黄金，珠宝，美玉，还是其他什么东西？其实，这些东西都很值钱，但是这样就能够说它们很有价值吗？显然不是。

南怀瑾先生说："世界上最值钱的东西也最不值钱，最值钱的东西没有价钱，智慧是绝对无价的；但是智慧也一毛钱都不值，这就是佛常说的众生颠倒。"

佛曾经说，一切众生从无始来，种种颠倒。南怀瑾先生开玩笑说，人本来就颠倒了。人的两只眼睛都长在前面，后面什么都看不见，所以走路会被车子撞倒，假如眼睛一只长在前面，一只长在后面，就不会有那么多车祸了。眉毛长在手指头上的话，早晨起来当牙刷用，多方便。鼻子倒过来，吃完饭，把筷子往鼻子一插；下雨打伞也方便，往鼻子上一插，不用手撑着。嘴巴假如长在头顶上，吃饭往头上一倒，免得浪费时间。口袋里的钞票脏得要命，又不能当饭吃，却要数了又数，然后还要放在保险箱里。人不吃它就会死的米、麦，却摆在那里没有人理，你说众生颠倒不颠倒？黄金、钻石能做什么用？却珍惜得不得了，贵得要命，结果，还惹来杀身之祸，颠倒不颠倒？说什么打是情，骂是爱，颠倒！人世间没有一样不颠倒，众生颠倒，知见不正，样样颠倒。不颠倒，就成佛了。佛是什么？中国禅宗祖师说佛是无事的凡人，没有事的平凡人，哪个人能够做得到？都是无事生非，都在颠倒之中。

有这样一则禅宗故事：

三个愁容满面的信徒请教无德禅师，如何才能使自己活得快乐？

无德禅师："你们活着是为了什么？"

信徒甲："我不愿意死，所以我活着。"

信徒乙："我盼望老年时儿孙满堂，会比今天好，所以我活着。"

信徒丙："我的一家老小靠我养活，我不能死，所以我活着。"

无德禅师："你们当然都不会快乐。你们活着，只是由于恐惧死亡，由于等待年老，由于不得已的责任，却不是由于理想、责任。人没有理想和责任，怎么可能快乐呢？"

三位信徒齐声道："禅师，具体地说，我们到底要怎么生活才能快乐？"

无德禅师："你们认为有什么才会快乐？"

甲信徒："我认为，有金钱就会快乐。"

乙信徒："我认为，有爱情就会快乐。"

丙信徒："我认为，有名誉就会快乐。"

无德禅师听后，不以为然地告诫信徒："你们这样永远不会快乐。当你们有了金钱、爱情、名誉以后，烦恼、忧虑仍然会跟在你们后面。"

三位信徒无可奈何："那怎么办？"

无德禅师："改变你们的观念。金钱要布施才快乐，爱情要奉献才快乐，名誉要用来服务大众，你们才会快乐。"

故事中的三个信徒为什么不快乐，就在于他们的追求，他们追求的东西无非名、利、欲，又怎么能够快乐呢？这恰恰是众生智慧颠倒的根源。

如何才能不颠倒呢？明代大诗僧苍雪大师有首诗：南台静坐一炉香，终日凝然万虑亡。不是息心除妄想，只缘无事可思量。只有去除各种各样的妄想，摆脱名、利、欲等的束缚，才能消除心中的万虑。这才不颠倒！这才有资格参禅。

"财、名"是幸福障碍

慧忠禅师曾经对众弟子说："青藤攀附树枝，爬上了寒松顶；白云疏淡洁白，出没于天空之中。世间万物本来清闲，只是人们自己在喧闹忙碌。"世间的人在忙些什么呢？其实不外乎名、利两个字。万物自闲，全是因为人们自己在争名夺利，致使所有的人都不清闲，天下也不再太平了。

对于人的名利心，南怀瑾先生说，人生最舍不得的是两样东西，第一是财，第二是命。一个人往往视钱财像性命一样重要，一个人如果太重视"财"，那么"财"就会成为阻碍他获得幸福的障碍，因此，一个人要想获得幸福，就不能让"财"成为自己前进道路上的拦路虎。

一个人，特别是一个参禅的人，心要像明月一样皎洁，要像天空一样淡泊。这样才能与人无争、与世无争，人世皆无争，就能心安，做一名淡泊的人。

有一位高僧，是一座大寺庙的住持，因年事已高，心中思考着想找一个接班人。

一日，他将两个得意弟子叫到面前，这两个弟子一个叫慧明，一个叫尘元。高僧对他们说："你们俩谁能凭自己的力量，从寺院后面悬崖的下面攀爬上来，谁就是我的接班人。"

慧明和尘元一同来到悬崖下，那真是一面令人望而生畏的悬崖，崖壁极其险峻、陡峭。身体健壮的慧明，信心百倍地开始攀爬。但是不一会儿他就从上面滑了下来。

慧明爬起来重新开始，尽管他这一次小心翼翼，但还是从悬崖上面滚落到原地。

慧明稍事休息后又开始攀爬，尽管摔得鼻青脸肿，他也绝不放弃……

让人感到遗憾的是，慧明屡爬屡摔，最后一次他拼尽全身之力，爬到一半时，因气力已尽，又无处歇息，重重地摔到一块大石头上，当场昏了过去。高僧不得不让几个僧人用绳索将他救了回去。

接着轮到尘元了，他一开始也和慧明一样，竭尽全力地向崖顶攀爬，结果也屡爬屡摔。尘元紧握绳索站在一块山石上面，他打算再试一次，但是当他不经意地向下看了一眼以后，突然放下了用来攀上崖顶的绳索。然后他整了整衣衫，拍了拍身上的泥土，扭头向着山下走去。

旁观的众僧都十分不解，难道尘元就这么轻易地放弃了？大家对此议论纷纷。只有高僧默然无语地看着尘元的去向。

尘元到了山下，沿着一条小溪流顺水而上，穿过树林，越过山谷……最后没费什么力气就到达了崖顶。

当尘元重新站到高僧面前时，众人还以为高僧会痛骂他贪生怕死、胆小怯弱，甚至会将他逐出寺门。谁知高僧却微笑着宣布将尘元定为新一任住持。众僧皆面面相觑，不知所以。尘元向其他人解释："寺后悬崖乃是人力不能攀登上去的。但是只要于山腰处低头看，便可见一条上山之路。师父经常对我们说'明者因境而变，智者随情而行'，就是教导我们要知伸缩退变之理啊！"

高僧满意地点了点头说："若为名利所诱，心中则只有面前的悬崖绝壁。天不设牢，而人自在心中建牢。在名利牢笼之内，徒劳苦争，轻者苦恼伤心，重者伤身损肢，极重者粉身碎骨。"然后，高僧将衣钵锡杖传交给了尘元，并语重心长地对大家说："攀爬悬崖，意在勘验你们的心境，能不入名利牢笼，心中无碍，顺天而行者，便是我中意之人。"

庄子曾经说过："荣辱立，然后睹所病。"其意是说，人们心中有了荣誉的念头之后，就可以看到种种忧心的事情。过分关心个人的荣辱得失，就只能忧虑烦恼，无以摆脱。庄子在《徐无鬼》篇中说："钱财不积则贪者忧；权势不尤则夸者悲；势物之徒乐变。"大意是说，追求钱财的人因钱财积累不多而忧愁，贪心者永不满足；追求地位的人常因职位还不高而暗自悲伤；迷恋权势的人，特别喜欢社会动荡，以便从中扩大自己的权势。同时，庄子也从正面阐述其观点，他说："不为轩冕肆志，不为穷约趋俗，其乐彼与此同，故无忧而已矣。"大意是，不追求官爵的人，不因为高官厚禄而喜不自禁，不因为前途无望、穷困贫乏而随波逐流、趋炎附势，荣辱面前一样达观，他也就无所谓忧愁。所以，庄子主张"至誉无誉"。也就是说，在他看来最大的荣誉就是没有荣誉，把荣誉看得很淡、很轻，名誉、地位、声望都算不得什么，即使行善做好事也不要留名。

当一个人能做到这一点时，他就能对客观的、外在的出身、家世、钱财、生死、容貌都看得很淡泊，就能够达到精神超脱的境界。

生有生的自在，死有死的去处

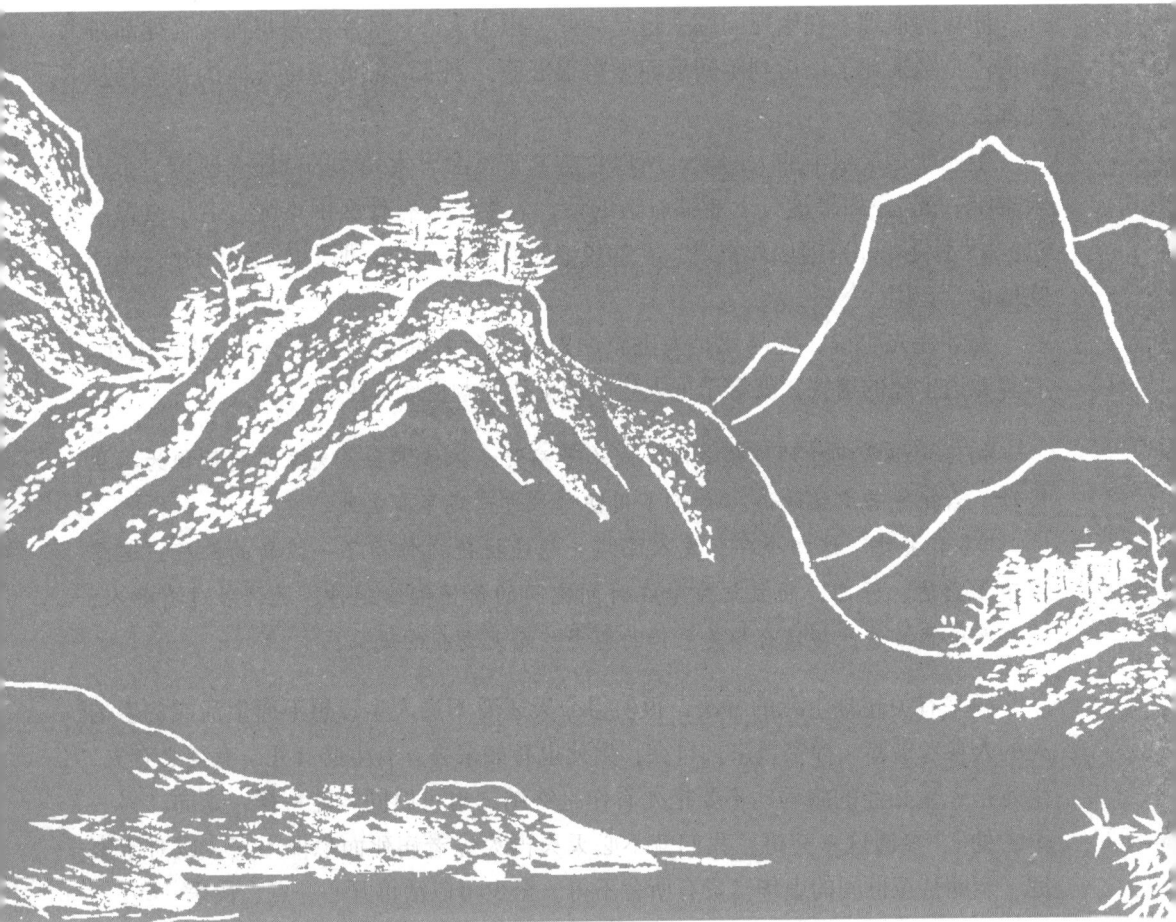

生有生的自在，死有死的去处

《庄子·内篇·齐物论第二》有一段话讨论生与死的问题，"丽之姬，艾封人之子也。晋国之始得之也，涕泣沾襟。及其至于王所，与王同筐床，食刍豢，而后悔其泣也。予恶乎知夫死者不悔其始之蕲生乎！"庄子引用了"丽姬出嫁"的故事：丽姬原本是一个民女，因为皇宫选宫女，她被选中，最后成为了皇后，享尽人生荣华富贵。她在回想当初被选中时，在家里哭得一塌糊涂的悲惨情形，现在看来当初是多么的荒唐、愚蠢、无知。

同样的道理，在生死问题上也是如此，因为人心怀死亡的恐惧而在临死前拼命哭泣，结果死了以后到阴间反而觉得很舒服，到那时才知道临死时的哭泣与挣扎都是多余的。

生死就是最根本的大问题，所以哲学家常常会思索死亡的问题。所谓"千古艰难唯一死"，如果这一点能够看透的话，人生还会有什么困难呢？老子也曾说过："民不畏死，奈何以死惧之？"如果老百姓不怕死亡，那么你就算用死亡来吓唬他也没有用。

南怀瑾先生说，生与死是人生旅途中的一个大转折，生死齐一，齐一生死，有着看透生死的勇气，就等于把人生中的生死问题彻底解决了。

相传六祖慧能禅师弥留之际，众弟子痛哭，依依不舍，大家都将他视为再生父母。六祖气若游丝地说："你们不用伤心难过，我另有去处。"

"另有去处"这四个字，发人深省。慧能把死当作换了一段新的旅程，这想法不但豁达、开朗，而且把生命在时间空间的价值继续延伸，远远胜过有些人，这些人虽然活着，却只有华美装饰的躯壳，而无真我的风采！

禅宗有关超越生死的看法，很值得今天还看不透人生、想不通生活或贪生怕死的人参考借鉴。禅宗重来去自在，生死也有如来去。有生必有死，有得必有失，生死是人生必经的旅程，不要把死看作是终结，也可以同慧能一样，走向"另一个去处"。参透这一玄机，我们就不必天天再为生老病死而恐惧不安，或对于家庭、亲朋甚至世间的虚华富贵有所舍不得，至少可以活得开心一点、快乐一些。

人来到世上是偶然的，走向死亡却是必然的。人生除了生与死能引起几声欢呼、几阵哭泣外，健康活在世上的人很少会想到死亡。因而生活中常可见到一些人，成则轻狂骄妄、得意忘形，败则一蹶不振、沮丧绝望，对得失锱铢必较，对成败患得患失，对诱惑欲壑难填，无论大事小事，整天烦恼、忧愁、痛苦、懊丧，甚至去猜忌、争斗、相互陷害。不识人生之轻重、不辨生命之真谛，真可谓一叶障目，不识泰山！

感慨生命的短暂，不是学曹孟德"譬如朝露，去日苦多"的叹息，也不是拾苏东坡"人生如梦"的无奈，更不是看破红尘的消极颓唐。而是想，人生苦短，生命易逝，今天能健康、自在、安乐地活着，我们就没有什么理由不去珍重生命、热爱生活、好好活着，过好生命中的每一天。

科尔和马克一起去医院看病，他们都是鼻子不舒服。在等待化验结果期间，科尔说如果是癌，立即去旅行，马克也如此表示。

结果出来了，科尔得的是鼻癌，马克长的是鼻息肉，科尔留下了一张告别人生的计划表便离开了医院，马克却住了下来，科尔的计划是：去一趟埃及和希腊，以金字塔为背影拍一张照片，在希腊参观一下苏格拉底雕像；读完莎士比亚的所有作品……

他在这生命的清单后面这样写道："我的一生有很多梦想，有的实现了，有的由于种种原因，没有实现。现在我的时间不多了，为了不留遗憾地离开这个世界，我打算用生命的最后几年去实现剩下的愿望。"科尔辞掉了公司的职务，去了埃及和希腊。现在科尔正在实现他出一本书的夙愿。

有一天，马克在报上看到科尔写的一篇有关生命的散文，于是打电话去问科尔的病情。科尔说："我真的无法想象，要不是这场病，我的生命该有多么的糟糕。是它提醒了我，去做自己想做的事，去实现自己想去实现的梦想。现在我才体味到什么是真正的生命和人生。你生活得也挺好吧？"

马克没有回答，他早把自己亲口说的去埃及和希腊的事放在脑后去了。

在这个世界上，每个人最后都不可避免地走向生命的尽头，有的人走得快，有的人走得慢。而走得快的人，看透了生死，反而活出了精彩的人生。而走得慢的人，总是想着自己还有足够的时间去实现自己的人生目标，一拖再拖，直到最后仍然没有完成，碌碌无为地度过了平庸的一生。这不能不说是生命的一种悲哀。

人，倘若能时常想起死亡，想到每天都有那么多人死去，而自己能健康地活着，一定会感到生命的可贵和生活的可爱，再难处理的事也会变得轻松，人自然而然就会豁达、超脱起来。人只有面对死亡，想到死亡，才能真正冷静理智、大彻大悟、超越自我。因此，当你得意或失意的时候，请站在生命的制高点上，叩问生死，思考人生。有了看透生死的勇气，才能顺应自然、重生乐生，选择超越自我的人生观，能够创造超越自我的人生价值。

易朽的是生命，永存的是对生的激情

《庄子·内篇·大宗师第六》中有一段话："夫大块载我以形，劳我以生，佚我以老，息我以死。故善吾生者，乃所以善吾死也。"

这是庄子参透生死问题后所讲的道。天地造化赋予人一个生命的形体，让人劳碌度过一生，到了生命的最后才让人休息，而死亡就是最后的安顿，这就是对人一生的描述。善待自己生的人，也一定会善待自己的死。

南怀瑾先生说，生死是人生的一个大学问。一个真正善其生的人，能够主宰自己的生命，所以才能够善其死。

她是一个年轻的护士，大部分时间都是在病房里度过的，病人床头的花开花谢让她深刻地感受到生命的脆弱。有时候，她甚至觉得病人床头大朵绽放的花仿佛浑然不知死亡的存在，冰冷的花蕊就像一只只嘲弄的眼睛。因此，她一点也不喜欢花。

一天，病房里一个新来的男孩送给她一盆花，她竟然没有拒绝。也许是为了他的稚气、孩子一般的笑容，也许是怕伤害对方的心。从他搬进来的第一天起，她就知道他再没有机会离开这间病房了。

那次，他趁她不注意的时候偷偷地溜到外面去玩，回来的时候正好碰见了她。他像一个做错事的孩子站在她面前，低着头一声不吭。到了傍晚，她的桌上多了一盆三色堇，紫、黄、红，斑斓交错，像蝴蝶展翅，又像一张顽皮的鬼脸，旁边还附上一张小条子："想知道你不高兴的样子像什么吗？"她忍俊不禁。第二天她就收到了他送的一盆太阳花，小小圆圆的红花，每一朵都是一个灿烂的微笑："想知道你笑的样子像什么吗？"

后来，他带她到附近的小花店闲逛，她这才惊奇地知道，世上居然有这么多种花，玫瑰深红，康乃馨粉黄，马蹄莲幼弱婉转，郁金香艳异咄咄，栀子香得动人魂，而七里香更是摄人心魄。她也惊奇于他谈起花时燃烧的眼睛，仿佛在那里面燃烧着生命的光芒。

他问："你爱花吗？"

"花是无情的，不懂得生命的可贵。"

他微笑着告诉她："懂得花的人，才会明白花的可敬。"

一个烈日炎炎的中午。她远远看见他在住院部的花园里呆立着，她刚要喊一声，他听到了脚步，急切回身，食指掩唇："嘘——"

那是一株矮矮的灌木，缀满红色灯笼的小花，此时每一朵花囊都在爆裂，无数花籽四周飞溅，仿佛一场密集的流星雨。他们默默地站着，见证了一种生命最辉煌的历程。

第二天，他送给她一个花盆，盆里只有满满的黑土。他微笑着说："我把昨天捡回来的花籽种在盆里了，一个月后就会开花。"

三天后，深夜，他床头的急救铃声突然响起。她第一时间冲到病人的身边，在家属的眼泪中，她知道一切都已经太晚了。在生命的最后时刻，他奇异地始终保持清醒，对身边的每个人露出了一个灿烂的笑容。

她并没有哭，每天给那盆光秃秃的土浇水。后来，她到外地出差一个星期，回来后，发现那盆花不见了。同屋的女伴看见里面什么都没有种，就把它扔到窗外了。

又过了一段时间，她打开桌前久闭的窗，整个人惊呆了——

窗户下，一个摔成两半的花盆里长出了一株瘦瘦的嫩苗，青翠欲滴，还有一个羞涩的含苞，好像一盏燃起的生命之灯。这时，她忽然懂得了生命的真谛。

每件事物都有其开始、延续和死亡，这些都是被包括在自然界要实现的目标之内的。人生就好比这样一个过程：一只球被人掷起，而后又开始下坠，最后落在地上；或者像一个水泡，它逐渐凝结起来，突然被伸到水面的树枝触碰了一下，转瞬间便完全破碎。生命也是这样一个从出生、成长到衰老、死亡的过程，这个过程的每个阶段，都有其存在的道理。所有人都会走向同一个归宿，那就是死亡。

易朽的是生命，似那转瞬即谢的花朵；然而永存的，是对生的激情。每朵勇敢开放的花，都是一个面对死亡的灿烂微笑。死是生的结束，也是另一个生的开始。人生如白驹过隙，生命如惊鸿一瞥，一个人看透了生死的意义，看清了生命的价值，生如夏花，善其生者自然能善其死。

忙碌着便没有时间觉得年华老去

《庄子·内篇·齐物论第二》中有一句："予尝为女妄言之，女亦以妄听之。"中国后来有一句成语"姑妄言之姑妄听之"，就是出自这里。这一段讲成道的圣人境界：与天地的精神融合，人和宇宙合二为一，便是抓住了生命的真谛。一般人活在世界上，都是被自己的欲望和身体所奴役，一辈子劳劳碌碌，即佛家所谓的"凡夫"。而"圣人"境界则不同，"愚"而"芚"，"芚"不是利钝的钝，"芚"是有生机的，表面上看起来很笨，内在却充满生机。到达这个境界，"参万岁而一成纯"，超越了时间的观念，一万年在其看来也只是一刹那。

由于时间观念完全是人的心理制造的，美好的时光总觉短暂，痛苦的时刻度日如年。"成纯"，完全是一个纯清绝顶的"吻合"的境界。"参万岁而一成纯"，参通了时空观念，便达到了佛学禅宗中经常说的"一念万年，万年一念"的境界。"万物尽然，而以是相蕴。"此时，便是身心一体，心物合一了，人与物统一，同一个本体，不分彼此，道藏于心物中。所以得道的人不是做物质的奴隶，而是万物听命于他，可以"旁日月，挟宇宙"。

南怀瑾先生说，后世所谓的"神仙之道，长生不老"便是由此而来，神话中常说："山中方一日，世上几千年。"

佛光禅师门下弟子大智，出外参学二十年后归来，在法堂里向佛光禅师述说此次在外参学的种种见闻，佛光禅师总以慰勉的笑容倾听着，最后大智问道："老师！这二十年来，您老一个人还好？"

佛光禅师道："很好！很好！讲学、说法、著作、写经，每天在法海里泛游，世上没有比这更欣悦的生活了，每天，我忙得好快乐。"

大智关心似的说道："老师，应该多一些时间休息！"夜深了，佛光禅师对大智说道："你休息吧！有话我们以后慢慢谈。"

清晨在睡梦中，大智隐隐中就听到佛光禅师禅房里传出阵阵诵经的木鱼声，白天佛光禅师总不厌其烦地对一批批来礼佛的信众开示，讲说佛法，一回禅堂不是批阅学僧心得报告，便是拟定信徒的教材，每天总有忙不完的事。

好不容易看到佛光禅师刚与信徒谈话告一段落，大智争取这一空当，抢着问佛光禅师道："老师！分别这二十年来，您每天的生活仍然这么忙，怎么都不觉得您老了呢？"

佛光禅师道："我没有时间觉得老呀！"

是啊，心中没有老的观念，白驹过隙，多少年月一晃而过，所谓"参万岁而一成纯"正是如此吧。

人生总是那么短暂，有时候心怀梦想，想要按照计划去实行，可是似乎计划还没有定完，一段青春岁月就这么溜走了。不知不觉，人生已经到了暮年，也许再转眼，就划过了所有的美好岁月，走向了人生的尽头。每天，都有无数生命像流星一样划过天际，消失在茫茫夜空当中。

对于普通人来说，万年归一念，或许有些晦涩难懂。生命的长短与时光的流逝有关，莫让你的流年在暗中偷换，有意义的人生总能跳出时光的局限。

桶底脱落与大梦先觉

锦样年华水样过，轮蹄风雨暗消磨。仓皇一枕黄粱梦，都付人间春梦婆。"梦饮酒者，旦而哭泣"出自《庄子·内篇·齐物论第二》，古人梦到喝酒，不一定是高兴的事，白天可能触霉头。古语常言："梦死得生。"梦到坏的，往往白天遭遇好事，即梦大多是与现实相反。"梦哭泣者，旦而田猎。"有人梦到痛苦的事，白天可能有人请你去打猎。"方其梦也，不知其梦也"，做梦时绝对不知道自己在做梦，"觉而后知其梦也"，醒来才知在做梦。

南怀瑾先生讲解庄子的话，人生就是一场大梦，醒时做白日梦，睡时做黑夜梦，现象不同，本质一样，夜里的梦是白天梦里的梦，如此而已。什么时候才真正不做梦呢？必须得道，只有"大觉而后知此其大梦"，大彻大悟大清醒以后，便会顿悟人生不过是一场"大梦"。《三国演义》中诸葛亮诗云："大梦谁先觉，平生我自知，草堂春睡足，窗外日迟迟。"这便是道家的思想境界。

"愚者"常自以为是，窃喜自己的清醒，其实像牧童放牛一样，被人牵了鼻子走。这句话是在告诫世人，本来天地间无主宰，没有人能够牵你，可你自己却被它限制了，自己不做自己生命的掌控者，不懂人生，实在是顽固不化。人生不过一场梦，空留慨叹在人间。中国古代流传了许多"恍然如梦"的故事，读来让人回味悠长。

相传，唐代有个姓淳于名棼的人，嗜酒任性，不拘小节。一天适逢他生日，他在门前大槐树下摆宴和朋友饮酒作乐，喝得烂醉，被友人扶到廊下小睡，迷迷糊糊仿佛有两个紫衣使者请他上车，马车朝大槐树下一个树洞驰去。但见洞中晴天丽日，别有洞天。车行数十里，行人不绝于途，景色繁华，前方朱门悬着金匾，上书"大槐安国"，有丞相出门相迎，告称国君愿将公主许配给他，招他为驸马。淳于棼十分惶恐，不觉已成婚礼，与金枝公主结亲，并被委任"南柯郡太守"。淳于棼到任后勤政爱民，把南柯郡治理得井井有条，前后二十年，上获君王器重，下得百姓拥戴。这时他已有五子二女，官位显赫，家庭美满，万分得意。

不料檀萝国突然入侵，淳于棼率兵拒敌，屡战屡败，公主又不幸病故，淳于棼连遭不测，失去国君宠信，后来他辞去太守职务，扶柩回京，心中悒悒寡欢。后来，君王准他回故里探亲，仍由两名紫衣使者送行。车出洞穴，家乡山川依旧。淳于棼返回家中，只见自己身子睡在廊下，不由吓了一跳，惊醒过来，眼前仆人正在打扫院子，两位友人在一旁洗脚，落日余晖还留在墙上，而梦中经历好像已经整整过了一辈子。淳于棼把梦境告诉众人，大家感到十分惊奇，一齐寻到大槐树下，果然掘出个很大的蚂蚁洞，旁有孔道通向南枝，另有小蚁穴一个。梦中"南柯郡"、"槐安国"，其实原来如此！

故事恐怕大家都听过，但读来仍别有意味，真正参透梦境、参透人生之人又能有几个？说到"大梦谁先觉"，又想到了禅宗中著名的"桶底脱落"的故事。

某日，清了禅师在厨房看到一位弟子在倒水，忽然水桶的底掉了，整桶水全洒了。众人见状说："好可惜啊！水全洒了！"可是，禅师却说："桶底脱落是件好事啊！各位为什么烦恼呢？扶持旧桶，桶底呼脱，桶底无水，水中无月。"

想想，桶底都掉了，桶中还有什么呢！什么都没有，而且东西再也装不进去，岂不是很好。"桶底脱落"是顿悟的境界，"大梦先觉"也是醒悟的表现，人生恍然如梦，一尊还酹江月。

做了一场叫作人生的美梦

南怀瑾先生讲，人生就像做了一场梦，所以这样想来自然要保持一个好心态了。

南美洲的一座火山爆发后，随之而来的泥石流狂泻而下，迅速流向坐落在山脚下不远处的一个小村庄。农舍、良田、树木，一切的一切都没有躲过被毁的劫难。滚滚而来的泥石流惊醒了一位14岁的睡梦中的小女孩，流进屋内的泥石流已上升到她的颈部，小女孩只露出双臂、颈和头部。及时赶来的营救人员围着她一筹莫展，因为对于遍体鳞伤的她来讲，每一次拉扯无疑是一种更大的肉体伤害。此刻房屋早已倒塌，她的双亲也被泥石流夺去生命，她是村里为数不多的幸存者之一。

当记者把摄像机对准她时，她始终没叫一个"疼"字，而是咬着牙微笑着，不停地向营救人员挥手致谢，两手臂做出表示胜利的"V"字形。她坚信政府派来的救援队一定能救她。可是营救人员最终也没能从固若金汤的泥石流中救出她。但她始终微笑着挥着手，直到一点一点地被泥石流淹没。在场的人含泪目睹了这庄严而又悲惨的一幕，心里都充满了悲伤。世界寂静，只见灵魂独舞。

用微笑面对人生，是一个乐观的人的不二选择，而故事中那个女孩乐观而坚强的态度震撼人心。她那个"V"字所蕴含的是对死神最大的嘲弄，是对生命无比的热爱。那个穿透灵魂的微笑，足以震撼世界，让人生所有的苦难都如一缕轻烟。是啊，生活是一本书，里面记着人生的所有苦乐。若你时时关注痛苦，你就会被苦难所打败，如果你敢于时刻做出那个大大的"V"字，用微笑面对人生，你将收获另一种幸福。

道家中的庄子临死前弟子很悲伤，因为庄子比起颜回的贫穷也差不了多少。庄子看着那些哭泣的弟子们就说："我要大地做我的棺材，天空做我的椁！你们还有什么好悲伤的呢？你们怕我被乌鸦给吃了肉，难道就不怕我埋在地下被蝼蚁所啃掉吗？你们为什么要这样偏心蝼蚁呢？"这是庄子式的洒脱与诙谐！但凡修养很高的人是不会介意自己死后的事情的——因为想管也管不了了。人的生命在走向尽头的时候，两手张开似乎是在昭示："看，我什么也不能带走。人生真的就像一场梦啊。"大梦谁先觉，平生我自知。

人生的这场大梦，不知道能有几个人真的清醒。有的人可能一辈子就这样浑浑噩噩地走完了，有的人等醒悟的时候已经晚了，生命之车已经快驶到了终点。

向死而生，死如再生

南怀瑾先生说，梦是很奇怪的东西，佛经上有一句话"如梦如幻"，把整个世界看成一个梦。唐人笔记里提到的南柯之梦，既是哲学方面的东西，也是科学，讲人生活在这个世界，生死存亡就是一场梦。人生是个大梦，梦很奇怪，有时候梦到过去心里的片断，不是这一辈子，包括多年累积的事情的片断，连起来变成梦，所以梦能够知道过去。但是也有很奇怪的梦，能知未来，梦到从来没有到过的地方，后来到了那个地方，觉得这个地方好像来过，却想不起来，一下子想起来是在梦中来过。

既然人生是一场梦，那么就总有醒来的时候，对我们而言，肉体的死亡是不可避免的天意。抗拒和不安不能避免死亡，那何不怀着希望与安心迎接死亡？若将之视为生命的终点站，之后一切将归于零，那么我们就会因为虚无绝望而无视生命真正的美好与灿烂，就失去了盼望的生命意义。芸芸众生的绝望在于，一个人死了，所有的一切都没有了任何意义。其实这是很不正确的"断见"。死亡是生命的升华，面向死亡而生存，是一种超然旷达的生命观。

庄子的妻子去世了，好友惠子去吊丧，却看到庄子两腿张开，蹲在地上，正敲着盆子唱歌，惠子很惊讶。惠子愤愤地说："夫人和你结为伴侣，生儿育女，身老而死，你不哭也就罢了，怎么能敲着盆子唱歌，是不是太过分了？"庄子微笑："不对。她刚死的时候，我怎么能够不难过！可是探究她的开始，本来没有生命；不仅没有生命，而且没有形体；不仅没有形体，而且没有气。混杂在恍恍惚惚之中，变化而产生了气，气变化成了形体，形体变化有了生命。现在又因变化而死亡，这些就好像是春夏秋冬一年四季在运行。夫人就要安静地到天地之间休息，我却嗷嗷地哭，我认为这样是太不懂得命运，所以忍住了哀痛。"惠子若有所悟。

生命的本质不在于现象，生是规律，死是必然，任何事物都无法逃脱生死交替的轮回，只不过是人不愿面对。

生命的奥秘在哪里呢？在于向死而生，获得恬淡平和、视死如归的心态，会让我们卸下了生命和心灵的重负，一直生活在别样的期待和无所畏惧的轻松愉快中，活在无所谓终点、起点的极大静穆中。

真正的勇者不是逃避或无可奈何地接受死亡，而是敢直面人生，向死而生。将死亡看作生命的归属，"落红不是无情物，化作春泥更护花"，在得道高僧看来，尘世的肉体生命在死亡的那一刻，正是落叶归根，像来年化为春泥的落花一样。丹麦的齐克果认为："死亡绝不是一切的终结，永生才是一切。"

在佛经里也有对死亡颇为相似的观点。死如再生，"譬如从麻出油，从酪出酥"，死亡其实是生命的另一种开始，而不是结束。死亡如搬家，不过是从身体这个破旧腐朽的屋子搬出来，回到心灵高远广深的家。如同佛法《出曜经》上所说"鹿归于野，鸟归虚空，真人归灭"，信哉！